2010

总第21期 NO.21

贵州统计年鉴

GUIZHOU STATISTICAL YEARBOOK

贵州省统计局
国家统计局贵州调查总队 ·编

Guizhou Provincial Bureau of Statistics
NBS Survey Office in Guizhou

中国统计出版社
China Statistics Press

（京）新登字041号

图书在版编目（CIP）数据

贵州统计年鉴. 2010 / 贵州省统计局，国家统计局贵州调查总队编. -- 北京 ：中国统计出版社，2010.7

ISBN 978-7-5037-6072-3

Ⅰ. ①贵… Ⅱ. ①贵… ②国… Ⅲ. ①统计资料－贵州省－2010－年鉴 Ⅳ. ①C832.73-54

中国版本图书馆CIP数据核字(2010)第176798号

贵州统计年鉴-2010

作　　者/ 贵州省统计局　国家统计局贵州调查总队
责任编辑/ 佘竞雄
封面设计/ 北京华建在线广告有限公司
出版发行/ 中国统计出版社
通信地址/ 北京市丰台区西三环南路甲6号　中国统计出版社
邮　　编/ 100073
电　　话/ (010)63376907
E-mail / yearbook@gj.stats.cn
印　　刷/ 兰新雅彩色印刷有限公司
经　　销/ 新华书店
开　　本/ 880×1230 毫米　1/16
字　　数/ 1206千字
印　　张/ 46.25印张
印　　数/ 1-1400册
版　　别/ 2010 年 7 月第 1 版
版　　次/ 2010 年 7 月第 1 次印刷
书　　号/ ISBN 978-7-5037-6072-3/C・2419
定　　价/ 260.00元

编 者 说 明

一、《贵州统计年鉴-2010》收录了2009年贵州省国民经济和社会发展等各方面的统计数据、改革开放以来特别是2006年以来的主要统计数据，以及2009年全国、各省（区、市）主要统计数据，是反映贵州省情的重要工具书。

二、本年鉴包括26个部分：综合；非公有制经济；财政、税收；人口；劳动、就业与保障；固定资产投资；能源；农业；工业；建筑业；运输、邮电；国内贸易；对外经济贸易；旅游；金融业；价格指数；人民生活；资源与环境；教育和科技；文化、体育、卫生及其他；民族自治地方；经济强县；扶贫与开发；地县资料；全国各省（区、市）资料；历年资料。为便于读者使用统计数据，在每部分之后附有主要统计指标解释。

三、本年鉴中，凡由有关部门（单位）提供的数据都在表式的注释中说明了数据来源；部分统计指标的范围以及口径变化在表下均有注释，使用时请读者注意。

四、本年鉴部分数据合计数或相对数由于单位取舍不同而产生的计算误差，均未作机械调整。

五、本年鉴表中的符号使用说明："…"表示数据不足最小计量单位；"空格"表示该统计指标数据不详或无数据；"#"表示该指标的其中项。

本年鉴在编辑、出版、发行过程中，得到了有关部门（单位）的大力支持和帮助，在此谨致衷心感谢！

Editor's Notes

Ⅰ. Guizhou Statistical Yearbook 2010 is an annual statistical publication, which reflects comprehensively the economic and social development of Guizhou Province. It covers data for 2009, key statistical data for the years since Reform and Opening-up especially the year 2006, and main statistics of provinces(autonomous regions, municipalities)as well as the whole country. It is an usefull reference book to thoroughly know Guizhou.

Ⅱ. The Yearbook contains 26 chapters: General Survey; Non-public Sectors of the Economy; Fiscal and Taxation; Population; Labour Force, Employment and Social Security; Investment in Fixed Assets; Energy; Agriculture; Industry; Construction; Transport, postal and Telecommunication Services; Domestic Trade; Foreign Trade and Economic Cooperation; Tourism; Financial Sector; Price Index; People's Living Conditions; Resources and Environment; Education, Science and Technology; Culture, Sports, Public Health and Others; Minority Nationality Autonomous Areas; Economically Strong Counties; Anti-poverty and Development; Main Statistics of Prefectures and Counties; Main Statistics of Provinces(autonomous regions, municipalities)in the Whole Country; Historical Statistics.

Ⅲ. Notes are taken under the data tables in which the data are provided by relative departments other than statistical divisions, or the statistical coverage has been changed.

Ⅳ. Statistical discrepancies due to rounding are not adjusted in the yearbook.

Ⅴ. Notations used in the yearbook:

"…"indicates that the figure is not large enough to be measured with the smallest unit in the table;

"blank space" indicates that data are unknown or are not available;

"#"indicates a major breakdown of the total.

Thanks for enthusiastic of many relational departments and individuals to the editing, publication and distribution of the Yearbook!

《贵州统计年鉴-2010》编辑委员会

Editorial Board

《贵州统计年鉴-2010》编辑人员

主　　编：陶谋立　冯育毅

副 主 编：王正潮　刘带春　张贵平　张北平　王宪筑　潘　康
杨大昆　何友才　钟赛梅　唐晓川　杨天禄　杨忠先
程邦嘉　王　渝　袁金发

编辑部主任：彭　龙　刘　杰

编辑部副主任：王　瑛　邹　康　聂坤琪

分 科 主 编：(按姓氏笔画为序)
毛　敏　白文英　张小芳　张学进　李诗刚　沈先发　肖　瑶
邵　蔚　陈应芳　陈景平　周　蓉　胡　刚　龚　勇　董安娜
谢小清　魏龙斌

编 辑 人 员：(按姓氏笔画为序)
万朝晖　王练练　王贵森　邓伟庆　乐晓红　冯金友　冯　露
刘继海　张仕英　李平惠　杨　丽　肖高萍　周　莲　周惠云
范振新　胡凯英　赵世玲　赵媛媛　夏仁国

英 文 翻 译：马　勇　赵雷雷

电 脑 排 版：曾小丽

编 务 人 员：韦　博　黄　河

Editorial Staff of Guizhou Statistical Yearbook 2010

Editor-in-chief: Tao Mouli　Feng Yuyi

Deputy Editor-in-chief:

Wang Zhengchao　Liu Daichun　Zhang Guiping　Zhang Beiping　Wang Xianzhu　Pan Kang

Yang Dakun　He Youcai　Zhong Saimei　Tang Xiaochuan　Yang Tianlu　Yang Zhongxian

Liu Xuzhong　Cheng Bangjia　Wang Yu　Yuan Jinfa

Directors of Editorial Department:

Peng Long　Liu Jie

Vice Directors of Editorial Department:

Wang Ying　Zou Kang　Nie Kunqi

Editor-in- chief by Section(in order of strokes of chinese surname)：

Mao Min　Bai Wenying　Zhang Xiaofang　Zhang Xuejin　Li Shigang

Shen Xianfa　Xiao Yao　Shao Wei　Chen Yingfang　Chen Jingping

Zhou Rong　Hu Gang　Gong Yong　Dong Anna　Xie Xiaoqing　Wei Longbin

Editorial Staff(in order of strokes of chinese surname)：

Wan Zhaohui　Wang Lianlian　Wang Guisen　Deng Weiqing　Le Xiaohong　Feng Jinyou

Feng Lu　Liu Jihai　Zhang Shiying　Li Pinghui　Yang Li　Xiao Gaoping　Zhou Lian

Zhou Huiyun　Fan Zhenxin　Hu Kaiying　Zhao Shilling　Zhao Yuanyuan　Xia Renguo

English Translators: Ma Yong　Zhao Leilei

Computer Typesetting: Zhen Xiaoli

Staff for Editorial Affairs: Wei Bo　Huang He

目　　录

CONTENTS

一　综　合

General Survey

二　非公有制经济

Non-public Sectors of the Economy

五 劳动、就业与保障
Labour Force, Employment and Social Security

六 固定资产投资
Investment in Fixed Assets

七 能 源
Energy

八 农 业
Agriculture

九 工 业
Industry

十 建筑业
Construction

十一 运输、邮电
Transport, postal and Telecommunication Services

十二 国内贸易
Domestic Trade

十三 对外经济贸易
Foreign Trade and Economic Cooperation

十四 旅 游
Tourism

十五 金融业
Financial Sector

十六 价格指数
Price Index

十七 人民生活
People´s Living Conditions

十九 教育和科技
Education, Science and Technology

二十 文化、体育、卫生及其他
Culture, Sports, Public Health and Others

二十一 民族自治地方
Minority Nationality Autonomous Areas

二十二 经济强县
Economically Strong Counties

二十三 扶贫与开发
Anti-poverty and Development

二十四 地县资料
Main Statistics of Prefectures and Counties

二十六 历年资料
Historical Statistics

1

One

综　　合

General Survey

GUIZHOU STATISTICAL YEARBOOK

贵州统计年鉴2010

1-1 行政区划(2009)

Divisions of Administrative Areas

单位:个 (unit)

市(州、地)名称	City (State,Prefecture)	地级单位 Units at Prefe-ctural Level	#市 Cities	县级单位 Units at County Level	县 Counties	#自治县 Auto-nomous Counties	县级市 Cities at County Level	市辖区 Districts under the Jurisd-iction of City
全省合计	**Total**	**9**	**4**	**88**	**67**	**11**	**9**	**10**
贵 阳 市	Guiyang	1	1	10	3		1	6
六盘水市	Liupanshui	1	1	4	2			1
遵 义 市	Zunyi	1	1	14	10	2	2	2
安 顺 市	Anshun	1	1	6	5	3		1
铜仁地区	Tongren	1		10	8	4	1	
黔西南布依族苗族自治州	Qianxinan	1		8	7		1	
毕节地区	Bijie	1		8	7	1	1	
黔东南苗族侗族自治州	Qiandongnan	1		16	15		1	
黔南布依族苗族自治州	Qiannan	1		12	10	1	2	

注：1、资料来源于省民政厅(下表同)。2、贵阳市、六盘水市、遵义市、安顺市为省辖市。
Note:1.Date in the table are obtained from the department of civil affairs(the same applies to the next table) 。2.Guiyang,Liupanshui,Zunyi, Anshun are citiesunder the jurisdiction of province.

1-1 续表 (continued)

市(州、地)名称	City (State,Prefecture)	特区 Spe-cial Dist-rict	镇 Town	街道办事处 Urban Subd-istrict Office	乡 Tow-nship	#民族乡 Ethnic Community Township	居民委员会 Neighb-ourhood Commi-ttees	村民委员会 Village Commttees
全省合计	**Total**	**2**	**689**	**109**	**757**	**252**	**1637**	**17568**
贵 阳 市	Guiyang		29	49	48	18	461	1166
六盘水市	Liupanshui	1	30	4	64	50	144	1036
遵 义 市	Zunyi		164	17	62	8	281	1710
安 顺 市	Anshun		38	7	42	11	100	1837
铜仁地区	Tongren	1	69	5	95	56	118	2108
黔西南布依族苗族自治州	Qianxinan		75	8	49	3	117	1097
毕节地区	Bijie		98	6	146	77	135	3603
黔东南苗族侗族自治州	Qiandongnan		89	6	115	17	155	3175
黔南布依族苗族自治州	Qiannan		97	7	136	12	126	1836

1–2 地、县名称(2009)
Name of Each Prefecture and County

市(州、地)名称 City(State,Prefecture)	县(市、区、特区)名称 County(City,District,Special Region)
贵阳市 Guiyang	南明区 云岩区 小河区 花溪区 乌当区 白云区 清镇市 开阳县 息烽县 修文县 Nanming Yunyan Xiaohe Huaxi Wudang Baiyun Qingzhen Kaiyang Xifeng Xiuwen
六盘水市 Liupanshui	钟山区 六枝特区 盘县 水城县 Zhongshan Liuzhi Panxian Shuicheng
遵义市 Zunyi	红花岗区 汇川区 赤水市 仁怀市 遵义县 桐梓县 绥阳县 正安县 Honghuagang Huichuan Chishui Renhuai Zunyi Tongzi Suiyang Zhengan 凤冈县 湄潭县 余庆县 习水县 道真仡佬族苗族自治县 务川仡佬族苗族自治县 Fenggang Meitan Yuqing Xishui Daozhen Wuchuan
安顺市 Anshun	西秀区 平坝县 普定县 关岭布依族苗族自治县 镇宁布依族苗族自治县 Xixiu Pingba Puding Guanling Zhenning 紫云布依族苗族自治县 Ziyun
铜仁地区 Tongren	铜仁市 江口县 石阡县 思南县 德江县 沿河土家族自治县 松桃苗族自治县 Tongren Jiangkou Shiqian Sinan Dejiang Yanhe Songtao 玉屏侗族自治县 印江土家族苗族自治县 万山特区 Yuping Yinjiang Wanshan
黔西南布依族苗族自治州 Qianxinan	兴义市 兴仁县 普安县 晴隆县 安龙县 望谟县 贞丰县 册亨县 Xingyi Xingren Puan Qinglong Anlong Wangmo Zhenfeng Ceheng
毕节地区 Bijie	毕节市 大方县 黔西县 金沙县 织金县 纳雍县 赫章县 威宁彝族回族苗族自治县 Bijie Dafang Qianxi Jinsha Zhijin Nayong Hezhang Weining
黔东南苗族侗族自治州 Qiandongnan	凯里市 黄平县 施秉县 三穗县 镇远县 岑巩县 天柱县 锦屏县 Kaili Huangping Shibing Sansui Zhenyuan Cengong Tianzhu Jinping 剑河县 台江县 黎平县 榕江县 从江县 雷山县 麻江县 丹寨县 Jianhe Taijiang Liping Rongjiang Congjiang Leishan Majiang Danzhai
黔南布依族苗族自治州 Qiannan	都匀市 福泉市 荔波县 贵定县 瓮安县 平塘县 罗甸县 长顺县 龙里县 惠水县 Duyun Fuquan Libo Guiding Wengan Pingtang Luodian Changshun Longli Huishui 独山县 三都水族自治县 Dushan Sandu

1-3 社会经济主要指标
Major Social and Economic Indicators

指标	Item	2006	2007	2008	2009
人口	**Population**				
年末总人口(万人)	Total Population at the Year-end (10000 persons)	3757.18	3762.36	3793.00	3798.00
#城镇人口	Urban Population	1031.72	1062.49	1104.14	1135.22
乡村人口	Rural Population	2725.46	2699.87	2688.86	2662.78
#男	Male	1943.87	1947.43	1971.11	1962.42
女	Female	1813.31	1814.93	1821.89	1835.58
年平均人口(万人)	Annual Average Population (10000 persons)	3743.59	3759.77	3777.68	3795.50
就业	**Employment**				
年末就业人员(包括外出人员)(万人)	Year-end Employees (10000 persons)	2235.00	2280.00	2292.12	2322.46
#职工人数	Staff and Workers	201.87	207.53	199.76	206.44
城镇登记失业人数（万人）	Urban Registeration Unemployment (10000 persons)	12.12	12.13	12.56	12.34
国民经济核算	**National Accounting**				
生产总值(亿元)	Gross Domestic Product (100 million yuan)	2338.98	2884.11	3561.56	3912.68
第一产业	Primary Industry	382.06	446.38	539.19	550.27
第二产业	Secondary Industry	967.54	1124.79	1370.03	1476.62
工 业	Industry	839.13	978.86	1195.30	1252.67
建筑业	Construction	128.41	145.93	174.73	223.95
第三产业	Tertiary Industry	989.38	1312.94	1652.34	1885.79

1-3 续表1 (continued)

指　　标	Item	2006	2007	2008	2009
固定资产投资	**Investment in Fixed Assets**				
全社会固定资产投资(亿元)	Total Investment in Fixed Assets in the Whole Province (100 million yuan)	1197.68	1488.80	1864.45	2450.99
基本建设	Capital Construction	621.00	744.61	937.80	1264.89
更新改造	Innovation	216.34	252.75	311.35	375.85
房地产开发	Real Estate Development	187.05	249.67	311.26	371.25
其他投资	Other Investments	173.29	241.77	304.04	439.00
能源生产与消费	**Total Production and Consumption of Energy**				
一次能源生产总量（万吨标准煤）	Total Production of Primary Energy(10000 tons of SCE)	8089.39	8480.62	9262.34	11070.09
能源消费总量(万吨标准煤)	Total Engrgy Consumption(10000 tons of SCE)	6172.45	6799.72	7083.99	7566.33
#生产消费	Production Consumption	5266.83	5895.94	6227.21	6696.16
生活消费	Residential Consumption	905.62	903.78	856.78	870.17
能源终端消费量(万吨标准煤)	Final Consumption of Energy (10000 tons of SCE)	5574.99	6278.96	6486.30	6918.98
农业	**Agriculture**				
年末常用耕地面积(千公顷)	Cultivated Land at the Year-end(1000 hectares)	1753.36	1751.86	1754.05	1757.82
农业从业人员(万人)	Agriculture Employment(10000 persons)	1247.08	1203.62	1202.06	1207.08
农林牧渔业增加值(亿元)	Added Value of FFAFS(100 million yuan)	387.33	446.38	540.27	550.27
农　业	Farming	226.28	260.30	308.48	330.50
林　业	Forestry	17.01	18.27	23.44	25.11
畜牧业	Animal Husbandry	118.96	145.68	183.16	167.79
渔　业	Fishery	4.90	5.89	6.84	7.21
农林牧渔服务业	FFAF Services	20.18	16.24	18.35	19.66
主要农产品产量(万吨)	Output of Major Farm Products(10000 tons)				
粮　　食	Grain	1038.00	1100.86	1158.00	1168.27
油　　料	Oil-bearing Crops	68.24	69.66	68.39	78.68
#油菜籽	Rapeseed	63.18	64.59	60.38	70.40

1-3 续表2 (continued)

指 标	Item	2006	2007	2008	2009
烤 烟	Flue-cured Tobacco	30.71	31.22	37.71	36.92
肉类总产量	Meat	163.70	150.60	161.46	169.60
水产品	Aquatic Products	6.71	7.68	7.80	8.03
工业	**Industry**				
全部工业增加值(亿元)	Total Added Value of Industry(100 million yuan)	839.13	978.86	1195.30	1252.67
规模以上工业企业	Industrial Enterprises above Designated Size				
增加值（亿元）	Added Value(100 million yuan)	747.38	890.48	1051.26	1170.29
#国有控股企业	State-owned Industry	518.27	602.51	685.93	732.65
非国有控股企业	Non-state-owned Industry	229.11	287.97	365.33	437.64
#轻工业	Light Industry	218.52	267.87	302.25	352.38
重工业	Heavy Industry	528.86	622.61	749.01	817.90
主营业务收入(亿元)	Revenue from Principal Business(100 million yuan)	1948.57	2430.62	2922.35	3234.59
利税总额(亿元)	Total Profits(100 million yuan)	299.09	403.49	453.53	470.60
主要工业产品产量	Output of Major Industrial Products				
原煤(万吨)(全社会口径)	Coal(10000 tons)(Society)	11817	10864	11798	13691
发电量(亿千瓦小时)(全社会口径)	Electricity(100 million kwh) (Society)	974.66	1166.32	1192.08	1380.02
铝(万吨)	Aluminum(10000 tons)	56.28	75.07	58.15	80.27
成品钢材(万吨)	Rolled steelSteel(10000 tons)	256.57	328.14	337.52	337.62
轮胎外胎(万条)	Tires(10000 pieces)	387.41	443.90	457.29	517.21
磷矿石(万吨)	Phosphorite(10000 tons)	1034.60	1198.83	1317.18	1360.66
白酒(万千升)	Liquor(10000 tons)	14.21	14.57	18.35	13.79
卷烟(万箱)	Cigarettes(10000 cases)	211.73	220.71	226.74	232.24
建筑业	**Construction**				
建筑业企业从业人员(万人)	Construction Employment(10000 persons)	30.25	29.12	30.16	33.05
建筑业总产值(亿元)	Gross Output Value of Construction(100 million yuan)	312.34	348.79	393.88	523.91
房屋建筑施工面积(万平方米)	Floor Space of Buildings under Construction(10000 sq.m)	3369	3813	4230	4953
房屋建筑竣工面积(万平方米)	Floor Space of Buildings Completed(10000 sq.m)	1108	1204	1216	1244

1-3 续表3 (continued)

指 标	Item	2006	2007	2008	2009
交通运输	**Transportation**				
运输线路长度(公里)	Length of Transportation Routes(km)				
铁路营业里程	Length of Railways	2014	2012	1962	1983
公路线路里程	Length of Highways in Operation	113278	123247	125365	142561
内河航道里程	Length of Navigable Inland Waterways in Operation	3322	3322	3563	3563
旅客运量(万人)	Passenger Traffic(10000 persons)	69269	74440	80056	84981
旅客周转量(亿人公里)	Passenger-Kilometers(100 million passenger-km)	349.82	369.20	407.60	430.56
货物运量(万吨)	Freight Traffic(10000 tons)	24709	26788	33576	34803
货物周转量(亿吨公里)	Freight Ton-Kilometers(100 million ton-km)	680.96	721.26	809.93	926.04
邮电通信业	**Post and Telecommunication**				
邮电业务总量(亿元)	Business Volume of Post and Telecommunications Service (100 million yuan)	223.87	292.39	371.79	465.02
年末固定电话用户(万户)	Number of Telephones Subscribers at the Year-end(10000 subscribers)	493.91	521.19	499.61	451.13
移动电话用户(万户)	Number of Mobile Telephones Subscribers(10000 subscribers)	646.20	834.05	1185.84	1583.28
互联网宽带接入用户(万户)	Number of Subscribers of Internet Service(10000 subscribers)	51.03	68.19	85.13	112.89
交换机容量(万门)	Capacity of Telephone Exchanges(10000 lines)	1639.4	2334.7	2858.7	3182.9
国内商业	**Domestic Trade**				
社会消费品零售总额(亿元)	Total Retail Sales of Consumer Goods(100 million yuan)	710.00	858.15	1075.24	1247.25
市	City	423.59	496.62	620.33	715.53
县	County	134.51	171.21	218.48	255.84
县以下	Below County Level	151.90	190.32	236.43	275.88
对外贸易	**Foreign Trade**				
进出口总额(亿美元)	Total Value of Imports and Exports(USD 100 million)	16.17	22.73	33.70	23.07
出口额	Total Exports	10.39	14.65	19.01	13.59
进口额	Total Imports	5.79	8.08	14.70	9.49
利用外资	**Utilization of Foreign Capital**				
签订合同项目(个)	Projects of Agreements and Contracts(unit)	59	51	50	39
实际吸收外资金额(万美元)	Foreign Capital Actually Absorbed(USD 10000)	18413	15333	17379	18027
引进省外项目(个)	Number of Projects Import out of Guizhou Province (unit)	2086	2056	2157	
引进省外资金(亿元)	Values of Projects Import out of Guizhou Province (100 million yuan)	286	401	510	

1-3 续表4 (continued)

指 标	Item	2006	2007	2008	2009
旅游	**Tourism**				
入境旅游人数(万人次)	Number of International Tourists Inbound (10000 person-times)	32.14	43.00	39.54	39.95
外国人	Foreigners	10.70	15.48	18.22	16.28
港澳台同胞	Compatriots from Hong Kong, Macao and Taiwan	21.44	27.52	21.31	23.67
国内旅游人数(万人次)	Domestic Tourists (10000 person-times)	4715.75	6219.89	8150.69	10400.00
国际旅游收入(万美元)	International Earnings from Tourism (USD 10000)	11515.66	12917.55	11697.37	11044.40
国内旅游收入(亿元)	Domestic Earnings from Tourism(100 million yuan)	377.79	504.04	643.82	797.69
价格指数(上年=100)	**Price Indices(preceding year=100)**				
居民消费价格总指数	Consumer Price Index	101.7	106.4	107.6	98.7
商品零售价格总指数	Retail Price Index	100.9	104.2	107.2	97.6
农业生产资料价格总指数	General Price Index of Means of Agricultural Production	105.4	105.1	113.4	96.2
工业品出厂价格指数	Ex-Factory Price Index of Industrial Products	104.3	105.0	112.4	95.1
原材料、燃料、动力购进价格指数	Purchasing Price Index of Raw Materials, Fuels and Power	107.3	107.5	112.5	93.5
财政、金融	**Government Finance and Financial Intermediation**				
财政	Government Finance				
财政总收入(亿元)	Total Financial Revenue(100 million yuan)	448.88	556.98	674.58	779.59
财政一般预算收入(亿元)	Local Financial Revenue (100 million yuan)	226.82	285.14	349.55	416.48
省 级	Provincial Level	54.51	70.56	89.32	94.06
地 级	Prefectural Level	47.78	60.00	70.71	88.69
县 级	County level	79.50	113.24	139.26	180.22
乡 镇 级	Township Level	45.03	41.34	50.27	53.51
财政一般预算支出(亿元)	Financial Expenditure (100 million yuan)	610.64	795.40	1055.39	1372.27
金融	Financial Intermediatio				
全部金融机构存款余额(亿元)	Total Savings Deposit Balancen(100 million yuan)	3300.08	3826.37	4736.93	5898.26
#城乡居民储蓄存款余额	Resident Savings Deposit Balancen	1596.86	1790.14	2237.05	2676.09
全部金融机构贷款余额(亿元)	Total Loan Balance n(100 million yuan)	2696.11	3128.63	3569.27	4656.50
教育	**Education**				
专任教师数	Full-time Teachers				
普通高等学校(万人)	Regular Institutions of Higher Education (10000 persons)	1.54	1.70	1.80	1.96
普通中学(万人)	Regular Secondary Schools (10000 persons)	12.83	13.11	13.54	13.93
小 学(万人)	Primary Schools(10000 persons)	18.88	19.20	20.00	19.92

1–3 续表5 (continued)

指 标	Item	2006	2007	2008	2009
在校学生数	Students Enrollmen				
研究生(人)	Postgraduates(person)	7508	8366	9083	10169
普通高等学校(万人)	Regular Institutions of Higher Education t (10000 persons)	22.15	24.17	26.75	29.91
普通中学(万人)	Regular Secondary Schoolst(10000 persons)	256.31	256.00	261.78	269.45
小学(万人)	Primary Schoolst(10000 persons)	474.38	466.31	469.79	456.87
学龄儿童入学率(%)	Enrollment Rate of School-age Children (%)	98.6	98.6	97.2	98.4
财政用于教育支出(亿元)	Local Goverment Expenditure on Education (100 million yuan)	120.12	166.27	229.77	256.72
文化	**Culture**				
图书总印数(万册)	Number of Books Printed Copies (10000 copies)	9402	8626	10457	9263
杂志总印数(万册)	Number of Magazines Printed Copies (10000 copies)	1380	1376	1420	1358
报纸出版量(亿份)	Number of Newspapers Printed Copies (100 million copies)	3.20	3.47	3.51	3.63
家庭、生活	**Household、Livehood**				
家庭	Household				
家庭总户数(万户)	Total Family Households(10000 households)	1092.20	1056.84	1053.61	1046.28
城镇居民平均每户人口(人)	Average Persons Per Urban Household(person)	3.02	3.02	3.07	3.04
农村居民平均每户人口(人)	Average Persons Per Rural Household(person)	4.43	4.43	4.40	4.38
婚姻	Marital				
准予登记结婚(万对)	Marriage Registration Permitted(10000 households)	21.31	23.49	26.32	30.79
离婚人数(万人)	Divorce(10000 persons)	8.43	9.17	9.41	11.59
居住	Residence				
城镇居民人均住宅建筑面积(平方米)	Per Capita Net Floor Space of Urban Residents(sq.m)	26.42	27.52	26.95	27.57
农村居民人均使用房屋面积(平方米)	Per Capita Net Floor Space of Rural Residents(sq.m)	23.84	24.54	25.27	26.43
人均生活水平	**Per Capita Standard of Living**				
人均生产总值(元)	Per Capita Gross Domestic Product(yuan)	5932	7273	9428	10309
人均地方财政收入(元)	Per Capita Local Financial Revenue(yuan)	605.89	758.40	925.30	1097.30
城镇居民人均可支配收入(元)	Per Capita Annual Disposable Income of Urban Households(yuan)	9116.61	10678.40	11758.76	12862.53
城镇居民人均消费性支出(元)	Per Capita Annual Living Expenditures for Consumption of Urban Households(yuan)	6848.39	7758.69	8349.21	9048.29
农村居民人均纯收入(元)	Annual Per Capita Net Income of Rural Residents(yuan)	1984.62	2373.99	2796.93	3005.41
农村居民人均生活消费支出(元)	Annual Per Capita Expenditure for Living Cost of Rural Residents(yuan)	1627.07	1913.71	2165.70	2421.95

1-3 续表6 (continued)

指 标	Item	2006	2007	2008	2009
城乡居民人均储蓄（元）	Per Capita Urban and Rural Resident Savings (yuan)	4266	4761	5922	7051
工资	**Wages**				
职工工资总额(亿元)	Total Wages of Staff and Workers(100 million yuan)	350.16	439.24	509.54	572.67
职工平均货币工资(元)	Average Wage of Staff and Workers(yuan)	16815	20668	24602	28245
环境	**Environment**				
环保投入资金(亿元)	Environment Protection Investment(100 million yuan)	32.79	48.88	50.74	69.78
#老工业污染源治理资金	Old Industry Pollute Fountain Treatment	10.08	7.91	10.20	8.95
城市环境基础设施建设	Urban Environment Infrastructure Investment	10.24	13.42	15.42	26.63
环境污染事故(起)	Accident of Entironment Pollution(unit)	23	18	10	4
污染事故直接经济损失(万元)	Direct Economy Losing for Pollute Accident(10000 yuan)	13.40	673.20	14.70	10.00
卫生	**Health Care**				
卫生机构数(个)	Total Number of Health Care Institutions (unit)	6147	5907	5848	5736
#医院、卫生院	Hospitals	1855	1939	1934	1982
卫生机构床位数(万张)	Number of Beds(10000 beds)	6.64	7.58	8.31	9.75
卫生技术人员(万人)	Number of Medical Technical Personnels(10000 persons)	8.23	8.53	8.93	9.53
#执业医师	Doctor	4.11	4.21	3.88	4.02
市政建设	**City Construction**				
城市市政公用设施建设投资完成额(亿元)	Investment of Urban Public Infrastructure Construction (100 million yuan)	29.45	59.03	46.10	101.10
自来水供应总量(万立方米)	Volume of Tap Water Supply(10000 cu.m)	71568	68297	64871	61971
排水管道长度(公里)	Length of Sewer Pipelines(km)	4485	4724	4796	5047
出售水量(万立方米)	Water Volume Sold (10000 cu.m)	46704	57809	64870	51959
煤气供应量(万立方米)	Volume of Coal Gas Supply(10000 cu.m)	21650	23491	26613	26886
出租汽车总数(万辆)	Taxis(10000 units)	1.35	1.34	1.38	1.47
运营公交汽车数(标台)	Total Number of Operating Public Buses(unit)	3487	4536	4715	4794
城市道路长度(公里)	Length of Paved Roads(km)	3474	3772	3837	3933
园林绿地面积(公顷)	Areas of Green Land(hectare)	40682	41410	41841	43781
建成区绿化覆盖率(%)	Goverage Rate of Urban Green Areas(%)	21.7	21.5	21.6	22.1
火灾、交通事故	**Basic Statistics on Fires and Traffic Accidents**				
火灾发生数(起)	Number of Fires(case)	432	833	800	869
损失折款(万元)	Losses Converted into Cash(10000 yuan)	1194.20	3075.87	3436.50	3435.55
交通事故发生数(起)	Number of Traffic Accidents(case)	2734	2292	2219	1816
损失折款(万元)	Losses Converted into Cash(10000 yuan)	1869.40	1848.85	1480.23	1214.50

注：人口及相关指标从2005年起使用常住半年口径。
Note:the data of population and related indicators are accounted according to the definition of resident population stayed at home for over 6 months from 2005.

1-4 社会经济主要指标结构

Structure of Major Social and Economic Indicators

单位：% (%)

指 标	Item	2006	2007	2008	2009
人口	**Population**				
城镇、乡村结构	Grouped by Urban and Rural Area				
城 镇	Urban Population	27.5	28.2	29.1	29.9
乡 村	Rural Population	72.5	71.8	70.9	70.1
性别结构	Grouped by Sex				
男	Male	51.7	51.8	52.0	51.7
女	Female	48.3	48.2	48.0	48.3
就业	**Employment**				
从业人员产业结构	Grouped by Three Industries				
第一产业	Primary Industry	73.1	71.7	71.1	70.0
第二产业	Secondary Industry	8.4	9.4	9.5	9.8
第三产业	Tertiary Industry	18.5	18.9	19.4	20.1
国民经济核算	**National Accounting**				
生产总值结构	In GDP				
#第一产业	Primary Industry	16.3	15.5	15.1	14.1
第二产业	Secondary Industry	41.4	39.0	38.5	37.7
第三产业	Tertiary Industry	42.3	45.5	46.4	48.2
#公有经济	Public-Owned Economic Unit	69.1	68.7	67.6	66.9
非公有经济	Non-public-owned Economic Unit	30.9	31.3	32.4	33.1
投资	**Investment in Fixed Assets**				
全社会固定资产投资结构	Structure of Total Investment in Fixed Assets in the Whole Province				
#城镇	Urban	87.9	86.6	86.3	85.4
农村	Rural	12.1	13.4	13.7	14.6
#基本建设	Capital Construction	51.9	50.0	50.3	51.6
更新改造	Innovation	18.1	17.0	16.7	15.3
房地产开发	Real Estate Development	15.6	16.8	16.7	15.1
其他投资	Other Investments	14.5	16.2	16.3	17.9
#国有经济	State-owned Economic Unit	50.3	46.9	48.8	51.0
非国有经济	Non-State-owned Economic Unit	49.7	53.1	51.2	49.0

1-4 续表1 (continued)

单位：% (%)

指 标	Item	2006	2007	2008	2009
资金来源结构	Grouped by Source of Funds				
国家预算内资金	State Budgetary Appropriation	4.3	5.0	6.4	8.9
国内贷款	Domestic Loans	24.4	22.7	22.2	22.3
利用外资	Foreign Investment	1.0	0.9	0.7	0.3
自筹资金	Self-raising Funds	49.3	50.7	50.7	44.6
其他投资	Others	21.0	20.7	20.1	23.9
农业	**Agriculture**				
农林牧渔业增加值结构	Structure of Value-added of FFAFS				
农 业	Farming	58.4	58.3	57.1	60.1
林 业	Forestry	4.4	4.1	4.3	4.6
畜牧业	Animal Husbandry	30.7	32.6	33.9	30.5
渔 业	Fishery	1.3	1.3	1.3	1.3
农林牧渔服务业	FFAF Seryices	5.2	3.6	3.4	3.6
工业	**Industry**				
工业增加值结构	Structure of Gross Industrial Value-added				
规模以上	Industrial Enterprises above Designated Size	89.1	91.0	87.9	93.4
规模以下	Industrial Enterprises under Designated Size	10.9	9.0	12.1	6.6
规模以上工业企业中	In the Industrial Enterprises above Designated Size				
轻工业	Light Industry	29.2	30.1	28.8	30.1
重工业	Heavy Industry	70.8	69.9	71.2	69.9
能源	**Energy**				
能源生产总量结构	Structure of Total Energy Production				
原煤	Coal	95.5	91.5	86.7	88.3
电力	Hydro-power	4.5	8.5	13.3	11.7
能源终端消费总量结构	Structure of Total Energy Consumption				
原煤	Coal	47.7	45.6	45.4	47.6
天然气	Natural Gas	1.2	1.1	1.0	0.8
电力	Hydro-power	32.7	33.1	32.0	32.4
建筑业	**Construction**				
建筑业总产值结构	Structure of Gross Output Value of Construction				
国有经济	State-owned	79.4	77.9	73.5	78.0
非国有经济	Non-state-owned	20.6	22.1	26.5	22.0
交通运输业	**Transportation**				
货运量结构	Structure of Freight Traffic				
铁 路	Railways	27.6	27.2	19.9	20.0

1-4 续表2 (continued)

单位：% (%)

指　标	Item	2006	2007	2008	2009
公　路	Highways	70.0	70.3	77.9	77.7
水　运	Waterways	2.4	2.5	2.2	2.3
客运量结构	Structure of Passenger Traffic				
铁　路	Railways	3.7	4.0	4.0	3.8
公　路	Highways	95.0	94.5	94.1	94.2
水　运	Waterways	1.4	1.5	1.9	2.0
国内商业	**Domestic Trade**				
社会消费品零售总额结构	Structure of Retail Sales of Consumer Goods				
市	City	59.7	57.9	57.7	57.4
县	County	18.9	20.0	20.3	20.5
县以下	Below County Level	21.4	22.2	22.0	22.1
对外贸易	**Foreign Trade**				
出　口	Total Exports	64.2	64.5	56.4	58.9
进　口	Total Imports	35.8	35.5	43.6	41.1
国际旅游	**International Tourism**				
来黔涉外旅游人数结构	Structure of Tourists Visiting Guizhou				
外国人	Foreigners	33.3	36.0	46.1	40.8
港澳台同胞	Compatriots from Hong Kong, Macao and Taiwan	66.7	64.0	53.9	59.2
财政	**Government Finance and Tax**				
地方财政收入结构	Structure of Local Financial Revenue				
省　级	Provincial Level	24.0	24.7	25.6	22.6
地　级	Prefectural Level	21.1	21.0	20.2	21.3
县　级	County level	35.0	39.7	39.8	43.3
乡　级	Township Level	19.9	14.5	14.4	12.8
金　融	**Financial Intermediation**				
金融机构存款结构	Structure of Total Savings Deposit Balance				
#企业存款	Enterprise Deposit	28.9	28.8	26.6	27.1
财政存款	Treasury Deposit	2.8	3.8	4.7	5.1
储蓄存款	Urban and Rural Savings Deposit	48.4	46.8	47.2	45.4
农业存款	Agricultural Deposit	3.9	4.4	4.6	5.2
金融机构贷款结构	Structure of Total Loan Balance				
#短期贷款	Short-Term Loan	31.3	27.5	25.0	23.4
中长期贷款	Middle-Term & Long-Term Loan	66.0	69.6	72.5	73.7

1-4 续表3 (continued)

单位：% (%)

指 标	Item	2006	2007	2008	2009
教 育(学历教育口径)	**Education**				
在校学生结构	Structure of Students Enrollment				
#高等教育阶段	Higher Education	4.3	4.3	4.5	4.9
高中阶段	Senior Secondary Schools	10.2	11.1	11.4	12.0
初中阶段	Junior Secondary Schools	26.0	25.8	25.7	26.4
小学阶段	Primary Schools	59.6	58.8	58.3	56.7
专任教师结构	Structure of Full-time Teachers				
#高等教育阶段	Higher Education	5.3	5.7	5.7	6.0
高中阶段	Senior Secondary Schools	10.6	11.0	11.0	11.4
初中阶段	Junior Secondary Schools	29.5	29.1	28.9	29.2
小学阶段	Primary Schools	54.6	54.1	54.4	53.5
人民生活	**People's Livelihood**				
城市居民消费结构	Consumption Structure of Urban Residents				
#食品类	Food	38.7	40.2	43.1	41.5
衣着类	Clothing	12.2	11.7	10.2	11.2
居 住	Residence	9.2	9.3	10.0	8.3
家庭设备用品及服务	Household Facilities,Articles and Services	6.5	6.0	6.3	6.5
医疗保健	Medicines and Medical Services	4.8	4.6	5.6	5.9
交通和通信	Transport and Communications	11.3	11.5	10.4	10.9
娱乐教育服务	Recreation,Education and Cultural Articles and Services	13.7	13.4	11.2	12.7
农村居民消费结构	Consumption Structure of Rural Residents				
#食品类	Food	51.5	52.2	51.7	45.2
衣着类	Clothing	5.4	5.2	5.2	5.2
居 住	Residence	16.3	17.2	19.7	24.3
家庭设备、用品及服务	Household Facilities,Articles and Services	4.0	3.7	4.4	4.8
医疗保健	Medicines and Medical Services	4.7	4.1	4.5	5.5
交通和通信	Transport and Communications	7.5	8.1	7.4	7.2
文教、娱乐、用品及服务	Recreation,Education and Cultural Articles and Services	8.5	7.7	5.6	6.3
卫 生	**Health Care**				
卫生机构结构	Structure of Various Health Care Institutions				
#医院、卫生院	Hospital	30.2	32.8	33.1	34.6
卫生机构床位结构	Structure of Beds of Health Care Institutions				
#医院、卫生院	Hospital	94.3	94.2	94.0	93.5
卫生技术人员结构	Structure of Medical Technical Personnels				
#执业医生	Doctors	49.9	49.4	43.4	42.2
环 境	**Environment**				
环境保护投入资金结构	Structure of Environment Protection Investment				
#老工业污染源治理资金	Old Industry Pollute Fountain Treatment	30.7	16.2	20.1	12.8
城市环境基础设施建设	Urban Environment Infrastructure Investment	31.2	27.5	30.4	38.2

1–5 社会经济主要指标比例、效益
Major Indicators on Proportions and Efficiency in Economic Social Development

指 标	Item	2006	2007	2008	2009
人 口	**Population**				
人口出生率(‰)	Birth Rate(‰)	13.97	13.28	13.49	13.65
人口死亡率(‰)	Death Rate(‰)	6.71	6.60	6.77	6.69
人口自然增长率(‰)	Natural Growth Rate(‰)	7.26	6.68	6.72	6.96
就 业	**Employment**				
每一就业者负担人口(城镇)(人)	Dependency Ratio(Urban)(Person)	2.03	1.99	2.22	2.13
城镇登记失业率(%)	Unemployment Rate in Urban Areas(%)	4.11	3.97	3.98	3.81
三次产业从业人员比例	Industrial Structure				
(以第一产业为100)	(primary industry=100)				
第一产业	Primary Industry	100	100	100	100
第二产业	Secondary Industry	11.51	13.15	13.32	14.06
第三产业	Tertiary Industry	25.35	26.33	27.30	28.74
国民经济核算	**National Accounting**				
三次产业增加值比例	Structure of the Three Industries Value-added				
(以第一产业为100)	(primary industry=100)				
第一产业	Primary Industry	100	100	100	100
第二产业	Secondary Industry	253.2	252.0	254.1	268.3
第三产业	Tertiary Industry	259.0	294.1	306.4	342.7
全社会劳动生产率(元/人)	Overall Labor Productivity(yuan/person)	10465	12650	15538	16847
第一产业	Primary Industry	2340	2731	3308	3383
第二产业	Secondary Industry	51465	52340	63106	64566
第三产业	Tertiary Industry	23898	30505	37130	40350
人均生产总值(元)	Per Capita Gross Domestic Product(yuan)	5932	7273	9428	10309
固定资产投资	**Investment in Fixed Assets**				
全社会固定资产投资相当于生产总值比例(%)	Proportion of Investmetn in Fixed Assets to GDP(%)	51.2	51.6	52.3	62.6
全社会房屋建筑面积竣工率(%)	Rate of Total Floor Space of Buildings Completed in the Whole Province (%)	39.7	40.2	34.2	38.9

1-5 续表1 (continued)

指 标	Item	2006	2007	2008	2009
能 源	**Energy**				
能源生产弹性系数	Elasticity Ratio of Energy Production	0.13	0.32	0.82	1.71
能源消费弹性系数	Elasticity Ratio of Energy Consumption	0.74	0.69	0.37	0.60
每万元生产总值能耗(吨标准煤/万元)(可比价)	Energy Consumption Per Unit of GDP(ton of SCE/10000 yuan) (equivalent value)	2.7283	2.6173	2.4495	2.3480
农 业	**Agriculture**				
每亩耕地生产的农业增加值(元)	Agricultural Valueadded Per Mu of Cultivated Land(yuan)	1473	1699	2053	2087
农业从业者人均耕地面积(亩)	Per Capita Area of Cultivated Land for Agricultural Laborer(mu)	2.1	2.2	2.2	2.2
每亩耕地农业机械总动力(千瓦)	Total Power of Agricultural Machinery Per Mu of Cultivated Land(kw)	0.46	0.54	0.58	0.61
每亩耕地化肥施用量(公斤)	Chemical Fertilizer Consumption Per Mu of Cultivated Land(kg)	30.51	31.22	31.58	32.82
农业从业者人均主要农产品产量	Output of Farm Products Per Agricultural Laborer				
粮 食(公斤)	Grain(kg)	832	915	963	968
油 料(公斤)	Oil-bearing Crops(kg)	54.72	57.88	56.89	65.18
肉 类(公斤)	Meat(kg)	131.27	125.12	134.32	140.50
每亩播种面积农产品产量	Output of Farm Crops Per Mu of Sowning Area				
粮 食(公斤)	Grain(kg)	244	260	264	261
油 料(公斤)	Oil-bearing Crops(kg)	106	107	100	102
工 业(规模以上)	**Industry(above Designated Size)**				
资本保值增值率(%)	Ratio of Per-tax Profits to Capital(%)	114.6	114.9	125.0	106.9
总资产贡献率(%)	Ratio of Total Assets to Industrial Output Value(%)	11.9	12.9	13.0	10.7
成本费用利润率(%)	Ratio of Profits to Industrial Cost(%)	7.0	8.1	6.4	6.6
全员劳动生产率(元/人,按增加值计算)	Overall Labor Productivity(yuan/person), (account by Value-added)	111168	133663	141433	160077
建筑业	**Construction**				
技术装备率(元/人)	Value of Machinery Per Laborer (yuan/person)	7553	7531	8248	7398
产值利税率(%)	Ratio of Per-tax Profits to Gross Output Value(%)	4.4	4.7	5.8	3.5
交 通	**Transportation**				
铁路网密度(公里/万平方公里)	Railway Density(km/10000 sq.km)	114.30	114.19	111.35	112.54

1-5 续表2 (continued)

指 标	Item	2006	2007	2008	2009
公路网密度(公里/万平方公里)	Highway Density(km/10000 sq.km)	6430.00	6995.87	7116.10	8092.19
铁路货运密度(万吨公里/公里)	Railway Freight Traffic Density (10000 ton km/km)	2769.12	2898.95	2876.20	3394.20
公路货运密度(万吨公里/公里)	Highway Freight Traffic Density (10000 ton km/km)	10.11	10.38	18.74	16.95
每万人拥有公共车辆(标台)	Per 10000 Persons Possession of Buses(unit)	4.14	5.39	4.90	4.80
电话普及率(部/百人)	Popularization Rate of Telephone (includemobile telephone) (sets/100 persons)	30.34	36.02	44.44	53.57
国内贸易	**Domestic, Government Finance, Finance**				
社会消费品零售总额相当于生产总值比例(%)	Retail Sales of Consumer Goods as Percentage to GDP(%)	30.4	29.8	30.2	31.9
人均社会消费品零售额(元)	Ratail Sales of Consumer Goods Per Capita(yuan)	1896.6	2282.5	2846.3	3286.1
对外贸易	**Foreign Trade**				
进出口总额相当于生产总值比例(%)	Total Value of Exports as Percentage to GDP(%)	5.3	5.4	6.6	4.0
每一来黔境外旅游者消费支出(美元/人天)	Daily Expenditure of Per Tourists Visiting Guizhou(USD)	163.68	171.54	169.30	169.12
财政	**Government Finance**				
财政总收入相当于生产总值比例(%)	Total Financial Revenues as Percentage to GDP(%)	19.2	19.3	18.9	19.9
一般财政支出相当于生产总值比例(%)	Local Financial Expenditure as Percentage to GDP (%)	26.1	27.6	29.6	35.1
金融	**Finance and Insurance**				
金融机构存款相当于生产总值比例(%)	Bank Deposits as Percentage to GDP(%)	141.1	132.7	133.0	150.7
金融机构贷款相当于生产总值比例(%)	Bank Loans as Percentage to GDP(%)	115.3	108.5	100.2	119.0
金融机构现金支出相当于现金收入比例(%)	Proportion of Cash Outlay to Cash Receipt in State Banking System(%)	100.9	100.9	101.0	101.1
教育	**Education**				
学龄儿童入学率(%)	Enrollment Rate of School-age Children(%)	98.6	98.6	97.2	98.4
初中阶段毛入学率(%)	Enrollment Rate of Primary School Graduates Entering into Junior Secondary Schools(%)	100.5	97.5	95.9	98.2
高中阶段毛入学率(%)	Enrollment Rate of Juniorsecondary School Graduates Entering into Senior secondary Schools(%)	37.7	42.2	47.9	53.4
高等教育毛入学率(%)	Enrollment Rate of Senior secondary School Graduates Entering into Institution of Higher Learning(%)	11.0	11.5	11.8	18.4
教师负担学生系数	Student-Teacher Ratio				
普通高校(学生/教师)	Regular Institution of Higher Education (student/teacher)	14.39	14.25	14.83	15.23
普通高中(学生/教师)	Regular Senior Secondary Schools (student/teacher)	18.88	18.68	18.56	18.51
普通初中(学生/教师)	Regular Junior Secondary Schools (student/teacher)	20.29	19.77	19.56	19.58
小学(学生/教师)	Primary Schools (student/teacher)	25.13	24.29	23.49	22.94

1-5 续表3 (continued)

指 标	Item	2006	2007	2008	2009
文化	**Culture**				
每百万人拥有艺术表演场所(个)	Number of Art Troupes Per Million Persons(unit)	0.29	0.29	0.29	0.24
每百万人拥有公共图书馆(个)	Number of Public Libraries Per Million Persons(unit)	2.43	2.45	2.44	2.45
城乡收入比例	**Livelihood**				
城市与农村居民收入比例(以农民纯收入＝1)	Ratio of Annual Income of Urban Residents to Rural (rural resident=100)	1:4.59	1:4.50	1:4.2	1:4.28
卫生	**Health Care**				
每万人拥有执业医师数(助理医师)(人)	Number of Lecensed Doctors Per 10000 Persons(person)	10.4	10.6	10.2	10.6
每万人拥有医院床位数(张)	Number of Hospital Beds Per 10000 Persons(bed)	15.8	17.9	20.6	24.0
城市建设	**City Construction**				
人均公共绿地面积(平方米)	Per Capita Public Green Areas(sq.m)	4.66	4.74	4.44	4.65
用水普及率(%)	Percentage of Population with Access to Tap Water(%)	88.9	89.4	83.2	85.4
燃气普及率(%)	Percentage of Households with Access to Tap Gas(%)	55.2	57.3	54.1	54.2
环境、灾害	**Environment and Disaster**				
环保投入相当于生产总值比例(%)	Environment Protection Investment as Percentage to GDP(%)	1.4	1.8	1.5	1.8
平均每起火灾损失(万元)	Average Loss of Per Fire(10000 yuan)	2.76	3.69	4.30	3.95
平均每起交通事故损失(万元)	Average Loss of Per Traffic Accident(10000 yuan)	0.68	0.81	0.67	0.67
平均每起环境污染事故接经济损失(万元)	Average Loss Converted into Cash Per Pollution Accident(10000 yuan)	0.58	37.40	1.47	2.50

1–6 贵州社会经济主要指标占全国比重

Percentage in the Country of Guizhou Social Economic Main Indicators

指　标	Item	全　国 National Total		贵　州 Guizhou		贵州占全国比重(%) Percentage of the National Total(%)	
		2008	2009	2008	2009	2008	2009
土地面积(万平方公里)	**Area of Territory(10000 sq.km)**	**960**	**960**	**17.61**	**17.61**	**1.8**	**1.8**
人口	**Population**						
年末总人口(万人)	Total Population at the Year-end (10000 persons)	132802	133474	3793	3798	2.9	2.8
劳动就业	**Employment**						
年底就业人员(万人)	Year-end Employees(10000 persons)	77480	77995	2292.12	2322.46	3.0	3.0
职工平均工资(元)	Average Wage of Staff and Workers (yuan)	29229	32736	24602	28245	84.2	86.3
国民经济核算	**National Accounting**						
生产总值(亿元)	Gross Domestic Product (100 million yuan)	314045	335353	3561.56	3912.68	1.1	1.2
第一产业	Primary Industry	33702	35477	539.19	550.27	1.6	1.6
第二产业	Secondary Industry	149003	156958	1370.03	1476.62	0.9	0.9
第三产业	Tertiary Industry	131340	142918	1652.34	1885.79	1.3	1.3
人均生产总值(元)	Per Capita Gross Domestic Product (yuan)	23708	25188	9428	10309	39.8	40.9
固定资产投资	**Investment in Fixed Assets**						
全社会固定资产投资(亿元)	Total Investment in Fixed Assets (100 million yuan)	172828	224846	1864.45	2450.99	1.1	1.1
财政	**Government Finance**						
财政一般预算收入(亿元)	Local Financial Revenue (100 million yuan)	28650	32581	349.55	416.48	1.2	1.3
财政一般预算支出(亿元)	Financial Expenditure (100 million yuan)	49248	60594	1055.39	1372.27	2.1	2.3
金融	**Finance**						
金融机构存款余额(亿元)	Total Savings Deposit Balance (100 million yuan)	466203	597741	4736.93	5898.26	1.0	1.0
金融机构贷款余额(亿元)	Total Loan Balance (100 million yuan)	303468	399685	3569.27	4656.50	1.2	1.2

1-6 续表1 (continued)

指 标	Item	全 国 National Total 2008	2009	贵 州 Guizhou 2008	2009	贵州占全国比重(%) Percentage of the National Total(%) 2008	2009
农 业	**Agriculture**						
粮食产量(万吨)	Output of Grain(10000 tons)	52871	53082	1158	1168	2.2	2.2
油料产量(万吨)	Output of Oil-bearing Crops (10000 tons)	2952.82	3154.29	68.39	78.68	2.3	2.5
工 业	**Industry**						
原煤产量(万吨)	Output of Coal(10000 tons)	280217	297300	11798	13691	4.2	4.6
发电量(亿千瓦小时)	Output of Electricity (100 million kwh)	34958	37147	1192	1380	3.4	3.7
卷 烟(万箱)	Output of Cigarettes (10000 cases)	4439.84	4580.30	226.74	232.24	5.1	5.1
能 源	**Energy**						
能源生产量(万吨标准煤)	Total Production of Primary Energy(10000 tons of SCE)	261210	275000	9262.34	11070.09	3.5	4.0
能源消费总量(万吨标准煤)	Consumption of Energy (10000 tons of SCE)	291448	306600	7083.99	7566.33	2.4	2.5
交通运输业	**Transportation**						
铁路营业里程(公里)	Length of Railways(km)	79700	85518	1962	1983	2.5	2.3
公路里程(公里)	Length of Highways in Operation(km)	3730164	3860823	125365	142561	3.4	3.7
#高速公路	Expressway	60302	65055	924	1189	1.5	1.8
旅客周转量(亿人公里)	Passenger-Kilometers (100 million passenger-km)	23197	24835	407.60	430.56	1.8	1.7
货物周转量(亿吨公里)	Freight Ton-Kilometers (100 millionton-km)	110300	122133	809.93	926.04	0.7	0.8
邮电通信业	**Post and Telecommunication**						
邮电业务总量(亿元)	Business Volume of Post and Telecommunications Service (100 million yuan)	23649.50	27312.70	371.79	465.02	1.6	1.7
国内商业	**Domestic Trade**						
社会消费品零售总额(亿元)	Total Retail Sales of Consumer Goods (100 million yuan)	114830.10	132678.40	1075.24	1247.25	0.9	0.9
对外贸易	**Foreign Trade**						
进出口总额(亿美元)	Total Value of Imports and Exports(USD 100 million)	25632.55	22072.18	33.70	23.07	0.1	0.1
#出口	Total Exports	14306.93	12016.63	19.01	13.59	0.1	0.1

1-6 续表2 (continued)

指 标	Item	全 国 National Total		贵 州 Guizhou		贵州占全国比重(%) Percentage of the National Total(%)	
		2008	2009	2008	2009	2008	2009
旅游	**Tourism**						
入境旅游人数(万人次)	Number of International Tourists Inbound(10000 person-times)	13003	12648	39.54	39.95	0.3	0.3
国内旅游人数(万人次)	Domestic Tourists (10000 person-times)	171000	190000	8151	10400	4.8	5.5
国际旅游外汇收入(万美元)	International Earnings from Tourism(USD 10000 yuan)	4084300	3967500	11697	11044	0.3	0.3
国内旅游收入(亿元)	Domestic Earnings from Tourism (100 million yuan)	8749	10184	643.82	797.69	7.4	7.8
教育	**Education**						
普通高等学校(所)	Regular Institutions of Higher Education(unit)	2263	2305	37	47	1.6	2.0
普通高等学校专任教师(万人)	Full-time Teachers of Regular Institutions of Higher Education(10000 persons)	123.70	129.52	1.80	1.96	1.5	1.5
普通高校在校大学生(万人)	Students Enrollment of Regular Institutions of Higher Education(10000 persons)	2021.02	2144.66	26.75	29.91	1.3	1.4
文化	**Culture**						
广播人口覆盖率(%)	Listener Rating(%)	96.0	96.3	86.1	86.6	-9.9(点)	-9.7(点)
电视人口覆盖率(%)	Viewer Rating(%)	97.0	97.2	91.3	91.3	-5.7(点)	-5.9(点)
卫生	**Health Care**						
医院、卫生院(个)	Hospitals and Township Hospitals (unit)	59600	59900	1934	1982	3.2	3.3
卫生技术人员(万人)	Medical and Technical Personnel (10000 persons)	503.00	539.70	8.93	9.53	1.8	1.8
医院、卫生院床位(万张)	Number of Beds in Hospitals and Township Hospitals(10000 beds)	374.80	408.10	7.81	9.12	2.1	2.2
人民生活	**People's Livelihood**						
城镇居民人均可支配收入(元)	Per Capita Annual Disposable Income of Urban Households (yuan)	15781	17175	11759	12863	74.5	74.9
农村居民人均纯收入(元)	Annual Per Capita Net Income of Rural Residents(yuan)	4761	5153	2797	3005	58.8	58.3

1–7 全省生产总值

Gross Domestic Product

单位：亿元 (100 million yuan)

指 标	Item	2005	2006	2007	2008	2009	2009年比2008年增长(%) Increase Rate in 2009 over 2008(%)
地区生产总值	**Gross Domestic Product**	**2005.42**	**2338.98**	**2884.11**	**3561.56**	**3912.68**	**11.4**
第一产业	Primery Industry	368.94	382.06	446.38	539.19	550.27	4.3
第二产业	Secondary Industry	821.16	967.54	1124.79	1370.03	1476.62	12.1
工业	Industry	707.35	839.13	978.86	1195.30	1252.67	10.2
建筑业	Construction	113.81	128.41	145.93	174.73	223.95	25.6
第三产业	Tertiary Industry	815.32	989.38	1312.94	1652.34	1885.79	13.1
交通运输、仓储和邮政业	Transport, Storage and Post	138.65	192.95	282.04	370.65	399.77	5.3
批发和零售业	Wholesale and Retail Trade	137.40	161.70	198.79	248.83	293.53	20.8
住宿和餐饮业	Hotel and Catering Services	43.85	57.07	90.09	130.41	153.41	16.0
金融业	Financial Intermediation	73.67	89.43	122.25	151.55	194.44	26.4
房地产业	Real Estate	76.38	80.24	93.19	104.81	136.15	17.6
其他服务业	Other Services	345.37	407.99	526.58	646.09	708.49	10.0
营利性服务业	For-profit Services	99.24	126.94	168.46	213.55	250.39	16.4
非营利性服务业	Non-profit Services	246.13	281.05	358.12	432.54	458.10	6.1
人均生产总值(元)	**Per Capita Gross Domestic Product(yuan)**	**5119**	**5932**	**7273**	**9428**	**10309**	**10.9**

注：2009年数据为最终核实数，2005–2008年数据已按第二次经济普查资料修订(以下相关表同)，2008–2009年人均生产总值及增速按常住半年人口计算，以往年份按常住一年人口计算。

Note:Data of 2009 had been finally verified;data from 2005 to 2008 had been Amendmented on the basis of the second economic census(the same applies to relative tables below);from the year 2008 to 2009,Per Capital GDP and its growth rate are caculated based on permanent population in one year scope, the other years are based on permanent population in half a year scope.

1-8 全省生产总值构成

Composition of Gross Domestic Product

单位：%　　(%)

指　标	Item	2005	2006	2007	2008	2009
地区生产总值	**Gross Domestic Product**	**100.0**	**100.0**	**100.0**	**100.0**	**100.0**
第一产业	Primery Industry	18.4	16.3	15.5	15.1	14.1
第二产业	Secondary Industry	40.9	41.4	39.0	38.5	37.7
工业	Industry	35.3	35.9	33.9	33.6	32.0
建筑业	Construction	5.6	5.5	5.1	4.9	5.7
第三产业	Tertiary Industry	40.7	42.3	45.5	46.4	48.2
交通运输、仓储和邮政业	Transport Storage and Post	6.9	8.2	9.8	10.4	10.2
批发和零售业	Wholesale and Retail Trade	6.9	6.9	6.9	7.0	7.5
住宿和餐饮业	Hotel and Catering Service	2.2	2.4	3.1	3.7	3.9
金融业	Financial Intermediation	3.7	3.8	4.2	4.3	5.0
房地产业	Real Estate	3.8	3.4	3.2	2.9	3.5
其他服务业	Other services	17.2	17.6	18.3	18.1	18.1
营利性服务业	For-profit services	4.9	5.4	5.8	6.0	6.4
非营利性服务业	Non-profit services	12.3	12.2	12.5	12.1	11.7

1–9 全省生产总值(按支出法计算)

Gross Domestic Product(Accounted by Expenditure Approach)

指 标	Item	2008	2009	2009年比2008年增长(%) Increase Rate in 2009 over 2008(%)
绝对数(亿元)	**Value(100 million yuan)**			
地区生产总值	**Gross Domestic Product**	**3561.56**	**3912.68**	**11.4**
最终消费	Final Consumption Expenditure	2333.44	2571.77	12.2
居民消费	Household Consumption	1743.07	1914.45	12.0
农村居民	Rural Households	602.75	657.87	11.8
城镇居民	Urban Households	1140.32	1256.58	12.1
政府消费	Government Consumption	590.37	657.32	12.7
资本形成总额	Gross Capital Formation	1782.31	2100.53	16.3
固定资本形成总额	Gross Fixed Capital Formation	1691.89	2046.84	19.0
库存增加	Changes in Inventories	90.42	53.69	-37.4
货物和服务净出口	Net Outflow of Goods and Services	-554.19	-759.62	
构成(%)	**Composition(%)**			
以最终消费为100	Final Consumption Expenditure=100			
居民消费	Household Consumption	74.7	74.4	
政府消费	Government Consumption	25.3	25.6	
以居民消费为100	Household Consumption=100			
农村居民	Rural Households	34.6	34.4	
城镇居民	Urban Households	65.4	65.6	
最终消费率(%)	**Final Consumption Rate(%)**	**65.5**	**65.7**	
资本形成率(%)	**Capital Formation Rate(%)**	**50.0**	**53.7**	
城乡居民人均消费水平对比(农村居民=1)	**Urban/Rural Consumption Ratio (rural households=1)**	**1：4.71**	**1：4.56**	

注：表中居民消费按常住半年人口计算。
Note:The Data of Household Consumption in the table are calculated based on permanent population in half a year scope.

1-10 城市公用事业
Basic Statistics on Urban Public Utilities

指　　标	Item	2006	2007	2008	2009
城市规模	**Scale of Cities**				
城市面积(平方公里)	Cities Areas(sq.m)	5051.27	4044.45	4042.57	4057.98
#建成区面积	Developed Areas	792.44	812.31	821.59	883.56
供水、燃气	**Suplly of Water and Gas**				
供水管道长度(公里)	Length of Water Supply Pipelines(km)	6802	7401.3	7719.84	8706.09
自来水年供水量(万立方米)	Annual Supply of Tap Water(10000 cu.m)	71568	68297	64871	61971
#生活用水量	Water Consumption for Residential Use	33586	32278	31560	32585
人均生活用水(升/日)	Per Capita Water Consumption for Residential Use (liter/person,day)	149.40	141.57	127.72	124.32
用水普及率(%)	Percentage of Population with Access to Tap Water(%)	88.9	89.4	83.2	85.4
煤气管道长度(公里)	Length of Gas Pipelines(km)	2465	2639	2694	2784
煤气供气量(万立方米)	Coal Gas Supply(10000 cu.m)	21650	23491	26613	26886
#家庭用量	Consumption of Coal Gas for Residential Use	9013	9439	10493	10921
液化石油气供气量(万立方米/吨)	Liquefied Petroleum Gas Supply(10000 cu.m/ton)	78800	81565	86863	89771
#家庭用量	Consumption of Liquefied Gas for Residential Use	58624	74171	79150	82645
*燃气普及率(%)	Percentage of Population with Access to Gas(%)	55.2	57.3	54.1	54.2
市政工程	**Municipal Engineering**				
城市道路长度(公里)	Length of Paved Roads(km)	3474	3772	3837	3933
城市道路面积(万平方米)	Area of Paved Roads(10000 sq.m)	5156	5711	5759	5972
人均拥有道路面积(平方米)	Area of Paved Roads Per Capita(sq.m)	6.11	6.79	5.99	6.03

1-10 续表 (continued)

指 标	Item	2006	2007	2008	2009
城市桥梁(座)	Number of Bridges(unit)	668	714	715	727
排水管道长度(公里)	Length of Drainpipe(km)	4485	4724	4796	5047
污水排放量(万立方米)	Volume of Sewage Letting (10000 cu.m)	37759	40003	41223	43695
污水处理量(万立方米)	Disposal Capacity of Sewage (10000 cu.m)	8235	11607	12853	18357
污水处理率(%)	Treatment Rate of Sewage(%)	21.2	29.0	31.2	42.0
路灯盏数(万盏)	Number of Street Lamps(10000unit)	23.10	23.2	26.01	29.96
公共交通	**Public Traffic**				
公交车总数(标台)	Number of Public Transportation Vehicles(unit)	3487	4536	4715	4794
平均每万人拥有公交车(标台)	Number of Public Transportation Vehicles Per 10000 Persons(unit)	4.14	5.39	4.90	4.80
客运总量(万人次)	Number of Passengers Carried(10000 person-times)	88384	98999	103383	415016
出租汽车(万辆)	Taxi(10000 units)	1.35	1.34	1.38	1.47
城市绿化	**Afforestation in Cities**				
绿化覆盖面积(公顷)	Public Green Areas(hectare)	53758	55465	55809	57700
园林绿地面积(公顷)	Areas of Green Land (hectare)	40682	41410	41841	43781
#公园绿地面积	Public Green Areas	3933	3984	4271	4602
人均公园绿地面积(平方米)	Per Capita Public Green Areas(sq.m)	4.66	4.74	4.44	4.65
公园数(个)	Number of Parks(unit)	105	117	121	128
建城区绿化覆盖率(%)	Coverage Rate of Urban Green Areas(%)	21.7	21.5	21.6	22.1
环境卫生	**Environmental Sanitation**				
清运生活垃圾(万吨)	Volume of Garbage Disposal(10000 tons)	394	403	414	427
生活垃圾无害化处理率(%)	Treatment Rate of Carbage Innocuous(%)	31.3	32.5	35.6	39.8
清运粪便(万吨)	Volume of Disposal of Excrement and Urine (10000 tons)	17.20	17.70	16.79	14.25
公厕数(座)	Number of Public Lavatories(unit)	2015	192.4	2055	2116
水冲公厕比例(%)	Scale of Public Water-washing Lavatories(%)	66.0	62.7	62.5	64.2

注：1、资料来源于省建设厅，其中2009年公共交通数据来源于省交通运输厅。2、表中数据为城市(含县城)口径。3、“*”指标不含电气在内。4、“水冲公厕比例”数据为三级及以上厕所的统计口径。

Note:1. Data in the table are obtained from the Procinpal Department of Construction,except the figures of public traffic in 2009 which are provided provincial dapartment of transports.2. Data in the table are limitted to the city(including county seat)scope . 3. The data with by the "*" excluded electric.4. the scale of public water-washing lavatorie refer to those lavatories ranked 3th level and above.

主要统计指标解释

行政区划 指国家对行政区域的划分。根据宪法规定,我国的行政区域划分如下:(1)全国分为省、自治区、直辖市;(2)省、自治区分为自治州、县、自治县、市;(3)自治州分为县、自治县、市;(4)县、自治县分为乡、民族乡、镇;(5)直辖市和较大的市分为区、县;(6)国家在必要时设立的特别行政区。

可比价格 指计算各种总量指标所采用的扣除了价格变动因素的价格,可进行不同时期总量指标的对比。按可比价格计算总量指标有两种方法:一种是直接用产品产量乘某一年的不变价格计算;另一种是用价格指数进行缩减。

不变价格 指以同类产品某年的平均价格作为固定价格,用于计算各年的产品价值。按不变价格计算的产品价值消除了价格变动因素,不同时期对比可以反映生产的发展速度。新中国成立后,随着工农业产品价格水平的变化,国家统计局先后五次制定了全国统一的工业产品不变价格和农业产品不变价格。从1952年到1957年使用1952年工(农)业产品不变价格,从1957年到1970年使用1957年不变价格,从1971年到1980年使用1970年不变价格,从1981年到1990年使用1980年不变价格,从1991年开始使用1990年不变价格。

平均增长速度 我国计算平均增长速度有两种方法:一种是习惯上经常使用的"水平法",又称几何平均法,是以间隔期最后一年的水平同基期水平对比来计算平均每年增长(或下降)速度;另一种是"累计法",又称代数平均法或方程法,是以间隔期内各年水平的总和同基期水平对比来计算平均每年增长(或下降)速度。在一般正常情况下,两种方法计算的平均每年增长速度比较接近;但在经济发展不平衡、出现大起大落时,两种方法计算的结果差别较大。

本书内所列的平均增长速度,除固定资产投资用"累计法"计算外,其余均用"水平法"计算。从某年到某年平均增长速度的年份,均不包括基期年在内。如建国四十三年的平均增长速度是以1949年为基期计算的,则写为1950-1992年平均增长速度,其余类推。

企业(单位)登记注册类型 是以在工商行政管理机关登记注册的各类企业为划分对象,以工商行政管理部门对企业登记注册的类型为依据,将企业登记注册类型分为内资企业、港澳台商投资企业和外商投资企业三大类。内资企业包括国有企业、集体企业、股份合作企业、联营企业、有限责任公司、股份有限公司、私营企业和其他企业;港澳台商投资企业和外商投资企业分别包括合资经营企业、合作经营企业、独资经营企业和股份有限公司。对不在工商行政管理部门进行登记注册的行政机关、事业单位和社会团体,主要按其经费来源和管理方式进行划分。

国有企业 指企业全部资产归国家所有,并按《中华人民共和国企业法人登记管理条例》规定登记注册的非公司制的经济组织。不包括有限责任公司中的国有独资公司。

集体企业 指企业资产归集体所有,并按《中华人民共和国企业法人登记管理条例》规定登记注册的经济组织。

股份合作企业 指以合作制为基础,由企业职工共同出资入股,吸收一定比例的社会资产投资组建,实行自主经营,自负盈亏,共同劳动,民主管理,按劳分配与按股分红相结合的一种集体经济组织。

联营企业 指两个及两个以上相同或不同所有制性质的企业法人或事业单位法人,按自愿、平等、互利的原则,共同投资组成的经济组织。联营企业包括国有联营企业、集体联营企业、国有与集体联营企业和其他联营企业。

有限责任公司 指根据《中华人民共和国公司登记管理条例》规定登记注册,由两个以上、五十个以下的股东共同出资,每个股东以其所认缴的出资额对公司承担有限责任,公司以其全部资产对其债务承担责任的经济组织。有限责任公司包括国有独资公司以及其他有限责任公司。

股份有限公司 指根据《中华人民共和国公司登记管理条例》规定登记注册,其全部注册资本由等额股份构成并通过发行股票筹集资本,股东以其认购的股份对公司承担有限责任,公司以其全部资产对其债务承担责任的经济组织。

私营企业 指由自然人投资设立或由自然人控股,以雇佣劳动为基础的营利性经济组织。包括按照《公司法》、《合伙企业法》、《私营企业暂行条例》规定登记注册的私营有限责任公司、私营股份有限公司、私营合伙企业和私营独资企业。

其他内资企业 指上述企业之外的其他内资经济组织。

与港澳台商合资经营企业 指港澳台地区投资者与内地企业依照《中华人民共和国中外合资经营企业法》及有关法律的规定,按合同规定的比例投资设立、分享利润和分担风险的企业。

与港澳台商合作经营企业 指港澳台地区投资者与内地企业依照《中华人民共和国中外合作经营企业法》及有关法律的规定,依照合作合同的约定进行投资或提供条件设立、分配利润和分担风险的企业。

港澳台商独资经营企业 指依照《中华人民共和国外资企业法》及有关法律的规定,在内地由港澳台地区投资者全额投资设立的企业。

港澳台商投资股份有限公司 指根据国家有关规定,经外经贸部依法批准设立,其中港、澳、台商的股本占公司注册资本的比例达25%以上的股份有限公司。凡其中港、澳、台商的股本占公司注册资本的比例小于25%的,属于内资企业中的股份有限公司。

中外合资经营企业 指外国企业或外国人与中国内地企业依照《中华人民共和国中外合资经营企业法》及有关法律的规定,按合同规定的比例投资设立、分享利润和分担风险的企业。

中外合作经营企业 指外国企业或外国人与中国内地企业依照《中华人民共和国中外合作经营企业法》及有关法律的规定,依照合作合同的约定进行投资或提供条件设立、分配利润和分担风险的企业。

外资企业 指依照《中华人民共和国外资企业法》及有关法律的规定,在中国内地由外国投资者全额投资设立的企业。

外商投资股份有限公司 指根据国家有关规定,经外经贸部依法批准设立,其中外资的股本占公司注册资本的比例达25%以上的股份有限公司。凡其中外资股本占公司注册资本的比例小于25%的,属于内资企业中的股份有限公司。

行政机关、事业单位和社会团体 参照企业登记注册类型,主要按其经费来源和管理方式划分。具体规定如下:

(1)行政机关:包括国家机关和政党机关,原则上均列为“国有”。但有特殊规定的,如供销社等,则列为“集体”

(2)事业单位:包括经国家机构编制部门和有关业务主管部门批准成立的各类事业单位,不包括实行企业化管理的事业单位。事业单位的划分办法如下:

①由国家财政预算拨款或列入财政预算外资金管理以及经费主要来源于国有主管部门或国有上级单位的事业单位,列为“国有”。

②经费主要来源于集体单位的事业单位,列为“集体”。

③公民个人(或个人合伙)开办的事业单位,列为“私营”。

④上述以外的其他事业单位,如果其经费来源不明确,按管理方式进行归类。

(3)社会团体:包括经民政部门批准成立以及未纳入社会团体管理条例范围的工会、妇联等各类社会团体。社会团体的划分办法如下:

①未纳入民政部社会团体管理条例范围的工会、妇联、共青团、青联、工商联、科协、侨联等社会团体,国家拨款设立的基金会或基金管理组织以及经费主要来源于国有业务主管部门或国有上级单位的社会团体,列为“国有”。

②经费主要来源于集体单位的社会团体,列为“集体”。

③公民个人(或个人合伙)开办的社会团体,划为“私营”。

④上述以外的其他社会团体,如果其经费来源不明确,改按管理方式进行归类。

生产总值(GDP) 指一个国家(或地区)所有常住单位在一定时期内生产活动的最终成果。生产总值有三种表现形态,即价值形态、收入形态和产品形态。从价值形态看,它是所有常住单位在一定时期内生产的全部货物和服务价值超过同期中间投入的全部非固定资产货物和服务价值的差额,即所有常住单位的增加值之和;从收入形态看,它是所有常住单位在一定时期内创造并分配给常住单位和非常住单位的初次收入分配之和;从产品形态看,它是所有常住单位在一定时期内最终使用的货物和服务价值与货物和服务净出口价值之和。在实际核算中,生产总值有三种计算方法,即生产法、收入法和支出法。三种方法分别从不同的方面反映生产总值及其构成。对于一个地区来说，称为地区生产总值或地区 GDP。

国民经济行业分类 自 2003 年定期报表开始使用新的《国民经济行业分类》(GB/T4754-2002)。该分类是由国家统计局组织修订，经国家质量监督检验检疫总局批准，于 2002 年 5 月 10 日发布实施。这次修订是在 1994 年分类标准的基础上，参照联合国《全部经济活动的国际标准产业分类》(ISIC/Rev.3) 进行的。修订后的《国民经济行业分类》(GB/T4754-2002) 共有门类 20 个，大类 95 个，中类 396 个，小类 913 个。新增门类 4 个，大类增加 3 个，中类增加 28 个，小类增加 67 个。

最终消费 指常住单位在一定时期内对于货物和服务的全部最终消费支出，也就是常住单位为满足物质、文化和精神生活的需要，从本国经济领土和国外购买的货物和服务的支出；不包括非常住单位在本国经济领土内的消费支出。最终消费分为居民消费和政府消费。

居民消费 指常住住户对货物和服务的全部最终消费支出。居民消费按市场价格计算，即按居民支付的购买者价格计算。购买者价格是购买者取得货物所支付的价格，包括购买者支付的运输和商业费用。居民消费除了直接以货币形式购买货物和服务的消费之外，还包括以其他方式获得的货物和服务的消费支出，即所谓的虚拟消费支出。居民虚拟消费支出包括以下几种类型：单位以实物报酬及实物转移的形式提供给劳动者的货物和服务；住户生产并由本住户消费了的货物和服务，其中的服务仅指住户的自有住房服务；金融机构提供的金融媒介服务；保险公司提供的保险服务。

政府消费 指政府部门为全社会提供公共服务的消费支出和免费或以较低价格向住户提供的货物和服务的净支出。前者等于政府服务的产出价值减去政府单位所获得的经营收入的价值，政府服务的产出价值等于它的经常性业务支出加上固定资产折旧；后者等于政府部门免费或以较低价格向住户提供的货物和服务的市场价值减去向住户收取的价值。

供水综合生产能力 指按供水设施取水、净化、送水、出厂输水干管等环节设计能力计算的综合生产能力。包括在原设计能力的基础上，经挖、革、改增加的生产能力。计算时，以四个环节中最薄弱的环节为主确定能力。

年末供水管道长度 指从送水泵至用户水表之间所有管道的长度。不包括新安装尚未使用的管道。

全年供水总量 指报告期供水企业(单位)供出的全部水量。包括有效供水量和漏损水量。

生活用水量 包括公共服务用水和居民家庭用水。公共服务用水指为城市社会公共生活服务的用水。包括行政事业单位、部队营区和公共设施服务、社会服务业、批发零售贸易业、旅馆饮食业以及其他公共服务业等单位的用水。居民家庭用水指城市范围内所有居民家庭的日常生活用水。包括城市居民、农民家庭、公共供水站用水。

用水普及率 指城市用水人口数与城市人口总数的比率。计算公式：

用水普及率=城市用水人口数/城市人口总数×100%

人工煤气生产能力 指报告期末人工煤气生产厂制气、净化、输送等环节的综合生产能力，不包括备用设备能力。一般按设计能力计算，如果实际生产能力大于设计能力时，应按实际测定的生产能力计算。测定时应以制气、净化、输送三个环节中最薄弱的环节为主。

供气管道长度 指报告期末从气源厂压缩机的出口或门站出口至各类用户引入管之间的全部已经通气投入使用的管道长度。不包括煤气生产厂、输配站、液化气储存站、灌瓶站、储配站、气化站、混气站、供应站等厂(站)内的管道。

全年供气总量 指全年燃气企业(单位)向用户供应的燃气数量。包括销售量和损失量。

用气普及率 指报告期末使用燃气的城市人口数与城市人口总数的比率。计算公式为：

用气普及率=城市用气人口数/城市人口总数×100%

年末道路长度 指年末道路长度和与道路相通的广场、桥梁、隧道的长度，按车行道中心线计算。在统计时只统计路面宽度在 3.5 米(含 3.5 米)以上的各种铺装道路，包括开放型工业区和住宅区道路在内。

城市桥梁 指为跨越天然或人工障碍物而修建的构筑物。包括跨河桥、立交桥、人行天桥以及人行地下通道等。包括永久性桥和半永久性桥。

城市排水管道长度 指所有排水总管、干管、支管、检查井及连接井进出口等长度之和。

城市污水日处理能力 指污水处理厂(或处理装置)每昼夜处理污水量的设计能力。

年末运营车数 指年末公交企业(单位)用于运营业务的全部车辆数。以企业(单位)固定资产台帐中已投入运营的车辆数为准。

城市园林绿地面积 指报告期末用作园林和绿化的各种绿地面积。包括公共绿地、居住区绿地、单位附属绿地、防护绿地、生产绿地、道路绿地和风景林地面积。

不包括：

1.屋顶绿化、垂直绿化、阳台绿化和室内绿化。

2.以物质生产为主的林地、耕地、牧草地、果园和竹园等。

3.城市总体规划中不列入绿地的水域。

公共绿地 指向公众开放的市级、区级、居住区级各类公园、街旁游园，包括其范围内的水域。其中居住区级公园应不小于1万平方米，街旁游园的宽度不小于8米，面积不小于400平方米。

Explanatory Notes on Main Statistical Indicators

Divisions of Administrative Areas refers to the division of administrative areas by the state. The Constitution of the People's Republic of China stipulates that the administrative areas in China are divided as: 1) The whole country is divided into provinces, autonomous regions and municipalities directly under the central government; 2) Provinces and autonomous regions are divided into autonomous prefectures, counties, autonomous counties and cities; 3) Autonomous prefectures are divided into counties, autonomous counties and cities; 4) Counties and autonomous counties are divided into townships, nationality townships and towns; 5) Municipalities and large cities are divided into districts and counties, 6) The state shall, when necessary, establish special administrative regions.

Comparable Prices refer to prices that are used to remove the factors of price change in calculating economic aggregates, so as to facilitate comparison of aggregates over time. Two methods are used for calculating economic aggregates at comparable prices: 1.Multiplying the output of products by their constant prices of certain year; 2.Deflation of data at current prices by relevant price index.

Constant Price refers to the average price of a given product in certain year, which is used for comparison of output value over time.As the output value at constant prices removes the factor of price changes,it reflects the trend of production development over time.Since 1949,with the changes in general price level,the State Statistical Bureau has issued nationally unified constant prices five times:the 1952 constant prices for 1952–1957;the 1957 constant prices for 1957–1970; the 1970 constant prices for 1971–1980; the 1980 constant prices for 1981–1990;and the 1990 constant prices have been used since 1991.

Average Annual Growth Rate Two methods for calculating average annual growth rate are applied in China,one is often called level approachor the method of calculating geometric average,which is derived by comparing the level of the last year of the interval with that of the beginning year;the other is calledaccumulative approach or algebraic average or equation method,which is derived by the summation of the actual figure of each year in the interval divided by the figure in the base year.

Usually the results calculated by the two methods are fairly close,but they differed sharply when uneven economic development occurred with striking fluctuations in growth.

The average annual growth rates listed in this statistical yearbook are calculated by level approach except for the growth rate of investment in fixed assets.The base years are not listed when the years are listed for average annual growth rates. For instance,the average annual growth rate of 43 years since 1949 is listed as average annual growth rate of 1950–1992 without listing the base year 1949.And the analogy of this is also the same for the rest of the years.

Registration Status of Enterprises Enterprises are classified into 3 categories, namely domestic–funded enterprises, enterprises with investment from Hong Kong, Macau and Taiwan, and enterprises with foreign investment, in the light of the registration status of an enterprise in industrial and commercial administration agencies. Domestic–funded enterprises include state–owned enterprises, collective–owned enterprises, cooperative enterprises, joint ownership enterprises, limited liability corporations, share–holding corporations Ltd., private enterprises and other enterprises. Included in the enterprises with investment from Hong Kong, Macau and Taiwan and enterprises with foreign investment are joint–venture enterprises, cooperative enterprises, sole investment enterprises and share–holding corporations Ltd. For government agencies, institutions and social organizations which are not requested to be registered in industrial and commercial administration agencies, they are classified mainly by their sources of funds and way of management.

State-owned Enterprises refer to non-corporation economic units where the entire assets are owned by the state and which have registered in accordance with the Regulation of the Peoples Republic of China on the Management of Registration of Corporate Enterprises. Excluded from this category are sole state-funded corporations in the limited liability corporations.

Collective-owned Enterprises refer to economic units where the assets are owned collectively and which have registered in accordance with the Regulation of the Peoples Republic of China on the Management of Registration of Corporate Enterprises.

Cooperative Enterprises refer to a form of collective economic units (enterprises) where capitals come mainly from employees as their shares, with certain proportion of capital from the outside, where production is organized on the basis of independent operation, independent accounting for profits and losses, joint work, democratic management, and a distribution system that integrates remuneration according to work with dividend according to capital share.

Joint Ownership Enterprises refer to economic units established by two or more corporate enterprises or corporate institutions of the same or different ownership, through joint investment on the basis of equality, voluntary participation and mutual benefits. They include state joint ownership enterprises, collective joint ownership enterprises, joint state-collective enterprises, other joint ownership enterprises.

Limited Liability Corporations refer to economic units established with investment from 2-50 investors and registered in accordance with the Regulation of the Peoples Republic of China on the Management of Registration of Corporations, each investor bearing limited liability to the corporation depending on its share of investment, and the corporation bearing liability to its debt to the maximum of its total assets. Limited liability corporations include exclusive state-funded limited liability corporations and other limited liability corporations.

Share-holding Corporations Ltd. refer to economic units registered in accordance with the Regulation of the Peoples Republic of China on the Management of Registration of Corporations, with total registered capitals divided into equal shares and raised through issuing stocks. Each investor bears limited liability to the corporation depending on the holding of shares, and the corporation bears liability to its debt to the maximum of its total assets.

Private Enterprises refer to profit-making economic units invested and established by natural persons, or controlled by natural persons using employed labour. Included in this category are private limited liability corporations, private share-holding corporations Ltd., private partnership enterprises and private-funded enterprises registered in accordance with the Corporation Law, Partnership Enterprises Law and Interim Regulations on Private Enterprises .

Other Domestic-funded Enterprises refer to domestic-funded economic units other than those mentioned above.

Joint-venture Enterprises with Funds from Hong Kong, Macau and Taiwan refer to enterprises jointly established by investors from Hong Kong, Macau and Taiwan with enterprises in the mainland of China in accordance with the Law of the Peoples Republic of China on Sino-foreign Joint Venture Enterprises and other relevant laws, where the share of investment, profits and risks is stipulated in the contract.

Cooperative Enterprises with Funds from Hong Kong Macau and Taiwan established by investors from Hong Kong, Macau and Taiwan with enterprises in the mainland of China in accordance with the Law of the Peoples Republic of China on Sino-foreign Cooperative Enterprises and other relevant laws, where the investment or provision of facilities, and the share of profits and risks is stipulated in the cooperative contract.

Enterprises with Sole (exclusive) Investment from Hong Kong, Macau and Taiwan refer to enterprises established in the mainland of China with exclusive investment from investors from Hong Kong, Macau and Taiwan in accordance with the Law of the Peoples Republic of China on Foreign-Funded Enterprises and other relevant laws.

Share-holding Corporations Ltd. with Investment from Hong Kong, Macau and Taiwan refer to share-holding corporations Ltd. established with the approval from the Ministry of Foreign Trade and Economic Relations in line with relevant state regulations, where the share of investment from Hong Kong, Macau or Taiwan businessmen exceeds

25% of the total registered capital of the corporation. In case the share of investment from Hong Kong, Macau or Taiwan is less than 25% of the total registered capital, the enterprise is to be classified as domestic–funded share–holding corporation Ltd.

Joint–venture Enterprises with Foreign Investment refer to enterprises jointly established by foreign enterprises or foreigners with enterprises in the mainland of China in accordance with the Law of the Peoples Republic of China on Sino–foreign Joint Venture Enterprises and other relevant laws, where the share of investment, profits and risks is stipulated in the contract.

Cooperation Enterprises with Foreign Investment refer to enterprises jointly established by foreign enterprises or foreigners with enterprises in the mainland of China in accordance with the Law of the Peoples Republic of China on Sino–foreign Cooperative Enterprises and other relevant laws, where the investment or provision of facilities, and the share of profits and risks is stipulated in the cooperative contract.

Enterprises with Sole (exclusive) Foreign Investment refer to enterprises established in the mainland of China with exclusive investment from foreign investors in accordance with the Law of the Peoples Republic of China on Foreign–Funded Enterprises and other relevant laws.

Share–holding Corporations Ltd. with Foreign Investment refer to share–holding corporations Ltd. established with the approval from the Ministry of Foreign Trade and Economic Relations in line with relevant state regulations, where the share of investment from foreign investors exceeds 25% of the total registered capital of the corporation. In case the share of foreign investment is less than 25% of the total registered capital, the enterprise is to be classified as domestic–funded share–holding corporation Ltd.

Government Agencies, Institutions and Social Organizations are classified into following categories by source of funds and way of management taking reference of the registration status of enterprises:

(1) Government agencies: include state and party agencies, classified in principle as "state–owned". There are exceptions, such as supply and marketing cooperatives which are classified as "collective".

(2) Institutions: include institutions of various types established with the approval by organization and staffing departments of the government, but exclude institutions where enterprise management system is introduced. Institutions are further classified as follows:

(a) Institutions whose main budget is listed in the government budget appropriations or extra–budget funds, or allocated from the budget of their competent government agencies. Such institutions are classified as "state–owned".

(b) Institutions whose budget mainly comes from collective units. Such institutions are classified as "collective".

(c) Social organizations established by individual or a group of citizens, which are classified as "private".

(d) Institutions other than those mentioned above whose source of budget is not clear. Such institutions are classified by way of management.

(3) Social organizations: include social organizations established with the approval from the Ministry of Civil Affairs, and organizations that are not covered by social organization management regulations such as trade unions, women's federations etc. Social organizations are further classified as follows:

(a) Social organizations that are not covered by social organization management regulations of the Ministry of Civil Affairs such as trade unions, women's federations, communist youth leagues, youth associations, industrial and commerce associations, scientists associations, overseas Chinese associations, etc., foundations and fund management organizations established with funds from the state, and social organizations whose funds mainly come from the budget of their competent government agencies. Such institutions are classified as "state–owned".

(b) Social organizations whose budget mainly comes from collective units. Such institutions are classified as "collective".

(c) Social organizations established by individual or a group of citizens, which are classified as "private".

(d) Social organizations other than those mentioned above whose source of budget is not clear. Such organiza–

tions are classified by way of management.

Gross Domestic Product (GDP) refers to the final products of all resident units in a country (or a region)during a certain period of time. Gross domestic product is expressed in three different forms, i. e. value, income, and products respectively. The form of value refers to the total value of all products and services produced by all resident units during a certain period of time minus total value of intimidate input of materials and services of the nature of non-fixed assets or the summation of the value-added of all resident units; the form of income includes all the income created by all resident units and distributed primarily to all resident and non-resident units; the form of products refers to the value of all final goods and services for final use by all resident units plus the value of net exports of goods and services during a given period of time. In the practice of national accounting, gross domestic product is calculated with three approaches, i. e. production approach, income approach, and expenditure approach, which reflect gross domestic product and its composition from different aspects.

Industrial Classification of the National Economy The new Industrial Classification of the National Economy (GB/T 4754-2002) is introduced starting from the compilation of 2003 annual statistics. The revision, based on the 1994 classification, was organized by the National Bureau of Statistics taking into consideration of the International Standards of the Industrial Classification of All Economic Activities (ISIC/Rev.3) of the United Nations. The new Classification was promulgated by the National Administration of Quality Supervision, Inspection and Quarantine on May 10, 2002. The revised version of the Industrial Classification of the National Economy (GB/T 4754-2002) is composed of 20 major divisions, 95 divisions, 396 major groups and 913 groups, of which 4 major divisions, 3 divisions, 28 major groups and 67 groups are new respectively.

Final Consumption refers to the total expenditure of resident units on final consumption of goods and services in a certain period, namely the expenditure of the resident units for purchases of goods and services from domestic economic territory and abroad to meet the requirements of material, cultural and spiritual life. It excludes the expenditure of non-resident units on consumption in the economic territory of the country. The final consumption is classified into household consumption and government consumption.

Households Consumption refers to the total expenditure of resident households on the final consumption of goods and services. The households consumption is calculated at market prices, namely the purchaser's prices which the households pay; the purchasers prices of goods are the prices the households pay when they obtain the goods, including the transport and commercial expenses paid by the households. In addition to the consumption of goods and services bought by the households directly with money, the expenditure on goods and services obtained by the households in other ways, i.e. the so-called imputed expenditure on consumption, is also included in the households consumption. The imputation expenditure of the households on consumption includes the following types: (a) the goods and services provided to the households by the units in the form of payment in kind and transfer in kind; (b) the goods and services produced and consumed by the households themselves, in which the services refer only to the services provided by the residential buildings owned by the households; (c) the services of financial intermediary provided by the financial institutions; (d) the insurance services provided by the insurance companies.

Government Consumption refers to the expenditure on the consumption of the public services provided by the government to the whole society and the net expenditure on the goods and services provided by the government to the households at free charge or lower prices. The former equals to the output value of the government services minus the value of operating income obtained by the government departments. (The output value of the government services equals to its current operating expenditure plus depreciation of fixed assets). The latter equals to the market value of the goods and services provided by the government free of charge or at low prices to the households minus the value received by the government from the households.

Production Capacity of Water Supply refers to the designed comprehensive production capacity of water facilities, covering the 4 links of water collection, purification, conveyance, and outflow through trunk pipelines. Increase capacity through transformation and innovation projects are included as well. The capacity is determined mainly on the weakest of the above–mentioned 4 links.

Length of Water Supply Pipelines at the Year–end refers to the total length of all the pipelines between the water pumps and the user's water meters, excluding pipelines newly installed but not used yet.

Annual Volume of Water Supply refers to the total volume of water supplied by water–works (units) during the reference period, including both the effective water supply and loss during the water supply.

Consumption of Water for Residential Use refers to the water consumption of households for daily life and the water consumption of public service facilities. The latter refers to water consumption for urban public services, including the consumption of government agencies and public institutions, military barracks, public facilities, wholesale and retail outlets, restaurants, hotels, and other units providing public services. Household water consumption refers to consumption of water for daily life of all households in the boundary of cities, including households of urban residents and farmers, and public water supply stations.

Percentage of Urban Population with Access to Tap Water refers to the ratio of the urban population with access to tap water to the total urban population. The formula is:

Percentage of population with access to tap water= (Urban population with access to tap water) / (Urban population) × 100%

Production Capacity of Gaswork Gas refers to the comprehensive production capacity of the urban gasworks in gas generation, purification and delivery at the end of the reference period, excluding capacity of the reserved facilities. In general, it is determined by the designed capacity, and when actual production capacity is larger than the designed capacity, the capacity is determined by the actual measurement on the weakest link in the production, purification and delivery.

Length of Gas Pipelines refers to the total length of pipelines in use between the outlet of the compressor of gas–work or outlet of gas stations and the leading pipe of users, excluding pipelines within gasworks, delivery stations, LPG storage stations, refilling stations, gas–mixing stations and supply stations.

Volume of Gas Supply refers to the total volume of gas provided to users by gas–producing enterprises (units) in a year, including the volume sold and the volume lost.

Percentage of Urban Population with Access to Gas refers to the ratio of the urban population with access to gas to the total urban population at the end of the reference period. The formula is:

Percentage of population with access to gas=(Urban population with access to gas / Urban population) × 100%

Length of Paved Roads at the Year–end refers to the length of roads with paved surface including squares bridges and tunnels connected with roads by the end of the year. Length of the roads is measured by the central lines for vehicles for paved roads with a width of 3.5 meters and over, including roads in open–ended factory compounds and residential quarters.

Urban Bridges refer to bridges built to cross over natural or man–made barriers, including bridges over rivers, overpasses for traffic and for pedestrian, underpasses for pedestrian, etc. Both permanent and semi–permanent bridges are included.

Length of Urban Sewage Pipes refers to the total length of general drainage, trunks. branch and inspection wells, connection wells, inlets and outlets, etc.

Daily Disposal Capacity of Urban Sewage refers to the designed 24 hour capacity of sewage disposal by the sewage treatment works or facilities.

Number of Vehicles under Operation at the Year–end refers to the total number of vehicles under operation by public transport enterprises (units) at the end of the year, based on the records of operational vehicles by the enterprises (units).

Area of Urban Gardens and Green Areas refers to the total area occupied for green projects at the end of the ref–

erence period, including public green land, green land in residential quarters, green land attached to institutions, protection green land, production green land, roadside green land and forest in scenic spots. It does not include the following:

(1) Greenery and plants on roofs, balconies, indoors and vertical green areas;

(2) Forest, cultivated land, grassland, orchards and bamboo grooves that are for production purpose; and

(3) Water areas that are not included in urban master plan as green land.

Public Green Area refers to green areas open to the public such as municipal, community and neighborhood parks and roadside parks, including waters within parks. Neighborhood parks should occupy an area larger than 10,000 square meters, and the width of roadside parks should occupy an area larger than 400 square meters, with a width of more that 8 meters.

2

Two

非公有制经济

Non-public Sectors of the Economy

2-1 非公有制经济生产总值

Value Added of Non-public-owned Economic Unit

单位：亿元 (100 million yuan)

指标	Item	非公有制增加值 Value Added of Non-pubic-owned economy				
		2005	2006	2007	2008	2009
非公有制经济生产总值	**Gross Domestic Product**	**570.27**	**723.63**	**904.03**	**1152.42**	**1295.10**
第一产业	Primery Industry	78.58	86.20	101.77	134.80	139.77
第二产业	Secondary Industry	247.09	322.81	380.81	472.35	525.39
工业	Industry	220.69	286.98	339.66	418.36	455.97
建筑业	Construction	26.40	35.83	41.15	53.99	69.42
第三产业	Tertiary Industry	244.60	314.62	421.45	545.27	629.94
#交通运输、仓储和邮政业	Transport Storage and Post	54.07	81.04	124.94	170.50	183.89
批发和零售业	Wholesale and Retail Trade	58.78	72.93	90.05	114.46	135.02
住宿和餐饮业	Hotel and Catering Services	33.33	43.94	70.72	103.55	121.96
房地产业	Real Estate	63.10	67.40	80.14	91.39	118.72
其他服务业中营利性服务业	For-profit other services	24.81	31.86	42.45	54.24	62.60

注：2009年为最终核实数，2005—2008年数据已按第二次经济普查资料修订(下表同)。

Note:Data of 2009 had been finally verified;data from 2005 to 2008 had been amendmented on the basis of the Second Economic Census(the same ap to the next table).

2-2 非公有制经济生产总值比重

Value Added of Non-public-owned economic unit as Percentage to GDP

单位：% (%)

指标	Item	非公有制经济分产业增加值占该产业全部增加值比重 Value Added of Non-public-owned economic as Percentage to the Industry total Value-Added				
		2005	2006	2007	2008	2009
非公有制经济生产总值比重	**Gross Domestic Product**	**28.4**	**30.9**	**31.3**	**32.4**	**33.1**
第一产业	Primery Industry	21.3	22.6	22.8	25.0	25.4
第二产业	Secondary Industry	30.1	33.4	33.9	34.5	35.6
工业	Industry	31.2	34.2	34.7	35.0	36.4
建筑业	Construction	23.2	27.9	28.2	30.9	31.0
第三产业	Tertiary Industry	30.0	31.8	32.1	33.0	33.4
#交通运输、仓储和邮政业	Transport Storage and Post	39.0	42.0	44.3	46.0	46.0
批发和零售业	Wholesale and Retail Trade	42.8	45.1	45.3	46.0	46.0
住宿和餐饮业	Hotel and Catering Services	76.0	77.0	78.5	79.4	79.5
房地产业	Real Estate	82.6	84.0	86.0	87.2	87.2
其他服务业中营利性服务业	For-profit other Services	25.0	25.1	25.2	25.4	25.0

2-3 规模以上非公有制经济工业企业主要经济指标(一)(2009)

单位：万元

指 标	Item	企业单位数 (个) Number of Enterprises (unit)
总 计	**Total**	**2515**
#亏损企业	Of the Total:Loss Making Industry	816
#轻工业	Of the Total:Light Industry	529
重工业	Heavy Industry	1986
#大型企业	Of the Total:Large Industry	31
中型企业	Medium	334
小型企业	Small	2150
按登记注册类型分组:	Grouped by Registration Categories	
内资企业	Domestic Investment Enterprises	2411
国有企业	State-owned Enterprises	168
集体企业	Collective-owned Enterprises	24
股份合作企业	Share-holding Cooperative Enterprises	45
联营企业	Joint Owned Enterprises	9
有限责任公司	Companies with Limited Liabilities	771
股份有限公司	Share-holding Companies with Limited Liabilities	92
私营企业	Private Enterprises	1287
其他企业	Others	15
港、澳、台商投资企业	Enterprises with Funds from Hong Kong, Macao and Taiwan	47
合资经营企业(港或澳、台资)	Joint-venture Enterprises(with Funds from Hong Kong,Macao and Taiwan)	22
港澳台商独资经营企业	Enterprises with Sole Funds from Hong Kong, Macao and Taiwan	23
港澳台商投资股份有限公司	Share-holding Companies with Funds from Hong Kong,Macao and Taiwan	2
外商投资企业	Foreign Funded Enterprises	57
中外合资经营企业	Joint-venture Enterprises	27
中外合作经营企业	Cooperative Enterprises	4
外资企业	Enterprises with Sole Foreigner	21
外商投资股份有限公司	Share-holding Companies with Funds from Foreigner	5

Main Economic Indicators of Non-public-owned above Designated Size Industrial Enterprises

(10000 yuan)

工业总产值(当年价) Gross IndustialOutput Value(current price)	固定资产原价 Net Value of Fixed Assets	主营业务收入 Prime Operating Revenue	利润总额 Total Profits	从业人员平均人数(万人) Annual Average Number of Employed Persons (10000 person)
1526.61	**908.15**	**1358.97**	**77.32**	**35.69**
303.09	199.22	277.51	-29.54	9.54
394.80	98.82	343.49	33.22	6.51
1131.81	809.33	1015.48	44.10	29.18
253.30	136.45	235.95	18.61	4.26
552.95	525.99	502.51	40.35	11.07
720.36	245.71	620.51	18.36	20.36
1405.55	832.91	1258.50	71.52	32.99
87.68	129.13	69.63	2.15	0.62
2.92	2.36	2.78	0.36	0.14
20.68	20.11	17.46	-0.79	0.86
2.88	0.40	2.64	-0.04	0.07
588.17	296.66	532.36	26.34	10.07
150.08	204.29	135.60	11.03	2.95
546.52	178.58	491.64	32.23	17.97
6.62	1.38	6.39	0.24	0.32
42.13	39.46	39.01	-3.49	0.81
18.11	31.95	16.40	-2.76	0.34
22.89	5.24	21.55	-0.73	0.46
1.13	2.27	1.07		0.01
78.93	35.77	61.46	9.29	1.88
25.76	14.75	23.50	2.50	0.57
12.51	8.28	12.45	3.72	0.13
16.51	8.54	13.69	1.14	0.34
24.15	4.21	11.81	1.93	0.84

2–4 规模以上非公有制经济工业企业主要经济指标(二)(2009)

单位：万元

指 标	Item	企业单位数（个） Number of Enterprises (unit)
采掘业	**Mining and Quarrying**	
煤炭开采和洗选业	Mining and Washing of Coal	627
黑色金属矿采选业	Mining and Processing of Ferrous Metal Ores	26
有色金属矿采选业	Mining and Processing of Non-Ferrous Metal Ores	26
非金属矿采选业	Mining and Processing of Nonmetal Ores	44
制造业	**Manufacturing**	
农副食品加工业	Processing of Food from Agricultural Products	133
食品制造业	Manufacture of Foods	46
饮料制造业	Manufacture of Beverages	93
烟草制品业	Manufacture of Tobacco	8
纺织业	Manufacture of Textile	9
纺织服装、鞋、帽制造业	Manufacture of Textile Wearing Apparel,Footware, and Caps	6
皮革、毛皮、羽毛(绒)及其制品业	Manufacture of Leather, Fur, Feather and Related Products	1
木材加工及木竹藤棕草制品业	Timber Processing,Manufacture of Wood, Bamboo, Rattan,Palm, and Straw Products and Straw Products	64
家具制造业	Manufacture of Furniture	2
造纸及纸制品业	Manufacture of Paper and Paper Products	41
印刷业和记录媒介的复制	Printing,Reproduction of Recording Media	20
文教体育用品制造业	Manufacture of Articles For Culture, Education and Sport Activity	3
石油加工、炼焦及核燃料加工业	Processing of Petroleum, Coking, Processing of Nuclear Fuel	41
化学原料及化学制品制造业	Manufacture of Raw Chemical Materials and Chemical Products	175
医药制造业	Manufacture of Medicines	96
橡胶制品业	Manufacture of Rubber	9
塑料制品业	Manufacture of Plastics	48
非金属矿物制品业	Manufacture of Non-metallic Mineral Products	305
黑色金属冶炼及压延加工业	Smelting and Pressing of Ferrous Metals	193
有色金属冶炼及压延加工业	Smelting and Pressing of Non-ferrous Metals	94
金属制品业	Manufacture of Metal Products	32
通用设备制造业	Manufacture of General Purpose Machinery	50
专用设备制造业	Manufacture of Special Purpose Machinery	39
交通运输设备制造业	Manufacture of Transport Equipment	64
电气机械及器材制造业	Manufacture of Electrical Machinery and Equipment	39
通信设备、计算机及其他电子 设备制造业	Manufacture of Communication Equipment, Computers and Other Electronic Equipment	25
仪器仪表及文化、办公用机械制造业	Manufacture of Measuring Instruments and Machinery for Cultural Activity and Office Work	11
电力、煤气、水的生产和供应业	**Production and Distribution of Electric Power,Gasand Water**	
电力、热力的生产和供应业	Production and Distribution of Electric Power and Heat Power	120
燃气生产和供应业	Production and Distribution of Gas	4
水的生产和供应业	Production and Distribution of Water	12

Main Economic Indicators of Non-public-owned above Designated Size Industrial Enterprises

(10000 yuan)

工业总产值(当年价) Gross IndustialOutput Value(current price)	固定资产原价 Net Value of Fixed Assets	主营业务收入 Prime Operating Revenue	利润总额 Total Profits	从业人员平均人数(万人) Annual Average Number of Employed Persons (10000 person)
236.69	101.64	214.92	22.80	12.22
3.96	0.91	3.95	0.30	0.19
4.77	1.93	4.71	0.15	0.18
11.26	2.57	10.59	1.19	0.25
57.99	7.62	55.95	2.97	0.98
34.19	7.70	33.02	7.69	0.55
48.82	18.09	32.70	4.28	1.00
67.58	20.37	68.60	6.63	0.45
2.07	0.72	2.06	-0.08	0.24
0.66	0.48	0.63	0.01	0.06
0.53	0.06	0.51	0.01	
21.80	3.69	19.90	0.52	0.59
0.13	0.13	0.10	-0.02	0.01
12.90	2.26	10.92	0.39	0.26
8.04	6.34	6.22	1.56	0.13
0.81	0.16	0.80	0.11	0.07
46.17	10.34	31.31	1.60	1.02
128.21	66.61	118.77	1.40	2.00
114.75	25.32	91.28	8.78	1.93
38.83	21.49	32.94	3.21	0.62
18.57	5.52	16.75	1.02	0.40
94.16	62.44	84.27	2.97	3.70
186.15	49.63	178.67	-4.26	3.01
81.76	45.84	75.96	4.13	1.11
14.57	6.24	14.73	0.18	0.53
16.41	5.63	15.05	1.90	0.50
19.02	5.92	16.84	0.88	0.41
51.37	28.31	48.61	3.23	1.47
33.67	6.08	26.97	1.05	0.50
17.30	5.76	17.13	0.78	0.35
2.80	0.44	2.07	0.24	0.09
144.45	384.57	115.57	1.14	0.70
1.20	0.39	1.24	0.02	0.02
0.13	0.48	0.17	0.04	0.01

2–5 资质以上非公有制经济建筑企业主要经济指标(2009)

单位：万元

指　标	Item	有工作量企业数(个) Number of Enterprises (unit)
总　计	**Total**	**361**
按登记注册类型分组	**Grouped by Registration Categories**	
内资企业	Domestic Investment Enterprises	361
联营企业	Joint Owned Enterprises	3
其他联营企业	Others	3
有限责任公司	Companies with Limited Liabilities	184
其他有限责任公司	Others	184
股份有限公司	Share-holding Companies with Limited Liabilities	33
私营企业	Private Enterprises	141
私营独资企业	Enterprises Investments with Sole Private	4
私营合伙企业	Cooperative Enterprises	1
私营有限责任公司	Companies with Limited Liabilities	128
私营股份有限公司	Share-holding Companies with Limited Liabilities	8
按建筑业行业中类分组	**By Sector**	
房屋和土木工程建筑业	Housing Construction and Civil Engineering Industry	234
建筑安装业	Construction and Installation Industry	62
建筑装饰业	Construction and Descoration Industry	44
其他建筑业	Other Construction Industries	21
按企业资质等级分组	**By Qualification Standard**	
施工总承包	Chief Construction Contract	247
一级	First Grade	9
二级	Second Grade	72
三级	Third and Lower Grade	166
专业承包	Professional Contract	114
一级	First Grade	8
二级	Second Grade	60
三级	Third and Lower Grade	46

Main Economic Indicators of Non-public-owned above Designated Size Construction Enterprises

(10000 yuan)

建筑业总产值 Gross Output Value of Construction	固定资产原价 Net Value of Fixed Assets	工程结算收入 Prime Operating Revenue	利润总额 Total Profits	平均人数(人) Annual Average Number of Employed Persons(person)
1477198	**291027**	**1425780**	**37836**	**110926**
1477198	291027	1425780	37836	110926
4945	6717	5083	18	353
4945	6717	5083	18	353
1011929	173101	984687	24455	69762
1011929	173101	984687	24455	69762
120109	33995	114800	7876	10039
340215	77214	321210	5488	30772
4582	4705	3811	380	376
949	1357	949	-1	85
275578	63893	257125	4913	25961
59106	7260	59325	196	4350
1314548	245522	1271974	27933	99402
97957	27340	89318	8884	6415
39740	8247	37659	190	3541
24954	9919	26829	830	1568
1325552	257944	1275349	29863	100489
565819	39422	532439	5637	25506
451302	130084	456059	16503	39961
308431	88438	286851	7724	35022
151646	33084	150430	7973	10437
16563	3168	16798	267	980
67278	15424	70696	1045	5613
67806	14491	62936	6661	3844

2-6 限额以上非公有制经济批发零售企业主要经济指标(2009)

单位：万元

指 标	Item	企业个数(个) Number of Enterprises(unit)
批发业	**Wholesale Trade**	**283**
按登记注册类型分组	**Grouped by Registration Categories**	
内资企业	Domestic Investment Enterprises	281
国有企业	State-owned Enterprises	65
集体企业	Collective-owned Enterprises	12
股份合作企业	Share-holding Cooperative Enterprises	4
有限责任公司	Companies with Limited Liabilities	154
国有独资公司	Sole State-owned	6
其他有限责任公司	Others	148
股份有限公司	Share-holding Companies with Limited Liabilities	10
私营企业	Private Enterprises	36
私营独资企业		3
私营合伙企业		1
私营有限责任公司	Companies with Limited Liabilities	30
私营股份有限公司	Share-holding Companies with Limited Liabilities	2
港、澳、台商投资企业	Enterprises with Funds from Hong Kong, Macao and Taiwan	1
合资经营企业(港或澳、台资)	Joint-venture Enterprises(with Funds from Hong Kong, Macao and Taiwan)	1
外商投资企业	Foreign Funded Enterprises	1
外资企业	Enterprises with Sole Foreigner	1
按批发行业分组	**Grouped by Wholesale Trade Sector**	
农畜产品批发业		4
食品、饮料及烟草制品批发	Food, Beverages, Tobacco	39
纺织、服装及日用品批发	Textiles Products,Gaments and Commodity	4
文化、体育用品及器材批发	Culture&Sports Articles and Equipments	9
医药及医疗器材批发	Medicines and Special Appliances of Medicines	45
矿产品、建材及化工产品批发	Mineral Products,Materials of Construction and Chemical Products	129
机械设备、五金交电及电子产品批发	Mechinery Equipments,Hardwares,Electric Appliances and Eletronic Products	42
其他批发	Others	11

Main Economic Indicators of Non-public-owned Enterprises above Designated Size of Chain Wholesale and Retail Trade

(10000 yuan)

固定资产原价 Net Value of Fixed Assets	主营业务收入 Prime Operating Revenue	利润总额 Total Profits	从业人员平均人数(人) Annual Average Number of Employed Persons(person)
50770	**1436041**	**20042**	**39173**
47378	1410469	18838	38995
659	2338	55	27546
783	7831	4	485
3189	20646	556	232
29899	942000	7920	7504
			564
29899	942000	7920	6940
9217	241806	8204	1872
3631	195848	2099	1356
267	21364	-13	54
525	11374	136	290
2804	158979	1797	974
36	4132	179	38
3391	13464	556	168
3391	13464	556	168
	12107	649	10
	12107	649	10
122	5964	28	194
4229	51601	1235	24396
157	19121	98	248
163	10013	33	488
18270	320858	8654	3798
21017	710760	6457	7149
6442	298528	3564	2505
371	19196	-26	395

2-6 续表

单位：万元

指 标	Item	企业个数(个) Number of Enterprises(unit)
零售业	**Retail Trade**	**371**
按登记注册类型分组	**Grouped by Registration Categories**	
内资企业	Domestic Investment Enterprises	358
国有企业	State-owned Enterprises	52
集体企业	Collective-owned Enterprises	4
股份合作企业	Share-holding Cooperative Enterprises	2
有限责任公司	Companies with Limited Liabilities	163
其他有限责任公司	Others	158
股份有限公司	Share-holding Companies with Limited Liabilities	21
私营企业	Private Enterprises	114
私营独资企业	Enterprises Investments with Sole Private	13
私营合伙企业	Cooperative Enterprises	6
私营有限责任公司	Companies with Limited Liabilities	84
私营股份有限公司	Share-holding Companies with Limited Liabilities	11
其他	Others	2
港、澳、台商投资企业	Enterprises with Funds from Hong Kong, Macao and Taiwan	6
与港澳台商合资经营	Joint-venture Enterprises(with Funds from Hong Kong,Macao and Taiwan)	4
与港澳台商合作经营	Cooperative Enterprises(with Funds from Hong Kong, Macao and Taiwan)	
外商投资企业	Foreign Funded Enterprises	7
中外合资经营企业	Joint-venture Enterprises	4
外资企业	Enterprises with Sole Foreigner	3
按零售行业小类分组	**Grouped by Retail Trade Sector**	
综合零售	Comprehensive Retail Sale	56
食品、饮料及烟草制品专门零售	Food, Beverages, Tobacco	15
纺织、服装及日用品专门零售	Textiles Products,Gaments and Commodity	20
文化、体育用品及器材专门零售	Medicines and Special Appliances of Medicines	42
医药及医疗器材专门零售	Automobiles,Motocycles,Fuels and Their Parts	20
汽车、摩托车、燃料及零配件专门零售	Household Electrical Appliances and Electronic Products	147
家用电器及电子产品专门零售	Hardwares,Furnitures and Materials of Decoration	53
无店铺及其他零售	Non-shop and other Retails	15

(continued)

(10000 yuan)

固定资产原价 Net Value of Fixed Assets	主营业务收入 Prime Operating Revenue	利润总额 Total Profits	从业人员平均人数(人) Annual Average Number of Employed Persons(person)
153479	**1759738**	**27652**	**30609**
118330	1545788	19410	27934
7	691	-3	4009
			192
149	3092	227	89
77269	954494	12320	11946
77269	954494	12320	11774
5966	34730	1301	4354
34939	552781	5564	7002
423	15008	206	473
778	9909	47	185
32180	481356	4485	5506
1558	46508	827	838
			342
4121	96715	4522	851
3818	85521	4904	586
31028	117235	3721	1824
28257	97821	3552	1453
2771	19414	169	371
60037	331258	7910	9795
5383	31151	-730	1067
9209	119096	4696	1799
15558	30278	-1514	1857
4599	55270	979	3032
53614	922779	10852	9778
2793	225898	5056	2786
2195	33124	383	420

2–7 限额以上非公有制经济住宿餐饮企业主要经济指标(2009)

单位：万元

指 标	Item	企业个数(个) Number of Enterprises(unit)
住宿业	**Quartering Services**	**181**
按登记注册类型分组	**Grouped by Registration Categories**	
内资企业	Domestic Investment Enterprises	176
国有企业	State-owned Enterprises	50
集体企业	Collective-owned Enterprises	3
股份合作企业	Share-holding Cooperative Enterprises	3
有限责任公司	Companies with Limited Liabilities	46
国有独资公司	Sole State-owned	1
其他有限责任公司	Others	45
股份有限公司	Share-holding Companies with Limited Liabilities	3
私营企业	Private Enterprises	67
私营独资企业	Enterprises Investments with Sole Private	31
私营合伙企业	Cooperative Enterprises	11
私营有限责任公司	Companies with Limited Liabilities	21
私营股份有限公司	Share-holding Companies with Limited Liabilities	4
其他企业	Others	4
港、澳、台商投资企业	Enterprises with Funds from Hong Kong, Macao and Taiwan	4
合资经营企业(港或澳、台资)	Joint-venture Enterprises(with Funds from Hong Kong, Macao and Taiwan)	2
港、澳、台商独资经营企业	Cooperative Enterprises(with Funds from Hong Kong, Macao and Taiwan)	2
外商投资企业	Foreign Funded Enterprises	1
中外合资经营企业	Joint-venture Enterprises	1
按住宿行业分组	**Grouped by Quartering Services Sector**	
旅游饭店	Tourism Hotels	136
一般旅馆	General Hotels	39
其他住宿服务	Others	6
餐饮业	**Catering Services**	**110**
按登记注册类型分组	**Grouped by Registration Categories**	
内资企业	Domestic Investment Enterprises	105
国有企业	State-owned Enterprises	4
有限责任公司	Companies with Limited Liabilities	30
其他有限责任公司	Others	30
私营企业	Private Enterprises	65
私营独资企业	Enterprises Investments with Sole Private	32
私营合伙企业	Cooperative Enterprises	9
私营有限责任公司	Companies with Limited Liabilities	17
私营股份有限公司	Share-holding Companies with Limited Liabilities	7
其他企业	Others	6
港、澳、台商投资企业	Enterprises with Funds from Hong Kong, Macao and Taiwan	2
合资经营企业(港或澳、台资)	Joint-venture Enterprises(Hong Kong, Macao or Taiwan)	
港、澳、台商独资经营企业	Corporations soly Funds from Hong Kong, Macao or Taiwan	1
港、澳、台商投资股份有限公司	hare-holding Corporations Ltd. Funds from Hong Kong, Macao or Taiwan	1
外商投资企业	Foreign Funded Enterprises	3
中外合资经营企业	Joint-venture Enterprises	
外资企业	Enterprises with Sole Foreigner	3
按餐饮行业分组	**Grouped by Catering Services Sector**	
正餐服务	Restaurant	102
快餐服务	Snack Counter	6
其他餐饮服务业	Others	2

Main Economic Indicators of Non-public-owned Enterprises above Designated Size of Chain Catering and Quartering Services

(10000 yuan)

固定资产原价 Net Value of Fixed Assets	主营业务收入 Prime Operating Revenue	利润总额 Total Profits	从业人员平均人数(人) Annual Average Number of Employed Persons(person)
161379	**90456**	**-1796**	**19996**
134846	81059	-1760	18642
1664	1444	5	5509
			169
1011	568	44	185
67667	34098	-1920	6139
			628
67667	34098	-1920	5511
2590	739	2	380
61645	42368	-54	6040
28579	19732	292	2942
4457	6239	57	782
20670	12349	-114	1796
7938	4048	-289	520
270	1841	164	220
22052	6306	-41	1036
3864	1722	-60	603
18188	4584	19	433
4481	3092	6	318
4481	3092	6	318
142688	72660	-1780	16581
17588	16916	-100	2837
1104	880	84	578
48080	**85648**	**4463**	**10036**
45142	82080	2812	9803
			555
8215	23710	620	2756
8215	23710	620	2756
35782	54232	2085	5985
10009	15566	232	1820
3912	5623	454	734
15562	27056	1106	2491
6299	5987	292	940
1146	4139	108	507
2378	**852**	**48**	141
897	394	48	55
1481	459		86
560	2715	1603	92
560	2715	1603	92
44654	81268	3068	9597
2760	4082	1397	288
666	298	-3	151

2–8 全社会非公有制经济完成投资额
Investment of Non-public-owned Economic Unit in the Whole Province

单位：亿元 (100 million yuan)

指　标	Item	非公有制投资 Non-public-owned		非公有制投资占全省比重(%) Proportion of Investments of Non-public-owned Economic Units to Total Investments(%)	
		2008	2009	2008	2009
总计	**Total Investments**	**930.19**	**1187.14**	**49.9**	**48.4**
农、林、牧、渔业	Agriculture,Forestry,Animal Husbandry and Fishing	25.20	32.04	49.5	43.6
采矿业	Mining	122.97	228.43	68.1	84.0
制造业	Manufacturing	233.07	270.36	72.0	76.1
电力、燃气及水的生产和供应业	Production and Supply of Electricity,Gas and Water	71.79	55.86	25.3	20.1
建筑业	Construction	3.28	4.25	45.5	63.4
交通运输、仓储和邮政业	Transport,Storage and Post	18.04	35.62	7.0	8.1
信息传输、计算机服务和软件业	Information Transmission,Computer Service and Software	15.60	30.58	33.0	50.4
批发和零售业	Wholesale and Retail Trade	13.94	16.14	76.0	77.8
住宿和餐饮业	Hotels and Catering Services	11.43	14.57	81.1	88.5
金融业	Financial Intermediation	1.62	5.02	37.4	66.7
房地产业	Real Estate	373.59	459.90	86.8	84.5
租赁和商务服务业	Leasing and Business Services	11.45	4.14	88.2	55.7
科学研究、技术服务和地质勘查	Scientific Research, Technical Services, and Geological Prospecting	0.53	1.23	11.0	14.6
水利、环境和公共设施管理业	Management of Water Conservancy, Environment and Public Facilities	14.89	13.33	11.4	5.9
居民服务和其他服务业	Services to Households and Other Services	4.88	5.92	95.1	92.2
教育	Education	2.92	2.41	9.6	5.9
卫生、社会保障和社会福利业	Health, Social Securities and Social Welfare	0.75	0.65	6.3	3.8
文化、体育和娱乐业	Culture, Sports and Entertainment	3.01	3.38	20.5	21.4
公共管理和社会组织	Public Management and Social Organization	1.22	3.31	3.4	6.2

注:本表数据根据投资单位登记注册类型汇总。
Note:Data in the table are calculated by investment unit's registration status.

3

Three

财政、税收

Fiscal and Taxation

3–1　财政收入

Financial Revenue

单位：亿元　　　(100 million yuan)

指　标	Item	2006	2007	2008	2009	2009年比2008年增长(%) Increase Rate in 2009 over 2008(%)
财政总收入	**Total Government Revenue**	**448.88**	**556.98**	**674.58**	**779.59**	**15.9**
#一般预算收入	Local Financial Revenue	226.82	285.14	349.55	416.48	19.1
#增值税	Value-added Tax	38.19	45.94	55.14	57.47	4.2
营业税	Business Tax	55.73	68.27	80.33	104.31	29.8
企业所得税	Company Income Tax	21.41	29.88	35.70	42.34	18.6
个人所得税	Personal Income Tax	11.04	14.72	18.41	21.32	15.8
资源税	Resource Tax	3.07	4.32	5.33	8.49	59.2
城市维护建设税	Urban Maintenance and Development Tax	15.42	18.89	22.07	24.45	10.8
房产税	Tax on Real Estates	5.12	5.78	6.29	7.43	18.0
契税	Contract Tax	4.71	6.34	7.85	8.69	10.7
土地增值税	Value-added Tax on Land	1.43	3.01	3.73	5.81	55.8
国有资本经营收入	State-owned Assets Profit	6.90	6.42	4.34	6.04	39.2
罚没收入	Penalty and Confiscatory Income	12.15	12.90	12.67	14.23	12.2
行政事业性收费收入	Income from Administrative Fees	16.77	18.48	19.76	19.08	-3.4
专项收入	Special Project Income	13.92	24.85	40.65	46.56	14.5
其他收入	Other Revenue	9.96	6.74	4.21	6.14	45.9

注:资料来源于省财政厅(以下相关表同)。

Note:1.Data in the table are provided by the Department of Finance.(The relative tables in the chapter are the same)

3–2 财政支出
Financial Expenditure

单位：亿元 (100 million yuan)

指　　标	Item	2008	2009	2009年比2008年增长(%) Increase Rate in 2009 over 2008(%)
总　　计	**Total**	**1055.39**	**1372.27**	**30.0**
一般公共服务	Common Public Service	184.21	196.78	6.8
国防	National Defence	1.58	2.81	77.7
公共安全	Public Security	68.07	82.95	21.9
教育	Education	229.77	256.72	11.7
科学技术	Science and Technology	12.99	14.27	9.9
文化体育与传媒	Culture,Sports and Communication	17.84	23.62	32.4
社会保障和就业	Social Security and Jobs	107.46	150.04	39.6
医疗卫生	Health Care	67.44	102.84	52.5
环境保护	Environmental Protection	40.44	55.31	36.8
城乡社区事务	Urban and Country Community Affairs	46.51	43.74	-5.9
农林水事务	Affairs of Agriculture,Forest and Water	121.71	204.13	67.7
交通运输	Transport	49.39	120.80	144.6
其他支出	Other Expenditures	107.99	118.24	9.5

3–3　分级一般预算收入(2009)
Local Government Financial Revenue by Level

单位：亿元　　(100 million yuan)

指　标	Item	总　计 Provincial Total	省　级 Province	地　级 Prefecture	县　级 County	乡镇级 Villages and Towns
一般预算收入	**Local Financial Revenue**	**416.48**	**94.06**	**88.69**	**180.22**	**53.51**
#增值税	Value-added Tax	57.47	22.99	8.51	18.54	7.44
营业税	Business Tax	104.31	19.99	20.54	46.62	17.17
企业所得税	Company Income Tax	42.34	17.64	9.11	11.55	4.04
个人所得税	Personal Income Tax	21.32	0.49	4.90	10.10	5.84
资源税	Resource Tax	8.49	2.55	0.44	3.09	2.41
城市维护建设税	Urban Maintenance and Development Tax	24.45	0.01	10.27	11.69	2.48
房产税	Tax on Real Estates	7.43		2.83	4.04	0.56
契税	Contract Tax	8.69		2.27	5.24	1.19
土地增值税	Value-added Tax on Land	5.81		1.39	3.69	0.73
国有资产经营收益	State-owned Assets Profit	6.04	0.70	1.77	3.54	0.02
罚没收入	Penalty and Confiscatory Income	14.23	2.30	2.74	8.93	0.26
行政性收费收入	Income from Administrative Fees	19.08	5.58	4.79	8.10	0.62
专项收入	Special Project Income	46.56	15.83	8.02	22.01	0.70
其他收入	Other Revenue	6.14	1.50	1.88	2.41	0.34

3–4　分级一般预算支出(2009)
Local Financial Expenditure by Level

单位：亿元　　(100 million yuan)

指　标	Item	总计 Total	省 级 Province	地 级 Prefecture	县 级 County	乡镇级 Villages and Towns
一般预算支出	**Local Financial Expenditure**	**1372.27**	**388.18**	**176.03**	**718.96**	**89.09**
一般公共服务	Common Public Service	196.78	38.41	27.70	85.11	45.57
国防	National Defence	2.81	1.20	0.79	0.80	0.02
公共安全	Public Security	82.95	23.09	15.44	44.03	0.39
教育	Education	256.72	38.82	18.09	188.96	10.85
科学技术	cience and Technology	14.27	6.68	2.50	5.04	0.06
文化体育与传媒	Culture,Sports and Communication	23.62	10.53	5.08	7.11	0.90
社会保障和就业	Social Security and Jobs	150.04	34.53	16.55	92.99	5.98
医疗卫生	Health Care	102.84	19.87	10.91	69.94	2.13
环境保护	Environmental Protection	55.31	25.54	5.23	24.04	0.50
城乡社区事务	Urban and Country Community Affairs	43.74	2.71	10.03	28.96	2.05
农林水事务	Affairs of Agriculture,Forest and Water	204.13	75.51	12.16	101.24	15.23
交通运输	Transport	120.80	85.89	20.40	14.04	0.47
其他支出	Other Expenditures	118.24	25.41	31.17	56.71	4.96

3-5 税收收入(按产业分)(2009)

Taxation Revenue by Sector

单位：万元 (10000 yuan)

项　　目	Types	合计 Total	国家税收 National Tax	地方税收 Local Government Tax
税收收入合计	**Total**	**6601545**	**3853788**	**2747757**
第一产业	Primery Industry	5665	5146	519
第二产业	Secondary Industry	3845873	2761787	1084086
采矿业	Mining and Quarrying	879135	513057	366078
制造业	Manufacturing	1974675	1679755	294920
电力、燃气及水的生产和供应业	Production and Distribution of Electric Power, Gas and Water	673860	556734	117126
建筑业	Construction Enterprises	318203	12241	305962
第三产业	Tertiary Industry	2750009	1086857	1663152
交通运输、仓储及邮政业	Transport,Storage and Post	139563	14544	125019
信息传输、计算机服务和软件业	Information Transmission,Computer Services and Software	118307	65701	52606
批发和零售业	Wholesale and Retail Trade	1077922	685638	392284
住宿和餐饮业	Hotel and Catering Services	61971	834	61137
金融业	Financial Intermediation	284021	64959	219062
房地产业	Real Estates	422282	72591	349691
租赁和商务服务业	Leasing and Business Services	139867	11641	128226
居民服务和其他服务业	Services to Households and Other Services	81183	7176	74007
教育	Education	8868	607	8261
卫生、社会保险和社会福利业	Health,Social Security and Social Welfare	8462	481	7981
文化、体育和娱乐业	Culture,Sports and Entertainment	21166	1796	19370
公共管理和社会组织	Public Management and Social Organization	53854	15808	38046
其他行业	Others	332543	145081	187462

注：1、资料来源于省国税局、省地税局(以下相关表同)。2、表中国税收入不含海关代征税收(以下相关表同)。3、表中地税收入不含契税、耕地占用税(以下相关表同)。

Note:1.Data in the table are obtained from Guizhou Provincial Office SAT and Guizhou Provincial Local Taxation Bureau(the same applies to relative tables below).2.National tax in the table do not include the tax Levied by the customs(the same applies to relative tables below). 3.Local government tax in the table do not include contract tax and arable land occupation tax(the same applies to relative tables below).

3-6　税收收入(按企业类型分)(2009)
Taxation Pevenue (by Business Entities)

单位：万元　(10000 yuan)

项目	Types	合计 Total	国家税收 National Tax	地方税收 Local Government Tax
总　计	**Total**	**6601545**	**3853788**	**2747757**
内资企业	Domestic Enterprises	5852493	3488150	2364343
国有企业	State-owned Enterprises	1082313	519731	562582
集体企业	Collective-owned Enterprises	101947	35554	66393
股份合作企业	Cooperative Enterprises	49495	27063	22432
联营企业	Joint Ownership Enterprises	9489	7275	2214
#国有控股	State-owned and State-controlled Enterprises	338	256	82
股份公司	Share-holding Corporations Limited	3814474	2484609	1329865
#国有控股	State-owned and State-controlled Enterprises	1437566	1160156	277410
私营企业	Private Enterprises	655008	396751	258257
其它企业	Other Enterprises	139767	17167	122600
港澳台投资企业	Enterprises with Funds from Hong Kong,Macao and Taiwan	44433	31200	13233
#国有控股	State-owned and State-controlled Enterprises	1805	1596	209
外商投资企业	Foreign Funded Enterprises	182380	137433	44947
#国有控股	State-owned and State-controlled Enterprises	3005	2500	505
个体经营	Individual operators	522239	197005	325234
附：乡(镇)企业	Township and Village Enterprises	260687	173754	86933

3–7 国家税收收入(分行业、分税种)(2009)

单位：万元

项　　目	Types	合 计 Total	国 内 增值税 Domestic Value-added Tax
合　计	**Total**	**3853788**	**2318185**
第一产业	Primery Industry	5146	291
第二产业	Secondary Industry	2761787	1764616
采矿业	Mining and Quarrying	513057	496774
煤炭开采和洗选业	Mining and Washing of Coal	456768	449300
黑色金属矿采选业	Mining and Dressing of Ferrous Metals	9188	9056
有色金属矿采选业	Mining and Dressing of Nonferrous Metals	11953	4058
非金属矿采选业	Mining and Dressing of Nonmetal Minerals	34294	33687
其他采矿业	Other Minings and Quarryings	816	673
制造业	Manufacturing	1679755	778100
农副食品加工业	Processing of Food from Agricultural Products	4028	3408
食品制造业	Manufacture of Foods	20864	18385
饮料制造业	Manufacture of Beverages	151633	48873
#酒制造	Manufacture of Liquors	147174	45449
烟草制品业	Manufacture of Tobacco	937400	199720
#卷烟制造	Tobacco Leaf Baking	927830	193028
纺织业	Manufacture of Textile	2183	2159
纺织服装、鞋帽制造业	Manufacture of Textile Wearing Apparel, Footware,and Caps	5616	4171
皮革、毛皮、羽毛(绒)制品业	Manufacture of Leather,Furs,Feather and Related Products	91	83
木材加工及木竹藤棕草制品业	Timber Processing,Manufacture of Wood,Bamboo, Rattan,	5693	5483
	Manufacture of Furniture	415	382
家具制造业	Manufacture of Paper and Paper Products	3529	3165
造纸及纸制品业	Printing,Reproduction of Recording Media	10206	8725
印刷业和记录媒体的复制	Manufacture of Articles For Culture,Education and Sport Activity	36	27
文教体育用品制造业	Processing of Petroleum,Coking,Processing of Nuclear Fuel	35724	33561
石油加工、炼焦及核燃料业	Manufacture of Raw Chemical Materials and Chemical Products	52893	47876
化学原料及化学制品业	Manufacture of Medicines	64389	62894
医药制造业	Manufacture of Chemical Fibers	82	27
化学纤维制造业	Manufacture of Rubber	30790	25596

注：表中个人所得税数据为个人储蓄存款利息所得税(以下相关表同)。

Taxation Revenue of the Central Government (By Industrial Sector and Taxation Category)

(10000 yuan)

#一般纳税人增值税 Value-added Tax from General Taxpayer	国内消费税 Domestic Consumption Tax	企业所得税 Corporate Income Tax	外商投资企业和外国企业所得税 Foreign-invested Enterprises and Foreign Enterprises Income Tax	个人所得税 Personal Income Tax	车辆购置税 Vehicle Purchase Tax	其他各税 Other Taxes
2181425	**829971**	**455953**	**89232**	**12146**	**148301**	**23401**
91		92			4763	
1703142	788437	182334	22107		4293	
486668		8544	6904		835	
442228		6886	149		433	
8865		66	41		25	
3833		1124	6661		110	
31245		437	53		117	
497		31			112	
763480	788437	100282	11367		1569	
2937		537	5		78	
18011		2262	67		150	
48256	101148	77	1452		83	
45272	101124	7	565		29	
199720	682244	55384	5		47	
193028	682244	52553	5			
2130		5			19	
4063		1418	18		9	
77		2			6	
3821		184			26	
116		3			30	
3115		243	96		25	
8144		110	1362		9	
15					9	
33312	3	2147			13	
47743	72	4236	617		92	
62860		125	1266		104	
27					55	
25558	3909	1251	2		32	

Note:Personal income tax in the table refer to the personal savings deposit interest tax

3–7 续表1

单位：万元

项目	Types	合计 Total	国内增值税 Domestic Value-added Tax
塑料制品业	Manufacture of Plastics	7213	5840
非金属矿物制品业	Manufacture of Non-metallic Mineral Products	97535	89166
黑色金属冶炼及压延加工业	Smelting and Pressing of Ferrous Metals	91618	90345
有色金属冶炼及压延加工业	Smelting and Pressing of Non-ferrous Metals	34364	32263
金属制品业	Manufacture of Metal Products	18742	17167
通用设备制造业	Manufacture of General Purpose Machinery	19432	15013
专用设备制造业	Manufacture of Special Purpose Machinery	12209	8527
交通运输设备制造业	Manufacture of Transport Equipment	25443	18660
#汽车制造	Automobiles	16478	10948
摩托车制造	Motorcycles	16	16
电气机械及器材制造业	Manufacture of Electrical Equipment and Machinery	25301	20277
通信设备、计算机及其他电子设备制造业	Manufacture of Communication Equipment, Computers and Other Electronic Equipment	13305	7648
仪表仪器及文化、办公用机械制造业	Manufacture of Measuring Instruments and Machinery for Cultural Activity and Office Work	2076	1909
其他制造业	Other Manufacturing	6945	6750
电力、燃气及水的生产和供应业	Production and Distribution of Electric Power, Gas and Water	556734	488480
电力、热力的生产和供应业	Production and Distribution of Electric Power and Heat Power	548613	480769
#电力生产和供应	Production of Electric Power	543694	477170
燃气生产和供应业	Production and Distribution of Gas	2409	2143
水的生产和供应业	Production and Distribution of Water	5712	5568
建筑业	Construction Enterprises	12241	1262
房屋和土木工程建筑业	Building and Civil Engineering Construction	6992	594
建筑安装业	Construction and Installation	3622	265
建筑装饰业	Construction and Decoration	321	117
其他建筑业	Other Construction	1306	286
第三产业	Tertiary Industry	1086857	553280
交通运输、仓储及邮政业	Transport,Storage and Post	14544	498
交通运输业	Transport	13510	420
仓储业	Storage	243	22
邮政业	Post	791	56

(continued)

(10000 yuan)

#一般纳税人增值税 Value-added Tax from General Taxpayer	国内消费税 Domestic Consumption Tax	企业所得税 Enterprises Income Tax	外商投资企业和外国企业所得税 Foreign Enterprises Income Tax	个人所得税 Personal Income Tax	车辆购置税 Vehicle Purchase Tax	其他各税 Other Taxes
5649		560	797		16	
85035		5508	2634		227	
90235		1265	-12		20	
32233		1271	803		27	
15516		1416	53		106	
14514		3257	1100		62	
8336		3480	87		115	
17353	1053	4782	866		82	
9774	1053	3833	610		34	
16						
20225		4891	104		29	
7628		5621	27		9	
1888		150	14		3	
4963	8	97	4		86	
451990		66416	841		997	
444735		66332	595		917	
440871		65869	595		60	
2118		56	173		37	
5137		28	73		43	
1004		7092	2995		892	
559		3171	2986		241	
198		3207	7		143	
19		134	2		68	
228		580			440	
478192	41533	273527	67125	12146	139246	23401
473		1474	732		11840	
406		1410	37		11643	
12		62			159	
55		2	695		38	

3-7 续表2

单位：万元

项　　目	Types	合　计 Total	国　内 增值税 Domestic Value-added Tax
信息传输、计算机服务和软件业	Information Transmission,Computer Services and Software	65701	2371
电信和其他信息传输服务业	Telecommunication and Information Transmission Services	62676	83
#电信	Telecommunication Services	62436	35
计算机服务业	Computer Services	1316	1039
批发和零售业	Wholesale and Retail Trade	685638	522807
批发业	Wholesale	569312	417599
#烟草制品批发	Tabacco	233505	108338
煤炭及制品批发	Coal	44896	40381
石油及其制品批发	Petroleum	26038	20570
汽车及零配件批发	Spare and Component Parts for Automobiles	6861	6014
零售业	Retail	116326	105208
住宿和餐饮业	Hotel and Catering Services	834	118
住宿业	Hotel	381	102
餐饮业	Catering	453	16
金融业	Financial Intermediation	64959	342
银行业	Banking Institutions	52356	341
证券业	Security Institutions	7067	
保险业	Insurance Institutions	3399	
其他金融	Other Financial Institutions	2137	1
房地产业	Real Estates	72591	398
租赁和商务服务业	Leasing and Business Services	11641	1841
租赁业	Leasing	228	56
商务服务业	Business	11413	1785
居民服务和其他服务业	Services to Households and Other Services	7176	2990
教育	Education	607	4
卫生、社会保险和社会福利业	Health,Social Security and Social Welfare	481	33
文化、体育和娱乐业	Culture,Sports and Entertainment	1796	1325
公共管理和社会组织	Public Management and Social Organization	15808	11110
其他行业	Others	145081	9443

(continued)

(10000 yuan)

#一般纳税人增值税 Value-added Tax from General Taxpayer	国内消费税 Domestic Consumption Tax	企业所得税 Enterprises Income Tax	外商投资企业和外国企业所得税 Foreign Enterprises Income Tax	个人所得税 Personal Income Tax	车辆购置税 Vehicle Purchase Tax	其他各税 Other Taxes
1998		4596	58533		201	
72		3883	58526		184	
30		3872	58526		3	
718		254	7		16	
468959	41533	115313	2270		3715	23401
406045	39970	109640	1204		899	23401
107359	39960	85173			34	
40313		4510			5	
20564		5444	20		4	
5880		816			31	
62914	1563	5673	1066		2816	
86		392	233		91	
82		245	5		29	
4		147	228		62	
324		63752	199		666	
324		51448	60		507	
		6915	139		13	
		3348			51	
		2041			95	
385		66806	4810		577	
1506		8482	323		995	
36		72			100	
1470		8410	323		895	
597		2585	22		1579	
		145			458	
32		15			433	
1238		290			181	
		251			4447	
2594		9426	3	12146	114063	

3–8 地方税收收入(分行业、分税种)(2009)

单位：万元

项　目	Indicators	合计 Total	营业税 Business Tax	企业所得税 Enterprises Income Tax
税收收入合计	**Total**	**2747757**	**1043124**	**462620**
第一产业	Primery Industry	519	67	
第二产业	Secondary Industry	1084086	284619	186906
采矿业	Mining and Quarrying	366078	31944	76021
煤炭开采和洗选业	Mining and Washing of Coal	305928	30552	53697
原油和天然气开采业	Extraction of Petroleum and Natural Gas	33		
黑色金属矿采选业	Mining and Dressing of Ferrous Metals	1999	134	112
有色金属矿采选业	Mining and Dressing of Nonferrous Metals	20042	360	11381
非金属矿采选业	Mining and Dressing of Nonmetal Minerals	36343	827	10458
其他采矿业	Other Minings and Quarryings	1733	71	373
制造业	Manufacturing	294920	13253	66426
农副食品加工业	Processing of Food from Agricultural Products	2174	203	692
食品制造业	Manufacture of Foods	15153	222	6509
饮料制造业	Manufacture of Beverages	38984	139	11801
#酒的制造	Manufacture of Liquors	38175	120	11760
烟草制品业	Manufacture of Tobacco	68574	92	
#卷烟制造	Tobacco Leaf Baking	65784	45	
纺织业	Manufacture of Textile	588	33	28
纺织服装、鞋帽制造业	Manufacture of Textile Wearing Apparel, Footware,and Caps	244	18	16
皮革、毛皮、羽毛(绒)及其制品业	Manufacture of Leather,Furs,Feather and Related Products	203	2	2
木材加工及木竹藤棕草制品业	Timber Processing,Manufacture of Wood, Bamboo, Rattan, Palm, and Straw Products	1423	45	468
家具制造业	Manufacture of Furniture	301	30	6
造纸及纸制品业	Manufacture of Paper and Paper Products	882	35	129
印刷业和记录媒体的复制	Printing,Reproduction of Recording Media	4216	57	2776

Taxation Revenue of the Local Government
(By Industrial Sector and Taxation Category)

(10000 yuan)

个人所得税 Personal Income Tax	城市维护建设税 Tax on City Maintenance and Construction	房产和城市房地产税 Tax on Real Estates	印花税 Stamp Tax	城镇土地使用税 Tax on the Use of Urban Land	土地增值税 Value-added Tax on Land	其他各税 Other Taxes
520955	**244502**	**74263**	**31687**	**94809**	**58140**	**217657**
100	14	35	59	241		3
277991	159511	24885	16513	50749	2567	80345
153038	26290	1182	2439	5586	575	69003
146723	24266	1019	2025	4764	572	42310
22	1	2	1			7
287	436	23	57	9		941
1405	140	40	222	314		6180
4372	1410	84	129	487		18576
229	37	14	5	12	3	989
46068	102383	14884	6822	35370	511	9203
321	285	129	68	476		
6940	729	164	79	334	176	
5938	15772	2222	69	3004		39
5877	15534	2178	43	2660		3
4393	59409	1349	1160	2170		1
3681	58553	871	1103	1531		
75	133	230	4	78	7	
33	35	78	3	61		
23	77	5	2	92		
598	179	54	15	59	5	
88	22	19	1	135		
125	141	186	46	205	15	
324	500	282	36	241		

3-8 续表1

单位：万元

项目	Indicators	合计 Total	营业税 Business Tax	企业所得税 Enterprises Income Tax
文教体育用品制造业	Manufacture of Articles For Culture,Education and Sport Activity	58	2	16
石油加工、炼焦及核燃料业	Processing of Petroleum,Coking,Processing of Nuclear Fuel	5457	127	1981
#成品油制造	Refined Petroleum			
化学原料及化学制品制造业	Manufacture of Raw Chemical Materials and Chemical Products	36294	2934	13290
医药制造业	Manufacture of Medicines	16788	610	8631
化学纤维制造业	Manufacture of Chemical Fibers	128	46	29
橡胶制品业	Manufacture of Rubber	8907	130	5132
塑料制品业	Manufacture of Plastics	1057	95	26
非金属矿物制品业	Manufacture of Non-metallic Mineral Products	22185	1226	5631
黑色金属冶炼及压延加工业	Smelting and Pressing of Ferrous Metals	14225	524	481
有色金属冶炼及压延加工业	Smelting and Pressing of Non-ferrous Metals	14653	2607	286
金属制品业	Manufacture of Metal Products	5690	670	1194
通用设备制造业	Manufacture of General Purpose Machinery	7557	446	955
专用设备制造业	Manufacture of Special Purpose Machinery	6371	725	1276
交通运输设备制造业	Manufacture of Transport Equipment	3969	386	292
#汽车制造	Automobiles	3080	204	264
摩托车制造	Motorcycles	52	20	
电气机械及器材制造业	Manufacture of Electrical Equipment and Machinery	7543	212	3059
通信设备、计算机及其他电子设备制造业	Manufacture of Communication Equipment, Computers and Other Electronic Equipment	2795	285	627
仪表仪器及文化、办公用机械制造业	Manufacture of Measuring Instruments and Machinery for Cultural Activity and Office Work	825	24	229
其他制造业	Other Manufacturing	7676	1328	864

(continued)

(10000 yuan)

个人所得税 Personal Income Tax	城市维护建设税 Tax on City Maintenance and Construction	房产和城市房地产税 Tax on Real Estates	印花税 Stamp Tax	城镇土地使用税 Tax on the Use of Urban Land	土地增值税 Value-added Tax on Land	其他各税 Other Taxes
6	6	12	1	15		
1167	1425	45	270	310		132
3836	2738	1998	1104	5018	59	5317
1052	3199	917	228	2151		
5	22	11	1	14		
451	1854	574	180	465	121	
277	189	78	64	328		
4571	3498	831	558	2962	5	2903
512	4183	1273	778	6245	4	225
2499	2057	1744	662	4638		160
1329	917	391	240	944		5
3264	1100	418	287	1076	5	6
2679	570	316	342	462		1
1207	808	476	138	662		
897	739	369	91	516		
3	2	27				
942	1031	353	211	1595		140
746	343	350	31	302		111
153	120	80	12	205		2
2514	1041	299	232	1123	114	161

3–8 续表2

单位：万元

项目	Indicators	合计 Total	营业税 Business Tax	企业所得税 Enterprises Income Tax
电力、燃气及水的生产和供应业	Production and Distribution of Electric Power, Gas and Water	117126	6224	21124
电力、热力的生产和供应业	Production and Distribution of Electric Power and Heat Power	112661	5070	20630
#电力生产和供应	Production of Electric Power	110699	4887	20350
燃气生产和供应业	Production and Distribution of Gas	1724	832	206
水的生产和供应业	Production and Distribution of Water	2741	322	288
建筑业	Construction Enterprises	305962	233198	23335
房屋和土木工程建筑业	Building and Civil Engineering Construction	155115	123922	9285
建筑安装业	Construction and Installation	129486	94376	11650
建筑装饰业	Construction and Decoration	4670	3614	243
其他建筑业	Other Construction	16691	11286	2157
第三产业	Tertiary Industry	1663152	758438	275714
交通运输、仓储及邮政业	Transport,Storage and Post	125019	75272	6811
交通运输业	Transport	121030	73129	6618
仓储业	Storage	1817	934	193
邮政业	Post	2172	1209	
信息传输、计算机服务和软件业	Information Transmission,Computer Services and Software	52606	41073	1266
电信和其他信息传输服务业	Telecommunication and Information Transmission Services	50059	39529	852
#电信	Telecommunication Services	46436	37386	1
计算机服务业	Computer Services	1968	1122	410
软件业	Software	579	422	4
批发和零售业	Wholesale and Retail Trade	392284	12562	189104
批发业	Wholesale	334024	5563	174072
#烟草制品批发	Tabacco	128443	151	52

(continued)

(10000 yuan)

个人所得税 Personal Income Tax	城市维护建设税 Tax on City Maintenance and Construction	房产和城市房地产税 Tax on Real Estates	印花税 Stamp Tax	城镇土地使用税 Tax on the Use of Urban Land	土地增值税 Value-added Tax on Land	其他各税 Other Taxes
49476	21165	6643	4147	7656	661	30
49012	20573	6323	4001	6414	608	30
48172	20352	6040	3948	6313	607	30
98	253	44	128	163		
366	339	276	18	1079	53	
29409	9673	2176	3105	2137	820	2109
13730	3792	1276	1343	926	208	633
13312	5146	768	1516	1109	377	1232
463	227	27	29	15	8	44
1904	508	105	217	87	227	200
242864	84977	49343	15115	43819	55573	137309
28856	4455	2321	1196	2832	467	2809
28235	4311	1790	1133	2549	456	2809
100	66	182	60	271	11	
521	78	349	3	12		
5372	1103	2382	323	1046	38	3
5088	903	2309	309	1028	38	3
4779	821	2141	305	994	6	3
221	132	70	10	3		
63	68	3	4	15		
33061	25228	9652	3948	7388	278	111063
14434	16927	5085	2365	4658	114	110806
7299	7335	1202	649	1466		110289

3-8 续表3

单位：万元

项　目	Indicators	合　计 Total	营业税 Business Tax	企业所得税 Enterprises Income Tax
煤炭及制品批发	Coal	6147	920	1894
石油及其制品批发	Petroleum	2600	174	61
汽车及零配件批发	Spare and Component Parts for Automobiles	851	48	284
零售业	Retail	58260	6999	15032
住宿和餐饮业	Hotel and Catering Services	61137	42042	1049
住宿业	Hotel	19440	13777	575
餐饮业	Catering	41697	28265	474
金融业	Financial Intermediation	219062	151635	184
银行业	Banking Institutions	165888	124649	3
证券业	Security Institutions	4704	2955	
保险业	Insurance Institutions	43186	20856	
其他金融	Other Financial Institutions	5284	3175	181
房地产业	Real Estates	349691	212313	32489
租赁和商务服务业	Leasing and Business Services	128226	71201	18519
租赁业	Leasing	4558	3288	196
商务服务业	Business	123668	67913	18323
居民服务和其他服务业	Services to Households and Other Services	74007	40738	5753
教育	Education	8261	2507	426
卫生、社会保险和社会福利业	Health,Social Security and Social Welfare	7981	1263	111
#卫生	Health	7855	1217	104
文化、体育和娱乐业	Culture,Sports and Entertainment	19370	10415	1081
公共管理和社会组织	Public Management and Social Organization	38046	8515	5361
其他行业	Others	187462	88902	13560

(continued)

(10000 yuan)

个人所得税 Personal Income Tax	城市维护建设税 Tax on City Maintenance and Construction	房产和城市房地产税 Tax on Real Estates	印花税 Stamp Tax	城镇土地使用税 Tax on the Use of Urban Land	土地增值税 Value-added Tax on Land	其他各税 Other Taxes
754	1942	123	220	190		104
268	1039	155	141	754	8	
186	174	36	51	72		
18627	8301	4567	1583	2730	164	257
12206	2696	2217	21	847	59	
1840	926	1668	8	595	51	
10366	1770	549	13	252	8	
33267	10213	5328	1815	1457	376	14787
25174	8388	4649	1257	1224	361	183
1471	204	50		3		21
5377	1390	414	359	206	2	14582
1245	231	215	199	24	13	1
11189	13949	9668	2866	19671	47500	46
19770	5871	4960	1977	3973	1650	305
427	130	448	12	47		10
19343	5741	4512	1965	3926	1650	295
18113	4995	1980	463	853	296	816
4382	156	618	13	152		7
6319	99	153	7	28	1	
6273	98	129	7	26	1	
5452	768	1233	23	381	17	
15198	4918	729	114	61	1013	2137
49679	10526	8102	2349	5130	3878	5336

3-9 国家税收收入(分企业类型)(2009)
Taxation Revenue of the Central Government(By Status of Registration)

单位：万元 (10000 yuan)

项 目	Types	合 计 Total	增值税 Value-added Tax	#一般纳税人 Value-added Tax from General Taxpayers	#小规模纳税人 Value-added Tax from Small-scale Taxpayers
合计	**Total**	**3853788**	**2318185**	**2181425**	**136760**
内资企业	Domestic Enterprises	2488150	2176877	2104089	72788
国有企业	State-owned Enterprises	519731	355995	346809	9186
集体企业	Collective-owned Enterprises	35554	21867	20859	1008
股份合作企业	Cooperative Enterprises	27063	10089	10000	89
联营企业	Joint Ownership Enterprises	7275	6160	6125	35
#国有控股	State-owned and State-controlled Enterprises	256	256	256	
股份公司	Share-holding Corporations Limited	2484609	1390233	1345600	44633
#国有控股	State-owned and State-controlled Enterprises	1160156	378511	378511	
私营企业	Private Enterprises	396751	381016	374589	6427
其它企业	Other Enterprises	17167	11517	107	11410
港澳台投资企业	Enterprises with Funds from Hong Kong,Macao and Taiwan	31200	20998	20911	87
#国有控股	State-owned and State-controlled Enterprises	1596	1445	1445	
外商投资企业	Foreign Funded Enterprises	137433	55103	54993	110
#国有控股	State-owned and State-controlled Enterprises	2500	2018	2018	
个体经营	Individual operators	197005	65207	1432	63775
附：乡(镇)企业	Township and Village Enterprises	173754	97756	96096	1660

3-9 续表 (continued)

项 目	Types	消费税 Domestic Consumption Tax	企业所得税 Enterprises Income Tax	外商投资企业和外国企业所得税 Foreign Enterprises Income Tax	个人所得税 Personal Income Tax	车辆购置税 Vehicle Purchase Tax
合计	**Total**	**829971**	**455953**	**89232**	**12146**	**148301**
内资企业	Domestic Enterprises	825915	455953			29405
国有企业	State-owned Enterprises	41162	108688			13886
集体企业	Collective-owned Enterprises	157	10725			2805
股份合作企业	Cooperative Enterprises	4381	9840			2753
联营企业	Joint Ownership Enterprises	140	19			956
#国有控股	State-owned and State-controlled Enterprises					
股份公司	Share-holding Corporations Limited	776278	312732			5366
#国有控股	State-owned and State-controlled Enterprises	685819	95826			
私营企业	Private Enterprises	3797	10852			1086
其它企业	Other Enterprises		3097			2553
港澳台投资企业	Enterprises with Funds from Hong Kong,Macao and Taiwan	53		10147		2
#国有控股	State-owned and State-controlled Enterprises			151		
外商投资企业	Foreign Funded Enterprises	3243		79085		2
#国有控股	State-owned and State-controlled Enterprises			482		
个体经营	Individual operators	760			12146	118892
附：乡(镇)企业	Township and Village Enterprises	72765	3233			

3-10 地方税收收入(分企业类型)(2009)

单位：万元

项　目	Indicators	合计 Total	内资企业小计 Domestic Enterprises Subtotal
税收收入合计	**Total**	**2747757**	**2364343**
营业税	Business Tax	1043124	845461
企业所得税	Enterprises Income Tax	462620	462620
个人所得税	Personal Income Tax	520955	385994
资源税	Resources Tax	84859	75833
固定资产投资方向调节税	Tax on Adjustment of the Investment in Fixed Assets		
城市维护建设税	Tax on City Maintenance and Construction	244502	231694
房产和城市房地产税	Tax on Real Estates	74263	63402
印花税	Stamp Tax	31687	28674
城镇土地使用税	Tax on the Use of Urban Land	94809	88296
土地增值税	Value-added Tax on Land	58140	52883
车船税	Tax on the Use of Vehicles and Ships	22512	19200
车辆购置税	Tax on Purchase of Motor Vehicles		
烟叶税	Tax on Tabacco	110286	110286
其他税收	Other Taxes		

Taxation Revenue of the Local Government (By Status of Registration)

(10000 yuan)

国有企业 State-owned Enterprises	集体企业 Collective-owned Enterprises	股份合作企业 Cooperative Enterprises	联营企业 Joint Ownership Enterprises	#国有控股 State-owned and State-controlled Enterprises
562582	**66393**	**22432**	**2214**	**82**
221234	30518	9949	700	22
42651	17321	1718	603	14
68889	7821	7181	155	11
6592	1601	390	55	
63196	3401	931	410	1
17328	3173	596	69	7
6384	651	394	25	
21199	1173	540	84	27
2418	528	108	113	
2405	206	625		
110286				

3-10 续表

单位：万元

项　目	Indicators	内资企业 股份公司 Share-holding Corporations Limited	#国有控股 State-owned and State-controlled Enterprises
税收收入合计	**Total**	**1329865**	**277410**
营业税	Business Tax	476655	14585
企业所得税	Enterprises Income Tax	374033	204314
个人所得税	Personal Income Tax	131676	7562
资源税	Resources Tax	42128	4423
固定资产投资方向调节税	Tax on Adjustment of the Investment in Fixed Assets		
城市维护建设税	Tax on City Maintenance and Construction	135867	35460
房产和城市房地产税	Tax on Real Estates	36543	3807
印花税	Stamp Tax	18379	3032
城镇土地使用税	Tax on the Use of Urban Land	58221	3590
土地增值税	Value-added Tax on Land	41230	637
车船税	Tax on the Use of Vehicles and Ships	15133	
车辆购置税	Tax on Purchase of Motor Vehicles		
烟叶税	Tax on Tabacco		
其他税收	Other Taxes		

(continued)

(10000 yuan)

(Domestic Enterprises)		港澳台投资企业 Enterprises with Funds from Hong Kong,Macao and Taiwan	# 国有控股 State-owned and State-controlled Enterprises	外商投资企业 Foreign Funded Enterprises	#国有控股 State-owned and State-controlled Enterprises	个体经营 Individual operators	附：乡(镇)企业 Township and Village Enterprises
私营企业 Private Enterprises	其它企业 Other Enterprises						
258257	**122600**	**13233**	**209**	**44947**	**505**	**325234**	**86933**
63108	43297	8284	102	30081	57	159298	21451
13152	13142						14451
126050	44222	864	42	6520	224	127577	22721
21014	4053	353		1782		6891	5288
18361	9528			43		12765	17014
1896	3797	1087	52	1052	79	8722	1895
2119	722	247	5	820	122	1946	463
5727	1352	1573	8	2508	23	2432	2126
6663	1823	825		2141		2291	1307
167	664					3312	217

主要统计指标解释

财政收入 包括地方财政收入和上划中央增值税、消费税两部分。地方财政收入包括营业税、地方企业所得税、个人所得税、城镇土地使用税、固定资产投资方向调节税、城镇维护建设税、房产税、车船使用税、印花税、屠宰税、农牧业税、农业特产税、耕地占用税、契税、增值税25%部分、证券交易税（印花税）的50%部分和除海洋石油资源税以外的其他资源税。

财政支出 指国家财政将筹集起来的资金进行分配使用,以满足经济建设和各项事业的需要。主要包括:

(1)一般公共服务:指政府提供基本公共管理与服务的支出,包括人大事务、政协事务、政府办公厅(室)及相关机构事务、发展与改革事务、统计信息事务、财政事务、税收事务、审计事务、海关事务、人力资源事务、纪检监察事务、人口与计划生育事务、商贸事务、知识产权事务、工商行政管理事务、国土资源事务、海洋管理事务、测绘事务、地震事务、气象事务、民族事务、宗教事务、港澳台侨事务、档案事务、共产党事务、民主党派事务及工商联事务、群众团体事务、彩票事务等。

(2)国防:指政府用于国防方面的支出,包括用于现役部队、预备役部队、民兵、国防科研事业、专项工程、国防动员等方面的支出。

(3)公共安全:指政府维护社会公共安全方面的支出,包括武装警察、公安、国家安全、检察、法院、司法行政、监狱、劳教、国家保密、缉私警察等。

(4)教育:指政府教育事务支出,包括教育行政管理、学前教育、小学教育、初中教育、普通高中教育、普通高等教育、初等职业教育、中专教育、技校教育、职业高中教育、高等职业教育、广播电视教育、留学生教育、特殊教育、干部继续教育、教育机关服务等。

(5)科学技术:指用于科学技术方面的支出,包括科学技术管理事务、基础研究、应用研究、技术研究与开发、科技条件与服务、社会科学、科学技术普及、科技交流与合作等。

(6)文化体育与传媒:指政府在文化、文物、体育、广播影视、新闻出版等方面的支出。

(7)社会保障和就业:指政府在社会保障与就业方面的支出,包括社会保障和就业管理事务、民政管理事务、财政对社会保险基金的补助、补充全国社会保障基金、行政事业单位离退休、企业改革补助、就业补助、抚恤、退役安置、社会福利、残疾人事业、城市居民最低生活保障、其他城镇社会救济、农村社会救济、自然灾害生活救助、红十字事务等。

(8)医疗卫生:指政府医疗卫生方面的支出,包括医疗卫生管理事务支出、医疗服务支出、医疗保障支出、疾病预防控制支出、卫生监督支出、妇幼保健支出、农村卫生支出等。

(9)环境保护:指政府环境保护支出,包括环境保护管理事务支出、环境监测与监察支出、污染治理支出、自然生态保护支出、天然林保护工程支出、退耕还林支出、风沙荒漠治理支出、退牧还草支出、已垦草原退耕还草、能源节约利用、污染减排、可再生能源和资源综合利用等支出。

(10)城乡社区事务:指政府城乡社区事务支出,包括城乡社区管理事务支出、城乡社区规划与管理支出、城乡社区公共设施支出、城乡社区住宅支出、城乡社区环境卫生支出、建设市场管理与监督支出等。

(11)农林水事务:指政府农林水事务支出,包括农业支出、林业支出、水利支出、扶贫支出、农业综合开发支出等。

(12)交通运输:指政府交通运输和邮政业方面的支出,包括公路运输支出、水路运输支出、铁路运输支出、民用航空运输支出、邮政业支出等。

Explanatory Notes on Main Statistical Indicators

Government Revenue includes the local government revenue and the consumption tax and value added tax transfered to central government.The revenue of the local government includes business tax,income tax of the enterprises subordinated to the local government,personal income tax,tax on the use of urban land,tax on the adjustment of the investment in fixed assets,tax on town maintenance and construction,tax on real estates,tax on the use of vehicles and ships,stamp tax,slaughter tax,tax on agriculture and animal husbandry,tax on special agricultural products,tax on the occupancy of cultivated land,contract tax,25% of the value added tax,50% of the tax on stock dealing (stamp tax) and tax on resources other than the ocean petroleum resources.

Government Expenditure refers to the distribution and use of the funds which the government finance has raised, so as to meet the needs of economic construction and various causes. It includes the following main items:

(1) Expenditure for general public services: It refers to the spending on the basic public management and services which provided by governments, including the expense on affairs of People's Congress, affairs of People's Political Consultative Conference, affairs of government general office and relative institutions, affairs of development and reform, affairs of statistics, affairs of finance, affairs of taxation, affairs of audit, affairs of customs, affairs of human resources and social security, affairs of discipline inspection and supervision, affairs of population and family planning, affairs of commerce and trade, affairs of intellectual property, affairs of administration for industry and commerce, affairs of land and resources, affairs of oceanic administration, affairs of surveying and mapping, affairs of earthquake, ethnic affairs, religious affairs, affairs of Hong Kong, Macao, Taiwan, and Overseas Chinese, affairs of archives administration, affairs of Chinese Communist Party, affairs of democratic parties and federation of industry and commerce, affairs of mass organization, and affairs of lottery, etc.

(2) Expenditure for national defence: It refers to the spending of government on national defence, including the expense on active force, reserve force, militia, scientific research on national defence, special projects, mobilization of national defence, etc.

(3) Expenditure for public security: It refers to the spending of government on maintaining social and public security, including the expense on armed police force, public security, state security, prosecution, courts, justice, prison, labour education and rehabilitation, protection of state secrecy, anti-smuggling police, etc.

(4) Expenditure for education: It refers to the spending of government on education, including the expense on the administration of education, pre-primary education, primary education, secondary education, high school education, regular higher education, primary vocational education, secondary vocational education, technical school education, vocational high school education and higher vocational education, radio and television education, student abroad education, special education, on the job training of cadres, education authorities services, etc.

(5) Expenditure for science and technology: It refers to the spending of government on science and technology (S&T), including the expense on the administration of S&T, basic research, applied research, research and development, conditions and services of S&T, popularization of social science, science and technology, exchanges and cooperation of S&T, etc.

(6) Expenditure for culture, sport and media: It refers to the spending of government on culture, cultural heritage, sports, radio, film, television, press and publication, etc.

(7) Expenditure for social safety net and employment effort: It refers to the spending of government on social safety net and employment, including the expense on administration of social safety net and employment, civil af-

fairs, budgetary subsidy on the social insurance funds, subsidy on National Social Security Fund, retirees of administrative units and institutions, subsidy on enterprise reform, subsidy on employment effort, pension, placement of ex-serviceman, social welfare, the handicapped undertakings, the system of cost of living allowances for urban residents, other urban social relief, rural social relief, living relief of natural disasters, affairs of Red Cross Society, etc.

(8) Expenditure for medical and health care: It refers to the spending of government on medical and health care, including the expense on administration of medical and health care, medical services, health care, disease prevention and control, health inspection and supervision, women and children's health, rural health care, etc.

(9) Expenditure for environment protection: It refers to the spending of government on environment protection, including the expense on administration of environment protection, environment monitoring and supervision, pollution control, natural ecology protection, project of virgin forests protection, reforesting farmland, controlling the sources of dust storms, returning pastureland to grassland, returning pastureland to grassland, returning cultivated land to grassland, energy conservation, emissions reduction, comprehensive utilization of renewable energy and resources, etc.

(10) Expenditure for urban and rural community affairs: It refers to the spending of government on urban and rural community affairs, including the expense on administration of urban and rural community, planning and management of urban and rural community, public facilities of urban and rural community, housing of urban and rural community, sanitation of urban and rural community, management and supervision on the construction market, etc.

(11) Expenditure for agriculture, forestry and water conservancy: It refers to the spending of government on agriculture, forestry and water conservancy, including the expense on agriculture, forestry, water conservancy, poverty alleviation, comprehensive agricultural development, etc.

(12) Expenditure for transportation: It refers to the spending of government on transportation and postal services, including the expense on road transportation, waterway transportation, railway transportation, civil aviation transportation, and postal services.

充分发挥价格职能作用 促进全省经济平稳较快发展

Giving full play to the role of the price functions To promote steady and rapid economic development of the province

贵州省物价局召开2009年度党风廉政建设责任目标协调座谈会
Price Bureau in Guizhou Province holding responsibility goals for 2009 clean government coordination forum

省物价局陈仁贵局长在罗甸县边阳镇调研猪肉价格
Provincial price bureau director general Chen Rengui making a research of the pork price situation in Bianyang Town, Luodian County

2009年，全省各级物价部门以“保增长、保民生、保稳定”为重点，积极应对金融危机、加大价格监管力度、深入推进价格改革、创新价格工作方法、提高价格服务水平，为促进我省经济社会又好又快发展做出了积极贡献。

保增长方面。积极应对国际金融危机，积极稳妥推进水、电、油、污水和垃圾处理等资源价格和环保收费改革，充分运用水电价格优惠政策，大力清理整顿规范行政事业性收费、涉企生产流通环节收费、中介组织收费、旅游门票价格等，促进生产、流通和消费，促进了经济的企稳回升。

保稳定方面。加强和改进价格调控，进一步完善价格监测预警体系，加强重要商品和服务价格监测、分析和预警，认真做好价格调节基金征管使用，切实增强价格调控能力，完善粮食、生猪、烤烟等涉农价格促进农业增产农民增收，保持了价格总水平的基本稳定。

保民生方面。开展了价格和收费专项检查，查处了一批影响较大的举报案件，规范教育收费、医药价格、管道燃气设施建设及服务收费，清理电信资费，降低全省有线数字电视收费标准，运用价格调节基金补助低收入群体、贫困农民生活用煤，切实减轻群众负担。

In 2009, the price department of all levels in the province took “ensure the economic growth, ensure the people’s livelihood, maintain the stability" as the focus, positively responded to the financial crisis, increased the price supervision, further promoted the price reform, had innovation of price work methods, improved the price service level, which has made a positive contribution to promote sound and fast economic and social development in our province.

Ensure the growth. Actively respond to international financial crisis, actively and steadily promote the water, electricity, oil, sewage and waste disposal fees and other resource prices and environmental fee reform, full use of preferential policies for water and electricity prices, and vigorously clean up and rectify and standardize the administrative fees and charges, related production and circulation enterprises, intermediaries fees, travel ticket prices etc, promotion of production, circulation and consumption, which promote the steady rise of the economy.

Ensure the stability. Strengthen and improve the price regulation, further improve the price monitoring and warning system, strengthen important commodities and services price monitoring, analysis and early warning, carefully have good use of price regulation and fund collection, increase the ability of price regulation; improve the grain, hogs, tobacco, and other agricultural prices in order to promote agricultural production and farmers income, which maintain the basic stability of the overall price level.

Ensure people’s livelihood. Carry out special inspections Of prices and charges, investigate a larger number of reported cases of impact, standardize education fees, medical prices, pipeline gas facilities, and service charges, clean telecommunications charges, reduce cable digital TV fees across the province, the use of price adjustment of low-income groups’ fund grants, poor farmers’ live coal, effectively reduce the burden of the masses.

贵州省地方税务局
Local Tax Bureau in Guizhou Province

认真查账，帮助企业加强财务管理
Serious audit, helping strengthen the financial management of enterprise

内强素质，进一步加强地税干部业务培训
Improving its business to further strengthen the training of cadres of Local Tax Bureau

贵州地税积极组织人员送政策到企业，支持企业发展
Guizhou Local Tax Bureau actively mobilized to send the policy to the enterprise, support for enterprise development

认真签订责任书
Signing letters of responsibility seriously

2009年，全省地税机关坚持依法征收，应收尽收，全省地税收入继续保持平稳较快增长，税收收入实现历史性突破。全省地税机关共组织税收收入、教育费附加两项收入300.34亿元，比上年增长27.98%。此外，还组织征收地方教育附加、文化事业建设费等其他收入及受托代征煤炭价格调节基金残疾人就业保险基金等7.25亿元，为全省经济社会发展提供了财力保证。

收入总量突破300亿元大关，用2年时间实现了历史新跨越，就“两个比重”来看，两项收入占全省生产总值比重预计为8.3%，比上年提高1.26个百分点。收入增长“前低后高”，随着经济回暖以及全省地税系统“保增长、优服务、强管理”一系列措施的逐步落实到位，自2009年2月起，收入增长逐步回升。2009年，全国税收收入累计增长9.10%，同口径税收收入总量也由上年的27位前移到本年的26位。从税收收入结构看，呈“五个比重”提高。主体行业发展分化。2009年，主体行业税收收入呈“三升四降”的发展态势。

In 2009, the province’ s rent authority levied according to law, all due taxes, the province’ s land tax revenue maintained steady and rapid growth, tax revenues to achieve a historic breakthrough. Organization of the local taxation authority of the province’ s tax revenues, and education two surtax incomes were 30.034 billion yuan, up 27.98% over the previous year. In addition, local education organizations impose additional, culture and commissioned construction costs and other income collected by the coal price regulation; the employment of persons with disabilities fund etc 725 million yuan, provided a financial guarantee for the insurance fund for the province’ s economic and social development.

Total income beyond 30 billion yuan, with 2 years to achieve a new leap forward in history, from the “two proportions” point of view, the two revenues in the province's GDP share is expected to 8.3% over the previous year, an increase of 1.26% points. Revenue growth, “the former low the later-high”, with the economic rebound and the province’ s land tax system “ensure capital growth, excellent service, strong management,” the gradual implementation of a series of measures, since February 2009, the revenue growth gradually rebound. In 2009, total national tax revenue growth of 9.10%, with the caliber and total tax revenue of 27th from the previous year before the move to 26th this year. From the structure of tax revenues, was “five weight” increase. Differentiation of the main industry development. In 2009, tax revenue was the main industry, got the “three-liter four-down” development trend.

服务科学发展　共建和谐税收

Services of scientific development to build a harmonious tax

团结奋进的省国税局领导班子
Unity and struggle of the provincial Administration leadership

国家税务总局肖捷局长（中）深入贵州钢绳集团公司调研
Secretary for the State Administration of Taxation, Xiao Jie (middle) having in-depth investigation of Guizhou Wire Rope Corporation

王晓东常务副省长在基层国税机关慰问调研
Wang Xiaodong, executive vice governor having research and condolences at the grassroots level national tax authorities

省国税局张兵局长（右三）走访贵铝集团
Secretary of Provincial Administration of Taxation Zhang Bing (third from right) visiting China Aluminum Group

2009年，面对国际金融危机的严重冲击和政策性减收因素较多的影响，省国税圆满完成了以组织税收收入为中心的各项工作任务，全年组织税收收入385.38亿元（不含海关代征2.34亿元），同比增长9.03%，增收31.93亿元。

认真落实结构性减税、支持西部大开发等“保发展、调结构、促转变、惠民生”的各项税收政策，减免税收60亿元，与政策性增收因素品叠后，减免税收44.4亿元，支持了企业发展，促进了经济增长与税收增长的良性循环。

切实优化纳税服务，省、市两级成立了专门的纳税服务机构，召开省、市、县三级国税机关主要负责人会议，专题研究部署纳税服务工作；开展“网上办税服务厅”建设，初步建成涵盖网上申报等多项功能的网上办税系统；积极探索国、地税建立联合办税厅等多种方式开展联合办税；取消向纳税人收取纳税申报表、涉税事宜申请审批表等工本费；开展纳税人走访活动，征纳关系进一步和谐。

In 2009, facing the international financial crisis serious impact and policy to reduce the impact and many factors, the province national tax got the successful completion to organize national tax revenue as center of tax revenue tasks, and annual tax revenue was 3.8538 billion yuan (excluding Customs collected by 234 million yuan), up 9.03%, increased by 3.193 billion yuan.

Conscientiously implement the structural tax cuts, support for development of western China, “Ensure development, adjusting structure, promoting change and improve people’ s live hood” of various tax policies, tax breaks 6 billion yuan, and policy factors that increase product stack, 4.44 billion tax relief , in favor of the enterprise development, promoting economic growth and revenue growth in a virtuous circle.

Effective optimization of tax services, provincial and municipal levels set up a special tax services, meeting of mainly responsible person in provincial, municipal and county levels of national tax authorities, meeting to study the deployment of tax services; to carry out “Online Tax Service Office” building, completed the initial online report covers a number of functions such as online tax handling systems; actively explore the country, local establishment of a joint tax handling hall rent a variety of ways such as joint tax handling; cancellation charge to the taxpayers tax return, tax-related matters such Application Form nominal fee; carry out the activities of taxpayers visited, paying more harmonious relation.

中国人民银行贵阳中心支行
The People's Bank of China Guiyang Branch

常务副省长王晓东（中）在人民银行贵阳中心支行行长王平（右）陪同下，到人民银行贵阳中心支行营业部视察
Vice Governor Wang Xiaodong (middle), was accompanied by the People's Bank of China Guiyang Branch President Wang Ping (right), visiting in the People's Bank of China Guiyang Branch center

全省各地州市中心支行行长座谈会
Presidents of Center Bank branches across the province forum

人民银行贵阳中心支行副行长蔡湘（中）在全国征信知识宣传周贵州启动暨贵州征信知识宣传活动颁奖仪式上讲话
The People's Bank of China Guiyang Branch Vice President Cai Xiang (middle) mading speech in the national credit awareness week starts in Guizhou and Guizhou credit awareness campaign awards ceremony

2009年，中国人民银行贵阳中心支行在省委、省政府以及上级行的正确领导下，努力克服国际金融危机对我省经济社会带来的巨大冲击，积极贯彻落实适度宽松的货币政策，加强信贷政策指导，不断改进和加强外汇管理，有效维护辖内金融稳定，努力提升金融服务水平，各项工作取得了较好成绩。

一是认真贯彻金融宏观调控政策，全力支持我省经济持续回升。2009年，适度宽松货币政策在我省得到较好贯彻落实，全省金融机构人民币存款余额5898.3亿元，比年初增加1161.2亿元，同比增长24.5%。二是继续推进农村合作金融机构、新型农村金融机构和农村小型金融组织的改革发展。三是加强对银行、证券、保险等行业的风险监测，着力防范和化解可能出现的金融风险，维护辖区金融稳定。四是加强外汇管理，促进贸易投资便利化。五是不断提升金融服务和管理水平。

In 2009, under the correct leadership of the provincial committee and government and the higher line, the People' s Bank of China Guiyang Branch made efforts to overcome the international financial crisis that had huge impact on the province's economic and society, active implementation of a moderately loose monetary policy, strengthen credit policy guidance, and continuously improve and strengthen foreign exchange management, and effective maintenance of financial stability within its jurisdiction, to enhance the level of financial services, and all the work achieved good results.

First, the financial macro-control policies seriously implement, fully support the continued economic recovery in our province. In 2009, moderately loose monetary policy has been effectively implemented in the province; the balance of 589.83 billion yuan RMB deposits of the province's financial institutions, an increase of 116.12 billion yuan, up 24.5%. Second, continue to promote the rural cooperative financial institutions, new-type rural financial institutions and rural small financial institutions reform and development. Third, strengthen risk monitoring in the banking, securities and insurance industry, efforts to prevent and defuse financial risks that may arise, to maintain financial stability within the governed area. Fourth, strengthen foreign exchange management, promote trade and investment facilitation. Fifth, rise financial services and management gradually.

中国工商银行贵州省分行
Industrial and Commercial Bank of China Guizhou Branch

2009年5月20日，工行贵州分行黄再红行长出席贵州铁路投资有限责任公司银企合作协议签约仪式
May 20, 2009, governor of the ICBC Guizhou branch Huang Zaihong attended the Guizhou Railway Investment Co., Ltd and bank-enterprise cooperation agreement signing ceremony

2009年5月20日，工总行及工行贵州分行有关领导出席代理毕节发展村镇银行、龙里国丰村镇银行结算业务签字仪式
May 20, 2009, leaders for agent of head office and branches of ICBC attended the clearing business signing ceremony of Bijie development village the Bank and Longliguo Fengcun Town bank

2009年1月14日，工总行学习实践科学发展观检查组出席工行贵州分行落实科学发展观分析检查报告评议大会
January 14, 2009, work study and practice the scientific concept of development headquarters inspection team attended the Guizhou branch of the bank of the scientific concept of development appraisal Assembly inspection report

2009年5月22日，工总行魏国雄首席风险官到工行贵州分行进行小企业信贷业务调研
May 22, 2009, Chief of ICBC headquarters Wei Guoxiong to Guizhou branches to have credit small business research

2009年，面对严峻的经济形势，工行贵州分行认真落实宏观调控的各项政策措施，积极筹措资金，支持地方经济发展。加大对省内交通、电力、煤炭、煤磷化工、城市基础设施建设等薄弱环节的重点支持，新增高速公路项目贷款市场增量及余额占比均为第一，向企业投放电力能源类贷款近百亿元，发放贵阳市城市轨道交通有限公司首笔2亿元项目搭桥贷款，积极跟踪龙洞堡机场扩建项目，牵头支持优质大型房地产开发项目32个，努力促进了全省“保增长、调结构”的双重发展目标。

2009年，该行人民币各项存款余额突破千亿大关，达1062.65元，比年初增加13.27%；人民币各项贷款余额979.47亿元，比年初增加25.47%；电子银行交易额10681亿元，离柜业务占比46 %；银行卡消费额较上年增长144.61%，中间业务收入增幅在系统内一级分行中的排名第7位；拨备后利润较上年增长7.24%，不良贷款余额与占比双下降，资产质量继续保持优良。系统内一级分行综合绩效考核排名第八。

In 2009, faced with severe economic situation, Guizhou branch of ICBC seriously implemented the policies of macro-control measures to actively raise funds to support local economic development. Increase the support of traffic, electricity, coal, coal phosphorus chemical industry, urban infrastructure construction, and the key weaknesses points in the province, increase in new highway projects and the balance of the loan market accounting for both the incremental first, put the power energy to the enterprise nearly 100 million yuan loans, payment of Guiyang City Railway Co., Ltd A first bridge loans to 200 million yuan project, actively tracking Longdongbao airport expansion project, led by large-scale high-quality real estate development32 projects, , efforts to promote the province' s "ensure capital growth , adjust structure" double development goals.

In 2009, the bank balance of RMB deposits break through 100 billion mark, up to 1,062.65 yuan, an increase of 13.27%; the loan balance of RMB 97.947 billion yuan, an increase of 25.47%; e-banking transactions 1.0681 trillion yuan, accounting for 46% of the Cabinet business; bank card spending increased 144.61% over the previous year, an increase of intermediary business revenue within a branch in the system' s ranking 7th; of provisions, profit growth of 7.24% over the previous year, non-performing loans and accounting for two-down, continued good asset quality. Comprehensive Performance Assessment ranked 8th in A branch of the System.

国家开发银行贵州省分行助推贵州经济又好又快发展

The State Development Bank Guizhou Branch Boosting sound and rapid economic development in Guizhou

积极支持贵州公路建设
Actively supporting the road construction in Guizhou

积极支持地方城市建设
Actively supporting the local urban construction

2009年，面对复杂多变的国际国内形势，国家开发银行贵州省分行积极响应中央“扩内需、促发展、调结构”精神，贯彻执行总行“优先支持‘六加一’等国家政策导向支持的领域”安排，圆满地完成了各项工作任务，推进了开发性金融实践在贵州向更广、更深领域迈进。

2009年，贵州分行围绕省委省政府工作重点和难点问题，继续加大对基础设施、基础产业、支柱产业等关系国计民生领域的工作力度，重点对公路、电站、城市基础设施建设提供融资支持，保障了贵阳南环线、坝陵河特大桥、新庄污水处理厂、沟皮滩水电站等工程的顺利竣工和运行。同时分行积极履行社会责任，作为我省唯一的助学贷款主办银行，成功发放生源地助学贷款2.46亿元，实现全省92个县域（地区）全覆盖，惠及学生5.18万人，达贵州省历年生源地助学贷款发放金额和申贷人数之最。针对党中央国务院关注的威宁问题，贵州分行第一时间赶赴当地，成为第一家赴威宁县进行实地调研和实现开发性金融扶贫的金融机构。目前分行已与相关部门签订规划合作协议，并成功发放威宁县污水处理工程项目贷款3000万元。截止年末，累计发放各类贷款305.55亿元，实现累计利润11.2亿元、同比增长29.03%，表内累计本息回收率99.85%。此外，贵州分行人均贷款额等多项经营指标仍名列全省前茅，人均利润继续保持同业第一。

2010年，国家开发银行贵州省分行将继续发挥政府组织优势和开发性金融融资优势，紧紧围绕省委省政府“十二五”规划工作重点，充分发挥开发性金融优势，重点支持能源建设，将贵州能源资源优势转变为经济优势。积极支持各项交通建设、改造，全力推动贵州早日打造成为西南交通大枢纽。根据贵州生态城市建设需要，切实加大支持节能减排和生态环境保护力度。继续关注民生富民领域，加大对贵州县域经济、社会主义新农村、中小企业、教育医疗等领域的支持力度，推动“和谐贵州”建设，为贵州经济社会发展早日实现历史性跨越做出新的更大的贡献。

遵义市汇川区体育场
Stadium of Huichuan District in Zunyi City

积极支持贵州旅游产业发展
Actively support the development of tourism in Guizhou

凯里至麻江高速公路
Kaili to Majiang Highway

In 2009, in face of complex and volatile international and domestic situation, the State Development Bank Guizhou Branch responded positively to the central government' s "expanding domestic demand, promote development, transfer structure" spirit, the implementation of head office "priority support 'six plus one' and other national policy oriented support" arrangements, successfully completed all tasks, and promoting the development of financial practices to the broader, deeper field in Guizhou.

In 2009, Guizhou Branch focus on the key and difficult problems of the provincial party committee and provincial government work, continue to increase work in infrastructure, basic industries, pillar industries and other people's livelihood, focusing on the highways, power plants, urban infrastructure finance support, which smoothly protect the Guiyang Southern Link, Baling River Bridge, the new village sewage treatment plant, Goupitan hydropower station and other projects' completion and running. At the same time, the branch actively fulfills social responsibility, and became the sole bank to have student loans in the province, successfully have payment of Student Loans 246 million, achieving full coverage of 92 counties across the province (region), benefiting 5.18 million students, reaching Guizhou Province the amount and number of loans of issued Student Loans was the most over the years. As to CPC Central Committee and State Council's concern for the problems in Weining, Guizhou Branch rushed to the local at the first time, be the first financial institution went to Weining County on field research and the achievement of development finance pro-poor. Branch with the relevant authorities have now signed cooperation agreement plan and successfully released Weining County sewage treatment works project loans 30 million yuan. By the end of the year, various types of loans totally got to 30.555 billion yuan, achieve total profit of 1.12 billion yuan, up 29.03%, table cumulative recovery rate of 99.85% of principal and interest. In addition, the Guizhou branch of the per capita amount of loans and many other operational indicators are still ranked the forefront in the province, the per capita profit of the industry continue to be the first.

In 2010, the State Development Bank of Guizhou branch will continue to play a developmental-governmental organizations, Financing advantages, closely surround the provincial government "12 5" planning, fully play financial development advantage, focus on support for energy development , change the Guizhou energy resources advantages into economic advantages. Actively support the transportation construction, alteration, push Guizhou to be a major hub of Southwest transportation early. According to needs of the construction of ecological city, the bank increases support for effective energy saving and environmental protection. Continue to enrich efforts in the field of people's livelihood, the county economy in Guizhou, new socialist countryside, small and medium enterprises, education and health care etc, promote "harmony of Guizhou" , make new greater contribution to realize the historic leap of economic and social development in Guizhou early.

中国建设银行股份有限公司贵州省分行

China Construction Bank Guizhou Branch

中国建设银行股份有限公司贵州省分行贷款支持建设的盘南电厂
China Construction Bank Guizhou branch lending loan support for the building of the Pannan power plant site

2009年，建行贵州省分行突出“拼抢优质客户、拼抢优质项目，强化内控管理、强化基础建设”的工作要求，坚定不移走“稳健发展与防控风险并重”之路，全行各项业务健康发展。

2009年，建行贵州省分行一般性存款新增、各项贷款新增、对公和个人贷款全年发放数、税前利润、中间业务收入及经济增加值等指标均创历史新高。其中：一般性存款新增，对公存款余额及新增，一般性存款、对公存款和个人存款网均、人均新增等指标均排名四行首位。截止年末，建行贵州省分行全口径存款余额976.76亿元，新增额四行排名首位，新增四行占比36.15%；各项贷款余额643.48亿元，增幅24.05%，贷款余额四行排名较年初上升一位，居第二位。2009年，建行贵州省分行拨备前利润同比增幅18.66%；中间业务收入同比增速31.11%，四行排名第二，市场占比31.10%；中间业务净收入占主营业务收入比率在系统内排名第十四位，较上年提高1.72个百分点。

中国建设银行股份有限公司贵州省分行举办建国六十周年文艺汇演
China Construction Bank Guizhou organizing variety show of the national founding of the sixtieth anniversary

中国建设银行股份有限公司贵州省分行贵州大学教育龙卡首发仪式
China Construction Bank Guizhou branch, Guizhou University Dragon card launching ceremony

中国建设银行股份有限公司贵州省分行与中国移动通信集团贵州有限公司签署全面战略合作协议
China Construction Bank Guizhou branch and Guizhou Province of China Mobile Communications Group Co., Ltd. signing a comprehensive strategic cooperation agreement

In 2009, China Construction Bank Guizhou branch highlighted “Obtain quality customers, snatching high-quality projects, and strengthen internal control and strengthen infrastructure construction” work requirements, and unswervingly took “Stable Development and Prevention of risks together” road, the Bank had the healthy development of the business.

In 2009, China Construction Bank Guizhou branch got historical record in the general deposit new added, all new loans added, and the number issued of personal loans and the public in the year, pretax profit, intermediary business income and other indicators of economic added value etc. Of which: general deposit new added, on public deposits and new added, general deposits, deposits and personal deposits on the public network, per capita and other indicators added are ranked first among the four banks. Closing the end of the year, CCB branch in Guizhou Province, the balance of 97.676 billion yuan deposit full aperture, the new amount ranked first among the four banks, added four banks accounting for 36.15%; the loan balance of 64.348 billion yuan, an increase of 24.05%, loan balance four lines ranking up an early second place among the four banks. In 2009, China Construction Bank Guizhou branch, the profit before provisions increased 18.66% over the same period of the last year; intermediary business revenue grew 31.11% year on year, ranking second among the four banks, the market accounting for 31.10%; the middle of the main business income accounted for a net operating income ratio system ranks the 14th place in the system, 1.72% points increase over the previous year.

中国人民财产保险股份有限公司贵州省分公司

Chinese People's Insurance Company Guizhou Province Branch

人保财险贵州省分公司领导班子成员
PICC branch leading group in Guizhou Province

2009年5月25日，贵州首推特种设备责任保险，公司成为该险种首家保险合作伙伴
May 25, 2009, Guizhou devaluation special equipment liability insurance, the insurance company became the first insurance partner

人保财险贵州省分公司举办建司60周年庆祝活动
PICC branch in Guizhou Province Division holding the 60th anniversary celebration of the construction

人保财险贵州省分公司在全省发起为贫困地区奉献爱心、开展捐资助学活动（左一为人保财险贵州省分公司吕如庆总经理）
PICC branch in the province of Guizhou Province launching their love for the poor areas, donations to aid and carrying out the school activities (first from left was branch of PICC Property Insurance Lv Ruqing, general manager of Guizhou Province)

2009年，中国人保财险贵州省分公司实现实收保费15.47亿，同比增长9.08%，完成年初计划的100.75%。综合成本率94.59%，其中赔付率68.57%，费用率26.02%。实现帐面利润总额6434万。应收保费余额3891万，应收保费率2.55%。全年公司整体实力和竞争优势得到显著提升，各项主要经营指标持续向好，公司的盈利能力和发展潜力进一步增强。

2009年12月4日，由人保财险贵州省分公司员工捐资35万元修建的“贵州人保财险瑶山民族希望小学”正式落成。2009年，公司支付保险赔款8.76亿元，承担保险责任总额达3786亿元。

中国人保财险贵州省分公司，坚持履行“人民保险，服务于民”的光荣使命，秉承“以人为本、诚信服务、价值至上、永续经营”的经营理念，弘扬“求实、诚信、拼搏、创新”的企业精神，为促进改革、保障经济、稳定社会、造福人民提供强大的保险保障。

In 2009, PICC branch in Guizhou Province achieved the premium paid 1.547 billion yuan, an increase of 9.08%, which completed 100.75% plan in the beginning of the year. Combined ratio was 94.59%, of which loss ratio was 68.57%, the cost rate of 26.02%. The company realized 64.34 million yuan of total book value profit. Premiums receivable balance 38.91 million yuan, accounts receivable premium rate was 2.55%. Year' s overall strength and competitiveness have been enhanced significantly, the main business indicators continued to improve, the company' s profitability and growth potential further enhanced.

December 4, 2009, by the PICC in Guizhou branch employees donated 350,000 yuan to build the "Guizhou PICC Yao ethnic Hope Primary School" formally completed. In 2009, the company paid the insurance indemnity 876 million yuan, to undertake insurance liabilities totaling 378.6 billion yuan.

PICC branch in Guizhou Province, upholding its "people' s insurance, and service to the people" of the glorious mission, adhering to the "people-oriented, sincere service, value oriented, sustainable" business philosophy, promoting the "truth, honesty, hard work, innovative "spirit of enterprise, to promote reform, protection of economic, social stability, supporting for the benefit of people with strong insurance coverage.

转型中的中国电信贵州公司

China Telecom Corporation Guizhou Branch in Transforming

省委书记石宗源视察贵州公司承建的农村综合信息服务站
Guizhou Party Secretary Shi Zongyuan visiting the construction of the rural company's integrated information service station that built by Guizhou Company

贵州省副省长孙国强、中国电信集团公司副总经理杨杰在协议上签字
Vice Governor of Guizhou Province Sun Guoqiang and Vice President of China Telecom Corporation Yanjie signing on the agreement

中国电信贵州公司独立建成我省电子政务外网骨干传输网
China Telecom Corporation Guizhou Branch independently built the e-government network backbone transmission network in our province

随着国家2008年实施新一轮电信体制改革和2009年初发放第三代移动通信（3G）牌照，中国电信贵州公司迎来了全业务经营和 3G发展的新机遇、新挑战。公司向用户提供固定电话、移动电话业务、互联网接入及应用、数据通信、视讯服务、国际及港澳台通信等多种类综合信息服务，已形成“商务领航”、“我的e家”、“天翼”、“互联星空”、“号码百事通”等众多知名品牌。

公司围绕企业转型战略，以自主创新、精确管理、强化执行、和谐进步为工作的主旋律，在竞争中前进，在挑战中成长。目前拥有电话和互联网接入用户500万户。2004年和2008年获“全国五一劳动奖状”，2006年被中国消费者协会授予全国“诚信维权单位”称号。在追求企业价值增长的同时，企业以实际行动努力践行“做有责任心的企业公民”，致力于消除数字鸿沟、大力推进农村信息化建设，重大通信保障中勇做中流砥柱，重大自然灾害时拼搏向前，捐资助学、扶贫济危中企业员工甘于奉献。

作为信息化建设的主力军，积极助推贵州省的社会信息化建设，着力实施包括农村信息化、旅游信息化、“电子政务”信息化、“数字城市”信息化、社区信息化、中小企业信息化为主要内容的六大信息化工程。

中国电信贵州公司正以聚焦客户的信息化创新战略为指引，以服务地方经济、推进信息化进程为己任，坚持科学发展，实施精确管理，提升企业价值，开展品牌统领下的全业务经营，以期向用户提供更加丰富多彩的信息通信服务，为加快推进贵州省国民经济和社会信息化进程做出更大的贡献。

营业厅的优质服务
High quality Business Office services

中国电信贵阳分公司10000号
China Telecom Corporation Guiyang Branch No. 10000

中国电信贵州公司省级操作维护中心使网络监控能力和服务保障能力有了大幅提升 China Telecom Corporation Guizhou Branch operation and maintenance center network monitoring and service support capabilities improved significantly

向用户演示新业务
New business presentation to the user

Along with the implementation of the new round of the 2008 telecommunications reform and the release in early 2009 the third generation mobile communication (3G) license, China Telecom Guizhou company ushered in the whole business operation and 3G development, new opportunities, and new challenges. Companies provide fixed telephone, mobile telephone services, Internet access and applications, data communications, video services, international and Hong Kong, Macao and Taiwan and many other types of integrated information communication services for the users, which has formed a "business navigator", "My e-home" "Tianyi", "connected sky", "Best Tone" and many other famous brands.

Company focuses on business transformation strategy, takes innovation, precision management, and strengthens the implementation of the theme of harmony progress as the main work, has progress in the competition, and grows in the challenge. Currently has telephone and Internet access users 5 million. In 2004 and 2008 was won "National Labor Award", in 2006 was awarded the national "integrity Rights Unit" by China Consumer Association. In the pursuit of corporate value growth, the company take practical steps to practice the "to be a responsible corporate citizen", is committed to bridging the digital divide, and vigorously promote the construction of rural information, in the courage to do the mainstay of major communication support, hard forward in major natural disasters and the employees make contributions in donating funds, and supporting poor economic crisis.

As the main force of information technology, the company positively boosts social information in Guizhou Province and focuses on implementation, including rural information, travel information, "e-government" information, "Digital City" information, community information, and SME information o the six main information projects.

China Telecom Corporation Guizhou Branch is using focused customer information technology innovation strategy for the guidelines, to serve the local economy, and promote information the process as responsibility, to persevere in scientific development, implementation of the precision management, enhance the value of company value, launched the whole business operation under the brand , to make a greater contribution to provide users with more variety of information and communication services, to speed up the process of economic and social information in Guizhou Province.

中国联通贵州省分公司
China Unicom Guizhou Branch

中国联合网络通信有限公司贵州省分公司（简称“中国联通贵州省分公司”）是中国联合网络通信有限公司在贵州省的分支机构，是一个拥有9个地州市分公司、87个县分公司、总资产40余亿、年收入超10亿元、从业人员近3000人的国有大型电信运营企业，主要经营移动电话、固定电话、宽带、互联网等综合电信业务。

十余年来，在中共贵州省委、省政府和联通总部的正确领导下，公司实现了持续、快速、健康的发展，已成为贵州省电信市场上的竞争主体之一和推动行业发展的生力军。网络建设方面，目前已经覆盖全省各市、州、地，县、区、及全部乡镇。业务发展方面，全省各类用户数达到近300万户。客户服务方面，以为用户服务为根本，服务水平显著提升。

近年来，公司狠抓服务质量，整体服务水平的提升带动了各项业务的快速发展。在发展的同时，公司始终不渝地将服务社会、奉献社会放在重要位置，精神文明创建活动结出了丰硕果实，受到了联通总部、当地政府和社会的表彰和好评。

2009年5月17日，贵州联通在贵阳举行了3G业务试商用新闻发布会。图为贵州省蒙启良副省长、省通信管理局李德明局长、中国联通贵州省分公司王志总经理共同按动水晶球启动贵州联通3G试商用仪式。

May 17, 2009, Guizhou Unicom held trial 3G services commercially news conference in Guiyang.The picture shows the vice governor of Guizhou Province, Meng Qiliang, Provincial Communications Administration Secretary Li Deming, general manager of China Unicom Guizhou Branch, Wang Zhi, pressed the crystal ball, and launched 3G trial commercial ceremony in Guizhou.

中国联通贵州省分公司王志总经理（左三）向蒙启良副省长（中）和各位嘉宾介绍丰富多彩的联通3G业务和手机终端。

General Manager of China Unicom Guizhou Branch, Wang Zhi (third left) introduced a variety of Unicom introduced 3G services and mobile terminals to the deputy governor Meng Qiliang (middle), and all the distinguished guests.

Guizhou Province Branch of the China Unicom Ltd. (the "China Unicom Guizhou Branch") is China Unicom Ltd. branch in Guizhou Province, is a large state-owned telecom operators with 9 branches offices in prefectures, states and cities, and 87 county level branches, the total assets is about 4 billion yuan, the annual income surpassed 1 billion yuan, the employed people is about 3,000, mainly engaged in mobile phones, fixed telephone, broadband, Internet and other integrated telecommunications services.

More than ten years, under the correct leadership of the CPC Guizhou Provincial Party Committee and the Unicom headquarters, the company always adheres to the market-oriented, carries out competitive differentiation to achieve a sustained, rapid and healthy development has become one of the main force in a competitive telecommunications market, and promote the development of the industry in Guizhou Province. On network building, at present, it has covered all cities, state, prefecture, county, district, and all townships in the province. On business development, various types of users across the province have reached nearly 3 million. On customer service, that customer service as the fundamental level of service was significantly increased.

In recent years, the company pays close attention to the quality of services.The overall level of service raised the rapid development of the business, the corporate image and social reputation has improved significantly. During the development, the company always serves the community, contributing to society in an important position, spiritual civilization bear rich fruit, and a number of advanced collectives and individuals approved by the Unicom headquarters, local government and social recognition and praise.

用户在贵州联通3G营业厅了解和办理3G业务。

Guizhou Unicom 3G business users understand and apply the Office of 3G services

中国联通与贵州省政府举行战略合作协议签字仪式，中国联通陆益民总经理、贵州省孙国强副省长出席仪式。

China Unicom and the Guizhou Provincial Government held a strategic cooperation agreement signing ceremony, Lu Yimin, general manager of China Unicom, Sun Guoqiang, vice governor of Guizhou Province, attended the ceremony.

中国平安 PING AN
保险·银行·投资

平安养老保险股份有限公司贵州分公司

Ping An Annuity Insurance Co., Ltd Guizhou Branch

总经理：王胜
General Manager: Wang Sheng

平安养老险“精英俱乐部”
Ping An Annuity insurance “Elite Club”

2009年终总结会
2009 year-end wrap-up

2009年年终表彰
2009 year-end recognition

平安养老保险股份有限公司贵州分公司成立于2007年4月11日，公司主要业务是传统团体寿险和企业年金。

截至2009年12月底，公司短险保费4313万元（年计划3872万元），达成率111.4%。其中非健险1465万元(年计划1717万元)，达成率85.8%，比去年878万元同期增加66.8%，长险1856万元(年计划6600万元)，达成率28.12%。年金5356万元（计划5050万元），2009年累计赔款1597万元。

主要业务指标提前超额达成总部计划任务，增长率排名前三。机构业务平台有了大幅提升。短险规模增长近80%，非健险增长近71%，利润增长近400%，综拓增长70%以上，综拓增长率系统排名第二。

重点核心客户群的建立，夯实机构基础平台，打造公司市场品牌，抢占市场制高点成功续约，成功运作公司项目。在积累公司运作项目的经验同时提高了机构在市场的品牌。

队伍平台建设初见成效，员工专业技能、销售技能等有了较快提升，凝聚力得到加强，为公司发展提供了良好保障。

Guizhou Branch of Ping An Annuity Insurance Co., Ltd. was established in April 11, 2007, the company' s main business is the traditional group life insurance and Enterprise Annuity.

By the end of December, 2009, the company short-term insurance premiums 43.13 million yuan (38.72 million yuan year plan), the rate reached 111.4%. Of which 14.65 million yuan of non-health insurance (17.17 million yuan year plan), the rate reached 85.8%, compared with 8.78 million yuan over the same period of last year, increased 66.8%, long-insurance 18.56 million yuan (66 million yuan year plan), reached a rate of 28.12%. Pension 53.56 million yuan (50.5 million yuan in plan),total compensation was 15.97 million yuan in 2009.

The main business indicators have done the tasks ahead of schedule of the headquarters, the growth rates got to the top three. Agency business platform has increased dramatically. Short-term insurance increase of nearly 80% of the scale, non-health insurance increase of nearly 71%, profit up nearly 400%, comprehensive development increase of 70%, comprehensive development growth rate ranked second.

Focus on establishing the core customer base, consolidate agencies basic platform to build brand marketing, to seize the high ground of the market to have the successful renewal, successfully have the operation of company projects. In the accumulated experience of the company's project operations, while enhancing the brand in the market.

Force platform initially get success,staff' s professional and marketing skills have rapidly enhanced, cohesion to be strengthened, which provide a good security for the company.

贵州省烟草专卖局（公司）
Tobacco Monopoly Bureau in Guizhou Province (the company)

国家烟草局局长姜成康（前排右二）在贵州省省委常委、副省长王晓东（前排右一）、省烟草专卖局（公司）局长（总经理）陈卫东（前排右三）、副总经理李智勇（二排右三）陪同下与烟农亲切交谈
Secretary for State Tobacco Bureau, Jiang Chengkang (front row, second from right), was accompanied by Standing Committee of Guizhou Provincial Committee, Vice Governor Wang Xiaodong (front row, first from right), Provincial Tobacco Monopoly Bureau (the company) Secretary (President) Chen Weidong (front row, third from right), deputy general manager Li Zhiyong (second row, third from right) having a cordial conversation with the farmers

国家烟草专卖局何泽华副局长视察贵阳市局（公司）卷烟营销中心
State Tobacco Monopoly Bureau, deputy director He Zehua has inspection of Guiyang Bureau (company) cigarette marketing center

国家烟草局副局长张保振（左二）一行在省烟草专卖局（公司）局长（总经理）陈卫东（右一）陪同下到万鲁现代烟草农业试验区考察采烘烟叶
Deputy Secretary for the State Tobacco Zhang Baozhen (second from left) was accompanied by Secretary (President) for the Provincial Tobacco Monopoly Bureau (the company) Chen Weidong (first form right) to inspect to Lu Wan District Agricultural Experiment study of modern mining tobacco leaf drying

中国烟草总公司贵州省公司组建于1981年11月，贵州省烟草专卖局组建于1983年9月。2009年，省局（公司）下辖9个地市级烟草专卖局（公司）、1个市级专业公司（中国烟草贵州进出口有限责任公司）、1个市级烟草科学研究所（贵州省烟草科学研究所）、85个县级烟草专卖局（分公司、营销部），控股管理贵州烟叶复烤有限责任公司。至2009年底，全省烟草商业系统从业人员19180人。拥有总资产132.1亿元。其中，固定资产19.2亿元，流动资产102亿元。资产负债率29.5%。

2009年，贵州省局（公司）被中国卷烟销售公司授予全国卷烟销售工作先进单位，被贵州省人民政府目标考评办授予达标奖和进步奖。贵州省局（公司）审计处被国家局授予全国烟草行业审计工作先进集体。贵州省烟草公司贵阳市公司财务科被国家局授予全国烟草行业财会工作先进集体。贵州遵义烟叶有限责任公司被国家局授予第五届全国烟草行业先进集体。

全省烟草商业系统销售卷烟595.8亿支（119.16万箱），同比增长9.12%。销量居前三位的品牌是黄果树（蓝佳品）、黄果树（软）、黄果树（长征）。实现税利66.5亿元，同比增长25.5%。

全省查处假烟案件1584起，制售假烟网络案件17起，其中3起网络案件案值超过1000万元，首次连续破获案值上千万元的网络大案。黔南州局破获的“3.25”制售假烟网络案，查获假烟489.26万支，涉案金额3274.55万元，荣获全国烟草打假重大案件表彰。

专业化运输
Specialized transport

专业化植保
Professional plant protection

2009年“3.15”假冒卷烟销毁现场
2009 “3.15” counterfeit cigarettes destruction site

机械化作业
Mechanized working

China National Tobacco Corporation Guizhou Company was founded in November 1981, the Guizhou Provincial Tobacco Monopoly Bureau was established in September 1983. In 2009, the Provincial Bureau (company) under the jurisdiction of nine to municipal Tobacco Monopoly Bureau (the company), a municipal professional firms (China Tobacco Import & Export Co., Ltd. Guizhou), a municipal Tobacco Research Institute (Guizhou Province Tobacco Research Institute), 85 county-level Tobacco Monopoly Administration (office, marketing department), holding management Guizhou Tobacco redrying limited liability company. To the end of 2009, the province' s tobacco business systems employed 19,180 people. The total assets investment was 13.21 billion yuan. Among which fixed assets were 1.92 billion yuan, current assets were 10.2 billion. Asset-liability ratio was 29.5%.

In 2009, the Guizhou Provincial Bureau (company) was granted by the Chinese cigarette sales cigarette sales nationwide advanced unit, and was granted Reaching Target and Progress Award by Guizhou Provincial People' s Government Target Evaluation Office. Guizhou Provincial Bureau (company) was granted the country advanced group by the National Audit Office audit of the tobacco industry. Guizhou Province Tobacco Company Guiyang Company accounting department was granted the National Collective of advanced accounting work in tobacco industry by the National Bureau of Finance. Zunyi, Guizhou Tobacco Co., was awarded by the National Council of the Fifth National tobacco industry advanced group.

Cigarette tobacco business systems across the province selling was 59.58 billion (1,191,600 cases), an increase of 9.12%. The top three brands are sold Huangguoshu (blue quality goods), Huangguoshu (soft), Huangguoshu (Long March). To achieve profit and tax 6.65 billion yuan, up 25.5%.

Investigated cases of counterfeit cigarettes across the province were 1,584, manufacturing and selling counterfeit cigarettes from the network of 17 cases, of which 3 cases from the case of the value of the network more than 10 million yuan for the first time cracked the case of the value of multi-million from network Qiannan State Bureau uncovered the “325” network of manufacturing and selling counterfeit cigarettes case, seized 4,892,600 counterfeit cigarettes, involving 32.7455 million yuan, won the recognition of significant cases of counterfeiting of tobacco.

首钢水城钢铁（集团）有限责任公司
Capital Steel Shuicheng Iron and Steel (Group) Co., Ltd

水钢棒材厂外景
Shui Steel bar plant location

水钢炼铁厂外景
Shui Steel ironworks location

首钢水城钢铁(集团)有限责任公司（简称水钢）是由首钢控股，以钢铁制造业为主，集采矿、煤焦化、机械加工、建筑安装、汽车运输、水泥、进出口贸易等多种配套产业为辅的国有大型钢铁联合企业。截止2009年底，资产总额115亿元，在岗职工1.99万人，主体设施具备年产280万吨铁、300万吨钢、300万吨钢材的综合生产能力，排名“中国企业500强”343位、“中国制造业500强”190位。

主要设备包括：788m^3、1200m^{3}和1350m^{3}高炉各一座，100t转炉两座、35t转炉三座，265m^{2}烧结机一台、132m^{2}烧结机两台，50孔大容积焦炉2座、36孔奥托式焦炉2座，6000m^3/h制氧机组两套、15000m^3/h和3200m^3/h制氧机组各一套，半连续式高速线材及高速线材各一套，小型材轧机二套。产品严格按照ISO9000标准组织生产，主要包括螺纹钢、棒材、高速线材、水泥、焦炭及焦化副产品等20余种，其中螺纹钢连续荣获“国家免检产品质量证书”，高速线材多次荣获“全国冶金产品实物质量金杯奖”。

“十一五”以来，水钢按照实施“两个规划”（《结构调整总体发展规划》和《建设循环经济型企业规划》）、实现“两步跨越”的总体要求，依靠科技进步与技术创新，大力调整产品结构，努力发展循环经济，创造了良好的经济效益和社会效益。特别是2009年，面对金融危机背景下终端需求明显不足、钢材市场跌荡起伏，上游原燃材料涨价幅度大于钢材涨价幅度、降价速度滞后于钢材降价速度等困难，水钢按照“坚信中央、依托首钢、自立自强”的工作原则和“以学应变、以快应变、以勇应变、以变应变”的工作思路，和衷共济、攻坚克难，深化改革、强化管理，实施市场倒逼机制，攻打技术经济指标，保证了生产经营安全、有序、低耗运行。累计生产生铁295万吨、钢319万吨、钢材303万吨，主要技术经济指标入炉焦比377 kg/t、喷煤比136kg/t、钢铁料消耗1085kg/t，实现销售收入104.78亿元、税金5.56亿元、盈利3135万元。

水钢产品足迹——用于贵黄公路红枫湖大桥
Shui Steel products footprint-used for Guihuang road Hong Feng Lake Bridge

水钢产品足迹——用于湖南长沙黑石铺香江特大桥
Shui Steel products footprint - used for Xiangjiang Bridge Changsha Heishipu in Hunan Province

水钢牌螺纹钢
Rebar steel of Shui Steel brand

水钢产品足迹——用于重庆江北国际机场
Shui Steel products footprint - used for Chongqing Jiangbei International Airport

Capital Iron and Steel Shuicheng Iron and Steel (Group) Co., Ltd (referred to as Shui Steel) is controlled by capital iron and steel, which is a large state-owned steel company mainly focus on manufacturing, mining, coal coking, machining, construction, motor transport, cement, import and export trade, and more kinds of supporting industry. By the end of 2009, total assets of 11.5 billion yuan, 1.99 million workers in the post, the main facility with an annual output of 2.8 million tons of iron, 300 tons of steel, 3 million tons of steel production capacity, ranking the 343rd of the "China Top 500 Enterprises", 190th of the "China' s manufacturing sector 500".

Major equipment includes: 788m^3, 1200m^3 and 1350m^3 blast furnace one separately, 100t Converter2, 35t converter 3, 265m^2 sintering machine one, 132m^2 sintering machine two, 50-holes big capacity coke 2, 36-holes Otto-type coke oven two, 6000m^3/h oxygen unit two, 15000m^3/h and 3200m^3/h oxygen generator set one unit separately, semi-continuous high-speed wire rod and high-speed wire rod one set separately, small section mill two sets. Products produced in strict accordance with ISO9000 standards organizations, including rebar, bars, high-speed wire rod, cement, coke and coking by-products, more than 20 species, including rebar continuously won the "National Inspection-free Product quality certificate", high-speed wire rod have been awarded the "National Gold Cup Award for high quality metallurgical products."

Since the "Eleventh Five-Year", Shui Steel is lined with implementing the "two planning" ("structural adjustment of overall development planning" and "Building a business planning cycle of Economy"), to achieve "two leap steps" general requirements and relying on technological progress and technical innovation, to adjust the product mix, make efforts to develop recycling economy and create good economic and social benefits. Particularly in 2009, faced with financial crisis are obviously insufficient context of end demand, the steel market unconventional ups and downs, the upstream raw materials and fuel price increases greater than the steel price increases, price cut price cut rate lags behind the speed of the steel and other difficulties, Shui Steel is in accordance with the "conviction central government, relying on Capital steel, self-reliance" working principle and "learn to respond, rapid to response, brave to respond, change to respond" work thinking and act together to tackle tough, deepen reform, strengthen management, the implementation of market Forced mechanism , and technical and economic indicators attack, which ensure the production and operation of safe, orderly, low power operation. Cumulative production of 2.95 million tons of pig iron and steel 3.19 million tons, 3.03 million tons of steel, the main technical and economic indicators into the furnace coke rate of 377 kg / t, the PCI of 136kg / t, the steel material consumption 1085kg / t, the sales income of 10.478 billion yuan and tax 556 million yuan, profit of 31.35 million yuan.

贵州送变电工程公司

Transmission and Distribution Engineering in Guizhou Province

500kV纳雍-安顺输电线路铁塔
500kV Nayong – Anshun Power Transmission Tower

500kV输电线路瓷瓶检修
Maintenance of 500kV transmission line insulator

2009年，在贵州电网公司的正确领导下，贵州送变电工程公司紧跟“保增长、抓建设、强基础”的工作思路，抢抓电网建设机遇，公司上下团结一心，攻艰克难，圆满地完成了上级交给的各项工作任务，为祖国60周年华诞献上了优异的成绩。

2009年，公司获得国家级荣誉7个，南方电网授予荣誉4个，贵州电网授予荣誉1个，市级荣誉1个。

实现了三个“新突破”：一、主营业务收入实现新突破。二、电网建设施工能力实现新突破。三、市场开拓实现新突破。

取得了六个方面“更加”显著的成效：

一、工程项目管理措施更加有力。一是区域项目管理制初见成效。二是职能部门服务一线的水平有了新进展。三是电网建设工程指挥部督查管理到位。四是团队协作力增强，确保工程施工顺利进行。

二、安全生产管理思路更加清晰。一是安全生产管理的总体思路正在沿着“体系化、规范化、指标化”的轨道扎实稳步推进。二是积极创新安全管理方法。第一，管理模式创新；第二，培训、教育方式创新；第三，管理措施创新；第四，新设施的使用；第五，编制新规范，进行安全文明施工总体策划。三是安全保证措施得力，安全生产形势总体保持稳定。

三、电网安全稳定运行情况更加良好。截至2010年1月30日，运检公司管理的线路共210条，9757.70公里，其中220kV线路169条，6825.60公里；500kV线路41条，2929.10公里。

四、工程施工质量更加受控。一是目标分解，措施到位。二是严格落实质量责任制，严格贯彻执行公司质量处罚条例。三是加强质量回访，满足业主需求。

五、器材厂整体生产经营水平提高更加快速。2009年，器材厂超额完成年初职代会制定的各项经营目标。

六、党建融入中心、服务大局成效更加凸现。

500千伏线路放线施工
Construction of 500 kV line is lining

缔造光明
To create bright

In 2009, under the correct leadership ofthe Guizhou Power Grid Corporation, Transmission and Distribution Engineering Company in Guizhou Province firmly followed by the work of the idea of "ensure growth, grasp the construction, focus on building strong foundation", seized the opportunity for network building, the company was uniting as one, attacked the difficulties and overcame difficulties, successfully completed all tasks assigned by higher authorities, presented excellent results for the 60th anniversary of the motherland birthday.

In 2009, the company was honored by seven stated level honors, China Southern Power Grid honorary 4, Guizhou Power Grid honorary one, a municipal honor.

Achieved three "new breakthroughs": First, to achieve new breakthroughs in core business revenue.Second, to achieve new breakthroughs in power capacity-building construction.Third, achieve new breakthroughs in market development.

Made six "more" significant results:

First, project management is more effective. The first is the regional project management system achieved initial success. The second is the standard first-line function departments have a new development. The third is construction of headquarters supervision network management in place. The fourth is strengthening teamwork ability, ensuring the smooth construction.

Second, safety management ideas are more clearly. The first is the general concept of safety management is in a "systematic, standardized, indicators" steady progress track. The second is actively making innovations in security management. Firstly, management innovation; secondly, training, teaching methods innovation; thirdly, management innovation; fourthly, the use of the new facilities; fifthly, the preparation of new norms, the overall plan for safe and civilized construction. The third is effective security measures to ensure production safety situation is generally stable.

Third, power grid conditions are more favorable. By January 30, 2010, transportation management seized a total of 210 lines, 9,757.70 km, of which 220kV line 169, 6,825.60 km; 500kV line 41, 2,929.10 km.

Fourth, construction quality is more controlled. The first is the goal of decomposition, and measures are in place. The second is strict implementation of quality responsibility system, and strictly implement the company's quality Penalties. The third is strengthening the quality of a return visit, to meet the owners' needs.

Fifth, the equipment works to improve the overall level of production and operation is more quickly. In 2009, equipment factory exceeded the business objectives set by the employee congress at the beginning of the year.

Sixth, Party into the central, service effectiveness is more highlighted.

贵州电力建设第二工程公司

Guizhou Electric power construction No.2 Engineering Company

海南感城风电项目组立风机
The air blower of Hainan Gancheng wind power project group

贵州电力建设第二工程公司始建于1958年，资质等级为国家一级火电建筑安装大型综合性施工企业，并取得中华人民共和国对外承包工程经营资格证书，具有高耸构筑物工程专业承包一级资质，可承建各类火力发电厂的整体建筑、安装工程，核电站常规岛建筑安装工程，各类工业及民用建筑、安装工程，各种压力等级的锅炉及管道安装工程等。

公司现有职工1600余人，具有各类技术、经济管理职称专业人员702人，现有各类国家级注册执业资格证人员60人。公司拥有各类先进机械1840台，机械装备总功率达26735千瓦，机具设备等固定资产原值已达2亿1千多万元，具备了大型现代化建筑安装施工的能力，是中国电力施工行业机具装备最雄厚的企业之一。

公司先后获得了ISO9001:2000质量管理体系、ISO14001:2004环境管理体系、GB/T28001:2001职业健康安全管理体系和ISO10012:2003测量管理体系认证证书。获得中国建筑工程最高奖鲁班奖，全国优秀施工企业称号、全国五一劳动奖状、中国500家最大建筑企业、全国电力行业用户满意工程先进单位、全国“安康杯”竞赛优胜企业、中国电力行业安全生产先进集体。荣获“中国企业新纪录”、“中国企业诚信经营示范单位”、“中国工程建设社会信用AAA级企业”、“改革开放三十周年贵州省经济发展贡献奖”、“全国电力行业企业信用评价AAA级信用企业”、“贵州省农业银行AAA级信用单位”等称号。

公司成立51年来，安装机组容量达到1060.9万千瓦，占贵州统调火电装机容量的63%。目前，公司正在建设发耳、贵州华电塘寨发电厂、兴义电厂工程、海南感城风电工程、桐梓煤化工一期工程以及110kV和220kV变电站及线路工程。同时，公司已与中国核工业第五建设有限公司签署了合作意向协议书，准备涉足核电工程领域。公司将秉持“纳全国电建之优秀，创贵州电建之精品”的管理方针，以一流的质量、一流的信誉、一流的建设展示西部电建“铁军”的风采。

建设中的发耳电厂
Fa' er power plant under construction

公司领导班子成员
Company leaders

发耳电厂施工场景
Fa'er power plant construction scene

凯翁线放（紧）线塔上作业
Operations of Kai Weng line up (tight) line on the tower

Guizhou Electric power construction No.2 Engineering Company was founded in 1958, which is the state class A thermal power building and installation large comprehensive construction enterprise, and get The People's Republic of China overseas project contracting business credentials, with a qualified engineering contractor of high-rise structures, the company can contract to build various power plant overall construction and installation engineering; nuclear power plant conventional island construction and installation engineering; various industrial and civil buildings, installation engineering, various pressure level boilers and pipes installation engineering.

The company has more than 1,600 employees, with various technical, economic management professionals in 702 titles, with various national registration officer qualification certificates 60. The company has all kinds of 1,840 sets of advanced machinery, machinery and equipment up to 26,735 kilowatts of total power, machinery equipment and other fixed assets has reached more than 210 million yuan, with the capacity of the installation and construction of large modern building, is one of the most powerful companies of the electric power equipment construction industry in China.

The company has obtained ISO9001:2000 quality management system, ISO14001:2004 environmental management system, GB/T28001:2001 Occupational Health and Safety Management System and ISO10012:2003 management system certification measurements. Won the highest title of China State Construction Engineering Luban Award, the title of National Excellent Construction Enterprise, the National Labor Award, the 500 largest construction companies, the National Electric Power Customer Satisfaction advanced engineering units, the national "Ankang Cup" competition winning companies, China Power Industry Safety advanced mass production. Won the "New Record of Chinese Enterprises", "China Business Credit Management Demonstration Unit", "China Construction Social Credit AAA Grade Enterprise", "30 years of reform and opening up economic development in Guizhou Province Contribution Award", "National Electric Power AAA corporate credit rating Grade Credit Enterprise", "Guizhou Province Agricultural Bank of AAA grade credit unit" and so on.

Since 51 years of founding, installed capacity of the units reached to 10.609 million kilowatts, account for 63% of Guizhou total installed capacity of thermal power transformation system. Currently, the company is building Fa' er, Guizhou Huadian Tang Village Power Plant, Xingyi power plant project, Hainan Gancheng wind power project, Tongzi coal chemical engineering project, and 110kV and 220kV substation and line project. Meanwhile, the company has signed agreement with China Nuclear Engineering the Fifth Construction Co., Ltd on cooperation in nuclear power engineering. The company will uphold the "inclusive excellence of National Electric Construction, innovation Guizhou Power Construction of boutique" management approach, use first-class quality, first-class reputation, and first-class construction to display the "Iron Army" presence of the Western Electric power construction.

贵州乌江水电开发有限责任公司
（中国华电集团公司贵州公司）
Guizhou Wujiang Hydropower Development Corporation
（China Huadian Group Corporation Guizhou Branch）

贵州乌江水电开发公司是我国借鉴国际水电开发成功经验组建的第一家流域水电开发公司，按照“流域、梯级、滚动、综合”的开发方针，经营管理、开发建设乌江干流贵州境内河段梯级电站。截止2010年3月，乌江公司（华电贵州公司）资产总额450亿元，拥有总装机容量1004.5万千瓦，成为贵州省装机规模最大的发电企业。

公司在发展过程中，坚持以科学发展观为统领，抓住国家实施西部大开发和“西电东送”机遇，加快乌江流域水电开发，加快“上大压小”和建设高效、节能、环保的大型火电机组，在水电建设中成功走出了一条人与自然和谐发展、环保与开发并重、企业与社会双赢的新路子。

2005年2月10日，中共中央总书记胡锦涛在索风营电站建设公司视察时，对公司建设绿色、环保电站的理念和实践给予了充分肯定，并且提出了“做好乌江事业下篇文章”的殷切期望。按照胡总书记指示，公司确立了从单一发电企业向综合能源企业转变的战略新定位，在优化结构调整上拓展乌江事业，在转变发展方式上谋求新跨越，力争为促进贵州经济社会发展实现历史性跨越，推动华电集团公司又好又快发展做出应有的贡献。

贵州省委副书记、省长林树森（左一），中国华电集团公司总经理云公民（右一），为乌江公司授牌。
Deputy Secretary of Guizhou province, Governor Lin Shusen (the first form left), and the general manager of China Huadian Group Corporation Yun Gongmin (the first from right), giving the sign for the Wujiang River.

2009年4月28日，贵州乌江水电开发有限责任公司与贵州六枝工矿集团有限责任公司在贵阳举行战略合作协议签字仪式。
April 28, 2009, the strategic cooperation agreement signing ceremony between Guizhou Wujiang Hydropower Development Co., Ltd. and Guizhou Liuzhi Mine Group Co., Ltd. was holding in Guiyang.

乌江构皮滩水电站
Wujiang Goupitan station

Guizhou Wujiang Hydropower Development Corporation is China's successful experience from international hydropower development, and is the first River Basin Hydropower Development Company, in accordance with the "River, cascade, rolling and comprehensive" policy, management, development and construction of the Wujiang River branch cascade hydropower stations in Guizhou. Ended in March 2010, Wujiang Company (Guizhou Huadian Corporation) total assets of 45 billion yuan, with total installed capacity of 10.045 million kilowatts, became the largest installed capacity of power plants in Guizhou Province.

In the development process, the company adheres to the scientific development concept, seizes the opportunity of the western development and the "West to East", to accelerate the Wujiang River hydropower development, speed up "On large generators, shutting down small generating units" and the construction of high efficiency, energy saving, environmental protection large-scale thermal power, and successfully opened a harmonious development between man and nature, environmental protection and development of both, business and social win-win new ways during the process of hydropower construction.

February 10, 2005, the CPC Central Committee General Secretary Hu Jintao had inspection in Suofengying power plant Construction Company; he gave full recognition to the company building the green, environmentally friendly power plant concept and practice, and made an earnest expectation of "good cause next article Wujiang". In accordance with General Secretary Hu' s instructions, the company established a power generation company from a single integrated energy companies to a new positioning strategy changes, structural adjustments to optimize the cause of development in Wujiang, in the changing mode of development to seek a new leap forward, strive to promote the realization of economic and social development historic step in Guizhou, and makes contributions of promoting sound and rapid development of Huadian Corporation.

中电投贵州金元集团股份有限公司
China Power Investment Group Co., Ltd. Guizhou Jinyuan Co., Ltd.

2009年4月22日，省委书记石宗源在金元集团公司董事长、党委书记王祥富，总经理刘立新的陪同下到绥阳煤电化一体项目调研
April 22, 2009, Party Secretary Shi Zongyuan was accompanied by the Jinyuan Group chairman and party secretary Wang Xiangfu, general manager Liu Lixin, to have research in Suiyang coal-based integrated project

黔北发电总厂，位于毕节地区金沙县，总装机容量为170万千瓦
Northern Guizhou Power Plant, located in Jinsha County, Bijie, the total installed capacity of 1.7 million kilowatts

贵州金元集团股份有限公司于2000年11月6日登记成立，注册资本金6亿元。2002年经贵州省人民政府批准，由有限责任公司整体改制为股份有限公司，注册资本金12亿元。2005年4月22日变更为贵州金元集团股份有限公司，注册资本金20亿元。2008年12月17日，公司向中国电力投资集团公司增资扩股30亿股，注册资本变更为50亿元。2008年12月30日，公司名称变更为中电投贵州金元集团股份有限公司，是中国电力投资集团公司的控股子公司。

目前，金元集团拥有贵州西电公司、贵州中水公司等8家控股子公司，拥有纳雍发电总厂、习水发电厂、黔北发电总厂等4家全资及控股发电厂。公司全资及控股发电装机容量为638.545万千瓦，权益装机容量近800万千瓦。截至2009年底，公司总资产420亿元，现有员工9413人。

2009年，金元集团全资及控股电厂完成发电量391.12亿千瓦时，全年实现销售收入125.26亿元，实现了良好的经济效益和社会效益。

Guizhou Jinyuan Group Co., Ltd. was established of registration on November 6, 2000, registered capital of 600 million yuan. In 2002, after the approval of People' s Government of Guizhou Province, the overall restructuring by the limited liability company into limited liability Company by shares, registered capital of 1.2 billion. On April 22, 2005, it changed into Guizhou Jinyuan Group Co., Ltd., registered capital of 2 billion yuan. On December 17, 2008, the company increased their investment in China Power Investment Corporation 3.0 billion shares; changed the registered capital of 5 billion yuan. On December 30, 2008, the company name was changed to the China Power Investment Guizhou Jinyuan Group Co., Ltd., is a holding subsidiary of China Power Investment Corporation.

Currently, Jinyuan Group has the Guizhou West electric company, Guizhou Zhongshui Company and 8 owned subsidiaries, has Nayong Power Plant, Xishui Plant, northern Guizhou Power Plant and other four wholly-owned and controlled power plants.。 And holding company wholly-owned power generation installed capacity of 6,385,450 kilowatts, equity installed capacity of nearly 800 million kilowatts. As of the end of 2009, total assets 42 billion yuan, the existing staff of 9,413 people.

In 2009, Jinyuan Group, a wholly-owned and controlled generating capacity of 39.112 billion kwh power plant completed, the annual sales income of 12.526 billion yuan, achieving a good economic and social benefits.

遵义供电局战危机、强电网 科学发展上水平

Power Supply Bureau of Zunyi anti-crisis, strengthening network The level of scientific development is improved

2009年9月30日，遵义供电局举行“迎国庆、颂祖国”文艺演出庆祝建国60周年
September 30, 2009, Zunyi Power Supply Bureau held "welcome the National Day, extol the motherland" cultural performances to celebrate the 60th anniversary of the founding of the nation

2009年12月，遵义供电城区供电分局抢修人员冒着严寒在中心城区抢修用电故障现场
December 2009, Zunyi City power supply branch staffs repair electrical faults on-site in the central city braved the bitter cold

2009年12月14日，赤水市官渡镇金保村箐口组通电，遵义电网全面实现户户用电
December 14, 2009, the town of Guandu Jinbao Village in Chishui city Qingkou group got power, the full realization of all households electricity grid

2009年是遵义供电局发展史上极不平凡的一年，面临国际金融危机困难局面和电网建设繁重任务，在贵州电网公司和遵义市委市政府的领导下，我们以提高供电可靠性为总抓手，全网上下紧紧围绕“保增长，抓建设，强基础”中心任务，迎难而上，真抓实干，圆满完成了各项任务.

遵义供电局2009年供电可靠率达99.877%，完成售电量89.91亿千瓦时，售电平均单价463.62元/千千瓦时，线损率6.78%。电网累计完成投资16.37亿元，技术改造完成2.15亿元，科技项目完成1022万元，新投产35千伏及以上变电容量140万千伏安，输电线路新架设644千米。解决无电户6041户，电网覆盖范围内全面实现“户户通电”目标。

2009年，该局荣获全国学习型组织标兵单位、全国五一劳动奖状、全国文明单位、全国亿万职工健身活动先进单位等荣誉称号，获得省部级集体荣誉7个、个人荣誉3个，地市级集体荣誉29个、个人荣誉36个。

2009 is an extraordinary history of the year to Power Supply Bureau of Zunyi, the difficult situation facing the international financial crisis and the heavy tasks of construction of power grids, and under the leadership of Guizhou Power Grid Corporation and Zunyi municipal committee and government, we increase the reliability of the total handle, the whole line under the center on the "ensure capital growth, focus on building, strong foundation" the central task, face the difficulties, do solid work, and get the successful completion of all tasks.

In 2009, Zunyi Power Supply Bureau reached 99.877 percent reliable power supply, to complete the electricity sale of 8.991 billion kwh, the sale of electricity average price 463.62 yuan / 1000 kwh, line loss rate of 6.78%. Network total investment 1.637 billion yuan, completed 215 million yuan of transformations, projects completed 10.22 million yuan, the new production of 35 kV and above power transmission capacity of 1.4 million kVA, set up 644 km of new transmission lines. Deal with the users who do not have electricity 6,041, the full realization of "every household power" goal within the network coverage.

In 2009, it won the learning organization model units, the National Labor Award, the National civilized units, hundreds of millions of workers nationwide fitness activities, the honorary title of advanced units, access to provincial collective honor seven, personal honor three, city level of collective honor 29, 36 personal honors.

4

Four

人 口

Population

4-1 常住人口(半年口径)

permanent resident population (at least half a year)

单位：万人 (10000 persons)

指 标	Item	2006	2007	2008	2009
年末总人口	**Total Population at the Year-end**	**3757.18**	**3762.36**	**3793**	**3798**
按城镇、乡村分	Grouped by Residence				
城 镇	Urban	1031.72	1062.49	1104.14	1135.22
乡 村	Rural	2725.46	2699.87	2688.86	2662.78
按性别分	Grouped by Sex				
男	Male	1943.87	1947.43	1971.11	1962.42
女	Female	1813.31	1814.93	1821.89	1835.58
性别比(以女性为100)	Sex Ratio(female=100)	107.20	107.30	108.19	106.91
年平均人口	Annual Average Population	3743.59	3759.77	3777.68	3795.50
年末总户数(万户)	Total Number of Household (10000 households)	1092.20	1056.84	1053.61	1046.28
家庭户规模(人/户)	Average Family Size(person/household)	3.44	3.56	3.60	3.63
人口自然变动	**Natural Change of Population**				
出生人数	Number of Birth	52.30	49.93	50.93	51.81
出生率(‰)	Birth Rate(‰)	13.97	13.28	13.49	13.65
死亡人数	Number of Death	25.12	24.81	25.56	25.39
死亡率(‰)	Death Rate(‰)	6.71	6.60	6.77	6.69
自然增长人数	Natural Increase of Population	27.18	25.12	25.37	26.42
自然增长率(‰)	Natural Growth Rate(‰)	7.26	6.68	6.72	6.96

4-2 户籍人口

Household Registered Population

单位：万人 (10000 persons)

指 标	Item	2006	2007	2008	2009
年末总人口	**Total Population at the Year-end**	**3921.91**	**3985.04**	**4036.75**	**4090.78**
农 业	Agriculture	3295.08	3346.09	3385.66	3429.35
非农业	Non-agriculture	626.83	638.95	651.09	661.43
构成(以年末总人口=100)(%)	**Composition(%)** (total population at the year-end=100)				
农 业	Agriculture	84.0	84.0	83.9	83.8
非农业	Non-agriculture	16.0	16.0	16.1	16.2

注：资料来源于省公安厅。
Note:Data in the table above are obtained from the Public Security Department of Guizhou Province.

4–3 婚姻

Marriages and Divorces

指　标	Item	2006	2007	2008	2009
准予登记结婚(对)	**Registered Marriages(couple)**	**213081**	**234938**	**263238**	**307940**
#初婚(人)	First Marriages(person)	393641	432161	486029	567633
再婚(人)	Remarriages(person)	32521	37715	40447	48247
#女性(人)	Female(person)	14871	18794	19223	22707
涉外婚姻(对)	Registered Marriages with Foreigner and he Citizen of Hong Kong,Macao, Taiwan	683	621	534	467
#国内公民(人)	Domestic Citizen(person)	683	621	534	467
#女性(人)	Female(person)	657	564	458	440
离婚人数(人)	Divorces(person)	84256	91674	94140	115914
#民政部门批准(人)	Permitted by Civil Administration Department(person)	51906	56772	65140	38073

注：资料来源于省民政厅。

Note: The data in the table are provided from the provinvial Department of Civil Affairs.

4–4 计划生育

Family Planning

单位：万人　　(10000 persons)

指　标	Item	2006	2007	2008	2009
符合政策出生人数	Number of Birth in Legality	51.79	49.78	47.00	47.95
生育政策符合率(%)	Family Planning Rate(%)	94.6	94.5	94.1	92.5
采取节育措施人数	Number of Contraception User	633.07	649.53	596.74	621.67
避孕率(含复合使用药具)(%)	Contraception Rate(%)	90.8	90.1	90.3	89.6

注：资料来源于省人口计生委。

Note:The data in the table are provided from the Provincial Committee of Population and Family Planning.

主要统计指标解释

人口数　指一定时点、一定地区范围内的有生命的个人的总和。年度统计的年末人口数指每年12月31日24时的人口数。

城镇人口和乡村人口　城镇人口是指居住在城镇范围内的全部常住人口；乡村人口是除上述人口以外的全部人口。

出生率(又称粗出生率)　指在一定时期内(通常为一年)平均每千人所出生的人数的比率，一般用千分率表示。计算公式为：出生率=年出生人数/年平均人数×1000‰。公式中：出生人数指活产婴儿，即胎儿脱离母体时(不管怀孕月数)，有过呼吸或其他生命现象。年平均人数指年初、年底人口数的平均数，也可用年中人口数代替。

死亡率(又称粗死亡率)　指在一定时期内(通常为一年)一定地区的死亡人数与同期平均人数(或期中人数)之比，一般用千分率表示。计算公式为：死亡率=年死亡人数/年平均人数×1000‰。

人口自然增长率　指在一定时期内(通常为一年)人口自然增加数(出生人数减死亡人数)与该时期内平均人数(或期中人数)之比，一般用千分率表示。计算公式为：人口自然增长率=(本年出生人数-本年死亡人数)/年平均人数×1000‰=人口出生率-人口死亡率。

Explanatory Notes on Main Statistical Indicators

Total Population refers to the total number of people alive at a certain point of time within a given area. The annual statistics on total population is taken at midnight, the 3lst of December.

Urban Population and Rural Population Urban population refers to all people residing in cities and towns, while rural population refers to population other than urban population.

Birth Rate or (Crude Birth Rate) refers to the ratio of the number of births to the average population during a certain period of time(usually a year) which is often expressed in‰. The following formula is used:

Birth Rate=Number of Births/Average Number of Population × 1000‰

Number of births refers to live births i.e. the births when babies had showed any vital phenomena regardless of the length of pregnancy.

Annual Average Number of Population is the average of the number of population at the beginning of the year and that at the end of the year. Sometimes it is substituted for with the mid year population.

Death Rate(or Crude Death Rate) refers to the ratio of the number of deaths to the average population (or mid year population) during a certain period of time (usually a year) which is often expressed in‰. The following for-mula is used:

Death Rate umber of Deaths=Number of Deaths/Annual Average Number of Population × 1000‰

Natural Growth Rate of Population refers to the ratio of natural increase in population (number of births minus number of deaths)in a certain period of time(usually a year)to the average population(or mid year population)of the same period which is often expressed in‰. The following formulas are applied:

Natural Growth Rate of Population= (Number of Births−Number of Deaths)/Average Number of Population × 1000‰=Birth Rate−Death Rate

5

劳动、就业与保障

Labour Force, Employment and Social Security

Five

5-1 从业人员及劳动报酬
Number of Employed Personnels and Wages

指标	Item	2006	2007	2008	2009	2009年比2008年增长(%) Increase Rate in 2009 over 2008(%)
从业人员总计(万人)	**Number of Employed Persons(10000 persons)**	**2235.00**	**2280.00**	**2292.12**	**2322.46**	**1.3**
按产业分	**Grouped by Three Industries**					
第一产业	Primary Industry	1633.00	1634.70	1630.00	1626.40	-0.2
第二产业	Secondary Industry	188.00	214.90	217.10	228.70	5.3
第三产业	Tertiary Industry	414.00	430.40	445.02	467.36	5.0
按城乡分	**Grouped by Urban and Rural**					
城镇从业人员	Urban Area	442.00	458.00	472.03	498.12	5.5
#国有单位	State-owned Unit	140.00	144.88	145.86	150.81	3.4
集体单位	Collective-owned Unit	30.10	31.82	30.13	29.50	-2.1
股份合作单位	Share Holding Uint	2.67	3.20	3.15	2.41	-23.4
联营单位	Joint-owned Unit	0.73	1.80	1.75	0.47	-73.1
有限责任公司	Limited Liability Corporations	39.50	42.31	42.50	41.25	-2.9
股份有限公司	Share Holding Corporations Ltd.	10.59	11.72	11.62	11.80	1.5
私营企业	Private Enterprises	46.50	42.00	48.31	57.60	19.2
港澳台投资单位	Economic Units with Funds from HongKong, Macao and Taiwan	1.31	0.95	0.93	1.19	27.8
外商投资单位	Foreign Funded Units	1.66	1.70	1.73	1.90	9.6
个体	Self-employed Individuals	111.50	106.00	123.30	131.26	6.5
乡村从业人员	Rural Area	1793.00	1822.00	1820.09	1824.34	0.2
#私营企业	Private Enterprises	21.30	29.00	29.61	30.31	2.4
个体	Self-employed Individuals	81.50	103.00	104.85	116.85	11.4
#乡镇企业	Township and Village Enterprises	267.40	285.49	307.90	307.53	-0.1
职工人数总计(万人)	**Number of Staff and Workers(10000 persons)**	**201.87**	**207.53**	**199.76**	**206.44**	**3.3**
国有单位	State-owned Unit	137.86	141.48	140.97	141.79	0.6
集体单位	Collective-owned Unit	8.86	8.10	7.42	6.69	-9.8
其他单位	Others	55.15	57.95	51.37	57.96	12.8
职工工资总额(亿元)	**Total Wages of Staff and Wokers(100 million yuan)**	**350.16**	**439.24**	**509.54**	**572.67**	**12.4**
国有单位	State-owned Unit	251.39	320.64	377.51	416.87	10.4
集体单位	Collective-owned Unit	11.35	13.47	15.21	14.65	-3.7
其他单位	Others	87.42	105.13	116.82	141.15	20.8
在岗职工平均工资(元)	**Average Wage of Staff and Workers(yuan)**	**16815**	**20668**	**24602**	**28245**	**14.8**
国有单位	State-owned Unit	17638	22106	25874	29956	15.8
集体单位	Collective-owned Unit	12873	16893	20914	22167	6.0
其他单位	Others	15365	17668	21659	24772	14.4

5-2 城镇新就业人数和失业人数

Number of Incremental Employed and Unemployed in Urban Area

单位：万人 (10000 persons)

指 标	Item	2006	2007	2008	2009	2009年比2008年增长(%) Increase Rate in 2009 over 2008(%)
新就业人数总计	**Total Incremental Employed Personnels**	**20.08**	**22.44**	**21.12**	**21.10**	**-0.1**
按主要来源分	**Grouped by Main Source**					
城镇劳动力	From Urban Area	9.87	10.29	8.48	6.43	-24.2
农村劳动力	From Rural Area	3.33	4.09	4.35	4.79	10.1
大学、中专、技校毕业生	Graduated from University and Specialize	4.97	5.60	5.86	6.71	14.5
其 他	Others	1.91	2.46	2.44	3.18	30.3
按安置去向分	**Grouped by the Direction to Allocate**					
国有经济单位	State-owned Unit	9.85	11.76	11.25	8.71	-22.6
城镇集体经济单位	Collective-owned Unit	0.65	0.55	0.68	0.55	-19.1
其他经济单位	Unit of Other Type of Ownership	5.23	7.44	6.22	7.06	13.5
其他劳动者	Other Labourers	4.35	2.69	2.98	4.79	60.7
城镇登记失业人数	**Number of Registered Employed Persons in Urban Areas**	**12.12**	**12.13**	**12.56**	**12.34**	**-1.8**
城镇登记失业率(%)	**Registered Unemployment Rate in Urban Areas(%)**	**4.11**	**3.97**	**3.98**	**3.81**	**-0.17(**

注：资料来源于省人力资源社会保障厅。

Note: Date in the table are obtained from Guizhou Department of Human resources and Social Security.

5–3 城镇单位从业人员变动(2009)
Changes of Employment in Urban Units

单位：人　　(person)

指　　标	Item	总计 Total	国有单位 State-owned Unit	集体单位 Collective owned Unit	其他单位 Unit of Other Type of Ownership
增加人数	**Number of Persons Increased**	**185463**	**107524**	**5728**	**72211**
从农村招收	Recruited from Rural Area	59309	26660	2531	30118
从城镇招收	Recruited from Urban Area	30114	11016	1192	17906
录用的复员转业军人	Employment of Demobilized Soldiers	2590	1613	45	932
录用的大、中专、技工学校毕业生	Employment of Graduate from College, Secondary Technical Schools and Workers Training Schools	39340	25718	788	12834
调入人数	Number of Persons Transferred into	22328	20470	267	1591
#省外调入	From Outside Guizhou	1590	1226	14	350
其　他	Others	31782	22047	905	8830
减少人数	**Number of Persons Decreased**	**134499**	**70462**	**6283**	**57754**
离休、退休、退职	Retire and Resigned	25488	17672	852	6964
开除、除名、辞退	Expelled and Discharged	8948	3567	1382	3999
终止、解除合同	Contract Terminated	44168	11007	1822	31339
离开本单位仍保留劳动关系的职工	Remain Labour Ralationship	5712	3826	459	1427
死亡	Deaths	2286	1800	56	430
调出人数	Number of Persons Transferred out	21586	18685	410	2491
#调出省	To Outside Guizhou	588	431	2	155
其　他	Others	26311	13905	1302	11104

5-4 城镇单位各行业从业人员年末人数(2009)

Number of Employed Persons in Urban Units at the Year-end by Sector

单位：人 (person)

指 标	Item	从业人员 Number of Employed	国有单位 State-owned Unit	集体单位 Collective owned Unit	其他单位 Unit of Other Type of Ownership
总 计	**Total**	**2187012**	**1508050**	**72197**	**606765**
按企事业、机关分组	**By Enterprises,Institutions and Agencies**				
企 业	Enterprises	1186256	516504	**67576**	602176
事 业	Institutions	703921	694837	4495	4589
机 关	Agencies	296835	296709	126	
按产业分	**By Three Industries**				
第一产业	Primary Industry	19753	18604	205	944
第二产业	Secondary Industry	774705	336409	39198	399098
第三产业	Tertiary Industry	1392554	1153037	32794	206723
按国民经济行业分组	**By Sector**				
农、林、牧、渔业	Farming,Forestry,Animal Husbandry and Fishing	19753	18604	205	944
采矿业	Mining and Quarrying	115399	27319	2551	85529
制造业	Manufacturing	373132	118894	12047	242191
电力、燃气及水的生产和供应业	Production and Supply of Electricity, Gas and Water	66018	52975	604	12439
建筑业	Construction	220156	137221	23996	58939
交通运输、仓储和邮政业	Transportation,Storage and Post	91411	77003	2684	11724
信息传输、计算机服务和软件业	Information Transmit,Computer Services an	23822	13832	29	9961
批发和零售业	Wholesale and Retail Trade	99619	36876	7413	55330
批发业	Wholesale	62431	29992	3482	28957
零售业	Retail	37188	6884	3931	26373
住宿和餐饮业	Hotals and Catering Services	26693	8771	737	17185
金融业	Financial Intermediation	59365	18347	8918	32100
房地产业	Real Estate	36979	7545	1827	27607
租赁和商务服务业	Leasing and Commerce Services	40832	9840	4629	26363
租赁业	Leasing Services	1911	759	368	784
商务服务业	Commerce Services	38921	9081	4261	25579
科学研究、技术服务和地质勘查业	Scientific Research,Technic Serviced and Geological Prospecting	45888	38381	406	7101
水利、环境和公共设施管理业	Water Conservancy,Environment and Public Facilities Services	29193	26704	1972	517
居民服务和其他服务业	Services to Households and Other Services	10673	3027	1004	6642
教 育	Education	413469	405177	2192	6100
卫生、社会保障和社会福利业	Health Care,Social Securities and Social Welfare	110702	106774	774	3154
#卫 生	Health Care	107575	103744	770	3061
社会保障业	Social Securities	1430	1430		
文化、体育和娱乐业	Culture,Sports and Entertainment	18516	16128	79	2309
#新闻出版社	News Publishing Company	3514	3360		154
广播、电视、电影和音像业	Broadcasting,Television,Film and Video Trade	5782	5554	26	202
体 育	Sports	1360	1304		56
公共管理和社会组织	Public Administration and Social Organization	385392	384632	130	630

5-5 城镇单位女性从业人员年末人数(2009)

Number of Employed Female in Urban Units at the Year-end by Sector

单位：人 (person)

行业	Sector	女性从业人员数 Number of Female Employed	国有单位 State-owned Unit	集体单位 Collective owned Unit	其他单位 Unit of Other Type of Ownership
总计	**Total**	**713063**	**499906**	**21015**	**192142**
农、林、牧、渔业	Farming,Forestry,Animal Husbandry and Fishing	5277	4865	76	336
采矿业	Mining and Quarrying	15875	4332	266	11277
制造业	Manufacturing	123919	40386	4158	79375
电力、燃气及水的生产和供应业	Production and Supply of Electricity, Gas and Water	19650	16203	118	3329
建筑业	Construction	22577	10583	3414	8580
交通运输、仓储和邮政业	Transportation,Storage and Post	27999	23645	916	3438
信息传输、计算机服务和软件业	Information Transmit,Computer Services and Software Trade	9720	6123	9	3588
批发和零售业	Wholesale and Retail Trade	39352	12047	3153	24152
批发业	Wholesale	21241	9258	1266	10717
零售业	Retail Trade	18111	2789	1887	13435
住宿和餐饮业	Hotals and Catering Services	15019	5072	401	9546
金融业	Financial Intermediation	27384	7721	3856	15807
房地产业	Real Estate	13728	3175	627	9926
租赁和商务服务业	Leasing and Commerce Services	14777	3484	969	10324
#租赁业	Leasing Services	685	303	131	251
商务服务业	Commerce Services	14092	3181	838	10073
科学研究、技术服务和地质勘查业	Scientific Research,Technic Serviced and Geological Prospecting	12054	10165	127	1762
水利、环境和公共设施管理业	Water Conservancy,Environment and Public Facilities Services	13452	12330	927	195
居民服务和其他服务业	Services to Households and Other Services	4674	626	385	3663
教育	Education	167896	163299	1085	3512
卫生、社会保障和社会福利业	Health Care,Social Securities and Social Welfare	63304	60893	431	1980
#卫生	Health Care	61886	59526	427	1933
社会保障业	Social Securities	685	685		
文化、体育和娱乐业	Culture,Sports and Entertainment	7367	6270	34	1063
#新闻出版社	News Publishing Company	1239	1199		40
广播、电视、电影和音像业	Broadcasting,Television,Film and Video Trade	2205	2115	6	84
体育	Sports	476	452		24
公共管理和社会组织	Public Administration and Social Organization	109039	108687	63	289

5–6 各行业在岗职工人数(2009)
Working Staff and Workers by Sector

单位：人 (person)

行业	Sector	职工人数 Number of Staff and Workers	国有单位 State-owned Unit	集体单位 Collective owned Unit	其他单位 Unit of Other Type of Ownership
总计	**Total**	**2064440**	**1417915**	**66936**	**579589**
按企事业、机关分组	**By Enterprises,Institutions and Agencies**				
企业	Enterprises	1115624	478014	62447	575163
事业	Institutions	670309	661506	4377	4426
机关	Agencies	278507	278395	112	
按产业分	**By Three Industries**				
第一产业	Primary Industry	17909	16769	205	935
第二产业	Secondary Industry	729942	313178	35098	381666
第三产业	Tertiary Industry	1316589	1087968	31633	196988
按国民经济行业分组	**By Sector**				
农、林、牧、渔业	Farming,Forestry,Animal Husbandry and Fishing	17909	16769	205	935
采矿业	Mining and Quarrying	113686	26529	2482	84675
制造业	Manufacturing	358541	111188	11557	235796
电力、燃气及水的生产和供应业	Production and Supply of Electricity,Gas and Water	63022	50590	599	11833
建筑业	Construction	194693	124871	20460	49362
交通运输、仓储和邮政业	Transportation,Storage and Post	83669	69684	2574	11411
信息传输、计算机服务和软件业	Information Transmit,Computer Services and Software Trade	21788	12734	29	9025
批发和零售业	Wholesale and Retail Trade	94577	33667	7163	53747
批发业	Wholesale	58717	27426	3314	27977
零售业	Retail	35860	6241	3849	25770
住宿和餐饮业	Hotals and Catering Services	24894	7780	729	16385
金融业	Financial Intermediation	54877	17216	8635	29026
房地产业	Real Estate	34795	7030	1748	26017
租赁和商务服务业	Leasing and Commerce Services	39798	9503	4378	25917
租赁业	Leasing Services	1822	756	368	698
商务服务业	Commerce Services	37976	8747	4010	25219
科学研究、技术服务和地质勘查业	Scientific Research,Technic Serviced and Geological Prospecting	44052	36939	400	6713
水利、环境和公共设施管理业	Water Conservancy,Environment and Public Facilities Services	25796	23353	1945	498
居民服务和其他服务业	Services to Households and Other Services	10388	2932	985	6471
教育	Education	400767	392702	2147	5918
卫生、社会保障和社会福利业	Health Care,Social Securities and Social Welfare	102589	98927	696	2966
#卫生	Health Care	99654	96088	693	2873
社会保障业	Social Securities	1323	1323		
文化、体育和娱乐业	Culture,Sports and Entertainment	18021	15657	79	2285
#新闻出版社	News Publishing Company	3471	3317		154
广播、电视、电影和音像业	Broadcasting,Television,Film and Video Trade	5599	5371	26	202
体育	Sports	1318	1264		54
公共管理和社会组织	Public Administration and Social Organization	360578	359844	125	609

5-7 各行业职工中专业技术人员数(2009)
Number of Technical Personnel by Sector

单位：人 (person)

指　　标	Item	合计 Total	国有单位 State-owned Unit	集体单位 Collective owned Unit	其他单位 Unit of Other Type of Ownership
总　　计	**Total**	**649753**	**552358**	**9371**	**88024**
按企事业、机关分组	**By Enterprises,Institutions and Agencies**				
企　业	Enterprises	173394	79391	7973	86030
事　业	Institutions	448584	445192	1398	1994
机　关	Agencies	27775	27775		
按产业分	**By Three Industries**				
第一产业	Primary Industry	5826	5723	19	84
第二产业	Secondary Industry	105649	45891	4226	55532
第三产业	Tertiary Industry	538278	500744	5126	32408
按国民经济行业分组	**By Sector**				
农、林、牧、渔业	Farming,Forestry,Animal Husbandry and Fishing	5826	5723	19	84
采矿业	Mining and Quarrying	10718	1379	91	9248
制造业	Manufacturing	56275	20028	716	35531
电力、燃气及水的生产和供应业	Production and Supply of Electricity, Gas and Water	12517	9923	57	2537
建筑业	Construction	26139	14561	3362	8216
交通运输、仓储和邮政业	Transportation,Storage and Post	6940	5717	32	1191
信息传输、计算机服务和软件业	Information Transmit,Computer Services and Software Trade	6161	3758		2403
批发和零售业	Wholesale and Retail Trade	9930	5499	583	3848
批发业	Wholesale	6970	4665	251	2054
零售业	Retail Trade	2960	834	332	1794
住宿和餐饮业	Hotals and Catering Services	1199	455	22	722
金融业	Financial Intermediation	22436	10447	2418	9571
房地产业	Real Estate	6180	1145	275	4760
租赁和商务服务业	Leasing and Commerce Services	3751	1607	136	2008
租赁业	Leasing Services	199	161	5	33
商务服务业	Commerce Services	3552	1446	131	1975
科学研究、技术服务和地质勘查业	Scientific Research,Technic Serviced and Geological Prospecting	19021	16093	126	2802
水利、环境和公共设施管理业	Water Conservancy,Environment and Public Facilities Services	3028	2886	21	121
居民服务和其他服务业	Services to Households and Other Services	1252	253	39	960
教　育	Education	336746	333559	1069	2118
卫生、社会保障和社会福利业	Health Care,Social Securities and SocialWelfare	67948	65912	388	1648
#卫　生	Health Care	67129	65093	388	1648
社会保障业	Social Securities	348	348		
文化、体育和娱乐业	Culture,Sports and Entertainment	5677	5460	7	210
#新闻出版社	News Publishing Company	1012	1004		8
广播、电视、电影和音像业	Broadcasting,Television,Film and Video Trade	1987	1926	6	55
体　育	Sports	197	192		5
公共管理和社会组织	Public Administration and Social Organization	48009	47953	10	46

5-8 在岗职工工资总额(2009)

Total Wages Bill of Working Staff and Workers by Sector

单位：亿元 (100 million yuan)

指 标	Item	合计 Total	国有单位 State-owned Unit	集体单位 Collective owned Unit	其他单位 Unit of Other Type of Ownership
总 计	**Total**	**572.67**	**416.87**	**14.65**	**141.15**
按企事业、机关分	**By Enterprises,Institutions and Agencies**				
企 业	Enterprises	303.93	150.10	13.83	140.00
事 业	Institutions	183.30	181.34	0.80	1.15
机 关	Agencies	85.45	85.43	0.02	
按产业分	**By Three Industries**				
第一产业	Primary Industry	3.33	3.18	0.04	0.12
第二产业	Secondary Industry	191.20	93.91	5.73	91.57
第三产业	Tertiary Industry	378.14	319.79	8.88	49.47
按国民经济行业分	**By Sector**				
农、林、牧、渔业	Farming,Forestry,Animal Husbandry and Fishing	3.33	3.18	0.04	0.12
采矿业	Mining and Quarrying	30.70	7.21	0.55	22.94
制造业	Manufacturing	92.00	36.30	1.77	53.93
电力、燃气及水的生产和供应业	Production and Supply of Electricity,Gas and Water	26.36	21.19	0.11	5.06
建筑业	Construction	42.14	29.20	3.31	9.63
交通运输、仓储和邮政业	Transportation,Storage and Post	24.87	22.14	0.46	2.27
信息传输、计算机服务和软件业	Information Transmit,Computer Services and Software Trade	7.88	4.94	0.01	2.94
批发和零售业	Wholesale and Retail Trade	23.01	12.36	0.97	9.67
批发业	Wholesale	16.78	11.01	0.54	5.23
零售业	Retail Trade	6.23	1.36	0.43	4.44
住宿和餐饮业	Hotals and Catering Services	4.25	1.47	0.11	2.66
金融业	Financial Intermediation	30.53	9.29	5.32	15.93
房地产业	Real Estate	7.62	1.31	0.29	6.02
租赁和商务服务业	Leasing and Commerce Services	8.14	2.52	0.61	5.01
租赁业	Leasing Services	0.24	0.13	0.01	0.10
商务服务业	Commerce Services	7.90	2.39	0.60	4.91
科学研究、技术服务和地质勘查业	Scientific Research,Technic Serviced and Geological Prospecting	12.06	10.16	0.06	1.84
水利、环境和公共设施管理业	Water Conservancy,Environment and Public Facilities Services	4.58	4.31	0.20	0.07
居民服务和其他服务业	Services to Households and Other Services	2.07	0.94	0.19	0.94
教 育	Education	114.49	112.89	0.48	1.11
卫生、社会保障和社会福利业	Health Care,Social Securities and Social Welfare	28.91	28.17	0.13	0.60
#卫 生	Health Care	28.22	27.50	0.13	0.59
社会保障业	Social Securities	0.30	0.30		
文化、体育和娱乐业	Culture,Sports and Entertainment	4.40	4.05	0.02	0.33
#新闻出版社	News Publishing Company	0.92	0.89		0.03
广播、电视、电影和音像业	Broadcasting,Television,Film and Video Trade	1.39	1.35	…	0.03
体 育	Sports	0.35	0.34		0.01
公共管理和社会组织	Public Administration and Social Organization	105.33	105.23	0.02	0.08

5-9 各行业在岗职工平均工资(2009)

Average Wage of Working Staff and Workers by Sector

单位：元 (yuan)

指标	Item	合计 Total	国有单位 State-owned Unit	集体单位 Collective owned Unit	其他单位 Unit of Other Type of Ownership
总计	**Total**	**28245**	**29956**	**22167**	**24772**
按企事业、机关分	**By Enterprises,Institutions and Agencies**				
企业	Enterprises	27844	32332	22361	24759
事业	Institutions	27831	27893	19405	26503
机关	Agencies	30807	30812	17000	
按产业分	**By Three Industries**				
第一产业	Primary Industry	18584	18930	19512	12311
第二产业	Secondary Industry	26845	31166	16447	24346
第三产业	Tertiary Industry	29147	29788	28596	25665
按国民经济行业分	**By Sector**				
农、林、牧、渔业	Farming,Forestry,Animal Husbandry and Fishing	18584	18930	19512	12311
采矿业	Mining and Quarrying	27376	27858	22493	27369
制造业	Manufacturing	25810	32636	15393	23073
电力、燃气及水的生产和供应业	Production and Supply of Electricity,Gas and Water	41889	41871	17548	43212
建筑业	Construction	23320	25712	16284	20568
交通运输、仓储和邮政业	Transportation,Storage and Post	29545	31538	17787	19949
信息传输、计算机服务和软件业	Information Transmit,Computer Services and Software Trade	37302	40687	23759	32762
批发和零售业	Wholesale and Retail Trade	24579	36778	13627	18297
批发业	Wholesale	28826	40147	16608	18996
零售业	Retail Trade	17596	21881	11110	17538
住宿和餐饮业	Hotals and Catering Services	17163	18853	16082	16400
金融业	Financial Intermediation	56677	53538	63789	56508
房地产业	Real Estate	22225	18690	16638	23578
租赁和商务服务业	Leasing and Commerce Services	20870	26503	14654	19787
租赁业	Leasing Services	15158	16774	9024	14856
商务服务业	Commerce Services	21115	27346	14886	19924
科学研究、技术服务和地质勘查业	Scientific Research,Technic Serviced and Geological Prospecting	28699	29097	16614	27332
水利、环境和公共设施管理业	Water Conservancy,Environment and Public Facilities Services	18138	18908	10194	13664
居民服务和其他服务业	Services to Households and Other Services	21452	31968	19429	16434
教育	Education	28916	29092	22641	19360
卫生、社会保障和社会福利业	Health Care,Social Securities and Social Welfare	28561	28859	18888	20821
#卫生	Health Care	28678	28976	18653	21048
社会保障业	Social Securities	24828	24828		
文化、体育和娱乐业	Culture,Sports and Entertainment	24616	25805	23937	15710
#新闻出版社	News Publishing Company	26295	26646		18423
广播、电视、电影和音像业	Broadcasting,Television,Filmand Video Trade	24873	25272	12692	16005
体育	Sports	25438	25665		19815
公共管理和社会组织	Public Administration and Social Organization	29707	29737	19959	13744

5-10 城乡私营企业户数和从业人员(2009)

Number of Private Enterprises and Employed Persons in Urban and Rural Areas by Sector

单位：人 (person)

指 标	Item	户数(户) Number of Enterprises (unit)	城镇 Urban Areas	乡村 Rural Areas	从业人员 Number of Employed Persons	城镇 Urban Areas	乡村 Rural Areas
总 计	**Total**	**71738**	**46167**	**25571**	**519714**	**335570**	**184144**
农、林、牧、渔业	Farming,Forestry,Animal Husbandry and Fishing	2909	1154	1755	21521	9672	11849
采掘业	Mining and Quarrying	4738	1149	3589	47705	11219	36486
制造业	Manufacturing	9171	5120	4051	137758	77969	59789
电力、燃气及水的生产和供应业	Production and Supply of Electricity,Gas and Water	825	402	423	8945	4319	4626
建筑业	Construction	2791	2133	658	26698	22305	4393
交通运输、仓储和邮政业	Transportation,Storage,Post and Telecommunications	1549	1036	513	11180	7902	3278
信息传输、计算机服务和软件业	Information Transmit,Computer Services and Software Trade	3548	2697	851	14486	11429	3057
批发和零售业	Wholesale and Retail Trade	28145	18860	9285	134219	98048	36171
住宿和餐饮业	Hotals and Catering Services	1224	953	271	12997	8678	4319
房地产业	Real Estate	4024	3006	1018	30011	24794	5217
租赁和商务服务业	Leasing and Commerce Services	4891	4166	725	26415	22356	4059
居民服务和其他服务业	Services to Households and Other Services	3806	2611	1195	21005	17032	3973
卫生、社会保障和社会福利业	Health Care,Social Securities and Social Welfare	268	217	51	2642	2204	438
文化、体育和娱乐业	Culture,Sports and Entertainment	507	391	116	3846	3353	493
其他行业	Others	3342	2272	1070	20286	14290	5996

注：资料来源于省工商局(下表同)。
Note:Data in the table are obtained from Guizhou Provincial Industrial and Commercial Bureau.

5-11 城乡个体工商户数和从业人员(2009)

Number of Household and Employed Persons of Self-Employed Individuals in Urban and Rural Areas by Sector

单位：人 (person)

指 标	Item	户数(户) Number of Enterprises (unit)	城镇 Urban Areas	乡村 Rural Areas	从业人员 Number of Employed Persons	城镇 Urban Areas	乡村 Rural Areas
总 计	**Total**	**597864**	**316276**	**281588**	**886198**	**465966**	**420232**
农、林、牧、渔业	Farming,Forestry,Animal Husbandry and Fishing	5056	1153	3903	7659	1940	5719
采掘业	Mining and Quarrying	3518	847	2671	11392	2218	9174
制造业	Manufacturing	40417	21451	18966	72213	37094	35119
电力、燃气及水的生产和供应业	Production and Supply of Electricity,Gas and Water	329	162	167	887	456	431
建筑业	Construction	904	598	306	1973	1356	617
交通运输、仓储和邮政业	Transportation,Storage,Post and Telecommunications	27818	14614	13204	41223	22746	18477
信息传输、计算机服务和软件业	Information Transmit,Computer Services and Software Trade	3360	1334	2026	4631	1839	2792
批发和零售业	Wholesale and Retail Trade	379256	197079	182177	507674	262271	245403
住宿和餐饮业	Hotals and Catering Services	64069	37245	26824	114121	66725	47396
房地产业	Real Estate	111	77	34	182	136	46
租赁和商务服务业	Leasing and Commerce Services	4522	2702	1820	6889	3602	3287
居民服务和其他服务业	Services to Households and Other Services	48480	27991	20489	88038	49439	38599
卫生、社会保障和社会福利业	Health Care,Social Securities and Social Welfare	2704	1738	966	5883	3291	2592
文化、体育和娱乐业	Culture,Sports and Entertainment	3860	2577	1283	7604	4398	3206
其他行业	Others	13460	6699	6752	15829	8455	7374

5—12 职业介绍机构
Careers Service Agencies

指　标	Item	2006	2007	2008	2009	2009年比2008年增长(%) Increase Rate in 2009 over 2008(%)
年末职业介绍机构(个)	**Number of Careers Service at the Year-end(unit)**	**449**	**473**	**397**	**380**	**-4.3**
劳动保障部门办	Run by Labour Department	380	388	322	320	-0.6
其他组织办	Run by Other Organs	9	21	5	6	20.0
公民个人办	Run by Private	60	64	70	54	-22.9
年末职业介绍机构人数(人)	**Number of Staff and Workers of Careers** Service at the Year-end(person)	**1593**	**1548**	**1594**	**1340**	**-15.9**
劳动保障部门办	Run by Labour Department	1367	1257	1322	1129	-14.6
其他组织办	Run by Other Organs	34	97	19	25	31.6
公民个人办	Run by Private	192	194	253	186	-26.5
本年登记招聘人数(人)	Number of Registered Job Vacancies This Year(person)	267312	349284	329444	445748	35.3
本年登记求职人次数(人次)	**Number of Registered Job-seekers This** Year(person-times)	**251588**	**327520**	**310755**	**348800**	**12.2**
#下岗职工	Laid-off Workers	36209	42867	47129	37604	-20.2
失业人员	Unemployment	83473	117773	105923	158461	49.6
获得职业资格人员	Person with Certificates	24308	24636	17412	15418	-11.5
本年介绍成功人次数(人)	**Number of Placed Job-seekers(person)**	**120087**	**162715**	**134902**	**121361**	**-10.0**
#下岗职工	Laid-off Workers	18112	19542	20481	15459	-24.5
失业人员	Unemployment	35769	38106	43092	40051	-7.1
获得职业资格人员	Person with Certificates	16235	15924	8556	5255	-38.6

注：资料来源于省人力资源社会保障厅。

Note: Date in the table are obtained from Guizhou Department of Human resources and Social Security

5–13 社会服务及设施和民政事业发展主要指标

Main Indicators of Social Work & Establishment and Civil Administration Career Development

指标	Item	2006	2007	2008	2009	2009年比2008年增长(%) Increase Rate in 2009 over 2008(%)
城镇社区服务设施数(个)	**Number of Urban Welfare Facilities(unit)**	**4870**	**4936**	**5102**	**5176**	**1.5**
#社区服务单位数	Number of Community Services	153	155	161	164	1.9
城镇便民利民服务网点(个)	Number of Urban Service Points for Civilian(unit)	11140	17698	22340	22661	1.4
乡镇敬老院覆盖率(%)	Coverage Rate of Villages and Town Elderly Welfare Homes(%)	56.1	55.0	55.8	56.4	0.6(百分点)
收养性福利单位床位数(张)	Number of Beds of Welfare Home (unit)	18054	19121	21343	23396	9.6
收养性福利单位床位利用率(%)	Using Rate of Bed(%)	60.4	64.9	64.0	65.0	1.0(百分点)
享受城镇低保人数(万人)	Number of Persons Receiving Lowest Cost of living in Urban Area (10000 person)	51.17	53.28	54.50	55.50	1.8
城镇低保生活保障支出(万元)	Expenditure of Lowest Cost of living in Urban Area (10000 yuan)	51644.3	63749	88000	104000	18.2

注：资料来源于省民政厅(以下相关表同)。

Note:The data in the table are provided from the provinvial Department of Civil Affairs(The relative tables in the chapter are the same).

5–14 享受国家定期抚恤、补助、救济人员数

Persons Enjoying Regular Subsidy and Commiseration of Country

单位：人 (person)

指标	Item	2006	2007	2008	2009	2009年比2008年增长(%) Increase Rate in 2009 over 2008(%)
合　计	**Total**	**106818**	**187395**	**192744**	**195265**	**1.3**
#伤残抚恤人数	Number of Persons Receiving Disability Commiseration	15070	14982	15153	15830	4.5
#“三属”抚恤人数	Number of Persons Comfort and Compensated Bereaved Family	5257	5183	5069	5307	4.7
烈士家属	Family Numbers of Martyr	3071	3023	2936	3129	6.6
牺牲、病故军人家属	Family Numbers of Immolate & Die of Illness Armyman	2086	2160	2133	2178	2.1
复退军人定补人数	Number of Subsidies for Exsevicemen	86491	88090	86965	87102	0.2
参战、参试定补人数	Number of Persons Enjoying Regular Subsidies for War and Test		78909	85178	84752	-0.5

注：参战、参试定补人数指参加对越自卫反击战及核试验等人员，2007年开始核查并接受定期补助。

Note:Persons Enjoying Regular Subsidies for War and Test,refer to persons taking part in Acting in self-defence war and Nuclear test.they have obtained Regular Subsidies from the Government since 2007.

5–15 社会福利机构
Social Welfare Institutions and Enterprises

单位：个　　　　(unit)

项　　目	Item	2006	2007	2008	2009	2009年比2008年增长(%) Increase Rate in 2009 over 2008(%)
总　　计	**Total**	**1443**	**1417**	**1433**	**1433**	**持平**
收养性福利单位	Adopting Social Welfare Institutions	904	900	919	949	3.3
国家办	Run by Government	90	90	99	100	1.0
集体和民办	Run by Collective Units and Private Units	814	810	820	849	3.5
社会福利企业	Social Welfare Enterprises	207	143	128	90	-29.7
国　有	Run by Government	13	12	12	6	-50.0
集体和其他	Run by Collective Units and Others	194	131	116	84	-27.6
优抚事业单位	Administration Agencies for Martyrs	47	52	54	56	3.7
救助类单位	Collecting and Repatriation Units	31	55	56	58	3.6
殡仪服务单位	Funeral and Interment Institutions	94	102	105	111	5.7
彩票发行单位	Lottery Issue Units	7	10	11	11	持平
社区服务单位	Community Service Institutions	153	155	160	158	-1.3

5–16 社会福利机构工作人员
Staff Employed by Social welfare Institutions and Enterprises

单位：人　　　　(person)

项　　目	Item	2006	2007	2008	2009	2009年比2008年增长(%) Increase Rate in 2009over 2008(%)
总　　计	**Total**	**16869**	**15638**	**15675**	**14103**	**-10.0**
收养性福利单位	Adopting Social Welfare Institutions	2638	2873	3118	3219	3.2
国家办	Run by Government	1372	1457	1552	1590	2.4
集体和民办	Run by Collective Units and Private Units	1266	1416	1566	1629	4.0
社会福利企业	Social Welfare Enterprises	9887	8478	8211	6268	-23.7
国　有	Run by Government	586	441	462	350	-24.2
集体和其他	Run by Collective Units and Others	9301	8037	7749	5918	-23.6
优抚安置事业单位	Administration Agencies for Martyrs	386	375	342	381	11.4
救助类单位	Collecting and Repatriation Units	301	333	337	364	8.0
殡仪服务单位	Funeral and Interment Institutions	2688	2652	2691	2914	8.3
彩票发行单位	Lottery Issue Units	85	101	115	117	1.7
社区服务单位	Community Service Institutions	884	826	861	840	-2.4

5–17 社会福利救济主要支出

Major Expenditures of Welfare Relief Funds

单位：万元 (10000 yuan)

指 标	Item	2006	2007	2008	2009	2009年比2008年增长(%) Increase Rate in 2009 over 2008(%)
总 计	**Total**	**129812**	**231788**	**312985**	**419644**	**34.1**
优抚对象补助金额	Funds for Family Members of Martyrs and isabled Veterans	38664	39157	56748	60104	5.9
#国家支出	Government Funds	33231	39157	56748	60104	5.9
传统救济对象的国家救济金额	Funds for Family Members of Traditional Relief	30304	69833	3529	3481	-1.4
最低生活保障支出	Expenditure for Persons Receiving Lowest Cost-of-living	54068	115493	243291	346311	42.3
城 镇	For Urban Areas	51644	63749	87999	104007	18.2
农 村	For Rural Areas	2424	51744	155292	242304	56.0
收养性社会福利单位支出	Funds for Adopting Social Welfare Institution	6775	7305	9417	9748	3.5
#国家支出	Government Funds	6212	7305	9417	9748	3.5

5–18 享受补助、救济人员

Persons Receiving Subsidies and Relief Funds

单位：万人 (10000 person)

指 标	Item	2006	2007	2008	2009	2009年比2008年增长(%) Increase Rate in 2009 over 2008(%)
城乡居民最低生活保障人数	**Number of Persons Receiving Lowest Cost-of-living in** Urban Area and Rural Area	**58.85**	**309.72**	**377.85**	**379.48**	**0.4**
城 镇	Urban Area	51.17	53.28	54.52	55.50	1.8
农 村	Rural Area	7.68	256.44	323.35	323.98	0.2
传统救济人数	Number of Persons Receiving Traditional Relief Funds	110.60	285.96	1.81	1.70	-6.1
收养性福利单位收养三无对象人数	Number of Persons Adopted by Adopting Social Welfare Institutions	0.94	1.05	1.12	1.14	1.8
精减退职老弱残职工得到救济人数	Number of Laid-off,Retired,Elderly and Disabled Staff and Workers Receiving Relief Funds	1.79	1.73	1.73	1.72	-0.6
享受原工资40%救济人数	Number of Persons Receiving 40% of Their Original Wages	0.67	0.63	0.63	0.62	-1.6
享受定期定量救济人数	Number of Persons Receiving Periodical and Fixed Government Relief Funds	1.12	1.10	1.10	1.10	持平

主要统计指标解释

经济活动人口 指在16岁以上、有劳动能力、参加或要求参加社会经济活动的人口,包括从业人员和失业人员。

从业人员 指从事一定社会劳动并取得劳动报酬或经营收入的人员,包括全部职工、再就业的离退休人员、私营业主、个体户主、私营和个体从业人员、乡镇企业从业人员、农村从业人员、其他从业人员(包括民办教师、宗教职业者、现役军人等)。这一指标反映了一定时期内全部劳动力资源的实际利用情况,是研究我国基本国情国力的重要指标。

单位从业人员 指在各级国家机关、政党机关、社会团体及企业、事业单位中工作,取得工资或其他形式的劳动报酬的全部人员。包括在岗职工、再就业的离退休人员、民办教师以及在各单位中工作的外方人员和港澳台方人员、兼职人员、借用的外单位人员和第二职业者。不包括离开本单位仍保留劳动关系的职工。各单位的从业人员反映了各单位实际参加生产或工作的全部劳动力。

城镇私营和个体从业人员 城镇私营从业人员指在工商管理部门注册登记,其经营地址设在县城关镇(含城关镇)以上的私营企业从业人员;包括私营企业投资者和雇工。城镇个体从业人员指在工商管理部门注册登记,并持有城镇户口或在城镇长期居住,经批准从事个体工商经营的从业人员;包括个体经营者和在个体工商户劳动的家庭帮工和雇工。

城镇登记失业人员 指有非农业户口,在一定的劳动年龄内,有劳动能力,无业而要求就业,并在当地就业服务机构进行求职登记的人员。

城镇登记失业率 指城镇登记失业人数同城镇从业人数与城镇登记失业人数之和的比。计算公式为:

城镇登记失业率=城镇登记失业人数/(城镇从业人数+城镇登记失业人数)×100%

职工 指在国有经济、城镇集体经济、联营经济、股份制经济、外商和港、澳、台投资经济、其他经济单位及其附属机构工作,并由其支付工资的各类人员,不包括返聘的离退休人员、民办教师、在国有经济单位工作的外方人员和港、澳、台人员(1998年以后的数据均为在岗职工数据,其他相关指标如职工工资总额,职工平均工资等指标也从1998年按此口径进行了相应调整)。

国有单位职工 指在国有经济单位及其附属机构工作,并由其支付工资的各类人员。

城镇集体单位职工 指在城镇集体经济单位及其管理部门工作,并由其支付工资的各类人员。

其他单位职工 指在联营经济、股份制经济、外商投资经济、港、澳、台投资经济单位工作,并由其支付工资的各类人员。

在岗职工 指在本单位工作并由单位支付工资的人员,以及有工作岗位,但由于学习、病伤产假等原因暂未工作,仍由单位支付工资的人员。

职工工资总额 指各单位在一定时期内直接支付给本单位全部职工的劳动报酬总额。工资总额的计算原则应以直接支付给职工的全部劳动报酬为根据。各单位支付给职工的劳动报酬以及其他根据有关规定支付的工资,不论是计入成本的还是不计入成本的,不论是按国家规定列入计征奖金税项目的,还是未列入计征奖金税项目的,不论是以货币形式支付的还是以实物形式支付的,均包括在工资总额内。

职工平均工资 指企业、事业、机关单位的职工在一定时期内平均每人所得的货币工资额。它表明一定时期职工工资收入的高低程度,是反映职工工资水平的主要指标。计算公式为:

职工平均工资=报告期实际支付的全部职工工资总额/报告期全部职工平均人数

社会福利事业单位 指集中收养社会孤老、残、幼的机构,包括由民政部门管理的社会福利院、儿童福利院、精神病人福利院和城镇集体举办的福利院及农村集体举办的敬老院以及优抚医院和具有收养能力的社区服务中心等。该指标主要反映在社会福利性单位投入的水平。

社会福利事业单位收养人员 包括民政部门管理和城镇、农村集体举办的社会福利事业单位中收养的老人、少年儿童、缺乏生活自理能力的残疾人员和精神病人。该指标主要反映收养性社会福利单位的收养能力。

Explanatory Notes on Main Statistical Indicators

Economically Active Population refers to the population aged 16 and over who are capable to work, are participating in or willing to participate in economic activities, including employed persons and unemployed persons.

Employed Persons refers to the persons who are engaged in social labour and receive remuneration payment or earn business income, including: total staff and workers, re–employed retirees, employers of private enterprises, employers of individual economy, employed persons in private enterprises and individual economy, employed persons in the enterprises in the urban areas, employed persons in the rural areas, other employed persons (including teachers in the schools run by the local people, people engaged in religious profession and active army, etc.)

This indicator reflects the actual utilization of total labour force during a certain period of time and is often used for the research on China's economic affairs and national power.

Persons Employed in Various Units refer to all the persons working in government agencies of various levels, political and party organizations, social organizations, enterprises and institutions, and receiving wages or other forms of payment. They include fully–employed staff and workers, re–employed retirees, teachers in schools run by the local people, foreigners and Chinese compatriots from Hong Kong, Macao, and Taiwan working in various units, part–time employees, employees of other units working temporarily at current posts, and employees holding the second job, but exclude staff and workers who have left their working units while keeping their labour contract (employment relation) unchanged. This indicator reflects the total number of laborers actually engaged in production or other operations in various units.

Persons Employed in Private Enterprises and Self–Employed Individuals in Urban Areas Persons employed in private enterprises refer to the persons employed in the private enterprises which have been registered at the departments of industrial and commercial administration and are situated at a county town (i.e. a town where the county government is located) for business operation or at urban areas with the level higher than a county town. The self–employed individuals in urban areas refer to persons who hold the certificates of residence in urban areas or have resided in the urban areas for a long time and have been registered at the departments of industrial and commercial administration and approved to be engaged in individual industrial or commercial business, including self–employed persons as well as helpers and hired labourers who work in the individual households engaged in industrial or commercial business.

Registered Urban Unemployed Persons The registered unemployed persons in urban areas refer to the persons who are registered as permanent residents in the urban areas engaged in non–agricultural activities, aged within the range of working age, capable to labour, unemployed but desirous to be employed and have been registered at the local employment service agencies to apply for a job.

Registered Urban Unemployment Rate Registered unemployment rate in urban areas refers to the ratio of the number of the registered unemployed persons to the sum of the number of employed persons and the registered unemployed persons . The formula is as follows:

Registered urban unemployment rate =number of registered urban unemployed persons/number of urban employed persons + number of registered urban unemployed persons × 100%

Staff and Workers refer to the persons who work in (and receive payment therefrom) enterprises and institutions of state ownership, collective ownership, joint ownership, share holding, foreign ownership, and ownership by entrepreneurs from Hong Kong, Macao, and Taiwan, and other types of ownership and their affiliated units, excluding the retired persons invited to work in the units again, teachers in the schools run by the local people and foreigners and persons coming from Hong Kong, Macao and Taiwan and working in the state–owned economic units. (Number of staff and workers in this yearbook include only fully employed staff and workers, excluding those who have left their working units while keeping their labour contract/employment relation unchanged).

Staff and Workers in State–owned Economic Units refer to the persons who work in the state–owned economic units or their attached units and are listed in their payrolls.

Staff and Workers of Collective Owned Units in Urban Areas refer to the persons who work in collective owned units in urban areas and their administration departments and receive payment therefrom.

Staff and Workers in Units of Other Types of Ownership refer to those who work in (and receive payment therefrom) enterprises and institutions of joint ownership, share holding, foreign ownership, and ownership by entrepreneurs from Hong Kong, Macao, and Taiwan.

Fully Employed Staff and Workers refer to persons who work in, and receive wages from their working units, as well as persons who have their work posts, but are temporarily absent from work for reasons of study or on sick, injury or maternal leave and still receive wages from their working units.

Total Wages of Staff and Workers refer to the total remuneration payment to staff and workers in various units during a certain period of time. The calculation of total wages is based on the total remuneration payment to the staff and workers. Therefore, all the wages and salaries and other payments to staff and workers are included in the total wages regardless of their sources, category, and forms (in kind or cash).

Average Wage of Staff and Workers refers to the average wage in money terms per person during a certain period of time for staff and workers in enterprises, institutions, and government agencies, which reflects the general level of wage income during a certain period of time and is calculated as follows:

Average Wage of Staff and Workers =Total Wages of Staff and Workers in Reference Period/Average Number of Staff and Workers in Reference Period

Social Welfare Institutions refer to institutions taking care of old people without children, handicapped people and orphans. They include social welfare institutions run by civil affairs departments, children welfare institutions, social welfare institutions for mental patients, collective-owned old people's homes in rural areas, convalescent homes and community service centers with the capacity of receiving those people. This indicator reflects the input in social welfare institutions.

Number of People Taken in by Social Welfare Institutions refers to the number of old people, children, totally dependent handicapped people and mental patients taken in by social welfare institutions run by civil affairs departments and those run by collective units in urban and rural areas. This indicator reflects the capacity of social welfare institutions.

6

Six

固定资产投资

Investment in Fixed Assets

GUIZHOU STATISTICAL YEARBOOK

贵州统计年鉴2010

6-1 全社会固定资产投资

Total Investment in Fixed Assets in the whole Province

单位：亿元 (100 million yuan)

指　标	Item	2006	2007	2008	2009	2009年比2008年增长(%) Increase Rate in 2009 over 2008(%)
全社会固定资产投资	**Total Investment in Fixed Assets in theWhole Province**	**1197.68**	**1488.80**	**1864.45**	**2450.99**	**31.5**
按隶属关系分	Grouped by Jurisdiction of Management					
中央	Central	227.34	239.96	308.09	348.79	13.2
地方	Local	970.34	1248.84	1556.36	2102.20	35.1
按管理渠道分	Grouped by Channel of Management					
基本建设	Capital Construction	621.00	744.61	937.80	1264.89	34.9
更新改造	Innovation	216.34	252.75	311.35	375.85	20.7
房地产开发	Real Estate Development	187.05	249.67	311.26	371.25	19.3
其他投资	Others	173.29	241.77	304.04	439.00	44.4
按经济类型分	Grouped by Registration Status					
国有经济	State-owned Units	602.50	697.68	910.69	1250.42	37.3
集体经济	Collective-owned Units	12.93	17.27	25.23	29.70	17.7
个体经济	Self-employed Units	82.56	93.86	108.74	144.07	32.5
联营经济	Joint Ownership Units	2.21	1.84	3.68	0.42	-88.6
股份制经济	Share Holding Units	303.61	382.27	466.73	523.58	12.2
外商投资经济	Foreign Funded Units	21.47	18.57	31.31	54.21	73.2
港澳台商投资经济	Units with Funds from Hong Kong,Macao and Taiwan	8.51	14.85	18.78	19.70	4.9
其他经济	Others	163.89	262.46	299.29	428.89	43.3
按城乡分	Grouped by Urban and Rural Area					
城镇	Urban	1053.05	1289.13	1609.34	2093.70	30.1
#房地产开发	Real Estate Development	187.05	249.67	311.26	371.25	19.3
农村	Rural	144.63	199.67	255.11	357.29	40.1
#农村个人	Rural Individuals	73.41	82.32	99.97	125.00	25.0
按构成分	Grouped by Use of Funds					
建筑安装工程	Construction and Installation	697.35	874.47	1118.74	1607.26	43.7
设备工具器具购置	Purchase of Equipment and Instruments	277.31	329.11	381.20	431.77	13.3
其他费用	Others	223.02	285.22	364.51	411.96	13.0
按三次产业分	Grouped by Three Industries					
第一产业	Primary Industry	27.07	29.32	50.87	73.42	44.3
第二产业	Secondary Industry	516.23	647.85	794.79	911.72	14.7
工业	Industry	513.27	644.88	787.60	905.01	14.9
#电力、燃气及水的生产供应业	Production and Supply of Electricity Gas and Water	256.55	271.13	281.57	277.15	-1.6
建筑业	Construction	2.96	2.97	7.19	6.70	-6.8
第三产业	Tertiary Industry	654.38	811.63	1018.79	1465.85	43.9
#房地产业	Real Estate	250.57	335.37	430.65	458.28	6.4
房屋建筑面积(万平方米)	**Floor Space of Buildings(10000 sq.m)**					
施工面积	Floor Space under Construction	6938	8112	9383	12176	29.8
#住宅	Residential Buildings	4811	5814	6791	8535	25.7
竣工面积	Floor Space Completed	2752	3259	3207	4734	47.6
#住宅	Residential Buildings	2189	2527	2500	3782	51.3

6-2 全社会固定资产投资资金来源

Total Investment in Fixed Assets in the Whole Province by Source of Finance

单位：亿元 (100 million yuan)

指 标	Item	2006	2007	2008	2009	2009年比2008年增长(%) Increase Rate in 2009over 2008(%)
总 计	**Total**	**1376.73**	**1725.63**	**2157.38**	**3192.06**	**48.0**
国家预算内资金	State Budgetary Appropriation	58.93	86.36	138.06	283.38	105.3
国内贷款	Domestic Loans	335.47	391.62	479.25	710.79	48.3
利用外资	Foreign Investment	14.41	15.56	14.33	10.89	-24.0
自筹资金	Self-raising Funds	679.38	874.97	1092.78	1424.18	30.3
其他资金	Others	288.54	357.12	432.96	762.82	76.2
#基本建设投资资金来源合计	**Capital Construction**	**636.21**	**765.29**	**997.53**	**1526.94**	**65.4**
国家预算内资金	State Budgetary Appropriation	46.16	68.80	109.92	217.12	129.7
国内贷款	Domestic Loans	227.40	256.14	338.94	491.02	46.6
利用外资	Foreign Investment	8.69	6.06	9.79	7.08	-25.9
自筹资金	Self-raising Funds	268.23	352.14	429.79	550.22	42.9
其他资金	Others	85.73	82.15	109.09	261.50	-25.9
#更新改造投资资金来源合计	**Innovation**	**241.03**	**262.50**	**321.87**	**419.98**	**30.5**
国家预算内资金	State Budgetary Appropriation	5.18	4.85	6.29	20.75	229.9
国内贷款	Domestic Loans	31.32	31.35	49.94	54.20	8.5
利用外资	Foreign Investment	1.52	6.87	2.38	3.35	40.8
自筹资金	Self-raising Funds	185.55	202.90	243.98	306.04	25.4
其他资金	Others	17.46	16.53	19.28	35.63	84.8

6—3 城镇固定资产投资
Investment in Fixed Assets in Urban Area

单位：亿元 (100 million yuan)

指 标	Item	2008	2009	2009年比2008年增长(%) Increase Rate in 2009 over 2008(%)
城镇固定资产投资		**1609.34**	**2093.70**	**30.1**
#能源工业投资	Investment in Energy Industry	390.62	409.11	4.7
煤炭开采和洗选业	Mining and Washing of Coal	95.87	119.40	24.5
石油加工、炼焦及核燃料加工业	Processing of Petroleum, Coking, Processing of Nuclear Fuel	20.28	18.40	-9.2
电力、燃气及水的生产和供应业	Production and Supply of Electricity, Gas and Water	274.43	271.30	-1.1
按隶属关系分	Grouped by Jurisdiction of Management			
中央	Central	308.09	348.79	13.2
地方	Local	1301.25	1744.91	34.1
按三次产业分	Grouped by Three Industries			
第一产业	Primary Industry	16.25	28.65	76.3
第二产业	Secondary Industry	686.33	754.39	9.9
第三产业	Tertiary Industry	906.76	1310.66	44.5
按管理渠道分	Grouped by Channel of Management			
基本建设	Capital Construction	937.80	1264.89	34.9
更新改造	Innovation	311.35	375.85	20.7
房地产开发	Real Estate Development	311.26	371.25	19.3
其他投资	Others	48.93	81.71	67.0
按经济类型分	Grouped by Registration Status			
国有经济	State-owned Units	872.72	1079.11	23.6
集体经济	Collective-owned Units	17.09	21.61	26.4
个体经济	Self-employed Units	6.86	10.21	48.8
联营经济	Joint Ownership Units	3.44	0.42	-87.8
股份制经济	Share Holding Units	439.70	505.31	14.9
外商投资经济	Foreign Funded Units	31.31	53.92	72.2
港澳台商投资经济	Units with Funds from Hong Kong,Macao and Taiwan	17.93	19.58	9.2
其他经济	Others	220.29	403.55	83.2
按资金来源分	Grouped by Source of Funds			
国家预算内资金	State Budgetary Appropriation	110.18	205.79	86.8
国内贷款	Domestic Loans	438.33	578.39	32.0
利用外资	Foreign Investment	12.57	9.06	-27.9
自筹资金	Self-raising Funds	817.81	923.12	12.9
其他资金	Others	230.45	377.33	63.7
按构成分	Grouped by Use of Funds			
建筑安装工程	Construction and Installation	959.31	1375.41	43.4
设备工具器具购置	Purchase of Equipment and Instruments	308.22	338.38	9.8
其他费用	Others	341.81	379.91	11.1
按建设性质分	By Type of Construction			
#新建	New Construction	654.61	1011.04	54.4
扩建	Expansion	236.15	294.17	24.6
改建和技术改造	Reconstruction and Technical Rennovation	291.89	316.23	8.3
房屋建筑面积(万平方米)	**Floor Space of Buildings(10000 sq.m)**			
施工面积	Floor Space under Construction	7332	9631	31.4
#住宅	Residential Buildings	4932	6220	26.1
竣工面积	Floor Space Completed	1486	2485	67.2
#住宅	Residential Buildings	892	1720	92.8

6-4 按行业、隶属关系和注册类型分城镇固定资产投资(2009)

单位：亿元

指标	Item	合计 Total
城镇固定资产投资	**Total Investment in Fixed Assets in Urban Area**	**2093.70**
农、林、牧、渔业	Agriculture, Forestry, Animal Husbandry and Fishery	28.65
#农业	Farming	6.02
畜牧业	Animal Husbandry	5.55
农、林、牧、渔服务业	Service in Support of Agriculture	14.86
采矿业	Mining	133.54
#煤炭开采和洗选业	Mining and Washing of Coal	119.40
制造业	Manufacturing	343.63
#饮料制造业	Manufacture of Beverages	20.37
烟草制品业	Manufacture of Tobacco	11.77
造纸及纸制品业	Manufacture of Paper and Paper Products	3.23
石油加工、炼焦及核燃料加工业	Processing of Petroleum, Coking, Processing of Nuclear Fuel	18.40
化学原料及化学制品制造业	Manufacture of Raw Chemical Materials and Chemical Products	70.92
医药制造业	Manufacture of Medicines	9.21
非金属矿物制品业	Manufacture of Non-metallic Mineral Products	94.23
黑色金属冶炼及压延加工业	Smelting and Pressing of Ferrous Metals	19.07
有色金属冶炼及压延加工业	Smelting and Pressing of Non-ferrous Metals	37.28
交通运输设备制造业	Manufacture of Transport Equipment	12.19
电力、燃气及水的生产和供应业	Production and Supply of Electricity, Gas and Water	271.30
#电力、热力的生产和供应业	Production and Supply of Electric Power and Heat Power	247.21
建筑业	Construction	5.93
#房屋和土木工程建筑业	Construction of Buildings and Civil Engineering	3.44
交通运输、仓储和邮政业	Transport, Storage and Post	417.15
#铁路运输业	Railway Transport	88.71
道路运输业	Road Transport	309.14
仓储业	Storage	6.58
信息传输、计算机服务和软件业	Information Transmission, Computer Services and Software	60.03
#电信和其他信息传输服务业	Telecommunications and Other Information Transmission Services	58.27
批发和零售业	Wholesale and Retail Trades	19.20
住宿和餐饮业	Hotels and Catering Services	15.56
金融业	Financial Intermediation	7.40
#银行业	Bank	6.95
房地产业	Real Estate	446.14
租赁和商务服务业	Leasing and Business Services	7.38
租赁业	Leasing	0.53
商务服务业	Business Services	6.85
科学研究、技术服务和地质勘查业	Scientific Research, Technical Service and Geologic Prospecting	8.22
#研究与试验发展	Research and Experimental Development	4.41
水利、环境和公共设施管理业	Management of Water Conservancy, Environment and Public Facilities	210.53
#水利管理业	Management of Water Conservancy	22.09
居民服务和其他服务业	Services to Households and Other Services	5.32
教育	Education	38.66
卫生、社会保障和社会福利业	Health, Social Security and Social Welfare	15.26
#卫生	Health	14.30
文化、体育和娱乐业	Culture, Sports and Entertainment	13.90
#文化艺术业	Cultural and Art Activities	3.95
公共管理和社会组织	Public Management and Social Organization	45.91

Investment in Fixed Assets in Urban Area by Sector, Jurisdiction of Management and Registration Status

(100 million yuan)

按隶属关系分 Grouped by Jurisdiction of Management		按注册类型分 Grouped by Registration Status			
中央 Central Investment	地方 Local Investment	内资企业 Domestic Funds	港、澳、台商投资企业 Hong Kong, Macao and Taiwan	外商投资企业 Foreign Funded	个体经营 Private holding
348.79	**1744.91**	**2009.99**	**19.58**	**53.92**	**10.21**
0.70	27.95	28.54	0.03	0.05	0.03
0.04	5.98	6.02			
	5.55	5.46	0.03	0.05	0.02
0.66	14.20	14.85			0.01
5.00	128.54	129.87	2.58		1.09
4.83	114.57	116.03	2.58		0.80
42.00	301.63	310.62	14.37	16.61	2.03
	20.37	16.78	0.11	2.20	1.28
9.62	2.16	11.77			
	3.23	3.17	0.02		0.04
	18.40	10.30	8.10		
	70.92	69.98		0.93	
	9.21	6.75	0.04	2.42	
	94.23	79.94	5.60	8.20	0.49
0.07	19.00	19.07			
25.20	12.08	35.72	0.15	1.41	
6.14	6.05	12.10		0.07	0.02
158.47	112.83	269.42		1.88	0.01
158.12	89.09	247.21			
0.41	5.51	5.89			0.04
0.41	3.03	3.41			0.04
82.75	334.40	417.08			0.08
78.10	10.61	88.71			
0.30	308.84	309.13			0.01
0.04	6.54	6.54			0.05
48.01	12.02	35.17	0.32	24.50	0.04
48.01	10.26	33.46	0.32	24.50	
1.18	18.02	18.67	0.20	0.27	0.06
	15.56	14.72	0.05		0.80
3.82	3.58	7.40			
3.81	3.14	6.95			
1.21	444.93	430.05	2.03	8.95	5.11
0.04	7.34	7.37			0.01
	0.53	0.53			
0.04	6.82	6.84			0.01
1.68	6.54	7.94		0.28	
1.48	2.93	4.13		0.28	
0.87	209.65	210.07		0.45	
0.03	22.06	22.09			
	5.32	4.85			0.47
0.69	37.98	38.58			0.08
0.41	14.84	15.19			0.06
0.41	13.89	14.24			0.06
	13.90	13.58			0.32
	3.95	3.95			
1.56	44.36	44.98		0.93	

6–5 农村固定资产投资

Investments in Fixed Assets in Rural Areas

单位：亿元 (100 million yuan)

指　标	Item	2008	2009	2009年比2008年增长(%) Increase Rate in 2009 over 2008(%)
农村固定资产投资	**Investments in Fixed Assets in Rural Areas**	**255.11**	**357.29**	**40.1**
#500万元以上项目完成投资	5 million yuan Over	135.11	207.15	53.3
500万元以下项目完成投资	Below 5 million yuan	120.00	150.14	25.1
#国有经济控股	State-owned and Stated-controlled	38.33	64.93	69.4
按登记注册类型分	By Registration			
内资企业	Domestic Funded Enterprises	152.37	223.01	46.4
港、澳、台商投资企业	Enterprises with Funds from Hong Kong,Macao and Taiwan	0.85	0.13	-84.8
外商投资企业	Foreign Funded Enterprises		0.29	
个体经营	Foreign Funded Enterprises	101.88	133.86	31.4
按构成分	Grouped by Use of Funds			
建筑工程	Construction	146.06	211.65	44.9
安装工程	Installation	12.92	20.20	56.4
设备工具器具购置	Purchase of Equipment and Instruments	72.97	93.39	28.0
#用于更新的设备	Innovation	8.80	9.38	6.6
其他费用	Others	23.15	32.05	38.4
资金来源合计	Grouped by Source of Funds	266.41	383.65	44.0
#国家预算内资金	State Budgetary Appropriation	19.81	39.96	101.7
国内贷款	Domestic Loans	8.84	22.29	152.1
利用外资	Foreign Investment	0.84	0.17	-79.6
自筹资金	Self-raising Funds	215.12	288.45	34.1
其他资金	Others	16.37	24.08	47.1
新增固定资产	Newly Increased Fixed Assets	197.27	255.88	29.7
施工项目个数(个)	Number of Projects under Construction(unit)	2463	3449	40.0
#500万元以上项目	5 million yuan and Over	1223	1900	55.4
#500万元以下项目	Below 5 million yuan	1240	1549	24.9
#本年新开工	Number of Projects Started This Year	1960	2717	38.6
本年投产项目个数(个)	Number of Projects Put into Use	1574	2142	36.1
各项应付款合计	Total Payables	2.35	11.11	372.9
#工程款	Projects	1.80	5.09	183.1
设备、器材款	Purchase of Equipment and Instruments	0.31	1.00	224.1
房屋建筑面积(万平方米)	**Floor Space of Buildings(10000 sq.m)**			
施工面积	Floor Space under Construction	2050.43	2466.31	20.3
#住宅	Residential Buildings	1847.75	2238.52	21.1
竣工面积	Floor Space Completed	1721.01	2086.87	21.3
#住宅	Residential Buildings	1607.91	1939.36	20.6

6-6 农村固定资产投资(按国民经济行业分)(2009)
Total Investment in Fixed Assets in Rural Area(Grouped by Sector)

单位：亿元 (100 million yuan)

指标	Item	合计 Total	#农村非农户 Non-farm households
农村固定资产投资	**Total Investment in Fixed Assets in Rural Area**	**357.29**	**232.29**
农、林、牧、渔业	Agriculture, Forestry, Animal Husbandry and Fishery	44.78	27.36
#农业	Farming	7.10	7.10
畜牧业	Animal Husbandry	6.48	6.48
农、林、牧、渔服务业	Service in Support of Agriculture	10.40	10.40
采矿业	Mining	138.42	137.46
#煤炭开采和洗选业	Mining and Washing of Coal	132.86	132.86
制造业	Manufacturing	11.60	11.36
#农副食品加工业	Processing of Food from Agricultural Products	0.79	0.79
饮料制造业	Manufacture of Beverages	0.36	0.36
烟草制品业	Manufacture of Tobacco	0.18	0.18
造纸及纸制品业	Manufacture of Paper and Paper Products	0.33	0.33
石油加工、炼焦及核燃料加工业	Processing of Petroleum, Coking, Processing of Nuclear Fuel	1.54	1.54
化学原料及化学制品制造业	Manufacture of Raw Chemical Materials and Chemical Products	1.15	1.15
医药制造业	Manufacture of Medicines	0.03	0.03
非金属矿物制品业	Manufacture of Non-metallic Mineral Products	3.62	3.62
黑色金属冶炼及压延加工业	Smelting and Pressing of Ferrous Metals	1.25	1.25
有色金属冶炼及压延加工业	Smelting and Pressing of Non-ferrous Metals	0.74	0.74
交通运输设备制造业	Manufacture of Transport Equipment	0.01	0.01
电气机械及器材制造业	Manufacture of Electrical Machinery and Equipment	0.23	0.23
电力、燃气及水的生产和供应业	Production and Supply of Electricity, Gas and Water	6.53	5.85
#电力、热力的生产和供应业	Production and Supply of Electric Power and Heat Power	4.98	4.98
建筑业	Construction	0.78	0.77
#房屋和土木工程建筑业	Construction of Buildings and Civil Engineering	0.72	0.72
交通运输、仓储和邮政业	Transport, Storage and Post	23.16	5.26
#道路运输业	Railway Transport	4.96	4.96
水上运输业	Road Transport	0.01	0.01
仓储业	Storage	0.05	0.05
信息传输、计算机服务和软件业	Information Transmission, Computer Services and Software	0.61	0.61
#电信和其他信息传输服务业	Telecommunications and Other Information Transmission Services	0.61	0.61
批发和零售业	Wholesale and Retail Trades	1.54	1.43
住宿和餐饮业	Hotels and Catering Services	0.91	0.91
金融业	Financial Intermediation	0.12	0.12
房地产业	Real Estate	98.18	12.14
租赁和商务服务业	Leasing and Business Services	0.06	0.06
科学研究、技术服务和地质勘查业	Scientific Research, Technical Service and Geologic Prospecting	0.21	0.21
水利、环境和公共设施管理业	Management of Water Conservancy, Environment and Public Facilities	16.22	15.58
#水利管理业	Management of Water Conservancy	12.62	12.62
居民服务和其他服务业	Services to Households and Other Services	1.10	0.11
教育	Education	1.96	1.96
卫生、社会保障和社会福利业	Health, Social Security and Social Welfare	1.80	1.80
#卫生	Health	1.17	1.17
文化、体育和娱乐业	Culture, Sports and Entertainment	1.92	1.92
#文化艺术业	Cultural and Art Activities	1.06	1.06
娱乐业	Entertainment	0.24	0.24
公共管理和社会组织	Public Management and Social Organization	7.38	7.38

6–7 基本建设投资(按隶属关系分)(2009)
Investment in Capital Construction(Jurisdiction of Management)

单位：亿元 (100 million yuan)

指标名称	Item	合计 Total	中央 Central Investment	地方 Local Investment
基本建设投资	**Investment in Capital Construction**	**1264.89**	**240.38**	**1024.51**
#本年新增固定资产	Newly Increased Fixed Assets This Year	578.80	68.91	509.89
项目个数(个)	Number of Projects(unit)			
施工项目个数	Number of Projects under Construction	8391	252	8139
#500万元以上项目	5 Million Yuan and Over	3399	189	3210
#本年新开工	Number of Projects Started This Year	6385	185	6200
本年投产项目个数	Number of Projects Put into Use	5935	171	5764
房屋建筑面积(万平方米)	Floor Space of Buildings (10 000 sq.m)			
施工面积	Floor Space under Construction	3039.17	104.61	2934.56
#住宅	Residential Buildings	1408.97	41.64	1367.33
竣工面积	Floor Space Completed	1100.62	26.61	1074.01
#住宅	Residential Buildings	628.22	15.84	612.39
本年资金来源合计	Total Source of Funds This Year	1526.94	318.34	1208.60
上年末结余资金	Balance at last Year-end	182.17	85.43	96.74
本年资金来源小计	Total Funds This Year	1344.78	232.91	1111.86
国家预算内资金	State Budget	217.12	24.06	193.06
国内贷款	Domestic Loans	491.02	67.57	423.45
债券	Bonds	11.74	11.74	
利用外资	Foreign Investment	7.08	0.02	7.06
#外商直接投资	Foreign Direct Investment	1.65	0.02	1.63
自筹资金	Self-raising Funds	550.22	112.14	438.08
#企、事业单位自有资金	Enterprises and Institutions	220.17	38.26	181.91
其他资金来源	Others	67.58	17.38	50.20
#集资	Fund-Raising	7.01	0.15	6.86
各项应付款合计	Total Payables	150.73	10.48	140.26
#工程款	Projects	96.09	6.28	89.81

6–8 基本建设主要指标(按国民经济行业分)(2009)

Investment in Capital Construction by Sector

行 业	Sectors	施工项目(个) Number of Projects under Construction (unit)	全部建成投产项目(个) Number of Projects Completed and Put into Use(unit)	基本建设投资额(万元) Investment of Capital Construction (10000 yuan)
总 计	**Total**	**8391**	**5935**	**12648854**
农、林、牧、渔业	Farming, Forestry, Animal Husbandry and Fishery	381	284	245200
#农 业	Farming	35	23	36068
采矿业	Mining and Quarrying	133	40	585422
#煤炭开采和洗选业	Mining and Washing of Coal	108	28	543772
石油和天然气开采业	Extraction of Petroleum and Natural Gas	1		4172
有色金属矿采选业	Mining and Dressing of Nonferrous Metals	12	5	23455
非金属矿采选业	Mining and Dressing of Nonmetal Minerals	9	6	9465
制造业	Manufacturing	357	185	1342029
农副食品加工业	Processing of Food from Agricultural Products	32	17	45716
食品制造业	Manufacture of Foods	22	6	19847
饮料制造业	Manufacture of Beverages	58	34	55212
烟草制品业	Manufacture of Tobacco	9	7	3849
木材加工及木、竹、藤、棕、草制品业	Timber Processing,Manufacture of Wood, Bamboo, Rattan,Palm, and Straw Products	15	13	7470
家具制造业	Manufacture of Furniture	3	3	600
造纸及纸制品业	Manufacture of Paper and Paper Products	4		24880
石油加工、炼焦及核燃料加工业	Processing of Petroleum,Coking,Processing of Nuclear Fuel	8	2	171344
化学原料及化学制品制造业	Manufacture of Raw Chemical Materials and Chemical Products	25	14	282024
医药制造业	Manufacture of Medicines	6		8754
塑料制品业	Manufacture of Plastics	10	5	15284
非金属矿物制品业	Manufacture of Non-metallic Mineral Products	87	44	446963
黑色金属冶炼及压延加工业	Smelting and Pressing of Ferrous Metals	9	6	13227

6-8 续表 continued

行业	Sectors	施工项目(个) Number of Projects under Construction (unit)	全部建成投产项目(个) Number of Projects Completed and Put into Use(unit)	基本建设投资额(万元) Investment of Capital Construction (10000 yuan)
有色金属冶炼及压延加工业	Smelting and Pressing of Nonferrous Metals	8	2	164388
金属制品业	Manufacture of Metal Products	7	4	5047
通用设备制造业	Manufacture of General Purpose Machinery	9	6	10406
专用设备制造业	Manufacture of Special Purpose Machinery	8	4	17573
交通运输设备制造业	Manufacture of Transport Equipment	8	5	15005
电气机械及器材制造业	Manufacture of Electrical Equipment and Machinery	10	2	10898
通信设备、计算机及其他电子设备制造业	Manufacture of Communication Equipment, Computers and Other Electronic Equipment	4	2	4346
工艺品及其他制造业	Manufacture of Artwork and Other Manufacturing	1		753
电力、燃气及水的生产和供应业	Production and Distribution of Electric Power, Gas and Water	478	311	2246893
电力、热力的生产和供应业	Production and Distribution of Electric Power and	334	246	2027940
电力生产	Electricity Production	77	35	1285750
#火力发电	Thermal Power	11	4	448031
水力发电	Hydropower	64	30	825367
电力供应	Electricity Supply	257	211	742190
燃气生产和供应业	Production and Distribution of Gas	20	10	80515
水的生产和供应业	Production and Distribution of Water	124	55	138438
建筑业	Construction	27	20	25360
交通运输、仓储和邮政业	Transport,Storage,Postal and Post	2682	2156	4016234
#道路运输业	Road Transport	2602	2114	3066858
仓储业	Storage	23	11	57875
邮政业	Post	5	4	987
信息传输、计算机服务和软件业	Information Transmission,Computer Services and Software	149	118	114496
批发和零售业	Wholesale and Retail Trade	92	59	98839
住宿和餐饮业	Hotel and Restaurants	43	19	100753
金融业	Financial Intermediation	32	15	64513
房地产业	Real Estate	729	507	681391
租赁和商务服务业	Leasing and Business Services	15	9	12811
科学研究、技术服务和地质勘查业	Scientific Research,Technical Services and Geologic Prospecting	34	18	71185
水利、环境和公共设施管理业	Management of Water Conservancy,Environment and Public Facilities	1206	728	1976143
居民服务和其他服务业	Services to Households and Other Services	19	9	33343
教育	Education	947	762	370603
卫生、社会保障和社会福利业	Health,Social Security and Social Welfare	493	312	143045
文化、体育和娱乐业	Culture,Sports and Entertainment	94	54	113236
公共管理和社会组织	Public Management and Social Organization	480	329	407358

注：本表资料为50万元及以上投资项目数据(以下各相关表同)。
Note:The Date refer to Investment of 500,000 yuan and over in the table(The relative tables in the chapter are the same)

6–9 更新改造投资(按隶属关系分)(2009)
Investment in Innovation(Jurisdiction of Management)

单位：亿元 (100 million yuan)

指标名称	item	合计 Total	中央 Central Investment	地方 Local Investment
更新改造投资	**Investment in Innovation**	**375.85**	**107.18**	**268.67**
#新增固定资产	Newly Increased Fixed Assets	246.80	68.13	178.67
项目个数(个)	Number of Projects(unit)			
施工项目个数	Number of Projects under Construction	1648	411	1237
#500万元以上项目	5 Million Yuan and More	1192	277	915
#本年新开工	Number of Projects Started This Year	1257	335	922
本年投产项目个数	Number of Projects Put into Use This Year	1054	323	731
500万元以上投产项目	5 Million Yuan and Over	667	206	461
500万元以下投产项目	Below 5 Million Yuan	387	117	270
房屋建筑面积(万平方米)	Floor Space of Buildings (10 000 sq.m)			
施工面积	Floor Space under Construction	358.38	32.95	325.44
#住宅	Residential Buildings	29.20		29.20
竣工面积	Floor Space Completed	106.71	3.53	103.18
#住宅	Residential Buildings	19.23		19.23
本年资金来源合计	Total Source of Funds This Year	419.98	113.18	306.80
上年末结余资金	Balance at last Year-end	29.43	11.96	17.48
本年资金来源小计	Total Funds This Year	390.54	101.22	289.32
国家预算内资金	State Budget	20.75	6.87	13.88
国内贷款	Domestic Loans	54.20	19.26	34.95
债券	Bonds			
利用外资	Foreign Investment	3.35		3.35
#外商直接投资	Foreign Direct Investment	3.01		3.01
自筹资金	Self-raising Funds	306.04	75.02	231.02
#企、事业单位自有资金	Enterprises and Institutions	190.31	33.19	157.12
其他资金来源	Others	6.19	0.07	6.12
#集资	Fund-Raising	0.60		0.60
各项应付款合计	Total Payables	39.70	24.74	14.96
#工程款	Projects	30.06	21.87	8.19

6-10 更新改造主要指标(按国民经济行业分)(2009)

Major Indicators of Innovation by Sector

行业	Sectors	施工项目(个) Number of Projects under Construction(unit)	全部建成投产项目(个) Number of Projects Completed and Put into Use(unit)	更新改造投资额(万元) Investment in Innovation (10000 yuan)
总计	**Total**	**1648**	**1054**	**3758484**
农、林、牧、渔业	Farming, Forestry, Animal Husbandry and Fishery	6	3	9024
采矿业	Mining and Quarrying	223	86	546938
#煤炭开采和洗选业	Mining and Washing of Coal Mining and	184	62	470579
非金属矿采选业	Processing of Nonmetal Ores	13	8	38613
制造业	Manufacturing	681	369	1958108
农副食品加工业	Processing of Foodfrom Agricultural Products	38	28	30398
食品制造业	Manufacture of Foods	18	10	15923
饮料制造业	Manufacture of Beverages	61	34	146135
烟草制品业	Manufacture of Tobacco	8	3	113744
纺织业	Manufacture of Textile	1		500
纺织服装、鞋、帽制造业	Manufacture of Textile Wearing Apparel,Footware, and Caps	2	1	767
木材加工及木竹藤棕草制品业	Timber Processing,Manufacture of Wood, Bamboo, Rattan, Palm,and Straw Products	11	8	8551
造纸及纸制品业	Manufacture of Paper and Paper Products	7	3	6048
印刷业、记录媒介的复制	Printing,Reproduction of Recording Media	2	2	11832
石油加工炼焦及核燃料加工业	Processing of Petroleum,Coking, Processing of Nuclear Fuel	2		3745
化学原料及化学制品制造业	Manufacture of Raw Chemical Materials and Chemical Products	93	52	418689
医药制造业	Manufacture of Medicines	39	24	81516
橡胶制品业	Manufacture of Rubber	7	3	23120
塑料制品业	Manufacture of Plastics	12	8	21885
非金属矿物制品业	Manufacture of Non-metallic Mineral Products	140	85	441372
黑色金属冶炼及压延加工业	Smelting and Pressing of Ferrous Metals	41	26	174687
有色金属冶炼及压延加工业	Smelting and Pressing of Nonferrous Metals	35	17	207679
金属制品业	Manufacture of Metal Products	15	9	21267

6-10 续表 (continued)

行　业	Sectors	施工项目(个) Number of Projects under Construction (unit)	全部建成投产项目(个) Number of Projects Completed and Put into Use(unit)	更新改造投资额(万元) Investment in Innovation (10000 yuan)
通用设备制造业	Manufacture of General Purpose Machinery	15	5	20531
专用设备制造业	Manufacture of Special Purpose Machinery	22	7	20707
交通运输设备制造业	Manufacture of Transport Equipment	68	26	104050
电气机械及器材制造业	Manufacture of Electrical Equipment and Machinery	12	7	12718
通信设备计算机及其他电子设备制造业	Manufacture of Communication Equipment, Computers and Other Electronic Equipment	19	5	47313
工艺品及其他制造业	Manufacture of Artwork and Other Manufacturing	4	2	9412
电力、燃气及水的生产和供应业	Production and Distribution of Electric Power, Gas and Water	194	147	448611
电力、热力的生产和供应业	Production and Distribution of Electric Power and Heat Power	159	127	426906
电力生产	Electricity Production	36	28	77043
#火力发电	Thermal Power	10	10	18034
水力发电	Hydropower	24	17	52684
电力供应	Electricity Supply	123	99	349863
燃气生产和供应业	Production and Distribution of Gas	2	1	5674
水的生产和供应业	Production and Distribution of Water	33	19	16031
建筑业	Construction	4	4	14942
交通运输、仓储和邮政业	Transport,Storage,Postal and Post	23	18	109227
#仓储业	Storage	5	2	6910
信息传输、计算机服务和软件业	Information Transmission,Computer Services and Software	309	271	466144
批发和零售业	Wholesale and Retail Trade	7	3	14541
住宿和餐饮业	Hotel and Restaurants	7	5	3214
金融业	Financial Intermediation			
房地产业	Real Estate	8	6	20052
租赁和商务服务业	Leasing and Business Services	4	2	25941
科学研究、技术服务和地质勘查业	Scientific Research,Technical Services and Geologic Prospecting	2		5920
水利、环境和公共设施管理业	Management of Water Conservancy,Environment and Public Facilities	96	67	100532
居民服务和其他服务业	Services to Households and Other Services	1	1	3100
教育	Education	19	19	5942
卫生、社会保障和社会福利业	Health,Social Security and Social Welfare	18	16	3108
文化、体育和娱乐业	Culture,Sports and Entertainment	26	25	7496
公共管理和社会组织	Public Management and Social Organization	20	12	15644

6–11 固定资产投资新增主要生产能力(2009)
Newly Increased Production Capacity through Capital Construction and Innovation

生产能力名称		Productive Capacity	数量 Number
原煤开采	万吨/年	Coal Mining(10000 tons/year)	2077.9
洗煤	万吨/年	Coal Washing	319
焦炭	万吨/年	Coke	6
生铁	万吨/年	Pig Iron	11.06
铁合金	折标吨/年	Iron Alloy(ton/year)	56002
锌冶炼	吨/年	Zinc Smelting	120
氧化铝	万吨/年	Aluminum Oxide (10000 tons/year)	40
水力发电	万千瓦	Hydropower(10000 kw)	476.19
火力发电	万千瓦	Thermal Power(10000 kw)	90
输电线路长度(11万伏及以上)	公里	Transmit Electricity Line (110000 Volt-amper Level and above)(km)	1944.54
水泥	万吨/年	Cement(10000 tons/year)	884.04
电石	吨/年	Calcium Carbide(ton/year)	500
氮肥	吨/年	Nitrogen Fertilizers(ton/year)	5150
磷肥	万吨/年	Phosphate Fertilizers(10000 tons/year)	76.25
白酒	万吨/年	Liquor(10000 tons/year)	2.45
新建公路	公里	Length of New Highways(km)	17818
#高速公路	公里	Freeway(km)	266
改建公路	公里	Length of Reconstructed Highways(km)	5580
新建独立公路桥梁	延长米	New Independent Highway Bridge(extending.m)	482
	座	New Independent Highway Bridge(bridge)	11
新(扩)建公路客、货运站	个	New Construction(Expansion)Passenger Transport and Freight Station(units)	94
新(扩)建公路客、货运站面积	平方米	New Construction(Expansion)Passenger Transport and Freight Station（sq.m)	77368
城市自来水供水能力	万吨/日	Tap Water Supply Capacity in Cities	8.38
城市公共交通车辆购置	辆	Vehicle Purchase of Public Transportation in Cities	300
城市污水处理能力	万吨/日	Disposal Capacity of Sewage in Cities(10000 tons/year)	38.11

注:本表统计口径为计划总投资50万元及以上的城镇固定资产投资和农村非农户投资。
Note:The Data refer to Investment in Fixed Assets of 500,000 yuan and over in Urban Area and Non-farm Households in Rural Area in the table.

6–12 按行业分城镇50万元以上施工、竣工项目个数(2009)
Number of Construction Projects over 500 Thousand Yuan under Construction and Projects Completed in Urban Area by Sector

行业	Sector	本年施工项目(个) Number of Projects under Construction This Year	#本年新开工 Number of Projects Started This Year	本年投产项目(个) Number of Projects Put into Use	项目建成投产率(%) Projects Completed and Putinto Use
总计	**Total**	**10472**	**7992**	**7283**	**69.5**
农、林、牧、渔业	Agriculture, Forestry, Animal Husbandry and Fishery	415	351	304	73.3
#农、林、牧、渔服务业	Service in Support of Agriculture	273	237	209	76.6
采矿业	Mining	426	264	158	37.1
#煤炭开采和洗选业	Mining and Washing of Coal	344	201	106	30.8
制造业	Manufacturing	1130	811	615	54.4
#饮料制造业	Manufacture of Beverages	126	99	72	57.1
烟草制品业	Manufacture of Tobacco	17	11	10	58.8
造纸及纸制品业	Manufacture of Paper and Paper Products	14	10	5	35.7
石油加工、炼焦及核燃料加工业	Processing of Petroleum, Coking, Processing of Nuclear Fuel	14	6	5	35.7
化学原料及化学制品制造业	Manufacture of Raw Chemical Materials and Chemical Products	125	81	71	56.8
医药制造业	Manufacture of Medicines	47	36	25	53.2
非金属矿物制品业	Manufacture of Non-metallic Mineral Products	254	194	150	59.1
黑色金属冶炼及压延加工业	Smelting and Pressing of Ferrous Metals	52	38	34	65.4
有色金属冶炼及压延加工业	Smelting and Pressing of Non-ferrous Metals	44	23	20	45.5
交通运输设备制造业	Manufacture of Transport Equipment	78	48	32	41.0
电力、燃气及水的生产和供应业	Production and Supply of Electricity, Gas and Water	679	503	463	68.2
#电力、热力的生产和供应业	Production and Supply of Electric Power and Heat Power	498	384	377	75.7
建筑业	Construction	33	28	26	78.8
#房屋和土木工程建筑业	Construction of Buildings and Civil Engineering	25	21	18	72.0
交通运输、仓储和邮政业	Transport, Storage and Post	2713	2127	2179	80.3
#铁路运输业	Railway Transport	16	12	10	62.5
道路运输业	Road Transport	2610	2043	2121	81.3
仓储业	Storage	31	26	15	48.4

6-12 续表 (continued)

行业	Sector	本年施工项目(个) Number of Projects under Construction This Year	#本年新开工 Number of Projects Started This Year	本年投产项目(个) Number of Projects Put into Use	项目建成投产率(%) Projects Completed and Putinto Use
信息传输、计算机服务和软件业	Information Transmission, Computer Services and Software	471	408	401	85.1
#电信和其他信息传输服务业	Telecommunications and Other Information Transmission Services	463	402	395	85.3
批发和零售业	Wholesale and Retail Trades	144	98	97	67.4
住宿和餐饮业	Hotels and Catering Services	74	52	41	55.4
金融业	Financial Intermediation	34	24	17	50.0
#银行业	Bank	30	21	13	43.3
房地产业	Real Estate	787	673	556	70.6
租赁和商务服务业	Leasing and Business Services	32	23	23	71.9
租赁业	Leasing	1		1	100.0
商务服务业	Business Services	31	23	22	71.0
科学研究、技术服务和地质勘查业	Scientific Research, Technical Service and Geologic Prospecting	38	21	20	52.6
#研究与试验发展	Research and Experimental Development	12	5	5	41.7
水利、环境和公共设施管理业	Management of Water Conservancy, Environment and Public Facilities	1326	935	808	60.9
#水利管理业	Management of Water Conservancy	445	344	340	76.4
居民服务和其他服务业	Services to Households and Other Services	33	25	19	57.6
教育	Education	971	748	785	80.8
卫生、社会保障和社会福利业	Health, Social Security and Social Welfare	515	419	331	64.3
#卫生	Health	480	390	315	65.6
文化、体育和娱乐业	Culture, Sports and Entertainment	134	106	86	64.2
#文化艺术业	Cultural and Art Activities	57	40	33	57.9
公共管理和社会组织	Public Management and Social Organization	517	376	354	68.5

6-13 房地产开发投资主要指标
Main Indicator of Real Estate Development

指标	Item	2006	2007	2008	2009	2009年比2008年增长(%) Increase Rate in 2009 over 2008
土地开发及购置(万平方米)	**Land Development and Purchase(10 000 sq.m)**					
本年土地开发面积	Land Space Developed This Year	268	220	288	161	-43.9
本年土地购置面积	Land Space Purchased This Year	787	661	590	373	-36.8
本年完成投资额(亿元)	**Investment Completed This Year (100 million yuan)**	**187.05**	**249.67**	**311.26**	**371.25**	**19.3**
#住 宅	Residential Buildings	104.77	156.07	195.49	249.46	27.6
#经济适用房屋	Economically Affordable Housing	10.57	21.43	22.43	20.22	-9.9
资金来源合计(亿元)	**Source of Funds(100 million yuan)**	**319.74**	**444.77**	**520.31**	**773.47**	**48.7**
#国内贷款	Domestic Loans	70.75	95.81	79.98	133.11	66.4
利用外资	Foreign Investment	3.98	2.24	1.20	0.26	-78.7
自筹资金	Self-raising Funds	81.25	109.36	160.40	168.24	4.9
房屋建筑面积(万平方米)	**Floor Space of Buildings(10000 sq.m)**					
施工面积	Floor Space under Construction	3309	4277	5229	6101	16.7
#本年新开工面积	Floor Space Started This Year	1289	1575	1594	1755	10.1
#住 宅	Residential Buildings	2506	3369	4210	4715	12.0
#经济适用房屋	Economically Affordable Housing	301	392	489	461	-5.7
竣工面积	Floor Space Completed	642	695	721	1224	69.8
#住 宅	Residential Buildings	522	559	589	1041	76.9
#经济适用房屋	Economically Affordable Housing	61	39	61	164	169.7

6–14 房地产开发企业(2009)

单位：亿元

指 标	item	总计 Toatal
企业个数(个)	**Number of Enterprises(unit)**	**1841**
年末从业人员总计(人)	**Number of Employed Persons at the Year-end (person)**	**36792**
本年完成投资	**Investment of Completed**	**371.25**
#土地开发投资额	Investment in Land Development	5.46
按工程用途分	By Use of Project	
#商品住宅	Residential Buildings	249.46
#经济适用房	Economically Affordable Housing	20.22
办公楼	Office Building	6.73
商业营业用房	House for Business Used	38.48
其他	Others	76.58
按构成分	By Type of Construction	
建筑工程	Construction	265.60
安装工程	Installation	16.93
设备工器具购置	Purchase of Equitment and Instruments	4.32
其他费用	Others	84.40
本年资金来源合计	**Total Source of Funds This Year**	**773.47**
#国内贷款	Domestic Loans	133.11
利用外资	Foreign Investment	0.26
自筹资金	Fundraising	168.24
其他资金来源	Others	369.16
#个人按揭贷款	Personal Housing Mortgage Loans	142.07
本年完成开发土地面积(万平方米)	Land Space Under Development This Year(10000 sq.m)	161.43
土地购置费	Land Acquisition Costs	32.38
待开发土地面积(万平方米)	Land Space to Be Developed (10000 sq.m)	713.65
本年购置土地面积(万平方米)	Land Space Purchased This Year(10000 sq.m)	373.26
主营业务收入	Revenue From Principal Business	2525.85
税金总额	Total Tax	243.98
资产总计	Total Assets	16902.82
负债合计	Total Liabilities	13703.65
所有者权益合计	Total Owners Equities	3199.18
资产负债率(%)	Assets-Liability Ratio(%)	81.07
施工房屋面积(万平方米)	Floor Space Under Construction(10000 sq.m)	6101.05
竣工房屋面积(万平方米)	Floor Space of Completed(10000 sq.m)	1223.52
房屋建筑面积竣工率(%)	Rate of Floor Space Completed(%)	20.05
本年新开工房屋面积(万平方米)	**Floor Space Started This Year**	**1755.24**
#住宅	Residential Buildings	1352.92
#经济适用房	Economically Affordable Housing	103.38
办公楼	Office Building	27.78
商业营业用房	House for Business Used	205.80
	Others	168.74

Enterprises for Real Estate Development

(100 million yuan)

内资企业 Domestic Funded	#国有企业 State-owned Enterprises	#私营有限责任公司 Private Limited Liability Company	#私营股份有限公司 Private Share-holding Corporations Limited	港澳台商投资企业 EnterPries with Funds from HongKong,Macao and TaiWan	外商投资企业 Foreign Funded Enterprises
1793	**73**	**708**	**101**	**31**	**17**
35825	**1743**	**13154**	**1825**	**544**	**423**
360.27	**11.58**	**107.22**	**23.48**	**2.03**	**8.95**
5.42	0.35	2.53	0.29		0.04
241.30	8.20	72.46	15.79	0.91	7.25
20.04	1.32	4.82	2.80		0.18
6.62	0.08	1.77	0.19	0.00	0.11
37.31	1.22	14.82	2.16	0.83	0.33
75.04	2.08	18.17	5.34	0.28	1.26
256.55	8.19	81.15	16.64	1.39	7.66
16.81	0.33	5.23	0.77	0.05	0.07
4.25	0.13	0.91	0.18		0.07
82.67	2.93	19.93	5.89	0.58	1.15
753.93	**18.96**	**196.41**	**34.38**	**6.70**	**12.85**
129.97	1.31	42.26	6.23	0.64	2.50
0.15				0.11	
166.75	3.64	42.42	9.00	0.48	1.02
358.47	11.55	81.50	12.69	3.62	7.08
137.37	2.39	37.11	4.68	1.31	3.39
157.60	6.21	74.23	5.85		3.83
32.22	0.41	11.17	4.11	0.02	0.14
502.01	2.78	89.94	11.92	14.00	197.64
373.19	3.65	112.50	34.03	0.07	
2469.48	100.78	670.52	123.25	11.80	44.57
240.53	11.41	73.26	12.06	0.55	2.90
15974.60	547.32	4676.08	659.07	356.46	571.76
12949.21	490.42	3601.80	536.62	285.06	469.38
3025.39	56.90	1074.28	122.45	71.40	102.39
81.06	89.60	77.03	81.42	79.97	82.09
5882.30	234.85	1967.30	343.78	70.94	147.81
1131.93	47.52	276.11	36.84	9.39	82.20
19.24	20.23	14.04	10.72	13.24	55.61
1741.28	**71.54**	**616.92**	**91.20**	**1.67**	**12.30**
1349.08	56.75	473.77	76.13	0.18	3.65
103.38	16.03	46.91	1.38		
26.64	0.31	6.47	2.13		1.15
200.66	10.36	75.82	8.76	1.49	3.65
164.90	4.12	60.86	4.19		3.84

6–15 商品房屋销售面积(2009)
Total Sale of Commercialized Buildings

单位：万平方米 (10000 sq.m)

指标名称	Item	商品房屋销售面积 Total Sale of Commercialized Buildings Sold	#住宅 Residential Buildings	#经济适用房 Economically Affordable Housing
总计	**Total**	**1653.05**	**1541.91**	**70.83**
#内资企业	Domestic Funded Enterprises	1619.45	1514.17	69.73
#国有企业	State-owned Enterprises	43.99	41.28	2.22
集体企业	Collective-owned Enterprises	3.45	3.10	
其他有限责任公司	Other Limited Liability Corporations	858.67	791.01	45.51
股份有限公司	Share-holding Corporations Ltd.	78.05	74.64	
私营独资企业	Private-funded Enterprises	13.27	13.01	
私营有限责任公司	Private Limited Liability Corporations	509.58	485.96	13.00
私营股份有限公司	Private Share-holding Corporations Ltd.	81.51	76.69	2.58
其他企业	Other Private Enterprises	1.51	1.51	
港澳台商投资企业	Enterprises with Funds from Hong Kong, Macao and Taiwan	5.83	2.44	
#与港澳台商合资经营企业	Joint-venture Enterprises	5.78	2.44	
港澳台商独资经营企业	Enterprises with Sole Fund	0.05		
外商投资企业	Foreign Funded Enterprises	27.76	25.30	1.10
#中外合资经营企业	Joint-venture Enterprises	9.58	7.15	
外资企业	Enterprises with Sole Fund	17.09	17.04	

6-16 商品房屋销售额(2009)

Total Sale of Commercialized Buildings

单位：万元 (10000 yuan)

指标名称	Item	商品房屋销售额 Total Sale of Commercialized Buildings Sold	#住宅 Residential Buildings	#经济适用房 Economically Affordable Housing
总计	**Total**	**4750718**	**4073089**	**147964**
#内资企业	Domestic Funded Enterprises	4556149	3962325	144990
#国有企业	State-owned Enterprises	129555	118106	2311
集体企业	Collective-owned Enterprises	10406	9117	
其他有限责任公司	Other Limited Liability Corporations	2727999	2335330	94249
股份有限公司	Share-holding Corporations Ltd.	247410	226439	
私营独资企业	Private-funded Enterprises	27640	26898	
私营有限责任公司	Private Limited Liability Corporations	1148471	1030709	29919
私营股份有限公司	Private Share-holding Corporations Ltd.	184813	159447	7287
其他企业	Other Private Enterprises	3037	3037	
港澳台商投资企业	Enterprises with Funds from Hong Kong, Macao and Taiwan	55363	12772	
#与港澳台商合资经营企业	Joint-venture Enterprises	54714	12772	
港澳台商独资经营企业	Enterprises with Sole Fund	649		
外商投资企业	Foreign Funded Enterprises	139206	97992	2974
#中外合资经营企业	Joint-venture Enterprises	75992	35135	
外资企业	Enterprises with Sole Fund	60240	59883	

主要统计指标解释

全社会固定资产投资 固定资产投资额是以货币表现的建造和购置固定资产活动的工作量，它是反映固定资产投资规模、速度、比例关系和使用方向的综合性指标。

城镇固定资产投资 指城镇各种登记注册类型的企业、事业、行政单位及个体户进行的计划总投资50万元及50万元以上的建设项目投资和房地产开发投资。县城及以上区域内发生的投资，县及县以上各级政府及主管部门直接领导、管理的建设项目和企业事业单位的投资均为城镇固定资产投资。

基本建设投资 基本建设指企业、事业、行政单位以扩大生产能力或工程效益为主要目的的新建、扩建工程及有关工作。其综合范围为总投资50万元以上(含50万元，下同)的基本建设项目。

更新改造投资 更新改造指企业、事业单位对原有设施进行固定资产更新和技术改造，以及相应配套的工程和有关工作(不包括大修理和维护工程)。其综合范围为总投资50万元以上的更新改造项目。

房地产开发投资 指房地产开发公司、商品房建设公司及其他房地产开发法人单位和附属于其他法人单位实际从事房地产开发或经营的活动单位统一开发的包括统代建、拆迁还建的住宅、厂房、仓库、饭店、宾馆、度假村、写字楼、办公楼等房屋建筑物和配套的服务设施，土地开发工程(如道路、给水、排水、供电、供热、通讯、平整场地等基础设施工程)的投资；不包括单纯的土地交易活动。

其他固定资产投资 指全社会固定资产投资中未列入基本建设、更新改造和房地产开发投资的建造和购置固定资产的活动。

城镇和工矿区私人建房投资和农村个人投资 城镇和工矿区私人建房包括市、县城、镇、工矿区所辖范围内的全部私人建房，不论其房主是否系本地的常住户口均应包括。农村个人投资包括农村个人建房及购置生产性固定资产的投资。

施工项目 指报告期内曾进行建筑或安装工程施工活动的建设项目，包括报告期内新开工项目、报告期以前开工跨入报告期继续施工的项目以及报告期施过工并在报告期内全部建成投产或停缓建的项目。

新增生产能力 指通过固定资产投资活动而增加的设计能力或工程效益，它是用实物形态表示的固定资产投资的成果。新增生产能力的计算，是以能独立发挥生产能力或工程效益的单项工程(或项目)为对象。当单项工程(或项目)建成，经有关部门鉴定合格，正式移交投入生产，即可计算新增生产能力。

房屋建筑面积 指从房屋外墙线算起的各层平面面积的总和，包括可供使用的有效面积和房屋结构(如柱、墙)占用的面积。多层建筑按各层(包括地下室)面积总和计算。

住宅建筑面积 指施工和竣工房屋建筑面积中供居住用的施工和竣工房屋建筑面积。

施工面积 指报告期内施工的全部房屋建筑面积。包括本期新开工的面积、上期跨入本期继续施工的房屋面积、上期停缓建在本期恢复施工的房屋面积、本期竣工的房屋面积及本期施工后又停缓建的房屋面积。

竣工面积 指在报告期内房屋建筑按照设计要求已全部完工，达到住人和使用条件，经验收鉴定合格，正式移交使用单位的建筑面积。

房屋建筑面积竣工率 指一定时期内房屋竣工面积占同期房屋施工面积的比率。

新增固定资产 指通过投资活动所形成的新的固定资产价值，包括已经建成投入生产或交付使用的工程价值和达到固定资产标准的设备、工具、器具的价值及有关应摊入的费用。它是以价值形式表示的固定资产投资成果的综合性指标，可以综合反映不同时期、不同部门、不同地区的固定资产投资成果。

建设项目投产率 指一定时期内全部建成投入生产项目个数与同期正式施工项目个数的比率。它是从项目建设速度的角度反映投资效果的指标。

固定资产交付使用率 指一定时期新增固定资产与同期完成投资额的比率。它是反映各个时期固定资产动用速度，衡量建设过程中投资效果的一个综合性指标。

Explanatory Notes on Main Statistical Indicators

Total Investment in Fixed Assets in the Whole Province Investment in fixed assets Amount of investment in fixed assets refers to the volume of activities in construction and purchases of fixed assets in monetary terms. It is a comprehensive indicator which shows the size, pace, proportional relations and use orientation of the investment in fixed assets.

Urban Investment in Fixed Assets refers to construction projects involving a total planned investment of 500,000 yuan and over by enterprises of various types of ownership, institutions, administrative units and individuals in urban areas, investment in real estate development. In other words, all investments that take place in county towns and urban areas, investment in construction projects under the direct leadership and management of government agencies at and above county levels and investments by enterprises and institutions at and above county levels are covered in urban investment in fixed assets.

Investment in Capital Construction Capital construction refers to the new construction projects or extension projects and the related work of the enterprises, institutions or administrative units mainly for the purpose of expanding production capacity or improving project efficiency covering only projects each with a total investment of 500,000 RMB yuan and over.

Investment in Innovation Innovation refers to the renewal of fixed assets and technological innovation of the original facilities by the enterprises and institutions as well as the corresponding supplementary projects and the related work (excluding major overhaul and maintenance projects) covering only projects each with a total investment of 500,000 RMB yuan and over.

Investment in Real Estate Development It includes the investment by the real estate development companies, commercial buildings construction companies and other real estate development units of various types of ownership in the construction of house buildings, such as residential buildings, factory buildings, warehouses, hotels, guesthouses, holiday villages, office buildings, and the complementary service facilities and land development projects, such as roads, water supply, water drainage, power supply, heating, telecommunications, land leveling and other projects of infrastructure. It excludes the activities in simple land transactions.

Other Investment in Fixed Assets refers to the construcion and purchases of fixed assets not listed in the investment in capital construction, investment in innovation and investment in real estate development.

Private Investment in House Construction in Urban Areas, Industrial and Mining Areas and Individual Investment in Rural Areas The private house construction in the urban areas and industrial and mining areas includes all the private house construction under the jurisdiction of cities, counties, towns and industrial and mining areas, no matter whether the owner of the house is registered as the permanent resident in the locality or not. The individual investment in the rural areas includes the investment in house construction and purchase of productive fixed assets by the individuals in the rural areas.

Projects Under Construction refer to projects having construction and installation activities undertaken in the reference period, including projects started in the reference period, or continued from the previous period, or completed and put into production or suspended in the reference period.

Newly Increased Production Capacity refers to the increase of designed capacity and project efficiency through investment in fixed assets, which reflects the accomplishment of investment in fixed assets in kind. The calculation of newly increased production capacity is based on individual project which operates independently and efficiently.

When an individual project is completed and checked and accepted and put into production, it is counted as newly increased production capacity.

Floor Space of Buildings Under Construction and Completed refers to total floor space in each story of buildings calculated from the outside line of building walls, including both usable space and the space occupied by constructions like pillars or walls. The floor space of multi-story buildings includes the total floor space of each story (including basement).

Floor Space of Residential Buildings refers to the floor space of the residential buildings under construction and completed among the total space of buildings under construction and completed.

Floor Space Under Construction refers to total floor space of all buildings under construction during the reference period, including floor space of newly started buildings during the reference period, floor space of construction extended from the previous period to the current period, floor space of construction suspended during the previous period and resumed in the current period, floor space of construction completed in the current period, and floor space of construction started and then suspended in the current period.

Floor Space of Buildings Completed refers to the floor space of buildings completed in the reference period, which have come up to the designed standards and have been put into use.

Completion Rate of Floor Space of Buildings refers to the ratio of the floor space of buildings completed in certain period of time to the floor space of buildings under construction in the same period, which reflects the investment result and economic efficiency of the construction industry from the angle of the speed of project construction.

Newly Increased Fixed Assets refer to the newly increased value of fixed assets through investment, including the value of projects completed and put into production, the value of equipment, tools, and vessels considered as fixed assets, as well as the relevant expenses as investment in fixed assets.

Rate of Construction Projects Completed and Put into Use refers to the ratio of the number of construction projects completed and put into use in certain period of time to the number of projects under construction in the same period. This reflects the investment efficiency from the angle of the speed of projects construction.

Rate of Projects of Fixed Assets Completed and Put into Operation refers to the ratio of the newly increased fixed assets to the total investment made in the same period. This is a comprehensive indicator, reflecting the speed of the employment of fixed assets and the investment efficiency.

7

Seven

能　源
Energy

GUIZHOU STATISTICAL YEARBOOK

贵州统计年鉴2010

7-1 能源生产 消费总量及构成

Total Production and Consumption of Energy and Its Composition

单位：万吨标准煤 (10000 tons of SCE)

指　标	Item	2005	2006	2007	2008	2009
一、绝对数	**Absolute Figure**					
一次能源生产总量	Total Production of Primary Energy	7957.07	8089.39	8480.62	9262.34	11070.09
原煤	Coal	7582.44	7726.30	7760.28	8028.53	9779.48
水电	Hydro-power	374.63	363.09	720.34	1233.81	1290.61
能源终端消费总量	Final Consumption of Energy	5067.31	5574.99	6278.96	6486.30	6918.98
#原煤	Coal	2631.22	2661.70	2861.98	2947.29	3295.82
天然气	Natural Gas	67.17	66.23	68.36	63.04	55.59
电力	Electricity	1554.29	1821.36	2075.79	2076.32	2241.06
二、构成(%)	**Composition(%)**					
一次能源生产总量	Total Production of Primary Energy	100.0	100.0	100.0	100.0	100.0
#原煤	Coal	95.3	95.5	91.5	86.7	88.3
水电	Hydro-power	4.7	4.5	8.5	13.3	11.7
能源终端消费总量	Final Consumption of Energy	100.0	100.0	100.0	100.0	100.0
#原煤	Coal	51.9	47.7	45.6	45.4	47.6
天然气	Natural Gas	1.3	1.2	1.1	1.0	0.8
电力	Electricity	30.7	32.7	33.1	32.0	32.4

注:电力、热力按等价热值折算(以下各表同)。

Note:Electric power and heat are converted on the basic of equal caloric value(The same as in the following tables).

7–2 综合能源平衡表
Overall Energy Balance

单位：万吨标准煤 (10000 tons of SCE)

指　标	Item	2005	2006	2007	2008	2009
可供消费的能源总量	**Total Energy Available for Consumption**	**5538.25**	**6070.27**	**6632.05**	**6903.39**	**7529.73**
一次能源生产量	Primary Energy Output	7957.07	8089.39	8480.62	9262.34	11070.09
省外调入	Inflow from Other Provinces	401.37	487.75	599.49	695.73	789.95
调出省外(—)	Outflow from Guizhou Province(-)	2654.36	2434.65	2837.71	3292.89	4323.14
年初年末库存差额	Stock Changes in the Year	-208.89	-95.68	239.74	87.52	-94.89
能源消费总量	**Total Energy Consumption**	**5641.25**	**6172.45**	**6799.72**	**7083.99**	**7566.33**
在总量中：	Consumption by Sector					
农、林、牧、渔、水利业	Farming,Forestry,Animal Husbandry, Fishery and Water Conservancy	134.35	138.91	141.28	146.50	152.95
工业	Industry	3611.07	4045.78	4472.19	4613.69	4945.37
建筑业	Construction	56.38	60.90	62.55	63.54	75.65
交通运输和邮电通讯业	Transportation,Post and Telecommunications Services	247.46	309.40	390.57	453.32	467.62
商业、饮食、物资供销和仓储业	Commerce,Catering Services, Materials Supply and Storage	270.95	275.71	356.50	415.31	488.22
其他	Others	410.04	436.13	472.84	534.85	566.35
生活消费	Residential Consumption	910.99	905.62	903.78	856.78	870.17
在总量中：	Consumption by Usage					
终端消费	Final Consumption	5067.31	5574.99	6278.96	6486.30	6918.98
#工业	Industry	3037.13	3448.31	3951.43	4016.00	4298.02
加工转换损失量	Losses in Processing and Transformation	419.57	435.82	347.55	422.10	452.28
#炼焦	Coking	93.11	104.50	100.81	91.83	85.60
损失量	Other Losses	154.37	161.65	173.21	175.59	195.07
平衡差额	Balance	-103.00	-102.19	-167.66	-180.59	-36.60

注：2008年发电损失量分摊到电力工业消费量中。

Note:The data of Power Generation Losses have been distributed to Electricity industry Consumption in 2008.

7-3 煤炭平衡表
Coal Balance Sheet

单位：万吨 (10000 tons)

指 标	Item	2005	2006	2007	2008	2009
可供量	**Total Energy Available for Consumption**	**7792.75**	**8869.78**	**9363.87**	**9513.90**	**10867.59**
生产量	Output	10615.20	10816.60	10864.18	11239.72	13691.00
调出省外(一)	Outflow from Guizhou Province(-)	2517.07	1784.39	1812.99	1844.95	2747.44
年初年末库存差额	Stock Changes in the Year	-305.38	-128.66	318.60	125.13	-188.79
消费量	**Total Energy Consumption**	**7920.67**	**8994.57**	**9572.63**	**9732.18**	**10912.47**
在消费量中:	Consumption by Sector					
农、林、牧、渔、水利业	Farming,Forestry,Animal Husbandry, Fishery and Water Conservancy	146.91	153.22	153.51	159.12	168.62
工业	Industry	6240.26	7356.83	7774.81	7976.40	9054.38
建筑业	Construction	30.81	25.09	24.04	20.08	25.49
交通运输和邮电通讯业	Transportation,Post and Telecommunications Services	5.50	5.55	7.85	7.23	12.62
商业、饮食、物资供销和仓储业	Commerce,Catering Services, Materials Supply and Storage	261.45	262.58	368.86	425.81	507.10
其他	Others	361.88	362.72	453.10	491.22	529.95
生活消费	Residential Consumption	873.86	828.58	790.46	652.32	614.31
在消费量中:	Consumption by Usage					
终端消费	Final Consumption	3262.09	3398.47	3688.47	3707.66	4182.50
#工业	Industry	1581.68	1760.73	1890.65	1951.88	2324.41
中间消费(用于加工转换)	Intermediate Consumption (Consumed in Transformation)	4604.58	5554.60	5856.16	5999.52	6704.97
#发电	Power Generation	3222.69	4030.79	4179.22	4130.83	4936.90
炼焦	Coking	703.86	884.13	1149.07	1129.76	1078.70
损失量	Losses in Coal Washing and Dressing	54.00	41.50	28.00	25.00	25.00
平衡差额	Balance	-127.92	-124.79	-208.76	-218.28	-44.88

7–4 电力平衡表

Electricity Balance Sheet

单位：亿千瓦小时 (100 million kwh)

指　标	Item	2005	2006	2007	2008	2009
可供量	**Total Energy Available for Consumption**	**486.97**	**581.98**	**669.09**	**679.18**	**750.30**
生产量	Output	679.22	868.91	1042.27	1191.69	1380.03
水电	Hydropower	109.65	108.52	216.57	375.60	400.88
火电	Thermal Power	569.57	760.39	825.70	816.09	979.15
调出省外(–)	Outflow from Guizhou Province(-)	192.25	286.93	373.28	515.84	630.63
消费量	**Total Energy Consumption**	**486.97**	**581.98**	**669.09**	**679.18**	**750.30**
在消费量中	Consumption by Sector					
农、林、牧、渔、水利业	Farming,Forestry,Animal Husbandry, Fishery and WaterConservancy	3.66	3.85	5.33	4.22	4.48
工业	Industry	388.66	466.22	538.21	531.64	578.46
建筑业	Construction	4.14	6.05	6.87	8.04	10.03
交通运输和邮电通讯业	Transportation,Post and Telecommunications Services	15.57	16.50	19.96	18.02	20.50
商业、饮食、物资供销和仓储业	Commerce,Catering Services, Materials Supply and Storage	7.94	7.17	8.16	9.67	10.43
其他	Others	15.80	19.49	15.86	18.80	20.25
生活消费	Residential Consumption	51.20	62.70	74.70	88.79	106.15
在消费量中	Consumption by Usage					
终端消费	Final Consumption	454.92	544.37	624.09	632.08	696.10
#工业	Industry	356.61	428.61	493.21	484.54	524.26
输配损失量	Losses in Transmission	32.05	37.61	45.00	47.10	54.20

7–5 分行业能源消费总量

Basic Statistics on Energy Consumption by Sector

单位：万吨标准煤 (10000 tons of SCE)

行　业	Sector	2005	2006	2007	2008	2009
工业	Industry	3611.08	4045.78	4472.20	4613.69	4945.38
采掘业	Mining and Quarring	567.61	578.64	480.69	483.17	645.89
#煤炭采选业	Coal Mining and Dressing	508.52	507.56	444.62	430.61	546.11
黑色金属矿采选业	Ferrous Metals Mining and Dressing	2.87	4.78	2.38	6.22	10.32
有色金属矿采选业	Nonferrous Metals Mining and Dressing	6.89	7.02	13.23	15.40	14.9
非金属矿采选业	Nonmetal Minerals Mining and Dressing	49.32	51.05	11.78	21.70	22.5
制造业	Manufacturing	2783.16	3056.54	3606.00	3584.32	3844.63
食品加工业	Food Processing	12.19	12.77	13.70	11.84	14.31
食品制造业	Food Production	8.35	8.98	9.06	7.35	8.95
饮料制造业	Beverage Production	28.95	29.42	34.62	46.70	54.51
烟草加工业	Tobacco Processing	24.61	25.54	30.38	29.85	30.87
纺织业	Textile Industry	5.55	4.70	5.62	4.18	3.06
服装及其他纤维制品制造业	Garments and Other Fiber Products	1.13	1.16	1.17	1.50	0.98
皮革、毛皮、羽绒及其制品业	Leather,Furs,Down and Related Products	0.04	0.04	0.01		0.13
木材加工及竹、 藤、棕、草制品业	Timber Processing,Bamboo,Cane,Palm Fiber and Straw Products	4.43	5.88	7.39	6.50	6.49
家具制造业	Furniture Manufacturing	0.17	0.70	0.73	0.36	0.03
造纸及纸制品业	Papermaking and Paper Products	9.77	12.13	12.41	8.28	7.74
印刷业,记录媒介的复制	Printing and Record Medium Reprodu(ction)	1.05	2.33	2.10	2.07	2.00
文教体育用品制造业	Cultural,Educational and Sports Articles	0.03	0.17	0.20	0.13	0.10
石油加工及炼焦业	Petroleum Processing and Coking	34.47	140.79	128.25	122.42	91.07
化学原料及化学制品制造业	Raw Chemical Materials and Chemical Products	759.72	998.11	978.23	1055.77	1034.99
医药制造业	Medical and Pharmaceutical Products	11.55	14.57	14.13	16.45	16.24

7-5 续表 (continued)

行 业	Sector	2005	2006	2007	2008	2009
化学纤维制造业	Chemical Fibers	0.89	1.20	0.50	0.66	21.60
橡胶制品业	Rubber Products	38.58	39.98	44.92	49.41	50.02
塑料制品业	Plastic Products	2.84	2.92	1.30	4.15	6.77
非金属矿物制品业	Nonmetal Mineral Products	474.71	521.70	601.75	652.21	829.55
黑色金属冶炼及压延加工业	Smelting and Pressing of Ferrous Metals	754.44	707.22	897.34	835.45	851.89
有色金属冶炼及压延加工业	Smelting and Pressing of Nonferrous Metals	530.93	408.20	739.99	612.57	678.60
金属制品业	Metal Products	12.05	15.83	18.91	53.57	61.08
普通机械制造业	Ordinary Machinery Manufacturing	7.25	12.11	13.91	18.93	12.72
专用设备制造业	Special Purposes Equipment Manufacturing	4.61	8.07	6.59	3.93	8.10
交通运输设备制造业	Transportation Equipment Manufacturing	20.42	26.97	22.79	20.37	19.70
电气机械及器材制造业	Electric Equipment and Machinery	6.67	10.51	3.61	3.35	2.64
电子及通信设备制造业	Electronic and Telecommunications Equipment	0.68	3.07	1.90	2.57	1.77
仪器仪表及文化、办公用机械制造业	Instruments,Meters,Cultural and Office Machinery	0.67	0.78	0.55	0.52	0.42
其他制造业	Others	26.43	40.70	13.94	13.22	27.27
电力、煤气及水的生产和供应业	Electric Power, Gas and Tap Water Production and Distribution	260.31	410.60	385.51	546.20	454.86
电力、蒸汽、热水的生产和供应业	Electric Power、Steam and Hot Water Production and Distribution	233.23	364.58	363.22	513.34	424.46
煤气生产和供应业	Gas Production and Distribution	23.15	37.58	10.87	21.76	19.32
自来水的生产和供应业	Tap Water Production and Distribution	3.92	8.44	11.42	11.09	11.08
建筑业	Construction	56.38	60.90	62.55	63.54	75.65
交通运输、仓储及邮电通信业	Transportation,Storage,Postal & Telecommunications Services	247.46	309.40	390.57	453.32	467.62
批发和零售贸易餐饮业	Wholesale,Retail Trade and Catering Services	270.95	275.71	356.50	415.31	488.22
其他行业	Others	410.04	436.13	472.84	534.85	566.35
生活消费	Residential Consumption	910.99	905.62	903.78	856.78	870.17

7–6 能源生产消费弹性系数

Elasticity Ratio of Energy Production and Consumption

指 标	Item	2006	2007年	2008年	2009年
生产总值比上年增长(%)	Growth Rate of Gross Domestic Product (GDP) over Preceding Year	12.8	14.8	11.3	11.4
能源生产比上年增长(%)	Growth Rate of Energy Production over Preceding Year	1.66	4.84	9.22	19.52
能源消费总量比上年增长(%)	Growth Rate of Energy Consumption over Preceding Year	9.42	10.16	4.18	6.81
电力生产比上年增长(%)	Growth Rate of Electricity Production over Preceding Year	27.93	19.95	14.34	15.80
电力消费比上年增长(%)	Growth Rate of Electricity Consumption over Preceding Year	19.51	14.97	1.51	10.47
能源生产弹性系数	Elasticity Ratio of Energy Production	0.13	0.32	0.82	1.71
能源消费弹性系数	Elasticity Ratio of Energy Consumption	0.74	0.69	0.37	0.60
电力生产弹性系数	Elasticity Ratio of Electricity Production	2.18	1.35	1.27	1.39
电力消费弹性系数	Elasticity Ratio of Electricity Consumption	1.52	1.01	0.13	0.92

注:生产总值增长速度按可比价格计算。
Note:The growth rates of GDP are calculated at comparable prices.

7–7 生活能源消费量

Energy Consumption for Non-Production Purpose

能源品种	Item	2005	2006	2007	2008	2009
生活能源消费量(万吨标准煤)	**Energy Consumption for Non-Production Purpose (10000 tons of SCE)**	**910.99**	**905.62**	**903.78**	**856.78**	**870.17**
煤炭(万吨)	Coal (10000 tons)	873.86	828.58	790.46	652.32	614.31
煤油(万吨)	Kerosene (10000 tons)	0.02	0.03	0.48	0.05	0.05
液化石油气(万吨)	Liquefied Petroleum Gas (10000 tons)	4.59	5.01	7.60	10.12	8.33
天然气(亿立方米)	Natural Gas(100 million cu.m)	0.07	0.10	0.10	0.10	0.11
煤气(亿立方米)	Gas (100 million cu.m)	0.71	0.93	0.94	0.94	1.09
电力(亿千瓦小时)	Electricity (100 million kwh)	51.20	62.70	74.70	88.79	106.15

7-8 每人年平均生活用能源
Annual Average Per Capita Energy Consumption for Non-Production Purpose

指　　标	Item	2005	2006	2007	2008	2009
平均每人生活消费能源(千克标准煤/人)	**Annual Average Non-Productive Consumption Per Capita(kg of SCE/person)**	**245.19**	**241.91**	**240.38**	**226.80**	**229.27**
煤炭(千克)	Coal(kg)	235.19	221.33	210.24	172.68	161.85
电力(千瓦小时)	Electricity(kwh)	137.8	167.49	198.68	235.04	279.67
液化石油气(千克)	Liquefied Petroleum Gas(kg)	1.24	1.34	2.02	2.68	2.19
煤气(立方米)	Gas(cu.m)	1.91	2.48	2.50	2.49	2.87

7-9 能源利用效率
Using Efficiency of Energy

指标	Item	2005	2006	2007	2008	2009
每万元生产总值能源消费量(吨标准煤/万元)(可比价)	**Energy Consumption Per Unit of GDP (ton of SCE/10000 yuan) (at comparable Prices)**	**2.8130**	**2.7283**	**2.6173**	**2.4495**	**2.3480**
能源消费总量(万吨标准煤)	Total Energy Consumption (10000 tons of SCE)	5641.25	6172.45	6799.72	7083.99	7566.33
每万元生产总值电力消费量(千瓦小时/万元)	**Electricity Consumption Per Unit of GDP(kwh/10000 yuan)**	**2428.27**	**2572.42**	**2575.41**	**2348.47**	**2328.02**
每万元生产总值煤炭消费量(吨/万元)	**Coal Consumption Per Unit of GDP (ton/10000 yuan)**	**3.95**	**3.98**	**3.68**	**3.37**	**3.39**
每吨能源生产的生产总值(万元/吨)	GDP Produced by Per Unit of Energy (10000 yuan/ton)	0.36	0.37	0.38	0.41	0.43
规模以上工业能源消费量(万吨标准煤)	Energy Consumption of Industry above Designated Size(10000tons of SCE)	3151.85	3586.40	3931.63	3827.03	4231.41
规模以上工业万元增加值能源消费量(吨标准煤/万元)	Energy Consumption Per Unit of Value-added of Industry above Designated Size (ton of SCE/10000 yuan)	5.380	5.210	4.890	4.323	4.322

注:生产总值和工业增加值按2005年可比价格计算。

Note:Value-added of Industry and GDP are calculated comparable prices from 2005.

主要统计指标解释

能源生产总量 指一定时期内全省一次能源生产量的总和。一次能源生产量包括原煤,原油,天然气,水电、核能及其他动力能(如风能、地热能等)发电量,不包括低热值燃料生产量、生物质能、太阳能等的利用和由一次能源加工转换而成的二次能源产量。

能源消费总量 指一定时期内全省物质生产部门、非物质生产部门和生活消费的各种能源的总和。能源消费总量包括原煤和原油及其制品、天然气、电力,不包括低热值燃料、生物质能和太阳能等的利用。能源消费总量分为终端能源消费量、能源加工转换损失量和损失量三部分。

(1)终端能源消费量:指一定时期内全省生产和生活消费的各种能源在扣除了用于加工转换二次能源消费量和损失量以后的数量。

(2)能源加工转换损失量:指一定时期内全省投入加工转换的各种能源数量之和与产出各种能源产品之和的差额,是观察能源在加工转换过程中损失量变化的指标。

(3)能源损失量:指一定时期内能源在输送、分配、储存过程中发生的损失和由客观原因造成的各种损失量,不包括各种气体能源放空、放散量。

能源生产弹性系数 是研究能源生产增长速度与国民经济增长速度之间关系的指标。计算公式为:

能源生产弹性系数=能源生产总量年平均增长速度/国民经济年平均增长速度

国民经济年平均增长速度,可根据不同的目的或需要,用国民生产总值、国内生产总值等指标来计算,本年鉴是采用国内生产总值指标计算的。

电力生产弹性系数 是研究电力生产增长速度与国民经济增长速度之间关系的指标。一般来说,电力的发展应当快于国民经济的发展,也就是说电力应超前发展。计算公式为:

电力生产弹性系数=电力生产量年平均增长速度/国民经济年平均增长速度

能源消费弹性系数 是反映能源消费增长速度与国民经济增长速度之间比例关系的指标。计算公式为:

能源消费弹性系数=能源消费量年平均增长速度/国民经济年平均增长速度

电力消费弹性系数 反映电力消费增长速度与国民经济增长速度之间比例关系的指标。计算公式为:

电力消费弹性系数=电力消费量年平均增长速度/国民经济年平均增长速度

能源加工转换效率 指一定时期内能源经过加工、转换后,产出的各种能源产品的数量与同期内投入加工转换的各种能源数量的比率。它是观察能源加工转换装置和生产工艺先进与落后、管理水平高低等的重要指标。计算公式为:

能源加工转换效率=能源加工、转换产出量/能源加工、转换投入量×100%

单位生产总值能耗 指一定时期内,一个国家或地区每生产一个单位的生产总值所消耗的能源。计算公式为:

$$\text{单位生产总值能耗}=\frac{\text{能源消费总量}}{\text{生产总值}}$$

单位生产总值电耗 指一定时期内,一个国家或地区每生产一个单位的生产总值所消耗的电力。计算公式为:

$$\text{单位生产总值电耗}=\frac{\text{全社会用电量}}{\text{生产总值}}$$

单位工业增加值能耗 指一定时期内,一个国家或地区每生产一个单位的工业增加值所消耗的能源。计算公式为:

$$\text{单位工业增加值能耗}=\frac{\text{工业能源消费量}}{\text{工业增加值}}$$

Explanatory Notes on Main Statistical Indicators

Total Energy Production refers to the total production of primary energy by all energy producing enterprises in the country in a given period of time. The production of primary energy includes that of coal, crude oil, natural gas, hydro-power and electricity generated by nuclear energy and other means such as wind power and geothermal power. However, it excludes the production of fuels of low calorific value, bio-energy, solar energy and the secondary energy converted from the primary energy.

Total Domestic Energy Consumption refers to the total consumption of energy of various kinds by material production sectors, non material production sectors and households in the province in a given period of time. It is a comprehensive indicator to show the scale, composition and development of energy consumption. The total energy consumption includes that of coal, crude oil and their products, natural gas and electricity, However, it excludes the consumption of fuel of low calorific value, bio-energy and solar energy. Total domestic energy consumption can be divided into three parts:

(1)Final Energy Consumption: It refers to the total energy consumption by material production sectors, non material production sectors and households in the country (region)in a given period of time, but excludes the consumption in conversion of the primary energy into the secondary energy and the loss in the process of energy conversion.

(2)Loss During the Process of Energy Conversion: It refers to the total input of various kinds of energy for conversion, minus the total output of various kinds of energy in the country in a given period of time. It is an indicator to show the loss that occurs during the process of energy conversion.

(3)Loss: It refers to the total of the loss of energy during the course of energy transport, distribution and storage and the loss caused by any objective reason in a given period of time. The loss of various kinds of gas due to gas discharges and stocktaking is excluded.

Elasticity Ratio of Energy Production is an indicator to show the relationship between the growth rate of energy production and the growth rate of the national economy. The formula is:

Elasticity Ratio of Energy Production=Average Annual Growth Rate of Energy Production/Average Annual Growth Rate of National Economy

The average annual growth rate of the national economy can be shown by the gross national product, gross domestic product and other indicators, depending upon the purposes or needs. The gross domestic product is used in calculation of the ratio in this chapter.

Elasticity Ratio of Electricity Production is an indicator to show the relationship between the growth rate of electricity production and the growth rate of the national economy. Generally speaking, the growth rate of electricity production should be higher than that of the national economy. Its formula is:

Elasticity Ratio of Electricity Production=Average Annual Growth Rate of Electricity Production/Average Annual Growth Rate of National Economy

Elasticity Ratio of Energy Consumption is an indicator to show the relationship between the growth rate of energy consumption and the growth rate of the national economy. The formula is:

Elasticity Ratio of Energy Consumption=Average Annual Growth Rate of Energy Consumption/Average Annual Growth Rate of National Economy

Elasticity Ratio of Electricity Consumption is an indicator to show the relationship between the growth rate of electricity consumption and the growth rate of the national economy. The formula is:

Elasticity Ratio of Electricity Consumption=Average Annual Growth Rate of Electricity/Average Annual Growth Rate of National Economy

Efficiency of Energy Processing and Conversion refers to the ratio of the total output of energy products of various kinds after processing and conversion and the total input of energy of various kinds for processing and conversion in the same reference period. It is an important indicator to show the current conditions of energy processing and conversion equipment, production technique and management. The formula is:

Efficiency of Energy Processing & Conversion=Output of Energy After Processing & Conversion/Input of Energy for Processing & Conversion × 100%

Energy Consumption per Unit of GDP refers to the energy consumption per unit of Gross Domestic Product in a country or the Gross Regional Product in a region in the same reference period. The formula is:

$$\text{Energy Consumption per Unit of GDP}=\frac{\text{Total Energy Consumption}}{\text{Gross Domestic Product}}$$

Electricity Consumption per Unit of GDP refers to the electricity consumption per unit of Gross Domestic Product in a country or the Gross Regional Product in a region in the same reference period. The formula is.

$$\text{Electricity Consumption per Unit of GDP}=\frac{\text{Total Electricity Consumption}}{\text{Gross Domestic Product}}$$

Energy Consumption per Unit of Industrial Value-added refers to the energy consumption per unit of industrial value-added in a country or region in the same reference period. The formula is:

$$\text{Energy Consumption per Unit of Industrial Value-added}=\frac{\text{Total Energy Consumption}}{\text{Industrial Value-added}}$$

8

Eight

农　业

Agriculture

8-1 农村基本情况及农业生产条件
Basic Conditions of Rural Areas and Agricultural Production

指 标	Item	2006	2007	2008	2009
农村基层组织	**Rural Grassroots Units**				
乡镇个数(个)	Nunmber of Township and Town Governments(unit)	1449	1449	1449	1446
村委会个数(个)	Nunmber of Villagers' Committees(unit)	19669	18091	17332	17568
农村社会基础设施	**Basic Facilities in Rural Areas**				
自来水受益村数(个)	Number of Villages with Access to Tap Water(unit)	14253	13269	13113	13639
通汽车的村数(个)	Villages with Automobile(unit)	17068	15980	15930	17334
通电话的村数(个)	Villages with Telephone Communication(unit)	15542	15354	15612	16725
通有线广播的村数(个)	Villages with Wire Broadcast(unit)	6415	5655	5913	5912
乡村人口与从业人员	**Rural Population and Laborers**				
乡村户数(万户)	Number of Rural Households(10000 units)	802.44	814.20	826.17	840.08
乡村人口数(万人)	Rural Population(10000 persons)	3294.35	3324.98	3358.32	3370.89
乡村从业人员(万人)	Number of Rural Laborers(10000 persons)	1953.89	1982.08	2006.39	2031.16
#农业从业人员	Agriculture Laborers	1247.08	1203.62	1202.06	1207.08
耕 地	**Area of Cultivated Land**				
年末常用耕地面积(千公顷)	Regularly Cultivated Land(year-end)(1000 hectares)	1753.36	1751.86	1754.05	1757.82
#水 田	Paddy Fields	756.94	754.07	754.01	753.48
农业机械化	**Agricultural Mechanization**				
农用机械总动力(万千瓦)	Total Power of Agricultural Machinery(10000 kw)	1207.19	1411.74	1537.50	1606.42
柴油机	Diesel Engine	851.30	980.69	1055.54	1122.17
汽油机	Gas Engine	29.15	30.69	45.56	49.39
电动机	Electromotor	317.60	393.68	423.94	421.34
其他机械	Others	9.14	6.68	12.46	13.52
农村主要物资消耗	**Main Materials Consumption for Agricultural Use**				
农用化肥施用量(折纯法)(万吨)	Consumption of Chemical Fertilizer(pure)(10000 tons)	80.23	82.05	83.09	86.54
平均每亩耕地化肥施用量(公斤)	Average Per Mu Consumption of Chemical Fertilizer(kg)	30.51	31.22	31.58	32.82
农药使用量(吨)	Consumption of Chemical Pesticides(ton)	10637	10722	12920	12464
地膜使用量(吨)	Consumption of Farm Plastic Membrane(ton)	18377	18623	19838	20627
农田水利建设	**Farmland and Water Conservancy**				
有效灌溉面积(千公顷)	Effective Irrigated Area(1000 hectares)	797.70	894.28	987.41	1087.41
旱涝保收面积(千公顷)	Area that Ensure Stable Yields Despite Droughtor Excessive Rain(1000 hectares)	541.87	570.21	586.55	633.73
机电排灌面积(千公顷)	Area with Motorized Drainage and Irrigation Facilities (1000 hectares)	68.49	72.04	74.11	75.14

注:表中“农田水利建设”资料来源于省水利厅，“农业机械化”资料来源于省农委。

Note:The data of Farmland and Water Conservancy are provided by the provincial department of water resources， the data of agricultural mechanization are provided by the provincial agricultural commission.

8–2 农林牧渔业总产值、增加值

Gross Output Value and Value-Added of Farming,Forestry, Animal Husbandry, Fishery and Their Services

单位：亿元 (100 million yuan)

指　标	Item	2006	2007	2008	2009	2009年比2008年增长(%) Increase Rate in 2009over 2008(%)
农林牧渔业总产值	**Gross Output Value of Farming,Forestry, Animal Husbandry and Fishery**	**601.54**	**697.01**	**843.80**	**875.20**	**4.6**
农　业	Farming	347.97	392.20	464.80	501.52	2.8
林　业	Forestry	25.85	27.77	35.63	36.92	0.7
畜牧业	Animal Husbandry	189.79	231.60	291.65	281.53	8.5
渔　业	Fishery	7.44	9.04	10.49	11.06	2.6
农、林、牧、渔服务业	FFAF Services	30.49	36.40	41.23	44.17	4.7
农林牧渔业增加值	**Added Value of FFAFS**	**387.33**	**446.38**	**540.27**	**550.27**	**4.3**
农　业	Farming	226.28	260.30	308.48	330.50	2.4
林　业	Forestry	17.01	18.27	23.44	25.11	0.7
畜牧业	Animal Husbandry	118.96	145.68	183.16	167.79	7.9
渔　业	Fishery	4.90	5.89	6.84	7.21	2.6
农、林、牧、渔服务业	FFAF Services	20.18	16.24	18.35	19.66	3.8

注：2006、2007年数据已根据第二次农业普查资料修订(以下相关表同)。

Note: The data in 2006 and 2007 have been revised according to the results of the Second agriculture census(the same applies to the relative tables below).

8-3 农林牧渔业总产值
Gross Output Value of Farming,Forestry, Animal Husbandry Fishery and Their Services

单位：亿元 (100 million yuan)

指 标	Item	2006	2007	2008	2009	2009年比2008年增长(%) Increase Rate in 2009over 2008(%)
农林牧渔业总产值	**Gross Output Value of Farming,Forestry, AnimalHusbandry and Fishery**	**601.54**	**697.01**	**843.80**	**875.20**	**4.6**
农业产值	**Farming**	**347.97**	**392.20**	**464.80**	**501.52**	**2.8**
谷物及其他作物的种植	Planting of Cereal and other Crops	222.64	240.51	289.75	307.19	1.0
蔬菜、园艺作物的种植	Planting of Vegetable and Gardening Crops	99.51	120.40	140.60	155.83	4.6
水果、坚果、饮料和香料作物的种植	Planting of Fruits, nuts, Beverages and Spice Crops	15.46	18.94	20.73	23.61	12.7
中药材的种植	Planting of Chinese Traditional Medicine	10.36	12.35	13.71	14.89	6.3
林业产值	**Forestry**	**25.85**	**27.77**	**35.63**	**36.92**	**0.7**
林木的培育和种植	Cultivating and planting of forest	4.07	4.15	4.91	5.17	0.9
木材和竹材的采运	Logging and Transporting of Timber & bamboo	5.11	5.43	8.88	9.46	3.2
林产品的采集	Collecting of Forest Products	16.67	18.19	21.84	22.29	-1.4
畜牧业产值	**Animal Husbandry**	**189.79**	**231.60**	**291.65**	**281.53**	**8.5**
牲畜的饲养	Animal Raising	26.62	30.60	37.16	39.82	7.6
猪的饲养	Hogs Raising	133.93	165.62	212.99	195.52	8.0
家禽的饲养	Poultry Raising	27.95	33.96	39.84	44.43	11.8
狩猎和捕捉动物	Hunting and Catching Animales	0.08	0.09	0.09	0.10	-5.0
其他畜牧业	Others	1.21	1.33	1.57	1.66	7.0
渔业产值	**Fishery**	**7.44**	**9.04**	**10.49**	**11.06**	**2.6**
农、林、牧、渔服务业产值	**Gross Output Value of FFAF Services**	**30.49**	**36.40**	**41.23**	**44.17**	**4.7**

8-4 年末主要农业机械拥有量

Major Agricultural Machinery at the Year-end

指　标	Item	2006	2007	2008	2009	2009年比2008年增长(%) Increase Rate in 2009 over 2008(%)
大中型拖拉机(万台)	Large and Medium Agricultural Tractors(10000 sets)	2.17	1.92	2.36	2.50	5.9
大中型拖拉机配套农具(万套)	Suited Farm Tools by Large and Medium Agricultural Tractors (10000 sets)	0.52	0.61	1.20	1.29	7.5
小型拖拉机(万台)	Mini Agricultural Tractors(10000 sets)	4.76	5.12	4.82	5.34	10.8
小型拖拉机配套农具(万套)	Suited Farm Tools by Mini Agricultural Tractors(10000 sets)	1.41	1.55	1.64	2.14	30.5
农用排灌电动机(万台)	Number of Drainage and Irrigation Electromotor Engines (10000 units)	16.31	17.56	17.11	18.13	6.0
农用排灌柴油机(万台)	Number of Drainage and Irrigation Diesel Engines(10000 units)	12.72	15.42	17.42	18.28	4.9
联合收割机(台)	Combine Harvesters(unit)	280	440	507	602	18.7

注：资料来源于省农委。

Note:Data in this table are obtained from the provincial agricultural commission.

8-5 主要农作物播种面积
Sown Areas of Major Farm Crops

单位：千公顷 (1000 hectares)

指 标	Item	2006	2007	2008	2009	2009年比2008年增长(%) Increase Rate in 2009 over 2008(%)
农作物总播种面积	**Total Sown Areas of Farm Crops**	**4449.43**	**4464.53**	**4619.43**	**4780.69**	**3.5**
粮食作物	Grain Crops	2836.02	2821.84	2919.57	2984.73	2.2
#稻 谷	Rice	679.62	676.22	691.15	698.24	1.0
小 麦	Wheat	243.93	242.71	262.44	262.93	0.2
玉 米	Corn	734.87	731.20	734.64	751.49	2.3
大 豆	Soybeans	121.87	121.26	125.74	126.63	0.7
薯 类	Tubers	792.10	788.14	842.53	876.23	4.0
#马铃薯	Irish Potato	592.83	604.90	605.76	634.96	4.8
油 料	Oil-bearing Crops	430.78	433.13	455.15	513.13	12.7
#油菜籽	Rapeseeds	399.91	400.12	412.77	466.88	13.1
花 生	Peanuts	24.33	25.40	33.50	38.76	15.7
糖 料	Sugar Crops	18.01	17.15	17.67	16.47	-6.8
#甘 蔗	Sugarcane	17.94	17.07	17.63	16.43	-6.8
烟 叶	Tobacco	193.40	192.79	207.74	197.82	-4.8
#烤 烟	Flue-cured Tobacco	177.99	177.39	194.77	184.94	-5.0
药材类	Crude Drugs	23.76	24.72	24.86	25.60	3.0
蔬 菜	Vegetable	494.50	527.85	558.29	599.58	7.4

8-6 主要农作物产品产量

Yield of Major Farm Crops

单位：万吨 (10000 tons)

指　　标	Item	2006	2007	2008	2009	2009年比2008年增长(%) Increase Rate in 2009 over 2008(%)
粮食作物	**Grain Crops**	**1038.00**	**1100.86**	**1158.00**	**1168.27**	**0.9**
#稻　谷	Rice	424.15	449.84	461.10	453.17	-1.7
小　麦	Wheat	45.13	47.86	42.81	44.52	4.0
玉　米	Corn	336.71	357.10	391.19	405.20	3.6
大　豆	Soybeans	14.08	14.93	16.57	15.87	-4.2
薯　类	Tubers	187.64	199.00	214.81	208.84	-2.8
#马铃薯	Irish Potato	140.43	152.73	150.30	153.50	2.1
油料作物	**Oil Plants Crops**	**68.24**	**69.66**	**68.39**	**78.68**	**15.0**
#油菜籽	Rapeseeds	63.18	64.59	60.38	70.40	16.6
花　生	Peanuts	4.12	4.93	6.44	7.31	13.6
甘　蔗	**Sugarcane**	**63.88**	**66.97**	**71.76**	**64.27**	**-10.4**
烤　烟	**Flue-cured Tobacco**	**30.71**	**31.22**	**37.71**	**36.92**	**-2.1**
蔬　菜	**Vegetable**	**788.00**	**877.34**	**991.15**	**1077.81**	**8.7**

8-7 主要农作物单产

Yield of Major Farm Crops Per Mu

单位：公斤/亩 (kg/mu)

指　　标	Item	2006	2007	2008	2009	2009年比2008年增长(%) Increase Rate in 2009 over 2008(%)
粮食作物	**Grain Crops**	**244**	**260**	**264**	**261**	**-1.1**
#稻　谷	Rice	416	443	445	433	-2.7
小　麦	Wheat	123	131	109	113	3.7
玉　米	Corn	305	326	355	359	1.1
大　豆	Soybeans	77	82	88	84	-5.0
薯　类	Tubers	158	168	170	159	-6.5
#马铃薯	Irish Potato	158	168	165	161	-2.4
油料作物	**Oil Plants Crops**	**106**	**107**	**100**	**102**	**2.0**
#油菜籽	Rapeseed	105	108	98	101	3.1
花　生	Peanuts	113	129	128	126	-1.6
甘　蔗	**Sugarcane**	**2374**	**2615**	**2714**	**2608**	**-3.9**
烤　烟	**Flue-cured Tobacco**	**115**	**117**	**129**	**133**	**3.1**

8-8 茶叶、水果面积及产量
Total Sown Areas and Yield of Tea,Fruit

指 标	Item	2006	2007	2008	2009	2009年比2008年增长(%) Increase Rate in 2009 over 2008(%)
面 积(千公顷)	**Area(1000 hectares)**					
茶园面积	Tea Field Area	63.60	71.81	105.17	132.19	25.7
桑园面积	Mulberry Field Area	6.31	5.35	5.50	5.01	-9.0
柞坡面积	Breed Tussah Field Area	4.72	4.11	3.14	3.10	-1.2
果园面积	Orchards Filed Area	119.14	124.55	133.28	140.83	5.7
产 量(万吨)	**Yield(10000 tons)**					
茶 叶	Tea	2.49	2.84	3.49	4.19	20.0
水 果	Fruit	109.19	112.86	114.28	119.74	4.8
#园林水果	Garden Fruit	54.97	60.32	61.68	64.22	4.1
#苹 果	Apples	1.06	1.10	1.22	1.62	32.6
梨	Pears	13.94	14.80	16.29	16.77	3.0
柑 桔	Citrus	17.70	19.07	19.11	19.42	1.6
香 蕉	Bananas	0.87	0.88	0.80	0.79	-1.1
杨 梅	Red Bayberry	2.23	2.94	2.33	3.05	31.0
猕猴桃	Chinese Goosebeerys	1.11	1.15	1.24	1.18	-5.0
柿 子	Persimmons	1.40	1.45	1.27	1.28	0.6

8–9 畜牧业生产
Basic Statistics on Livestock

指　标	Item	2006	2007	2008	2009	2009年比2008年增长(%) Increase Rate in 2009 over 2008(%)
猪牛羊出栏头数	**Number of Slaughtered Fattened Hogs, Ox, Goats and Sheep**					
当年肉猪出栏头数(万头)	Slaughtered Fattened Hogs(10000 heads)	1574.00	1445.40	1561.10	1596.10	2.2
当年出售和自宰的肉用牛(万头)	Ox by Sold and Killed(10000 heads)	72.20	75.20	84.20	92.14	9.4
当年出售和自宰的肉用羊(万头)	Goats by Sold and Killed(10000 heads)	160.30	162.20	178.50	190.10	6.5
当年肉类总产量(万吨)	**Total Yield of Meat(10000 tons)**	**163.70**	**150.60**	**161.46**	**169.60**	**5.0**
#猪　肉	Pork	138.80	125.60	134.60	140.10	4.1
牛　肉	Beef	9.10	9.50	10.20	11.40	11.8
羊　肉	Mutton	2.70	2.80	3.00	3.23	7.7
禽　肉	Poultry	12.20	11.70	12.60	13.50	7.1
其他畜产品产量	**Others**					
#牛　奶(万吨)	Cow Milk(10000 tons)	4.09	4.06	4.30	4.49	4.4
禽　蛋(万吨)	Poultry Eggs(10000 tons)	10.00	10.30	10.80	12.20	13.0
蜂　蜜(吨)	Honey(ton)	2255	1988	3093	2017	-34.8
大牲畜年末头数(万头)	**Large Livestock(year-end)(10000 heads)**	**578.78**	**612.10**	**611.51**	**626.21**	**2.4**
#牛	Cattle and Buffaloes	498.10	513.10	523.40	539.10	3.0
猪年末数(万头)	**Hogs(year-end)(10000 heads)**	**1562.10**	**1548.70**	**1587.50**	**1617.96**	**1.9**
羊年末数(万只)	**Sheep and Goats(year-end)(10000 heads)**	**218.40**	**222.30**	**231.20**	**252.98**	**9.4**
水产品(万吨)	**Aquatic Products(10000 tons)**	**6.71**	**7.68**	**7.80**	**8.03**	**2.9**

注：表中“水产品”资料来源于省农委。
Note:Aquatic products in this table are obtained from the provincial agricultural commission.

8–10 造林及林产品产量

Areas of Forestation and Output of Forest Products

单位：吨 (ton)

指　标	Item	2006	2007	2008	2009	2009年比2008年增长(%) Increase Rate in 2009 over 2008(%)
当年造林面积(千公顷)	**Areas of Forestation in this year(1000 hectares)**	**78.05**	**81.80**	**65.96**	**90.49**	**37.2**
林产品产量	**Output of Forest Products**					
生　漆	Lacquer	1327	1426	1641	1526	-7.0
油桐籽	Tung-oil Seed	77630	78147	73395	61796	-15.8
油茶籽	Tea-oil Seed	11725	12177	16233	19057	17.4
乌桕籽	Tallow-seeds	2917	2839	2874	2396	-16.6
五倍籽	Nutgall	1887	1698	1739	1581	-9.1
棕　片	Palm-flake	4864	4615	4510	4396	-2.5
松　脂	Pine Resin	7109	11799	9382	7734	-17.6
竹笋片	Bamboo Shoot	7674	10934	11719	13780	17.6
核　桃	Walnuts	8136	12187	12316	13125	6.6
板　栗	Chestnut	13671	17336	16707	17278	3.4

注：“造林面积”资料来源于省林业厅。
Note:The areas of forestation in this table are obtained from the provincial department of forest.

8–11 乡镇企业主要指标

Major Indicators of Township and Town Enterprises

单位：亿元 (100 million yuan)

指　标	Item	2006	2007	2008	2009	2009年比2008年增长(%) Increase Rate in 2009 over 2008(%)
营业收入	Operating Revenue(year-end)	2303.33	2672.77	3135.78	3515.79	12.1
实交国家税金	Taxes Paid	71.12	88.67	111.22	120.32	8.2
利润总额	Total Profits	193.79	224.68	265.78	282.53	6.3
劳动者报酬	Laborers Remuneration	186.77	221.82	253.91	269.34	6.1
年末职工人数(万人)	Staff and Workers(yearnd)(10000 persons)	267.44	285.49	307.90	307.53	-0.1

注：资料来源于省农委。
Note:Data in this table are obtained from the provincial agricultural commission.

主要统计指标解释

农林牧渔业总产值 指以货币表现的农、林、牧、渔业全部产品和对农林牧渔业生产活动进行的各种支持性服务活动的价值总量，它反映一定时期内农业生产总规模和总成果。农业总产值的计算方法通常是按农林牧渔业产品及其副产品的产量分别乘以各自单位产品价格求得；然后将四业产品产值及农林牧渔服务业产值相加即为农林牧渔业总产值。

粮食产量 指全社会的产量。包括国有经济经营的、集体统一经营的和农民家庭经营的粮食产量，还包括工矿企业办的农场和其他生产单位的产量。粮食除包括稻谷、小麦、玉米、高粱、谷子及其他杂粮外，还包括薯类和豆类。其产量计算方法，豆类按去豆荚后的干豆计算；薯类(包括甘薯和马铃薯，不包括芋头和木薯)1963 年以前按每 4 公斤鲜薯折 1 公斤粮食计算，从 1964 年开始改为按 5 公斤鲜薯折 1 公斤粮食计算。城市郊区作为蔬菜的薯类(如马铃薯等)按鲜品计算，并且不作粮食统计。其他粮食一律按脱粒后的原粮计算。

油料产量 指全部油料作物的生产量。包括花生、油菜籽、芝麻、向日葵籽、胡麻籽(亚麻籽)和其他油料。不包括大豆、木本油料和野生油料。花生以带壳干花生计算。

水产品产量 指人工养殖的水产品和天然生长的水产品的捕捞量。包括海水的鱼类、虾蟹类、贝类和藻类以及内陆水域的鱼类、虾蟹类和贝类，不包括淡水生植物。

猪、牛、羊肉产量 指当年出栏并已屠宰、除去头蹄下水后带骨肉(即胴体重)的重量。

期初(末)畜禽存栏头(只)数 指报告期初(末)农村各种合作经济组织和国营农场、农民个人、机关、团体、学校、工矿企业、部队等单位以及城镇居民饲养的大牲畜、猪、羊、家禽等畜禽的存栏数。

耕地面积 指可以用来种植农作物、经常进行耕锄的田地，包括熟地、当年新开荒地、连续撂荒未满三年的耕地和当年的休闲地(轮歇地)，还包括以种植农作物为主并附带种植桑树、茶树、果树和其他林木的土地，以及沿海、沿湖地区已围垦利用的“海涂”、“湖田”等面积。不包括属于专业性的桑园、茶园、果园、果木苗圃、林地、芦苇地、天然或人工草地面积。

农作物播种面积 指实际播种或移植有农作物的面积。凡是实际种植有农作物的面积，不论种植在耕地上还是种植在非耕地上，均包括在农作物播种面积中。在播种季节基本结束后，因遭灾而重新改种和补种的农作物面积，也包括在内。

有效灌溉面积 指具有一定的水源，地块比较平整，灌溉工程或设备已经配套，在一般年景下当年能够进行正常灌溉的耕地面积。

农用化肥施用量 指本年内实际用于农业生产的化肥数量，包括氮肥、磷肥、钾肥和复合肥。化肥施用量要求按折纯量计算数量。折纯量是指把氮肥、磷肥、钾肥分别按含氮、含五氧化二磷、含氧化钾的百分之一百成份进行折算后的数量。复合肥按其所含主要成分折算。

农业机械总动力 指主要用于农、林、牧、渔业的各种动力机械的动力总和。包括耕作机械、排灌机械、收获机械、农用运输机械、植物保护机械、牧业机械、林业机械、渔业机械和其他农业机械〔内燃机按引擎马力折成瓦(特)计算、电动机按功率折成瓦(特)计算〕。不包括专门用于乡、镇、村、组办工业、基本建设、非农业运输、科学试验和教学等非农业生产方面用的动力机械与作业机械。

农林牧渔业劳动力 指全社会直接参加农林牧渔业生产活动的劳动力。

Explanatory Notes on Main Statistical Indicators

Gross Output Value of Farming, Forestry, Animal Husbandry and Fishery refers to the total value of products of farming, forestry, animal husbandry and fishery, which reflects the total scale and result of agricultural production during a given period. Gross output value of agriculture is obtained by first multiplying the output of each product or by product by its price, resulting in the output value of each single item.

Grain Yield refers to the yield in the whole country including grains produced by state farms, collective units, industrial enterprises and mines. Grain includes rice, wheat, corn, sorghum, millet and other miscellaneous grains as well as tubers and beans. Output of beans refers to dry beans without pods. The output of tubers (sweet potatoes and potatoes, not including taros and cassava) was converted into that of grain at the ratio 4:1, i.e. 4 kilograms of fresh tubers was equivalent to 1 kilogram of grain up to 1963. Since 1964 the ratio for conversion has been 5:1. Tubers supplied as vegetables (such as potatoes) in cities and suburbs are calculated as fresh vegetables and their output is not included in the output of grain. Output of all other grains refers to husked grain.

Yield of Oil-bearing Crops refers to the total yield of oil bearing crops of various kinds, including peanuts, (dry, in shell) rapeseeds, sesame, sunflower seeds, flax seeds, and other oil bearing crops. Soybeans, oil-bearing woody plants, and wild oil-bearing crops are not included.

Output of Aquatic Products refers to catches of both artificially cultured and naturally grown aquatic products, including fish, shrimps, crabs and shellfish in sea and inland water as well as seaweed. Freshwater plants are not included.

Output of Pork, Beef, and Mutton refers to the meat of slaughtered hogs, cattle, sheep and goats with head, feet, and offal taken away.

Number of Livestock or Poultry in Stock at Beginning (or End) of Period refers to the total number of large animals, pigs, sheep, fowls, etc. raised by rural cooperative organizations, statefarms, ruralindividuals, governmentagencies, schools, industrial and mining enterprises, army, and urban residents at the beginning (or end) of the reference period.

Cultivated Area (Area under cultivation) refers to farmland which is plowed constantly for growing crops, including cultivated land, newly cultivated land in the current year, farmland left without cultivation for less than three years and fallow land in the current year, rotation land, rotation land of grass and crops, farmland with some fruit trees, mulberry trees and other trees and cultivated seashore land, lake land, and etc. The land of mulberry fields, tea plantations, orchards, nurseries of young plants, forest land, reed land, natural and man-made grassland and other land are not included in cultivated land.

Sown Area of Crops refers to area of land sown or transplanted with crops regardless of being in cultivated area or non cultivated area. Area of land re-sown due to natural disasters is also included.

Irrigated Area refers to areas that are effectively irrigated, i.e. level land which has water source and complete sets of irrigation facilities to lift and move adequate water for irrigation purpose under normal conditions.

Consumption of Chemical Fertilizers in Agriculture refers to the quantity of chemical fertilizers applied in agriculture in the year, including nitrogenous fertilizer, phosphate fertilizer, potash fertilizer, and compound fertilizer. The consumption of chemical fertilizers is required in calculation to convert the gross weight into weight containing 100% effective component (e.g. 100% nitrogen content in nitrogenous fertilizer, 100% phosphorous pentoxide contents in phosphate fertilizer, 100% potassium oxide contents in potash fertilizer). Compound fertilizer is converted with its major component.

9

Nine

工 业

Industry

9-1 规模以上工业企业单位数

Number of Industrial Enterprises above Designated Size

单位：个 (unit)

指 标	Item	2006	2007	2008	2009
总 计	**Total**	**2594**	**2296**	**2676**	**2791**
#国有企业	State-owned Enterprises	558	362	331	315
有限责任公司	Limited Liability Company	1115	1056	1240	1348
私营企业	Private Enterprises	988	965	1267	1308
港澳台投资企业	Enterprises with Funds from Hong kong, Macao and Taiwan	50	46	49	48
外商投资企业	Foreign Funded Enterprises	61	50	57	57
#农村工业	Rural Industry	64	45	110	100
按国有非国有分	Grouped by Type of State-owned or Non-state-owned				
国有控股企业	State-owned Industry Industry	760	541	530	523
非国有控股企业	Non-state-owned Industry	1834	1755	2146	2268
按轻重工业分	Grouped by Type of Light and Heavy Industry				
轻工业	Light Industry	679	536	578	600
重工业	Heavy Industry	1915	1760	2098	2191
按企业规模分	Grouped by Scale of Enterprise				
大型企业	Large Industry	26	25	31	31
中型企业	Medium-siaed Industry	257	286	325	340
小型企业	Small Industry	2311	1985	2320	2420
按主要行业分	Grouped by Main Industrial Sector				
采矿业	Mining and Quarring	467	476	745	760
制造业	Manufacturing	1847	1615	1706	1798
#农副食品加工业	Processing of Food from Agricultural Products	144	127	138	150
食品制造业	Manufacture of Foods	54	40	50	49
饮料制造业	Manufacture of Beverages	83	77	92	101
烟草制品业	Manufacture of Tobacco	7	7	8	8
化学原料及化学制品制造业	Manufacture of Raw Chemical Materials and Chemical Products	214	186	173	188
医药制造业	Manufacture of Medicines	110	101	98	97
橡胶制品业	Manufacture of Rubber	12	9	9	9
非金属矿物制品业	Manufacture of Non-metallic Mineral Products	290	276	299	327
黑色金属冶炼及压延加工业	Smelting and Pressing of Ferrous Metals	255	212	210	205
有色金属冶炼及压延加工业	Smelting and Pressing of Nonferrous Metals	123	117	103	101
电气机械及器材制造业	Manufacture of Electrical Equipment and Machinery	39	33	45	47
电力、燃气及水的生产和供应业	Production and Distribution of Electric Power, Gas and Water	280	205	225	233

9−2 规模以上工业增加值

Value added of Industry above Designated Size

单位：亿元 (100 million yuan)

指 标	Item	2006	2007	2008	2009	2009年比2008年增长(%) Increase Rate in 2009 over 2008(%)
总 计	**Total**	**747.38**	**890.48**	**1051.26**	**1170.29**	**10.6**
#国有企业	State-owned Enterprises	316.17	431.59	355.48	348.03	8.4
有限责任公司	Limited Liability Company	247.08	296.68	456.46	569.89	13.0
私营企业	Private Enterprises	96.91	128.40	177.82	196.08	9.5
港澳台投资企业	Enterprises with Funds from Hong kong, Macao and Taiwan	5.91	7.78	8.36	8.49	8.6
外商投资企业	Foreign Funded Enterprises	14.73	15.11	17.90	16.98	6.8
按国有非国有分：	Grouped by Type of State-owned or Non-state-owned					
国有控股企业	State-owned Industry	518.27	602.51	685.93	732.65	8.2
非国有控股企业	Non-state-owned Industry	229.11	287.97	365.33	437.64	14.8
按轻重工业分：	Grouped by Type of Light and Heavy Industry					
轻工业	Light Industry	218.52	267.87	302.25	352.38	11.6
重工业	Heavy Industry	528.86	622.61	749.01	817.90	10.2
按企业规模分：	Grouped by Scale of Enterprise					
大型企业	Large Industry	368.57	409.99	429.49	433.21	3.2
中型企业	Medium-siaed Industry	188.89	250.94	278.14	332.02	22.1
小型企业	Small Industry	189.92	229.55	343.63	405.06	20.1
按主要行业分：	Grouped by Main Industrial Sector					
采矿业	Mining and Quarring	73.45	103.46	153.61	181.10	12.7
制造业	Manufacturing	479.22	576.94	665.32	712.64	10.2
#农副食品加工业	Processing of Food from Agricultural Products	8.93	9.47	11.47	14.22	19.9
食品制造业	Manufacture of Foods	8.93	8.07	10.24	9.42	-10.0
饮料制造业	Manufacture of Beverages	49.77	75.21	94.86	112.29	12.1
烟草制品业	Manufacture of Tobacco	85.84	101.59	106.27	116.99	7.0
化学原料及化学制品制造业	Manufacture of Raw Chemical Materials and Chemical Products	59.76	68.43	79.07	71.49	7.0
医药制造业	Manufacture of Medicines	41.80	46.04	48.31	59.98	14.6
橡胶制品业	Manufacture of Rubber	11.23	9.67	12.58	14.18	10.8
非金属矿物制品业	Manufacture of Non-metallic Mineral Products	19.02	21.08	29.41	37.64	23.0
黑色金属冶炼及压延加工业	Smelting and Pressing of Ferrous Metals	51.07	72.52	87.87	75.94	7.7
有色金属冶炼及压延加工业	Smelting and Pressing of Nonferrous Metals	71.33	61.70	55.95	58.05	7.7
电气机械及器材制造业	Manufacture of Electrical Equipment and Machinery	7.30	11.29	12.90	14.48	12.7
电力、燃气及水的生产和供应业	Production and Distribution of Electric Power, Gas and Water	194.71	210.08	232.33	276.55	10.3

9–3 规模以上工业总产值

Gross Output Value of Industry above Designated Size

单位：亿元 (100 million yuan)

指　标	Item	2006	2007	2008	2009
总　计	**Total**	**2066.77**	**2520.36**	**3111.13**	**3426.69**
#国有企业	State-owned Enterprises	789.17	1055.98	1068.74	1026.67
有限责任公司	Limited Liability Company	792.42	966.15	1332.73	1603.10
私营企业	Private Enterprises	293.57	388.90	536.98	555.24
港澳台投资企业	Enterprises with Funds from Hong kong, Macao and Taiwan	21.17	28.07	39.38	44.42
外商投资企业	Foreign Funded Enterprises	48.37	51.32	76.39	82.25
#农村工业	Rural Industry	27.06	40.29	31.41	36.40
按国有非国有分	Grouped by Type of State-owned or Non-state-owned				
国有控股企业	State-owned Industry	1360.00	1607.15	1878.69	2094.77
非国有控股企业	Non-state-owned Industry	706.77	913.21	1232.44	1331.92
按轻重工业分	Grouped by Type of Light and Heavy Industry				
轻工业	Light Industry	449.67	527.16	641.79	758.14
重工业	Heavy Industry	1617.10	1993.20	2469.34	2668.56
按企业规模分	Grouped by Scale of Enterprise				
大型企业	Large Industry	923.32	1065.56	1236.25	1318.12
中型企业	Medium-sized Industry	567.93	764.93	982.98	1122.55
小型企业	Small Industry	575.52	689.87	891.90	986.03
按主要行业分	Grouped by Main Industrial Sector				
采矿业	Mining and Quarring	167.02	212.53	399.34	436.46
制造业	Manufacturing	1346.35	1666.04	1998.82	2135.40
#农副食品加工业	Processing of Food from Agricultural Products	35.35	46.10	54.54	69.20
食品制造业	Manufacture of Foods	24.05	26.95	41.59	40.19
饮料制造业	Manufacture of Beverages	80.67	103.64	150.79	179.04
烟草制品业	Manufacture of Tobacco	124.00	139.99	164.23	183.12
化学原料及化学制品制造业	Manufacture of Raw Chemical Materials and Chemical Products	203.09	244.15	313.02	283.34
医药制造业	Manufacture of Medicines	96.12	109.60	119.46	150.87
橡胶制品业	Manufacture of Rubber	41.84	48.96	58.76	67.03
非金属矿物制品业	Manufacture of Non-metallic Mineral Products	62.79	76.37	104.71	134.71
黑色金属冶炼及压延加工业	Smelting and Pressing of Ferrous Metals	218.45	288.80	364.09	330.16
有色金属冶炼及压延加工业	Smelting and Pressing of Nonferrous Metals	197.88	218.44	177.54	171.13
电气机械及器材制造业	Manufacture of Electrical Equipment and Machinery	39.27	50.82	57.70	65.54
电力、燃气及水的生产和供应业	Production and Distribution of Electric Power, Gas and Water	553.40	641.79	712.99	854.84

9-4 规模以上工业企业主要经济指标

Major Economic Indicators of Industrial Enterprises above Designated Size

指 标	Item	2006	2007	2008	2009
固定资产净值年平均余额(亿元)	Average Balance of Net Value of Fixed Assets (100 million yuan)	1247.06	1476.49	1645.22	2535.38
流动资产年平均余额(亿元)	Average Balance of Circulating Funds(100 million yuan)	1045.08	1188.62	1485.62	1716.85
主营业务收入(亿元)	Revenue from Principal Business(100 million yuan)	1948.57	2430.62	2922.35	3234.59
利税总额(亿元)	Total Profits and Taxes (100 million yuan)	299.09	403.49	453.53	470.60
#利润	Total Profits	110.91	174.41	181.83	191.73
产值利税率(%)	Ratio of Pre-Tax Profit to Output Value(%)	14.47	16.01	14.58	13.73
资金利税率(%)	Ratio of Pre-Tax Profit to Assets(%)	13.05	15.14	14.49	10.31
销售利税率(%)	Ratio of Pre-Tax Profit to Sales(%)	14.92	16.60	15.52	14.55
资本保值增值率(%)	Increment Ratio of Capital(%)	114.61	114.86	124.99	106.87
总资产贡献率(%)	Ratio of Total Assets to Industrial Output Value(%)	11.93	12.89	12.96	10.69
资产负债率(%)	Asset-Liability Ratio(%)	65.78	64.46	66.28	67.00
流动资产周转次数(次/年)	Number of Times of Turnover of Circulating Fund (times/year)	1.81	2.04	1.92	1.88
成本费用利润率(%)	Ratio of After-tax Profits to Cost and Expenses(%)	6.95	8.10	6.42	6.56
全员劳动生产率(元/人、年)	Overall Labor Productivity (yuan/person,year)	111168	133663	141433	160077
产销率(%)	Proportion of Industrial Products Sold(%)	96.57	96.68	95.36	94.80

9-5 大中型工业企业主要经济指标

Major Economic Indicators of Large and Medium-sized Industrial Enterprises

指　　标	Item	2006	2007	2008	2009
固定资产净值年平均余额(亿元)	Average Balance of Net Value of Fixed Assets (100 million yuan)	1022.22	1179.16	1310.40	1643.79
流动资产年平均余额(亿元)	Average Balance of Circulating Funds (100 million yuan)	805.11	939.37	1148.78	1317.62
主营业务收入(亿元)	Revenue from Principal Business (100 million yuan)	1446.61	1779.30	2123.08	2366.97
利税总额(亿元)	Total Profits and Taxes(100 million yuan)	261.91	343.17	361.47	390.73
#利润	Total Profits	106.28	154.16	146.13	166.30
资本保值增值率(%)	Increment Ratio of Capital(%)	114.20	115.99	120.58	104.8
总资产贡献率(%)	Ratio of Total Assets to Industrial Output Value(%)	11.51	13.36	17.21	11.0
资产负债率(%)	Asset-Liability Ratio(%)	65.38	63.99	65.81	67.8
流动资产周转次数(次/年)	Number of Times of Turnover of Circulating Fund(times/year)	1.80	1.89	1.85	1.80
成本费用利润率(%)	Ratio of After-tax Profits to Cost and Expenses(%)	8.36	9.90	7.76	7.9
全员劳动生产率(元/人)	Overall Labor Productivity(yuan/person)	135164	156051	182870	166738
产销率(%)	Proportion of Products Sold(%)	97.8	97.2	95.7	95.7

9–6 主要工业产品产量

Output of Major Industrial Products

单位：万吨 (10000 tons)

产品名称	Item	2006	2007	2008	2009	2009年比2008年增长(%) Increase Rate in 2009 over 2008(%)
原煤(全社会)	Coal(society)	11816.60	10864.18	11798.46	13690.74	14.8
粗钢	Steel	332.51	349.36	345.64	343.10	-0.7
成品钢材	Steel Products	256.57	328.14	337.52	337.62	…
铁合金	Iron Alloy	153.57	178.87	156.62	220.87	39.8
铝	Aluminium	56.28	75.07	58.15	80.27	38.0
氧化铝	Aluminum Oxide	110.52	128.27	144.28	136.91	-5.1
铝材	Aluminium Material	0.88	1.19	1.33	1.42	22.6
磷矿石	Phosphorite Mineral	1034.60	1198.83	1317.18	1360.66	3.4
生铁	Pig Iron	343.50	342.61	331.01	374.82	13.3
农用化肥	Chemical Fertilizer	338.76	321.84	262.21	347.28	31.8
轮胎外胎(万条)	Tires(10000 units)	387.41	443.90	457.29	517.21	13.1
水泥	Cement	1799.40	1943.10	2048.94	2664.78	30.0
发电量(亿千瓦小时)(全社会)	Electricity(100 million kwh)(society)	974.66	1166.32	1192.08	1380.02	14.8
#水电	Hydropower	214.27	340.62	380.86	400.88	2.6
煤气生产量(亿立方米)	Gas Production (100 million cu.m)	55.34	59.64	64.19	65.18	1.5
卷烟(万箱)	Cigarettes(10000 cases)	211.73	220.71	226.74	232.24	2.4
饮料酒(万千升)	Alcohol Beverages(10000 kiloliter)	34.49	35.87	41.65	41.35	4.3
#白酒	White Spirit	14.21	14.57	18.35	13.79	-17.7
食用植物油	Edible Vegetable Oil	13.15	8.79	5.50	11.20	104.3
中成药	Traditional Chinese Medicine	4.57	4.65	4.72	4.58	-3.5
家用电冰箱(万台)	Household Refrigerators (10000 unit)	102.20	132.24	143.81	168.16	16.9
彩色电视机(万部)	Color TV Sets(10000 unit)	74.51	76.21	79.25	72.56	-8.4

9—7 规模以上工业企业主要经济指标(2009)

单位：亿元

指　标	Item	企业单位数 (个) Number of Enterprises (unit)	从业人员年平均人数(万人) Annual Average of All Employees (10000 persons)
总　计	**Total**	**2791**	**74.97**
#国有控股企业	State-controlled Enterprises	523	40.15
#农村工业	Rural Industry	100	1.85
按登记注册类型分	Gorouped by Status of Registration		
内资企业	Domestic-funded Enterprises	2686	72.11
国有企业	State-owned Industry	315	18.16
中央企业	Central Industry	43	4.55
地方企业	Local Industry	272	13.60
集体企业	Collective-owned Industry	64	0.89
股份合作企业	Cooperative Enterprises	49	0.98
联营企业	Joint Ownership Enterprises	13	0.34
有限责任公司	Limited Liability Corporations	820	25.61
股份有限公司	Share-holding Enterprises	100	7.54
私营企业	Private Enterprises	1308	18.24
其他企业	Others Enterprises	17	0.36
港、澳、台商投资企业	Enterprises with Funds from Hong ko	48	0.88
外商投资企业	Foreign Funded Enterprises	57	1.97
按轻重工业分	Grouped by Light and Heavy Industry		
轻工业	Light Industry	600	11.96
重工业	Heavy Industry	2191	63.01
按企业规模分	Grouped by Scale of Enterprise		
大型企业	Large Industry	31	22.71
中型企业	Medium Industry	340	24.24
小型企业	Small Industry	2420	28.02

Main Econornic Indicators of Industrial Enterprises above Designated Size

(100 million yuan)

工业总产值 Total Output Value of Industry	工业增加值 Value-Added of Industry	资产合计 Total Assets	主营业务收入 Revenue from Principal Business	利税总额 Total Profits and Taxes	#利润总额 Total Profits
3426.69	**1170.29**	**5066.17**	**3234.59**	**470.60**	**191.73**
2094.77	732.65	3771.12	2052.13	327.61	123.33
36.40		36.99	36.69	8.24	3.35
3300.03	1144.82	4846.72	3128.95	460.25	185.84
1026.67	503.69	1550.04	1007.13	126.14	65.20
551.84		692.38	539.16	9.88	-3.83
474.83		857.66	467.97	116.26	69.03
14.62	6.00	13.62	14.50	1.71	0.97
22.56	5.75	30.20	19.85	0.35	-0.73
6.95		23.92	6.22	0.43	0.05
1287.94		1925.97	1221.37	223.48	73.62
378.35		823.73	353.49	32.59	14.03
555.24	196.08	475.77	498.99	74.94	32.47
7.69	112.65	3.46	7.39	0.61	0.23
44.42	8.49	78.92	41.15	-2.83	-3.98
82.25	16.98	140.53	64.50	13.18	9.88
758.14	352.38	819.69	674.36	252.24	109.42
2668.56	817.90	4246.48	2560.23	218.35	82.31
1318.12	433.21	2233.59	1311.90	265.57	105.15
1122.55	332.02	1854.34	1055.07	125.16	61.16
986.03	405.06	978.23	867.62	79.86	25.43

9—8 规模以上工业企业分行业主要经济指标(2009)

单位：亿元

指　标	Item	企业单位数(个) Number of Enterprises (unit)	从业人员年平均人数(万人) Annual Average of All Employees (10000 persons)
总　计	**Total**	**2791**	**74.97**
采矿业	Mining and Quarrying	760	23.82
#煤炭开采和洗选业	Mining and Washing of Coal	652	22.79
黑色金属矿采选业	Mining and Dressing of Ferrous Metals	29	0.29
有色金属矿采选业	Mining and Dressing of Nonferrous Metals	30	0.30
非金属矿采选业	Mining and Dressing of Nonmetal Minerals	49	0.44
制造业	Manufacturing	1798	44.57
农副食品加工业	Processing of Food from Agricultural Products	150	1.17
食品制造业	Manufacture of Foods	49	0.78
饮料制造业	Manufacture of Beverages	101	2.72
#白酒制造	Manufacture of Liquors	56	2.28
烟草加工业	Manufacture of Tobacco	8	1.44
#烟叶复烤	Tobacco Leaf Baking	6	0.35
卷烟制造	Cigarettes Production	1	1.08
纺织业	Manufacture of Textile	11	0.46
纺织服装、鞋、帽制造业	Manufacture of Textile Wearing Apparel, Footware,and Caps	6	0.24
皮革、毛皮、羽毛(绒)及其制造业	Manufacture of Leather,Furs,Feather and Related Products	1	0.01
木材加工及木、竹、藤、棕、草制品业	Timber Processing,Manufacture of Wood, Bamboo, Rattan,Palm, and Straw Products	69	0.70
家具制造业	Manufacture of Furniture	2	0.02
造纸及纸制品业	Manufacture of Paper and Paper Products	44	0.36
印刷业、记录媒介的复制	Printing,Reproduction of Recording Media	26	0.34
文教体育用品制造业	Manufacture of Articles For Culture,Education and Sport Activity	3	0.07
石油加工、炼焦及核燃料加工业	Processing of Petroleum,Coking,Processing of Nuclear Fuel	45	1.14

Main Economic Indicators of Industrial Enterprises above Designated Size by Sector

(100 million yuan)

工业总产值 Total Output Value of Industry	工业增加值 Value-Added of Industry	资产合计 Total Assets	主营业务收入 Revenue from Principal Business	利税总额 Total Profits and Taxes	#利润总额 Total Profits
3426.69	**1170.29**	**5066.17**	**3234.59**	**470.6**	**191.73**
436.46	181.10	632.33	390.18	95.52	44.04
403.15	158.48	597.92	357.54	88.88	40.32
6.09	5.28	5.85	6.01	1.05	0.33
5.83	2.07	7.30	5.72	0.66	0.19
21.39	15.05	21.26	20.91	4.93	3.20
2135.40	712.64	2602.12	2035.01	324.68	135.69
69.20	14.22	32.26	67.99	4.22	3.16
40.19	9.42	31.10	38.55	10.17	7.96
179.04	112.29	319.09	143.03	95.88	64.75
164.63	107.76	302.47	129.84	93.68	63.83
183.12	116.99	141.84	185.93	115.8	19.65
11.56	2.91	18.36	11.67	3.52	2.88
171.35	114.08	123.26	174.06	112.27	16.77
3.69	0.97	3.12	3.2	0.01	-0.18
3.48	0.87	3.25	3.46	0.24	0.2
1.35	0.43	1.16	1.29	0.02	0.02
23.80	6.73	13.99	21.55	1.35	0.36
0.19	0.02	0.64	0.16	-0.01	-0.02
17.16	4.30	37.44	14.39	-1.62	-2.1
12.60	4.11	16.85	10.55	3.34	2.58
0.88	0.29	0.39	0.86	0.17	0.12
63.83	24.32	74.37	48.13	5	2.78

9-8 续表

单位：亿元

指　　标	Item	企业单位数(个) Number of Enterprises (unit)	从业人员年平均人数(万人) Annual Average of All Employees (10000 persons)
化学原料及化学制品制造业	Manufacture of Raw Chemical Materials and Chemical Products	188	5.42
医药制造业	Manufacture of Medicines	97	2.34
化学纤维制造业	Manufacture of Chemical Fibers		
橡胶制品业	Manufacture of Rubber	9	1.23
塑料制品业	Manufacture of Plastics	55	0.61
非金属矿物制品业	Manufacture of Non-metallic Mineral Products	327	5.32
黑色金属冶炼及压延加工业	Smelting and Pressing of Ferrous Metals	205	5.70
有色金属冶炼及压延加工业	Smelting and Pressing of Non-ferrous Metals	101	3.30
金属制品业	Manufacture of Metal Products	36	1.58
通用设备制造业	Manufacture of General Purpose Machinery	59	1.02
专用设备制造业	Manufacture of Special Purpose Machinery	43	0.93
交通运输设备制造业	Manufacture of Transport Equipment	70	5.11
电气机械及器材制造业	Manufacture of Electrical Equipment and Machinery	47	0.83
通信设备、计算机及其他电子设备制造业	Manufacture of Communication Equipment, Computers and Other Electronic Equipment	25	0.93
仪器仪表及文化、办公用机械制造业	Manufacture of Measuring Instruments and Machinery for Cultural Activity and Office Work	11	0.29
工艺品及其他制造业	Manufacture of Artwork and Other Manufacturing	9	0.48
废弃资源和废旧材料回收加工业	Recycling and Disposal of Waste	1	0.01
电力、燃气及水的生产和供应业	Production and Distribution of Electric Power, Gas and Water	233	6.59
电力、热力的生产和供应业	Production and Distribution of Electric Power and Heat Power	188	5.77
电力生产	Production of Electric Power	106	2.00
电力供应	Distribution of Electric Power	82	3.77
燃气生产和供应业	Production and Distribution of Gas	6	0.26
水的生产和供应业	Production and Distribution of Water	39	0.56

(continued)

(100 million yuan)

工业总产值 Total Output Value of Industry	工业增加值 Value-Added of Industry	资产合计 Total Assets	主营业务收入 Revenue from Principal Business	利税总额 Total Profits and Taxes	#利润总额 Total Profits
283.34	71.49	525.87	330.05	11.49	1.87
150.87	59.98	120.38	122.41	20.67	12.10
67.03	14.18	52.10	60.55	8.61	5.46
22.73	5.94	15.28	20.47	1.75	1.24
134.71	37.64	160.69	124.04	10.96	3.48
330.16	75.94	246.20	320.60	5.36	-4.53
171.13	58.05	290.69	177.44	3.54	-0.71
47.86	6.49	57.32	47.01	1.47	-0.19
25.86	12.75	30.96	23.71	3.90	2.57
31.99	10.69	49.33	29.09	2.31	1.44
143.13	29.16	241.55	128.71	10.91	7.62
65.54	14.48	35.84	52.53	3.38	1.52
38.44	12.00	48.50	38.02	3.43	2.76
8.49	2.66	8.87	5.82	1.28	0.88
15.51	6.24	42.97	15.41	1.03	0.93
0.09		0.07	0.07	0.02	
854.84	276.55	1831.72	809.40	50.40	12.00
832.87	272.24	1766.75	788.10	49.46	11.91
355.17	173.93	1318.83	315.78	45.92	19.26
477.70	97.80	447.92	472.32	3.54	-7.35
13.69	0.81	21.75	14.70	0.63	0.20
8.27	3.49	43.23	6.60	0.31	-0.10

9–9 规模以上国有控股工业企业主要经济指标(2009)

单位：亿元

指 标	Item	企业单位数(个) Number of Enterprises (unit)	从业人员年平均人数(万人) Annual Average of All Employees (10000 persons)
总 计	**Total**	**523**	**40.15**
按隶属关系分	Grouped by Jurisdiction of Management		
中央企业	Central Enterprises	43	4.55
地方企业	Local Enterprises	272	13.60
按轻重工业分	Grouped by Type of Light and Heavy Industry		
轻工业	Light Industry	101	5.04
重工业	Heavy Industry	422	35.11
按企业规模分	Grouped by Scale of Enterprise		
大型企业	Large	28	21.52
中型企业	Medium	155	13.63
小型企业	Small	340	5.00
按工业行业分	Grouped by Industrial Sector		
采矿业	Mining and Quarrying	64	10.79
#煤炭开采和洗选业	Mining and Washing of Coal	47	10.53
有色金属矿采选业	Mining and Processing of Nonferrous Metal Ores	4	0.12
非金属矿采选业	Mining and Processing of Nonmetal Ores	10	0.12
制造业	Manufacturing	285	23.22
农副食品加工业	Processing of Food from Agricultural Products	19	0.09
食品制造业	Manufacture of Foods	3	0.14
饮料制造业	Manufacture of Beverages	7	1.57
烟草制品业	Manufacture of Tobacco	7	1.44
纺织业	Manufacture of Textile	2	0.07
纺织服装、鞋、帽制造业	Manufacture of Textile Wearing Apparel, Footware,and Caps	2	0.18
木材加工及木、竹、藤、棕、草制品业	Timber Processing , Bamboo , Cane , Palm Fiber and Straw Products	7	0.09

Major Economic Indicators of State-controlled Industrial Enterprises above Designated Size

(100 million yuan)

工业总产值 Total Output Value of Industry	资产合计 Total Assets	主营业务收入 Revenue from Principal Business	利税总额 Total Profits and Taxes	#利润总额 Total Profits
2094.77	**3771.12**	**2052.13**	**327.61**	**123.33**
551.84	692.38	539.16	9.88	-3.83
474.83	857.66	467.97	116.26	69.03
401.54	552.12	372.55	204.82	80.10
1693.23	3219.00	1679.59	122.79	43.23
1254.19	2164.89	1265.56	257.72	99.90
636.51	1304.59	616.15	55.35	19.52
204.06	301.64	170.42	14.55	3.90
176.70	358.87	153.24	35.34	17.42
167.38	350.56	143.30	33.29	15.99
0.82	2.16	0.78	0.05	0.01
7.79	4.97	8.46	1.72	1.25
1099.00	1734.14	1122.79	244.13	93.48
5.59	4.94	6.53	0.03	
2.55	2.44	2.35	0.15	0.07
129.07	269.56	109.37	88.50	61.74
182.91	141.62	185.74	115.79	19.65
0.75	0.71	0.56	0.06	0.01
2.91	2.01	2.92	0.21	0.20
1.89	1.45	1.57	-0.12	-0.18

9–9　续表

单位：亿元

指　　标	Item	企业单位数(个) Number of Enterprises (unit)	从业人员年平均人数(万人) Annual Average of All Employees (10000 persons)
造纸及纸制品业	Manufacture of Paper and Paper Products	2	0.06
印刷业、记录媒介的复制	Printing,Reproduction of Recording Media	6	0.13
文教体育用品制造业	Manufacture of Articles For Culture, Education and Sport Activity		
石油加工、炼焦及核燃料加工业	Processing of Petroleum,Coking,Processing of Nuclear Fuel	2	0.09
化学原料及化学制品制造业	Manufacture of Raw Chemical Materials and Chemical Products	44	3.35
医药制造业	Manufacture of Medicines	1	0.01
橡胶制品业	Manufacture of Rubber	3	1.05
塑料制品业	Manufacture of Plastics	9	0.08
非金属矿物制品业	Manufacture of Non-metallic Mineral Products	33	1.14
黑色金属冶炼及压延加工业	Smelting and Pressing of Ferrous Metals	14	2.58
有色金属冶炼及压延加工业	Smelting and Pressing of Non-ferrous Metals	10	2.13
金属制品业	Manufacture of Metal Products	12	1.39
通用设备制造业	Manufacture of General Purpose Machinery	15	0.63
专用设备制造业	Manufacture of Special Purpose Machinery	17	0.58
交通运输设备制造业	Manufacture of Transport Equipment	33	4.72
电气机械及器材制造业	Manufacture of Electrical Equipment and Machinery	8	0.27
通信设备、计算机及其他电子设备制造业	Manufacture of Communication Equipment, Computers and Other Electronic Equipment	18	0.82
仪器仪表及文化、办公用机械制造业	Manufacture of Measuring Instruments and Machinery for Cultural Activity and Office.Work	4	0.14
工艺品及其他制造业	Manufacture of Artwork and Other Manufacturing	6	0.47
电力、燃气及水的生产和供应业	Production and Distribution of Electric Power,Gas and Water	174	6.14
电力、热力的生产和供应业	Production and Distribution of Electric Power and Heat Power	130	5.32
燃气生产和供应业	Production and Distribution of Gas	5	0.26
水的生产和供应业	Production and Distribution of Water	39	0.56

(continued)

(100 million yuan)

工业总产值 Total Output Value of Industry	资产合计 Total Assets	主营业务收入 Revenue from Principal Business	利税总额 Total Profits and Taxes	#利润总额 Total Profits
2.54	29.63	2.47	-2.50	-2.50
1.12	1.76	1.10	0.01	-0.07
15.60	8.47	14.87	2.09	1.21
151.05	412.85	211.15	6.58	-0.82
1.51	1.58	0.50	0.22	0.15
63.69	49.42	57.56	8.44	5.43
1.51	2.11	1.37	0.04	
26.88	31.88	27.36	1.01	-0.27
131.15	143.99	131.72	4.96	0.39
85.35	189.94	98.74	-3.40	-5.99
41.76	52.30	41.63	1.39	-0.16
14.72	19.86	13.69	2.82	2.09
15.30	33.22	14.01	1.14	0.61
126.65	229.11	113.83	9.81	7.03
37.44	10.81	28.16	1.32	0.31
37.05	46.37	36.67	3.40	2.78
4.90	5.32	3.87	1.18	0.89
15.00	42.73	14.97	0.99	0.89
819.07	1678.11	776.11	48.15	12.43
797.17	1613.16	754.88	47.21	12.33
13.62	21.72	14.63	0.63	0.20
8.27	43.23	6.60	0.31	-0.10

9–10 规模以上集体工业企业主要经济指标(2009)

单位：万元

指　标	Item	企业单位数(个) Number of Enterprises (unit)	从业人员年平均人数(人) Annual Average of All Employees (persons)
总　计	**Total**	**64**	**8858**
#亏损企业	Loss Making Enterprise	19	2778
#农村工业	Rural Industry	6	626
按轻、重工业分：	Grouped by Type of Light and Heavy Industry		
轻工业	Light Industry	11	626
重工业	Heavy Industry	53	8232
按企业规模分：	Grouped by Size of Enterprise		
中型企业	Medium	2	713
小型企业	Small	62	8145
按工业行业分：	Grouped by Industrial Sector		
采矿业	Mining and Quarrying	8	1491
煤炭开采和洗选业	Mining and Washing of Coal	5	1052
黑色金属矿采选业	Mining and Processing of Ferrous Metal Ores	3	439
有色金属矿采选业	Mining and Processing of Nonferrous Metal Ores		
制造业	Manufacturing	52	7056
食品制造业	Manufacture of Foods	2	137
饮料制造业	Manufacture of Beverages	2	50

Main Economic Indicators of All Collective-owned Industrial Enterprises above Designated Size

(10000 yuan)

工业总产值 Total Output Value of Industry	资产合计 Total Assets	主营业务收入 Revenue from Principal Business	利税总额 Total Profits and Taxes	#利润总额 Total Profits
146221	**136239**	**144964**	**17150**	**9690**
29071	36842	27226	-505	-1594
15908	11841	11594	930	46
19508	18824	16551	2419	1757
126713	117415	128413	14731	7933
6515	21456	8914	3899	2884
139707	114783	136050	13251	6806
17369	26206	19204	5353	3306
9248	20994	11026	4232	2812
8121	5211	8178	1121	494
119807	88643	116397	11444	6345
9578	9263	9270	1667	1524
1746	2605	1817	378	236

9-10 续表

单位：万元

指　标	Item	企业单位数(个) Number of Enterprises (unit)	从业人员年平均人数(人) Annual Average of All Employees (persons)
造纸及纸制品业	Manufacture of Paper and Paper Products	3	121
印刷业、记录媒介的复制	Printing,Reproduction of Recording Media	1	222
化学原料及化学制品制造业	Manufacture of Raw Chemical Materials and Chemical Products	4	186
塑料制品业	Manufacture of Plastics	2	431
非金属矿物制品业	Manufacture of Non-metallic Mineral Products	13	2153
黑色金属冶炼及压延加工业	Smelting and Pressing of Ferrous Metals	5	2063
有色金属冶炼及压延加工业	Smelting and Pressing of Non-ferrous Metals	4	357
金属制品业	Manufacture of Metal Products	6	556
通用设备制造业	Manufacture of General Purpose Machinery	3	194
交通运输设备制造业	Manufacture of Transport Equipment	3	480
电气机械及器材制造业	Manufacture of Electrical Equipment and Machinery	1	20
电力、燃气及水的生产和供应业	Production and Distribution of Electric Power,Gas and Water	4	311
电力、热力的生产和供应业	Production and Distribution of Electric Power and Heat Power	4	311

(continued)

(10000 yuan)

工业总产值 Total Output Value of Industry	资产合计 Total Assets	主营业务收入 Revenue from Principal Business	利税总额 Total Profits and Taxes	#利润总额 Total Profits
5607	4397	2370	149	51
504	1441	539	133	-3
4464	3587	4341	-106	-242
1317	1721	2330	56	-13
24380	19200	25123	3257	1702
39748	17196	41297	2254	1421
12420	6897	8932	968	271
7902	10398	8044	465	21
2177	3579	2455	194	64
7780	6792	7567	1934	1320
131	180	71	-13	-18
9046	21390	9362	353	39
9046	21390	9362	353	39

9–11 规模以上外商投资和港澳台投资工业企业主要经济指标(2009)

单位：万元

指 标	Item	企业单位数(个) Number of Enterprises (unit)	从业人员年平均人数(人) Annual Average of All Employees (persons)
总 计	**Total**	**105**	**28578**
#亏损企业	Loss Making Enterprises	38	5748
#港、澳、台商投资企业	Enterprises with Funds from Hong kong, Macao and Taiwan	48	8838
合资经营企业(港或澳、台资)	Joint Venture Enterprises(with Funds from Hong Kong, Macao and Taiwan)	23	4075
港澳台商独资企业	Enterprises with Sole Funds from Hong Kong,Macao and Taiwan	23	4618
港澳台商投资股份有限公司	Share Holding Enterprises with Funds from Hong kong, Macao and Taiwan	2	145
外商投资企业	Foreign Funded Enterprises	57	19740
中外合资经营企业	Joint-venture Enterprises	27	6510
中外合作经营企业	Cooperation Enterprises	4	1434
外资企业	Enterprises Funds with Sole Foreigner	21	3413
外商投资股份有限公司	Share Holding Enterprises with Funds from Foreigner	5	8383
按轻重工业分	Grouped by Type of Light and Heavy Industry		
轻工业	Light Industry	32	7407
重工业	Heavy Industry	73	21171
按企业规模分	Grouped by Size of Enterprise		
大型企业	Large	1	6118
中型企业	Medium	20	12284
小型企业	Small	84	10176
按工业行业分	Grouped by Industrial Sector		
采矿业	Mining and Quarrying	5	873
煤炭开采和洗选业	Mining and Washing of Coal	3	445

Major Economic Indicators of all above Designated Size Industrial Enterprises Funded by Foreigners and Hong kong,Macao and Taiwan

(10000 yuan)

工业总产值 Total Output Value of Industry	资产合计 Total Assets	主营业务收入 Revenue from Principal Business	利税总额 Total Profits and Taxes	#利润总额 Total Profits
1266647	**2194468**	**1056455**	**103459**	**58942**
221205	752086	242880	-62601	-69075
444195	789199	411459	-28322	-39835
204071	619477	185347	-26503	-32576
228856	152915	215453	-2434	-7274
11268	16807	10660	615	15
822452	1405270	644996	131781	98776
287475	303572	262640	42488	30758
128357	271636	127285	38326	37297
165101	237635	136934	24340	11391
241519	592428	118137	26627	19331
379310	328316	303015	51986	33800
887336	1866152	753440	51473	25142
156278	462668	62259	17115	14809
584831	1241877	541824	52019	28347
525538	489923	452372	34326	15785
7281	12120	6424	1221	68
4732	6073	4363	1088	393

9-11 续表

单位：万元

指 标	Item	企业单位数(个) Number of Enterprises (unit)	从业人员年平均人数(人) Annual Average of All Employees (persons)
制造业	Manufacturing	99	27381
农副食品加工业	Processing of Food from Agricultural Products	6	516
食品制造业	Manufacture of Foods	1	400
饮料制造业	Manufacture of Beverages	3	854
纺织业	Manufacture of Textile		
纺织服装、鞋、帽制造业	Manufacture of Textile Wearing Apparel, Footware, and Caps	1	120
造纸及纸制品业	Manufacture of Paper and Paper Products	2	156
印刷业、记录媒介的复制	Printing,Reproduction of Recording Media	3	480
文教体育用品制造业	Manufacture of Articles For Culture, Education and Sport Activity	1	524
石油加工、炼焦及核燃料加工业	Processing of Petroleum,Coking,Processing of Nuclear Fuel	1	6118
化学原料及化学制品制造业	Manufacture of Raw Chemical Materials and Chemical Products	11	1075
医药制造业	Manufacture of Medicines	10	3053
橡胶制品业	Manufacture of Rubber		
塑料制品业	Manufacture of Plastics	6	1358
非金属矿物制品业	Manufacture of Non-metallic Mineral Products	24	5239
黑色金属冶炼及压延加工业	Smelting and Pressing of Ferrous Metals	6	1652
有色金属冶炼及压延加工业	Smelting and Pressing of Non-ferrous Metals	5	1415
金属制品业	Manufacture of Metal Products	4	788
通用设备制造业	Manufacture of General Purpose Machinery	1	202
专用设备制造业	Manufacture of Special Purpose Machinery	1	1399
交通运输设备制造业	Manufacture of Transport Equipment	4	531
电气机械及器材制造业	Manufacture of Electrical Equipment and Machinery	2	707
通信设备、计算机及其他电子设备制造业	Manufacture of Communication Equipment, Computers and Other Electronic Equipment	5	414
仪器仪表及文化、办公用机械制造业	Manufacture of Measuring Instruments and Machinery for Cultural Activity and Office Work	2	380

(continued)

(10000 yuan)

工业总产值 Total Output Value of Industry	资产合计 Total Assets	主营业务收入 Revenue from Principal Business	利税总额 Total Profits and Taxes	#利润总额 Total Profits
1255359	1708252	1046025	141654	98289
41681	13074	37697	1821	1753
35071	34940	33662	6616	6615
36060	26019	36499	9589	2938
1107	2109	1049	-31	-32
7357	6201	7975	1171	817
47454	45997	30857	11755	9824
3610	2331	3588	250	250
156278	462668	62259	17115	14809
65216	71401	42673	6336	3040
163435	172310	111360	19418	11332
85310	47781	71287	9161	7606
153716	261583	148572	23588	11457
128559	66647	146976	-9413	-12326
126149	294351	126508	32673	32337
13291	12446	11940	-24	-459
3019	3074	2836	682	229
70008	69847	58495	5698	4680
24164	34497	23042	2801	1989
35511	44997	30872	845	604
54261	31005	54410	1571	1069
4104	4971	3469	35	-242

9-12 规模以上工业企业主要经济效益指标(2009)

Main Indicators on Economic Efficiency of all Industrial Enterprises above Designated Size

单位：% (%)

指标	Item	产值利税率 Ratio of Pre-Tax Profit to Output Value	资金利税率 Ratio of Pre-Tax Profit to Asset	销售利税率 Ratio of Pre-Tax Profit to Sales
总计	**Total**	**13.73**	**10.31**	**14.55**
内资企业	Domestic Enterprise	13.95	10.46	14.71
国有企业	State-owned Industry	12.29	9.05	12.52
中央企业	Central	1.79	1.65	1.83
地方企业	Local	24.48	14.64	24.84
集体企业	Collective-owned Industry	11.70	14.25	11.79
股份合作企业	Cooperation Enterprises	1.55	1.33	1.76
联营企业	Joint-owned Enterprises	6.19	2.34	6.91
有限责任公司	Limited Liability Corporations	17.35	12.77	18.30
股份有限公司	Share Holding Enterprises	8.61	4.17	9.22
私营企业	Private Enterprises	13.50	18.07	15.02
其他企业	Others	7.93	20.68	8.25
港、澳、台商投资企业	Enterprises with Funds from Hong kong,Macao and Taiwan	-6.37	-5.08	-6.88
外商投资企业	Foreign Funded Enterprises	16.02	12.33	20.43
在总计中：	of the Total:			
#国有控股企业	State-controlled Enterprises	15.64	9.46	15.96
在总计中：	of the Total:			
#农村工业	Rural Industry	22.64	26.03	22.46
按轻重工业分	Grouped by Type of Light and Heavy Industry			
轻工业	Light Industry	33.27	34.20	37.40
重工业	Heavy Industry	8.18	5.71	8.53
在总计中：	of the Total			
大型企业	Large	20.15	13.12	20.24
中型企业	Medium-sized	11.15	7.43	11.86
小型企业	Small	8.10	9.35	9.20
按工业行业分	Grouped by Industrial Sector			
采矿业	Mining and Quarrying	21.89	18.32	24.48
煤炭开采和洗选业	Mining and Washing of Coal	22.05	18.02	24.86
黑色金属矿采选业	Mining and Processing of Ferrous Metal Ores	17.24	20.39	17.47
有色金属矿采选业	Mining and Processing of Nonferrous Metal Ores	11.34	10.96	11.54
非金属矿采选业	Mining and Processing of Nonmetal Ores	23.05	29.42	23.57
制造业	Manufacturing	15.20	13.96	15.95
农副食品加工业	Processing of Food from Agricultural Products	6.10	15.17	6.21
食品制造业	Manufacture of Foods	25.30	38.20	26.38
饮料制造业	Manufacture of Beverages	53.55	33.90	67.03
烟草制品业	Manufacture of Tobacco	63.24	83.35	62.28
纺织业	Manufacture of Textile	0.27	0.37	0.31
纺织服装、鞋、帽制造业	Manufacture of Textile Wearing Apparel,Footware,and Caps	6.90	7.43	6.94
皮革、毛皮、羽毛(绒)及其制造业	Manufacture of Leather,Furs,Feather and Related Products	1.48	2.82	1.55

9-12 续表 (continued)

单位：% (%)

指 标	Item	产值利税率 Ratio of Pre-Tax Profit to Output Value	资金利税率 Ratio of Pre-Tax Profit to Assets	销售利税率 Ratio of Pre-Tax Profit to Sales
木材加工及木、竹、藤、棕、草制品业	Processing of Timber,Manufacture of Wood, Bamboo,Rattan,Palm, and Straw Products	5.67	10.35	6.26
家具制造业	Manufacture of Furniture	-5.26	-1.92	-6.25
造纸及纸制品业	Manufacture of Paper and Paper Products	-9.44	-5.13	-11.26
印刷业、记录媒介的复制	Printing,Reproduction of Recording Media	26.51	21.52	31.66
文教体育用品制造业	Manufacture of Articles For Culture, Education and Sport Activity	19.32	43.59	19.77
石油加工、炼焦及核燃料加工业	Processing of Petroleum,Coking, Processing of Nuclear Fuel	7.83	8.89	10.39
化学原料及化学制品制造业	Manufacture of Raw Chemical Materials and Chemical Products	4.06	2.45	3.48
医药制造业	Maufacture of Medicines	13.70	19.94	16.89
化学纤维制造业	Manufacture of Chemical Fibers			
橡胶制品业	Manufacture of Rubber	12.84	16.57	14.22
塑料制品业	Manufacture of Plastics	7.70	12.37	8.55
非金属矿物制品业	Manufacture of Non-metallic Mineral Products	8.14	8.07	8.84
黑色金属冶炼及压延加工业	Smelting and Pressing of Ferrous Metals	1.62	2.34	1.67
有色金属冶炼及压延加工业	Smelting and Pressing of Non-ferrous Metals	2.07	1.39	2.00
金属制品业	Manufacture of Metal Products	3.07	2.70	3.13
通用设备制造业	Manufacture of General Purpose Machinery	15.08	13.93	16.45
专用设备制造业	Manufacture of Special Purpose Machinery	7.22	5.35	7.94
交通运输设备制造业	Manufacture of Transport Equipment	7.62	4.89	8.48
电气机械及器材制造业	Manufacture of Electrical Equipment and Machinery	5.16	10.86	6.43
通信设备、计算机及其他电子设备制造业	Manufacture of Communication Equipment Computers and Other Electronic Equipment	8.92	8.30	9.02
仪器仪表及文化、办公用机械制造业	Manufacture of Measuring Instruments and Machinery for Cultural Activity and Office Work	15.08	17.07	21.99
工艺品及其他制造业	Manufacture of Artwork and Other Manufacturing	6.64	2.70	6.68
废弃资源和废旧材料回收加工业	Recycling and Disposal of Waste	22.22	28.57	28.57
电力、燃气及水的生产和供应业	Production and Distribution of Electric Power,Gas and Water	5.90	2.94	6.23
电力、热力的生产和供应业	Production and Distribution of Electric Power and Heat Power	5.94	2.98	6.28
燃气生产和供应业	Production and Distribution of Gas	4.60	3.70	4.29
水的生产和供应业	Production and Distribution of Water	3.75	0.76	4.70

9-13 规模以上国有控股工业企业主要经济效益指标(2009)

Major Indicators on Economic Efficiency of State-controlled Industrial Enterprises above Designated Size

单位：% (%)

指 标	Item	产值利税率 Ratio of Pre-Tax Profit to Output Value	资金利税率 Ratio of Pre-Tax Profit to Assets	销售利税率 Ratio of Pre-Tax Profit to Sales
总 计	**Total**	**15.64**	**9.46**	**15.96**
#亏损企业	Loss Making Enterprise	-3.40	-2.16	-3.42
按隶属关系分	Grouped by Jurisdiction of Management			
中央企业	Central	1.79	1.65	1.83
地方企业	Local	24.48	14.64	24.84
按轻、重工业分	Grouped by Type of Light and Heavy Industry			
轻工业	Light Industry	51.01	40.55	54.98
重工业	Heavy Industry	7.25	4.15	7.31
按企业规模分	Grouped by Size of Enterprise			
大型企业	Large	20.55	13.05	20.36
中型企业	Medium	8.70	4.56	8.98
小型企业	Small	7.13	5.28	8.54
按工业行业分	Grouped by Industrial Sector			
采矿业	Mining and Quarrying	20.00	12.11	23.06
煤炭开采和洗选业	Mining and Washing of Coal	19.89	11.69	23.23
有色金属矿采选业	Mining and Processing of Nonferrous Metal Ores	6.10	3.16	6.41
非金属矿采选业	Mining and Processing of Nonmetal Ores	22.08	38.39	20.33
制造业	Manufacturing	22.21	15.39	21.74
农副食品加工业	Processing of Food from Agricultural Products	0.54	0.69	0.46
食品制造业	Manufacture of Foods	5.88	8.24	6.38
饮料制造业	Manufacture of Beverages	68.57	36.97	80.92
烟草制品业	Manufacture of Tobacco	63.30	83.48	62.34
纺织业	Manufacture of Textile	8.00	8.45	10.71
纺织服装、鞋、帽制造业	Manufacture of Textile Wearing Apparel,Footware,and Cap	7.22	10.45	7.19
木材加工及木、竹、藤、棕、草制品业	Processing of Timber,Manufacture of Wood, Bamboo,Rattan,Palm, and Straw Products	-6.35	-8.39	-7.64
造纸及纸制品业	Manufacture of Paper and Paper Products	-98.43	-9.86	-101.21

9-13 续表 (continued)

单位：% (%)

指 标	Item	产值利税率 Ratio of Pre-Tax Profit to OutputValue	资金利税率 Ratio of Pre-Tax Profit to Assets	销售利税率 Ratio of Pre-Tax Profit to Sales
印刷业、记录媒介的复制	Printing,Reproduction of Recording Media	0.89	0.57	0.91
石油加工、炼焦及核燃料加工业	Processing of Petroleum,Coking, Processing of Nuclear Fuel	13.40	25.06	14.06
化学原料及化学制品制造业	Manufacture of Raw Chemical Materials and Chemical Products	4.36	1.77	3.12
医药制造业	Manufacture of Medicines	14.57	18.18	44.00
橡胶制品业	Manufacture of Rubber	13.25	17.09	14.66
塑料制品业	Manufacture of Plastics	2.65	1.97	2.92
非金属矿物制品业	Manufacture of Rubber	3.76	3.74	3.69
黑色金属冶炼及压延加工业	Smelting and Pressing of Ferrous Metals	3.78	3.62	3.77
有色金属冶炼及压延加工业	Smelting and Pressing of Non-ferrous Metals	-3.98	-1.96	-3.44
金属制品业	Manufacture of Metal Products	3.33	2.80	3.34
通用设备制造业	Manufacture of General Purpose Machinery	19.16	15.14	20.60
专用设备制造业	Manufacture of Special Purpose Machinery	7.45	3.98	8.14
交通运输设备制造业	Manufacture of Transport Equipment	7.75	4.63	8.62
电气机械及器材制造业	Manufacture of Electrical Equipment and Machinery	3.53	13.10	4.69
通信设备、计算机及其他电子设备制造业	Manufacture of Communication Equipment, Computers and Other Electronic Equipment	9.18	8.65	9.27
仪器仪表及文化、办公用机械制造业	Manufacture of Measuring Instruments and Machinery for Cultural Activity and Office Work	24.08	24.48	30.49
工艺品及其他制造业	Manufacture of Artwork and Other Manufacturing	6.60	2.61	6.61
废弃资源和废旧材料回收加工业	Recycling and Disposal of Waste	22.22	28.57	28.57
电力、燃气及水的生产和供应业	Production and Distribution of Electric Power,Gas and Water	5.88	3.03	6.20
电力、热力的生产和供应业	Production and Distribution of Electric Power and Heat Power	5.92	3.09	6.25
燃气生产和供应业	Production and Distribution of Gas	4.63	3.70	4.31
水的生产和供应业	Production and Distribution of Water	3.75	0.76	4.70

9-14 规模以上集体工业企业主要经济效益指标(2009)
Main Indicators on Economic Benefit of Collective-owned Industrial Enterprises above Designated Size

单位：%　　(%)

指　　标	Item	产值利税率 Ratio of Pre-Tax Profit to Output Value	资金利税率 Ratio of Pre-Tax Profit to Assets	销售利税率 Ratio of Pre-Tax Profit to Sales
总　　计	**Total**	**11.73**	**14.28**	**11.83**
#亏损企业	Loss Making Enterprise	-1.74	-1.49	-1.86
#农村工业	Rural Industry	5.84	7.86	8.02
按轻、重工业分	Grouped by Type of Light and Heavy Industry			
轻工业	Light Industry	12.40	23.42	14.62
重工业	Heavy Industry	11.63	13.42	11.47
按企业规模分	Grouped by Size of Enterprise			
中型企业	Medium	59.85	18.19	43.74
小型企业	Small	9.48	13.43	9.74
按工业行业分	Grouped by Industrial Sector			
采矿业	Mining and Quarrying	30.82	20.65	27.87
煤炭开采和洗选业	Mining and Quarrying	45.77	20.43	38.38
黑色金属矿采选业	Mining and Processing of Ferrous Metal Ores	13.80	21.51	13.71
有色金属矿采选业	Mining and Processing of Nonferrous Metal Ores			
制造业	Manufacturing	9.55	15.41	9.83
农副食品加工业	Processing of Food from Agricultural Products	1.26	9.55	1.21
食品制造业	Manufacture of Foods	17.41	42.06	17.99
饮料制造业	Manufacture of Beverages	21.62	15.65	20.78
造纸及纸制品业	Manufacture of Paper and Paper Products	2.65	8.33	6.28
印刷业、记录媒介的复制	Printing,Reproduction of Recording Media	26.43	12.74	24.75
石油加工、炼焦及核燃料加工业	Processing of Petroleum,Coking, Processing of Nuclear Fuel			
化学原料及化学制品制造业	Manufacture of Raw Chemical Materials and Chemical Products	-2.38	-3.08	-2.45
塑料制品业	Manufacture of Plastics	4.26	3.26	2.41
非金属矿物制品业	Manufacture of Non-metallic Mineral Products	13.36	18.36	12.96
黑色金属冶炼及压延加工业	Smelting and Pressing of Ferrous Metals	5.67	15.86	5.46
有色金属冶炼及压延加工业	Smelting and Pressing of Non-ferrous Metals	7.79	14.07	10.83
金属制品业	Manufacture of Metal Products	5.89	4.73	5.79
通用设备制造业	Manufacture of General Purpose Machinery	8.91	5.91	7.90
专用设备制造业	Manufacture of Special Purpose Machinery	19.26	34.87	19.26
交通运输设备制造业	Manufacture of Transport Equipment	24.86	30.48	25.56
电气机械及器材制造业	Manufacture of Electrical Equipment and Machinery	-10.18	-7.39	-18.87
工艺品及其他制造业	Manufacture of Artwork and Other Manufacturing			
电力、燃气及水的生产和供应业	Production and Distribution of Electric Power, Gas and Wate	3.90	1.77	3.77
电力、热力的生产和供应业	Production and Distribution of Electric Power and Heat Power	3.90	1.77	3.77

9-15 大中型工业企业主要经济指标及占全省规模以上工业比重(2009)

Main Indicators of Large and Medium Industrial Enterprises and Percentages They Take to the Industrial Enterprises above Designated Size as Whole

单位：亿元 (100 million yuan)

指 标	Item	规模以上工业 Industrial Enterprises above Designated Size	#大中型工业企业 Large and Medium industrial Enterprises		#国有大中型 State-owned Large and Medium Industrial Enterprises	
			绝对数 Absolute Figure	占规模以上工业比重(%) Percentage Taken to Industrial Enterprises above Designated Size(%)	绝对数 Absolute Figure	占规模以上工业比重(%) Percentage Taken to Industrial Enterprises above Designated Size(%)
企业单位数(个)	Number of Industrial Enterprises(unit)	2791	371	13.3	183	6.6
亏损企业个数(个)	Number of Loss Making Industrial Enterprises(unit)	947	78	8.2	45	4.8
工业总产值	Gross Output Value of Industry	3426.69	2440.67	71.2	1890.7	55.2
工业增加值	Value-added of Industry	1170.29	765.23	65.4	416.0	35.5
资产总计	Total Assets	5066.17	4087.94	80.7	3469.5	68.5
#流动资产年平均余额	Average Balance of Circulating Funds	1716.85	1317.62	76.8	1058.6	61.7
固定资产净值年平均余额	Annual Average Balance Net Value of Fixed Assets	2535.38	1643.79	64.8	1473.3	58.1
负债总计	Total Liabilities	3394.31	2771.67	81.7	2369.8	69.8
主营业务收入	Revenue from Principal Business	3234.59	2366.97	73.2	1881.7	58.2
#产品销售成本	Cost of Sales	2539.01	1824.60	71.9	1449.8	57.1
产品销售税金及附加	Sales Tax and Extra Charges	123.13	109.00	88.5	102.8	83.5
亏损企业亏损额	Total Deficit of Loss Making Industrial Enterprises	69.66	42.25	60.7	32.4	46.5
利税总额	Total Profits and Taxes	470.60	390.73	83.0	313.1	66.5
从业人员年平均人数(万人)	Annual Average Number of All Employees (10000 persons)	74.97	46.95	62.6	35.2	47.0
资金利税率(%)	Ratio of Pre-Tax Profit and Assets(%)	10.31	10.54	高0.23 (百分点)	9.8	低0.51 (百分点)
全员劳动生产率(元/人)	Overall Labor Productivity (yuan/person,year)	160077	166738	1.04倍	117177	0..73倍

9-16 大中型工业企业分行业主要经济指标(2009)

单位：亿元

指 标	Item	企业单位数(个) Number of Enterprises (unit)	从业人员年平均人数(万人) Annual Average of All Employees (10000 persons)
总 计	**Total**	**371**	**46.95**
采矿业	Mining and Quarrying	93	13.85
煤炭开采和洗选业	Mining and Washing of Coal	92	13.80
有色金属矿采选业	Mining and Processing of Nonferrous Metal Ores		
非金属矿采选业	Mining and Processing of Nonmetal Ores	1	0.05
制造业	Manufacturing	230	28.96
农副食品加工业	Processing of Food from Agricultural Products	6	0.38
食品制造业	Manufacture of Foods	6	0.41
饮料制造业	Manufacture of Beverages	10	1.96
烟草制品业	Manufacture of Tobacco	5	1.39
纺织业	Manufacture of Textile	2	0.12
纺织服装、鞋、帽制造业	Manufacture of Textile Wearing Apparel, Footware,and Caps	1	0.13
木材加工及木、竹、藤、棕、草制品业	Timber Processing,Manufacture of Wood, Bamboo, Rattan,Palm, and Straw Products	1	0.03
造纸及纸制品业	Manufacture of Paper and Paper Products	2	0.09
印刷业、记录媒介的复制	Printing, Reproduction of Recording Media	2	0.12
石油加工、炼焦及核燃料加工业	Processing of Petroleum,Coking, Processing of Nuclear Fuel	5	0.78
化学原料及化学制品制造业	Manufacture of Raw Chemical Materials and Chemical Products	36	4.17
医药制造业	Manufacture of Medicines	20	1.66
橡胶制品业	Manufacture of Rubber	3	1.06
塑料制品业	Manufacture of Plastics	3	0.13
非金属矿物制品业	Manufacture of Non-metallic Mineral Products	27	1.67
黑色金属冶炼及压延加工业	Smelting and Pressing of Ferrous Metals	19	3.40
有色金属冶炼及压延加工业	Smelting and Pressing of Non-ferrous Metals	14	2.73
金属制品业	Manufacture of Metal Products	5	1.26
通用设备制造业	Manufacture of General Purpose Machinery	7	0.55
专用设备制造业	Manufacture of Special Purpose Machinery	9	0.57
交通运输设备制造业	Manufacture of Transport Equipment	26	4.63
电气机械及器材制造业	Manufacture of Electrical Equipment and Machinery	8	0.46
通信设备、计算机及其他电子设备制造业	Manufacture of Communication Equipment,Computers and Other Electronic Equipment	7	0.68
仪器仪表及文化、办公用机械制造业	Manufacture of Measuring Instruments and Machinery for Cultural Activity and Office Work	2	0.12
工艺品及其他制造业	Manufacture of Artwork and Other Manufacturing	4	0.44
电力、燃气及水的生产和供应业	Production and Distribution of Electric Power, Gas and Water	48	4.14
电力、热力的生产和供应业	Production and Distribution of Electric Power and Heat Power	44	3.75
燃气生产和供应业	Production and Distribution of Gas	2	0.22
水的生产和供应业	Production and Distribution of Water	2	0.17

Main Indicators on Economic of Large and Medium Industrial Enterprises by Sector

(100 million yuan)

工业总产值 Total Output Value of Industry	资产合计 Total Assets	主营业务收入 Revenue from Principal Business	利税总额 Total Profits and Taxes	#利润总额 Total Profits
2440.67	**4087.94**	**2366.97**	**390.73**	**166.3**
243.75	434.81	211.96	60.90	32.06
240.53	434.35	208.76	60.77	31.96
3.22	0.46	3.20	0.13	0.1
1467.62	2063.27	1441.80	287.34	123.18
9.13	6.23	8.63	2.10	1.67
24.43	15.95	24.56	8.40	6.9
140.47	285.29	117.62	90.73	62.49
174.77	132.65	177.40	113.45	17.52
1.35	1.43	1.07	0.04	-0.02
2.69	1.72	2.68	0.20	0.2
7.75	0.45	7.72	0.39	0.16
3.14	30.29	2.51	-2.51	-2.54
4.68	6.60	4.61	1.95	1.55
39.88	59.48	28.55	4.66	3.23
221.48	471.77	276.46	8.76	0.94
89.49	71.91	71.84	13.81	8.13
64.60	49.65	58.45	8.46	5.41
7.88	3.51	6.83	0.81	0.68
51.00	70.02	49.68	4.66	1.83
193.73	168.01	192.23	5.49	-0.41
143.56	263.73	152.49	3.72	0.1
39.40	50.99	39.32	1.31	-0.18
12.90	18.12	11.93	2.59	1.93
22.31	35.43	20.73	1.72	1.2
127.93	224.49	113.71	10.31	7.79
37.79	16.64	27.13	1.99	0.99
29.60	39.06	29.47	2.98	2.49
2.72	3.19	1.73	0.34	0.23
14.94	36.66	14.45	0.98	0.89
729.30	1589.86	713.21	42.49	11.06
712.53	1549.59	697.07	41.39	10.53
13.20	17.88	13.57	1.02	0.63
3.57	22.38	2.57	0.08	-0.09

9–17 工业销售产值(2009)
Industrial Sales Output Value

单位：亿元 (100 million yuan)

类　别	Item	销售产值 Sales Value	#出口交货值 Delivery Value of Industry
总　计	**Total**	**3248.35**	**73.42**
#国有控股企业	State-controlled Enterprises	2039.60	59.92
按登记注册类型分：	Grouped by Registration		
内资企业	Domestic Enterprises	**3139.16**	**63.77**
国有企业	State-owned Industry	994.76	28.25
中央企业	Central	546.22	4.76
地方企业	Local	448.54	23.49
集体企业	Collective-owned Industry	14.20	
股份合作企业	Cooperation Enterprises	19.01	
联营企业	Joint-owned Enterprises	6.35	
有限责任公司	Limited Liability Corporations	1236.96	18.24
股份有限公司	Share Holding Enterprises	352.15	11.59
私营企业	Private Enterprises	508.92	5.69
其他企业	Others	6.82	
港、澳、台商投资企业	Enterprises with Funds from Hong kong,Macao and Taiwan	40.96	6.79
外商投资企业	Foreign Funded Enterprises	68.23	2.86
按轻重工业分	Grouped by Type of Light and Heavy Industry		
轻工业	Light Industry	698.56	10.27
重工业	Heavy Industry	2549.79	63.15
按企业规模分	Grouped by Scale of Enterprise		
大型企业	Large	1269.37	51.61
中型企业	Medium	1065.22	11.57
小型企业	Small	913.76	10.24

9-18 主要工业产品产量、销售量和产销率(2009)

Sales Volume of Major Industrial Products and Proportion of Products Sold

产品名称	Item	产量 Output	销售量 Sales Volume	产销率(%) Ratio of Products Sold(%)	2009年比2008年增长(%) Increase Rate in 2009 over 2008(%)	
					产量 Output	销售量 Sales Volume
原煤(万吨)(全社会)	Raw Coal(10000 tons)	13690.74	11445.00	83.6	14.8	9.8
洗煤(万吨)	Washed Coall(10000 tons)	2101.17	1898.80	90.4	22.4	25.2
煤气生产量(亿立方米)	Volume of Coal Gas Production	65.18	65.18	100.0	1.5	1.5
发电量(亿千瓦小时)(全社会)	Electricity(100 million kwh)	1380.02	1380.02	100.0	14.8	14.8
#水电	Hydropower	400.88	400.88	100.0	2.6	2.6
磷矿石(生产量含 P2O530%)(万吨)	Phosphorite Mineral	1360.66	709.80	52.2	3.4	-13.5
配混合饲料(万吨)	Forage(10000 tons)	48.76	48.00	98.4	135.3	16.8
成品糖(万吨)	Sugar(10000 tons)	0.99	1.00	101.0	-17.2	-16.7
乳制品(吨)	Dairy Products(ton)	40705	40943	100.6	21.1	21.8
罐头(吨)	Canned Food(ton)	10516	10805	102.8	14.9	21.2
饮料酒(万千升)	Alcohol Beverages(10000 kiloliter)	41.35	40.20	97.2	4.3	6.3
白酒	White Spirit	13.79	13.40	97.2	-17.7	-12.4
啤酒	Beer	27.54	26.80	97.3	20.4	19.1
软饮料(万吨)	Soft Drink(10000 tons)	54.05	51.80	95.8	79.1	69.8
卷烟(万箱)	Cigarettes(10000 tons)	232.24	231.98	99.9	2.4	3.3
纱(万吨)	Yarn(10000 tons)	1.45	1.30	89.4	-1.2	8.3
布(万米)	Cloth(10000 m)	2270.39	2158.00	95.0	-33.2	-39.9
#棉布	Pure Cotton Cloth	7.13	8.00	112.2	-47.3	-70.0
混纺交织布	Cotton/Chemical Fiber Blend Cloth	1478.40	1391.00	94.1	-43.6	-47.7
丝(吨)	Silk(ton)	105.00	86.00	81.9	356.5	21.0
服装(万件)	Garment(10000 pieces)	507.19	507.50	100.1	-18.2	-18.4
人造板(万立方米)	Artificial Board(10000M3)	78.76	77.10	97.9	41.0	44.1
机制纸(万吨)	Machine-made Paper(10000 tons)	10.31	10.40	100.9	140.2	160.0
焦炭(万吨)	Coke(10000 tons)	781.21	610.90	78.2	-4.0	-11.2
硫酸(折100%)(万吨)	Sulfuric Acid	513.21	90.70	17.7	52.5	61.7
氢氧化钠(烧碱 折100%)(万吨)	Caustic Soda	7.37	7.10	96.4	-41.1	-45.0
碳化钙(电石 折300 升/千克)(万吨)	Calcium Carbide	61.93	57.90	93.5	-5.0	-5.4
合成氨(万吨)	Synthetic Ammonia	186.86	28.90	15.5	29.6	12.9
农用化学肥料总计(折纯)(万吨)	Chemical Fertilizer	347.28	357.30	102.9	31.8	54.7
#氮肥(折含 N100%)	Nitrogen Fertilizer	173.42	175.30	101.1	31.9	40.2
尿素	Carbamide	87.40	86.40	98.9	15.4	13.4
磷肥(折合 P2O5100%)	Phosphate Fertilizer	173.86	182.00	104.7	31.8	71.9
化学农药(吨)	Chemical Pesticide(ton)	756	727	96.1	-50.7	-53.2

9-18 续表 (continued)

产品名称	Item	产量 Output	销售量 Sales Volume	产销率(%) Proportion of Products Sold(%)	2009年比2008年增长(%) Increase Rate in 2009 over 2008(%) 产量 Output	销售量 Sales Volume
纯苯(吨)	Pure Benzene	11570	12085	104.4	-21.5	-15.9
合成洗涤剂(万吨)	Synthetic Detergents(10000 tons)	3.39	3.40	100.4	3.0	9.7
轮胎外胎(万条)	Tires(10000 bar)	517.21	514.60	99.5	13.1	19.6
塑料制品(万吨)	Plastic Products(10000 tons)	17.43	18.10	103.8	17.4	26.6
#农用薄膜(吨)	Rural Use Membrane(ton)	3211	4148	129.2	-31.5	-29.3
水泥(万吨)	Cement(10000 tons)	2664.78	2628.60	98.6	30.0	29.0
生铁(万吨)	Pig Iron	374.82	78.60	21.0	13.3	42.9
粗钢(万吨)	Steel	343.10	8.10	2.4	-0.7	-45.6
成品钢材(万吨)	Steel Products(10000 tons)	337.62	334.10	99.0	持平	-0.2
#盘条(线材)	Wire Rod	101.01	100.40	99.4	-7.3	-7.6
无缝钢管(吨)	Seamless Steel Pipe(ton)	17169	17247	100.5	-0.5	-0.8
铁合金(万吨)	Iron Alloy(10000 tons)	220.87	213.40	96.6	39.8	38.6
十种有色金属(万吨)	Ten kinds of Nonferrous Metals	85.38	82.50	96.6	33.7	31.0
#铅(吨)	Lead(ton)	7373	7710	104.6	136.6	179.3
锌(万吨)	Zinc(10000 tons)	1.57	1.50	95.5	-35.0	-37.5
铝(万吨)	Aluminium	80.27	78.00	97.2	38.0	35.7
氧化铝(万吨)	Alumina	136.91	67.40	49.2	-5.1	-14.0
铝材(万吨)	Aluminium Material	1.42	1.40	98.7	22.6	16.7
金属切削机床(台)	Metal-cutting Machine Tools(set)	666	838	125.8	-45.7	-5.2
小型拖拉机(辆)	Mini-tractors(set)	8601	8541	99.3	64.8	62.0
民用钢质船舶(综合吨)	Civil Steel Ships(syn-ton)	460	250	54.3	-17.1	-61.5
交流电动机(万千瓦)	Alternating Current Motor(10000 kw)	26.96	22.80	84.6	20.1	11.8
家用电冰箱(万台)	Household Refrigerators(10000 sets)	168.16	168.10	100.0	16.9	15.5
集成电路(万块)	Semiconductor Integrated Circui (10000 pcs)	1655.28	1733.00	104.7	7.4	18.6
彩色电视机(万部)	Color TV Sets(10000 sets)	72.56	71.10	98.0	-8.4	-9.8

主要统计指标解释

工业 指从事自然资源的开采，对采掘品和农产品进行加工和再加工的物质生产部门。具体包括：(1)对自然资源的开采，如采矿、晒盐等(但不包括禽兽捕猎和水产捕捞)；(2)对农副产品的加工、再加工，如粮油加工、食品加工、缫丝、纺织、制革等；(3)对采掘品的加工、再加工，如炼铁、炼钢、化工生产、石油加工、机器制造、木材加工等，以及电力、自来水、煤气的生产和供应等；(4)对工业品的修理、翻新，如机器设备的修理、交通运输工具(包括小卧车)的修理等。

1984 年以前农村的村及村以下办工业归属农业，1984 年以后划归工业。

工业统计调查单位为独立核算法人工业企业。

独立核算法人工业企业指从事工业生产经营活动的单位。独立核算法人工业企业应同时具备以下条件：①依法成立，有自己的名称、组织机构和场所，能够承担民事责任；②独立拥有和使用资产，承担负债，有权与其他单位签订合同；③独立核算盈亏，并能够编制资产负债表。

本年鉴中涉及的企业登记注册类型：

国有及国有控股企业 指国有企业加上国有控股企业。国有企业(即原全民所有制工业或国营工业)指企业全部资产归国家所有，并按《中华人民共和国企业法人登记管理条例》规定登记注册的非公司制的经济组织。包括国有企业、国有独资公司和国有联营企业。1957 年以前的公私合营和私营工业，后均改造为国营工业，1992 年改为国有工业，这部分工业的资料不单独分列时，均包括在国有企业内。国有控股企业是对混合所有制经济的企业进行的“国有控股”分类。它是指这些企业的全部资产中国有资产(股份)相对其他所有者中的任何一个所有者占资(股)最多的企业。该分组反映了国有经济控股情况。

集体企业 指企业资产归集体所有，并按《中华人民共和国企业法人登记管理条例》规定登记注册的经济组织。是社会主义公有制经济的组成部分。包括城乡所有使用集体投资举办的企业，以及部分个人通过集资自愿放弃所有权并依法经工商行政管理机关认定为集体所有制的企业。

股份合作企业 指以合作制为基础，由企业职工共同出资入股，吸收一定比例的社会资产投资组建，实行自主经营，自负盈亏，共同劳动，民主管理，按劳分配与按股分红相结合的一种集体经济组织。

联营企业 指两个及两个以上相同或不同所有制性质的企业法人或事业单位法人，按自愿、平等、互利的原则，共同投资组成的经济组织。联营企业包括：

国有联营企业指国有企业与国有企业间的联营；

集体联营企业指集体企业与集体企业间的联营；

国有与集体联营企业指国有企业与集体企业间的联营。

有限责任公司 指根据《中华人民共和国公司登记管理条例》规定登记注册，由两个以上，五十个以下的股东共同出资，每个股东以其所认缴的出资额对公司承担有限责任，公司以其全部资产对其债务承担责任的经济组织。

有限责任公司包括国有独资公司以及其他有限责任公司。

股份有限公司 指根据《中华人民共和国企业法人登记管理条例》规定登记注册，其全部注册资本由等额股份构成并通过发行股票筹集资本，股东以其认购的股份对公司承担有限责任，公司以其全部资产对其债务承担责任的经济组织。

私营企业 指由自然人投资设立或由自然人控股，以雇佣劳动为基础的营利性经济组织。包括按照《公司法》、《合伙企业法》、《私营企业暂行条例》规定登记注册的私营有限责任公司、私营股份有限公司、私营合伙企业和私营独资企业。

港、澳、台商投资企业 指企业注册登记类型中的港、澳、台资合资、合作、独资经营企业和股份有限公司之和。

外商投资企业 指企业注册登记类型中的中外合资、合作经营企业、外资企业和外商投资股份有限公司之和。

“三资”企业系指港、澳、台商投资企业和外资企业的简称。

轻工业 指主要提供生活消费品和制作手工工具的工业。按其所使用的原料不同，可分为两大类：(1)以农产品为原料的轻工业，是指直接或间接以农产品为基本原料的轻工业。主要包括食品制造、饮料制造、烟草加工、纺织、缝纫、皮革和毛皮制作、造纸以及印刷等工业；(2)以非农产品为原料的轻工业，是指以工业品为原料的轻工业。主要包括文教体育用品、化学药品制造、合成纤维制造、日用化学制品、日用玻璃制品、日用金属制品、手工工具制造、医疗器械制造、文化和办公用机械制造等工业。

重工业 指为国民经济各部门提供物质技术基础的主要生产资料的工业。按其生产性质和产品用途，可以分为下列三类：(1)采掘(伐)工业，是指对自然资源的开采，包括石油开采、煤炭开采、金属矿开采、非金属矿开采等工业；(2)原材料工业，指向国民经济各部门提供基本材料、动力和燃料的工业。包括金属冶炼及加工、炼焦及焦炭、化学、化工原料、水泥、人造板以及电力、石油和煤炭加工等工业；(3)加工工业，是指对工业原材料进行再加工制造的工业。包括装备国民经济各部门的机械设备制造工业、金属结构、水泥制品等工业，以及为农业提供的生产资料如化肥、农药等工业。

根据上述划分原则，修理业中以重工业产品为修理作业对象的划为重工业，反之划为轻工业。

工业总产值

(1)定义：工业总产值是以货币形式表现的，工业企业在一定时期内生产的工业最终产品或提供工业性劳务活动的总价值量。它反映一定时间内工业生产的总规模和总水平。

(2)计算原则：

工业生产的原则，即凡是企业在报告期生产的经检验合格的产品，不管是否在报告期销售，均包括在内。

最终产品的原则，即凡是计入工业总产值的产品，必须是本企业生产的经检验合格的，不需要再进行任何加工的最终产品。如果企业有中间产品(半成品)对外销售，则对外销售的中间产品应视为企业的最终产品。

工厂法原则，即工业总产值是以工业企业作为基本计算(核算)单位，即按企业的最终产品计算工业总产值。按这种方法计算的工业总产值，不允许同一产品价值在企业内部重复计算，不能把企业内部各个车间(分厂)生产的成果相加，但允许企业间的重复计算。

(3)内容及计算方法：1995 年全国工业普查对工业总产值(原规定)的内容及计算原则和方法做了某些修订，修订后的工业总产值(新规定)包括三项内容：即本期生产成品价值、对外加工费收入、在制品半成品期末期初差额价值三部分。

本期生产成品价值：指企业本期生产，并在报告期内不再进行加工，经检验、包装入库的全部工业成品(半产品)价值合计，包括企业生产的自制设备及提供给本企业在建工程、其他非工业部门和福利部门等单位使用的成品价值。本期生产成品价值为按自备原材料生产的产品的数量乘以本期不含增值税(销项税额)的产品实际销售平均单价计算；会计核算中按成本价格转帐的自制设备和自产自用的成品，按成本价格计算生产成品价值。生产成品价值中不包括用定货者来料加工的成品(半产品)价值。

对外加工费收入：指企业在报告期内完成的对外承接的工业品加工(包括用定货者来料加工产品)的加工费收入和对外工业修理作业所取得的加工费收入。对外加工费收入按不含增值税(销项税额)的价格计算，可根据会计“产品销售收入”科目的有关资料取得。

对于本企业对内非工业部门提供的加工修理、设备安装的劳务收入，如果企业会计核算基础较好，能取得这部分资料，而且这部分价值所占比重较大，应包括在对外加工费收入中。

自制半成品在制品期末期初差额价值：指企业报告期在制品期末减期初的差额价值，本指标一般可以从会计核算资料中取得。如果会计产品成本核算中不计算半成品、在制品的成本，则总产值中也不包括这部分价值，反之则包括。

(4)工业总产值统计范围变化和计算方法修订情况：

1984 年以前工业总产值不包括村办工业，村办工业总产值划归农业。1984 年以后工业总产值包括村办工业。

1995 年工业普查对工业总产值计算方法做了修订，即从 1995 年始按新修订(新规定)方法计算工业总产值。新规定与原规定的区别如下：

全价与加工费的计算原则不同：新规定为凡自备原材料，不论其生产繁简程度如何，一律按全价计算工业总产值；凡来料加工，允许按加工费计算工业总产值。原规定则视生产加工的繁简程度不同，规定哪些行业按全价，哪些行业按加工费计算工业总产值。

自制半成品、在产品期末期初差额价值的计算原则不同：新规定要求，凡会计产品成本核算时计算了成本的差额价值，总产值中就应包括，否则可不包括；原规定则按生产周期六个月的界限区分，凡生产周期六个月以上的企业，总产值计算中应包括这部分差额价值，否则可不包括。

计算价格不同：新规定按不含增值税(销项税额)的价格计算；原规定则按含增值税(销项税额)的价格计算。

工业增加值 指工业企业在报告期内以货币表现的工业生产活动的最终成果。

工业增加值有两种计算方法：一是生产法，即工业总产出减去工业中间投入加上应交增值税；二是收入法，即从收入的角度出发，根据生产要素在生产过程中应得到的收入份额计算，具体构成项目有固定资产折旧、劳动者报酬、生产税净额、营业盈余，这种方法也称要素分配法。本年鉴中的工业增加值是以生产法计算的。

生产法工业增加值的计算方法为：

工业增加值=工业总产出-工业中间投入+应交增值税

(1)工业总产出：指工业企业在一定时期内工业生产活动的总成果。工业总产出包括：成品生产价值，对外加工费收入，自制半成品、在产品期末期初差额价值。1995 年后用新规定计算的工业总产值代替。

(2)工业中间投入：指工业企业在工业生产活动中消耗的外购物质产品和对外支付的服务费用。服务费用包括支付给物质生产部门(工业、农业、批发零售贸易业、建筑业、运输邮电业)的服务费用和支付给非物质生产部门(如保险、金融、文化教育、科学研究、医疗卫生、行政管理等)的服务费用。工业中间投入的确定须遵循以下原则：必须从外部购入的，并已计入工业总产出的产品和服务价值；必须是本期投入生产，并一次性消耗掉(包括本期摊销的低值易耗品等)的产品和服务价值。

工业中间投入包括直接材料费用、制造费用中的工业中间投入、管理费用中的工业中间投入、销售费用中的工业中间投入和利息支出五部分。

资产总计 指企业拥有或控制的能以货币计量的经济资源，包括各种财产、债权和其他权利。资产按流动性分为流动资产、长期投资、固定资产、无形资产、递延资产和其他资产。该指标根据企业会计“资产负债表”中“资产总计”项目的期末数增列。

流动资产平均余额 指企业在报告期内全部流动资产的平均余额。

固定资产净值年平均余额 指固定资产净值在报告期内余额的平均数。计算公式为：

固定资产净值年平均余额=1 至 12 月各月月初、月末固定资产净值之和/24

该指标根据“资产负债表”中“固定资产原价”、“累计折旧”指标的期初、期末数计算填列。

固定资产净值指固定资产原价减去历年已提折旧额后的净额。计算公式为：

固定资产净值=固定资产原价-累计折旧

产品销售收入 指企业在报告期内生产的成品、自制半成品和工业性劳务取得的收入。

产品销售成本 指企业在报告期内销售本企业生产的成品、自制半成品和工业性劳务等的实际成本。

产品销售税金及附加 指企业在报告期内销售产品、提供的劳务等主要经营业务应负担的城市维护建设税、消费税、资源税和教育费附加等。

利润总额 指企业生产经营活动的最终成果，是企业在一定时期内实现的盈亏相抵后的利润总额(亏损以“-”号表示)，它等于营业利润加上补贴收入加上投资收益加上营业外净收入再加上以前年度损益调整。

本年应交增值税 指企业在报告期内应交纳的增值税额。它等于本年销项税额加上出口退税加上进项税额转出数减去本年进项税额。小规模纳税企业直接按全年计税销售额乘以征收率计算取得。

总资产贡献率 反映企业全部资产的获利能力，是企业经营业绩和管理水平的集中体现，是评价和考核企业盈利能力的核心指标。计算公式为：

总资产贡献率(%)=(利润总额+税金总额+利息支出)/平均资产总额×100%

公式中：税金总额为产品销售税金及附加与应交增值税之和；平均资产总额为期初期末资产之和的算术平均值。

资产负债率 该指标既反映企业经营风险的大小，也反映企业利用债权人提供的资金从事经营活动的能力。计算公式为：

资产负债率(%)=负债总额/资产总额×100%

资产与负债均为报告期期末数。

流动资产周转次数 指一定时期内流动资产完成的周转次数，反映投入工业企业流动资金的周转速度。计算公式为：

流动资产周转资转=产品销售收入/全部流动资产平均余额

公式中：全部流动资产平均余额为期初和期末的流动资产之和的算术平均值。

成本费用利润率 反映企业投入的生产成本及费用的经济效益，同时也反映企业降低成本所取得的经济效益。计算公式为：

成本费用利润(%)=利润总额/成本费用总额×100%

公式中：成本费用总额为产品销售成本、销售费用、管理费用、财务费用之和。

Explanatory Notes on Main Statistical Indicators

Industry refers to the material production sector which is engaged in extraction of natural resources and processing and reprocessing of minerals and agricultural products, including (1) extraction of natural resources, such as mining, salt production (but not including hunting and fishing); (2) processing and reprocessing of farm and sideline produces, such as rice husking, flour milling, wine making, oil pressing, silk reeling, spinning and weaving, and leather making; (3) manufacture of industrial products, such as steel making, iron smelting, chemicals manufacturing, petroleum processing, machine building, timber processing; water and gas production and electricity generation and supply; (4)repairing of industrial products such as the repairing of machinery and means of transport (including cars).

Prior to 1984, the rural industry run by villages and cooperative organizations under village was classified into agriculture. Since 1984, it has been grouped into industry.

Units of industrial statistics survey corporate industrial enterprises with independent accounting system.

Corporate industrial enterprises with independent accounting system refer to enterprises engaging in industrial production activities, which meet the following requirements: ① They are established legally, having their own names, organizations, location, able to take civil liability; ② They possess and use their assets independently, assume liabilities, and are entitled to sign contracts with other units; ③ They are financially independent and compile their own balance sheets.

Enterprises covered in the industrial statistics in the Yearbook include following categories by their registration:

State-owned and State-Controlled Enterprises refer to state-owned enterprises plus state-holding enterprises. State-owned enterprises (originally known as state-run enterprises with ownership by the whole society) are non-corporate economic entities registered in accordance with the Regulation of the People's Republic of China on the Management of Registration of Legal Enterprises, where all assets are owned by the state. Included in this category are state-owned enterprises, state-funded corporations and state-owned joint-operation enterprises. Joint state-private industries and private industries, which existed before 1957, were transformed into state-run industries since 1957, and into state-owned industries after 1992. Statistics on those enterprises are included in the state-owned industries instead of grouping them separately. State-controlled enterprises is a sub-classification of enterprises with mixed ownership, referring to enterprises where the percentage of state assets (or shares by the state) is larger than any other single share holder of the same enterprise. This sub-classification illustrates the control of the state over a particular industry.

Collective-owned Enterprises refer to economic entities registered in accordance with the Regulation of the People's Republic of China on the Management of Registration of Legal Enterprises, where assets are owned by collectively. Collective enterprises constitute an integral part of the socialist economy with public ownership. They include urban and rural enterprises invested by collectives, and some enterprises registered in industrial and commercial administration agency as collective units where funds are pulled together by individuals who voluntarily give up their right of ownership.

Share-holding Cooperative Enterprises refer to economic units set up on cooperative basis, with funding partly from members of the enterprise and partly from outside investment, where the operation and management is decided by the members who also participate in the production, and the distribution of income is based both on work (labour input) and on shares (capital input).

Joint-operation enterprises refer to economic units that are established by joint investment by two or more corporate enterprises or institutions of the same or different types of ownership on voluntary, equal and mutual-beneficial basis. They include:

a) state–owned joint–operation enterprises (joint operation between state–owned enterprises);

b) collective joint–operation enterprises (joint operation between collective enterprises; and

c) state–collective joint–operation enterprises (joint operation between state and collective enterprises).

Limited Liability Corporations refer to economic units registered in accordance with the Regulation of the People's Republic of China on the Management of Registration of Corporations, with capitals from 2 to 49 investors, each investor bears limited liability to the corporation depending on his/her holding of shares, and the corporation bears liability to its debt to the maximum of its total assets.

Share–holding Corporations Ltd. refer to economic units registered in accordance with the Regulation of the People's Republic of China on the Management of Registration of Corporate Enterprises, with total registered capitals divided into equal shares and raised through issuing stocks. Each investor bears limited liability to the corporation depending on the holding of shares, and the corporation bears liability to its debt to the maximum of its total assets.

Private Enterprises refer to economic units invested or controlled(by holding the majority of the shares) by natural persons who hire labours for profit–making activities. Included in this category are private limited liability corporations, private share–holding corporations Ltd., private partnership enterprises and private sole investment enterprises registered in accordance with the Corporation Law, Partnership Enterprise Law and Tentative Regulation on Private Enterprises.

Enterprises with Funds form Hong Kong, Macao and Taiwan refers to all industrial enterprises registered as the joint–venture, cooperative, sole (exclusive) investment industrial enterprises and limited liability corporations with funds from Hong Kong, Macao and Taiwan.

Foreign Funded Enterprises refers to all industrial enterprises registered as the joint–venture, cooperative, sole (exclusive) investment industrial enterprises and limited liability corporations with foreign funds.

Light Industry refers to the industry that produces consumer goods and hand tools. It consists of two categories, depending on the materials used:

(1) Industries using farm products as raw materials. These are branches of light industry which directly or indirectly use farm products as basic raw materials, including the manufacture of food and beverages, tobacco processing, textile, clothing, fur and leather manufacturing, paper making, printing, etc.

(2) Industries using non farm products as raw materials. These are branches of light industry which use manufactured goods as raw materials, including the manufacture of cultural, educational articles and sports goods, chemicals, synthetic fiber, chemical products for daily use, glass products for daily use, metal products for daily use, hand tools, medical apparatus and instruments, and the manufacture of cultural and clerical machinery.

Heavy Industry refers to the industry which produces capital goods, and provides various sectors of the national economy with necessary material and technical basis. It consists of the following three branches according to the purpose of production or the use of products:

(1) Mining, quarrying and logging industry refers to the industry that extracts natural resources, including extraction of petroleum, coal, metal and non–metal ores.

(2) Raw materials industry refers to the industry that provides various sectors of the national economy with raw materials, fuels and power. It includes smelting and processing of metals, coking and coke chemistry, chemical materials and building materials such as cement, plywood, and power, petroleum refining and coal dressing.

(3) Manufacturing industry refers to the industry that processes raw materials. It includes machine–building industry which equips sectors of the national economy, industries of metal structure and cement products, industries producing means of agricultural production, such as chemical fertilizers and pesticides.

According to the above principle of classification, the repairing trades, which are engaged primarily in repairing products of heavy industry are classified into heavy industry while these engaged in repairing products of light industry are classified into light industry.

Gross Industrial Output Value

(1) Definition: Gross industrial output value is the total volume of final industrial products produced and industrial services provided during a given period. It reflects the total achievements and overall scale of industrial production during a given period.

(2) Principles for calculation:

Statistics on industrial production follow the principle that all products produced by the enterprises and accepted during the reference period are to be included no matter whether they are sold or not during the reference period.

Determination of final products follow the principle that all products that are included in the calculation of grow industrial output value are the final products of the enterprise which have been accepted through quality check and require no further processing. If an enterprise has intermediate (semi-finished) products to sell, these intermediate products are considered as the final products of the enterprise.

Gross industrial output value is calculated following the principle of factory approach, i.e. industrial enterprise is used as the basic accounting unit in calculating the gross industrial output value. By this approach, value of the same product is not to be double counted, and the output value of different workshops (branch factories) should not be added. However, this approach does not exclude the possibility of double counting between enterprises.

(3) Content and calculation method: The old definition of gross industrial output value was modified during the national industrial census in 1995. The revised (new) definition of gross industrial output value consists of 3 components: value of the finished products during the reference period, income from external processing, and value of change in semi-finished products at the end and at the beginning of the reference period.

Value of the finished products during the reference period: refers to the value of all finished (semi-finished) industrial products that are produced during the reference period without the need for further processing, checked for acceptance, packed and put into the warehouse of the enterprise, including the value of own-produced equipment and the value of products provided to the projects under construction of the enterprise, and to other non-industrial or welfare units. Value of finished products during the reference period is calculated by the quantity of products produced using own materials multiplied by the average unit prices at which products are sold (excluding value-added tax). Own-produced equipment and products produced for own use are value at cost prices as in the case of enterprise accounting. Value of finished products does not include the value of finished products (semi-finished products) that are produced using the materials from the clients who make the orders.

Income from external processing: refers to income from contracted external processing of industrial products (including processing of industrial products using materials from the clients), and the income from industrial repairing work provided to other units. Income from external processing is calculated using information from the item "products sales income" in the enterprise accounting at the prices excluding value-added tax.

For income from services such as processing, repairing and installation of equipment provided to non-industrial units within the enterprise, if the accounting work of the enterprise is good enough to separate it from other records, and the share of such services is significant, it should also be included in the income from external processing.

Value of change in semi-finished products at the end and at the beginning of the reference period: refers to the value of change in semi-finished products at the end and at the beginning of the reference period, which generally can be obtained from accounting records of enterprises. If the enterprise accounting excludes the cost of semi-finished products, then it should not be included in the gross industrial output value, and vice versa.

(4) Changes in the coverage and method of calculation of gross industrial output value

Prior to 1984, the value of rural industry run by villages was classified into agriculture instead of industry. Since 1984, it has been included in the gross industrial output value. Method of calculation for the gross industrial output value was modified in the industrial census in 1995. The difference in the new method as compared with the old one is outlined below:

Principle in using full value vs. processing fee: The new method stipulates that all products produced using own materials are to be calculated with full value in reporting the gross industrial output value irrespective of sophistication of production, and for external processing, it allows calculation using processing fee. In the old method, however, the use of full value or processing fee was determined by the degree of sophistication of production in different branches of industries.

Principle in determining the value of change in semi–finished products: The new method requires that value of the change in semi–finished products should be included in the gross industrial output value if it is included in the accounting record of the enterprise, otherwise it should not be included. By the old method, it is determined by the type of enterprises in terms of production cycle. If the production cycle is over 6 months, the value of change in semi–finished products is included in the gross industrial output value, otherwise it is excluded.

Difference in prices: The new method uses prices excluding value–added tax in the calculation of gross industrial output value, while the old method used prices including value–added tax.

Value–added of Industry refers to the final results of industrial production of industrial enterprises in money terms during the reference period.

Industrial value–added can be calculated by two approaches: the production approach, i.e. gross industrial output value minus intermediate input plus value–added tax, and the income approach, i.e. income for various factors used in the course of production, including depreciation of fixed assets, remuneration of labourers, net of production tax, and operating surplus. Value–added of industry in the Yearbook is calculated by production approach as following:

Value–added of industry = gross industrial output industrial intermediate input + value–added tax

(1) Gross industrial output: refers to the total achievements of industrial production during a given period. Gross industrial output includes value of finished products, income from external processing, and value of change in semi–finished products at the end and at the beginning of the reference period. Since 1995, it was substituted by the gross industrial output value by new method.

(2) Industrial intermediate input: refers to purchased goods and paid services consumed during the industrial production of enterprises. Fees paid for services include fees paid for the services provided by material production sectors (industry, agriculture, wholesale and retail trade, construction, transport, post and telecommunications) and by non–material production sectors (insurance, banking, culture, education, scientific research, health and medical care, public administration, etc.). The determination of industrial intermediate input follows the principle that the goods and services must be purchased from outside and included in the gross industrial output, and that the goods and services are inputted into production and consumed (include low–value consumables) during the reference period.

Industrial intermediate input includes 5 components, namely direct consumption of materials, industrial intermediate input in manufacturing cost, industrial intermediate input in management cost, industrial intermediate input in marketing cost and expenditure on interest.

Total Assets refer to all economic resources, in monetary terms, that is owned or controlled by enterprises, including properties, creditors equity and other economic rights of all forms. Classified by the degree of equitability, total assets include circulating assets, long–term investment, fixed assets, intangible assets and deferred assets, and other assets. Data on this indicator can be obtained by the year–end figures of total assets in the Assets and Liability Table of accounting records of enterprises.

Annual Average Value of Working Capitals refers to the average value of all working capitals of the enterprise during the reference period.

Annual Average of Net Value of Fixed Assets refer to average of the net value of fixed assets during the reference period, calculated with the following formula:

Annual Average of Net Value of Fixed Assets = sum of net value of fixed assets at the beginning and at the end of each month from January to December / 24.

Information on this indicator can be obtained from the beginning and ending figures of the original value of fixed assets and cumulative depreciation from the Assets and Liability Table of enterprises.

Net value of fixed assets refers to the original value of fixed assets minus depreciation over the years, i.e.:

Net value of fixed assets = original value of fixed assets cumulative depreciation

Sales Revenue of Industrial Products refers to the revenue from the sales of finished and semi–finished products and from rendering of industrial services by industrial enterprises during the reference period.

Cost of Industrial Products Sold refers to the actual cost of finished and semi–finished products sold and industrial services rendered by industrial enterprises during the reference period.

Tax and Extra Charges on Sales of Products refer to the tax on city maintenance and construction, consumption tax, resources tax and extra charges for education, which should be borne by the enterprises in selling products and providing industrial services during the reference period.

Total Profits refer to the final achievements of production and operation of the enterprises, represented by the total profits after deducting losses (loss is expressed by the negative figure). It is the sum of profits from operation, income from subsidies, investment earnings, net income from activities other than operation, and adjustment of profits and losses of previous years.

Value–added Tax Payable refers to the amount of the value–added tax which should be paid by the enterprises during the reference period. It is the sum of tax on sales, export rebate, and transferred tax on purchases of the current year, minus the tax on purchases of the current year. Value–added tax payable of small–size enterprises is determined by the taxable sales of the year multiplied by the tax rate.

Ratio of Profits, Taxes and Interests to Average Assets reflects the profit–making capability of all assets of the enterprise and is a key indicator manifesting the performance and management and evaluating the profit–making potential of the enterprise. It is calculated as follows:

Ratio of Profits, Taxes and Interests to Average Assets (%) = [(total profits + total taxes + interest payment) / average assets]× 100%

In the above formula, total taxes is the sum of tax and extra charges on the sales of products and value–added tax payable; and average assets is the arithmetic mean of the sum of beginning assets and ending assets.

Ratio of Debts to Assets reflect both the operation risk and the capability of the enterprise in making use of the capital from the creditors. It is calculated as follows:

Ratio of Debts to Assets (%) = (total debts / total assets) × 100%

Both assets and debts are figures at the end of the reference period.

Turnover of Working Capital refers to the number of times of turnover of working capital in a given period of time, which reflects the speed of the turnover of working capital of industrial enterprises, and is calculated as follows:

Turnover of Working Capital=(sales revenue of products) / (average balance of total working capital)

In the above formula, average balance of total working capital refers to the arithmetic mean of the sum of working capital at the beginning and at the end of the reference period.

Ratio of Profits to Total Industrial Costs refers to the ratio of profits realized in a given period to the total costs in the same period, which reflects the economic efficiency of input cost and is calculated as follows:

Ratio of Profits to Total Industrial Cost(%)=(total profits/ total costs) × 100%

Total costs in the above formula is the sum of cost of products sold, marketing cost, management cost and financial cost.

10

Ten

建筑业

Construction

GUIZHOU STATISTICAL YEARBOOK

贵州统计年鉴2010

10-1 建筑业主要指标

Main Economic Indicators on Construction Enterprises

指 标	Item	2006	2007	2008	2009
建筑业企业个数(个)	**Number of Enterprises (unit)**	**618**	**614**	**609**	**574**
从业人员(万人)	Number of Emplyed Persons (10000 persons)	30.25	29.12	30.16	33.05
自有固定资产原价(亿元)	Fixed Assets Owned(original value)(100 million yuan)	76.30	77.08	77.77	86.38
自有固定资产净价(亿元)	Fixed Assets Owned(net value)(100 million yuan)	52.15	51.72	50.78	59.12
自有机械设备台数(万台)	Number of Machinery and Equipment Owned(10000 sets)	7.08	6.84	6.22	6.21
自有机械设备净值(亿元)	Net Value of Machinery and Equipment Owned(100 million yuan)	22.84	21.93	23.54	24.45
自有机械设备总功率(万千瓦)	Total Power of Machinery and Equipment Owned(10000 kw)	121.16	116.79	128.90	113.22
建筑业总产值(亿元)	**Gross Output Value of Construction(100 million yuan)**	**312.34**	**348.79**	**393.88**	**523.91**
建筑业增加值(亿元)	**Value Added of Construction(100 million yuan)**	**62.82**	**69.18**	**80.29**	**223.95**
本年固定资产折旧	Depreciation of Fixed Assets	3.89	3.85	3.38	4.44
应付工资	Main Business Wages Payable	39.21	43.87	49.94	55.51
应付福利费	Main Business Welfare Expenses Payable	4.02	3.17	2.90	3.36
工程结算税金及附加	Taxes and Extra Charges on Project Settle Accounts	10.14	11.60	13.69	18.00
管理费用中的税金	Taxes in Management Expenses	0.41	0.54	0.90	0.60
营业利润	Operating Profits	2.46	3.58	6.05	6.84
房屋建筑施工面积(万平方米)	**Floor Space of Buildings under Construction(10000 sq.m)**	**3369**	**3813**	**4230**	**4953**
房屋建筑竣工面积(万平方米)	**Floor Space of Buildings Completed(10000 sq.m)**	**1108**	**1204**	**1216**	**1244**
利润总额(亿元)	Total Profits(100 million yuan)	3.20	4.08	6.46	6.63
税金总额(亿元)	Total Taxes(100 million yuan)	10.54	12.14	16.23	20.24
劳动生产率	Overall Labor Productivity				
按总产值计算(元/人)	In Terms of Gross Output Value(yuan/person)	113685	126511	137988	158520
按增加值计算(元/人)	In Terms of Value-added(yuan/person)	22864	25096	28126	67761
技术装备率(元/人)	Value of Machines Per Laborer(yuan/person)	7553	7531	8248	7398
动力装备率(千瓦/人)	Power of Machines Per Laborer(kw/person)	4.01	4.01	4.52	3.43
房屋建筑面积竣工率(%)	Ratio of Floor Space of Buildings Completed(%)	32.9	31.6	28.7	25.1
产值利润率(%)	Ratio of Profit to Gross Output Value(%)	1.0	1.2	1.6	1.3
产值利税率(%)	Ratio of Pre-tax Profit to Gross Output Value(%)	4.4	4.7	5.8	3.5

10−2 建筑企业生产主要指标(2009)

指 标	Item	企业个数(个) Number of Constru-stion Enterp-rises (unit)	年末从业人员(万人) Number of Persons Engaged (10000 persons)	签订合同额(亿元) Value of Signed Contract (100 million yuan)
总 计	**Total**	**574**	**33.05**	**1051.43**
#国有及国有控股	Construction Enterprises of State-owned and state-controlled	130	22.07	861.48
#施工总承包企业	Total Contracted Enterprises of Construction	442	31.89	1030.92
专业承包企业	Special Contracted Enterprises of Construction	132	1.16	20.51
按登记注册类型分组	**By Registration**			
#内资企业	Domestic Funded	573	33.05	1051.28
#国有企业	State-owned	96	18.74	751.52
集体企业	Collective-owned	104	2.46	36.30
股份有限公司	Company Limited with Share Holding	33	0.96	17.38
私营企业	Private Enterprises	141	3.02	57.33
按国民经济行业分组	**By Sector**			
房屋和土木工程建筑业	Building and Civil Engineering Construction	419	30.54	976.10
房屋工程建筑	Building Engineering Construction	355	19.43	512.88
土木工程建筑	Civil Engineering Construction	64	11.10	463.22
建筑安装业	Construction and Installation	76	1.92	64.11
建筑装饰业	Construction and Decoration	49	0.37	5.41
其他建筑业	Other Construction	30	0.23	5.80

Main Indicators on Construction Enterprises

#本年新签合同额 New Value of Signed Contract in this year	建筑业总产值(亿元) Total Output Value of Construction (100 million yuan)	#在省外完成的产值 Value of constr-uction which fulfilled outside of Guizhou Province	#建筑工程 Output Value of Constr-uction	#安装工程 Output Value of Instal-lation	房屋建筑施工面积(万平方米) Floor Space of Buildings under Constru-ction (10000 sq.m)	#本年新开工面积 Started this year	#实行投标承包面积 Verified Eligible Areaof the First Time	自有机械设备年末净值(万元) Net Value of Machinery and Equipment Owned (10000 yuan)	自有机械设备年末总台数(台) Number of Machinery and Equipment Owned (year-end) (unit)	自有机械设备年末总功率(万千瓦) Total Power of Machinery and Equipment Owned (year-end) (10000 kw)
635.64	**523.91**	**122.67**	**446.90**	**53.25**	**4953**	**1863**	**4272**	**244498**	**62123**	**113.22**
514.51	408.41	119.05	350.14	39.28	3340	1098	3081	168901	33305	69.30
619.78	506.02	122.50	436.79	46.59	4912	1839	4271	234685	60067	109.87
15.86	17.89	0.17	10.11	6.66	41	25	1	9813	2056	3.34
635.49	523.75	122.67	446.75	53.25	4953	1863	4272	244411	62117	113.08
475.15	327.18	81.75	286.23	30.62	3147	1037	2919	151169	30064	59.49
27.62	18.57	0.05	17.29	0.30	315	191	264	15178	6455	10.40
10.49	12.01		8.61	2.40	148	63	122	7342	2474	2.42
33.38	34.02	2.52	30.72	1.64	529	239	412	19327	8626	16.29
583.26	467.09	106.73	420.86	30.59	4756	1778	4101	218362	54993	98.88
308.54	277.82	77.62	257.84	6.96	4698	1747	4057	87379	33938	53.13
274.73	189.26	29.10	163.03	23.64	58	31	44	130982	21055	45.74
43.37	48.71	15.95	19.08	22.52	194	84	171	16809	6083	11.87
3.81	4.21		3.86	0.11				1322	472	0.37
5.20	3.90		3.09	0.03	3	2		8004	575	2.10

10-3 建筑企业主要财务指标(2009)

单位：万元

指 标	Item	年末资产负债 Assets 资产合计 Total Assets	#流动资产小计 Liquid Assets	#固定资产小计 Fixed Assets
总 计	**Total**	**4632228**	**3515148**	**769786**
#国有及国有控股	Construction Enterprises of State-owned and state-controlled	3277759	2532174	499952
#施工总承包企业	Total Contracted Enterprises of Construction	4401511	3340528	739260
专业承包企业	Special Contracted Enterprises of Construction	230717	174620	30526
按登记注册类型分组	**By Registration**			
#内资企业	Domestic Funded	4631137	3514640	769203
#国有企业	State-owned	2767554	2075245	457813
集体企业	Collective-owned	191478	119144	51452
股份有限公司	Company Limited with Share Holding	163584	108346	32641
私营企业	Private Enterprises	346157	254824	76341
按国民经济行业分组	**By Sector**			
房屋和土木工程建筑业	Building and Civil Engineering Construction	4058596	3056275	707538
房屋工程建筑	Building Engineering Construction	2274283	1750745	414294
土木工程建筑	Civil Engineering Construction	1784313	1305530	293245
建筑安装业	Construction and Installation	467861	384150	40645
建筑装饰业	Construction and Decoration	63711	53432	8070
其他建筑业	Other Construction	42059	21291	13534

Main Financing Indicators of Construction Enterprises

(10000 yuan)

and Liabilities(year-end)		所有者权益合计 Creditors Equity	损益及分配 Loss-profit and Allocation			
负债合计 Total liabilities	#流动负债小计 Liquid Liabilities		工程结算收入 Revenue of Project Settlement Accounts	其他业务收入 Other Revenue from Business	营业利润 Operating Profits	利润总额 Total Profits
3309605	**3039163**	**1322623**	**5120350**	**97056**	**68419**	**66331**
2533259	2306157	744501	3955078	82447	34498	31393
3171355	2916295	1230157	4946579	92763	60224	56725
138251	122868	92466	173771	4293	8195	9606
3309214	3038771	1321924	5118893	97056	68412	66324
2126489	1987466	641066	3181098	79773	18115	14901
98069	91543	93410	228092	3811	5335	3176
78720	74785	84864	114331	1644	5828	7868
193680	184534	152477	319459	2124	6770	5779
2943393	2689275	1115203	4611028	42784	53482	47514
1585457	1440990	688826	2720536	15160	37387	34010
1357936	1248285	426377	1890492	27624	16096	13504
311623	298345	156238	431950	51172	14047	17579
35356	33119	28355	39918	105	-102	316
19233	18425	22826	37454	2994	992	922

10-4 建筑企业房屋建筑情况(2009)

指标	Item	竣工面积(平方米) Floor Spale of Completed (sq.m)	#厂房、仓库 Workshop Storehouse	#住宅 Residential Buildings	#教育用房 Educational Buildings
总计	**Total**	**12441171**	**946754**	**7590367**	**1294136**
#国有及国有控股	Construction Enterprises of State-owned and state-controlled	6111702	625986	3886765	348265
#施工总承包企业	Total Contracted Enterprises of Construction	12424328	946754	7588127	1290836
专业承包企业	Special Contracted Enterprises of Construction	16843		2240	3300
按登记注册类型分组	**By Registration**				
#内资企业	Domestic Funded	12441171	946754	7590367	1294136
#国有企业	State-owned	5461170	602295	3435005	302318
集体企业	Collective-owned	1458422	93258	690744	295777
股份有限公司	Company Limited with Share Holding	856962	19020	597080	45110
私营企业	Private Enterprises	1593672	81622	777267	310091
按国民经济行业分组	**By Sector**				
房屋和土木工程建筑业	Building and Civil Engineering Construction	11858424	936769	7101476	1239358
房屋工程建筑	Building Engineering Construction	11724157	809818	7098565	1239358
土木工程建筑	Civil Engineering Construction	134267	126951	2911	
建筑安装业	Construction and Installation	582747	9985	488891	54778

Basic Statistics on House Buildings by Construction Enterprises

#卫生医疗用房 Medical Buildings	#科研用房 Scientific and Research Buildings	总造价 (元/平方米) Value of Buildings Completed (yuans/q.m)	#厂房、仓库 Workshop Storehouse	#住宅 Residential Buildings	#教育用房 Educational Buildings	#卫生医疗用房 Medical Buildings	#科研用房 Scientific and Research Buildings
279703	**33420**	**883**	**1358**	**779**	**828**	**702**	**2105**
68364	32220	1036	1571	878	1036	619	2153
277945	33420	882	1358	778	829	700	2105
1758		988		1600	430	1086	
279703	33420	883	1358	779	828	702	2105
49370	32220	1049	1583	874	1065	514	2153
69083		718	650	696	724	680	
24906		802	1203	739	838	799	
56382		843	1519	760	780	753	
279703	33420	891	1360	789	803	702	2105
279703	33420	875	1195	789	803	702	2105
		2328	2416	542			
		709	1087	635	1389		

主要统计指标解释

建筑业统计单位 指从事房屋、构筑物建造和设备安装活动的法人企业。建筑业法人企业应同时具备的条件是:①依法成立,有自己的名称、组织机构和场所,能够承担民事责任;②独立拥有和使用资产,承担负债,有权与其他单位签订合同;③独立核算盈亏,能够编制资产负债表。

建筑业总产值 是以货币形式表现的建筑业企业在一定时期内生产的建筑业产品和提供的服务的总和。建筑业总产值包括:

(1)建筑工程产值:指列入建筑工程预算内的各种工程价值。

(2)安装工程产值:指设备安装工程价值,不包括被安装设备本身价值。

(3)房屋、构筑物修理产值:指房屋、构筑物修理所完成的价值,但不包括被修理房屋、构筑物本身的价值和生产设备的修理价值。

(4)非标准设备制造产值:指加工制造没有定型的、非标准的生产设备的加工费和原材料价值,以及附属加工厂为本企业承建工程制作的非标准设备的价值。

房屋建筑施工面积 指在报告期内施过工的全部房屋建筑面积,包括本期新开工的房屋面积、上期施工跨入本期继续施工的房屋面积、上期停缓建在本期恢复施工的房屋面积、本期竣工的房屋面积及本期施工后又停缓建的房屋面积。

房屋建筑竣工面积 指在报告期内房屋建筑按照设计要求全部完工,达到了住人和使用条件,经验收鉴定合格,正式移交使用单位的房屋建筑面积。

工程结算收入 指企业承包工程实现的工程价款结算收入,以及向发包单位收取的除工程价款以外的按规定列作营业收入的各种款项,如临时设施费、劳动保险费、施工机械调迁费等以及向发包单位收取的各种索赔款。

工程结算利润 指已结算工程实现的利润,如亏损以"-"号表示。计算公式为:

工程结算利润=工程结算收入-工程结算成本-工程结算税金及附加

企业总收入 指与企业生产经营直接有关的各项收入,包括工程结算收入和其他业务收入。计算公式为:

企业总收入=工程结算收入+其他业务收入

Explanatory Notes on Main Statistical Indicators

Statistical Unit in Construction refers to corporate enterprise engaged in the construction of buildings and structures and in the installation of equipment.A corporate construction enterprise should meet the following 3 requirements: ①bcing sct up in linc with rclcvant lcgal basis,having its full name,organization and location,and capable of taking civil liabilities; ②independently possessing and using its assets and assuming its liabilities,and entitled to sign contracts with other institutions;and③making independent accounts of its profits and losses,and capable of compiling its own balance sheet.

Gross Output Value of Construction refers to total of construction products, expressed in money terms, completed by construction and installation enterprises during a given period of time. It includes:

(1)Output value of construction projects,that is the value of projects covered by the project budgets;

(2)Output value of installation projects,that is the value of the installation of equipment, (excluding the value of the equipment to be installed);

(3)Output value of repair of buildings and structures,that is the value created through the repairs of buildings or structures,but does not include the value of buildings or structures being repaired and the value of the repair of production equipment;

(4)Output value of manufactured non-standard equipment,that is the value of non-standard production equipment (including raw materials and manufacturing cost) made for the construction project,and the equipment manufactured by subsidiary workshops.

Floor Space of Buildings Under Construction refers to floor space of buildings under construction during the reference period,including newly started buildings,buildings started earlier and continued during the reference period, and buildings suspended earlier but restarted during the reference period, buildings completed during the reference period, and buildings under construction and then suspended during the reference period.

Floor Space of Buildings Completed refers to the floor space of buildings that are completed in the reference period in accordance with the requirements of the design, up to the standard for putting them into use, and have been checked and accepted by concerned departments as qualified ones.

Income from Settlement of Projects refers to the income received by the construction enterprise from the contracted project through settlement procedures, and other charges to the contractoree as operational costs in addition to the value of the project,such as temporary facility fee,labour insurance premium,moving cost of construction equipment,as well as various types of claims to the contractee.

Profit from Settlement of Projects refers to profit realized through settled projects. It is calculated with the following formula:

Profit from Settlement of Projects=Income from Settlement of Projects-Settled Cost-Settled Taxes and Other Cost

Total Revenue of Enterprises refers to the sum of income from production and operation of enterprises, including income from settlement of projects and other operational income, namely:

Total Revenue of Enterprises=Income from Settlement of Projects+Other Operational Income.

11

Eleven

运输、邮电

Transport, postal and Telecommunication Services

GUIZHOU STATISTICAL YEARBOOK

贵州统计年鉴2010

11－1 境内运输线路长度
Length of Transport Routes

单位：公里 (km)

指 标	Item	2006	2007	2008	2009	2009年比2008年增长(%) Increase Rate in 2009 over 2008(%)
铁路营业里程	**Length of Railways in Operation**	**2014**	**2012**	**1962**	**1983**	**10.7**
#复线里程	Double-tracking Length	559	560	560	604	7.9
公路线路里程	**Total Length of Highways**	**113278**	**123247**	**125365**	**142561**	**13.7**
等级路	Expressway and Class I to IV Highways	49305	55517	64044	68046	6.2
#高 速	Express-way	678	924	924	1189	28.7
一 级	Grade Ⅰ	96	120	139	151	8.6
二 级	Grade Ⅱ	2750	2658	2706	3171	17.2
等外路	Highway Below Grade Ⅳ	63972	67730	61320	74516	21.5
内河航道里程	**Length of Navigable Inland Waterways**	**3322**	**3322**	**3563**	**3563**	**持平**

注：1、资料来源于省交通运输厅，成都铁路分局(以下相关表同)。2、公路线路里程包括村道里程。
Note:1.Data in the table are obtained from the provincial dapartment of transports. :2..The total length of highways include the length of village road.

11－2 民用汽车拥有量
Possession of Civil Vehicles

单位：万辆 (10000 unit)

指 标	Item	2006	2007	2008	2009	2009年比2008年增长(%) Increase Rate in 2009 over 2008(%)
民用汽车合计	**Total**	**53.74**	**65.05**	**77.15**	**96.83**	**25.5**
#载客汽车	Passenger Vehicles	32.20	40.36	48.95	63.40	29.5
载货汽车	Trucks	16.68	19.10	22.26	27.29	22.6
#私人汽车	Total of Private Vehicles	35.88	44.74	54.27	71.28	31.3

注：资料来源于省交警总队车辆管理所。
Note:Data in the table are obtained from the vehicle management office of the provincial traffic police corps.

11–3 旅客运量及周转量

Passenger Traffic and Passenger-Kilometers

指 标	Item	2006	2007	2008	2009	2009年比2008年增长(%) Increase Rate in 2009 over 2008(%)
旅客运量总计(万人)	**Total Passenger Traffic(10000 persons)**	**69269**	**74440**	**80056**	**84981**	**6.2**
铁 路	Railways	2535	2979	3199	3204	0.2
公 路	Highways	65786	70377	75350	80044	6.2
水 运	Waterways	948	1084	1507	1733	15.0
旅客周转量总计(亿人公里)	**Passenger-Kilometers(100 million passenger-km)**	**349.82**	**369.20**	**407.60**	**430.56**	**5.6**
铁 路	Railways	160.98	160.51	163.01	162.41	-0.4
公 路	Highways	186.91	206.40	241.15	264.06	9.5
水 运	Waterways	1.93	2.29	3.44	4.09	18.9
民航旅客吞吐量(万人)	**Volume of Freight Handled in Civil Aviation (10000 persons)**	**382.86**	**437.27**	**442.93**	**578.24**	**30.5**

注：2008年以后公路水路运输量采用全国公路水路运输量专项调查数据(下表同)。

Note:Since 2008 the data of highways and waterways freight traffic adopts the data of the special investigation on highways and waterways freight traffic. (the same applies to the relative tables in this chapter).

11–4 货物运输量及周转量

Freight Traffic and Ton-Kilometers

指 标	Item	2006	2007	2008	2009	2009年比2008年增长(%) Increase Rate in 2009over 2008(%)
货物运输量总计(万吨)	**Total Freight Traffic (10000 tons)**	**24709**	**26788**	**33576**	**34803**	**3.7**
铁 路	Railways	6826	7289	6683	6956	4.1
公 路	Highways	17284	18834	26156	27031	3.3
水 运	Waterways	599	665	737	816	10.7
货物周转量总计(亿吨公里)	**Total Freight Ton-Kilometers (100 million ton-km)**	**680.96**	**721.26**	**809.93**	**926.04**	**14.3**
铁 路	Railways	557.70	583.85	564.31	673.07	19.3
公 路	Highways	114.48	127.99	234.96	241.60	2.8
水 运	Waterways	8.78	9.42	10.66	11.37	6.7
民航货邮吞吐量(万吨)	**Civil Aviation(10000 tons)**	**4.00**	**4.00**	**4.20**	**5.16**	**22.9**

11-5 电信主要指标

Major Indicators of Telecommunications

指　标	Item	2006	2007	2008	2009	2009年比2008年增长 (%) Increase Rate in 2009 over 2008(%)
年末固定电话用户数(万户)	Number of Telephone Subscribers at Year-end (10000 subscribers)	493.91	521.19	499.61	451.13	-9.7
#农话用户数	Number of Rural Telephone Subscribers	176.77	209.99	217.60	196.64	-9.6
城市电话用户	Number of Local(urban)Telephone Subscribers	317.14	311.20	282.01	254.49	-9.8
#公　用	Number of Public Telephone Subscribers	42.66	40.97	35.97	34.76	-3.4
#住宅电话	Number of Residential Telephone Subscribers	390.10	421.17	392.29	313.09	-20.2
净增电话用户(万户)	Telephone Users Added (10000 subscribers)	27.42	27.28	-21.58	-48.48	-26.9
移动电话用户(万户)	Number of Mobile Telephone Subscribers (10000 subscribers)	646.20	834.05	1185.84	1583.28	33.5
互联网宽带接入用户(万户)	Number of Subscribers of Internet Service (10000 subscribers)	51.03	68.19	85.13	112.89	32.6
电话普及率(部/百人)	Popularization Rate of Telephone (set/100 persons)	30.34	36.02	44.44	53.57	20.5
国内长途电话(万次)	Number of Long Distance Telephone Calls Inside Country(10000 person-time)	74939	103754	114322	91235 (万分钟)	
国际及港澳长途电话(万次)	Number of Long Distance Telephone Calls outside Country or to Macao、Hong Kong (10000 person-time)	205.57	252.32	313.66	65 (万分钟)	

注：资料来源于省通信管理局(以下相关表同)。

Note:Data in the table are obtained from the provincial communications authority bureau

11–6 邮政主要指标
Major Indicators of Post

指 标	Item	2006	2007	2008	2009	2009年比2008年增长(%) Increase Rate in 2009 over 2008(%)
邮电局所总数(处)	**Number of Post and Telecommunication Offices(unit)**	**13740**	**8143**	**10995**	**29262**	**166.1**
邮政	Post	2081	2082	2194	2259	3.0
电信	Telecommunication	11659	6061	8801	27003	206.8
邮路总长度(公里)	Number of Postal Routes(km)	62936	60747	65236	61854	-5.2
#汽车邮路	Number of Highway Postal Routes(km)	23377	25222	24733	28799	16.4
铁路邮路	Number of Railways Postal Routes(km)	6379	6379	6876	6413	-6.7
交换机总容量(万门)	Capacity of Telephone Exchanges (10000 line)	1639.40	2334.70	2858.70	3182.88	11.3
邮电业务总量(亿元)	**Business Volume of Post and Telecommunications (100 million yuan)**	**223.87**	**292.39**	**371.79**	**465.02**	**25.1**
邮政业	Post	8.02	9.08	10.42	11.69	12.2
电信业	Telecommunications	215.85	283.31	361.37	453.33	25.4
函件(万件)	Number of Letters(10000 pcs)	6859	5735	6566	6768	3.1
报刊、杂志累计订销数(万份)	Issue of Newspapers and Magazines(10000 copies)	27564	28291	31899	32007	0.3
国内特快专递(万件)	Pieces of Express Mail Services inside Nation(10000 pcs)	425	459	524	546	4.2
国际特快专递(万件)	Pieces of Express Mail Services outside Nation(10000 pcs)	0.8	0.8	0.8	0.9	13.9
邮政储蓄期末余额(亿元)	Post Deposits at the Year-end(100 million yuan)	177.20	195.30	229.20	270.13	17.9
集邮业务(万枚)	Stamps for Collection(10000 pcs)	849	901	945	749	-20.8
长话业务电路(2M)	Long Distance Cable Lines(2M)	66405	68658	97773	114805	17.4

注：1、资料来源于省邮政公司(以下相关表同)。2、2009年邮电局所总数含电信部门特约代理点，2008年以前不含。

Notes:1.Data in the table are obtained from the provincial post company.2.The number of post and telecommunication offices in 2009 include the special agent point,but not for the year 2008 and before

11—7 邮电企业主要财务指标

Major Financial Indicators of Post and Telecommunication Enterprises

单位：万元 (10000 yuan)

指　标	Item	2006	2007	2008	2009	2009年比2008年增长(%) Increase Rate in 2009 over 2008(%)
业务收入	**Business Revenue**	**927935**	**1129217**	**1331615**	**1485620**	**11.6**
邮政	Post	75315	89014	92611	104557	12.9
电信	Telecommunication	852620	1040203	1239004	1381063	11.5
业务支出	Business Expenditure	842359	904058	1144691	1261082	10.2
邮政	Post	87959	105854	111019	118767	7.0
电信	Telecommunication	754400	798204	1033672	1142315	10.5
营业税金及附加费	Pre-tax and Related Payment	28478	33284	38365	41433	8.0
邮政	Post	1864	2236	1676	1578	-5.8
电信	Telecommunication	26614	31048	36689	39855	8.6

主要统计指标解释

铁路营业里程 又称营业长度(包括正式营业和临时营业里程),指办理客货运输业务的铁路正线总长度。凡是全线或部分建成双线及以上的线路,以第一线的实际长度计算;复线、站线、段管线、岔线和特殊用途线以及不计算运费的联络线都不计算营业里程。铁路营业里程是反映铁路运输业基础设施发展水平的重要指标,也是计算客货周转量、运输密度和机车车辆运用效率等指标的基础资料。

公路里程 指在一定时期内实际达到《公路工程[WTBZ]技术标准 JTJ01-88》规定的等级公路,并经公路主管部门正式验收交付使用的公路里程数。包括大中城市的郊区公路以及通过小城镇街道部分的公路里程和桥梁、渡口的长度,不包括大中城市的街道、厂矿、林区生产用道和农业生产用道的里程。两条或多条公路共同经由同一路段,只计算一次,不得重复计算里程长度。

内河航道里程 也称内河通航里程,指在一定时期内,能通航运输船舶及排筏的天然河流、湖泊水库、运河及通航渠道的长度。包括全年季节性通航累计三个月以上的航道,不包括仅供零散流放竹、木排的河道。

货(客)运量 指在一定时期内,各种运输工具实际运送的货物(旅客)数量。货运按吨计算,客运按人计算。货物不论运输距离长短、货物类别,均按实际重量统计。旅客不论行程远近或票价多少,均按一人一次客运量统计;半价票、小孩票也按一人统计。

货物(旅客)周转量 指在一定时期内,由各种运输工具运送的货物(旅客)数量与其相应运输距离的乘积之总和。计算货物周转量通常按发出站与到达站之间的最短距离,也就是计费距离计算。计算公式为:

货物(旅客)周转量=Σ货物(旅客)运输量×运输距离

邮电业务总量 指以价值量形式表现的邮电通信企业为社会提供各类邮电通信服务的总数量。邮电业务量按专业分类包括函件、包件、汇票、报刊发行、邮政快件、特快专递、邮政储蓄、集邮、公众电报、用户电报、传真、长途电话、出租电路、市话无线寻呼、移动电话、分组交换数据通信、出租代维等。计算方法为各类产品乘以相应的平均单价(不变价)之和,再加上出租电路和设备、代用户维护电话交换机和线路等的服务收入。其计算公式为:

邮电业务总量=Σ(各类邮电业务量×不变单价)+出租代维及其他业务收入

移动电话用户 指在移动电话营业部门登记,通过移动电话交换机进入移动电话网、占有移动电话号码的电话用户。用户数量以实际办理登记手续进入邮电部门移动电话网的户数进行计算,一部或一台移动电话统计为一户。

电话用户 指接入国家公众固定电话网,并按固定电话业务进行经营管理的电话用户。

城市电话用户 指直辖市、省辖市、地级市、县级市的市区、市郊区及县城(包括县人民政府所在地的县城关区或行政建制相当于县人民政府所在地的镇)范围内接入局用交换机的电话用户数,包括分布在农村地区的独立工矿区、林区、驻军等电话用户数。

住宅电话用户数 指安装在居民住宅或农民家里并按照住宅电话用户登记和收费的电话用户。包括私人付费、单位付费和按规定免费安装的住宅电话用户。

Explanatory Notes on Main Statistical Indicators

Length of Railways in Operation refers to the total length of the trunk line under passenger and freight transportation(including both full operation and temporary operation).The calculation is based on the actual length of the first line even if this line has a full or partial double track or more tracks,excluding double tracks,station sidings, tracks under the charge of stations, branch lines, special-purpose lines and the non-payable connecting lines. The length of railways in operation is an important indicator to show the development of the infrastructure for the railway transport,and also the essential data to calculate volume of passenger freight transport,traffic density and utilization efficiency of the locomotives and carriages.

Length of Highways refers to the length of highways which are built in conformity with the grades specified by the highway engineering standard formulated by the Ministry of Communications, and have been formally checked and accepted by the departments of highways and put into use. The length of highways includes that of the suburb highways at large and medium-sized cities,highways passing through streets at small cities and towns, and also the length of bridges and ferries.It does not include the length of streets in big and medium-sized cities and highways built for the production purpose at factories,mines,forest areas and agricultural areas.If two or more highways go the same section of the way,the length of the section is only calculated for once and no duplication is allowed.

Length of Navigable Inland Waterways an indicator reflecting the size and development of inland water network, it refers to the length of the natural rivers,lakes,reservoirs,canals,and ditches open to navigation during a given period, which enables the transport by ships and rafts. It includes the channels open to navigation for over an accumulative 3 months in a year,yet this does not include the river courses which are only used to float odd logs and bamboo rafts.

Freight (Passenger) Traffic refers to the volume of freight (passenger)transported with various means. Freight transport is calculated in tons and passenger traffic is calculated in the number of persons. Despite the type of freight and travelling distance,the freight transport is calculated in the actual weight of the goods;and despite the travelling distance and ticket price,the passenger traffic is calculated by the principle that one person can be counted only once in one travel. The passenger who travel with a half price ticket or a child ticket is also calculated as one person.

Freight Ton-kilometers(Passenger-kilometers) refer to the sum of the products of the volume of transported cargo (passengers) multiplying by the transport distance,usually using ton-kilometer and passenger-kilometer as units for measurement.Normally, the shortest distance between the departure station and the destination station (i.e., the payable distance) is the basis to calculate the freight ton-kilometers. The formula is as follows:

Freight Ton-kilometers (Passenger-kilometers) = Σ{Freight (Passenger) Traffic × Distance of Transportation}

Measuring unit: ton-kilometer (person-kilometer)

Business Volume of Post and Telecommunications refers to the total amount of post and telecommunications services, expressed in value terms, provided by the post and telecommunications departments for the society.Post and telecommunication services can be classified as letters, parcels, remittance, issue of newspapers and magazines, fast mail service, express mail service, savings deposits, stamps for collection, public and individual telegraph service, facsimiles, long-distance telephone service, leasing of telephone lines, urban paging service, mobile telephone service, data transfer and transmission, etc. The accounting approach is to multiply the service products of all types with their average unit price (constant price) to get sum of business value, plus income from other services such as leasing of telephone lines and equipment, maintenance of telephone switchboards and lines on behalf of customers.

The formula is as follows:

Business Volume of Post and Telecommunications

= Σ(Transaction of Post and Telecommunication Service × Constant Price) + Income from Leasing, Maintenance and other Services

Mobile Telephone Subscribers refer to the persons who own mobile telephone number connected with the mobile telephone communication network and have registered in mobile communication enterprises. The number of subscribers is calculated only when the subscribers who have gone through all the register formalities and entered into the mobile telephone network.One mobile telephone is treated as a subscriber.

Telephone Subscribers refer to subscribers that are connected to the public line telephone network provided with telephone services.

Urban Telephone Subscribers refer to number of telephone subscribers, located at municipalities, cities under the jurisdiction of province, cities at prefecture level, downtown and suburb of city at county level town and county towns (including country towns where county government located, and towns of county level according to the administrative organizational system), that are connected to the public line telephone network, including rural mineral area, forest area, military area.

Household Telephone Subscribers refer to telephone sets installed in the dwelling units of urban or rural residents, and registered as residence subscribers for payment, including 3 types of payment for the service: private payment, public payment and free service.

12

Twelve

国内贸易

Domestic Trade

12–1　社会消费品零售总额

Basic Seatistics on Retail Sales of Consumer Goods

单位：亿元　　(100 million yuan)

指　标	Item	2006	2007	2008	2009	2009年比2008年增长(%) Increase Rate in 2009 over 2008(%)
社会消费品零售总额	**Total Retail Sales of Consumer Goods**	**710.00**	**858.15**	**1075.24**	**1247.25**	**16.0**
按销售单位所在地分	**By Location of Establishments**					
市	City	423.59	496.62	620.33	715.53	15.3
县	County	134.51	171.21	218.48	255.84	17.1
县以下	Under County Level	151.90	190.32	236.43	275.88	16.7
按行业分	**By Sector**					
批发和零售业	Wholesale and Retail Trade	619.35	720.80	952.04	1104.17	16.0
住宿和餐饮业	Catering Services	78.29	121.43	106.90	125.74	17.6
其他行业	Others	12.36	15.92	16.30	17.34	6.4

12-2 商品交易市场
Commodity Exchange Markets

单位：个 (unit)

指　标	Item	2006	2007	2008	2009
合　计	**Total**	**1859**	**1940**	**2135**	**2215**
消费品市场数	**Number of Consumable Markets**	**1742**	**1818**	**2057**	**2173**
消费品综合市场	Consumable Goods Integrative Market	1150	1178	1252	1195
农副产品市场	Agricultural Subproduct Market	504	543	724	881
农副产品综合市场	Agricultural Subproduct Integrative Market	462	507	675	836
农副产品专业市场	Agricultural Subproduct Special Market	42	36	49	45
工业消费品市场	Industrial Consumable Goods Market	40	43	54	61
工业消费品综合市场	Industrial Consumable Goods Integrative Market	28	32	45	53
工业消费品专业市场	Industrial Consumer Goods Special Market	12	11	9	8
其他消费品市场	Other Consumable Goods Market	48	54	27	36
生产资料市场数	**Means of Production Market**	**107**	**112**	**78**	**42**
生产资料综合市场	Means of Production Integrative Market	30	30	29	5
工业生产资料市场	Means of Industrial Production Market	30	33	28	27
机动车交易市场	Motor vehicle market	10	14	11	9
钢材交易市场	Steel market	10	9	6	6
煤炭交易市场	Coal market	3	3	1	2
木材交易市场	Timber market	5	6	6	6
其他工业生产资料市场	Other Means of Industrial Production Market	2	1	4	4
农业生产资料市场	Means of Agricultural Production Market	46	46	19	5
农业生产资料综合市场	Means of Agricultural Production Integrative Market	24	25	15	3
农业生产资料专业市场	Means of Agricultural Production Special Market	22	21	4	2
其他生产资料市场	Other Means of Production Market	1	3	2	5

注：资料来源于省工商局。

Note:Data in the table are provided by the provincial administration for industry and commerce.

12-3 限额以上批发零售企业基本情况(2009)

Basic Conditions of Enterprises above Designated Size in Wholesale and Retail Sales

单位：个、人 (unit, person)

指标	Item	法人企业 Number of Corporation Unit	从业人数 Employed Persons
总　计	**Total**	**654**	**69138**
批发业	**Wholesale Trade**	**283**	**38332**
按登记注册类型分组	**Grouped by Registration**		
内资企业	Domestic-funded Enterprise	281	38155
国有企业	State-owned Enterprise	65	26517
集体企业	Collective-owned Enterprise	12	478
股份合作企业	Copperative Enterprise	4	232
有限责任公司	Limited Liability Corporations	154	7656
国有独资公司	State-owned Corporation	6	566
其他有限责任公司	Other Limited Liability Corporations	148	7090
股份有限公司	Share Holding Co.Ltd	10	1907
私营企业	Private Enterprise	36	1365
私营独资企业	Private-funded Enterprises	3	54
私营合伙企业	Private Partnership Enterprises	1	301
私营有限责任公司	Private Limited Liability Corporations	30	969
私营股份有限公司	Private Share-holding Corporations Ltd.	2	41
港、澳、台商投资企业	Enterprises with Funds from Hong kong,Macao and Taiwan	1	168
合资经营企业(港或澳、台资)	Joint-venture Enterprises(Hong Kong, Macao and Taiwan)	1	168
外商投资企业	Foreign－funded Enterprises	1	9
外资企业	Enterprises with Sole (exclusive) Foreign Investment	1	9
按国民经济行业分组	**Grouped by National Economic Sector**		
农畜产品批发	Wholesale of Farm Corps and Livestock Products	4	195
食品、饮料及烟草制品批发	Wholesale of Food,Beverages and Tobaccos	39	23432
纺织、服装及日用品批发	Wholesale of Textiles,Garments and Daily Consumer Goods	4	228
文化、体育用品及器材批发	Wholesale of Culture,Sports Goods and Equipments	9	473
医药及医疗器材批发	Wholesale of Medicines and Medical Appliances	45	3936
矿产品、建材及化工产品批发	Wholesale of Mininery Products,Building Materials and Chemical Materials	129	7144
#煤炭及制品批发	Wholesale of Coal and Related Products	46	2490
石油及制品批发	Wholesale of Petroleum and Related Products	10	2330
建材批发	Wholesale of Building Materials	9	188
化肥批发	Wholesale of Chemical Fertilizers	14	539
机械设备、五金交电及电子产品批发	Wholesale of Machinery,Hardware,Transport, Electric and Electronic Products	42	2536
#汽车、摩托车及零配件批发	Wholesale of Motor Vehicles, Motorcycles and Parts	14	537
家用电器批发	Wholesale of Household Appliances	7	924
计算机、软件及辅助设备批发	Wholesale of Computer,Software and Assistance Appliances	2	119
其他批发	Others	11	388

12-3 续表 (continued)

单位：个、人 (unit,person)

指　标	Item	法人企业 Number of Corporation Unit	从业人数 Employed Persons
零售业	**Retail Trade**	**371**	**30806**
按登记注册类型分组	**Grouped by Registration**		
内资企业	Domestic Funded Enterprises	358	28164
国有企业	State-owned Enterprise	52	4004
集体企业	Collective-owned Enterprise	4	192
股份合作企业	Cooperative Enterprises	2	89
有限责任公司	Limited Liability Corporations	163	12068
国有独资公司	State Sole Funded Corporations	5	168
其他有限责任公司	Other Limited Liability Corporations	158	11900
股份有限公司	Share Holding Co.Ltd	21	4371
私营企业	Private Enterprise	114	7098
私营独资企业	Private Enterprise with Sole Investment	13	493
私营合伙企业	Private Enterprise with Partnership	6	196
私营有限责任公司	Private Limited Liability Corporations	84	5571
私营股份有限公司	Private Share Holding Co.Ltd	11	838
其他	Others	2	342
港、澳、台商投资企业	Enterprise with Funds From Honkong,Macao and Taiwan	6	803
合资经营企业(港或澳、台资)	Joint-venture Enterprises(Hong Kong, Macao and Taiwan)	4	538
港、澳、台商独资经营企业	Funds from Hong Kong, Macao and Taiwan	2	265
外商投资企业	Enterprise with Foreign Investment	7	1839
中外合资经营	Joint-venture Enterprises with Foreign Investment	4	1469
外资企业	Enterprises with Sole (exclusive) Foreign Investment	3	370
按国民经济行业分组	**Grouped by National Economic Sector**		
综合零售	Retail Trade	56	9813
#百货零售	Retail of General Merchandise	22	4988
超级市场零售	Retail of Supermarket	26	3956
食品、饮料及烟草制品专门零售	Retail of Food,Beverages and Tobaccos	15	1008
纺织品、服装及日用品专门零售	Retail of Textiles,Garments and Daily Consumer Goods	20	1804
文化、体育用品及器材专门零售	Retail of Culture,Sports Goods and Equipments	42	1847
医药及医疗器材专门零售	Retail of Medicines and Medical Appliances	20	3057
#药品零售	Retail of Medicines	19	3037
汽车、摩托车、燃料及零配件专门零售	Retail of Motor Vehicles, Motorcycles and Parts	147	9924
#汽车零售	Retail of Motor Vehicles	119	5583
家用电器及电子产品专门零售	Retail of Household Appliances and Electronic Products	53	2850
#家用电器零售	Retail of Household Appliances	29	1655
计算机、软件及辅助设备零售	Retail of Computer,Software and Assistance Appliances	17	426
通讯设备零售	Retail of Communication Appliances	7	769
五金、家具及室内装修材料专门零售	Retail of Hardware, Furniture and Inside Decoration Materials	3	74
无店铺及其他零售	Other Retail Trade	15	429

12-4 限额以上批发零售业商品购进、销售、库存总额(2009)
Total Purchases,Sales and Inventory of Enterprises above Designated Size in Wholesale and Retail Trade

单位：万元 (10000 yuan)

指标	Item	购进总额 Total Purchases	销售总额 Total Sales	批发 Wholesale Trade	零售 Retail Trade	年末库存额 Inventory (year-end)
总计	**Total**	**8538889**	**11837852**	**7987466**	**3850386**	**1091200**
批发业	**Wholesale Trade**	**5750695**	**8257691**	**7608522**	**649170**	**804486**
按登记注册类型分组	**Grouped by Registration**					
内资企业	Domestic-funded Enterprise	5725480	8228205	7584527	643678	804372
国有企业	State-owned Enterprise	3107648	5157859	4787972	369887	584168
集体企业	Collective-owned Enterprise	140916	142870	142870		12532
股份合作	Cooperation Enterprises	20036	23867	23394	474	6813
有限责任公司	Limited Liability Corporations	1753910	1869985	1840727	29257	116443
国有独资公司	State-owned Corporation	23936	39446	39200	246	4182
其他有限责任公司	Other Limited Liability Corporations	1729974	1830538	1801527	29011	112261
股份有限公司	Share Holding Co.Ltd	505461	819584	580303	239281	67009
私营企业	Private Enterprise	197509	214039	209260	4779	17407
私营独资企业	Private Enterprise with Sole Investment	21596	22059	22059		240
私营合伙企业	Private Enterprise with Partnership	16940	17228	17228		2207
私营有限责任公司	Private Limited Liability Corporations	154823	170620	166235	4385	14350
私营股份有限公司	Private Share Holding Co.Ltd	4151	4132	3738	394	610
港、澳、台商投资企业	Enterprises Funded by Hong kong, Macao and Taiwan	12137	15321	9830	5492	112
合资经营企业(港或澳、台资)	Joint-venture Enterprises(Hong Kong, Macao and Taiwan)	12137	15321	9830	5492	112
外商投资企业	Foreign Funded Enterprises	13077	14166	14166		2
外资企业	Enterprises with Sole Foreign Investment	13077	14166	14166		2
按国民经济行业分组	**Grouped by National Economic Sector**					
农畜产品批发	Wholesale of Farm Produce and Livestack Products	13187	16024	14313	1712	7211
食品、饮料及烟草制品批发	Wholesale of Food,Beverages and Tobaccos	2312784	3943997	3830483	113514	511812
纺织、服装及日用品批发	Wholesale of Textiles,Garments, and Daily Consumer Articls	21006	23224	22088	1137	3614
文化、体育用品及器材批发	Wholesale of Cultural,Sports Appliances and Equipments	134274	134081	132813	1268	34091
医药及医疗器材批发	Wholesale of Medicines and Medical Appliances	452512	483256	464913	18343	49446
矿产品、建材及化工产品批发	Wholesale of Mineral Products, Building Materials and Chemical Products	2016011	2828742	2326382	502360	132431
#煤炭及制品批发	Wholesale of Coal and Its Products	635614	724979	724979		19429
石油及制品批发	Wholesale of Petroleum and Its Products	337854	1046072	549607	496465	13981
建材批发	Wholesale of Building Materials	118825	118079	115727	2352	10051
化肥批发	Wholesale of Chemical Fertilizer	165027	164606	164074	533	16498
机械设备、五金交电及电子产品批发	Wholesale of Machinery, Equipment, Hardware,Transport and Electic Products	727028	755039	747244	7795	51501
#汽车、摩托车及零配件批发	Wholesale of Motor Vehicles, Motorcycles and Parts	444335	449197	448315	882	11641
家用电器批发	Whole of Family Electrical Equipments	102838	115893	114763	1130	12458
计算机、软件及辅助设备批发	Wholesale of Computer Software and Supplementary Equipment	23778	24544	19724	4820	1554
其他批发	Other Wholesale not Classified Elsewhere	73893	73328	70286	3042	14381

12-4 续表 (continued)

指 标	Item	购进总额 Total Purchases	销售总额 Total Sales	批发 Wholesale Trade	零售 Retail Trade	年末库存额 Inventory (year-end)
零售业	**Retail Trade**	**2788194**	**3580161**	**378944**	**3201216**	**286714**
按登记注册类型分组	**Grouped by Registration**					
内资企业	Domestic Funded Enterprises	2561871	3335351	359728	2975624	270865
国有企业	State-owned Enterprise Joint	364090	806847	107671	699176	27594
集体	Collective-owned Enterprise	17489	17211	4557	12654	2774
股份合作企业	Joint Ownership Enterprise	3704	3108		3108	986
有限责任公司	Limited Liability Corporations	1243679	1316366	214892	1101475	145368
国有独资公司	State-owned Corporation	131244	133793	119820	13973	2170
其他有限责任公司	Other Limited Liability Corporations	1112434	1182573	95072	1087502	143197
股份有限公司	Share Holding Co.Ltd	340526	524807	17105	507702	25899
私营企业	Private Enterprise	590713	618524	15503	603021	67342
私营独资企业	Private Enterprise with Sole Investment	14581	14703		14703	2048
私营合伙企业	Private Enterprise with Partnership	10078	11026	464	10563	1429
私营有限责任公司	Private Limited Liability Corporations	519369	546454	13330	533124	58303
私营股份有限公司	Private Share-holding Corporations Ltd.	46685	46340	1710	44630	5563
其他企业	Others	1670	48489		48489	901
港、澳、台商投资企业	Enterprises Funded by Hong kong, Macao and Taiwan	99971	111827	2481	109346	7302
合资经营企业(港或澳、台资)	Joint-venture Enterprises(Hong Kong, Macao and Taiwan)	87561	98911		98911	1833
港、澳、台商独资经营企业	Enterprises Funded by Hong kong, Macao and Taiwan	12411	12916	2481	10435	5469
外商投资企业	Foreign Funded Enterprises	126352	132982	16736	116247	8547
中外合资经营企业	Joint-venture Enterprises	109800	113118	14917	98201	7076
外资企业	Enterprises with Sole Foreign Investment	16552	19865	1819	18046	1471
按零售行业小类分组	**By Sector**					
综合零售	General Retail	513090	576690	127208	449482	52086
#百货零售	Retail of Consumer Goods	283342	325836	3404	322432	31363
超级市场零售	Retail of Supermarkets	88545	100219	2667	97552	16972
食品、饮料及烟草制品专门零售	Retail of Food, Beverages and Tobaccos	54765	64097	22013	42084	5199
纺织、服装及日用品专门零售	Retail of Textiles, Garments, Shoes and Hats	120502	140181	3954	136227	13193
文化、体育用品及器材专门零售	Retail of Culture, Sports Products and Equipments	71509	81512	4320	77192	19036
医药及医疗器材专门零售	Retail of Medicines and Medical Appliances	64593	69937	158	69779	16795
#药品零售	Retail of Medicines	63989	69010	158	68852	16006
汽车、摩托车、燃料及零配件专门零售	Retail of Motor Vehicles, Motorcycles Fule and Parts	1624949	2309739	178263	2131476	130429
#汽车零售	Retail of Motor Vehicles	1065450	1157554	32910	1124644	97532
家用电器及电子产品专门零售	Retail of Family Electric Equipment and Product	285893	283600	12617	270983	43179
#家用电器零售	Retail of Family Electric Equipment	191111	188572	907	187665	16442
计算机、软件及辅助设备零售	Retail of Computer Software and SupplementaryEquipment	30279	32535	4541	27994	12706
通讯设备零售	Retail of Telecommunicate Equipment	64503	62493	7170	55324	14031
五金、家具及室内装修材料专门零售	Retail of Hardware, Furniture and Inside Decoration Materials	13503	12994	10824	2170	1378
无店铺及其他零售	Retail of No Stores and Others	39392	41412	19588	21824	5421

12-5 限额以上批发零售业商品分类销售额(2009)

Total Sales of Enterprises above Designated Size in Wholesale and Retail Trade by Category of Main Commodities

单位：万元 (10000 yuan)

项目	Item	批发业 Wholesale Trade		零售业 Retail Trade	
		销售额 Sale Value	#零售额 Retail Value	销售额 Sale Value	#零售额 Retail Value
总计	**Total**	**8267777**	**893996**	**2483975**	**2339118**
粮油、食品、饮料、烟酒类	Food,Beverage and Tobacco and Liquor	3130002	122128	197710	181873
粮油、食品类	Food	101091	259	121152	120481
#粮油类	Grain,Edible Vegetable Oil	50385	228	41135	40476
肉禽蛋类	Meat,Poultry and Eggs			16274	16273
水产品类	Aquatic Products			4630	4630
蔬菜类	Vegetables			4497	4497
干鲜果品类	Dry and fresh fruit			8404	8404
饮料类	Beverage	21962		27685	17072
烟酒类	Tobacco and Liquor	3006949	121869	48873	44320
服装鞋帽、针、纺织品类	Garments,Footwear and Hats, Knitwear and Textiles	24972	11133	256605	255497
#服装类	Garments	23907	11133	192456	191938
鞋帽类	Footwear and Hats			46933	46397
针、纺织品类	Knitwear and Textiles	1065		17216	17162
化妆品类	Cosmetics			30012	29942
金银珠宝类	Gold, Silver and Jewelry			30851	30851
日用品类	Articles for Daily Use			51144	50857
#洗涤用品类	Washing Articles			28993	28710
儿童玩具类	Children's Toy			4508	4507
五金、电料类	Hardware and Electrical Materials	7862		4226	4211
体育、娱乐用品类	Sports and Recreation Articles	6777	5812	11325	10761
书报杂志类	Newspaper and Magazines	103390	240	34087	33810
电子出版物及音像制品类	Electric Publication and Sound-video Materials	4086		615	615
家用电器和音像器材类	Household Appliances and Video Appliances	153198	1014	201441	194632
中西药品类	Traditional Chinese and Western Medicines	459919	15449	56247	56208
#西药	Western Medicines	290491	13760	38591	38580
中草药及中成药	Traditional Chinese Medicines	80852	689	12882	12854
文化办公用品类	Culture and Office Articles	47178	4923	18237	16967
家具类	Furniture	111		1299	1299
通讯器材类	Communication Appliances	8287		35874	35644
煤炭及制品类	Coal and Related Products	342551	594	1077	100
石油及制品类	Petroleum and Related Products	1493492	726207	507448	445576
化工材料及制品类	Chemical Materials and Related Products	494062		461	
#化肥类	Chemical Fertilizers	112529		461	
金属材料类	Metal Materials	285405			
建筑及装潢材料类	Building and Decoration Materials	54521		10596	3298
机电产品及设备类	Mechanical and Electrical Instruments	121964	372	14823	14057
#农机类	Agricultural Machinery	18495			
汽车类	Automobile	446300	4902	961144	914662
种子饲料类	Seed and Feedstuff	7032			
棉麻类	Cotton and Ramie			322	322
其他类	Others	1076670	1223	58433	57940

12-6 限额以上批发零售业主要财务指标(2009)
Main Financial Indicators of Enterprises above Designated Size in Wholesale and Retail Trade

单位：万元 (10000 yuan)

指　　标	Item	主营业务收入 Total Sales	主营业务成本 Cost of Products Sold	主营业务税金及附加 Tax and Extra Charges on Sales Products	营业费用 Expenses of Products Sold	营业利润 Total Profits
总　计	**Total**	**10947936**	**8747030**	**108744**	**602213**	**1067964**
批发业	**Wholesale Trade**	**7602470**	**5840787**	**100302**	**436542**	**981240**
#国有控股	State-Controlled	5625055	4034473	75600	360532	959040
按登记注册类型分组	**Grouped by Registration**					
内资企业	Domestic-funded Enterprises	7576899	5817858	100302	435495	980032
国有企业	State-owned Enterprises	4669760	3130547	77475	332370	933131
集体企业	Collective-owned Enterprises	138757	136887	95	2450	-3266
股份合作	Cooperation Enterprises	24024	22515	125	603	533
有限责任公司	Limited Liability Corporations	1754062	1612067	4331	69507	29196
国有独资公司	State Sole Funded Corporations	38110	27624	209	2343	2444
其他有限责任公司	Other Limited Liability Corporations	1715952	1584443	4122	67165	26751
股份有限公司	Share Holding Co.Ltd	794448	736537	17946	19693	18815
私营企业	Private Enterprises	195848	179305	330	10872	1624
#私营有限责任公司	Private Limited Liability Corporations	158979	144275	298	9755	1654
港澳台商投资企业	Enterprises Funded by Hong kong, Macao and Taiwan	13464	11751		768	556
与港澳台商合资经营	Joint Venture Enterprises	13464	11751		768	556
外商投资企业	Foreign Funded Enterprises	12107	11177		278	652
中外合资经营	Joint Venture Enterprises					
外资企业	Enterprises with Sole Foreign Investment	12107	11177		278	652
按国民经济行业分组	**Grouped by National Economic Sector**					
农畜产品批发业	Wholesale of Farm Produce and Livestack Products	15221	14528	39	225	-650
食品、饮料及烟草制品批'	Wholesale of Food,Beverages and Tobaccos	3624858	2240797	75371	212958	921492
#米、面制品及食用油批	Wholesale of Rice,Flour and Edible Oil	53474	45875	52	4294	229
烟草制品批发业	Wholesale of Tobaccos and Related Products	2507818	1867846	61106	142028	273402
纺织、服装及日用品批发'	Wholesale of Textiles,Garments and Daily Consumer Goods	19850	18035	25	857	118
文化、体育用品及器材批'	Wholesale of Culture,Sports Appliances and Equipments	98964	90198	55	3587	1593

12-6 续表1 (continued)

单位：万元 (10000 yuan)

指 标	Item	主营业务收入 Total Sales	主营业务成本 Cost of Products Sold	主营业务税金及附加 Tax and Extra Charges on Sales Products	营业费用 Expenses of Products Sold	营业利润 Total Profits
医药及医疗器材批发业	Wholesale of Medicines and Medical /	443308	410170	975	13074	4979
矿产品、建材及化工产品批发业	Wholesale of Mininery Products, Building Materials and Chemical Materials	2577284	2305343	22826	172280	36948
#煤炭及制品批发业	Wholesale of Coal and Related Products	648991	493641	2600	122909	11438
石油及制品批发业	Wholesale of Petroleum and Related Products	977291	922769	2270	26530	18889
金属及金属矿批发业	Wholesale of Metal Materials	241876	234229	265	3151	231
建材批发业	Wholesale of Building Materials	103022	98154	105	2059	1529
化肥批发业	Wholesale of Chemical Fertilizers	160806	157807	18	3502	-3854
机械设备、五金交电及电子产品批发	Wholesale of Machinery,Hardware and Electronic Products	759392	703852	826	31653	16009
#汽车、摩托车及零配件批发业	Wholesale of Motor Vehicles, Motorcycles and Parts	465737	434772	331	15584	13422
家用电器批发业	Wholesale of Household Appliances	101952	93243	201	6618	381
计算机、软件及辅助设备批发业	Wholesale of Computer,Software and Assistance Appliances	20978	20254	16	371	46
其他批发业	Others	63594	57863	185	1908	750
零售业	**Retail Trade**	**3345466**	**2906243**	**8442**	**165672**	**86724**
#国有控股	State-Controlled	1350087	1132034	1871	48441	60183
按登记注册类型分组	**Grouped by Registration**					
内资企业	Domestic-funded Enterprises	3131516	2729555	7609	139786	79998
国有企业	State-owned Enterprises	778940	634492	1060	28241	50944
集体企业	Collective-owned Enterprise	15187	11366	89	455	2503
股份合作企业	Cooperation Enterprises	3092	2653	3	56	217
有限责任公司	Limited Liability Corporations	1226158	1116952	3788	59117	11074
国有独资公司	State Sole Funded Corporations	134142	130057	236	1803	1176
其他有限责任公司	Other Limited Liability Corporations	1092016	986895	3552	57314	9898
股份有限公司	Share Holding Co.Ltd	483202	400243	709	22157	9050
私营企业	Private Enterprises	581638	526945	1563	24709	6080
私营独资	Private-funded Enterprises	15008	13222	35	836	182

12-6 续表2 (continued)

单位：万元 (10000 yuan)

指 标	Item	主营业务收入 Total Sales	主营业务成本 Cost of Products Sold	主营业务税金及附加 Tax and Extra Charges on Sales Products	营业费用 Expenses of Products Sold	营业利润 Total Profits
私营合伙	Private Enterprisewith Partnership	9909	9024	119	655	71
私营有限责任公司	Private Limited Liability Corporations	510213	463295	1200	20150	5215
私营股份有限公司	Private Share Holding Co.Ltd	46508	41405	209	3068	612
其他	Other Enterprise	43299	36905	398	5051	132
港澳台商投资企业	Enterprises Funded by Hong kong, Macao and Taiwan	96715	81954	356	9524	3856
与港澳台商合资经营	Joint Venture Enterprises	85521	72451	356	7772	4223
港、澳、台商独资经营企业	Enterprises with Funds from Hong kong, Macao and Taiwan	11194	9503		1752	-367
外商投资企业	Enterprise with Foreign Investment	117235	94734	477	16361	2871
中外合资经营	Joint Venture Enterprises	97821	80445	434	12803	2705
外资企业	Enterprises with Sole (exclusive) Foreign Investment	19414	14289	44	3558	165
按国民经济行业分组	**Grouped by National Economic Sector**					
综合零售业	Integrated Retail	541654	458550	3318	48945	6103
#百货零售业	Retail of Consumer Goods	295723	232300	2711	31828	5449
超级市场零售业	Retail of Supermarket	96421	82057	333	14663	-224
其他综合零售	Other Retail Trade	149511	144192	274	2454	878
食品、饮料及烟草制品专门零售业	Retail of Food,Beverages and Tobaccos	58109	45623	219	4386	5474
粮油零售	Retail of Grain and Oil	6013	5303	12	711	-270
饮料及茶叶零售	Retail Beverages an Tea	35788	28474	120	3475	2837
其他食品零售	Retail of other Food	16307	11847	87	201	2907
纺织、服装及日用品专门零售业	Retail of Textiles,Garments and Daily Consumer Goods	121634	97124	652	16568	4503
#服装零售业	Retail of Garments	102489	82134	580	12883	4935
鞋帽零售	Retail of shoes and Caps	16866	13366	54	3457	-480
钟表、眼镜零售	Retail of Watches and Glasses	1494	1043	14	137	9
其他日用品零售	Retail of other Necessary Goods	785	581	4	91	39
文化、体育用品及器材专门零售业	Retail of Culture,Sports Appliances and Equipments	73242	60594	358	7047	-1091
#体育用品零售业	Retail of Sports Appliances	19930	17262	50	3430	-1823
图书零售业	Retail of Books	48797	39436	195	3264	791
珠宝首饰零售	Retail of Jewelry Ornaments	2034	1558	109	274	-38
工艺美术品及收藏品零售	Retail of Arts and crafts, Collectibles	628	541	3		5
照相器材零售	Retail of Photo Equipment	1853	1797	2	79	-25
医药及医疗器材专门零售业	Retail of Medicines and Medical Appliances	63320	49290	281	8858	587
#药品零售业	Retail of Medicines	62527	48594	279	8769	584
医疗用品及器材零售	Retail of Medicine and Medical Instruments	792	697	2	90	3
汽车、摩托车、燃料及零配件专门 #零售业	Retail of Motor Vehicles, Motorcycles and Parts	2180101	1916456	2857	62656	65510
汽车零售业	Retail of Motor Vehicles	1085772	1018310	1767	24788	10812
汽车零配件零售	Retail of Auto Parts and Accessories	16577	14483	24	199	147
摩托车及零配件零售	Retail of Motorcycles,Part sand Accessories	19165	17667	33	891	41
机动车燃料零售业	Retail of Motor Vehicles' Fule	1058588	865997	1033	36778	54510
家用电器及电子产品专门零售业	Retail of Household Appliances and Electronic Products	254313	229770	668	15308	5036
家用电器零售业	Retail of Household Appliances	164676	147817	471	11087	4669
计算机、软件及辅助设备零售业	Retail of Computer,Software and Assistance Appliances	29451	27810	30	775	55
通讯设备零售业	Retail of Communication Appliances	60186	54143	168	3446	313
五金、家具及室内装修材料专门零售	Retail of Hardware,Furniture and Interior Decoration Materials	11654	11216	18	176	22
其他室内装修材料零售	Retail of other Interior Decoration Materials	11654	11216	18	176	22
无店铺及其他零售业	Non-ship and Other Retails	41440	37620	70	1728	580
生活用燃料零售	Retail of Daily fuel	6079	5019	8	510	309
其他未列明的零售	Other Retail	35360	32601	63	1218	272

12-7 限额以上餐饮企业主要财务指标(2009)
Main Financial Indicators of Enterprises above Designated Size in Catering Services

单位：万元 (10000 yuan)

指　标	Item	主营业务收入 Total Sales	主营业务成本 Cost of Products Sold	主营业务税金及附加 Tax and Extra Charges on Sales Products	营业费用 Expenses of Products Sold	营业利润 Total Profits
总　计	**Total**	**93977**	**50375**	**6140**	**21727**	**3725**
#国有控股	State-Controlled	2508	1451	134	830	-461
按登记注册类型分组	**Grouped by Registration**					
内资企业	Domestic-funded Enterprise	90409	49142	5679	20667	2358
国有企业	State-owned Enterprise	4431	2951	138	655	-660
有限责任公司	Limited Liabilty Corporations	27069	13274	1443	7699	690
其他有限责任公司	Other Limited Liability Corporations	27069	13274	1443	7699	690
私营企业	Private Enterprise	54770	31137	3793	11013	2106
私营独资	Private-funded Enterprise	15605	9150	1297	2814	612
私营合伙	Private Enterprise with Partnership	6123	3621	506	655	524
私营有限责任公司	Private Limited Liabilty Corporations	27056	15439	1548	6284	974
私营股份有限公司	Private Share Holding Co.ltd	5987	2926	441	1260	-5
其他企业	Other Enterprise	4139	1780	305	1300	222
港澳台商投资企业	Enterprises Funded by Hong kong,Macao and Taiwan	852	289	324	31	48
外商投资企业	Foreign Funded Enterprises	2715	944	137	1029	1319
外资企业	Enterprises with Sole (exclusive) Foreign Investment	2715	944	137	1029	1319
按国民经济行业分组	**Grouped by National Economic Sector**					
正餐服务业	Restaurant Services	88949	47893	5886	20169	2835
快餐服务业	Snack Counter Services	4082	1568	201	1457	1113
其他餐饮服务业	Others	946	914	53	101	-223

主要统计指标解释

社会消费品零售总额 指批发和零售业、餐饮业、新闻出版业、邮政业和其他服务业等，售予城乡居民用于生活消费的商品和社会集团用于公共消费的商品之总量。社会消费品零售总额包括：

一、批发和零售业企业（单位）售予城乡居民用于生活消费和社会集团用于公共消费的商品。包括：

1.售予城乡居民的各种生活消费品；

2.售予入境旅游的外国人、华侨、港澳台同胞的各类商品；

3.售予行政事业单位、社会团体、军队和武警等机构的商品，以及以零售方式售予各类企业的商品。具体包括：用于非生产和社会交往的办公用品，如通讯设备、计算器具和设备、电讯网络设备、文印设备、音像视听器材和设备、纸张、本册、文具及装订文印材料、家具、日用电器、针纺织品、清洁卫生用品、文体用品、奖品、纪念品、礼品等；供内部人员乘坐的交通工具和燃料；用于办公设施修缮的各类配件、材料、工具等；用于取暖和防暑降温的设备、燃料、材料及食品等；专用于教学的用品和设备；非营利医疗机构的中、西药品、中药材和医疗设备器材；非专用的劳动保护用品；不对外营业的内部食堂用的餐具、炊具、设备、清洁卫生工具和食品、燃料等；军队、武警用于其人员生活的衣着品和个人用品；其他各类非生产性设备和用品。

二、餐饮业出售的主食、菜肴、烟酒饮料和其他商品。

三、新闻出版业、邮政业售予城乡居民、企事业单位、军队和武警等机构的书报杂志、音像制品、邮品等。

四、其他服务业出售的食品、烟酒饮料、服装鞋帽、日常生活用品、医药保健用品、艺术品、工艺美术品、玩具、殡葬用品以及其他消费品。

批发和零售业商品购进、销售、库存总额 指各种登记注册类型的批发和零售业企业(单位)以本企业(单位)为总体的，从国内、国外市场购进的商品总量，销售和出口的商品总量、库存的商品总量等情况。该指标可以反映商品流转过程中商品的购进、销售、库存之间的比例关系和存在的问题。

购进总额 指从本企业(单位)以外的单位和个人购进(包括从境外直接进口)作为转卖或加工后转卖的商品总额。它反映批发和零售业从国内、国外市场上购进商品的总量。商品购进包括：(1)从工农业生产者购进的商品；(2)从出版社、报社的出版发行部门购进的图书、杂志和报纸；(3)从各种登记注册类型的批发和零售业企业(单位)购进的商品；(4)从其他单位购进的商品，如从机关、团体、企业等单位购进的剩余物资，从住宿和餐饮业、其他服务业购进的商品，从海关、市场管理部门购进的缉私和没收的商品，从居民手中收购的废旧商品等；(5)从国(境)外直接进口的商品。不包括企业(单位)为自身经营用和未通过买卖行为而收入的商品以及销售退回、商品升溢等。

销售总额 指对本企业(单位)以外的单位和个人出售(包括对境外直接出口)的商品总额。它反映批发和零售业在国内市场上销售商品以及出口商品的总量。商品销售包括：(1)售给城乡居民和社会集团消费用的商品；(2)售给工业、农业、建筑业、运输邮电业、批发和零售业、住宿和餐饮业、其他服务业等作为生产、经营使用的商品；(3)售给批发和零售业作为转卖或加工后转卖的商品；(4)对国(境)外直接出口的商品。不包括出售本企业(单位)自用的废旧包装用品，未通过买卖行为付出的商品，经本单位介绍、由买卖双方直接结算、本单位只收取手续费的业务，购货退出的商品以及商品损耗和损失等。

库存总额 指报告期末各种登记注册类型的批发和零售业企业(单位)已取得所有权的商品。它反映批发和零售业企业(单位)的商品库存情况和对市场商品供应的保证程度。商品库存包括：(1)存放在批发和零售业经营单位(如门市部、批发站、经营处)仓库、货场、货柜和货架中的商品；(2)挑选、整理、包装中的商品；(3)已记入购进而尚未运到本单位的商品，即发货单或银行承兑凭证已到而货未到的商品；(4)寄放他处的商品，如因购货方拒绝承付而暂时存放在购货方的商品和已办完加工成品收回手续而未提回的商品;(5)委托其他单位代销(未作销售或调出)尚未售出的商品;(6)代其他单位购进尚未交付的商品。不包括所有权不属于本单位的商品、委托外单位加工生产尚未收回成品的商品、外贸企业代理其他单位从国外进口尚未付给订货单位的商品、代国家物资储备部门保管的商品等。

住宿和餐饮业营业额 指住宿和餐饮业法人企业(单位)在经营活动中因提供服务或销售商品等取得的收入。包括:客房收入、餐费收入、商品销售额和其他收入。客房收入指住宿和餐饮业法人企业(单位)在经营活动中因提供住宿服务取得的收入。餐费收入指住宿和餐饮业法人企业、(单位)因为顾客提供就餐服务取得的收入,包括经烹饪、调制加工后出售的各种食品,如主食、炒菜、凉拌菜等的收入。商品销售额指住宿和餐饮业法人企业(单位)伴随服务而出售商品所取得的收入(含增值税)。其他收入指营业收入中除客房收入、餐费收入、商品销售额以外的其他收入,包括娱乐、健身和商务服务等。

Explanatory Notes on Main Statistical Indicators

Total Retail Sales of Consumer Goods refer to the sum of retail sales of commodities sold by wholesale and retail trades, catering services, publishing, post and telecommunications and other service industries to urban and rural households for household consumption and to social institutions for public consumption. Retail sales of consumer goods include:

1) Sales sold by wholesale and retail trades to urban and rural households for household consumption and to social institutions for public consumption.

a) of commodities to urban and rural households;

b) of commodities to foreigners, overseas Chinese and Chinese compatriots from Hong Kong, Macao and Taiwan visiting China;

c) of commodities to government agencies, institutions, social organizations, military and armed police units, and commodities to enterprises in the form of retail sales. More specifically, they include: office facilities and articles for non-production purposes such as communications equipment, computing equipment and instruments, TV and network equipment, printing and copying equipment, audio-visual equipment and instruments, paper, notebooks, stationeries, furniture, electric appliances, knitwear, sanitation and cleaning articles, cultural and sport articles, articles for prizes, souvenirs, etc.; transport vehicles and fuels for employees; materials, spare parts and tools for the maintenance of office facilities; equipment, fuels, materials and food for winter heating or summer cooling purposes; articles and equipment for teaching purpose; Chinese and western medicines and medical equipment and facilities purchased by non profit-making medical institutes; non-specialized work safety articles; cooking utensils, tableware, equipment, cleaning articles, food and fuels purchased by in-house cafeterias; clothes and personal articles purchased by military or armed police units for their officials and soldiers; and other equipment and articles for non-production purposes.

2) Sales of stable food, cooked dishes, beverages, tobaccos and other articles by catering units.

3) Sales of books, newspapers, magazines, audio-visual products and post products by publishing, post and telecommunications departments to urban and rural households and to enterprises, institutions, military and armed police units.

4) Sales of food, beverages, tobaccos, clothing, hats, footwear, articles for daily use, medicines, medical and health articles, work of art, handicrafts, toys, funeral articles and other articles by other service industries.

Purchase, Sales and Stock of Commodities by Wholesale and Retail Trades refer to the total volume of commodities purchased, total volume of sales and exports, and the stock of commodities by wholesale and retail enterprises (establishments) of different status of registration from domestic and overseas markets. This indicator reflects the relationship among purchase, sales and stock of commodities in the circulation of goods and reveals the existing problems.

Total Purchases of Commodities refer to the total value of purchases of commodities by enterprises (establishments) from other establishments or individuals (including direct import from abroad) for the purpose of re-selling, either with or without further processing of the commodities purchased. This indicator is used to show the total value of purchases of commodities by wholesale and retail establishments from domestic and overseas markets. The purchases include: (1) agricultural and industrial products purchased from producers; (2) books, magazines and newspapers purchased from distribution departments of the publishers; (3) commodities purchased from wholesale and retail establishments of different status of registration; (4) commodities purchased from other units, such as surplus materials purchased from government agencies, enterprises or institutions, commodities purchased from hotels and catering services establishments, confiscated goods purchased from customs authorities or market management agencies, second-hand goods and wastes purchased from residents; and (5) commodities directly imported from abroad. Excluded are commodities purchased by enterprises (establishments) for use in their own business operation, commodities obtained without buying or selling procedures, rejected commodities, etc.

Total Sales of Commodities refer to value of commodities sold by the establishments to other establishments and individuals (including direct export to abroad). This indicator is used to show the total value of sales of commodities at domestic markets and export. The sales include: (1) commodities sold to urban and rural residents and social groups for their consumption; (2) commodities sold to establishments in industry, agriculture, construction, transportation, post and telecommunications, wholesale and retail trades, hotels and catering services, and public utility for their production and operation; (3) commodities sold to wholesale and retail establishments for re-selling, with or without further processing; and (4) commodities for direct export to abroad. Excluded are selling of waste packaging materials used by the establishments (units) themselves, commodities transferred without buying or selling procedures, commission income from brokerage in transactions for which settlement is directly handled by buyers and sellers, rejected commodities in the purchase, loss in commodities, etc.

Total Stock of Commodities refers to total commodities possessed by wholesale and retail enterprises (units) of various types of registration status at the end of the reference period, reflecting the commodity stock level of various wholesale and retail enterprises and the potential for market supply. It includes: (1) commodities located in storage, garages, counters, and shelves of operating units (such as sale stores, wholesale centres, and operating offices) of wholesale and retail enterprises; (2) commodities in the process of being selected, sorted, and packed; (3) commodities not arrived but recorded as purchase in the account, i.e. commodities not arrived but payment receipts for the commodities from the sellers or the banks arrived; (4) commodities deposited in other places rather than places mentioned above, for instance: commodities in the hold of purchasers temporarily due to the refusal of payment and commodities not taken back after going through the formalities; (5) commodities entrusted to other units to sell but not sold yet; (6) commodities purchased for other units but not delivered yet. Commodities not included as stock are those not owned by the enterprises (units), commodities on commission for processing but not yet delivered, imported commodities of agency of foreign trade enterprise but not yet delivered to ordering units and finally those put in stock on behalf of the state material reserves units.

Business Revenue of Hotels and Catering Services refers to revenue received from providing services or selling commodities by corporate enterprises and establishments engaged in hotels and catering services, including income from hotels, from catering services, from selling of commodities and from other services. Income from hotels refers to income of corporate enterprises and establishments engaged in hotels and catering services by providing lodging services. Income from catering services refers to income of corporate enterprises and establishments engaged in hotels and catering services by providing catering services, including selling of cooked or prepared foods such as staple food, cooked dishes or cold dishes. Income from selling of commodities refers to income of corporate enterprises and establishments engaged in hotels and catering services by selling commodities (including value-added tax) that accompany the services they provide. Income from other activities refers to income received other than income from hotels, catering services or selling of commodities, such as income from providing recreation, fitness or business services.

13

Thirteen

对外经济贸易

Foreign Trade and Economic Cooperation

13-1　进出口总额

Total Value of Imports and Exports

指　标	Item	2006	2007	2008	2009	2009年比2008年增长(%) Increase Rate in 2009 over 2008(%)
进出口总额(万元)	**Total Value of Imports and Exports(RMB 10000 yuan)**	**1240471**	**1558266**	**2350249**	**1576427**	**-32.9**
出口总额	Total Exports	796641	1004493	1324260	928258	-29.9
进口总额	Total Imports	443830	553773	1025989	648169	-36.8
进出口差额	Balance	352811	450720	298271	280089	-6.1
进出口总额(万美元)	**Total Value of Imports and Exports(USD 10000)**	**161745**	**227285**	**337037**	**230732**	**-31.5**
出口总额	Total Exports	103874	146513	190084	135856	-28.5
进口总额	Total Imports	57871	80772	146953	94876	-35.4
进出口差额	Balance	46003	65741	43131	40980	-5.0

注：资料来源于贵阳海关(以下相关表同)。
Note:Data in the table are obtained from Guiyang Customhouse(the same applies to the relative tables below) .

13-2　按地区分的出口商品总额

Foreign Export Trade with Related Countries(Territories)

单位：万美元　　(USD 10000)

地区名	Country(Territory)	2006	2007	2008	2009
总　计	**Total**	**103874**	**146513**	**190084**	**135856**
亚　洲	Asia	68524	84784	111949	88831
非　洲	Africa	2528	4306	5594	5514
欧　洲	Europe	13554	20061	23111	13711
拉丁美洲	Latin America	2424	12672	10551	3859
北 美 洲	North America	14854	18716	23009	13331
大 洋 洲	Oceania	1990	5974	15870	10610

13-3　按地区分的进口商品总额

Foreign Import Trade with Related Countries(Territories)

单位：万美元　　(USD 10000)

地区名	Country(Territory)	2006	2007	2008	2009
总　计	**Total**	**57871**	**80772**	**146953**	**94876**
亚　洲	Asia	28293	44453	69268	32219
非　洲	Africa	1582	3053	8083	9538
欧　洲	Europe	7923	11844	13333	14004
拉丁美洲	Latin America	3654	3247	3203	12271
北 美 洲	North America	8901	11364	41685	9304
大 洋 洲	Oceania	7518	6811	11381	17540

13–4 海关出口商品分类

Value of Export Commodities by Category

单位：万美元 (USD 10000)

指 标	Item	2006	2007	2008	2009	2009年比2008年增长(%) Increase Rate in 2009 over 2008(%)
总 计	**Total**	**103874**	**146513**	**190084**	**135856**	**-28.5**
活动物；动物产品	Live Animals & Animal Products	45	83	47	101	115.3
植物产品	Vegetables, Fruits and Cereals	457	489	384	448	16.5
动、植物油、脂及其分解产品；精制的食用油脂；动、植物蜡	Animal and Vegetable Oils,Fats and Wax, Refined Edible Oils and Fats	127	158	342	215	-37.2
食品；饮料、酒及醋；烟草及烟草代用品的制品	Food, Beverages, Liquor and Vinegar, Tobacco and Tobacco Substitutes	5743	6516	9797	13560	38.4
矿产品	Minerals	8525	10433	31326	8133	-74.0
化学工业及其相关工业的产品	Chemicals and Related Products	38915	68668	74712	53762	-28.0
塑料及其产品；橡胶及其产品	Plastics and Related Products,Rubber and Related Products	8804	11466	12457	12324	-1.1
生皮、皮革、毛皮及其制品；鞍具及挽具；旅行用品、手提包及类似物品；动物肠线(蚕胶 丝除外)制品	Raw Hides, Leather, Furs and Related Products, Saddle, Travel Articles,Handbags and Similar Containers	128	92	92	46	-50.1
木及木制品；木炭；软木及软木制品；稻草、秸秆、针茅或其他编结材料制品；篮筐及柳条编织品	Wood and Wooden Products, Charcoal,Cork and Related Products, Straws,Plaited Products,Baskets and Wickerwork	12	54	165	96	-42.1
木浆及其他纤维状纤维素浆；回收(废碎)纸或纸板；纸、纸板及其制品	Paper Pulp and Cellulose Pulp,Paper and Waste Paper, Paperboard and Related Products	10	14	14	15	13.6
纺织原料及纺织制品	Textile Materials and Products	1098	3973	1401	739	-47.3
鞋、帽、伞、杖、鞭及其零件；已加工的羽毛及其制品；人造花；人发制品	Footwear, Headgear, Umbrellas,Canes, Whips Processed Feather,Artificial Flowers,Wigs	3	15	24	39	62.7
石料、石膏、水泥、石棉、云母及类似材料的制品；陶瓷产品；玻璃及其制品	Gypsum , Cement, Asbestos,Mica,Ceramic Glass	832	514	890	1211	36.1
珠宝、贵金属及制品	Jewelry of Precious Metal or Rolled Precious Metal	2	1	2	3	38.5
贱金属及其制品	Base Metals and Related Products	23644	24806	28242	6678	-76.4
机器、机械器具、电气设备机器零件、录音机及放声机、电视图象、声音的录制和重放设备及其零件、附件	Machinery,Electric Equipment and Accessories, Recor ders, Videorecorder and Accessories	12999	15752	25643	34252	33.6
车辆、航空器、船舶及有关运输设备	Locomotives, Vehicles, Aircraft,Ship and Related Transportation Equipment	2056	2696	3460	2664	-23.0
光学、照相、电影、计量、检验、医疗或外科用仪器及设备、精密仪器及设备，钟表，乐器及其零附件	Optical,Photographic,Film,Measuring and Checking and Medical Instruments and Equipment, Precision Instruments and Instruments, Equipment, Clocks, Musical Related Parts and Accessories	271	305	370	801	116.6
杂项制品	Miscellaneous Products	203	478	716	769	7.4
艺术品、收藏品及古物	Art,Collection and Antique					

13–5 海关进口商品分类

Value of Import Commodities by Category

单位：万美元 (USD 10000)

指标	Item	2006	2007	2008	2009	2009年比2008年增长(%) Increase Rate in 2009 over 2008(%)
总计	**Total**	**57871**	**80772**	**146953**	**94876**	**-35.4**
植物产品	Live Animals & Animal Products Vegetables, Fruits and Cereals	3	5	4	27	**657.2**
食品；饮料、酒及醋；烟草及烟草代用品的制品	Food, Beverages, Liquor and Vinegar,Tobacco and Tobacco Substitutes	20	18	31	25	-17.8
矿产品	Minerals	32653	53697	108189	53620	-50.4
化学工业及其相关工业的产品	Chemicals and Related Products	1513	1616	2736	1763	-35.6
塑料及其产品；橡胶及其产品	Plastics and Related Products,Rubber and Related Products	9002	11348	16005	11900	-25.7
木浆及其他纤维状纤维素浆；回收(废碎）纸或纸板；纸、纸板及其制品	Paper Pulp and Cellulose Pulp, Paper and Waste Paper,Paperboard and Related Products	174	333	376	387	2.9
纺织原料及纺织制品	Textile Materials and Products	19	33	68	10	-85.4
石料、石膏、水泥、石棉、云母及类似材料的制品；陶瓷产品；玻璃及其制品	Gypsum, Cement, Asbestos, Mica, Ceramic Glass	8	9	27	63	129.6
贱金属及其制品	Base Metals and Related Products	2032	1471	2706	7649	182.7
机电、音像设备及其零件机及放声机、电视图象、声音的录制和重放设备及其零件、附件	Machinery, Electric Equipment and Accessories, Recorders, Videorecorder and Accessories	10683	9918	9552	15654	63.9
车辆、航空器、船舶及有关运输设备	Locomotives, Vehicles, Aircraft,Ship and Related Transportation Equipment	333	491	5691	603	-89.4
光学、照相、电影、计量、检验、医疗或外科用仪器及设备、精密仪品及设备， 钟表，乐器及其零附件	Optical,Photographic,Film,Measuring and Checking and Medical Instruments and Equipment,PrecisionInstruments and Equipment, Clocks, Musical Instruments,Related Parts and Accessories	1406	1830	1503	3162	110.3
杂项制品	Miscellaneous Products	25	2	65	13	-80.3
艺术品、收藏品及古物	Art,Collection and Antique		1			

13–6 吸收外资
Foreign Capital Absorbed

指　标	Item	2006	2007	2008	2009
签订合同项目(个)	**Number of Signed Contracts(unit)**	**59**	**51**	**50**	**39**
#直接利用外资	Direct Foreign Investment	55	50	50	37
#合资企业	Joint Venture	23	18	19	19
合作经营企业	Cooperative Venture	7	7	10	2
独资企业	Sole-foreign Enterprise	25	25	21	16
签订合同金额(万美元)	**Contracted Foreign Capital(USD 10000)**	**25845**	**53610**	**59402**	**37397**
#直接利用外资	Direct Foreign Investment	23275	43610	59402	16397
#合资企业	Joint Venture	4055	10643	4355	9738
合作经营企业	Cooperative Venture	3711	8901	6269	2380
独资企业	Sole-foreign Enterprise	15509	24066	48778	4279
实际吸收外资金额(万美元)	**Foreign Capital Actually Absorbed(USD 10000)**	**18413**	**15333**	**17379**	**18027**
#直接利用外资	Direct Foreign Investment	9384	12651	14904	13364
#合资企业	Joint Venture	2438	4288	4401	5230
合作经营企业	Cooperative Venture	608	52	3783	228
独资企业	Sole-Foreign Enterprise	6338	8311	6720	7906
外商投资企业基本情况	**Registered Foreign-funded Enterprise**				
年末实有外商投资企业(个)	Number of Foreign-funded Enterprises at the year-end(unit)	601	603	601	622
年底登记户数(户)	Number of Registered Enterprises at the year-end(unit)	34	50	30	32
投资总额(万美元)	Total Investment(USD 10000)	263407	279741	321526	356542
注册资本(万美元)	Registered Capital(USD 10000)	163024	169718	193101	213730
#外　方	Capital from Foreign Partners	115071	119505	141801	158456

注：资料来源于省发改委、省商务厅和省工商局(以下相关表同)。

Note:Data in the table are obtained from the provincial development and reform commission,the provincial department of commerce, and the provincial industrial and commercial bureau(the same applies to the relative tables below)

13–7 外商直接投资按行业分项目个数

Agreement Number of Foreign Direct Investment by Sector

单位：个 (unit)

行 业	Sector	2006	2007	2008	2009
总 计	**Total**	**55**	**50**	**40**	**37**
农、林、牧、渔业	Farming,Forestry,Animal Husbandry and Fishery	4	3	3	5
采矿业	Mining and Quarrying	1	10	3	
制造业	Manufacturing	29	17	19	11
电力、燃气及水的生产和供应业	Electric Power,Gas and Water Production and Supply	1		3	2
建筑业	Construction		2	1	
交通运输、仓储和邮政业	Transport, Storage and Post	1			1
信息传输、计算机服务和软件业	Information Transmission,Computer Services and Software		1		
批发和零售业	Wholesale and Retail Trade		3	2	8
住宿和餐饮业	Hotel and Restaurants	7	4		1
房地产业	Real Estate	6	6	2	1
租赁和商务服务业	Leasing and Business Services	4	2	5	7
科学研究、技术服务和地质勘查业	Scientific Research,Technic Serviced and Geological Prospecting	1	1		
水利、环境和公共设施管理业	Water Conservancy,Environment and Public Facilities Services		1	1	
居民服务和其他服务业	Services to Households and Other Services				1
文化、体育和娱乐业	Culture, Sports and Entertainment	1		1	

13–8 按行业分外商直接投资协议金额

Agreement Value of Foreign Direct Investment by Sector

单位：万美元 (USD 10000)

行 业	Sector	2006	2007	2008	2009
总 计	**Total**	**23275**	**43610**	**59402**	**16397**
农、林、牧、渔业	Farming,Forestry,Animal Husbandry and Fishery	1832	514	2973	3042
采矿业	Mining and Quarrying	70	1657	1233	491
制造业	Manufacturing	10594	16911	27419	5948
电力、燃气及水的生产和供应业	Electric Power,Gas and Water Production and Supply	300		6120	2210
建筑业	Construction		1838	3220	
交通运输、仓储及邮电通讯业	Transport, Storage and Post	483			368
信息传输、计算机服务和软件业	Information Transmission,Computer Services and Software	-2	14		-50
批发和零售业	Wholesale and Retail Trade	80	1754	1389	-616
住宿和餐饮业	Hotel and Restaurants	191	8036	-96	15
房地产业	Real Estate	8852	7514	12019	587
租赁和商务服务业	Leasing and Business Services	353	905	3212	3593
科学研究、技术服务和地质勘查业	Scientific Research,Technic Serviced and Geological Prospecting	472	1113		799
水利、环境和公共设施管理业	Water Conservancy,Environment and Public Facilities Services		3354	410	
居民服务和其他服务业	Services to Households and Other Services				10
文化、体育和娱乐业	Culture, Sports and Entertainment	50		1503	

13–9 按行业分外商实际直接投资额

Actually Used Amount of Foreign Direct Investment by Sector

单位：万美元　　　　(USD 10000)

指　标	Item	2006	2007	2008	2009
总　计	**Total**	**9384**	**12651**	**14904**	**13364**
农、林、牧、渔业	Farming, Forestry,Animal Husbandry and Fishery	119	70		
采矿业	Mining and Quarrying	145	434	469	372
制造业	Manufacturing	4193	6111	7641	11370
电力、燃气及水的生产和供应业	Electric Power,Gas and Water Prod uction and Supply			750	
建筑业	Construction	8			
交通运输、仓储和邮政业	Transportation,Storage,Postal and Telecommunications Services	490			
信息传输、计算机服务和软件业	Information Transmit,Computer Services and Software Trade	128			
批发和零售业	Wholesale & Retail Trade and Catering Services	86	400	1275	472
住宿和餐饮业	Quarter and Catering Services	237			
房地产业	Real Estate	3363	4870	1339	617
租赁和商务服务业	Leasehold and Commerce Services	62	104	76	10
科学研究、技术服务和地质勘查业	Scientific Research,Technic Serviced and Geological Prospecting	497	662		523
水利、环境和公共设施管理业	Water Conservancy,Environment and Public Facilities Services			3354	
居民服务和其他服务业	Recident and other Services	6			
文化、体育和娱乐业	Culture,Sports and Entertainment	50			

13–10 对外经济合作

Contracted Projects and Labour Cooperation with Foreign Countries or Territories

指　标	Item	2006	2007	2008	2009
境外经济合作	**Economical Cooperation with Foreigh Countries or Territories**				
签订合同项目(个)	Number of Contracted Projects(unit)	2	4	3	10
#对外承包工程	Contracted Projects	2	4	3	10
签订合同金额(万美元)	Value of Contract(USD 10000)	2419	7576	43804	16461
#对外承包工程	Contracted Projects	2419	7576	43804	16461
实际营业额(万美元)	Actual Turnover(USD 10000)	6608	4193	31064	28287
#对外承包工程	Contracted Projects	6593	4193	31064	28287
年末在外人员(人)	Persons in Abroad(year-end)(person)	775	620	874	1649
#对外承包工程	Contracted Projects	690	620	874	1649
省外经济合作	**Economic Cooperation with other province**				
引进省外项目(个)	Number of Contracted Projects(unit)	2086	2056	2157	
引进省外资金(亿元)	Contracted Value(100 million yuan)	286	401	510	

主要统计指标解释

进出口总额 海关进出口总额指实际进出我国国境的货物总金额。包括对外贸易实际进出口货物，来料加工装配进出口货物，国家间、联合国及国际组织无偿援助物资和赠送品，华侨、港澳台同胞和外籍华人捐赠品，租赁期满归承租人所有的租赁货物，进料加工进出口货物，边境地方贸易及边境地区小额贸易进出口货物(边民互市贸易除外)，中外合资企业、中外合作经营企业、外商独资经营企业进出口货物和公用物品，到、离岸价格在规定限额以上的进出口货样和广告品(无商业价值、无使用价值和免费提供出口的除外)，从保税仓库提取在中国境内销售的进口货物，以及其他进出口货物。进出口总额用以观察一个国家在对外贸易方面的总规模。我国规定出口货物按离岸价格统计，进口货物按到岸价格统计。

利用外资 指我国各级政府、部门、企业和其他经济组织通过对外借款、吸收外商直接投资以及用其他方式筹措的境外现汇、设备、技术等。

对外借款 是我国利用外资的重要部分。指通过对外正式签订借款协议，从境外筹措的资金，包括外国政府贷款、国际金融组织贷款、外国银行商业贷款、出口信贷以及对外发行债券等。1996 年及以前还包括对外发行股票。

外商直接投资 指外国企业和经济组织或个人(包括华侨、港澳台胞以及我国在境外注册的企业)按我国有关政策、法规，用现汇、实物、技术等在我国境内开办外商独资企业、与我国境内的企业或经济组织共同举办中外合资经营企业、合作经营企业或合作开发资源的投资(包括外商投资收益的再投资)，以及经政府有关部门批准的项目投资总额内企业从境外借入的资金。

外商其他投资 指除对外借款和外商直接投资以外的各种利用外资的形式。包括企业在境内外股票市场公开发行的以外币计价的股票(目前主要是在香港证券市场发行的 H 股和在境内证券市场发行的 B 股)发行价总额，国际租赁进口设备的应付款，补偿贸易中外商提供的进口设备、技术、物料的价款，加工装配贸易中外商提供的进口设备、物料的价款。

对外承包工程 指各对外承包公司以招标议标承包方式承揽的下列业务：(1)承包国外工程建设项目，(2)承包我国对外经援项目，(3)承包我国驻外机构的工程建设项目，(4)承包我国境内利用外资进行建设的工程项目，(5)与外国承包公司合营或联合承包工程项目时我国公司分包部分，(6)对外承包兼营的房屋开发业务。对外承包工程的营业额是以货币表现的本期内完成的对外承包工程的工作量，包括以前年度签订的合同和本年度新签订的合同在报告期内完成的工作量。

对外劳务合作 指以收取工资的形式向业主或承包商提供技术和劳动服务的活动。我国对外承包公司在境外开办的合营企业，中国公司同时又提供劳务的，其劳务部分也纳入劳务合作统计。劳务合作营业额按报告期内向雇主提交的结算数(包括工资、加班费和奖金等)统计。

Explanatory Notes on Main Statistical Indicators

Total Imports and Exports at Customs refer to the value of commodities imported into and exported from the boundary of China. They include the actual imports and exports through foreign trade, imported and exported goods under the processing and assembling trades and materials, supplies and gifts as aid given gratis between governments and by the United Nations and other international organizations, and contributions donated by overseas Chinese, compatriots in Hong Kong and Macao and Chinese with foreign citizenship, leasing commodities owned by tenant at the expiration of leasing period, the imported and exported commodities processed with imported materials, commodities trading in border areas (excluding mutual exchange goods), the imported and exported commodities and articles for public use of the Sino-foreign joint ventures, cooperative enterprises and ventures exclusively with foreign own investment .Also included are import or export of samples and advertising goods for whose CIF or FOB value are beyond the permitted ceiling (excluding goods of no trading or use value and free commodities for export),imported goods sold in China from bonded warehouses and other imported or exported goods.The indicator of the total imports and exports at customs can be used to observe the total size of external trade in a country.In accordance with the stipulation of the Chinese government,imports are calculated at CIF, while exports are calculated at FOB.

Utilization of Foreign Capital refers to remittance, equipment and technology financed from abroad, by loans, foreign direct investment and other forms undertaken by the Chinese governments at all levels, by various departments, enterprises and other economic units.

Foreign Borrowings an important part of China utilization of foreign capital,it refer to funds borrowed from abroad through formal signing of borrowing agreements with foreign institutions, including loans of foreign governments, loans of international financial institutions,commercial loans of foreign banks, export credit, and funds raised by Chinese bonds (and shares before 1996) issued abroad.

Foreign Direct Investment refers to the investments inside China by foreign enterprises and economic organizations or individuals (including overseas Chinese,compatriots from Hong Kong and Macao,and Chinese enterprises registered abroad), following the relevant policies and laws of China, for the establishment of ventures exclusively with foreign own investment, Sino-foreign joint ventures and cooperative enterprises or for co-operative exploration of resources with enterprises or economic organizations in China. It includes the re investment of the foreign entrepreneurs with the profits gained from the investment and the funds that enterprises borrow from abroad in the total investment of projects which are approved by the relevant department of the government.

Other Foreign Direct Investment refers to all forms of utilization of foreign capitals other than foreign borrowings and foreign direct investment. It includes the total value of stock shares in foreign currencies issued by enterprises at domestic or foreign stock exchanges (now mainly consisting of H shares issued at Hong Kong Security Market and B shares issued at domestic security markets), rent payable for the imported equipment through international leasing arrangement, cost of imported equipment, technology and materials provided by foreign counterparts in compensation trade and processing and assembly trade.

Overseas Contracted Project refer to projects undertaken by Chinese contractors (project contracting companies) through bidding process.They include: (1)overseas civil engineering construction projects financed by foreign investors; (2)overseas projects financed by the Chinese government through its foreign aid programs; (3)construction projects of Chinese diplomatic missions,trade offices and other institutions stationed abroad; (4)construction projects in China financed by foreign investment; (5)sub-contracted projects to be taken by Chinese contractors through a joint umbrella project with foreign contractor(s); (6)housing development projects.The business income from international contracted projects is the work volume of contracted projects completed during the reference period, expressed in monetary terms, including completed work on projects signed in previous years.

Overseas Labour Services refers to the activities of providing technology and labour services to employers or contractors in the forms of receiving salaries and wages. Labour services providing by contractual joint ventures of Chihe statistics of service cooperation with foreign countries.The business income of labour service cooperation is the income in the form of wages and salaries, overtime pay, bonuses and other remuneration received from the employers during the reference period.

14

Fourteen

旅　游

Tourism

14-1 旅游业主要指标

Basic Statistics on Development of Tourism

指 标	Item	2006	2007	2008	2009
旅行社总数(个)	**Total Number of Travel Agencies(unit)**	**181**	**177**	**218**	**201**
国际旅行社	International Travel Agencies	16	17	18	18
国内旅行社	Domestic Travel Agencies	165	160	200	183
旅行社职工人数(人)	**Number of Staff and Workers of Travel gencies(person)**	**2085**	**2215**	**5215**	**4824**
国际旅行社	International Travel Agencies	850	910	1050	1050
国内旅行社	Domestic Travel Agencies	1235	1305	4165	3774
入境旅游人数(万人次)	**Total Number of International Tourists Inbound (10000 person-times)**	**32.14**	**43.00**	**39.54**	**39.95**
外国人	Foreigners	10.70	15.48	18.22	16.28
港澳同胞	Compatriots from Hong Kong and Macao	9.33	13.05	10.79	10.84
台湾同胞	Compatriots from Taiwan	12.11	14.47	10.52	12.83
三大旅行社接待入境旅游人数(万人次)	**Number of International Tourists Received by Three Major Travel Service (10000 person-times)**	**3.71**	**3.30**	**3.87**	**5.25**
中国国际旅行社	China International Travel Service	0.98	0.41	1.67	1.31
贵州海外旅游总公司	Guizhou Overseas Tourism Corporation	2.55	2.48	2.06	3.83
中国青年旅行社	China Youth Travel Service	0.18	0.41	0.14	0.11
国际旅游收入(万美元)	**Earnings from International Tourism (USD 10000)**	**11515.66**	**12917.55**	**11697.37**	**11044.40**
国内旅游人数(万人次)	**Total Number of Domestic Tourists(10000 person-times)**	**4715.75**	**6219.89**	**8150.69**	**10400.00**
国内旅游收入(亿元)	**Earnings from Domestic Tourism(100 million yuan)**	**377.79**	**504.04**	**643.82**	**797.69**

注：资料来源于省旅游局(以下相关表同)。

Note;Data in the tables are obtained from the provincial tourism administration.

14-2 接待外国旅游人数(按地区分)

Number of Overseas Tourists Visiting Guizhou

单位：人次 (person-time)

地区名	Country(Territory)	2006	2007	2008	2009	2009年比2008年增长(%) Increase Rate in 2009 over 2008(%)
总　计	**Total**	**107006**	**154762**	**182231**	**162792**	**-10.7**
亚　洲	Asia	50403	69077	81560	75042	-8.0
非　洲	Africa	569	752	1120	980	-12.5
欧　洲	Europe	23547	36234	43325	39094	-9.8
拉丁美洲	Latin America	21302	30355	35076	30493	-13.1
大 洋 洲	Oceania	10229	15456	17564	14814	-15.7
其　他	Others	956	2888	3586	2369	-33.9

14-3 来黔境外旅游人数及人均消费支出

Number of Overseas Tourists Visiting Guizhou and Average Per Capita Spending

类　别	Item	2006	2007	2008	2009	2009年比2008年增长(%) Increase Rate in 2009 over 2008(%)
来黔境外旅游人数(万人次)	**Number of Foreign Tourists Visiting Guizhou(10000 person-times)**	**32.14**	**43.00**	**39.54**	**39.95**	**1.0**
外国人	Foreigner	10.70	15.48	18.22	16.28	-10.7
港澳同胞	Compatriots from Hong Kong and Macao	9.33	13.05	10.79	10.84	0.5
台湾同胞	Compatriots from Taiwan	12.11	14.47	10.52	12.83	21.9
平均每人逗留天数(天/人)	Average Time Tourists Stay in Guizhou Per Capita (day/person)	2.24	1.86	1.75	1.63	-6.9
平均每人每天消费支出(美元/人、天)	Average Per Capita Daily Spending (USD/person-day)	163.68	171.54	169.30	169.12	-0.1

14–4 旅馆业接待经营
Operation of Hotels

类　别	Item	2006	2007	2008	2009	2009年比2008年增长(%) Increase Rate in 2009 over 2008(%)
接待能力	**Capacity**					
年末客房数(间)	Guest Rooms (Year-end) (unit)	15805	18625	21278	23578	10.8
年末客房床位数(张)	Guest Beds (Year-end) (bed)	30396	34974	39142	42885	9.6
客房开房率(%)	Room Occupancy Rate(%)	65	65.5	63	63.5	0.5(百分点)
#星级宾馆	Star-rated Hotels	70.1	66	64	64.5	0.5(百分点)
实际住宿人次数(万人次)	Actual Number of Guests(10000 person-times)	395.53	435.65	510.89	540.32	5.8
#海外来黔	Overseas Visitors	32.14	43.00	39.53	39.95	1.1
实际住宿人天数(万人天)	Actual Number of Guests and Days of Stay (10000 person-day)	605.11	689.21	748.61	801.35	7.0
#海外来黔	Overseas Visitors	72.04	80.01	69.09	65.30	-5.5
经营和财务	**Management and Financial**					
营业收入(万元)	Operational Income(10000 yuan)	155630	171256	180254	187002	3.7

14–5 星级饭店
Star-rated Hotels

单位：个 (unit)

指 标	Item	2006	2007	2008	2009
总 计	**Total**	**214**	**243**	**279**	**323**
按经济类型分	**Grouped by Ownership**				
国有经济	State-owned	134	111	97	111
集体经济	Collective-owned	75	130	175	210
外商投资经济	Foreign Funded	5	2	7	2
按规模分	**Grouped by Capacity**				
客房总数300以上	With Above than 300 Rooms	2	2	2	4
客房总数200–299间	With 200-299 Rooms	7	8	10	13
客房总数100–199间	With 100-199 Rooms	38	45	45	65
客房总数99间以下	With Less than 100 Rooms	167	188	222	241

14–6 旅游外汇收入
Foreign Exchange Earnings

单位：万美元 (USD 10000)

类 别	Item	2006	2007	2008	2009	2009年比2008年增长(%) Increase Rate in 2009 over 2008(%)
总 计	**Total**	**11515.66**	**12917.56**	**11697.37**	**11044.40**	**-5.6**
长途交通	Long Distance Transportation	3569.85	3100.22	3661.28	3224.96	-11.9
游 览	Visiting	817.61	490.86	432.80	441.78	2.1
住 宿	Accommodation	2360.71	1459.68	1368.59	1336.37	-2.4
餐 饮	Food and Beverage	1450.97	1072.16	959.18	949.82	-1.0
商品销售	Shopping	2153.43	3733.18	3193.38	3379.59	5.8
娱 乐	Entertainment	713.97	477.95	514.68	452.82	-12.0
邮电通讯	Postal and Communication Services	57.58	426.28	514.68	353.42	-31.3
市内交通	Local Transportation	115.16	232.51	362.64	77.31	-78.7
其他服务	Other Service	276.38	1924.72	690.14	828.33	20.0

14-7 风景名胜区
Scenic Spots

名 称	Title	级 别	地 址
红枫湖风景名胜区	Hongfeng Lake Scenic Spot	国家级	贵州省贵阳市清镇市
黄果树风景名胜区	Huangguoshu Waterfalls Scenic Spot	国家级	贵州省安顺市镇宁县
龙宫风景名胜区	The Dragon Palace Scenic Spot	国家级	贵州省安顺市
织金洞风景名胜区	Zhijin Cave Scenic Spot	国家级	贵州省毕节地区织金县
九洞天风景名胜区	Jiudongtian Scenic Spot	国家级	贵州省毕节地区
马岭河峡谷风景名胜区	Malinghe Canyon Scenic Spot	国家级	贵州省黔西南州兴义市
㵲阳河风景名胜区	Wuyang Tuorist Area Scenic Spot	国家级	贵州省黔东南州镇远县
黎平侗乡风景名胜区	Liping Dong-Village Scenic Spot	国家级	贵州省黔东南州黎平县
荔波樟江风景名胜区	Libo Zhangjiang Scenic Spot	国家级	贵州省黔南州荔波县
都匀斗篷山——剑江风景名胜区	Duyun Doupeng Mountain----Jianjiang Scenic Spot	国家级	贵州省黔南州
赤水风景名胜区	Chishui Scenic Spot	国家级	贵州省遵义市赤水市
九龙洞风景名胜区	Jiulong Cave Scenic Spot	国家级	贵州省铜仁地区铜仁市
紫云格凸河风景名胜区	Ziyun Getu River Scenic Spot	国家级	贵州省安顺市紫云县
平塘风景名胜区	Pingtan Scenic Spot	国家级	贵州省黔南州平塘县
瓮安江界河风景名胜区	Wengan Jiangjie River Scenic Spot	国家级	贵州省黔南州瓮安县
榕江古榕风景名胜区	Rongjiang Gurong Scenic Spot	国家级	贵州省黔东南州榕江县
石阡温泉群风景名胜区	Shiqian Hot Well Flock Scenic Spot	国家级	贵州省铜仁地区石阡县
沿河乌江山峡风景名胜区	Yuanhe Wujiang River Sanxia Scenic Spot	国家级	贵州省铜仁地区沿河县
百花湖风景名胜区	Baihua Lake Scenic Spot	省级	贵州省贵阳市
花溪风景名胜区	Huaxi Scenic Spot	省级	贵州省贵阳市花溪区
息烽风景名胜区	Xifeng Scenic Spot	省级	贵州省贵阳市息烽县
修文阳明风景名胜区	Xiuwen Yangming Scenic Spot	省级	贵州省贵阳市修文县
香纸沟风景名胜区	Xiangzhigou Scenic Spot	省级	贵州省贵阳市
开阳风景名胜区	Kaiyang Scenic Spot	省级	贵州省贵阳市开阳县
相思河风景名胜区	Xiangsi River Scenic Spot	省级	贵州省贵阳市
清镇暗流河风景名胜区	Qingzhen Undercurrent River Scenic Spot	省级	贵州省贵阳市清镇市
普定梭筛风景名胜区	Puding Suoshai Scenic Spot	省级	贵州省安顺市普定县
关岭花江大峡谷风景名胜区	Guanling Huajiang Canyon Scenic Spot	省级	贵州省安顺市关岭县花江镇
平坝天台山——斯拉河风景名胜区	Pingba Tiantai Mountain ----Sila River Scenic Spot	省级	贵州省安顺市平坝县
百里杜鹃风景名胜区	One-Hundred-Li Azalea Belt Scenic Spot	省级	毕节地区大方、黔西县
贵州屋脊赫章韭菜坪风景名胜区	Guizhou Fastigium Hezhang Jiucaiping Scenic Spot	省级	贵州省毕节地区赫章县
鲁布革风景名胜区	Lubuge Scenic Spot	省级	贵州省黔西南州兴义市
泥凼石林风景名胜区	Nidang shilin Scenic Spot	省级	贵州省黔西南州兴义市泥凼镇
安龙招堤风景名胜区	Anlong Zhaodi Scenic Spot	省级	贵州省黔西南州安龙县
贞丰三岔河风景名胜区	Zhenfeng Sancha River Scenic Spot	省级	贵州省黔西南州贞丰县

14-7 续表 (continued)

名　称	Title	级别	地　址
晴隆三望坪风景名胜区	Qinglong Sanwangping Scenic Spot	省级	贵州省黔西南州晴隆县
兴仁放马坪风景名胜区	Xingren Fangmaping Scenic Spot	省级	贵州省黔西南州兴仁县
岑巩龙鳌河风景名胜区	Cengong Longao River Scenic Spot	省级	贵州省黔东南州岑巩县
剑河风景名胜区	Jianhe Scenic Spot	省级	贵州省黔东南州剑河县
麻江下司风景名胜区	Majiang Xiasi Scenic Spot	省级	贵州省黔东南州麻江县
镇远高过河风景名胜区	Zhenyuan Gaoguo River Scenic Spot	省级	贵州省黔东南州镇远县
雷山风景名胜区	Leishan Scenic Spot	省级	贵州省黔东南州雷山县
锦屏三板溪——隆里古城风景名胜区	Jinping Sanbanxi----Longli Scenic Spot	省级	贵州省黔东南州锦屏县
丹寨龙泉山——岔河风景名胜区	Danzhai Longquanshan----Chahe Scenic Spot	省级	贵州省黔东南州丹寨县
从江风景名胜区	Congjiang Scenic Spot	省级	贵州省黔东南州从江县
龙里猴子沟风景名胜区	Longli Monkey Fossa Scenic Spot	省级	贵州省黔南州龙里县
福泉洒金谷风景名胜区	Fuquan Sajingu Scenic Spot	省级	贵州省黔南州福泉市
惠水涟江——燕子洞风景名胜区	Huishui Lianjiang--Yanzi Cave Scenic Spot	省级	贵州省黔南州惠水县
长顺杜鹃湖——白云山风景名胜区	Changshun Dujuan Lake--Baiyun Mountain Scenic Spot	省级	贵州省黔南州长顺县
三都都柳江风景名胜区	Sandu Duliu River Scenic Spot	省级	贵州省黔南州三都县
贵定洛北河风景名胜区	Guiding Luobei River Scenic Spot	省级	贵州省黔南州贵定县
独山深河桥风景名胜区	Dushan Shenhe Bridge Scenic Spot	省级	贵州省黔南州独山县
遵义娄山风景名胜区	Zunyi Loushan Mountain Scenic Spot	省级	贵州省遵义市遵义县板桥镇
绥阳宽阔水风景名胜区	Suiyang Kuankuoshui Scenic Spot	省级	贵州省遵义市绥阳县
仁怀茅台风景名胜区	Renhuai Moutai Scenic Spot	省级	贵州省遵义仁怀市茅台镇
习水风景名胜区	Xishui Scenic Spot	省级	贵州省遵义市习水县东皇镇
余庆大乌江风景名胜区	Yuqing Wujiang River Scenic Spot	省级	贵州省遵义市余庆县白泥镇
湄潭湄江风景名胜区	Meitan Scenic Spot	省级	贵州省遵义市湄潭县
梵净山——太平河风景名胜区	Fanjing Mountain----Taiping River Scenic Spot	省级	贵州省铜仁地区江口县
印江木黄风景名胜区	Yinjiang Muhuang Scenic Spot	省级	贵州省铜仁地区印江县
思南乌江白鹭洲风景名胜区	Sinan Wujiang River Bailuzhou Scenic Spo	省级	贵州省铜仁地区思南县
松桃豹子岭——寨英风景名胜区	Songtao Baozi Mountain----Zhaiying Scenic Spot	省级	贵州省铜仁地区松桃县
万山夜郎谷风景名胜区	Wanshan Yelang Canyon Scenic Spot	省级	贵州省铜仁地区万山特区
玉屏北洞萧笛之乡风景名胜区	Yuping Beidong Xiaodi-Village Scenic Spot	省级	贵州省铜仁地区玉屏县
六枝牂牁江风景名胜区	Liuzhi Zangke River Scenic Spot	省级	贵州省六盘水市六枝特区
盘县古银杏风景名胜区	Panxian Ancientry Gingko Scenic Spot	省级	贵州省六盘水市盘县石桥镇
盘县大洞竹海风景名胜区	PanXian Dadong Banboo Sea Scenic Spot	省级	贵州省六盘水市盘县珠东乡、老厂镇
盘县坡上草原风景名胜区	PanXian Grassland on Mountain Scenic Spot	省级	贵州省六盘水市盘县四格乡、坪地乡
南开风景名胜区	Nankai Scenic Spot	省级	贵州省六盘水市水城县
务川洪渡河风景名胜区	Wuchuan hongduhe Scenic Spot	省级	贵州省遵义市务川县
罗甸大小井风景名胜区	Luodian daxiaojin Scenic Spot	省级	贵州省黔南州罗甸县
德江乌江傩文化风景名胜区	Dejiang Wjiang Riverside Scenic Spot	省级	贵州省铜仁地区德江县

14-8 重点文物保护单位
Historical and Cultrual Relics under Key Protection

名 称	Title
遵义会议会址	The Site of Zunyi Conference
遵义杨粲墓	Zunyi Yangcan Tomb
息烽集中营旧址	The Site Concentration Camp Xifeng
镇远青龙洞	Zhenyuan Qinglong Cave
毕节大屯彝族土司庄园	Bijie Datun Headman's Castle
大方奢香夫人墓	The Mausoleum of Lady She Xiang Dafang
从江增冲鼓楼	Congjiang Zengchong Drum-tower
普定穿洞遗址	Puding Chuandong,the Stone Cave
盘县大洞遗址	The Site of Dadong Cave PanXian
黔西观音洞遗址	The Site of Kwan-yin Cave Qianxi
遵义海龙囤	Zunyi Hailongtun
赫章可乐遗址	The Site of Kele Hezhang
雷山郎德上寨古建筑群	The Ancientry Construction Langdeshangzhai Leishan
安顺云山屯古建筑群	The Ancientry Construction Yunshantun Anshun
安顺府文庙	Anshun State Joss House
福泉明城墙	Fuquan Ming Dynasty Wall
石阡万寿宫	Shiqian Wanshou Palace
平坝天台山伍龙寺	Pingba Tiantai Wulong Temple
黎平地坪风雨桥	Liping Diping Pavilion Bridge
宁谷遗址	The Site of Ninggu
万山汞矿遗址	The Site of Wanshan Hydrargyrum
兴仁交乐墓群	The Cemetery Xingren Jiaole
织金鱼山	Zhijin Yushan
织金东山	Zhijin Dongshan
织金财神庙	Zhijin Caishen Joss House
织金文昌阁	Zhijin Wenchang Pavilion
织金保安寺	Zhijin Baoan Temple
修文阳明洞	Xiuwen Yangming Cave
贵阳阳明祠	Guiyang Yangming Ancestral Temple
铜仁东山寺	Tongren Dongshan Temple
铜仁川主宫	Tongren Chuanzhu Palace
铜仁周逸群故居	Tongren Zhoutiqun Former Residence
思南府文庙	Sinan Fuwen Joss House
思南旷继勋故居	Sinan Kuangjixun Former Residence
黄平飞云崖	Huangping Feiyun Cliff
贵阳文昌阁	Guiyang Wenchang Pavilion
贵阳甲秀楼	Guiyang Jiaxiu Floor
福泉葛镜桥	Fuquan Gejing BrBridge
德江中共中央湘鄂西分局枫香溪会议会址	In the virtuous river totally central Xiang E west branch office maple fragrant river meeting address of association
沿河土地湾黔东特区革命委员会旧址	Follow a gulf Qian east special area revolution committee in the river land old address
印江木黄红二、六军团会师旧址	Print river's wood Huang2 Hong2 Er4, six army corpses joins forces for battle an old address
印江木黄红二、六军团会师纪念碑	Print river's wood Huang2 Hong2 Er4, six army corpses joins forces for battle monument
黎平会议会址	The Site of Liping Conference
习水红军"四渡赤水"土城渡口纪念碑	The ferry station monument of Xi water Red Army"four Dus red water"s soil city
娄山关红军战斗遗址	The Lou mountain pass Red Army fights ruins
仁怀红军"四渡赤水"茅台渡口纪念碑	The ferry station monument of the Ren bosom Red Army"four Dus red water"s Mao pedestal
毕节川滇黔省革命委员会旧址	Finish the committee old address of the stanza Chuan Dian Qian province revolution
大方川滇黔省革命委员会旧址	The Site Concentration
毕节抗日救国军司令部旧址	Finish stanza to save the army commander's headquarters old address for anti- day
湄潭文庙	MeiTan Joss House
湄潭天主堂红军标语	The Red Army slogan of God hall in the river bank pond
镇远在华日本人民反战同盟和平村工作队遗址	The town far works in the Hua Japanese people anti- war allies peace village brigade ruins

14–9 星级饭店

Star-rated Hotels

名　　称	Name	星级 Level	评定日期 Date of Assess	客房数 Rooms	床位数 Beds	地　址 Address	电　话 Telephone
贵州天怡豪生大酒店	Guizhou Tianyi Haosheng Hotel	5	2005.03	310	439	贵阳市枣山路29号	0851-6518888
贵州圣沣酒店	Guizhou Shengfeng Hotel	5	2005.03	260	366	贵阳市神奇路69号	0851-5568888
贵州饭店	Guizhou Hotel	4	1998.07	382	660	贵阳市北京路66号	0851-6823888
贵阳华美达神奇酒店	Guiyang Shenqi Hotel	4	1999.12	230	339	贵阳市贵开路1号	0851-6771888
贵阳神奇金筑酒店	Guiyang Shenqijinzhu Hotel	4	1991.05	180	230	贵阳市延安东路2号	0851-6825888
贵州锦江鲜花酒店	Guizhou Xuanhua Hotel	4	2001.12	260	403	贵阳市中华南路1号	0851-5867888
贵州柏顿酒店	Guizhou Bodun Hotel	4	2001.05	254	343	贵阳市延安东路18号	0851-5827888
贵州丽豪大饭店	Guizhou Lihao Hotel	4	2005.07	220	355	贵阳市瑞金北路115号	0851-6521888
贵龙饭店	GuiLong Bodun Hotel	4	2001.06	168	316	贵阳市神奇路52号	0851-5593888
能辉酒店	Nenghui Hotel	4	2003.12	125	205	贵阳市瑞金南路38号	0851-5898888
贵州武岳酒店	Guizhou Wuyue Hotel	4	2007.09	192	306	贵阳市南厂路1号	0851-8651777
凯里嘉瑞禾腾龙酒店	Kaili Jiaruihe Tenglong Hotel	4	2004.05	166	311	凯里市宁波东路	0855-8066666
凯里金冠酒店	Kaili Jinguan Hotel	4	2006.11	168	316	凯里市支庄路18号	0855-8068888
贵州省兴义民航酒店	Guizhou Xingyi Civil Aviaton Hotel	4	2003.07	180	230	兴义市瑞金南路	0859-3126666
兴义黔山度假酒店	Xingyi Qianshan Hotel	4	2006.12	199	355	兴义市瑞金北路20号	0859-3116669
安顺天瀑大酒店	Anshun Tianpu Hotel	4	2006.08	230	339	安顺市贵黄东路电力城	0853-3516888
安顺凯旋大酒店	Anshun Kaixuan Hotel	4	2006.12	246	403	安顺市开发区南马广场	0853-3461999
毕节腾龙凯悦酒店	Bijie Tenlong Kaiyue Hotel	4	2006.12	254	343	毕节市桂花路2号	0857-8291111
铜仁宝鑫大酒店	Tongren Baoxing Hotel	4	2006.07	151	280	铜仁市东太大道88号	0856-5937888
荔波县三力酒店	Libo Sanli Hotel	4	2007.09	152	293	荔波县玉屏镇思铭大道	0854-3615888
贵侯苑商务大酒店	Guihouyuan Business Hotel	4	2009.03	95	158	都匀市开发区龙山大道	0854-7121111
金鹏国际酒店	Jinpeng International Hotel	4	2009.08	88	126	都匀市剑江中路67号	0854-7127777
伯爵花园酒店	Bojue Huayuan Hotel	4	2009.01	152	202	都匀市开发区	0854-8759999
毕节大酒店	Bijie Hotel	4	2008.09	151	269	毕节市砂石路	0857-7119999
金凯帝豪酒店	Jinkaidihao Hotel	4	2008.09	109	187	凯里市北京西路	0855-8276688
雷公山双庆国际大酒店	Leigongshan suangqing International Hotel	4	2008.09	168	291	雷山县城内	0855-3336666
遵义大世界酒店	Zunyi Dasijie Hotel	4	2008.12	167	238	遵义市汇川区珠海路一号	0852-8666666
遵义东方建国酒店	Zunyi Dongfang Jianguo Hotel	4	2008.12	204	327	遵义市中华南路2号	0852-8867777
赤水中悦大酒店	Chishui zhongyue Hotel	4	2008.12	140	250	赤水市南正街22号	0852-2823888
六盘水时代假日酒店	Liupanshui Shidai Holiday Hotel	4	2009.08	265	381	六盘水钟山区钟山中路66号	0858-8108888
贵州华联酒店	Guizhou Hualian Hotel	3	1999.09	141	261	贵阳市中华中路137号	0851-5810999
贵阳山林大酒店	Guizhou Shanlin Hotel	3	1999.09	158	300	贵阳市山林路118号	0851-6523000
黔灵大酒店	Qianling Hotel	3	2000.04	152	273	贵阳市北京路225号	0851-8271521
金桥饭店	Jinqiao Hotel	3	2000.12	131	240	贵阳市瑞金中路24号	0851-5829953
华城大酒店	Huacheng Hotel	3	2001.12	131	242	贵阳市中华北路67号	0851-6830666
贵阳神奇星岛酒店	Guiyang Shenqixingdao Hotel	3	2002.09	101	180	贵阳市贵开路1号	0851-6751888
贵州立云酒店	Guizhou Liyun Hotel	3	2002.12	254	468	贵阳市浣沙路5号	0851-8126666
紫林宾馆	Zilin Hotel	3	2004.02	195	365	贵阳市延安中路110号	0851-5283000
久远饭店	Jiuyuan Hotel	3	2004.08	169	300	贵阳市瑞金南路36号	0851-5849999
贵州腾飞电信酒店	Guizhou Tengfeidianxin Hotel	3	2004.12	83	153	贵阳市市南路69号	0851-5529888
修文珍珠岛度假中心	Xiuwen zhenzhudao Hotel	3	2004.11	89	220	贵阳修文酒长镇	0851-2436002
贵阳市金品大酒店	Guiyang Jinpin Hotel	3	2004.12	112	196	贵阳朝阳洞路建材巷1号	0851-8216666
贵阳南翔酒店	Guiyang Nanxiang Hotel	3	2004.12	63	108	贵阳市延安西路185号	0851-6522888
贵州宏业宾馆	Guizhou Hongye Hotel	3	2005.02	75	143	贵阳市解放路87号	0851-5566755
贵阳久泰大酒店	Guiyang Jiutai Hotel	3	2005.01	120	191	贵阳市瑞金北路116号	0851-6685998
花溪溪山酒店	Huaxi Xishan Hotel	3	2006.01	49	96	贵阳市花溪区迎宾路	0851-3630166
贵阳山水大酒店	Guiyang Shanshui Hotel	3	2006.11	38	41	贵阳市沙冲路198号	0851-3831838

14-9 续表1 (continued)

名 称	Name	星级 Level	评定日期 Date of Assess	客房数 Rooms	床位数 Beds	地 址 Address	电 话 Telephone
新联大厦	Xinlian Hotel	3	1997.12	120	200	贵阳市外环东路227号	0851-6765555
贵州华城文昌酒店	Guizhou Huacheng Wenchan Hotel	3	2006.11	77	132	贵阳市文昌北路193号	0851-5250000
红阳宾馆	Hongyang Hotel	3	2005.01	73	140	贵阳花溪区150号信箱	0851-3853306
金泉酒店	Jinquan Hotel	3	2007.01	91	172	贵阳花溪区花谷路6号	0851-3851484
贵阳方源酒店	Guiyang Fangyuan Hotel	3	2007.08	95	152	贵阳市小河区香江路6号	0851-8316655
贵阳机场宾馆	Guiyang JiChang Hotel	3	2007.11	168	315	贵阳市	0851-5498585
贵州开阳明皇御温泉	Guizhou Kaiyang Minghuang Hotel	3	2007.11	43	75	开阳县	0851-7551666
黔景宾馆	Qianjing Hotel	3	2007.12	117	246	贵阳市	0851-3990188
京瑞宾馆	Jingrui Hotel	3	2005.06	134	300	贵阳市北京路194号	0851-6891602
贵阳瑞金酒店	Guiyang Ruijin Hotel	3	2008.06	168	312	贵阳市瑞金南路62号	0851-5209999
贵州铁路通达饭店	Guizhou Tielu Tongda Hotel	3	2008.11	234	468	贵阳市遵义路86号	0851-8213888
贵阳皇嘉大酒店	Guiyang Huangjia Hotel	3	2009.09	50	77	贵阳市小河区黄河路608号	0851-3808131
贵阳益宏酒店有限公司	Guiyang Yihong Hotel Co., Ltd.	3	2009.12	99	157	贵阳市油榨街2号	0851-3818888
燕安大酒店	Yanan Hotel	3	1997.12	81	167	安顺市贵黄路5公里处	0853-3228988
安顺黄果树宾馆	Anshun Huangguoshu Hotel	3	1995.04	158	281	安顺黄果树风景区内	0853-3592110
安顺西秀山宾馆	Anshun Xixiushan Hotel	3	1994.04	92	153	安顺市南华路48号	0853-3223900
神奇福运大酒店	Shenqi Fuyun Hotel	3	2002.09	90	160	安顺市外环西南路3号	0853-3290000
黔中大厦	Qianzhong Hotel	3	2005.07	66	113	安顺市南华路68好	0853-3292019
安顺虹山宾馆	Anshun Hongshan Hotel	3	2005.07	75	148	安顺市虹湖东路42号	0853-3257999
白马湖山庄	Baimahu Hotel	3	2005.07	33	59	安顺市镇宁县白马哨	0853-6791111
安顺若飞宾馆	Anshun Ruofei Hotel	3	2001.04	41	73	安顺市南华路48号	0853-3225325
龙宫酒店	Longgong Hotel	3	2006.01	41	79	安顺市龙宫风景名胜区	0853-3661388
关岭黔岭宾馆	Guanling Qianling Hotel	3	2006.11	50	92	关岭县外环路128号	0853-7228888
安顺民族饭店	Anshun Minzu Hotel	3	1995.04	66	135	安顺塔山东路67号	0853-3348666
安顺纽曼宾馆	Anshun Niuman Hotel	3	2008.03	36	70	安顺市	0853-3467777
龙宫水电宾馆	Anshun Longgong Shuidian Hotel	3	2009.11	31	60	安顺市龙宫风景名胜区	0853-3661166
遵义港澳大酒店	Zhunyi Gongao Hotel	3	2005.11	81	148	遵义市澳门路8号	0852-8716655
美佳乐酒店	Meijiale Hotel	3	2006.01	130	250	遵义市深圳路转盘	0852-3168888
遵义宾馆	Zunyi Hotel	3	2000.01	181	329	遵义市石龙路3号	0852-8224902
金城大酒店	Jincheng Hotel	3	2000.01	150	256	遵义市香港路中段	0852-8621666
遵义京腾丽湾酒店	Zunyi Jintengliwan Hotel	3	2006.11	140	252	遵义市北京路	0852-8649898
茅园宾馆	Maoyuan Hotel	3	2004.01	56	110	遵义仁怀市茅台镇	0852-2386290
习水绿洲酒店	Xishui Lvzhou Hotel	3	2006.11	83	150	遵义习水县经济开发区	0852-2732100
遵义县顺天酒店	Zunyi Shuntian Hotel	3	2007.09	44	80	遵义县南白镇万寿广场	0852-7232188
遵义市维多利亚大酒店	Zunyi Weiduoliya Hotel	3	2007.09	191	335	遵义市外环路	0852-8717818
广电酒店	Guangdian Hotel	3	2007.09	109	192	遵义市中华北路广电大厦	0852-8700888
仁怀市名酒宾馆	Renhuai Mingjiu Hotel	3	2007.09	60	100	仁怀市国酒大道	0852-3226999
嘉联宾馆	Jialian Hotel	3	2008.12	64	110	赤水市人民南路运管大厦	0852-2820222
余庆县富临花园酒店	Yuqing Fulin Garden hotel	3	2009.01	32	67	余庆县香港路	0852-4620565
都匀港龙大酒店	Duyun Ganglong Hotel	3	2002.08	126	210	都匀市河滨路134号	0854-8222895
五月花景山酒店	Wuyuehua Jingshan Hotel	3	2005.01	89	121	都匀市剑江中路112号	0854-8756999
都匀神奇星岛酒店	Duyun Shenqi Xingdao Hotel	3	2006.11	89	144	都匀市建江北路152号	0854-8752888
西苑假日酒店	XiYuan Holiday Hotel	3	2007.09	54	96	都匀市开发区	0854-8758888
锦绣园	Jingxiu Hotel	3	2005.09	48	101	龙里县城郊	0854-5669508
顺庆大酒店	Shunqian Hotel	3	2005.03	98	218	荔波樟江北街	0854-3610388

14-9 续表2 (continued)

名　称	Name	星级 Level	评定日期 Date of Assess	客房数 Rooms	床位数 Beds	地　址 Address	电　话 Telephone
荔波吉妮丽吉大酒店	Libo Jiniliji Hotel	3	2006.11	86	170	荔波县教师新村	0854-3619666
神泉大酒店	Shenquan Hotel	3	2005.03	46	96	罗甸县政府路	0854-7620758
都匀市桥城宾馆	Duyun Qiaocheng Hotel	3	2007.09	92	166	都匀市文明路50号	0854-8222189
独山县南方大酒店	Dushan Nanfang Hotel	3	2007.09	61	91	独山县四通路十八号	0854-3238525
荔波县金谷宾馆	Libo Jingu Hotel	3	2007.09	53	120	荔波县樟江北路	0854-3613888
纪龙大酒店	JiLong Hotel	3	2005.09	44	80	龙里县	0854-5620333
贵定县环岛大酒店	Guiding Huandao Hotel	3	2009.01	38	78	贵定县城关镇八一村	0854-5221000
瓮安县金福大酒店	Wen'an Jinfu Hotel	3	2009.03	49	83	瓮安县文峰中路	0854-2635100
荔波县大鹏商务酒店	Libo Dapeng Bussiness Hotel	3	2008.03	95	178	荔波县漳江中路12号	0854-3615499
平塘县西苑俊华酒店	Pingtang Xiyuan Junhua Hotel	3	2008.03	37	55	平塘县西苑俊华酒店	0854-7222588
独山县翠泉宾馆	Dushan Cuiquan Hotel	3	2008.03	62	116	独山县	0854-3239018
凯里凯莱酒店	Kaili Kevin Hotel	3	2006.12	96	182	凯里市韶山南路21号	0855-8277888
国泰大酒店	Guotai Hotel	3	2004.07	73	135	凯里市北京东路6号	0855-8269888
凯里鸿祺宾馆	Kaili Hongqi Hotel	3	2006.08	84	140	凯里市韶山南路3号	0855-8275555
黎平大酒店	Liping Hotel	3	2006.11	80	148	黎平德风镇富民北路	0855-6210666
贵州清酒醉翁宾馆	Guizhou Qingjiu Zuiwen Hotel	3	2004.05	46	92	镇远县	0855-5823238
施秉县三丰迎宾馆	Shibing Sanfeng Hotel	3	2004.05	89	190	施秉县平宁桥	0855-4227188
凯铁大酒店	kaitie Hotel	3	2008.09	63	121	凯里市清江路	0855-3811999
凯里大酒店	Kaili Hotel	3	2008.09	156	275	凯里市韶山北路	0855-8277778
忠德园假日酒店	Zhongdeyuan Jiari Hotel	3	2008.09	70	160	凯里市环城东路	0855-8538888
港赛大酒店	Gangsai Hotel	3	2008.09	63	114	黎平县城内	0855-6230888
久格里吉温泉度假酒店	Jiugeliji Wenquan Hotel	3	2008.09	60	115	剑河县温泉风景区内	0855-5158288
清源酒店	Qingyuan Hotel	3	2008.12	30	56	麻江县下司镇皮划艇激流回旋训练基地	0855-2685666
营盘坡民族宾馆	Yingpanpo Minzu Hotel	3	2009.07	92	163	凯里市	0855-3837779
凯里市天华宾馆	Kaili Tianhua Hotel	3	2009.07	82	153	凯里市	0855-8276411
镇远县铁溪度假酒店	Zhenyuan Tiexi Holiday Hotel	3	2009.07	33	57	镇远县	0855-5721888
剑河县馨泉山庄	Jianhe Xinquan Hotel	3	2009.11	38	74	剑河县	0855-5158168
从江县奥悦酒店	Congjiang Aorui Hotel	3	2009.11	33	66	从江县	0855-6411808
城城大厦	Chengcheng Hotel	3	2005.07	68	128	兴义市神奇路159号	0859-3112222
龙宇大酒店	Longyu Hotel	3	2007.11	56	112	兴义市神奇西路26号	0859-3126888
盘江宾馆	Panjiang Hotel	3	2005.07	123	231	兴义市盘江西路4号	0859-3223456
兴义神禧大酒店	Shenxi Hotel	3	2008.05	80	158	兴义市坪东路	0859-3818188
晴隆海鑫酒店	Qinglong Haixing Hotel	3	2008.05	61	111	晴隆县城内	0859-7615555
贞丰县贞丰宾馆	Zhenfeng Hotel	3	2009.09	120	214	贞丰县金丰大道29号	0859-6777777
贞丰县怡景酒店	Zhenfeng Yijing Hotel	3	2009.09	36	60	贞丰县	0859-6613777
兴义市三生酒店	Xingyi Shansheng Hotel	3	2009.09	111	200	兴义市瑞金北路中段	0859-3244888
六盘水金三角大酒店	LiuPanshui Jinsanjiao Hotel	3	2006.12	44	79	六盘水市明湖路3号	0852-8233888
雨田酒店	Yutian Hotel	3	2005.07	75	126	六盘水钟山西路48号	0852-8261888
六盘水红果大酒店	Liupangshui Hongguo Hotel	3	2004.01	187	372	盘县红果经济开发区	0852-3631888
夜郎酒肆大酒店	Yelang Jiusi Hotel	3	2009.03	66	117	六盘水市钟山区其林路	0852-8204096
金松大酒店	Jinsong Hotel	3	2005.03	36	68	铜仁松桃苗族自治县	0856-2839888
铜仁天源大酒店	Tongren Tianyuan Hotel	3	2005.03	48	91	铜仁市东太大道	0856-5930555
源丰商务酒店	Yuanfeng Commerce Hotel	3	2005.07	62	99	铜仁市锦江南路1号	0856-5222222
思南远航大酒店	Sinan Yuanhang Hotel	3	2009.06	62	110	思南县城北街29号	0856-7220777
江口县索菲特大酒店	Jiangkou Suofeite Hotel	3	2009.12	57	112	江口县三星西路17号	0856-6622288
德江县金平大酒店	Rongjiang Jinpin Hotel	3	2009.12	44	83	德江县清龙镇	0855-8527555
铜仁市金顶酒店	Tongren Jinding Hotel	3	2009.12	41	73	铜仁市清水大道80号	0856-5211168

14-9 续表3 (continued)

名 称	Name	星级 Level	评定日期 Date of Assess	客房数 Rooms	床位数 Beds	地 址 Address	电 话 Telephone
毕节天工大酒店	Bijie Tiangong Hotel	3	1999.06	66	150	毕节市洪山路60号	0857-2136188
威宁县黑颈鹤大酒店	Weining Hejinghe Hotel	3	2008.07	78	162	威宁建设东路79号	0857-6224426
金沙县黄金大酒店	Jinsha Huangjin Hotel	3	2008.07	95	179	金沙县长安街138号	0857-7258888
织金县凯迪大酒店	Zhijin Kaidie Hotel	3	2008.07	40	76	织金县金钟路61号	0857-7628888
洪南大酒店	Hongnan Hotel	3	2008.09	81	117	毕节市迎宾大道	0857-8292888
莲城宾馆	Liancheng Hotel	3	2008.09	46	88	黔西县城内	0857-4247488
黔西水西宾馆	Qianxi Shuixi Hotel	3	2008.09	45	86	黔西县城内	0857-4247999
赫章夜郎大酒店	Hezhang Yelang Hotel	3	2008.12	145	255	赫章县城南路	0857-3238998
煌都帝豪酒店	Huangdu Dihao Hotel	3	2008.09	78	120	黔西县城内	0857-4888888
贵州体育宾馆	Guizhou Sport Hotel	2	1994.09	65	150	贵阳遵义路新体育馆内	0851-5798777
枫叶山庄	Fengye Hotel	2	2000.01	66	129	贵阳市红枫发电总厂内	0851-2554168
河滨饭店	Hebing Hotel	2	1995.01	92	203	瑞金南路118号	0851-5841855
贵州铝厂宾馆	Guizhou Aluminium Processing	2	2004.06	92	152	贵阳市白云区刚玉街	0851-4896111
玉龙宾馆	Yulong Hotel	2	2000.11	35	70	贵阳市花溪	0851-3863668
白云宾馆	Baiyun Hotel	2	2001.04	38	70	贵阳市白云中路22号	0851-4607856
贵阳明珠饭店	Guiyang Mingzhu Hotel	2	2003.12	65	115	贵阳市四通街8号	0851-5793389
天洋楼大酒店	Tianyanglou Hotel	2	2004.09	42	100	贵阳市民权路5号	0851-5832088
电信宾馆	Dianxin Hotel	2	2001.11	48	90	贵阳市中华南路68号	0851-5868988
贵州民族宾馆	Guizhou Minzu Hotel	2	2004.12	86	170	贵阳市市北路68号	0851-8633666
开阳金都宾馆	Kaiyang Jindu Hotel	2	2004.01	41	87	贵阳市开阳县环城北路	0851-5832088
金黔宾馆	Jingqian Hotel	2	2005.09	62	120	贵阳市新华路106号	0851-5500315
锦星酒店	Jingxing Hotel	2	2006.01	108	182	贵阳市环城北路228号	0851-6851999
贵州绿野山庄	Guizhou Lvye Hotel	2	2006.11	30	76	贵阳市花溪区	0851-3631917
仁达饭店	Renda Hotel	2	2004.09	112	300	贵阳市中华北路319号	0851-6825301
香思源宾馆	Xiangsiyuan Hotel	2	2006.12	16	39	安顺市平坝县	0853-4228333
安顺凤凰山大酒店	Anshun Fenghuangshan Hotel	2	1999.12	41	73	安顺市塔山东路58号	0853-3343413
嘉安宾馆	Jiaan Hotel	2	2003.09	56	99	安顺市塔山西路15号	0853-3226020
新兴酒楼	Xinxing Hotel	2	2005.06	25	56	安顺市	0853-7223395
腾达酒店	Tengda Hotel	2	2005.06	27	54	安顺市	0853-7228886
安顺情源宾馆	Anshun Qingyuan Hotel	2	1994.11	86	151	安顺普定县城内	0853-8221999
关岭外事宾馆	Guanling Waishi Hotel	2	2005.03	22	44	关岭县白水镇	0853-3592338
兴通酒店	Xingtong Hotel	2	2006.12	34	72	关岭西关外320国道	0853-7221098
天圆大酒店	Tianyuan Hotel	2	2006.12	32	54	镇宁黄果树南北大街	0853-6220166
银河酒店	Yinhe Hotel	2	2006.05	20	43	镇宁县南北大道	0853-6227836
长城宾馆	Changcheng Hotel	2	2009.07	29	48	安顺平坝县武装部	0853-4227333
钟山宾馆	Zhongshan Hotel	2	1994.11	138	330	六盘水钟山中路52号	0858-8223285
水城大生湖景区宾馆	Shuichen Tianshenghu Hotel	2	2006.08	24	48	六盘水市	0858-6828480
金龙大酒店	Jinlong Hotel	2	2002.05	35	74	六枝特区那平路86号	0858-5322188
六枝工矿迎宾馆	Liuzhi Gongkuang Hotel	2	2002.05	57	114	六枝特区团结路13号	0858-5713548
凯豪大酒店	Kaihao Hotel	2	2007.01	40	72	六枝特区交通西路	0858-5319999
六枝宾馆	Liuzhi Hotel	2	2005.01	65	160	六枝平寨镇友谊路	0858-5322660
锦江宾馆	Jinjiang Hotel	2	1996.05	90	130	铜仁市锦江南路8号	0856-5223093
梵宇宾馆	Fanyu Hotel	2	1998.01	91	211	铜仁市大庆北路85号	0856-5231998
金顶酒店	Jinding Mingzhu Hotel	2	2001.12	48	109	铜仁市北关路80号	0856-5211168
行署会议中心	Xingshu Huiyi Hotel	2	2005.06	40	76	铜仁市花果山路100号	0856-4127888
东山酒店	Dongshan Hotel	2	2006.01	35	63	铜仁市铜江大道12号	0856-5236888
九龙宾馆	Jiulong Hotel	2	2003.09	44	90	铜仁市清水路16号	0856-5223659

14-9 续表4 (continued)

名 称	Name	星级 Level	评定日期 Date of Assess	客房数 Rooms	床位数 Beds	地 址 Address	电 话 Telephone
印江腾龙大酒店	Yinjiang Tenglong Hotel	2	2003.08	55	100	印江县城西环开发区	0856-6228888
思南白鹭洲宾馆	Sinan Bailuzhou Hotel	2	2003.06	91	230	思南县思塘镇河东	0856-7228118
石阡宾馆	Shiqian Hotel	2	2005.06	61	115	石阡县汤山镇	0856-7652777
石阡临江宾馆	Shiqian Linjiang Hotel	2	2005.09	41	82	石阡县汤山镇河西街	0856-8957399
沿河民族宾馆	Yanhe Minzhu Hotel	2	2005.09	29	60	沿河县红星路114号	0856-8914796
沿河天龙大酒店	Yanhe Tianlong Hotel	2	2005.09	96	350	沿河县城南路23号	0856-8228054
思南县明星宾馆	Sinan Minxing Hotel	2	2009.12	26	54	思南县民政局内	0856-7225085
思南电站招待所	Sinan Dianzhan Hotel	2	2009.12	46	80	思南县思林电站	0856-7175081
江口县凯华大酒店	Jiangkou Kaihua Hotel	2	2009.12	27	50	江口县双江镇环城西路	0856-6621968
江口县腾煜大酒店	Jiangkou Tengyu Hotel	2	2009.12	26	48	江口县双江镇围子董	0856-6621569
银鹤酒店	Yinhe Hotel	2	2002.01	48	90	毕节市桂花路	0857-8233749
洪山宾馆	Hongshan Hotel	2	2004.08	208	388	毕节市洪山路1号	0857-8251829
黔西雍和酒店	Qianxi Yonghe Hotel	2	2008.01	38	71	黔西县城内	0857-4220888
织金雅贤宾馆	ZhiJing Yaxian Hotel	2	2005.09	24	45	织金县金中路101号	0857-7638388
金辉酒店	Jinhui Hotel	2	2006.07	60	102	金沙县城内	0857-7251999
毕节迎宾馆	Bijie Yingbin Hotel	2	2009.07	49	90	毕节市环东路1号	0857-8312222
大方东风宾馆	Dafang Dongfeng Hotel	2	2009.07	55	107	大方县西大街	0857-5252222
织金平远酒店	ZhiJin Pingyuan Hotel	2	2009.07	43	83	织金县沿河路	0857-7636999
威宁明珠酒店	Weining Mingzhu Hotel	2	2009.07	27	51	威宁县开发区	0857-6233088
威宁穗苑宾馆	Weining Muyuan Hotel	2	2009.07	30	66	威宁县星光路	0857-6282222
威宁锦绣前程宾馆	Weining Jinxiuqiancheng Hotel	2	2009.07	30	60	威宁县开发区	0857-6228444
赫章维尔乐宾馆	Hezhang Wei'erle Hotel	2	2009.07	20	33	赫章县南环路	0857-3239898
国酒门度假山庄	Guojiumen Holiday Hotel	2	2000.09	27	56	遵义仁怀市中枢镇	0852-2228447
瑞海酒店	Ruihai Hotel	2	2001.12	74	108	遵义市外环路沙坝	0852-8866333
名族酒店	Mingzu Hotel	2	2004.06	46	86	遵义市红花岗武装部	0852-8433888
蓝天宾馆	Lantian Hotel	2	2005.12	138	248	遵义市北京路99号	0852-8622916
金虹大酒店	Jinhong Hotel	2	2001.06	148	276	遵义市北京路134号	0852-8822925
正华大酒店	Zhenghua Hotel	2	2002.05	46	105	桐梓县娄山关镇	0852-6657869
娄山宾馆	Loushan Hotel	2	2004.09	30	85	桐梓县城河滨南路	0852-6652868
利永宾馆	Liyong Hotel	2	2004.05	83	136	仁怀市国酒中路	0852-2250882
晏府山庄	Yanfu Hotel	2	2005.12	40	100	赤水市东郊路30号	0852-2911222
聚贤楼宾馆	Juxianlou Hotel	2	2005.12	33	50	绥阳县博雅苑陈列馆内	0852-6233848
通恒大酒店	Tongheng Hotle	2	2006.04	23	39	湄潭县天文大道口	0852-4257788
娄山关生态乐园酒店	Loushanguan Shengtaileyuan Hotel	2	2009.01	27	49	桐梓县娄山关镇娄山村	0852-6825333
彩阳酒店	Caiyang Hotel	2	2008.12	35	49	桐梓县城	0852-3208788
金马大酒店	Jinma Hotel	2	2008.12	45	90	桐梓县河滨大道南大门	0852-6661118
博雅宾馆	Boya Hotel	2	2008.12	40	76	绥阳县北大街	0852-6223855
香山宾馆	Xiangshan Hotel	2	2008.12	67	129	遵义市红花岗区大兴路狮子桥头	0852-8234444
碧云商务酒店	Biyun Bussiness Hotel	2	2008.12	71	118	遵义市红花岗区碧云路1号	0852-8711166
赤水大酒店	Chishui Hotel	2	2008.12	36	74	赤水市西内环路106号	0852-2821334
云门囤宾馆	Yunmentun Hotel	2	2009.01	38	71	遵义县三渡镇花桥村	0852-6581555
枫香温泉	Fengxiang Spa Hotel	2	2009.01	38	82	遵义县枫香镇	0852-7572608
凤岗宾馆	Fenggang Hotel	2	2009.01	57	105	凤岗县县府路	0852-5224567
恒源酒店	Hengyuan Hotel	2	2009.01	37	66	凤岗县政通路	0852-5222768
明星宾馆	Mingxing Hotel	2	2009.01	24	43	凤岗县商贸街	0852-5220088
鹏程大酒店	Pengcheng Hotel	2	2003.01	45	89	余庆县香港路	0852-4625868

14-9 续表5 (continued)

名 称	Name	星级 Level	评定日期 Date of Assess	客房数 Rooms	床位数 Beds	地 址 Address	电 话 Telephone
凯里市西湖大酒店	Kaili Xihu Hotel	2	2002.12	44	83	凯里市北京西路74号	0855-3826888
国穗大酒店	Guosui Hotel	2	2003.01	28	52	凯里市国税务局大院内	0855-8276888
凯里市天华宾馆	Kaili Tianhua Hotel	2	2006.08	80	152	凯里市	0855-8276411
锦屏县烟草大酒店	Jingping Yancao Hotle	2	2006.08	39	75	锦屏县	0855-7220018
施秉银星宾馆	Shibing Yinxing Hotel	2	2007.01	30	68	施秉县	0855-4223888
台江苗疆宾馆	Taijiang Miaojiang Hotel	2	2007.01	24	50	台江县	0855-5328928
雷山县苗都酒店	Leishan Hotel	2	2007.09	28	50	雷山县雷公山大道	0855-3336588
岑巩县华储宾馆	Cengong Huachu Hotel	2	2006.08	29	54	岑巩县	0855-3574388
岑巩县凯华大酒店	Cengong Kaihua Hotel	2	2007.01	65	128	岑巩县	0855-3895988
从江宾馆	Congjiang Hotel	2	2008.12	34	67	从江县	0855-6418669
仁和大酒店	Renhe Hotel	2	2008.12	29	43	从江县	0855-6412900
雷山县圣城嘉源酒店	Leishan Shengchengjiayuan Hotel	2	2008.12	27	51	雷山县	0855-3336718
民俗文化食园	Minsuwenhua Hotel	2	2008.12	39	72	麻江县	
桦霖酒店	Hualin Hotel	2	2008.12	23	46	麻江县	
剑河馨泉山庄	Jianghe Xinquan Hotel	2	2007.03	30	60	剑河县	0855-5158168
剑河温泉剑泉山庄	Jianhewenquan Jianquan Hotel	2	2008.05	33	61	剑河县	0855-5158088
西苑酒店	Xiyuan Hotel	2	2006.04	50	104	都匀市剑江中路	0854-8682132
都匀丽都酒店	Dunyun Lidu Hotel	2	2005.09	63	97	都匀州地税局培训中心	0854-8318869
樟江大厦	Zhangjiang Hotel	2	2003.04	34	66	荔波县城内	0854-3618888
荔波宾馆	Libo Hotel	2	2003.04	46	93	荔波县政府大院内	0854-3612169
鲁黔宾馆	Luqian Hotel	2	2003.04	20	52	荔波县樟江中路	0854-3617098
政协宾馆	Zhengxie Hotel	2	2003.04	24	48	荔波县城内	0854-3615573
锦源宾馆	Jinyuan Hotel	2	2004.01	21	47	荔波县广场东路	0854-3618818
鑫光宾馆	Xinguang Hotel	2	2004.01	28	55	荔波樟江广场	0854-3619968
水上人间	Shuishang Renjian Hotel	2	2003.12	15	27	荔波县内	0854-8939979
松源宾馆	Songyuan Hotel	2	2003.12	31	56	荔波县内	0854-8967651
东方宾馆	Dongfang Hotel	2	2003.04	20	40	荔波县内	0854-3618968
金杏宾馆	Jinxing Hotel	2	2004.06	12	27	荔波县内	0854-3615936
青旅大酒店	Qinlv Hotel	2	2006.05	35	70	荔波县广场东路	0854-3613158
再富酒店	Zaifu Hotel	2	2006.05	38	76	荔波县城樟江北街	0854-3618118
晟圆酒店	Shengyuan Hotel	2	2006.05	20	40	荔波县广场东路	0854-8971162
蓝天宾馆	Lantian Hotel	2	2003.04	32	63	荔波县城	0854-3619831
荔伊宾馆	Liyi Hotel	2	2006.05	27	52	荔波县城樟江北街	0854-8808668
荔波南江宾馆	Libo Nanjiang Hotel	2	2006.09	21	48	荔波	13985787238
荔波前锦宾馆	Libo Qianjing Hotel	2	2006.09	45	57	荔波	13595418295
世纪鑫酒店	Shijixin Hotel	2	2003.04	22	56	独山县环城东路	0854-3238688
金福宾馆	Jinfu Hotel	2	2003.04	45	90	翁安县城内	0854-2635100
永兴山庄	Yongxing Hotel	2	2004.01	63	150	龙里县龙山镇	0854-5735010
洒金大酒店	Jiujin Hotel	2	2001.06	59	135	福泉市洒金北路	0854-2226276
怡心宾馆	Yixing Hotel	2	2005.09	15	24	三都三启镇县府路	0854-3927818
黄金大酒店	Huangjin Hotel	2	2006.01	30	50	三都县三合镇振兴路	0854-3927778
望月宾馆	Wangyue Hotel	2	2006.04	48	87	罗甸县委	0854-7611554
沙梨园宾馆	Shaliyuan Hotel	2	2007.05	18	48	荔波县城	0854-3618258
鼎罐城酒店	Dingguancheng Hotel	2	2007.05	82	164	福泉市黄丝镇	0854-2429521
腾龙宾馆	Tenlong Hotel	2	2006.09	27	46	平塘县	0854-7222888
柳林酒家	Liulin Hotel	2	2006.09	20	34	平塘县	0854-7230888
银河大酒店	Yinhe Hotel	2	2008.12	23	41	平塘县	0854-7230988

14–9 续表6 (continued)

名 称	Name	星级 Level	评定日期 Date of Assess	客房数 Rooms	床位数 Beds	地 址 Address	电 话 Telephone
金胜宾馆	Jinsheng Hotel	2	2008.12	25	44	平塘县	0854-7223688
富源宾馆	Fuyuan Hotel	2	2008.12	20	44	荔波县	0854-3619298
金容宾馆	Jinrong Hotel	2	2008.12	30	60	荔波县	0854-3613818
祥和宾馆	Xianghe Hotel	2	2008.12	30	62	荔波县	0854-3616177
金林宾馆	Jinlin Hotel	2	2008.12	30	57	荔波县	0854-3619780
玉屏镇信合宾馆	Yupinzhen Xinhe Hotel	2	2008.12	36	69	荔波县	0854-3615828
东篱宾馆	Dongli Hotel	2	2008.12	30	60	荔波县	0854-3619758
名豪大酒店	Minghao Hotel	2	2008.12	41	69	瓮安县	0854-2625555
东利酒店	Dongli Hotel	2	2008.12	30	50	瓮安县	0854-2621889
水电宾馆	Shuidian Hotel	2	2008.12	26	47	瓮安县	0854-2624584
欣翔酒店	Xinxiang Hotel	2	2008.12	28	54	长顺县	0854-6823202
杜鹃苑宾馆	Dujuanyuan Hotel	2	2008.12	48	87	长顺县	0854-6936222
凤凰宾馆	Fenghuang Hotel	2	2008.12	40	90	三都县	0854-3927898
都柳江宾馆	Duliujiang Hotel	2	2008.12	38	72	三都县	0854-3928888
三林时尚酒店	Sanlinshishang Hotel	2	2008.12	52	88	都匀市	0854-8239828
惠水县百联商务酒店	Huishui Bailian Bussiness Hotel	2	2009.12	32	58	惠水县涟江中路中段	0854-6283989
荔波县溪桥宾馆	Libo Xiqiao Hotel	2	2009.12	55	103	荔波县樟江东路17号	0854-3618666
荔波县齐鲁宾馆	Libo Qilu Hotel	2	2009.12	26	51	荔波县玉屏镇文明路24号	0854-3617118
南昆宾馆	Nankun Hotel	2	2004.11	44	69	兴义市顶效开发区	0859-2282188
新天地酒店	Xintiandi Hotel	2	2006.05	41	82	兴义市州政协内	0859-3111112
泉汇酒店	Quanhui Hotel	2	2006.01	57	110	兴义市	0859-3117258
南源酒店	Nanyuan Hotel	2	2006.03	63	104	兴义市	0859-3115709
兴义市心意酒店	Xingyi xinyi Hotel	2	2007.05	61	118	兴义市	0859-3811658
盘江紫薇园宾馆	Pangjiang Hotel	2	2006.09	42	87	安龙县	0859-5211888
安龙招堤宾馆	Anlong Zhaoti Hotel	2	2007.02	20	40	安龙县	0859-5210721
黔西南州隆泰酒店	Qianxinan Longtai Hotel	2	2007.07	27	53	兴义市	0859-329055
贞丰县金舟宾馆	Zhenfeng Jinzhou Hotel	2	2009.09	30	56	贞丰县	0859-6818777
晴隆县龙腾酒店	Qinglong Longteng Hotel	2	2009.11	35	60	晴隆县	0859-7610198
君安宾馆	Junan Hotel	1	1995.11	87	186	贵阳黔灵西路62号	0851-6816999
科技宾馆	Keji Hotel	1	2001.06	43	73	贵阳市醒狮路36号	0851-5868906
娄山大酒店	Loushan Hotel	1	2001.12	60	126	遵义桐梓县城	0852-6623442
赫章汉阳宾馆	Hezhang Hanyang hotel	1	2005.09	49	93	赫章县城关镇小康东路	0857-3227388
鸿雁宾馆	Hongyan Hotel	1	2004.06	39	97	黔西县东路	0857-4225666
鑫源大酒店	Xingyuan Hotel	1	2005.09	14	26	三都县环城北路	0854-3921729
亲情宾馆	Qinqing Hotel	1	2006.09	19	34	平塘县	13985085075
玖玖宾馆	Jiujiu Hotel	1	2006.09	15	34	平塘县	13385185973
紫金大酒店	Zijin Hotel	1	2006.09	29	51	平塘县	13885455082
思南县电力宾馆	Sinan Dianli Hotel	1	2003.07	25	53	思南县中山街55号	0856-7229948
从江文广宾馆	Congjiang Wenguang Hotel	1	2007.03	28	47	从江县	0855-6418316
从江观音阁山庄	Congjiang Guanyinge Hotel	1	2007.03	30	52	从江县	0855-6418488
黄平谦和大酒店	Huangping Qianhe Hotel	1	2006.12	27	54	黄平	0855-2436366
黄平丰丰宾馆	Huangping Fengfeng Hotel	1	2006.12	43	86	黄平	0855-2438298
岑巩兴岑大酒店	Cengong Xingcen Hotel	1	2007.09	15	25	岑巩县	0855-3575333
岑巩万向宾馆	Cengong Wanxiang Hotel	1	2007.09	17	30	岑巩县	0855-3573086

主要统计指标解释

旅游人数

(1)入境旅游人数：指报告期内来我国观光、度假、探亲访友、就医疗养、购物、参加会议或从事经济、文化、体育、宗教活动的外国人、港澳台同胞等入境游客。统计时，外国人、港澳台同胞每入境一次统计 1 人次。

(2)出境人数：指中国（大陆）居民因公或因私出境前往其他国家、中国香港特别行政区、澳门特别行政区和台湾省观光、度假、探亲访友、就医疗养、购物、参加会议或从事经济、文化、体育、宗教活动的人数，即出境游客。统计时，按每出境一次统计 1 人次。

(3)国内旅游人数：指在报告期内在中国（大陆）观光游览、度假、探亲访友、就医疗养、购物、参加会议或从事经济、文化、体育、宗教活动的中国（大陆）居民人数，其出游的目的不是通过所从事的活动谋取报酬。统计时，国内游客按每出游一次统计 1 人次。

国际旅游(外汇)收入　指入境游客在中国（大陆）境内旅行、游览过程中用于交通、参观游览、住宿、餐饮、购物、娱乐等全部花费。

国内旅游收入　又称旅游总花费指国内游客在国内旅行、游览过程中用于交通、参观游览、住宿、餐饮、购物、娱乐等全部花费。

国际旅行社　指经营业务范围包括入境旅游业务、出境旅游业务和国内旅游业务的旅行社。

国内旅行社　指经营范围仅限于国内旅游业务的旅行社。

星级饭店　指设备、设施、服务符合《旅游饭店星级的划分与评定》(GB/T14308-2003)，通过相关旅游管理部门评定，并取得星级饭店称号的饭店(含预备星级饭店)。

Explanatory Notes on Main Statistical Indicators

Number of Tourists:

(1) Visitor arrivals refer to the number of foreigners, Chinese compatriots from Hong Kong, Macao and Taiwan Chinese (mainland) who come to China (mainland) for sight-seeing, vacation, visiting relatives, medical treatment, shopping, attending conference, or to engage in economic, cultural, sports and religious activities. In compiling statistics, each time of entering China is counted as one person-time.

(2) Number of Chinese residents going abroad refer to the number of Chinese (mainland) residents going to other countries, Hong Kong Special Administrative region, Macao Special Administrative region and Taiwan for on official or private purposes, for sight-seeing, vacation, visiting relatives, medical treatment, shopping, attending conference, or to engage in economic, cultural, sports and religious activities. In compiling statistics, each time of leaving is counted as one person-time.

(3) Number of domestic tourists refers to the number of Chinese (mainland) residents who travel within China (mainland) for sight-seeing, vacation, visiting relatives, medical treatment, shopping, attending conference, or to engage in economic, cultural, sports and religious activities. In compiling statistics, each time of travelling is counted as one person-time.

Foreign Exchange Earnings from International Tourism refer to the total expenditure of foreigners, overseas Chinese, Chinese compatriots from Hong Kong, Macao and Taiwan during their stay in the mainland of China on transportation,sighting, accommodation, food, shopping and entertainment.

Income from Domestic Tourism refer to expenditure of domestic tourists on transportation, sighting, accommodation, food, shopping and entertainment while they travel.

International Travel Agencies refer to travel agencies engaged in tourism entering China, Chinese residents going abroad and domestic tourism.

Domestic Travel Agencies refer to travel agencies only engaged in domestic tourism.

Star-rated Hotels refer to hotels rated with stars as assessed by the relevant tourism authorities according to GB/T14308-2003 standard with reference to their infrastructure, facilities and service levels.

15

Fifteen

金融业

Financial Sector

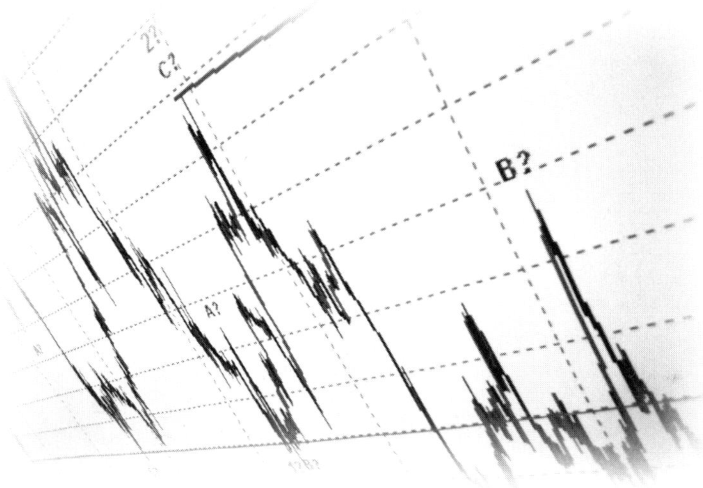

GUIZHOU STATISTICAL YEARBOOK

贵州统计年鉴2010

15—1 金融机构存贷款余额

Saving Deposits and Loans Balance of Financial Institutions

单位：亿元 (100 million yuan)

指　　标	Item	2006	2007	2008	2009	2009年比2008年增长(%) Increase Rate in 2009 over 2008(%)
资金来源合计	**All Sources**	**3476.46**	**3524.42**	**4290.47**	**5280.86**	**23.1**
各项存款	Deposits	3300.08	3826.37	4736.93	5898.26	24.5
#企业存款	Deposits of Enterprise	954.42	1100.67	1259.15	1599.61	27.0
财政存款	Treasury Deposits	93.83	146.05	223.69	301.77	34.9
储蓄存款	Urban and Rural Savings Deposits	1596.86	1790.14	2237.05	2676.09	19.6
农业存款	Agricultural Deposits	128.31	166.60	216.55	306.94	41.7
资金运用合计	**All Uses**	**3476.47**	**3524.42**	**4290.47**	**5280.86**	**23.1**
各项贷款	Loans	2696.11	3128.63	3569.27	4656.50	30.5
短期贷款	Short-term Loans	844.64	860.81	890.77	1090.72	22.4
#工　业	Industrial Loans	241.00	226.91	263.36	243.92	-7.4
商　业	Commercial Loans	112.17	104.55	106.53	108.78	2.1
建筑业	Construction Loans	26.99	29.93	32.33	30.91	-4.4
农　业	Agricultural Loans	183.31	202.36	236.67	334.12	41.2
乡镇企业	Loans to Township and Village Enterprises	26.58	33.65	41.25	83.05	101.3
私营企业及个体	Loans to Private Enterprises	13.77	16.30	19.93	46.34	132.5
中长期贷款	Medium-term & Long-term Loans	1779.24	2177.66	2586.49	3433.03	32.7

注：资料来源于人行贵阳中心支行(以下相关表同)。

Note:Data in the table are obtained from Guiyang Central Branch of PBC(the same applies to relative tables below).

15−2 金融机构现金收入
Cash Income of Financial Institutions

单位：亿元 (100 million yuan)

指　标	Item	2006	2007	2008	2009	2009年比2008年增长(%) Increase Rate in 2009 over 2008(%)
收入总计	**Total Income**	**7101.45**	**8676.55**	**9571.51**	**11929.78**	**24.6**
商品销售收入	Income from Commodity Sales	588.97	631.89	656.93	712.90	8.5
服务业收入	Income from Service Trade	367.39	411.01	436.08	474.72	8.9
行政税费收入	Income from Taxes	55.17	85.51	106.95	104.02	-2.7
城乡个体经营收入	Income from Urban and Rural Individual Business	163.39	178.16	179.88	176.13	-2.1
储蓄存款收入	Income from Savings Deposit	5298.49	6601.71	7135.91	8885.93	24.5
其他金融性公司收入	Income from Other Financial Institutions	14.73	13.93	15.49	15.19	-1.9
居民归还贷款收入	Income from Repayment of Loans by Residents	196.22	204.06	207.62	266.18	28.2
汇兑收入	Income from Remittances	40.62	49.86	50.84	64.96	27.8
有价证券及其他投资性收入	Income from Securities	6.04	8.75	5.09	6.73	32.2
其他收入	Others	370.42	491.68	776.72	1223.02	57.5
#兑换外币收入	Income from Exchange of Foreign Currencies	1.30	3.12	5.25	3.58	-31.8

15−3 金融机构现金支出
Cash Expenditures of Financial Institutions

单位：亿元 (100 million yuan)

指　标	Item	2006	2007	2008	2009	2009年比2008年增长(%) Increase Rate in 2009 over 2008(%)
支出总计	**Total**	**7163.13**	**8755.84**	**9665.25**	**12061.55**	**24.8**
工资性及个人其他支出	Expenditure for Wages	476.34	546.16	539.08	505.68	-6.2
农副产品采购支出	Expenditure for Purchases of Agricultural and Sideline Products	86.24	73.64	94.96	81.46	-14.2
工矿及其他产品采购支出	Expenditure for Purchases of Industrial and Mineral Products	185.29	194.69	182.28	166.84	-8.5
行政企业管理与经营费支出	Expenditure for Government and Enterprises Overhead	318.29	383.31	423.62	438.42	3.5
城乡个体经营支出	Expenditure for Individual Business	194.25	203.64	204.03	209.16	2.5
储蓄存款支出	Expenditure for Savings Deposits	5427.16	6794.95	7399.18	9386.51	26.9
其他金融性公司支出	Expenditure for Other Financial Institutions	17.34	15.16	18.52	25.08	35.4
居民提取贷款支出	Expenditure for Loans by Residents	61.12	23.60	35.46	64.27	81.2
汇兑支出	Expenditure for Remittances	29.35	35.40	44.40	43.96	-1.0
有价证券及其他投资性支出	Expenditure for Securities	5.00	7.64	4.18	4.60	10.0
其他支出	Other Expenditure	362.76	477.65	719.54	1135.57	57.8

15–4 保险系统机构数

Number of Institutions in Insurance System

单位：个 (unit)

项　　目	Item	2006	2007	2008	2009	2009年比2008年增长(%) Increase Rate in 2009 over 2008(%)
总计	**Total**	**548**	**652**	**774**	**854**	**10.3**
按行政区划分	By Administrative Areas					
省级分公司	Provincial Branches	12	15	18	19	5.6
地市级分公司	Prefecture/City Branches	57	70	91	102	12.1
县级支公司	County Branches	183	207	220	268	21.8
办事处或营业部	Business Offices and Departments	42	42	40	39	-2.5
营销服务部	Marketing Deparements	254	318	405	426	5.2
按经济区划分	By Economic Level					
一级分公司	First Level Filiales	12	15	18	19	5.6
二级分公司	Second Level Filiales	57	70	91	102	12.1
支公司	Branches	183	207	220	268	21.8
办事处或营业部	Offices or Business Departments	42	42	40	39	-2.5
营销服务部	Marketing Departments	254	318	405	426	5.2

注：资料来源于省保监局(以下相关表同)。
Note:Data in the table are obtained from the provincial insurance regulatory bureau(the same applies to relative tables below).

15–5 保险系统职工人数

Number of Employed Persons in Insurance System

单位：人 (person)

项　　目	Item	2006	2007	2008	2009	2009年比2008年增长(%) Increase Rate in 2009 over 2008(%)
总计	**Total**	**4543**	**6615**	**7331**	**9421**	**28.5**
按行政区划分	By Administrative Areas					
省级分公司	Provincial Branches	1166	1803	1926	2296	19.2
地市级分公司	Prefecture/City Branches	2102	2635	3068	3914	27.6
县级支公司	County Branches	982	1638	1729	2421	40.0
办事处或营业部	Business Offices and Departments	43	47	23	39	69.6
营销服务部	Marketing Departments	250	492	585	751	28.4
按经济区划分	By Economic Level					
一级分公司	First Level Filiales	1166	1803	1926	2296	19.2
二级分公司	Second Level Filiales	2102	2635	3068	3914	27.6
支公司	Branches	982	1638	1729	2421	40.0
办事处或营业部	Offices or Business Departments	43	47	23	39	69.6
营销服务部	Marketing Departments	250	492	585	751	28.4

15–6 财产保险公司业务
Property insurance business

单位：万元 (10000 yuan)

指　标	Item	2006	2007	2008	2009	2009年比2008年增长(%) Increase Rate in 2009 over 2008(%)
保费收入	**Premium**	**178778**	**239669**	**300413**	**377293**	**25.6**
企业财产保险	Enterprise Property Insurance	14849	16012	21091	22231	5.4
机动车辆保险	Motor Vehicle Insurance	140979	186426	226527	301561	33.1
货物运输保险	Preight Transport Insurance	4722	5521	6696	5824	-13.0
责任保险	Liability Insurance	6574	9926	13428	16396	22.1
信用保证保险	Credit Guarantee Insurance	292	286	544	494	-9.2
农业保险	Agriculture Insurance	95	7058	7150	5516	-22.8
其他保险	Other Insurance	11267	14440	24978	25271	1.2
储　金	Deposits	5673	7386	6996	6446	-7.9
赔案件数(万件)	**Cases of Claims(10000 caes)**	**20**	**38**	**57**	**53**	**-7.3**
赔款支出	**Claim and Payment**	**88348**	**107672**	**188553**	**253010**	**34.2**
企业财产保险	Enterprise Property Insuance	7602	7370	32791	80899	146.7
机动车辆保险	Motor Vehicle Insurance	73560	91040	133453	145450	9.0
货物运输保险	Freightage Insurance	755	593	679	805	18.6
责任保险	Liability Insurance	1898	3179	5503	7064	28.4
信用保证保险	Credit Guarantee Insurance	15	79	95	73	-22.4
农业保险	Agriculture Insurance	16	162	7836	8531	8.9
其他保险	Other Insurance	4502	5249	8196	10187	24.3
未决赔款	**Unsettled Claim**	**34826**	**43893**	**147554**	**85005**	**-42.4**

注：本表包括人保、太保产险、平安产险、天安保险、安邦保险、阳光产险、大地产险、国寿产险、都邦产险、太平保险、华安产险鼎和产险12家财产保险分公司数据(下表同)。

Note:1.data in this table include data from the Guizhou Branches of PICC,Pacific Property Insurance Company, Ping'an Property Insurance Company, Tianan Insurance Company,Anbang Insurance Company,Yangguang Property Insurance Company, Dadi Property Insurance Company, China Life Property & Casualty Insurance Company, Du-Bang Insurance,and Ding-he Insurance Company (the same applies to the next table) .

15–7 财产保险主要指标(2009)
Major Indicators of Property Insurance Company(2009)

指　　标	Item	合　计 Total	企业财产保险 Enterprise Property Insurance	家庭财产保险 Family Property Insurance	机动车辆保险 Transportation Equipment Insurance	工程保险 Engineering Insurance	责任保险 Responsibility Insurance	保证保险 Pledge Insurance
承保件数(万件)	Amount Insured (10000 cases)	247.27	0.85	4.75	169.55	0.04	7.53	0.54
保险金额或责任限额(亿元)	Insurance Value or Liability Limit (100 million yuan)	15763.17	2507.38	74.81	3446.88	266.36	6108.36	15.37
签单保费(万元)	Premium of Sign Bill (10000 yuan)	377293	22231	1132	301561	5781	16396	494
赔付件数(万件)	Amount Claim and Payment (10000 cases)	53.15	0.13	0.10	46.69		0.38	
已决赔款(万元)	Indemnity Expenditure (10000 yuan)	253010	80899	425	145450	1083	7064	73
未决赔款(万元)	Indefinite Expenditure (10000 yuan)	85005	5536	240	59505	3724	9191	233

15–7 续表 (continued)

指　　标	Item	船舶保险 Boats and Ships Insurance	货物运输保险 Freight Transport Insurance	特殊风险保险 Special Risk Insurance	农业保险 Agricultural Insurance	健康险 Health Insurance	意外伤害保险 Unforeseen Injury Insurance	其他险 Others
承保件数(万件)	Amount Insured(10000 cases)	0.02	11.56	0.01	0.10	6.27	46.05	
保险金额或责任限额（亿元）	Insurance Value or Liability Limit (100 million yuan)	0.74	462.20	15.32	10.74	571.14	2283.66	0.19
签单保费(万元)	Premium of Sign Bill(10000 yuan)	122	5824	647	5516	5859	11722	8
赔付件数(万件)	Amount Claim and Payment (10000 cases)		0.05		2.89	2.05	0.85	
已决赔款(万元)	Indemnity Expenditure(10000 yuan)	61	805	847	8531	3056	4711	5
未决赔款(万元)	Indefinite Expenditure(10000 yuan)	27	762	130	1239	631	3788	

15–8 人寿保险公司业务

Life insurance business

单位：万元 (10000 yuan)

指　标	Item	2006	2007	2008	2009	2009年比2008年增长(%) Increase Rate in 2009 over 2008(%)
保费收入	**Premium**	**312233**	**349758**	**498647**	**574137**	**15.1**
#新单保费	Premium of New guarantee sup	149081	178006	309841	341664	10.3
#个人业务	Personal Business	278894	319447	475109	543109	14.3
人寿保险	Life Insurance	252922	293387	445525	513918	15.4
意外伤害险	Unforeseen Injury Insurance	10238	9663	10965	9846	-10.2
健康险	Health Insurance	15735	16397	18619	19345	3.9
团体业务	Group Business	33338	30311	23538	31028	31.8
人寿保险	Life Insurance	14085	15903	8817	10798	22.5
意外伤害险	Unforeseen Injury Insurance	10890	7485	6002	9030	50.5
健康险	Health Insurance	8363	6923	8719	11199	28.4
有效保单件数(万件)	**Cases of Virtual guarantee slip(10000cases)**	**233**	**238**	**289**	**354**	**22.6**
赔款及给付支出	**Claim and payment**	**57610**	**91702**	**97339**	**102861**	**5.7**
个人业务	Personal Business	44473	76691	84798	87775	3.5
赔款支出	Benefit Paid	8058	8978	8041	5131	-36.2
年金给付	Payment for Annuity	22348	4177	5350	8878	66.0
满期给付	Payment for Expiration	8108	56461	63116	64447	2.1
死伤医疗给付	Payment for Death and Injured person	5959	7075	8291	9320	12.4
团体业务	Group Business	13137	15011	12541	15086	20.3
赔款支出	Benefit Paid	9287	11625	9621	12719	32.2
年金给付	Payment for Annuity	1064	2253	1874	1311	-30.0
满期给付	Payment for Expiration	1876	1025	875	700	-20.0
死伤医疗给付	Payment for Death and Injured person	911	108	171	357	109.0

注：本表数据包含国寿、太保寿险、平安寿险、新华人寿、泰康人寿、平安养老、太平人寿7家人寿保险分公司数据(下表同)。

Note:data in this table include data from the Guizhou Branches of China Life Insurance Company,Pacific Life Insurance Company, Ping'an Life Insurance Company, Xinhua Life Insurance Company, Taikang Life Insurance Company and Ping'an pension Insurance (the same applies to the next table) .

15–9　人寿保险主要指标(2009)

Major Indicators of Life Insurance

单位：万元　　(10000 yuan)

指标项目	Item	合计 Total	寿险业务 Life Insurance Business	普通寿险 Normal Life Insurance	个人业务 Personal	团体业务 Group	分红寿险 Share out Bonus	个人业务 Personal	团体业务 Group
保费收入	Premium	574137	524716	90914	90496	418	371564	361184	10380
期末有效保险金额(亿元)	Virtual Insurance Value at the year-end(100 million yuan)	7318.08	944.76	369.00	342.58	26.42	484.21	225.22	259.00
期末有效承保人次(万人)	Virtual Insurance Person-time at the year-end (10000 persons)	2507	316	219	196	23	82	71	11
期末有效承保保单件数(万件)	Cases of Virtual Guarantee Slip at the year-end (10000 cases)	354	231	158	154	4	60	59	1
赔款和给付支出	Expenditure for Claim and Payment	102861	83459	43403	41424	1979	39095	38868	228
#赔款支出	Settled Claim	17849							
死伤医疗给付	Payment for Death,Injury or Medical Treatmnet	9676	8130	6135	5889	246	1414	1396	18
满期给付	Mature Payment	65146	65139	29663	29068	594	35098	35060	38
年金给付	Payment for Annuity	10189	10189	7605	6466	1139	2584	2412	172
退保金	Insurance withdrawed	66687	65678	6423	5973	449	29724	27443	2281
在售产品数量（个）	Amount of Products under Selling(unit)	1004	383	162	130	32	177	168	9

15–9　续表　(continued)

单位：万元　　(10000 yuan)

指标项目	Item	投资连结产品 Life Insurance Product in inve-stment	万能寿险 Omnip-otence Life Insu-rance	健康险业务 Health Insu-rance	个人业务 Personal	团体业务 Group	意外伤害保险业务 Unforeseen Injury Insurance
保费收入	Premium	8419	53818	30544	19345	11199	18877
期末有效保险金额(亿元)	Virtual Insurance Value at the year-end(100 million yuan)	4.97	86.58	1590.80	194.53	1396.27	4782.52
期末有效承保人次(万人)	Virtual Insurance Person-time at the year-end(10000 persons)	1	14	1031	95	937	1160
期末有效承保保单件数(万件)	Cases of Virtual Guarantee Slip at the year-end(10000 cases)	1	12	64	57	7	58
赔款和给付支出	Expenditure for Claim and Payment	83	877	12918	4647	8271	6485
#赔款支出	Settled Claim			11364	3186	8179	6485
死伤医疗给付	Payment for Death,Injury or Medical Treatmnet	83	498	1546	1454	92	
满期给付	Mature Payment		379	7	7		
年金给付	Payment for Annuity						
退保金	Insurance withdrawed	19699	9833	1009	1009		
在售产品数量（个）	Amount of Products under Selling (unit)	14	30	375	237	138	246

15-10 贵州上市公司股票发行情况(A股)(2009)
Summary List of Stocks Publicly Issued by Guizhou Enterprises(A Shares)

单位：万股 (10000 share)

上市公司名称	Listed Companies	上市时间 Listed Time	板块类别 Setor of Listed Companies	总股本 Total Capital Stock
中天城投	CENTURY ZHONGTIAN INVESTMENT JIONT STOCK CO.,LTD.	1994年2月2日	主板	57090
黔轮胎	GUI ZHOU TYRE CO., LTD.	1996年3月8日	主板	25433
中航重机	GUIZHOU LIYUAN HYDRAULIC COMPONENTS CO.,LTD.	1996年11月6日	主板	51867
振华科技	CHINA ZHENHUA(GROUP) SCIENCE & TECHNOLOGY CO.,LTD.	1997年7月3日	主板	35812
长征电气	GUIZHOU CHANGZHENG ELECTRICAL APPARATUS CO.,LTD.	1997年11月27日	主板	32287
高鸿股份	GOHIGH DATA NETWORKS TECHNOLOGY CO.,LTD.	1998年6月9日	主板	33290
南方汇通	SOUTH HUITON CO.,LTD.	1999年6月6日	主板	42200
赤天化	GUIZHOU CHITIANHUA CORP.	2000年2月21日	主板	36910
红星发展	GUIZHOU REDSTAR DEVELOPING CO.,LTD.	2001年3月20日	主板	29120
盘江股份	GUIZHOU PANJIANG REFINED COAL CO.,LTD.	2001年5月31日	主板	110337
贵州茅台	KWEICHOW MOUTAI CO.,LTD.	2001年8月27日	主板	94380
贵航股份	GUIZHOU GUIHANG AUTOMOTIVE COMPONENTS CO.,LTD.	2001年12月27日	主板	28879
益佰制药	GUIZHOU YIBAI PHAMACY CO.,LTD.	2004年3月23日	主板	23517
贵绳股份	GUIZHOU GUISHENG CO.,LTD.	2004年5月14日	主板	16437
航天电器	GUIZHOU SPACEFLIGHT DIANQI CO.,LTD	2004年7月26日	中小板	33000
久联发展	GUIZHOU JIULIAN DEVELOPMENT CO.,LTD.	2004年9月8日	中小板	13310
黔源电力	GUIZHOU QIANYUAN ELECTRIC POWER CO.,LTD.	2005年3月3日	中小板	14026

注：资料来源于中国证监会贵州监管局(以下相关表同)。

Note:Data in the table are provided by the Guizhou Securities Regulatory Bureau of the CSRC(The relative tables in the chapter are the same).

15-10 续表 (Continued)

单位：万股 (10000 share)

上市公司名称	Listed Companies	股本构成 Capital Stock Structures 流通股 Government Share	限售股 Cooperation Share	募集资金总额(万元) Total Amount Issued (10000 yuan)
中天城投	CENTURY ZHONGTIAN INVESTMENT JIONT STOCK CO.,LTD.	30092	26997	
黔轮胎	GUI ZHOU TYRE CO., LTD.	16945	8487	
中航重机	GUIZHOU LIYUAN HYDRAULIC COMPONENTS CO.,LTD.	8970	42897	168000
振华科技	CHINA ZHENHUA(GROUP)SCIENCE & TECHNOLOGY CO.,LTD.	35812		
长征电气	GUIZHOU CHANGZHENG ELECTRICAL APPARATUS CO.,LTD.	32287		
高鸿股份	GOHIGH DATA NETWORKS TECHNOLOGY CO.,LTD.	25396	7894	48910
南方汇通	SOUTH HUITON CO.,LTD.	42200		
赤天化	GUIZHOU CHITIANHUA CORP.	26782	10127	
红星发展	GUIZHOU REDSTAR DEVELOPING CO.,LTD.	15395	13725	
盘江股份	GUIZHOU PANJIANG REFINED COAL CO.,LTD.	26631	83706	696706
贵州茅台	KWEICHOW MOUTAI CO.,LTD.	94380		
贵航股份	GUIZHOU GUIHANG AUTOMOTIVE COMPONENTS CO.,LTD.	14052	14828	
益佰制药	GUIZHOU YIBAI PHAMACY CO.,LTD.	23517		
贵绳股份	GUIZHOU GUISHENG CO.,LTD.	16437		
航天电器	GUIZHOU SPACEFLIGHT DIANQI CO.,LTD	19232	13768	
久联发展	GUIZHOU JIULIAN DEVELOPMENT CO.,LTD.	13310		
黔源电力	GUIZHOU QIANYUAN ELECTRIC POWER CO.,LTD	12339	1687	

注：募集资金总额包括首发、增发、配股、可转债等募集的资金。盘江股份的募集资金总额含资产注入。
Note:Total Raised Capitals, including money raised by the first, issuing, convertible bonds of listed companies.

15−11 股票交易
Basic Statistics on Stocks Exchange

指　标	Item	2006	2007	2008	2009
期末上市公司数(家)	**Quantity of listed Stock Companies at this Year-end(unit)**	**17**	**17**	**17**	**17**
募集资金总额(亿元)	Total Funds Raised(100 million yuan)	90.57	108.14	114.92	206.28
股票市价总值(亿元)	Aggregate Value of Stocks in Market Price (100 million yuan)	1052.55	2759.93	1361.27	2648.30
股票投资者累计开户数(万户)	Accumulative Stock Investors(10000 accounts)	22.32	33.81	38.69	51.67
股票总发行股本(万股)	Total Shares of Stocks Issued (10000 share)	456291	480960	574765	677894
#上市流通股	Shares in Cirulation	214422	249180	326893	453778
#流通股票市值	Value in Cirulation	379.60	1236.95	681.62	2162.36
股票成交金额(亿元)	Total Turnover (100 million yuan)	1052.55	2759.93	1361.27	2648.30

注：2009年募集资金总额含资产注入。

Note:Total funds raised in 2009 includes capital injected

主要统计指标解释

信贷资金 指金融机构以信用方式积聚和分配的货币资金。金融机构信贷资金的来源有各项存款、对国际金融机构负债、流通中货币、银行自有资金及当年结益等；信贷资金的运用有各项贷款、黄金占款、外汇占款、财政借款及在国际金融机构中的资产等。

存款 指企业、机关、团体或居民根据资金必须收回的原则，把货币资金存入银行或其他信用机构保管并取得一定利息的一种信用活动形式。根据存款对象的不同可划分为企业存款、财政存款、机关团体存款、基本建设存款、城镇储蓄存款、农村存款等科目。它是银行信贷资金的主要来源。

城乡居民储蓄存款余额 指某一时点城乡居民存入银行及农村信用社的储蓄金额，包括城镇居民储蓄存款和农民个人储蓄存款，不包括居民的手存现金和工矿企业、部队、机关、团体等单位存款。

贷款 指银行或其他信用机构根据资金必须归还的原则，按一定利率，为企业、个人等提供资金的一种信用活动形式。我国银行贷款分为流动资金贷款、固定资产贷款、城乡个体工商户贷款以及农业贷款等科目。

保险金额 指保险人承担赔偿或者给付保险金责任的最高限额。

保费 指投保人为取得保险人在约定范围内所承担赔偿责任而支付给保险人的费用。

赔款 指保险人根据保险合同的规定，向被保险人支付的赔偿保险责任损失的金额。

给付 包括死伤医疗给付和满期给付。死伤医疗给付是指保险人根据人寿保险及长期健康保险合同的规定，因被保险人在保险期内发生保险责任范围内的保险事故支付给被保险人（或受益人）的金额。满期给付是指被保险人生存期满，保险人按人寿保险合同规定支付给被保险人的满期保险金额。

股票市价总值 指在交易所上市的证券在某一时点按市价与发行数量计算的总金额。计算公式为：

股票市价总值=Σ（市价×发行数量）。

股票流通市值 指在交易所上市的证券在某一时点按市价与上市流通量计算的总金额。计算公式为：

股票流通总值=Σ（市价×可流通量）。

股票成交量 上市公司股票在交易所成交的数量。

股票成交金额 股票成交量乘以成交价格。

Explanatory Notes on Main Statistical Indicators

Credit Funds refer to the funds issued as loans by banking institutions. The sources of credit funds of the banking institutions included deposits, liabilities to international financial institutions, currency in circulation, self-owned funds and current retained profits, etc. The credit funds can be used in forms of loans, gold, foreign exchange, government debt and assets in the international financial institutions.

Deposit is a form of credit by which enterprises, institutions, organizations or households can put money into banks and other credit institutions for safekeeping and interest earning under the principle of free withdrawal. According to different depositors, deposits are divided into enterprise deposits,treasury deposits, deposits of government agencies and organizations,capital construction deposits, urban savings deposits, rural deposits and other deposits. Deposits are major sources of the credit funds of banks.

The Savings Deposits of Urban and Rural Residents refers to the total value of savings deposits of urban and rural households in banks and rural credit cooperatives at a given point of time, including the savings deposit of urban residents and the savings deposit of rural residents. The cash in hand by residents and the deposits of organizations such as enterprises,military units,government agencies, institutions, etc. are not included.

Loan is a form of credit by which banks and other credit institutions provide funds at certain interest rate to enterprises and individuals in the light of the principle of unconditional repayment. Loans from Chinese banks include circulating capital loans, fixed assets loans, loans to urban and rural individuals engaged in industrial and commercial business and agricultural loans.

Insured Amount refers to the maximum that the insurant will get for the claim of the case insured.

Premium is the fee paid by the insurant to the insurer to obtain the obligation of compensation from the insurance within the agreed terms.

Settled Claim is the compensation paid by the insurer to the insurant in accordance with the insurance contract.

Payment includes payment for death, injury or medical treatment and mature payment. Payment for death, injury or medical treatment refers to the money paid to the insurant (or the beneficiary) in accordance with the life or health insurance contract when the insurant encounters accidents within the insured period covered in the contract. Mature payment refers to the mature payment to the insurant in accordance with the life insurance contract at the end of the insured period.

Total Market Capitalization this figure represents the aggregate taken at a given time of the market price the listed volume for each security in the market.

Σ (Marked Price × Negotiable Volume)

Negotiable Market Capitalization this figure represents the aggregate taken at a given time of the market price the negotiable volume for each security in the market.

Σ (Marked Price × Negotiable Volume)

Trading Volume refers to trading volume of shares of listed companies.

Total Turnover refers to the value derived from the current stock price per share times the traded shares.

16

Sixteen

价格指数

Price Index

16-1 居民消费价格分类指数(上年=100)
Consumer Price Indices by Category(preceding year=100)

指　标	Item	2006	2007	2008	2009
居民消费价格总指数	**General Consumer Price Index**	**101.7**	**106.4**	**107.6**	**98.7**
非食品价格指数	Non-Food Price Index	100.8	101.4	102.5	98.9
服务项目价格指数	Services Price Index	102.1	102.5	102.6	99.9
消费品价格指数	**Consumer Price Index**	**101.6**	**107.6**	**109.0**	**98.4**
食品	**Food**	**103.4**	**116.7**	**117.3**	**98.5**
粮食	Grain	102.9	106.9	107.6	103
淀粉及薯类	Starches and Tubers	105.8	104.2	104.9	120.1
干豆类及豆制品	Beans and Its Products	100.4	107.2	137.4	102.1
油脂	Oil or Fat	96.6	147.5	128.3	78.4
肉禽及其制品	Meat, Poultry and Their Products	99.9	134.8	124.7	91.0
食用畜肉及副产品	Livestock for Slaughtering and Sideline Products	98.5	144.3	129.8	84.9
禽	Poultry	101.1	124.4	108.0	97.8
肉禽加工制品	Meat,Poultry and Their Products	104.0	116.1	120.3	100.3
蛋	Eggs	94.7	114.2	100.1	98.0
水产品	Aquatic Products	103.3	110.5	112.2	95.3
鱼	Fish	96.2	110.4	113.0	94.8
其他水产品	Other Aquatic Products	120.6	110.2	110.1	95.7
菜	Vegetables	112.9	107.8	108.1	114.7
鲜菜	Fresh Vegetables	111.9	105.4	107.7	119.0
调味品	Flavoring	106.3	109.9	108.9	103.7
糖	Sugars	107.8	102.3	105.6	101.0
茶及饮料	Tea and Beverages	101.1	101.0	101.8	100.8
干鲜瓜果	Dried and Fresh Melons and Fruits	125.3	94.3	108.5	112.7
糕点饼干面包	Cake, Biscuit and Bread	102.0	106.6	112.8	101.2
奶及奶制品	Milk and Its Products	99.5	100.5	120.0	103.4

16-1 续表1 (continued)

指　标	Item	2006	2007	2008	2009
在外用膳食品	Outward Dinner Food	102.3	114.3	120.7	101.5
其他食品及食品加工服务	Other Foods and Manufacturing Services	102.3	101.3	106.7	95.4
烟酒及用品	**Tobacco, Liquor and Articles**	**99.0**	**102.2**	**104.0**	**100.9**
烟草	Tobacco	98.7	100.0	99.8	100.1
酒	Liquor	99.5	109.5	113.2	102.3
白酒	Distilled Spirit	101.0	114.5	117.5	103.5
啤酒	Beer	94.6	99.3	107.6	99.4
吸烟饮酒用品	Articles for Smoking and Drinking	99.7	99.5	99.6	99.7
衣着	**Clothing**	**97.5**	**97.8**	**97.8**	**95.6**
服装	Garments	97.3	97.8	98.3	96.7
衣着材料	Clothing Materials	101.2	99.6	100.3	101.9
鞋袜帽	Footgear and Hats	97.8	97.4	96.4	92.5
家庭设备用品及维修服务	**Household Facilities Articles and Repair Services**	**101.0**	**101.8**	**103.5**	**99.6**
耐用消费品	Durable Consumer Goods	100.2	101.3	102.8	98.4
家具	Furniture	100.2	100.1	102.8	100.2
家庭设备	Household Facilities	100.1	102.2	102.3	98.0
室内装饰品	Interior Decorations	106.7	97.4	96.1	97.6
床上用品	Bed Articles	100.5	97.3	100.6	97.7
家庭日用杂品	Daily Used Household Articles	101.5	102.1	102.7	100.9
家庭服务及加工维修服务	Household Service and Manufacturing Upkeep	101.8	109.8	127.1	103.0
医疗保健和个人用品	**Health Care and Personal Articles**	**100.1**	**100.6**	**100.7**	**100.9**
医疗保健	Health Care	99.1	99.2	99.2	100.1
医疗器具及用品	Medical Instrument and Articles	99.9	99.6	100.3	100.5
中药材及中成药	Traditional Chinese Medicine	99.5	99.6	104.4	102.4
西药	Western Medicine	98.8	98.2	98.3	100.1
保健器具及用品	Health Care Appliances and Articles	101.9	101.0	100.2	99.8
医疗保健服务	Health Care Services	98.6	99.6	98.9	99.6

16–1 续表2 (continued)

指　标	Item	2006	2007	2008	2009
个人用品及服务	Personal Articles and Services	101.3	102.4	102.4	102.0
化妆美容用品	Cosmetics	100.8	99.8	98.6	100.5
卫生用品	Sanitation Articles	99.3	101.7	98.4	100.7
个人饰品	Personal Decorations	103.9	102.1	103.8	98.2
个人服务	Personal Services	101.8	104.7	107.1	108.1
交通和通讯	**Transportation and Communication**	**100.5**	**100.3**	**100.7**	**98.2**
交　通	Transportation	103.3	102.5	103.4	99.8
交通工具	Transportation Facility	98.7	99.7	99.9	99.6
车用燃料及零配件	Fuels and Parts	110.1	103.7	110.9	91.0
车辆使用及维修	Using and Upkeep Fare	99.8	99.8	102.6	103.3
市区公共交通	Incity Traffic Fare	104.0	100.8	102.9	100.4
城市间交通	Intercity Traffic Fare	103.9	105.3	106.4	103.0
通　信	Communication	98.3	98.6	98.3	96.7
通信工具	Communication Facility	87.4	84.3	89.2	91.3
通信服务	Communication Service	100.2	101.3	100.4	97.8
娱乐教育文化用品及服务	**Recreation,Education and Culture Articles and Services**	**101.6**	**101.3**	**101.6**	**100.2**
文娱用耐用消费品及服务	Durable Consumer Goods for Cultural and Recreational Use and Services	96.2	94.1	94.6	94.0
教　育	Education	101.0	101.8	102.3	100.5
文化娱乐用品	Cultural and Recreational Articles	102.4	107.6	108.2	102.8
文化娱乐	Recreational and Cultural Articles	100.7	100.8	99.5	98.2
书报杂志	Books,Newspapers and Magazines	102.6	101.2	101.7	102.2
文娱费	Recreation Fee	103.8	114.4	115.0	106.0
旅游	Touring	111.8	99.8	96.8	105.6
居　住	**Residence**	**103.9**	**104.9**	**107.5**	**98.4**
建房及装修材料	Building and Building Decoration Materials	101.6	103.9	104.4	100.9
租　房	Rent	100.2	111.9	107.4	104.6
自有住房	Private Housing	103.0	101.4	99.6	85.6
水、电、燃料	Water, Electricity and Fuels	106.0	106.4	112.4	99.8

16-2 商品零售价格分类指数(上年=100)
Retail Price Indices by Category(preceding year=100)

指　标	Item	2006	2007	2008	2009
商品零售价格总指数	**Retail Price Index**	**100.9**	**104.2**	**107.2**	**97.6**
食品类	Food	103.2	117.4	117.8	98.3
粮食	Grain	103.2	107.0	108.8	103.7
油脂	Oil or Fat	95.0	144.6	123.7	77.0
肉禽及其制品	Meat,Poultry and Their products	100.0	134.5	125.9	89.9
蛋	Eggs	95.5	114.5	101.7	98.2
水产品	Aquatic Products	102.8	110.5	115.5	96.2
鲜菜	Vegetables	111.8	105.9	108.1	118.1
干菜及菜制品	Dried Vegetables and Its Products	109.4	119.0	107.7	96.0
鲜果	Fresh Fruits	127.4	96.2	108.2	117
干(坚)果及瓜果制品	Dried Fruits and Its Products	107.9	119.8	118.0	101.4
在外用膳食品	Outward Dinner Food	102.4	113.9	119.0	101.5
饮料、烟酒	Beverages,Tobacco and Liquor	98.7	101.0	102.3	100.6
服装、鞋帽类	Garments,Shoes and Hats	98.6	98.7	98.6	96.1
纺织品类	Textiles	98.1	97.4	101.0	98.4
家用电器及音像器材	Household Appliances, Music and Video Equipment	98.5	98.0	98.1	95.7
文化办公用品	Cultural and Office Appliances	100.0	97.1	98.5	99.3
日用品	Articles for Daily Use	98.9	102.2	103.8	100.8
体育娱乐用品	Sports and Recreation Articles	98.2	100.5	99.8	97.3
交通、通信用品	Traffic and Commanication Appliances	96.1	96.3	97.4	98.2
家具	Furniture	100.5	100.3	102.7	100.9
化妆品类	Cosmetics	96.9	100.2	98.3	98.6
金银珠宝类	Gold,Siluer and Jewelry	120.6	108.3	113.3	89.7
中西药品及医疗保健用品类	Traditional Chinese and Western Medicines & Health Cares Articles	100.5	101.4	102.4	101.0
书报杂志及电子出版物类	Books, Newspapers, Magazines and Electronic Publications	100.6	99.8	100.3	102.2
燃料类	Fuels	113.5	108.1	124.5	93.7
建筑材料及五金电料类	Building Materials and Hardware	100.4	105.2	112.7	96.6

16-3 工业品出厂价格分类指数(上年=100)

Ex-Factory Price Indices of Industrial Products by Gategory (preceding year=100)

指　标	Item	2006	2007	2008	2009
工业品出厂价格指数	**Total Ex-Factory Price Index of Industrial Products**	**104.3**	**105.0**	**112.4**	**95.1**
按轻、重工业分	**Grouped by Light or Heavy Industries**				
轻工业	Light Industry	102.6	103.8	107.5	99.7
重工业	Heavy Industry	105.4	105.4	114.4	93.3
按用途分	**Grouped by Use**				
生产资料	Means of Production	105.1	105.4	114.2	93.8
采掘工业	Mining & Quarrying Industry	129.2	106.0	118.1	96.9
原材料工业	Raw Materials Industry	106.4	101.6	107.1	97.1
加工工业	Manufacturing Industry	98.4	109.3	120.8	89.3
生活资料	Consumer Goods	102.2	103.3	105.4	100.6
食品类	Food	102.5	104.2	106.1	101.5
衣着类	Clothing	108.8	104.0	105.2	106.1
一般日用品	Non-Durable Consumer Goods	101.4	100.6	102.8	99.0
耐用消费品	Durable Consumer Goods	97.3	97.6	100.2	91.7
按工业大类行业分	**Grouped by Sector**				
煤炭开采和洗选业	Mining and Washing of Coal	120.9	109.1	120.9	100.0
有色金属矿采选业	Mining and Processing of Non-Ferrous Metal Ores	77.0	106.6	106.4	86.8
非金属矿采选业	Mining and Processing of Nonmetal Ores	146.1	94.9	110.4	90.4
农副食品加工业	Processing of Food from Agricultural Products	100.2	117.8	126.0	95.0
食品制造业	Manufacture of Foods	100.1	104.0	110.5	101.2
饮料制造业	Manufacture of Beverages	102.2	100.8	112.1	103.5
烟草制品业	Manufacture of Tobacco	102.2	100.5	100.4	101.0
纺织业	Manufacture of Textile	100.8	104.1	100.7	87.9
纺织服装、鞋、帽制造业	Manufacture of Textile Wearing Apparel, Footware,and Caps	108.1	100.1	101.9	100.6
皮革、毛皮、羽毛(绒)及其制品业	Manufacture of Leather, Fur, Feather and Related Products	98.8	100.2	100.0	100.0

16-3 续表1 (Continued)

指标	Item	2006	2007	2008	2009
木材加工及木、竹、藤、棕、草制品业	Processing of Timber,Manufacture of Wood, Bamboo,Rattan,Palm, and Straw Products	104.8	101.2	102.7	98.1
家具制造业	Manufacture of Furniture	100.1	103.1	104.4	98.6
造纸及纸制品业	Manufacture of Paper and Paper Products	100.7	105.1	107.3	101.2
印刷业和记录媒介的复制	Printing,Reproduction of Recording Media	100.5	101.8	102.7	98.9
文教体育用品制造业	Manufacture of Articles For Culture, Education and Sport Activity	99.9	104.4	100.2	100.0
石油加工、炼焦及核燃料加工业	Processing of Petroleum, Coking, Processing of Nuclear Fuel	98.8	107.8	142.1	92.3
化学原料及化学制品制造业	Manufacture of Raw Chemical Materials and Chemical Products	95.7	107.1	138.8	83.3
医药制造业	Manufacture of Medicines	104.4	108.5	101.6	104.0
化学纤维制造业	Manufacture of Chemical Fibers	100.4	105.3	98.4	95.5
橡胶制品业	Manufacture of Rubber	108.3	108.0	106.0	100.2
塑料制品业	Manufacture of Plastics	99.6	106.1	106.7	96.3
非金属矿物制品业	Manufacture of Non-metallic Mineral Products	109.7	105.1	123.8	99.1
黑色金属冶炼及压延加工业	Smelting and Pressing of Ferrous Metals	90.8	118.8	124.9	81.2
有色金属冶炼及压延加工业	Smelting and Pressing of Non-ferrous Metals	116.2	92.6	95.8	81.3
金属制品业	Manufacture of Metal Products	98.9	101.7	114.9	91.8
通用设备制造业	Manufacture of General Purpose Machinery	102.2	100.7	104.3	99.4
专用设备制造业	Manufacture of Special Purpose Machinery	100.0	102.4	104.9	102.4
交通运输设备制造业	Manufacture of Transport Equipment	98.9	99.3	102.4	99.8
电气机械及器材制造业	Manufacture of Electrical Machinery and Equipment	107.4	105.3	103.1	94.3
通信设备、计算机及其他电子设备制造业	Manufacture of Communication Equipment, Computers and Other Electronic Equipment	88.3	92.6	92.1	85.4
仪器仪表及文化、办公用机械制造业	Manufacture of Measuring Instruments and Machinery for Cultural Activity and Office Work	97.5	99.5	97.0	96.9
电力、热力的生产和供应业	Production and Distribution of Electric Power and Heat Power	105.8	103.0	104.3	104.5
燃气生产和供应业	Production and Distribution of Gas	107.3	116.3	100.0	116.0
水的生产和供应业	Production and Distribution of Water	118.5	108.3	104.6	103.3

16–4 原材料、燃料、动力购进价格指数(上年=100)
Indices of Purchasing Prices of Raw Materials, Fuels and Power(preceding year =100)

指　标	Item	2006	2007	2008	2009
原材料、燃料、动力购进价格指数	**Total Indices of Purchasing Prices of Raw Materials, Fuels and Power**	**107.3**	**107.5**	**112.5**	**93.5**
燃料、动力类	Fuels and Power	110.8	105.0	115.6	101.2
黑色金属材料类	Ferrous Metals	98.5	106.5	123.9	86.9
#钢　材	Rolled-steel	97.1	106.0	120.7	88.2
有色金属材料和电线类	Nonferrous Metals and Wire	131.6	109.4	95.4	85.6
化工原料类	Raw Chemical Materials	99.6	106.3	109.8	86.0
木材及纸浆类	Timber and Paper Pulps	101.9	103.5	112.9	98.5
建筑材料及非金属矿类	Building Materials and Nonmetal Minerals Processing	104.1	105.2	131.2	94.2
其他工业原材料及半成品类	Other Industrial Raw Materials and Semi-products	108.9	107.4	108.4	93.3
农副产品类	Agricultural Products	106.6	115.2	115.0	90.7
纺织原料类	Textile Raw Materials	106.7	104.1	103.4	99.1

16–5　农业生产资料价格分类指数(上年=100)
Price Indices of Means of Agricultural Production by Category (preceding year=100)

指　标	Item	2006	2007	2008	2009
农业生产资料价格总指数	**General Price Index of Means of Agricultural Production**	**105.4**	**105.1**	**113.4**	**96.2**
小农具	Small Farm Tools	107.1	101.4	107.3	107.9
饲　料	Forage	102.3	107.5	108.5	100.6
产品畜	Production Livestocks	105.9	129.8	114.9	105.0
半机械化农具	Semi-mechanized Farm Tools	113.0	101.2	116.1	106.1
机械化农具	Mechanized Farm Machinery	100.1	98.3	110.6	98.8
化学肥料	Chemical Fertilizer	102.1	103.5	121.3	91.5
农药及农药器械	Pesticide & Its Appliances	97.6	101.8	100.3	100.8
化学农药	Chemical Pesticide	99.7	102.5	101.0	103.3
农药器械	Appliances for Pesticide	94.2	100.7	99.1	96.7
农机用油	Oil for Farm Machinery	109.0	103.4	106.5	95.4
其他农业生产资料	Others Means of Agricultural Production	129.3	105.0	103.7	100.6

16–6 固定资产投资和房地产销售价格指数(上年=100)
Price Indices of Investment in Fixed Assets and Real Estate (preceding year=100)

指　标	Item	2006	2007	2008	2009
固定资产投资价格指数	**Price Indices of Investment in Fixed Assets**	**101.1**	**103.5**	**108.9**	**100.5**
建筑安装、装饰工程	Construction and Installation,Decoration	101.5	105.4	114.3	102.1
设备、工器具购置	Purchase of Equipment,Tools and Instruments	100.3	100.2	100.6	97.5
其他费用	Others	100.6	100.9	101.1	99.3
贵阳市房屋销售价格指数	**Price Indices of Real Estate of Guiyang City**	**104.4**	**106.9**	**106.6**	**103.6**
#商品房	Commodity Housings	104.6	107.3	106.7	103.7
住　宅	Residence Housings	105.4	107.7	106.7	103.6

注：贵阳市房屋销售价格指数中的“商品房”2009年为“新建房”。
Note:The price indices of commodity housings of guiyang city in 2009 refers to the new buildings

16–7 建筑安装工程价格指数(上年=100)
Price Indices of Construction and Installation (preceding year=100)

指　标	Item	2006	2007	2008	2009
建筑安装工程价格指数	**Price Indices of Construction and Installation**	**101.5**	**105.4**	**114.3**	**102.1**
人工费	Manpower	106.6	108.0	115.6	115.1
材料费	Materials	100.0	105.6	116.3	98.4
钢　材	Steel Products	95.1	106.0	122.8	88.6
木　材	Timber	103.4	104.8	108.8	103.6
水　泥	Cement	103.8	105.4	117.3	106.8
电　料	Electrical Materials	103.2	101.7	109.5	98.7
化工材料	Chemical Raw Materials	108.0	105.8	112.5	109.8
地方建筑材料	Local Materials	105.2	111.2	110.9	106.2
其他材料	Others	103.3	104.1	105.0	105.6
机械使用费	Costs for Using Machine	102.2	101.9	104.2	103.0

主要统计指标解释

商品零售价格指数 是反映城乡商品零售价格变动趋势的一种经济指数。零售物价的变动直接反映城乡居民的生活支出和国家的财政收入，反映居民购买力和市场供需平衡，反映消费与积累的比例。

居民消费价格指数 是反映一定时期内城乡居民所购买的生活消费品价格和服务项目价格变动趋势和程度的相对数，是对城市居民消费价格指数和农村居民消费价格指数进行综合汇总计算的结果。

工业品出厂价格指数 是反映全部工业产品出厂价格总水平的变动趋势和程度的相对数，包括工业企业售给本企业以外所有单位的各种产品和直接售给居民用于生活消费的产品。

固定资产投资价格指数 是反映固定资产投资额价格变动趋势和程度的相对数。固定资产投资额是由建筑安装工程投资完成额、设备、工器具购置投资完成额和其他费用投资完成额三部分组成的。编制固定资产投资价格指数应首先分别编制上述三部分投资的价格指数，然后采用加权算术平均法求出固定资产投资价格总指数。

农业生产资料价格指数 是反映一定时期内农业生产资料价格变动趋势和程度的相对数。农业生产资料价格指数分为小农具、饲料、产品畜、役畜、半机械化农具、机械化农具、化学肥料、农药及农具械、农机用油、其他农业生产资料十大类。

原材料、燃料和动力价格指数 是反映工业企业作为生产投入，而从物质交易市场和能源、原材料生产企业购买原材料、燃料和动力产品时，所支付的价格水平变动趋势和程度的统计指标，是扣除工业企业物质消耗成本中的价格变动影响的重要依据。

Explanatory Notes on Main Statistical Indicators

Retail Price Index reflects the general change in retail prices of commodities. The change and adjustment in retail prices directly affect the living expenditure of urban and rural residents, government revenue,purchasing power of residents and the equilibrium of market supply and demand,and the ratio of consumption to accumulation.

Consumer Price Index reflects the trend and degree of changes in prices of consumer goods and services purchased by urban and rural residents,and is a composite index derived from the urban consumer price index and the rural consumer price index.

Producer Price indices for Manufactured Good reflects the trend and degree of changes in general ex-factory prices of all industrial products,including sales of industrial products by an industrial enterprise to all units outside the enterprise, as well as sales of consumer goods to residents.

Price Index of Investment in Fixed Assets reflects the trend and degree of changes in prices of investment in fixed assets. The investment in fixed assets consists of three components, namely the investment in construction and installation,the investment in purchases of equipment and instrument,and the investment in other items. Price index of investment in fixed assets is calculated as the weighted arithmetic mean of the price indices of the three components of investment in fixed assets.

Price Indices for Means of Agricultural Production reflect the trend and degree of changes in prices of means of agricultural production during a given period. Price indices of means of agricultural production are composed of 10 categories including small farm tools, feeds, domestic animals for meat, draught domestic animals, semi-mechanized farm machinery, mechanized farm machinery, chemical fertilizers, pesticides and spraying machinery, fuels for farm machinery and other means of agricultural production.

Purchasing Price Indices for Raw Materials, Fuels and Power reflect changes in the level and degree of prices paid by industrial enterprises when they purchase production input such as raw materials, fuels and power from the market or from other energy or raw materials producing enterprises. These indices provide important basis for measuring the material consumption of industrial enterprises after removing influence of price changes.

17

人民生活

People's Living Conditions

eventeen

17-1 城乡人民生活水平
People's Livelihood in Urban and Rural Areas

指　标	Item	2006	2007	2008	2009
就业	**Employment**				
城市居民家庭每户就业人口(人)	Average Number of Employed Persons per Urban Household(person)	1.49	1.52	1.37	1.43
城市居民家庭每一就业者赡养人口(人)	Number of Dependents per Employee of Urban Household(person)	2.03	1.99	2.22	2.13
城镇平均每户就业面(%)	Proportion of Employment per Urban Household(%)	0.49	0.50	0.45	0.47
城镇登记失业人数(万人)	Registered Urban Unemployment Persons (10000 persons)	12.12	12.13	12.56	12.34
城镇登记失业率(%)	Registered Urban Unemployment Rate(%)	4.11	3.97	3.98	3.81
农村平均每户整、半劳动力(人)	Average Number of Laborer per Rural Household(person)	2.86	2.90	2.93	2.95
农村居民家庭每一劳动力赡养人口(人)	Number of Dependents per Laborer of Rural Household(person)	1.55	1.52	1.51	1.48
收入与支出	**Income and Expenditure**				
城镇居民人均可支配收入(元)	Annual Per Capita Disposable Income of Urban Households(yuan)	9117	10678	11759	12863
城镇居民人均消费性支出(元)	Annual Per Capita Consumption Expenditure of Urban Householdss(yuan)	6848	7759	8349	9048
在岗职工平均工资(元)	Average Wage of Staff and Workers in their Postss (yuan)	16815	20668	24602	28245
农民人均纯收入(元)	Annual Per Capita Disposable Income of Rural Households (yuan)	1985	2374	2797	3005
农村居民人均生活消费支出(元)	Annual Per Capita Living Expenditure of Rural Households (yuan)	1627	1914	2166	2422
城乡居民平均每人储蓄存款余额(元)	Per Capita Balance of Saving Deposit in Urban and Rural Areas (yuan)	4266	4761	5922	7051
生活质量	**Life Quality**				
居民家庭恩格尔系数	Household's Engle Coefficient				
城　镇(%)	Urban(%)	38.68	40.24	43.09	41.51
农　村(%)	Rural(%)	51.53	52.17	51.70	45.17
居住条件	Residence Condition				
城镇人均住宅建筑面积(平方米)	Per Capita Building Space in Urban Areas(sq.m)	26.42	27.52	26.95	27.57
农村居民人均住房面积(平方米)	Per Capita Living Space in Rural Areas(sq.m)	23.84	24.54	25.27	26.43

17-1 续表 (continued)

指 标	Item	2006	2007	2008	2009
交通条件	**Traffic Condition**				
*城镇每万人拥有公交车辆(标台)	Number of Public Transportation per 10 000 Population in City(unit)	4.14	5.39	4.90	4.80
*城市人均拥有道路面积(平方米)	Per Capita Area of Paved Roads in City(sq.m)	6.11	6.79	5.99	6.03
每百户城镇居民拥有家用汽车(辆)	Number of Family Vehicles Per 100 Urban Households(unit)	2.1	2.0	3.3	4.9
每百户农村居民拥有家用摩托车(辆)	Number of Motor Cycles Per 100 Rural Households(unit)	15.8	17.2	19.6	26.8
通信条件	**Communication Condition**				
电话普及率(部/百人)	Telephone Popularization Rate(set/100 persons)	29.33	34.09	44.44	53.57
每百户拥有移动电话(部)	Per Persons Mobile Telephone(set)				
城 镇	Urban	140.43	160.87	163.27	177.27
农 村	Rural	26.7	34.2	53.8	82.5
城市公用设施普及占有率	City Public Utility Rate				
*用水普及率(%)	Rate of Access to Tap Water(%)	88.9	89.4	83.2	85.4
*燃气普及率(%)	Rate of Access to Gas(%)	55.2	57.3	54.1	54.2
*人均公园绿地面积(平方米)	Per Capita Green Area(sq.m)	4.66	4.74	4.44	4.65
文化、娱乐	**Culture and Entertainment**				
广播人口覆盖率(%)	Broadcast Covering Rate of Population(%)	83.7	84.1	86.1	86.5
电视人口覆盖率(%)	TV Covering Rate of Population(%)	90.7	91.1	91.3	91.3
城镇每百户家用电脑(台)	Computer(set)	29.81	40.37	43.37	52.47
每百户彩电拥有量	Number of Computer per 100 Households				
城 镇(台/百户)	Urban(set/100 Households)	125.23	122.02	118.85	122.03
农 村(台/百户)	Rural(set/100 Households)	64.9	72.9	74.6	88.1
居民家庭文教娱乐用品及服务支出	Household Expenditure on Culture, Entertainment and Services				
城镇(元)	Urban(yuan)	938.37	1035.96	934.73	1146.35
农村(元)	Rural(yuan)	138.13	147.31	122.10	151.59

注：表中带“*”号指标数据来源于省建设厅，2008年后计算上述指标数据的人口数为户籍人口数加上暂住人口数，以往年度所用人口数不含暂住人口。

Note:The Data with ‘*’ in the table are provided by the Provincial Department Construction.The Population Data in the table is included Permanent Residents and Transient population in 2008,But it is excluded Transient population Other years.

17-2 城镇居民家庭生活基本情况

Basic Conditions of Urban Households Life

指　标	Item	2006	2007	2008	2009
调查户数(户)	Number of Households Surveyed(household)	1340	1340	1490	1670
平均每户常住家庭人口(人)	Average Household Size(person)	3.02	3.02	·3.07	3.04
平均每户就业人员(人)	Average Number of Employed Persons Per Household(person)	1.49	1.52	1.37	1.43
平均每户就业面(%)	Proportion of Employment per Household(%)	0.49	0.50	0.45	0.47
平均每户国有经济单位职工人数(人)	Number of Staff and Workers in State-owned Units (person)	0.92	0.92	0.80	0.79
平均每户城镇集体经济单位职工人数(人)	Number of Staff and Workers in Urban Collective-ownedUnits (person)	0.06	0.05	0.04	0.04
平均每户其他各种经济类型单位职工(人)	Number of Staff and Workers in Other Types of Ownership Units (person)	0.08	0.10	0.09	0.09
平均每个就业者赡养人口(人)	Number of Dependents per Employee(person)	2.03	1.99	2.22	2.13
平均每人年可支配收入(元)	**Per Capita Annual Disposable Income (yuan)**	**9116.61**	**10678.40**	**11758.76**	**12862.53**
平均每人年总收入(元)	**Per Capita Annual Income(yuan)**	**9439.31**	**11066.43**	**12185.62**	**13793.38**
工薪收入	Income of Wages and Salaries	6507.12	7750.15	7811.16	9005.57
工资及补贴收入	Income of Laborage and Allowance	6293.14	7544.09	7503.85	8569.27
其他劳动收入	Income of other Labor	213.98	206.06	307.32	436.30
经营者净收入	Net Business Income	886.32	764.63	770.86	1135.05
财产性收入	Income from Property	120.92	161.30	110.90	134.34
转移性收入	Income from Transfer	1924.96	2390.34	3492.70	3518.42
#养老金或离退休金	Annuities or Pension	1668.27	1969.84	3002.09	3026.06
出售财物收入(元)	Income of Selling Property and goods(yuan)	13.88	1.46	13.87	17.66
借贷收入(元)	Income on Loan(yuan)	1508.41	1705.94	1802.29	2277.39
家庭总支出(元)	**Total Household Expenditure(yuan)**	**8654.79**	**9735.19**	**10236.67**	**12085.93**
消费支出	Consumption Expenditure	6848.39	7758.69	8349.21	9048.29
购房与建房支出	Expenditure of Purchasing or Building House	305.55	211.56	82.96	303.88
转移性支出	Transfer Expenditure	1196.85	1414.12	1442.97	1857.66
财产性支出	Property Expenditure	6.00	3.09	4.45	55.23
社会保障支出	Social Seurity Expenditure	298.01	347.73	357.08	820.86
借贷支出(元)	Expenditure on Loan(yuan)	1851.27	2265.82	2851.94	3284.53
人均住宅建筑面积(平方米)	Per Capita Floor Space of Residential Buildings(sq.m)	26.42	27.52	26.95	27.57

17-3 城镇居民家庭人均总收入和可支配收入
Per Capita Total Income and Disposable Income of Urban Household

单位：元 (yuan)

指　　标	Item	2006	2007	2008	2009
平均每人年总收入	**Per Capita Annual Total Actual Income**	**9439.31**	**11066.43**	**12185.62**	**13793.38**
最低收入户(10%)	Lowest Income(first decile)	2962.52	3678.07	3559.47	4317.04
低收入户(10%)	Low Income(second decile)	4524.01	5367.77	6044.93	6927.75
中等偏下户(20%)	Lower Middle Income(second quintile)	6291.27	7409.22	8462.53	9781.86
中等收入户(20%)	Middle Income(third quintile)	8435.22	10269.84	11683.72	13253.24
中等偏上户(20%)	Upper Middle Income(fourth quintile)	11101.15	13842.55	15222.04	17577.01
高收入户(10%)	High Income(ninth decile)	14550.47	17791.78	20327.46	23058.45
最高收入户(10%)	Highest Income(tenth decile)	22351.83	28572.13	31604.38	34596.00
平均每人年可支配收入	**Per CapitaAnnual Disposable Income**	**9116.61**	**10678.40**	**11758.76**	**12862.53**
最低收入户(10%)	Lowest Income(first decile)	2902.09	3468.64	3470.96	3979.15
低收入户(10%)	Low Income(second decile)	4422.95	5143.78	5831.90	6361.66
中等偏下户(20%)	Lower Middle Income(second quintile)	6080.28	7139.51	8147.75	8988.29
中等收入户(20%)	Middle Income(third quintile)	8103.81	9833.43	11180.88	12383.52
中等偏上户(20%)	Upper Middle Income(fourth quintile)	10717.35	13364.44	14728.88	16455.48
高收入户(10%)	High Income(ninth decile)	13963.68	17195.09	19633.55	21582.87
最高收入户(10%)	Highest Income(tenth decile)	21654.23	27621.32	30610.55	32574.70

17-4 城镇居民家庭人均现金收支

Per Capita Annual Cash Inlome and Expenditure of Urban Households

单位：元 (yuan)

指　标	Item	2006	2007	2008	2009
家庭总收入	**Total Households Income**	**9439.31**	**11066.43**	**12185.62**	**13793.38**
#可支配收入	Disposable Income	9116.61	10678.40	11758.76	12862.53
#工薪收入	Income of Wages and Salaries	6507.12	7750.15	7811.16	9005.57
工资及补贴收入	Income of Laborage and Allowance	6293.14	7544.09	7503.85	8569.27
其他劳动收入	Income of other Labor	213.98	206.06	307.32	436.30
经营净收入	Net Business Income	886.32	764.63	770.86	1135.05
财产性收入	Income from Property	120.92	161.30	110.90	134.34
#利息收入	Interest Income	4.91	2.06	1.71	6.81
股息与红利收入	Dividends and Bonus Income	2.91	38.76	6.91	4.70
转移性收入	Income from Transfer	1924.96	2390.34	3492.70	3518.42
#养老金或离退休金	Annuities or pension	1668.27	1969.84	3002.09	3026.06
出售财物收入	**Income of Selling Property and goods**	**13.88**	**1.46**	**13.87**	**17.66**
借贷收入	**Income on Loan**	**1508.41**	**1705.94**	**1802.29**	**2277.39**
#提取储蓄存款	Drawing Money from Banks	1396.85	1521.12	1689.76	1922.08
其他借贷收入	Others	7.53	3.11	2.91	86.91
家庭总支出	**Total Households Expenditure**	**8654.79**	**9735.19**	**10236.67**	**12085.93**
消费支出	Consumption Expenditure	6848.39	7758.69	8349.21	9048.29
#服务性消费支出	Services	1840.65	2019.82	2115.23	2350.91
购房与建房支出	Expenditure of Purchasing or Building House	305.55	211.56	82.96	303.88
转移性支出	Transfer Expenditure	1196.85	1414.12	1442.97	1857.66
#交纳的个人收入税	Individual Income Tax	4.96	12.82	9.98	14.96
各种非储蓄性保险支出	Various Nonsaving Insurance Expenditure	8.55	10.16	18.80	30.22
其他转移性支出	Others	42.43	46.00	45.57	51.66
财产性支出	Property Expenditure	6.00	3.09	4.45	55.23
社会保障支出	Social Seurity Expenditure	298.01	347.73	357.08	820.86
借贷支出	**Expenditure on Loan**	**1851.27**	**2265.82**	**2851.94**	**3284.53**
#存入储蓄款	Saving Deposits	1588.90	1865.85	2526.66	2903.20
购置有价证券	Purchasing Seurities	0.04	36.47	2.64	4.28
其他借贷支出	Others	10.08	9.66	23.67	39.32

17–5 城镇居民家庭人均消费性支出
Per Capita Annual Consumption Expenditure of Urban Household

单位：元 (yuan)

指　　标	Item	2006	2007	2008	2009
消费性支出	**Consumption Expenditure**	**6848.39**	**7758.69**	**8349.21**	**9048.29**
食品	**Food**	**2649.02**	**3122.46**	**3597.94**	**3755.61**
#粮食	Grain	214.72	248.81	303.11	295.28
糖、烟、酒、饮料类	Sugar, Cigarette,Liquor and Beverage	404.31	388.28	432.85	470.42
在外饮食	Dining Out	511.29	593.27	642.09	741.81
衣着	**Clothing**	**832.74**	**910.30**	**851.50**	**1012.14**
家庭设备、用品及服务	Household Appliances and Services	446.53	463.56	525.70	589.35
#耐用消费品	Durable Consumer Goods	159.55	162.60	186.10	212.21
医疗保健	Health Care and Medical Services	329.77	354.52	471.39	535.43
交通和通信	**Transport and Communications**	**775.07**	**895.04**	**871.15**	**983.13**
#交通	Transport	279.39	386.34	400.19	436.24
通信	Communications	495.68	508.70	470.96	546.89
娱乐、教育、文化服务	Recreation,Education and Culture Services	938.37	1035.96	934.73	1146.35
#文化娱乐用品	Recreation Articles	226.57	235.94	221.73	309.29
文化娱乐服务	Recreation Services	287.84	310.01	276.76	401.43
学杂费	Tuition Fee	198.07	248.29	226.11	184.92
托幼费	Child-care Fee	37.54	30.80	28.56	35.12
书报杂志	Books,Newspaper and Magazines	33.65	35.34	28.26	30.68
居住	**Houseing**	**627.23**	**718.65**	**836.54**	**747.57**
#房租	Rent	12.45	14.05	28.11	19.16
水费	Water	59.62	71.55	83.12	91.99
电费	Electricity	272.33	293.11	332.22	354.97
燃料费	Fuels	149.51	150.87	205.27	139.27
杂项商品和服务	Miscellaneous Goods and Services	249.66	258.21	260.27	278.71
恩格尔系数(%)	**Engel Coefficient(%)**	**38.7**	**40.2**	**43.1**	**41.5**

17-6 城镇居民家庭人均购买主要商品数量

Per Capita Annual Purchases of Major Commodities

单位：公斤 (kg)

指　标	Item	2006	2007	2008	2009
粮　食	Grain	71.98	52.02	59.33	51.92
食用植物油	Edible Vegetable Oil	8.63	9.84	9.96	9.16
猪　肉	Pork	25.51	24.80	24.80	26.41
牛、羊肉	Beef and Mutton	1.63	1.95	1.72	1.71
禽　类	Poultry	7.80	7.33	7.24	7.66
蛋　类	Eggs	5.16	5.14	5.21	5.09
水产品类(元)	Aquatic Products(yuan)	53.51	59.21	66.49	74.64
鲜 菜	Fresh Vegetables	87.99	94.62	102.58	98.69
糖类(元)	Sugar(yuan)	38.97	39.74	39.74	42.55
烟草类(元)	Cigarettes(pack)(yuan)	229.70	226.78	258.42	266.26
酒　类	Liquor	5.79	4.79	4.85	4.45
糕点类	Cake	3.14	2.96	2.65	3.20
干鲜瓜果类	Dried and Fresh Melons and Fruits	48.26	46.36	39.45	43.89
奶类及制品(元)	Milk and Its Products(yuan)	107.11	118.30	118.35	133.15

17-7 每百户城镇居民家庭耐用消费品拥有量

Number of Major Durable Consumer Goods Owned Per 100 Urban Households

单位：台 (set)

指　标	Item	2006	2007	2008	2009
摩托车(辆)	Motorcycle(unit)	7.46	4.92	5.13	6.15
家用汽车(辆)	Automobile(unit)	2.07	2.01	3.29	4.85
洗衣机	Washing Machine	98.51	98.32	96.73	99.03
电冰箱	Refrigerator	88.00	94.22	92.54	94.42
彩色电视机	Color TV Sets	125.23	122.02	118.85	122.03
家用电脑	Household Computer	29.81	40.37	43.37	52.47
组合音响(套)	Hi-Fi Stereo Component Players(unit)	39.12	38.94	35.41	36.84
照相机(架)	Cameras(unit)	33.83	32.95	25.25	28.78
钢琴	Piano	1.91	1.06	1.84	1.88
微波炉	Microwave Oven	39.30	43.70	43.77	45.28
空调器	Air Conditioners	9.73	14.69	16.25	17.49
淋浴热水器	Water Heater	58.27	68.61	69.36	72.24
健身器材(套)	Healthy Equipment(unit)	2.53	2.04	2.86	4.47
普通电话(部)	Telephone(unit)	86.88	80.40	70.87	71.38
移动电话(部)	Mobile Phone(unit)	140.43	160.87	163.27	177.27

17-8 农村居民家庭生活基本情况
Basic Conditions of Rural Households Life

指　标	Item	2006	2007	2008	2009
调查户数(户)	Households Surveyed(household)	2240	2240	2240	2240
平均每户常住人口(人)	Average Number of Persons Per Household (person)	4.43	4.43	4.40	4.38
平均每户整、半劳动力(人)	Average Number of Laborers Per Household (person)	2.86	2.90	2.93	2.95
平均每一劳动力赡养人口(人)	Average Number Persons Supported by a Laborer (person)	1.55	1.52	1.51	1.48
平均每百个劳动力中(人)	In Per 100 Laborers (person)				
文盲或半文盲	Illiterate or Semi-Illiterate	14.50	14.09	13.06	12.93
小学程度	Elementary School	37.43	36.23	35.78	35.86
初中程度	Junior High School	41.67	42.45	43.29	42.59
高中程度	Senior High School	4.21	5.24	5.32	5.98
中专程度	Technical Secondary School	1.69	1.74	1.83	1.82
大专以上	Junior College	0.50	0.66	0.72	0.83
劳动力平均受教育年限(年)	Average Fixed Number of Year of Receiving Education of the Laborers(year)	6.79	6.86	7.02	7.05
平均每人年总收入(元)	**Annual Average Income Per Capita(yuan)**	**2799.36**	**3217.96**	**3889.69**	**4050.40**
平均每人年纯收入(元)	**Annual Average Net Income Per Capita (yuan)**	**1984.62**	**2373.99**	**2796.93**	**3005.41**
劳动者的报酬收入	Payment for Labour	715.49	846.85	1002.68	1074.32
家庭经营纯收入	Household Business Income	1112.81	1320.06	1512.47	1537.57
转移性收入	Property and Transfer Income	119.38	160.39	217.86	311.63
财产性收入	Income from Properties	36.93	46.69	63.92	81.90
平均每人年总支出(元)	Annual Average Expenditure Per Capita(yuan)	2629.49	2960.37	3590.51	3862.77
人均生活消费支出(元)	Living Expenditure(yuan)	1627.07	1913.71	2165.70	2421.95
恩格尔系数(%)	**Engel Coefficient(%)**	**51.5**	**52.2**	**51.7**	**45.2**
人均年末使用房屋面积(平方米)	Average Per Capita Living Space at the Year-end(sq.m)	23.84	24.54	25.27	26.43

17–9 按劳动力文化程度分组的农村居民家庭基本情况(2009)

Basic Conditions of Rural Households Grouped by Education Level of Laborers

指　标	Item	文　盲 Illiterate	小　学 Elementary School	初　中 Junior High School	高　中 Senior High School	中　专 Technical Secondary School	大　学 College
调查户数(户)	Number of Households Surveyed (Household)	18	196	360	668	556	302
常住人口(人)	Number of Permanent Residents (person)	18	392	1080	2672	2780	1812
整、半劳动力(个)	Number of Able-bodied and Semi-able -bodied Laborers Per Household(person)	12	316	852	1767	1825	1160
平均每一劳动力负担人口(人)	Average Number of Persons Supported by a Laborer(person)	1.50	1.24	1.27	1.51	1.52	1.56
人均家庭经营耕地面积(亩)	Per Capita Management Cultivated Areas(mu)	2.01	2.04	1.39	1.18	1.02	0.97
人均生产性固定资产原值(元)	Per Capita Original Value of Productive Fixed Assets(yuan)	1420.00	1948.44	1598.79	1468.81	1209.47	1301.25
人均使用房屋面积(平方米)	Per Capita Floor Space for use(sq.m)	61.06	49.81	35.20	27.26	24.23	22.67
人均使用房屋价值(元)	Per Capita Houses Value for use(yuan)	8472.22	14251.58	8238.00	5755.90	4705.04	4736.10
人均总收入(元)	Per Capita Annual Income(yuan)	5930.93	6894.50	5801.84	4378.73	3572.68	3388.56
人均现金收入(元)	Per Cash Income(yuan)	4158.57	5399.88	4729.80	3487.60	2766.38	2634.32
人均纯收入(元)	Per Capita Net Income(yuan)	4026.29	5148.08	4428.84	3281.04	2628.65	2435.31
人均生活费支出(元)	Per Capita Living Expenditures(yuan)	3198.67	3506.29	3635.79	2698.17	2026.78	2026.05
常住人口外出劳动人数(人)	Laborers Outside between Permanent Residents(person)		13	141	403	482	329

17-10 农村居民家庭人均年纯收入
Per Capita Annual Net Income of Rural Households

单位：元 (yuan)

指　标	Item	2006	2007	2008	2009
全年纯收入	**Annual Net Income**	**1984.62**	**2373.99**	**2796.93**	**3005.41**
基本收入	Basic Income	1828.30	2166.91	2515.15	2611.89
劳动者报酬	Laborers Remuneration	715.49	846.85	1002.68	1074.32
家庭经营收入	Income from Household Business Operation	1112.81	1320.06	1512.47	1537.57
第一产业	Primary Industry	906.06	1116.45	1246.87	1233.79
农业收入	Farming	690.93	789.52	864.19	899.31
林业收入	Forestry	24.49	24.94	29.00	34.70
牧业收入	Animal Husbandry	188.13	301.20	349.84	296.58
渔业收入	Fishery	2.52	0.79	3.82	3.21
第二产业	Secondary Industry	39.57	44.94	51.33	60.20
工业收入	Industry	17.64	15.36	16.14	21.54
建筑业收入	Construction	21.93	29.58	35.19	38.65
第三产业	Tertiary Industry	167.18	158.67	214.27	243.58
交通运输邮电业收入	Transport, Post and Telecommunication Services	39.22	47.16	65.95	73.49
批发贸易餐饮业收入	Wholesale and Retail Trade & Catering Services	78.33	63.71	84.83	93.20
社会服务业收入	Social Services	17.67	16.71	24.28	32.52
其他家庭经营收入	Others	31.96	31.09	39.20	44.37
转移性收入	Transfer Income	119.38	160.39	217.86	311.63
财产性收入	Property Income	36.93	46.69	63.92	81.90

17-11 农村居民家庭人均年总支出

Per Capita Annual Gross Expenditures of Rural Households

单位：元　　(yuan)

指　标	Item	2006	2007	2008	2009
全年总支出	**Gross Expenditure**	**2629.49**	**2960.37**	**3590.51**	**3862.77**
生活消费支出	Living Expenditure for Consumption	1627.07	1913.71	2165.70	2421.95
食　品	Food	838.42	998.39	1119.64	1093.94
衣　着	Clothing	88.56	99.44	112.46	125.35
居　住	Residence	265.54	329.44	427.40	588.42
家庭设备、用品及服务	Household Facilities,Articles and Services	64.91	70.93	94.36	115.39
医疗保健	Medicines and Medical Services	76.76	79.31	96.38	133.15
交通和通信	Transport and Telecommunications	122.47	154.52	159.61	175.08
文教娱乐用品及服务	Cultural,Education and Recreation Article and Services	138.13	147.31	122.10	151.59
其他商品和服务	Other Commodities and Services	32.28	34.16	33.75	39.03
家庭经营费用支出	Expenditure for Household Business	699.90	722.95	944.61	872.54
#种植业生产支出	Farming Production Costs	223.57	240.83	288.09	298.33
牧业生产支出	Animal Husbandry Costs	338.60	429.48	580.29	497.29
购置生产用固定资产支出	Expenditure for Purchasing Productive Fixed Assets	96.28	76.66	167.99	166.61
税费支出	Taxes	1.40	2.18	1.43	1.64
转移性支出	Transfer Expenditures	195.53	235.59	308.48	393.75
寄给和带给在外人口	Posting or Taking to Outside City	27.04	23.75	30.26	30.24
财产性支出	Property Expenditures	8.84	5.02	1.51	5.63

17-12 农村居民家庭人均年现金收入

Per Capita Annual Cash Income of Rural Households

单位：元 (yuan)

指 标	Item	2006	2007	2008	2009
现金收入合计	**Total Annual Cash Income**	**2484.14**	**2784.05**	**3592.71**	**4132.85**
基本现金收入	Basic Cash Income	1897.38	2097.67	2673.29	2724.79
劳动者报酬	Laborers Remuneration	715.49	846.72	1002.52	1072.54
家庭经营现金收入	Income from Household Business Operation	1181.89	1250.95	1670.77	1652.25
#出售产品收入	Income from Selling Product	824.00	985.49	1327.84	1263.26
工业服务性收入	Industry Processing Fee	16.25	11.00	10.62	13.33
建筑业收入	Construction	32.88	38.82	39.97	49.43
交通运输邮电业收入	Transport, Post and Telecommunication Services	64.80	73.04	105.95	116.47
批发和零售贸易餐饮业收入	Wholesale and Retail Trade & Catering Services	172.42	74.61	103.84	113.72
社会服务业收入	Social Service	19.96	18.57	25.80	34.60
文教卫生业收入	Culture, Education and Health Care	15.51	15.35	15.76	17.60
其他家庭经营现金收入	Others	22.04	21.03	29.84	34.23
转移性现金收入	Transfer Cash Income	164.06	204.15	277.11	384.22
#在外人口寄回和带回	Income from Outside City	20.27	12.87	16.87	31.02
亲友赠送	Income from Friends and Relativesas Presents	48.89	59.47	70.03	84.26
抚恤金	Pension	0.76	1.98	1.60	2.03
财产性现金收入	Property Cash Income	35.62	45.51	62.60	79.31
#租金收入	Rental Income	24.14	22.18	36.42	34.47
非收入所得	Reward From Other Way	387.08	436.75	579.71	944.54
#银行、信用社贷款	Loans of Bank and Credit Union	58.28	49.11	82.50	121.20
借入款	Borrowed Money	109.17	104.74	164.87	244.11
收回借出款	Drawing Back Loan	30.03	30.46	26.82	36.19
从银行、信用社取回存款	Drawing Money from Banks and Credit Union	46.95	50.16	60.91	114.19
收回投资款	Disinvestment	0.21	0.01		0.05

17-13 农村居民家庭人均年现金支出

Per Capita Annual Cash Expenditures of Rural Households

单位：元 (yuan)

指　　标	Item	2006	2007	2008	2009
现金支出合计	**Total Expenditure**	**1948.92**	**2112.32**	**2701.82**	**3039.16**
#生产费用支出	Expenditure for Operating Costs	578.04	532.50	806.49	756.46
缴纳税金	Taxes	1.40	2.18	1.43	1.64
生活消费支出	Living Expenditure for Consumption	1167.92	1338.85	1585.40	1888.12
转移性支出	Transfer Expenditures	192.73	233.77	307.00	387.31
#寄给在外人口	Posting to Outside City	26.81	23.46	30.26	30.12
赠送亲友	Present to Relatives and Friends	156.35	195.54	249.94	331.71
非消费性现金支出	Nonconsumptive Expenditure	308.95	333.18	345.89	462.73
#归还银行、信用社存款	Deposits of Bank and Credit Union Recession	39.39	51.43	35.07	45.87
借出款	Loan	11.09	12.91	12.90	12.06
归还借款	Loan Recession	57.79	63.36	78.16	108.81
存入银行、信用社	Deposit	166.53	157.26	152.16	186.84

注：现金支出合计不包括非消费性现金支出数据在内。
Note:Data of Total Expenditure in cash didn't included the date of non-Consumption paid in cash.

17-14 农村居民家庭经营情况

Basic Statistics of Household Business in Rural Households

指　　标	Item	2006	2007	2008	2009
经营耕地面积(亩/人)	Management Cultivated Area(mu/person)	1.03	1.07	1.09	1.11
年内出售肥猪头数(头/户)	Number of Selling Fattened Hogs in the Year(head/household)	1.61	1.26	1.01	1.11
年内自宰肥猪头数(头/户)	Number of Fattened Hogs Slaughtered by Peasants Themselves (head/household)	0.74	0.87	0.79	0.81
出售、自宰肥猪肉产量(公斤/户)	Output of Pork Slaughtered by Peasants Themselves and Sold (kg/household)	211.86	189.6	160.94	180.12
每头猪肉产量(公斤/头)	Output of Per Slaughtered Hog(kg/head)	90.28	89.16	89.63	93.53
年内出售菜羊只数(只/户)	Number of Sold Mutton Sheep and Goat in the Year (head/household)	0.08	0.04	0.05	0.05
出售、自宰羊的肉产量(公斤/户)	Output of Mutton Slaught ered by Peasants Themselves and Sold(kg/household)	1.53	0.85	1.02	1.51
年内出售肉牛数(头/百户)	Number of Sold Fattened Cattle in the Year (head/100 household)	3.57	3.04	2.86	2.88

17–15 农村居民家庭人均经营费用和生产性固定资产购置

Per Capita Expenditure for Household Business Operation and Expenditure for Purchasing Productive Fixed Assets of Rural Households

单位：元 (yuan)

指 标	Item	2006	2007	2008	2009
家庭经营费用支出	**Expenditure for Household Business Operation**	**699.90**	**722.95**	**944.61**	**872.54**
农业生产支出	Expenditure for Farming Production	223.57	240.83	288.09	298.33
林业生产支出	Forestry	1.45	1.80	2.69	2.13
牧业生产支出	Animal Husbandry	338.60	429.48	580.29	497.29
渔业生产支出	Fishery	0.76	1.88	2.29	3.34
工业生产支出	Industry	7.06	5.13	12.47	6.18
建筑业支出	Construction	10.29	7.51	3.78	10.08
交通运输邮电业支出	Transport, Post and Telecommunication	17.69	18.47	27.11	26.48
批发和零售贸易、餐饮业支出	Wholesale and Retail,Trade & Catering Services	92.44	9.16	17.67	18.7
社会服务业支出	Social Services	1.82	1.47	1.13	1.42
文教卫生支出	Culture, Education and Health Care	4.81	5.10	5.39	4.83
其他经营支出	Others	1.39	2.13	3.69	3.78
购置生产用固定资产支出	**Expenditure for Purchasing Productive Fixed Assets**	**96.28**	**76.66**	**167.99**	**166.61**
#农林牧渔业机械	Machinery of Farming, Forestry, Animal Husbandry and Fishery	13.76	13.78	15.60	21.61
工业机械	Industrial Machinery	3.39	2.06	6.87	3.46
运输机械	Transportation Machinery	40.81	19.96	70.27	92.13
役畜、产品畜	Draught Animals and Commodity Animals	28.61	30.89	48.53	26.02

17–16 农村居民家庭主要产品商品率

Commodity Rate of Major Agricultural Products in Rural Households

单位：% (%)

指　标	Item	2006	2007	2008	2009
大农业	Agriculture	54.2	53.3	60.2	59.6
小农业	Farming	41.5	38.9	43.8	46.6
#粮　食	Grain	18.9	17.9	17.2	19.1
油　料	Oil-bearing Crops	49.7	53.9	32.2	36.0
糖　料	Sugar Crops	44.6	88.6	79.4	80.8
烟　叶	Tobacco	84.9	92.0	93.7	88.0
蔬　菜	Vagetable	29.7	27.7	29.0	27.7
果用瓜	Melon	89.6	72.3	94.8	96.3
水　果	Fruits	62.6	48.8	71.9	71.5
茶　叶	Tea	32.1	26.9	40.0	41.9
油桐籽	Tung-oil Seeds	69.2	69.6	89.9	100.0
油茶籽	Tea-oil Seeds		36.6	100.0	100.0
核　桃	Walnuts	35.1	60.3	81.3	82.9
出售、自宰猪肉	Pork Slaughtered by Peasants Themselves & Sold	62.0	60.7	58.6	61.3
出售、自宰羊肉	Mutton Slaughtered by Peasants Themselves & Sold	85.7	94.0	95.7	82.9
出售、自宰家禽	Poultry Slaughtered by Peasants Themselves & Sold	57.5	53.4	57.1	57.3
禽　蛋	Poultry and Eggs	31.6	29.0	27.7	33.1

17-17 农村居民人均粮食收支存

Per Capita Grain Income,Expense and Stock of Rural Households

单位：公斤 (kg)

指 标	Item	2006	2007	2008	2009
年内粮食收入合计	**Grain Income within Current Year**	**424.84**	**451.54**	**485.84**	**478.32**
家庭经营生产	From Household Operation	359.14	391.14	419.08	405.73
购 入	Bought Grain	60.85	56.16	63.45	69.95
借 入	Borrowed Grain	0.84	1.55	0.10	0.19
收回借出粮	Recall of Loaned Grain	2.41	1.61	2.01	1.27
其它粮食收入	Other Grain Income	1.60	1.08	1.20	1.20
年内粮食支出合计	**Grain Expense within Current Year**	**419.51**	**423.05**	**446.88**	**434.86**
#主食用粮	Staple Food Grain	186.72	183.69	186.38	173.17
出 售	Sold Grain	68.02	70.00	72.12	77.67
种 籽	Seed	13.15	12.96	5.51	4.56
饲 料	Forage	147.49	153.30	181.01	170.46
借 出	Loaned Grain	1.48	1.48	0.33	4.58
其它粮食支出	Other Grain Expenses	2.37	1.44	1.04	3.85
年末结存	**Stock of Grain at the Year-end**	**354.07**	**392.60**	**409.11**	**389.24**

17–18 农村居民家庭每人主要消费品消费量

Per Capita Annual Consumption of Major Consumer Goods in Rural Households

单位：公斤 (kg)

指　标	Item	2006	2007	2008	2009
粮　食	Grain	186.72	183.69	186.38	173.17
#大　米	Rice	139.07	136.05	143.02	136.32
食　油	Edible Oil	3.69	3.23	3.36	3.21
肉禽及其制品	Meat,Poultry and Related Product	31.26	28.37	27.63	28.46
#猪　肉	Pork	28.94	25.98	25.01	25.93
家　禽	Poultry	1.80	1.96	2.25	2.04
蛋类及蛋制品	Eggs and Their Products	1.41	1.25	1.72	1.66
水产品	Aquatic Products	0.49	0.48	0.36	0.41
#鱼　类	Fish	0.44	0.42	0.31	0.36
蔬　菜	Vegetables	134.44	130.60	133.36	126.1
瓜　果	Melon and Fruits	7.86	10.78	8.63	9.11
食　糖	Sugar	0.78	0.83	0.89	0.93
卷　烟(盒)	Cigarette(pack)	23.24	22.40	22.91	23.69
酒	Liquor	6.47	6.30	6.69	6.71

17–19 每百户农村居民家庭年末耐用消费品拥有量

Number of Durable Consumer Goods Owned Per 100 Rural Households at the Year-end

单位：台 (unit)

指　标	Item	2006	2007	2008	2009
黑白电视机	Black/White TV Set	10.5	7.0	4.0	2.3
彩色电视机	Color TV Set	64.9	72.9	74.6	88.1
电冰箱	Refrigerator	8.6	9.8	12.9	19.3
洗衣机	Washing Machine	29.8	33.6	36.4	48.7
影碟机	Video Disc Player	43.0	44.3	46.7	49.1
热水器	Water Heater	3.1	3.0	3.4	4.3
摩托车(辆)	Motorcycles(set)	15.8	17.2	19.6	26.8
自行车(辆)	Bicycle(unit)	8.5	8.5	7.7	6.3
电话机(部)	Telephone(unit)	31.3	37.8	38.5	38.1
移动电话(部)	Mobile Telephone(unit)	26.7	34.2	53.8	82.5

主要统计指标解释

一、城镇住户

城镇家庭人口 指居住在一起,经济上合在一起共同生活的家庭成员。凡计算为家庭人口的成员其全部收支都包括在本家庭中。

城镇就业面 指就业人口占家庭人口的百分比。

城镇就业者负担人数 指家庭人口与就业人口之比。

城镇家庭总收入 指家庭成员得到的工薪收入、经营净收入、财产性收入、转移性收入之和,不包括出售财物收入和借贷收入。

城镇家庭可支配收入 指家庭成员得到可用于最终消费支出和其它非义务性支出以及储蓄的总和，即居民家庭可以用来自由支配的收入。它是家庭总收入扣除交纳的所得税、个人交纳的社会保障支出以及记账补贴后的收入。计算公式为：

可支配收入=家庭总收入-交纳所得税-个人交纳的社会保障支出-记帐补贴

城镇家庭总支出 指除借贷支出以外的全部家庭支出。包括消费性支出、购房建房支出、转移性支出、财产性支出、社会保障支出。

城镇家庭消费性支出 指家庭用于日常生活的支出,包括食品、衣着、家庭设备用品及服务、医疗保健、交通和通信、娱乐教育文化服务、居住、杂项商品和服务等八大类支出。

城镇家庭服务性消费支出 指家庭用于支付社会提供的各种非商品性服务费用。

城镇家庭收入分组方法 将所有调查户依户人均可支配收入由低到高排队，按 10%,10%,20%,20%,20%,10%,10%的比例依次分成:最低收入户、低收入户、中等偏下收入户、中等收入户、中等偏上收入户、高收入户、最高收入户等七组。总体中最低5%的户为困难户。

恩格尔系数 指食物支出金额在生活消费总支出金额中所占的比例。计算公式为:

恩格尔系数=食品支出金额/生活消费总支出金额×100%

二、农村住户

农村住户 指农村常住户。农村常住户指长期(一年以上)居住在乡镇(不包括城关镇)行政管理区域内的住户,以及长期居住在城关镇所辖行政村范围内的农村住户。户口不在本地而在本地居住一年及以上的住户也包括在本地农村常住户范围内;有本地户口,但举家外出谋生一年以上的住户,无论是否保留承包耕地都不包括在本地农村住户范围内。

常住人口 指全年经常在家或在家居住 6 个月以上,而且经济和生活与本户连成一体的人口。外出从业人员在外居住时间虽然在 6 个月以上,但收入主要带回家中,经济与本户连为一体,仍视为家庭常住人口;在家居住,生活和本户连成一体的国家职工、退休人员也为家庭常住人口。但是现役军人、中专及以上(走读生除外)的在校学生、以及常年在外(不包括探亲、看病等)且已有稳定的职业与居住场所的外出从业人员,不算家庭常住人口。家庭常住人口主要作为计算农村住户平均每人收入、消费和积累水平及分析家庭人口状况的依据。

整、半劳动力 整劳动力指男子 18 周岁到 50 周岁,女子 18 周岁到 45 周岁;半劳动力指男子 16 周岁到 17 周岁,51 周岁到 60 周岁;女子 16 周岁到 17 周岁,46 周岁到 55 周岁,同时具有劳动能力的人。虽然在劳动年龄之内,但已丧失劳动能力的人,不应算为劳动力;超过劳动年龄,但能经常参加劳动,计入半劳动力数内。常住人口中的职工,若这些职工为劳动力,就包括在本户的整半劳动力中。

总收入 指调查期内农村住户和住户成员从各种来源渠道得到的收入总和。按收入的性质划分为工资性收入、家庭经营收入、财产性收入和转移性收入。

工资性收入 指农村住户成员受雇于单位或个人,靠出卖劳动而获得的收入。

家庭经营收入 指农村住户以家庭为生产经营单位进行生产筹划和管理而获得的收入。农村住户家庭经营活动按行业划分为农业、林业、牧业、渔业、工业、建筑业、交通运输业邮电业、批发和零售贸易餐饮业、社会服务业、文教卫生业和其他家庭经营。

财产性收入 指金融资产或有形非生产性资产的所有者向其他机构单位提供资金或将有形非生产性资产供其支配，作为回报而从中获得的收入。

转移性收入 指农村住户和住户成员无须付出任何对应物而获得的货物、服务、资金或资产所有权等，不包括无偿提供的用于固定资本形成的资金。一般情况下，是指农村住户在二次分配中的所有收入。

现金收入 指农村住户和住户成员在调查期内得到以现金形态表现的收入。按来源分成工资性收入、家庭经营现金收入、财产性收入、转移性收入。

纯收入 指农村住户当年从各个来源得到的总收入相应地扣除所发生的费用后的收入总和。计算方法：

纯收入=总收入-税费支出-家庭经营费用支出-税费支出-生产性固定资产折旧-调查补贴-赠送农村外部亲友支出

纯收入主要用于再生产投入和当年生活消费支出，也可用于储蓄和各种非义务性支出。“农民人均纯收入”按人口平均的纯收入水平，反映的是一个地区或一个农户农村居民的平均收入水平。

总支出 指农村住户用于生产、生活和再分配的全部支出。家庭经营费用支出、购置生产性固定资产支出、生产性固定资产折旧、税费支出、生活消费支出、财产性支出和转移性支出。

Explanatory Notes on Main Statistical Indicators

I. Urban Households

Population of Urban Households refer to members of the household living and sharing economically together. All income and expenditure of the population of the household are included in the income and expenditure of the household.

Proportion of Urban Employment refer to the proportion of employed population to the population of urban households.

Number of Dependentsper Urban Employee refers to the ratio between number of persons in urban households and the number of dependents.

Total Income of Urban Households refers to the sum of wage and salary, net business income, income from properties, and income from transfers of members of the households, excluding income from selling of properties and income from borrowings.

Disposable Income of Urban Households refers to the actual income at the disposal of members of the households which can be used for final consumption, other non–compulsory expenditure and savings. This equals to total in–come minus income tax, personal contribution to social security and sample household subsidy for keeping diaries. Following formula is used:

Disposable income = total household income – income tax – personal contribution to social security – sample household subsidy for keeping diaries

Total expenditure of Urban Households refer to all expenditure of the households except expenditure on leading. It includes expenditure on consumption, on purchasing or building houses, on transfers, on properties and on social security.

Consumption Expenditure of Urban Households refers to total expenditure of the sample households for consump–tion in daily life, including expenditure on eight categories such as food, clothing, household appliances and ser–vices, health care and medical services, transport and communications, recreation, education and cultural services, housing, miscellaneous goods and services.

Expenditure of Urban Households on Consumption of Services refers to expenditure of households on services of various kinds provided by the society.

Urban Households by Income Group All households in the sample are grouped, by per capita disposable income of the household, into groups of lowest income, low income, lower middle income, middle income, upper middle income, high income and highest income, each group consisting of 10%, 10%, 20%, 20%, 20%, 10% and 10% of all households respectively. The lowest 5% of households are also referred to as poor households.

Engel´s Coefficient refers to the percentage of expenditure on food in the total consumption expenditure, using the following formula:

Engel Coefficient = (expenditure on food / total consumption expenditure) × 100%

II. Rural Households

Rural Households refer to resident households in rural areas. Resident households in rural areas are the households residing for more than one year in the areas under the jurisdiction of administration of township governments (excluding county towns), and in the areas under the jurisdiction of administration of villages in county towns. Migrated households residing in the current addresses for over one year with their household registration in other places are included in the resident households of their current addresses. For households with their household registration in one place but all members of the households moving away for living in another place for over one year, they will not be included in the rural households of the area where they are registered, irrespective of whether they still keep their contracted land.

Usual Resident Population refers to population staying at home permanently or for over 6 months during a year and sharing life economically with the household. Members of the household staying away from the household for over 6 months but keeping a close economic relation with the household by sending the majority of income to the household are regarded as resident population of the household. Government staff and workers or retirees living as close members of the household are also considered as resident population. However, servicemen, students of secondary technical schools or schools of higher education and persons with stable jobs and residence outside the household (excluding those visiting relatives or seeking medical service) are not included as resident population of the household. Resident population is used in calculating income, consumption, accumulation on per capita basis of rural households and in analyzing composition of rural households.

Full/Semi Labour Force Full labour force refers to persons capable of work, aged 18–50 for males and 18–45 for females. Semi labour force refers to persons capable of work, aged 16–17 and 51–60 for males and 16–17 and 46–55 for females. Persons at their working ages but not capable of work are not to be included as labour force. Persons not at working ages but participating regularly in work are included in semi labour force. For staff and workers as resident population of the household, they are included as full or semi labour force of the household if they are in the labour force.

Total Income refers to the sum of income earned from various sources by the rural households and their members during the reference period, and is classified as income from wages and salaries, income from household operations, income from properties and income from transfers.

Income from Wages and Salaries refers to income from labour earned by the members of rural households employed by other units or individuals.

Income from Household Operations refers to income by the rural households as units of production and operations. Operations by rural households are classified by economic activities as agriculture, forestry, animal husbandry, fishery, manufacturing, construction, transportation, post and telecommunications, wholesale, retail and catering, social service, culture, education, health, and other household operations.

Income from Properties refers to the income received as returns by owners of financial assets or tangible non–productive assets by providing capitals or tangible non–productive assets to other institutional units.

Income from Transfers refers to the receipt by rural households and their members of goods, services, capitals or rights of assets without giving or repaying accordingly, excluding capitals provided to them for the formation of fixed assets. In general, it refers to all income received by rural households through redistribution.

Cash Income refers to income received by rural households and their members in the form of cash during the reference period. It is classified, by source of income, into income from wages and salaries, cash income from household operations, income from properties and income from transfers.

Net Income refers to the total income of rural households from all sources minus all corresponding expenses. The formula for calculation is as follows:

Net income = total income − taxes and fees paid − household operation expenses − taxes and fees − depreciation of fixed assets for production − subsidy for participating in household survey − gifts to non-rural relatives

Net income is mainly used as input for reproduction and as consumption expenditure of the year, and also used for savings and non-compulsory expenses of various forms. ?° Per capita net income of farmers?±is the level of net income averaged by population which reflects the average income level of rural households in a given area.

Total Expenditure refers to total expenses of rural households on production, consumption and redistribution, including expenditure on household operations, on purchase of productive fixed assets, depreciation of productive fixed assets, taxes and fees, expenses on household consumption, expenses on properties and expenses on transfers.

18

Eighteen

资源与环境

Resources and Environment

18-1 主要河流(省内部分)主要特征值(2009)
Major Feature of Some Part of The Main River

水　　系	Water System	流域面积(平方公里) Drainage Area(sq.km)	河长(千米) Length of River (1000 m)	平均坡降(‰) Average Slope Falling(‰)
长江流域	**Changjiang River Drainage**	**115747**		
#赤水河	Chishuihe	11412	299	3.81
乌　江	Wujiang	66807	889	3.30
清水江	Qingshuijiang	17145	459	2.82
洪州河	Hongzhouhe	975	81	1.20
氵舞阳河	Wuyanghe	6474	258	4.15
锦　江	Jinjiang	4017	168	9.92
松桃河	Songtaohe	1526	88	2.30
宋坎河	Songkanhe	2321	56	6.55
牛栏河	Liunanhe	2014	79	4.30
横江(洛泽河)	Hengjiang(Luozehe)	2874	120	9.65
珠江流域	**Zhujiang River Drainage**	**60420**		
#南盘江	Nanpanjiang	7651	263	1.61
北盘江	Beipanjiang	20982	318	4.36
红水河	Hongshuihe	15978	106	0.57
都柳江	Duliujiang	11586	330	2.97
打狗河	Dagouhe	4184	139	4.78

注：资料来源于省水文局。
Note:Data in the table are provided by the Provincial Hydrographic Regulatory Burea.

18–2 主要矿产资源(2009)
Major Mineral Resources

名　称	Item	资源储量 Reserves	居全国位次
矿产资源	**Mineral Resources (Ensured Reserves)**		
煤炭(亿吨)	Coal(100 million tons)	571.37	5
锰矿(万吨)	Manganese(10000 tons)	9882.49	3
钒矿(万吨)	Vanadium(10000 tons)	77.78	8
铅矿(万吨)	Plumbum(10000 tons)	59.01	18
锌矿(万吨)	Zincum(10000 tons)	170.26	16
铝土矿(亿吨)	Bauxite Ore(100 million tons)	5.13	4
镁(炼镁白云岩)(万吨)	Magnesium(10000 tons)	5365.41	6
汞矿(万吨)	Hydrargyrum(10000 tons)	3.04	1
锑矿(万吨)	Antimony(10000 tons)	26.72	4
金矿(岩金)(吨)	Gold mine(ton)	263.57	10
冶金用砂岩(万吨)	Gritstone for Metallurgy(10000 tons)	8493.63	2
硫铁矿(亿吨)	Pyrites Ore(100 million tons)	6.72	2
重晶石(亿吨)	Barite Ore(100 million tons)	1.26	1
磷矿(亿吨)	Phosphorus Ore(100 million tons)	27.5	3
稀土矿(万吨)	Rare Earth Mine(10000 tons)	149.79	2
水泥用灰岩(亿吨)	Limestone for Cement(100 million tons)	18.35	20

注：资料来源于省国土资源厅。
Note:Data in this table are obtained from the Provisional Department land and Resoures.

18-3 城市气象(2009)
Climate of Major Cities

城市名称	Name of City	年平均气温(℃) Annual Average Temperature(℃)	年降水量(毫米) Annual Precipitation(mm)	年日照时数(小时) Annual Sunshine Hours(hour)	年平均相对湿度(%) Relative Temperature(%)
贵 阳 市	Guiyang	14.9	849.5	934.6	74
六盘水市	Liupanshui	13.0	1051.9	1346.8	77
遵 义 市	Zunyi	16.3	733.9	902.7	78
安 顺 市	Anshun	14.8	1009.4	1418.4	76
铜 仁 市	Tongren	17.8	1037.1	1041.6	75
兴 义 市	Xingyi	16.9	905.7	1642.7	76
毕 节 市	Bijie	13.8	698.6	1229.2	80
凯 里 市	Kaili	16.4	1009.0	1143.2	74
都 匀 市	Duyun	15.5	1178.5	1189.0	78
赤 水 市	Chishui	18.4	1109.6	1099.9	83
清 镇 市	Qingzhen	15.0	875.9	1153.8	84
仁 怀 市	Renhuai	16.3	944.5	1120.3	73
福 泉 市	Fuquan	15.5	978.7	1075.8	75

注：资料来源于省气象局(下表同)。
Note:Data in the table are provided by the Provincial Bureau of Meteorology.(The relative tables in the chapter are the same)

18-4 主要城市平均气温（2009）

Monthly Average Temperature of Major Cities

单位：℃ ℃

城市名称	Name of City	1月 Jan.	2月 Feb.	3月 Mar.	4月 Apr.	5月 May.	6月 June.	7月 July.	8月 Aug.	9月 Sept.	10月 Oct.	11月 Nov.	12月 Dec.
贵阳市	Guiyang	3.8	10.4	11.3	14.5	18.6	21.5	22.7	23.6	21.5	15.8	9.3	5.5
六盘水市	Liupanshui	2.6	11.8	10.2	13.0	16.1	18.7	20.0	19.6	18.5	13.2	7.9	4.4
遵义市	Zunyi	5.1	10.6	12.4	15.3	19.9	23.5	25.4	26.1	23.8	17.2	10.3	6.4
安顺市	Anshun	4.2	12.1	11.4	14.5	18.0	21.0	21.8	22.2	20.9	15.6	9.9	5.9
铜仁市	Tongren	5.7	10.8	13.1	17.1	21.0	26.4	27.6	28.7	25.4	20.0	10.6	7.2
兴义市	Xingyi	6.5	16.8	14.1	17.1	19.9	22.1	22.7	22.8	21.8	17.6	12.2	9.4
毕节市	Bijie	2.9	9.9	10.0	13.5	17.3	20.3	22.0	21.8	20.6	14.2	8.5	5.1
凯里市	Kaili	4.9	11.1	12.3	15.6	20.2	23.9	25.5	26.1	23.7	17.9	9.9	6.2
都匀市	Duyun	4.5	10.7	11.8	15.1	19.1	22.3	23.4	24.5	22.4	16.8	9.6	5.8
赤水市	Chishui	7.7	13.4	14.5	18.8	21.1	24.4	27.4	26.9	25.4	18.8	12.5	9.7
清镇市	Qingzhen	4.4	11.1	11.5	14.6	18.4	21.3	22.7	23.2	21.3	15.9	9.6	6.0
仁怀市	Renhuai	5.0	11.3	12.4	15.6	19.7	22.8	25.1	25.8	24.3	16.8	10.5	6.8
福泉市	Fuquan	4.4	10.5	11.7	14.9	19.2	22.5	24.2	24.6	22.4	16.7	9.1	5.5

18–5 森林资源

Forest Resources

指　标	Item	2006	2007	2008	2009	2009年比2008年增长(%) Increase Rate in 2009 over 2008(%)
森林面积(含灌丛)(万公顷)	**Areas of Forest(10000 hektare)**	**703.39**	**703.39**	**703.39**	**703.39**	**持平**
森林覆盖率(%)	Rate of Forest Covered (%)	39.93	39.93	39.93	39.93	持平
有林地覆盖率(%)	Rate of Woodland Covered (%)	31.82	31.82	31.82	31.82	持平
活立木总蓄积量(亿立方米)	Total Standing Fovest Stock(100 million stere)	3.10	3.10	3.10	3.10	持平
完成造林面积(万公顷)	Area of Fulfilled Forestation(10000 Ha.)	7.81	8.20	6.60	9.05	37.10
封山育林面积(万公顷)	Area of Seal Mountain Pass for Forestation(10000 Ha.)	13.52	9.19	13.07	17.36	36.30
实施退耕还林工程中：	**In Implement Cancel Infield for Forest Project**					
宜林荒山造林(万公顷)	Forestation for Feasible deserted Mountain(10000 Ha.)	4.33	5.30	2.00	1.33	-33.50
天然林保护工程中：	**In Savageness Forest Protect Project**					
封山育林(万公顷)	Seal Mountain Pass for Forestation (10000 Ha.)	7.33	3.40	3.50	7.28	208.00
森林保护	**Forest Protection**					
森林火灾(起)	Forest Fire (unit)	1236	1254	2612	1626	-37.75
森林火灾受害率(‰)	Rate of Fall Victim for Forest Fire (‰)	0.30	0.27	0.63	0.53	-0.1 (千分点)
森林病虫鼠害面积(万公顷)	Area of Fall Victim for Insect Pest(10000 ha.)	26.96	26.90	22.94	28.97	26.30
森林病虫鼠害防治面积(万公顷)	Prevention Area of Forest Insect Pest(10000 ha.)	23.40	22.60	16.04	25.65	59.90
森林病虫鼠害防治率(%)	Prevention Rate of Forest Insect Pest (%)	86.8	84.0	70.0	88.5	18.5 (百分点)

注：资料来源于省林业厅(以下相关表同)。
Note:The data in this table are obtained from Forest Department of Guizhou Province.

18–6 自然保护区
Natural Reserves

指标	Item	2006	2007	2008	2009
自然保护区个数(个)	**Number of Nature Reserves (unit)**	**130**	**130**	**130**	**130**
#国家级自然保护区	Nature Reserves of National-level	7	9	9	9
省级自然保护区	Nature Reserves of Guizhou Province	4	4	4	4
地市级自然保护区	Nature Reserves of Region	22	21	21	21
县级自然保护区	Nature Reserves of County	97	96	96	96
自然保护区面积(万公顷)	Area of Nature Reserves (10000 hectare)	96.10	96.02	96.02	96.02
自然保护区面积约占全省国土面积(%)	Percentage of Nature Reserves in Guizhou Province Land(%)	5.5	5.5	5.5	5.5
自然保护区中:	**In Nature Reserves**				
森林生态系统、野生动、植物类型(个)	Forest Biogeocenose,Wildness Animal and Plant(unit)	120	120	120	120
内陆湿地类型(个)	Wetlands inside Land(unit)	8	8	8	8
古生物遗迹类型(个)	Ancient Biology Relic(unit)	1	1	1	1
地质地貌类型(个)	Geological features(unit)	1	1	1	1

18–7 森林公园
Forest Parks

指标	Item	2006	2007	2008	2009	2009年比2008年增长(%) Increase Rate in 2009 over 2008(%)
森林公园(个)	Number of Forest Park (unit)	60	61	65	66	1.5
#国家级森林公园	Forest Park of National-level	21	21	21	21	持平
省级森林公园	Forest Park of Guizhou Province-level	26	25	26	26	持平
森林公园面积(万公顷)	Area of Forest Park (10000 hectare)	24.00	24.00	24.70	24.70	持平
森林公园面积约占全省(%)	Percentage of Forest Park Area to the Guizhou Total Land Areas(%)	1.4	1.4	1.4	1.4	持平

18-8　水资源和水质监测

Basic Statistics on Water Resource and Monitoring of Water Quality

指　标	Item	2006	2007	2008	2009	2009年比2008年增长(%) Increase Rate in 2009 over 2008(%)
水资源总量(亿立方米)	**Total Water Resources (100 million cu.m)**	**814.63**	**1054.62**	**1140.67**	**910.03**	**-20.2**
#地表水	Surface Water Resources	814.63	1054.62	1140.67	910.03	-20.2
人均水资源量(立方米)	Per Capita Water Resources (cu.m/person)	2060	2649	2824	2225	-21.2
供水总量(亿立方米)	Water Supply(100 million cu.m)	99.95	98.03	101.89	100.38	-1.5
#地表水	Surface Water Supply	92.13	91.33	93.51	93.18	-0.4
用水总量(亿立方米)	Water Use(100 million cu.m)	99.95	98.03	101.89	100.38	-1.5
河流水质	**Water Quality of River**					
监测河流(条)	Monitored River (unit)	33	33	33	33	持平
监测河段断面(个)	Monitored Section of River (unit)	74	74	74	74	持平
满足规定水质类别的断面占总监测断面百分比(%)	Ratio of the Sections of Satisfy I-III Genus Water Quality to total Monitored Sections(%)	58.1	64.9	67.6	66.2	-1.4 (百分点)
水质良好的出境断面(个)	Number of Favorable Water Quality Section(unit)	11	11	10	10	持平
湖泊水质	**Water Quality of Lake**					
监测湖库(个)	Monitored lake (unit)	8	8	8	8	持平
监测点(个)	Monitored Point (unit)	25	25	25	25	持平
满足规定水质类别的监测点(个)	Ratio of the Points Satisfy I-III Genus(unit)	4	4	8	5	-37.5
占总监测点百分比(%)	Water Quality to total Monitored Points (%)	16.0	16.0	32.0	24.0	-8.0 (百分点)

注：资料来源于省水利厅、省环保厅。

Note:Data in the table are provided by the Provincial Department of Water Resources.

18–9 自然灾害
Natural Disasters

指 标	Item	2006	2007	2008	2009	2009年比2008年增长(%) Increase Rate in 2009 over 2008(%)
遭受自然灾害县个数(个)	County of Suffer from Natural Disasters(unit)	88	84	88	88	持平
受灾人口(万人)	The Population of be hit by Natural Disasters (10000 person)	2321.86	1345.00	2935.00	1687.12	-42.5
农作物受灾面积(万公顷)	Area of Crop had been hit by Nature Disasters (10000 ha)	138.26	52.40	171.80	89.16	-48.1
#绝收面积	The Gainless Area of Crop for Nature Disasters	34.61	7.19	51.20	12.85	-74.9
因自然灾害造成直接经济损失(亿元)	The Direct Economy Losing for Nature Disasters (100 million yuan)	59.10	38.27	375.00	35.60	-90.5

注：资料来源于省民政厅。
Note: The data in the table are provided from the provinvial Department of Civil Affairs(The relative tables in the chapter are the same).

18–10 环保系统机构、人员数
Enviornmental Protection Agencies and Persons Engaged

指 标	Item	2006	2007	2008	2009
机构总数(个)	**Number of Agencies(unit)**	**287**	**295**	**311**	**359**
#省	Province	11	12	13	13
地	Prefecture	37	38	45	47
县	County	239	241	249	258
年末人员总数(人)	**Number of Staff and Workers at the Year-end(person)**	**2314**	**2454**	**2644**	**2650**
#省	Province	318	336	372	368
地	Prefecture	565	579	594	609
县	County	1431	1526	1665	1661
#科研人员	Scientific and Technical Personnel	102	108	111	109
监测人员	Monitoring Personal	600	618	693	665
监察人员	Supervising and Administrative Personnel	703	727	752	727

注：资料来源于省环保厅(以下相关表同)。
Note: The data in the table are provided from the provinvial Department of Environmental Protection(The relative tables in the chapter are the same).

18−11 环境保护资金投入

Investment in Environment Protection

单位：亿元 (100 million yuan)

指　标	Item	2006	2007	2008	2009	2009年比2008年增　长(%) Increase Rate in 2009 over 2008(%)
环保资金投入	**Investment in Environment Protection**	**32.79**	**48.88**	**50.74**	**69.78**	**37.5**
环保资金投入占生产总值比重(%)	Investment in Environment Protection as Percent of GDP(%)	1.4	1.7	1.4	1.8	0.4 (百分点)
环保资金投入中：	**In Investment of Environment Protection**					
#老工业污染源治理	Old Industry Pollute Fountain Treatment	10.08	7.91	10.20	8.95	-12.3
建设项目“三同时”污染防治	"Three Simultaneities" Environmental Investment for New Project	1.28	9.73	5.07	7.11	40.2
城市环境基础设施建设	Investment in Urban Environmental Infrastructure	10.24	13.42	15.42	26.63	72.7
环境管理能力建设	Capacity Construct of Environment Management	0.61	0.77	1.52	1.92	26.3
工业污染治理设施运行费用	Function Expense of Industry Pollution Treatment	10.59	17.05	18.53	25.17	35.8
征收排污费总额	**Total Fees of Pollutant Discharge**	**4.15**	**4.43**	**4.48**	**4.51**	**0.7**

18−12 环境污染事故

Accident of Environment Pollution

指　标	Item	2006	2007	2008	2009	2009年比2008年增　长(%) Increase Rate in 2009 over 2008(%)
环境污染事故(起)	**Number of Environment Pollution Accidents(unit)**	**23**	**18**	**10**	**4**	**-60.0**
#重大事故	Fatal Accident	1	5			
一般事故	Commonly Accident	22	13	10	4	-60.0
#水污染事故	Water Pollution Accident	16	15	4	4	持平
空气污染事故	Air Pollution Accident	6	3	1		
污染事故直接经济损失(万元)	**Direct Economy Losses on Pollute Accident (10000 yuan)**	**13.40**	**673.20**	**14.70**	**10.00**	**-32.0**

18-13 废水治理
Wastewater Treatment

指　　标	Item	2006	2007	2008	2009	2009年比2008年增长(%) Increase Rate in 2009 over 2008(%)
废水排放总量(亿吨)	Total Waste Water Discharged(100 million tons)	5.54	5.51	5.59	5.92	5.9
工业废水	Volume of Industrial Waste Water Discharged	1.39	1.21	1.17	1.35	15.4
生活废水	Volume of Residential Waste Water Discharged	4.15	4.30	4.42	4.57	3.4
废水中化学需氧排放量(万吨)	Totel Emission of Oxygen Needed by Chemistry(10000 tons)	22.90	22.70	22.18	21.60	-2.6
工业废水	Industrial Sector	1.83	1.84	1.37	1.30	-5.1
生活污水	Residential Sector	21.07	20.86	20.81	20.30	-2.5
工业废水排放达标率(%)	Up-to-standard Rate of Industrial Sewage Discharge(%)	71.8	71.9	71.7	71.0	-0.7 (百分点)
当年完成工业废水治理项目(个)	Father Item of Industry Waste Water in This Year(unit)	522	76	76	63	-17.1
新增废水治理能力(万吨/日)	Newly Desinged Treatment and Utilization Capacity of Waste Water(10000 tons/day)	12.03	43.70	47.96	97.00	102.3
城市污水处理率(%)	Rate of Treatment of City Waste Water (%)	21.2	29.0	31.2	42.0	10.8 (百分点)

18-14 空气质量及污染治理
Air Quality and Treatment of Industrial Waste Gas

指　标	Item	2006	2007	2008	2009	2009年比2008年增长(%) Increase Rate in 2009 over 2008(%)
城市空气质量	**Atmosphere Quality of City**					
达到国家环境空气质量二级标准城市(个)	Reach the National Grade Ⅱ Standard of Atmosphere Quality of City (unit)	8	8	7	7	持平
占统计城市数(%)	Percentage in Total (%)	66.7	66.7	58.3	58.3	持平
城市空气污染物	**Contamination in City Atmosphere**					
二氧化硫年均浓度值(毫克/立方米)	Annud Average SO2 Concentration in Downtown (mg/cu.m)	0.06	0.056	0.052	0.05	-1.9
达到国家空气质量二级标准城市(个)	Reach the National Grade Ⅱ Standard of Atmosphere Quality of City (unit)	8	9	7	8	14.3
二氧化氮年均浓度值(毫克/立方米)	Annual Average NO2 Concentration in Downtown (mg/cu.m)	0.02	0.019	0.017	0.017	持平
达到国家空气质量一级标准城市(个)	Reach National Grade Ⅰ Standard of Atmosphere Quality of City(unit)	12	12	12	12	持平
城市可吸入颗粒物年均浓度值(毫克/立方米)	Average Chroma of City Suspend Grain(mg/cu.m)	0.13	0.078	0.073	0.073	持平
达到国家空气质量二级标准城市(个)	Reach The National Grade Ⅱ Standard of Atmosphere Quality of City (unit)	12	11	12	11	-8.3
废气中污染物排放	**Contamination Discharged of Exhaust Gas**					
二氧化硫排放总量(万吨)	Discharged Volume of SO2 (10000 tons)	146.50	137.51	123.59	117.55	-5.1
#工业	Industrial	103.97	92.06	74.13	62.37	-18.9

18-14 续表 (continued)

指 标	Item	2006	2007	2008	2009	2009年比2008年增长(%) Increase Rate in 2009 over 2008(%)
生活及其它废气中二氧化硫排放量	Discharged Volume of SO2 from Living and Other Exhaust Gas	42.53	45.45	49.46	55.18	11.6
烟尘排放总量(万吨)	Total Volume of Dust Emission (10000 tons)	26.31	29.52	32.62	43.98	34.8
#工业	Industrial	18.45	19.11	14.57	11.78	-19.1
生活及其它废气中烟尘排放量	Discharged Volume of Dusts from Living	7.86	10.41	18.05	32.2	78.4
工业粉尘排放量(万吨)	Volume of Industrial Dust Emission (10000 tons)	15.36	14.57	12.89	9.87	-23.4
空气污染治理	**Discharged Volume of Industrial Dust Emission**					
工业废气中：	In Industrial Exhaust Gas					
二氧化硫去除率(%)	Rate of SO2 Removed (%)	22.8	41.2	52.0	67.9	15.9(百分点)
烟尘去除率(%)	Rate of Soot Removed (%)	97.2	97.5	98.6	99.2	0.6(百分点)
工业粉尘去除率(%)	Rate of Industrial Dust Removed (%)	91.2	94.8	91.8	94.7	2.9(百分点)
当年完成废气治理项目(个)	Exhaust Gas Treatment Item of Fulfilled in This Year (unit)	130	81	154	90	-41.6
新增废气治理能力(万标立方米/小时)	New Exhaust Gas Treatment Capacity inThis Year (10000 stere/hour)	560.00	3484.70	466.39	562.09	20.5
城市燃气普及率(%)	Popularization Rate of City Coal Gas (%)	55.2	57.3	54.1	54.2	0.1(百分点)

18-15 固体废物产生及处理
Production and Treatment of Industrial Solid Wastes

指 标	Item	2006	2007	2008	2009	2009年比2008年增长(%) Increase Rate in 2009 over 2008(%)
工业固体废物产生量(万吨)	**Produced Volume of Industrial Solid Wastes (10000 tons)**	**5827.27**	**5988.58**	**5843.56**	**7317.37**	**25.2**
工业固体废物排放量	Discharged Volume of Industrial Solid Wastes	137.66	81.88	55.59	94.49	70.0
工业固体废物治理	**Treatment of Industrial Solid Wastes**					
当年完成工业固体废物治理项目(个)	Item of Industrial Solid Wastes had been Fulfilled in This Year (unit)	23	14	6	11	83.3
工业固体废物综合利用量(万吨)	Volume of Industrial Solid Wastes Utilized (10000 tons)	2107.56	2251.83	2339.22	3350.67	43.2
工业固体废物处置量(万吨)	Volume of Industrial Solid Wastes Treated (10000 tons)	2510.29	2559.34	2126.11	2109.39	-0.8
工业固体废物综合利用率(%)	Ratio of Industrial Solid Wastes Utilized(%)	36.0	37.5	39.9	45.6	5.7(百分点)
生活垃圾处理	**Consumption Wastes Treatment**					
生活垃圾清运总量(万吨)	Consumption Wastes Collected and Transported (10000 tons)	393.50	402.85	413.83	426.61	3.1
生活垃圾处理总量(万吨)	Consumption Wastes Treated (10000 tons)	222.00	214.74	242.55	284.02	17.1
#无害化处理量	Volume of Wastes Disposed	123.20	130.85	147.23	169.59	15.2
城市生活垃圾无害化处理率(%)	Treatment Rate of Consumption Wastes in Cities(%)	31.3	32.5	35.6	39.8	4.2(百分点)

主要统计指标解释

气候 指地球与大气之间长期能量交换与质量交换所形成的一种自然环境状态，它是多种因素综合作用的结果。气候既是人类生活和生产的环境要素之一，又是供给人类生活和生产的重要资源。气温、降水、湿度等气象要素的多年平均值是用来描述一个地区气候状况的主要参数，而各种气象要素某年、某月的平均值(或总量)则可以反映出该时期天气气候状况的重要特征。

自然资源 指人类可以直接从自然界获得，并用于生产和生活的物质资源。自然资源一般可以分成可再生资源和非再生资源两大类。可再生资源指在较短时间内可以再生、可以循环利用的资源，包括土地资源、水资源、气候资源、生物资源和海洋资源等。非再生资源指在使用后不能再生的资源，包括矿产资源和地热能源。

土地资源 土地指陆地的表层部分，它主要由岩石、岩石的风化物和土壤构成。土地资源按利用类型可以分为农用地、建筑用地和未利用地。农用地包括耕地、园地、林地、牧草地和水面。建筑用地包括居民点及工矿用地、交通用地和水利设施用地。未利用地指农用地和建筑用地以外的土地，包括滩涂、荒漠、戈壁、冰川和石山等。

耕地面积 指经过开垦用以种植农作物并经常进行耕耘的土地面积。包括种有作物的土地面积、休闲地、新开荒地和抛荒未满三年的土地面积。

森林资源 指森林、林木、林地以及依托森林、林木、林地生存的野生动物、植物和微生物。林木指树木和竹子。森林指以乔木为主体的植物群落，是集生的乔木及与共同作用的植物、动物、微生物和土壤、气候等的总体。

森林面积 指由乔木树种构成，郁闭度 0.2 以上(含 0.2)的林地或冠幅宽度 10 米以上的林带的面积，即有林地面积。森林面积包括天然起源和人工起源的针叶林面积、阔叶林面积、针阔混交林面积和竹林面积，不包括灌木林地面积和疏林地面积。

森林蓄积量 指一定森林面积上存在着的林木树干部分的总材积。它是反映一个国家或地区森林资源总规模和水平的基本指标之一，也是反映森林资源的丰富程度、衡量森林生态环境优劣的重要依据。

森林覆盖率 指一个国家或地区森林面积占土地总面积的百分比。森林覆盖率是反映森林资源的丰富程度和生态平衡状况的重要指标。在计算森林覆盖率时，森林面积包括郁闭度 0.2 以上的乔木林地面积和竹林地面积，国家特别规定的灌木林地面积、农田林网以及四旁(村旁、路旁、水旁、宅旁)林木的覆盖面积。计算公式为：

森林覆盖率 (%) =森林面积/土地总面积×100%

水资源 水在自然界中以固体、液体和气态三种聚集状态存在，分布于海洋、陆地(包括土壤)以及大气之中，通过水循环形成水资源。水资源包括经人类控制并直接可供灌溉、发电、给水、航运、养殖等用途的地表水和地下水，以及江河、湖泊、井、泉、潮汐、港湾和养殖水域等。水资源是发展国民经济不可缺少的重要自然资源。

地表水和地下水 陆地上的水因空间分布不同，分为地表水和地下水。地表水指分别存在于河流、湖泊、沼泽、冰川和冰盖等水体中水分的总称，又称陆地水。地下水指储存在地面以下饱和岩土孔隙、裂隙及溶洞中的水。

矿产资源 矿产指由地质作用形成，富集于地壳中或出露于地表达到工农业利用要求的有用矿物。矿产是一种重要的自然资源，是社会发展的重要物质基础。

流域 每条河流都有自己的干流和支流，干支流共同组成这条河流的水系。每条河流都有自己的集水区域，这个集水区域就称为该河流的流域。

气温 指空气的温度，我国一般以摄氏度(℃)为单位表示。气象观测的温度表是放在离地面约 1.5 米处通风良好的百叶箱里测量的，因此，通常说的气温指的是离地面 1.5 米处百叶箱中的温度。其统计计算方法为：

月平均气温是将全月各日的平均气温相加，除以该月的天数而得。

年平均气温是将 12 个月的月平均气温累加后除以 12 而得。

相对湿度 指空气中实际所含水蒸气密度和同温度下饱和水蒸气密度的百分比值。其统计方法与气温相同。

降水量 指从天空降落到地面的液态或固态(经融化后)水，未经蒸发、渗透、流失而在地面上积聚的深度。其统计计算方法为：

月降水量是将全月各日的降水量累加而得。

年降水量是将 12 个月的月降水量累加而得。

日照时数 指太阳实际照射地面的时间。其统计方法与降水量相同

水资源总量 一定区域内的水资源总量指当地降水形成的地表和地下产水量，即地表径流量与降水入渗补给量之和，不包括过境水量。

用水总量 指分配给用户的包括输水损失在内的毛用水量。按用户特性分为农业、工业、生活和生态用水四大类。

农业用水 包括农田灌溉和林牧渔业用水。林牧渔业用水指林果地灌溉、草地灌溉和鱼塘补水。

工业用水 按新水取用量计，不包括企业内部的重复利用水量。

生活用水 包括城镇生活用水和农村生活用水。城镇生活用水由居民用水和公共用水（含服务业、商饮业、货运邮电业及建筑业等用水）组成；农村生活用水除居民生活用水外，还包括畜用水在内。

工业废水排放量 指经过企业厂区所有排放口排到企业外部的工业废水量。包括生产废水、外排的直接冷却水、超标排放的矿井地下水和与工业废水混排的厂区生活污水，不包括外排的间接冷却水(清污不分流的间接冷却水应计算在内)。

工业废水排放达标量 指报告期内废水中各项污染物指标都达到国家或地方排放标准的外排工业废水量，包括未经处理外排达标的，经废水处理设施处理后达标排放的，以及经污水处理厂处理后达标排放的。

工业废水排放达标率 指工业废水排放达标量占工业废水排放量的百分率，计算公式为：

工业废水排放达标率=工业废水排放达标量/工业废水排放量×100%

城镇生活污水排放量 指城镇居民每年排放的生活污水。用人均系数法测算。测算公式为：

城镇生活污水排放量=城镇生活污水排放系数×市镇非农业人口×365

城镇生活污水中化学需氧量(COD)产生量 指城镇居民每年排放的生活污水中的COD的产生量。用人均系数法测算。测算公式为：

城镇生活污水中COD产生量=城镇生活污水中COD产生系数×市镇非农业人口×365

化学需氧量(COD) 测量有机和无机物质化学所消耗氧的质量浓度的水污染指数。

工业废气排放量 指报告期内企业厂区内燃料燃烧和生产工艺过程中产生的各种排入大气的含有污染物的气体的总量，以标准状态(273K，101325Pa)计算。测算公式为：

工业废气排放量=燃料燃烧过程中废气排放量+生产工艺过程中废气排放量

生活及其他SO_2排放量 以生活及其他煤炭消费量和其含硫量为基础，根据以下公式计算：

生活及其他SO_2排放量=生活及其他煤炭消费量×含硫量×0.8×2

工业SO_2排放量 指报告期内企业在燃料燃烧和生产工艺过程中排入大气的SO_2总量，计算公式为：

工业SO_2排放量=燃料燃烧过程中SO_2排放量+生产工艺过程中SO_2排放量

工业烟尘排放量 指企业厂区内燃料燃烧过程中产生的烟气中夹带的颗粒物排放量。

生活及其他烟尘排放量 指除工业生产活动以外的所有社会、经济活动及公共设施的经营活动中燃烧所排放的烟尘纯重量。以生活及其他煤炭消费量为基础进行测算。

工业粉尘排放量 指企业在生产工艺过程中排放的能在空气中悬浮一定时间的固体颗粒物排放量。如钢铁企业的耐火材料粉尘、焦化企业的筛焦系统粉尘、烧结机的粉尘、石灰窑的粉尘、建材企业的水泥粉尘等。不包括电厂排入大气的烟尘。

工业固体废物产生量 指报告期内企业在生产过程中产生的固体状、半固体状和高浓度液体状废弃物的总量，包括危险废物、冶炼废渣、粉煤灰、炉渣、煤矸石、尾矿、放射性废物和其他废物等；不包括矿山开采的剥离废石和掘进废石(煤矸石和呈酸性或碱性的废石除外)。酸性或碱性废石指采掘的废石其流经水、雨淋水的pH值小于4或pH值大于10.5者。

危险废物 指列入国家危险废物名录或根据国家规定的危险废物鉴别标准和鉴别方法认定的，具有爆炸性、易燃性、易氧化性、毒性、腐蚀性、易传染疾病等危险特性之一的废物。

工业固体废物综合利用量 指报告期内企业通过回收、加工、循环、交换等方式，从固体废物中提取或者使其转化为可以利用的资源、能源和其他原材料的固体废物量(包括当年利用往年的工业固体废物贮存量)，如用作农业肥料、生产建筑材料、筑路等。综合利用量由原产生固体废物的单位统计。

工业固体废物综合利用率 指工业固体废物综合利用量占工业固体废物产生量(包括综合利用往年贮存量)的百分率。计算公式为：

工业固体废物综合利用率=工业固体废物综合利用量/工业固体废物产生量+综合利用往年贮存量×100%

工业固体废物贮存量 指报告期内企业以综合利用或处置为目的，将固体废物暂时贮存或堆存在专设的贮存设施或专设

的集中堆存场所内的数量。专设的固体废物贮存场所或贮存设施必须有防扩散、防流失、防渗漏、防止污染大气、水体的措施。

工业固体废物处置量 指报告期内企业将固体废物焚烧或者最终置于符合环境保护规定要求的场所，并不再回取的工业固体废物量(包括当年处置往年的工业固体废物贮存量)。处置方式有填埋(其中危险废物应安全填埋)、焚烧、专业贮存场(库)封场处理、深层灌注、回填矿井及海洋处置(经海洋管理部门同意投海处置)等。

工业固体废物排放量 指报告期内企业将所产生的固体废物排到固体废物污染防治设施、场所以外的数量，不包括矿山开采的剥离废石和掘进废石(煤矸石和呈酸性或碱性的废石除外)。

"三废"综合利用产品产值 指报告期内利用"三废"作为主要原料生产的产品价值(现行价)；已经销售或准备销售的应计算产品价值，留作生产自用的不应计算产品价值。

生活垃圾清运量 指报告期内收集和运送到垃圾处理厂(场)的生活垃圾数量。生活垃圾指城市日常生活或为城市日常生活提供服务的活动中产生的固体废物以及法律行政规定的视为城市生活垃圾的固体废物。包括：居民生活垃圾、商业垃圾、集市贸易市场垃圾、街道清扫垃圾、公共场所垃圾和机关、学校、厂矿等单位的生活垃圾。

生活垃圾无害化处理率 指报告期生活垃圾无害化处理量与生活垃圾产生量比率。在统计上，由于生活垃圾产生量不易取得，可用清运量代替。计算公式为：

生活垃圾无害化处理率=生活垃圾无害化处理量/生活垃圾产生量×100%

造林总面积 指报告期内在荒山、荒地、沙丘、退耕地等一切可以造林的土地上，采用人工播种、飞机播种、植苗造林、分植造林等方法新植成片乔木林和灌木林，经过检查验收符合《造林技术规程》要求的单位面积株数，并按《中华人民共和国森林法实施条例》规定，成活率达85%以上(含85%，年降雨量在400毫米以下且无浇灌条件的地区造林成活率达70%以上)的总面积。四旁植树如一侧在四行以上，连片面积0.066公顷(一亩)以上，应统计在造林面积内。造林面积，通常按所有制(国有、国有集体合作、集体和个人)、造林方式(人工、飞机播种)、主要林种用途(用材林、经济林、防护林、薪炭林、特种用途林)分组进行统计。

退耕还林还草工程 是我国林业建设上涉及面最广、政策性最强、工序最复杂、群众参与度最高的生态建设工程。主要解决重点地区的水土流失问题。

自然保护区 指对有代表性的自然生态系统、珍稀濒危野生动植物物种的天然分布区、水源涵养区、有特殊意义的自然历史遗迹等保护对象所在的陆地、陆地水体或海域，依法划出一定面积进行特殊保护和管理的区域。以县及县以上各级人民政府正式批准建立的自然保护区为准(包括"六五"以前由部门或"革委会"批准且现仍存在的自然保护区)。风景名胜区、文物保护区不计在内。

生态示范区 指省级以上环境保护行政主管部门批准，以省、地、县政府为主按批准的生态示范区建设规划实施的行政区域。包括已经过国家或省级环境保护行政主管部门验收的和正在开展试点工作的。

环境污染与破坏事故 指由于违反环境保护法规的经济、社会活动与行为，以及意外因素的影响或不可抗拒的自然灾害等原因，致使环境受到污染，国家重点保护的野生动植物、自然保护区受到破坏，人体健康受到危害，社会经济和人民财产受到损失，造成不良社会影响的突发性事件。

环境污染治理投资 指在工业污染源治理和城市环境基础设施建设的资金投入中，用于形成固定资产的资金。包括工业新老污染源治理工程投资、建设项目"三同时"环保投资，以及城市环境基础设施建设所投入的资金。

Explanatory Notes on Main Statistical Indicators

Climate refers to the natural environmental status formed by the long-term exchange of energy and mass between the earth and the air, and is the results of interaction of many factors. Climate is both one of the environment factors and the important resources for the living and production activities of the human being. The average values across several years of meteorological factors such as temperature, rainfall and humidity are used as important parameters to describe the climate of a region, while the average values (or total values) of a given year or month of meteorological factors reflect the key characteristics of climate for that period of time.

Natural Resources refer to material resources that could be obtained from the nature by human being and used for production and living. Natural resources in general can be classified as renewable resources and non-renewable resources. Renewable resources refer to resources that could be renewed and recycled during a relatively short period of time, including land resource, water resource, climate resource, biology resource and marine resource. Non-renewable resources include resources that could not be renewed, such as minerals and geothermal resource.

Land Resource Land refers to the surface of the earth, consisting of mainly rocks and its weathering and earth. Land resource can be classified, by its utilization, as land for agriculture, land for construction and unused land. Land for agriculture includes cultivated land, plantation land, forestland, grassland and waters. Land for construction includes land for residential purpose, for manufacturing and mining, for transportation and for water-conservancy projects. Unused land refers to land other than land for agriculture and construction, including beaches, deserts, Gobi, glaciers and rock mountains.

Area of Cultivated Land refers to area of land reclaimed for the regular cultivation of various farm crops, including crop-cover land, fallow, newly reclaimed land and land laid idle for less than 3 years.

Forest Resource refers to forests, trees, forestland and wild animals, plants and microorganism that live on forest and trees. Trees include trees and bamboo. Forest refers to the population of clusters of trees and other plants, animals and microorganism as well as the earth and climate that have interactions with the trees.

Forest Area refers to the area of forest where trees and bamboo grow with canopy density above 0.2, including land of natural woods and planted woods, but excluding bush land and thin forest land. It reflects the total areas of afforestation.

Stock Volume of Forest refers to total stock volume of wood growing in forest area, which shows the total size and level of forest resources of a country or a region. It is also an important indicator illustrating the richness of forest resource and the status of forest ecological environment.

Forest Coverage Rate refers to the ratio of area of afforested land to total land area. It is a very important indicator that reflects the status of abundance of forest resource and ecosystem balance. Forest area includes the area of trees and bamboo grow with canopy density above 0.2, the area of shrubby tree according to regulations of the government, the area of forest land inside farm land and the area of trees planted by the side of villages, farm houses and along roads and rivers. The formula for calculating forest coverage rate is as follows:

Forestry coverage rate (%)= (Area of Afforested Land/Area of Total Land) x 100%

Water Resource Water exists in the nature in solid, liquid and gaseous states, is distributed in the ocean, land (including earth) and air, and constitutes the water resource through the circulation of water. Water resource includes the surface water and underground water that is controlled by the human being for irrigation, power-generation, water supply, navigation and cultivation. It also includes rivers, lakes, wells, springs, tides, gulf and water area for cultivation. Water resource as an important natural resource is indispensable for the development of the national economy.

Surface Water and Underground Water Water on earth can be divided into surface water and underground water according to its distribution. Surface water refers to moisture exists in rivers, lakes, swamps, glaciers, icecaps and so on. It is also called land water. The underground water refers to water deposited underground in the cranny and the hole of saturated rock soil and in the water-eroded cave.

Mineral Resources refer to useful minerals that can be used for industrial or agricultural purposes enriched in lithosphere or on earth due to the geological process. Minerals are important natural resources, and important material base for social development.

Drainage Area Each river has its own main stream and branches to form the water system of the river. Each river has its own catchment's area, which is also called as the drainage area of the river.

Temperature refers to the air temperature. China uses centigrade as the unit. The thermometry used for weather observation is put in a breezy shutter, which is 1.5 meters high from the ground. Therefore, the commonly used temperature refers to the temperature in the breezy shutter 1.5 meters away from the ground. The calculation method is as follows:

Monthly average temperature is the summation of average daily temperature of one month divided by the actual days of that particular month.

Annual average temperature is the summation of monthly average of a year divided by 12 months.

Relative Humidity refers to the ratio of actual water vapor pressure to the saturation water vapor density under the current temperature. The statistical method is the same as that of temperature.

Volume of Precipitation refers to the deepness of liquid state or solid state (thawed) water falling from the sky to the ground that has not been evaporated, infiltrated or run off. The calculation method is as follows:

Monthly precipitation is the summation of daily precipitation of a month.

Annual precipitation is the summation of 12 months precipitation of a year.

Sunshine Hours refer to the actual hours of sun irradiating the earth. The calculation method is the same as that of the precipitation.

Total Water Resources refers to total volume of water resources measured as run-off for surface water from rainfall and recharge for groundwater in a given area, excluding transit water.

Water Use refers to gross water use distributed to users, including loss during transportation, broken down with use by agriculture, industry, living consumption and biological protection.

Water Use by Agriculture includes uses of water by irrigation of farming fields and by forestry, animal husbandry and fishing. Water use by forestry, animal husbandry and fishing includes irrigation of forestry and orchards, irrigation of grassland and replenishment of fishing pools.

Water Use by Industry refers to new withdrawals of water, excluding reuse of water within enterprises.

Water Use by Living Consumption includes use of water for living consumption in both urban and rural areas. Urban water use by living consumption is composed of household use and public use (including services, commerce, restaurants, cargo transportation, posts, telecommunication and construction). Rural water use by living consumption includes both households and animals.

Waste Water Discharged by Industry refers to the volume of waste water discharged by industrial enterprises through all their outlets, including waste water from production process, directly cooled water, groundwater from mining wells which does not meet discharge standards and sewage from households mixed with waste water produced by industrial activities, but excluding indirectly cooled water discharged (It should be included if the discharge is not separated with waste water).

Industrial Waste Water Meeting Discharge Standards refers to volume of industrial waste water discharge which, with or without treatment, reaches national or local standards with regard to all pollutants.

Ratio of Industrial Waste Water Meeting Discharge Standards refers to percentage of industrial waste water meeting discharge standards over total industrial waste water discharge. It is calculated as:

Ratio of industrial waste water meeting discharge standards = industrial waste water meeting discharge standards / total industrial waste water discharge

Urban Non-industrial Waste Water Discharge refers to annual discharge of non-industrial waste water by urban households. It is estimated by per capita coefficient using the formula:

Urban non-industrial waste water discharge = urban non-industrial waste water discharge coefficient urban non-agricultural population 365

Volume of Chemical Oxygen Demand (COD) Generated by Urban Non-industrial Waster Water refers to chemical oxygen demand generated through the annual discharge of non-industrial waste water by urban households. It is estimated as:

Volume of chemical oxygen demand(cod) generated by urban non-industrial waster water = Coefficient of COD generated through urban non-industrial waste water urban non-agricultural population 365

Chemical Oxygen Demand (COD) refers to index of water pollution measuring the mass concentration of oxygen consumed by the chemical breakdown of organic and inorganic matter.

Industrial Waste Air Emission refers to discharge into atmosphere of waste air containing pollutants generated from fuel burning and production process in enterprises within a given period of time. It is calculated at standard status (273K, 101325Pa) as:

Industrial waste air emission = emission through fuel burning + emission through production process

SO_2 Emission through Non-industrial and Other Activities is calculated on the basis of consumption of coal by households and other activities and the sulphur content of coal with the following formula:

SO_2 emission through non-industrial and other activities = consumption of coal by households and other activities sulphur content 0.8 2

SO_2 Emission through Industrial Activities refers to volume of sulphur dioxide emission from fuel burning and production process by enterprises during a given period of time. It is calculated as:

SO_2 emission through industrial activities = SO_2 emission from fuel burning + SO_2 emission from production process

Industrial Soot Emission refers to volume of soot in smoke emitted in process of fuel burning in premises of enterprises.

Soot Emission by Consumption and Others refers to net volume of soot emitted by fuel burning from all social and economic activities and operation of public facilities other than industrial activities. It is calculated on the basis of coal consumption by households and others.

Industrial Dust Emission refers to volume of dust emitted by production process of enterprises and suspended in the air for a given period of time, including dust from refractory material of iron and steel works, dust from coke-screening systems and sintering machines of coke plants, dust from lime kilns and dust from cement production in building material enterprises, but excluding soot and dust emitted from power plants.

Industrial Solid Wastes Produced refers to total volume of solid, semi-solid and high concentration liquid residues produced by industrial enterprises from production process in a given period of time, including hazardous wastes, slag, coal ash, gangue, tailings, radioactive residues and other wastes, but excluding stones stripped or dug out in mining (gangue and acid or alkaline stones not included). A stone is acid or alkaline depending on the pH value of the water below 4 or above 10.5 when the stone is in, or soaked by, the water.

Hazardous Wastes refers to those included in the national hazardous wastes catalogue or specified as any one of the following properties in the national hazardous wastes identification standards: explosive, ignitable, oxidizable, toxic, corrosive or liable to cause infectious diseases or lead to other dangers.

Industrial Solid Wastes Utilized refers to volume of solid wastes from which useful materials can be extracted or which can be converted into usable resources, energy or other materials by means of reclamation, processing, recycling and exchange (including utilizing in the year the stocks of industrial solid wastes of the previous year). Examples of such utilizations include fertilizers, building materials and road materials. The information shall be collected by the producing units of the wastes.

Ratio of Industrial Solid Wastes Utilized refers to the percentage of industrial solid wastes utilized over industrial solid wastes produced (including stocks of the previous years). It is calculated as:

Ratio of industrial solid wastes utilized = volume of industrial solid wastes utilized / (industrial solid wastes produced + stock of previous years) 100%

Stocks of Industrial Solid Wastes refers to volume of solid wastes placed in special facilities or special sites for purposes of utilization or disposal. The sites or facilities should take measures against dispersion, loss, seepage, and air and water contamination.

Industrial Solid Wastes Disposed refers to quantity of industrial solid wastes which are burnt or placed ultimately in the sites meeting the requirements for environmental protection and not salvaged or recycled (including disposition in the year of those wastes of previous years). The disposition includes landfill (Safe landfills should be conducted for hazardous wastes), incineration, containment spaces, deep underground disposal, backfill in mining pits and disposal at sea.

Industrial Solid Wastes Discharged refers to volume of industrial solid wastes discharged by producing enterprises to disposal facilities or to other sites. The wastes exclude stones stripped or dug from mining (gangue and acid or alkaline waste stones not included).

Output Value of Products Made from Waste Gas, Waste Water and Solid Wastes refers current value of products with waste gas, waste water and solid wastes as main materials of production. Products sold and ready to sell shall be included while those produced for own use shall not be included.

Consumption Wastes Transported refers to volume of consumption wastes collected and transported to disposal factories or sites. Consumption wastes are solid wastes produced from urban households or from service activities for urban households, and solid wastes regarded by laws and regulations as urban consumption wastes, including those from households, commercial activities, markets, cleaning of streets, public sites, offices, schools, factories, mining units and other sources.

Ratio of Consumption Wastes Treated refers to consumption wastes treated over that produced. In practical statistics, as it is difficult to estimate, the volume of consumption wastes produced is replaced with that transported. It is calculated as:

Ratio of consumption wastes treated = consumption wastes treated / consumption wastes produced × 100%

Total Area of Afforestation refers to the total area of land suitable for afforestation, including barren hills, idle land, sand dunes, rain for green land, on which acres of arbores or bushes are planted through manual planting, airplane planting, plant seedlings, etc. in accordance with the required density standards of the Technical Procedures of Afforestation, and with a survival rate of over 85% in line with the Implementing Rules of the Forest Law of the People's Republic of China (or a survival rate of 75% in areas with less that 400 mm of annual rainfall and without irrigation facilities). Included in the this category are trees planted alone the roadsides, riversides, or next to houses that occupy an area over 0.066 hectares, or where more than 4 lines of trees are planted. Total area of afforestation is further classified by ownership (state-owned, state-collective, collective or private), by approach of planting (manual, airplane), and by type of forests (timber, by-products, protection, fuel, special use, etc.).

Projects on Converting Cultivated Land to Forests and Grassland (Grain for Green Projects) aiming at preventing soil erosion in key regions, these projects are ecological construction projects in the development of forest industry that have the widest coverage and most sophisticated procedures, with strong policy implications and most active participation of the people.

Nature Reserves refer to certain areas of land, waters or sea that are representative in natural ecological systems, or are natural habitats for rare or endangered wild animals or plants, or water conservation zones, or the location of important natural or historic relics, which are demarked by law and put under special protection and management. Nature reserves are designated by the formal approval of governments at and above county level (including those approved by relevant departments or "revolutionary committees" before 1980). Scenic spots and cultural preservation zones are not included.

Ecological Demonstration Zones refer to administrative areas approved by the environment protection agencies of central and provincial governments and established by provincial, prefecture or county governments in line with the approved programme for ecological demonstration zones. They include those evaluated and accepted by the environment protection agencies of central and provincial governments and those under pilot development stage.

Environment Pollution and Destruction Accidents refer to sudden accidents, due to economic or social activities that are in contrast to environment protection laws or due to unforeseen factors or natural disasters, that lead to the environment pollution, the destruction of protected wild animals, plants or nature reserves, the damage to human health, the economic and property losses, and the negative impact on the society.

Investment in Environment Pollution Harnessing Projects refers to the proportion of investment in fixed assets in the total investment in harnessing industrial pollution and in the construction of urban environment infrastructure facilities. It includes investment in harnessing sources of industrial pollution, investment in environment protection facilities designed concurrently with construction projects, and investment in urban environment infrastructure facilities.

19

Nineteen

教育和科技

Education, Science and Technology

19-1 各级各类学校数
Number of Schools by Level and Type of School

单位：所 (unit)

指　　标	Item	2006	2007	2008	2009
学校数	**Number of Schools**				
研究生培养机构	Institutions Providing Postgraduate Programs	7	8	8	8
普通高等学校	Regular Institutions of Higher Education	36	37	37	47
成人高等教育	Adult Higher Education				
#成人高等学校	Adult Institutions of Higher Education	6	5	5	4
中等职业教育	Vocational Secondary Education	219	244	259	255
调整后中等职业教育	Adjusted Vocational Secondary Schools	28	36	36	36
普通中等专业教育	Regular Specialized Secondary Schools	57	60	61	61
职业高中	Vocational Senior Secondary Schools	113	129	141	136
成人中等专业教育	Adult Specialized Secondary Education				
#成人中等专业学校	Adult Specialized Secondary Schools	21	19	21	22
普通中学	Regular Secondary Schools	2633	2674	2626	2614
高　中	Senior Secondary Schools	482	485	456	451
初　中	Junior Secondary Schools	1675	1652	1635	1622
九年一贯制学校	Schools of Nine-year Consistent System	476	537	535	541
职业初中	Vocational Junior Secondary Schools	65	59	46	30
小　学	Primary Schools	14076	13645	13107	12862
幼儿园	Kindergartens	1721	1838	1960	2063
特殊教育	Special Education	39	40	49	49
工读学校	Schools for Juvenile Delinquents	3	4	4	4
成人中学	Adult Secondary Schools	4	5	45	22
成人技术培训学校	Adult Technical Training Schools	11850	11747	12999	11852
成人小学	Adult Primary Schools	10198	8972	9433	9377

注：资料来源于省教育厅(以下相关表同)。
Note:The data in the table are provided from the provinvial Department of Education(The relative tables in the chapter are the same).

19–2 各级各类学校专任教师数

Number of Full-time Teachers by Level and Type of School

单位：人 (person)

指 标	Item	2006	2007	2008	2009
专任教师	**Number of Full-time Teachers**				
培养研究生的单位	Institutions Providing Postgraduate Programs	1923	2196	2236	2398
普通高等学校	Regular Institutions of Higher Education	15398	16964	18037	19634
成人高等教育	Adult Higher Education				
#成人高等学校	Adult Institutions of Higher Education	1112	1131	555	282
中等职业教育	Vocational Secondary Education	8404	9954	10237	10889
调整后中等职业教育	Adjusted Vocational Secondary Schools	727	1015	863	1015
普通中等专业教育	Regular Specialized Secondary Schools	3532	3763	3647	3708
职业高中	Vocational Senior Secondary Schools	2837	3662	4396	4698
成人中等专业教育	Adult Specialized Secondary Education				
#成人中等专业学校	Adult Specialized Secondary Schools	975	1064	1148	1201
其它机构	Other Institutions	333	450	183	267
普通中学	Regular Secondary Schools	128274	131087	135360	139302
高 中	Senior Secondary Schools	28121	29226	30284	31413
初 中	Junior Secondary Schools	100153	101861	105076	107889
职业初中	Vocational Junior Secondary Schools	1833	1572	911	739
小 学	Primary Schools	188762	191991	200024	199189
幼儿园	Kindergartens	10596	11293	12095	13105
特殊教育	Special Education	620	627	695	740
工读学校	Schools for Juvenile Delinquents	37	75	73	75
成人中学	Adult Secondary Schools	25	60	125	30
成人技术培训学校	Adult Technical Training Schools	4662	5902	6277	5201
成人小学	Adult Primary Schools	3742	7972	6324	5781

19-3 各级各类学校招生数
Number of New Students Enrollment by Level and Type of School

单位：人 (person)

指　标	Item	2006	2007	2008	2009
招生数	**New Students Enrollment**				
研究生	Institutions Providing Postgraduate Programs	2848	3017	3327	3908
普通高等教育	Regular Institutions of Higher Education	72693	84208	94530	99026
成人高等教育	Adult Higher Education	30266	29795	32254	26966
#成人高等学校	Adult Institutions of Higher Education	6677	7299	8483	2431
中等职业教育	Vocational Secondary Education	138395	166093	161156	162831
调整后中等职业教育	Adjusted Vocational Secondary Schools	17282	20361	10000	14556
普通中等专业教育	Regular Specialized Secondary Schools	61756	64706	66640	65367
职业高中	Vocational Senior Secondary Schools	53106	74722	75470	72514
成人中等专业教育	Adult Specialized Secondary Education	6251	6304	9046	10394
#成人中等专业学校	Adult Specialized Secondary Schools	5577	6288	7757	8302
普通中学	Regular Secondary Schools	902968	910979	960665	981374
高　中	Senior Secondary Schools	198389	201185	212253	219062
初　中	Junior Secondary Schools	704579	709794	748412	762312
职业初中	Vocational Junior Secondary Schools	10723	8959	4927	4025
小　学	Primary Schools	787895	735245	722009	698976
幼儿园	Kindergartens	614530	616014	623254	623660
特殊教育	Special Education	1715	2331	2265	2616
工读学校	Schools for Juvenile Delinquents	164	630	571	253

19–4 各级各类学校在校生数

Number of Students Enrollment by Level and Type of School

单位：人 (person)

指　标	Item	2006	2007	2008	2009
在校学生	**Students Enrollment**				
研究生	Institutions Providing Postgraduate Programs	7508	8366	9083	10169
普通高等教育	Regular Institutions of Higher Education	221546	241692	267526	299072
成人高等教育	Adult Higher Education	110418	89554	87963	86209
#成人高等学校	Adult Institutions of Higher Education	19684	19133	17617	5612
中等职业教育	Vocational Secondary Education	277404	333383	356725	386865
调整后中等职业教育	Adjusted Vocational Secondary Schools	27525	34766	23873	29514
普通中等专业教育	Regular Specialized Secondary Schools	146100	163002	171559	177178
职业高中	Vocational Senior Secondary Schools	88852	122322	144393	159943
成人中等专业教育	Adult Specialized Secondary Education	14927	13293	16900	20230
#成人中等专业学校	Adult Specialized Secondary Schools	13900	12151	14752	18028
普通中学	Regular Secondary Schools	2563108	2559983	2617812	2694521
高　中	Senior Secondary Schools	530899	545873	562138	581604
初　中	Junior Secondary Schools	2032209	2014110	2055674	2112917
职业初中	Vocational Junior Secondary Schools	33673	28331	14757	11858
小　学	Primary Schools	4743780	4663136	4697910	4568716
幼儿园	Kindergartens	724607	732590	737988	747351
特殊教育	Special Education	14815	15867	15186	16507
工读学校	Schools for Juvenile Delinquents	196	579	727	271
成人中学	Adult Secondary Schools	1160	2127	4779	5637
成人技术培训学校	Adult Technical Training Schools	2595343	2727306	2750734	2627205
成人小学	Adult Primary Schools	309146	323074	303429	302286

19–5 各级各类学校毕业生数

Number of Graduates by Level and Type of School

单位：人 (person)

指　标	Item	2006	2007	2008	2009
毕业生数	**Graduates**				
研究生	Institutions Providing Postgraduate Programs	1453	2080	2458	2706
普通高等教育	Regular Institutions of Higher Education	53233	61743	66050	64212
成人高等教育	Adult Higher Education	32844	44795	28919	28147
#成人高等学校	Adult Institutions of Higher Education	9804	6930	7199	1547
中等职业教育	Vocational Secondary Education	47250	62027	75594	82599
调整后中等职业教育	Adjusted Vocational Secondary Schools	2956	4168	6012	3548
普通中等专业教育	Regular Specialized Secondary Schools	30938	32756	42624	45361
职业高中	Vocational Senior Secondary Schools	10666	21637	24230	30096
成人中等专业教育	Adult Specialized Secondary Education	2690	3466	2728	3594
#成人中等专业学校	Adult Specialized Secondary Schools	2506	3033	2560	3077
普通中学	Regular Secondary Schools	787383	794744	785763	780888
高　中	Senior Secondary Schools	137065	149254	161279	165392
初　中	Junior Secondary Schools	650318	645490	624484	615496
职业初中	Vocational Junior Secondary Schools	12108	12097	10344	4454
小　学	Primary Schools	731361	751878	763062	784574
幼儿园	Kindergartens	364175	366027	349472	334120
特殊教育	Special Education	924	1212	1116	1799
工读学校	Schools for Juvenile Delinquents	164	458	544	930
成人中学	Adult Secondary Schools	592	1500	3541	4453
成人技术培训学校	Adult Technical Training Schools	2350012	2562038	2643529	2517318
成人小学	Adult Primary Schools	268373	272343	236418	243022

19–6 各级学校女学生和女教师数

Female Students and Teachers by Level and Type of School

单位：人 (person)

指 标	Item	2006	2007	2008	2009
在校女生数	**Number of Female Students Entrollment**				
普通高等教育	Regular Institutions of Higher Education	101764	116680	130225	151165
成人高等教育	Adult Higher Education	50627	42803	40792	40018
中等职业教育	Vocational Secondary Education	134716	162419	174100	186657
普通中学	Regular Secondary Schools	1157587	1175084	1218257	1269927
#高 中	Senior Secondary Schools	227270	238471	250847	267571
初 中	Junior Secondary Schools	930317	936613	967410	1002356
职业初中	Vocational Junior Secondary Schools	14913	13039	6975	5727
小 学	Primary Schools	2262072	2221262	2232813	2160956
女教师数	**Number of Female Full-time Teachers**				
普通高等学校	Regular Institutions of Higher Education	7036	7865	8428	9261
成人高等学校	Adult Higher Education	524	526	280	153
中等职业学校	Vocational Secondary Education	3537	4133	4254	4527
普通中学	Regular Secondary Schools	43209	44948	47339	49549
#高 中	Senior Secondary Schools	10040	10737	11282	11805
初 中	Junior Secondary Schools	33169	34211	36057	37744
职业初中	Vocational Junior Secondary Schools	552	478	304	270
小 学	Primary Schools	80729	82535	86520	88954

19-7 研究生数
Number of Postgraduates

单位：人 (person)

指 标	Item	2006	2007	2008	2009
招研究生数	Number of New Postgraduates Enrollment	2848	3017	3327	3908
#女性	Female	1208	1278	1544	1885
在校研究生数	Number of Postgraduates Enrollment	7508	8366	9083	10169
#女性	Female	3160	3626	4103	4726
毕业研究生数	Number of Postgraduates Graduate	1453	2080	2458	2706
#女性	Female	581	846	1090	1153

19-8 普通高等学校基本情况(2009)
Basic Statistics on Institutions of Higher Education

单位：人 (person)

类 别	Sort	学校数(所) Number of Schools (unit)	毕业生数 Graduates with Degrees or Diplomas	招生数 New Enrollment	在校学生人数 Enro-llment	教职员工 Teachers, Staff & Workers	#专任教师 Full-time Teachers	#正、副教授 Senior and Sub-senior Professors
总 计	**Total**	**47**	**64116**	**99026**	**299003**	**29006**	**19634**	**7194**
#综合大学	Comprehensive Universities	17	20828	33664	101083	11191	7283	2480
理工院校	Science & Engineering	6	5739	11384	28944	2371	1840	430
医药院校	Medicine & Pharmacy	9	9100	12762	44470	4777	3080	1314
师范院校	Teacher Training	9	16576	26991	81059	6831	4872	1759
财经院校	Finance & Economics	3	5803	7263	24055	1866	1235	673
政法院校	Politics and Law	1	2560	1022	4646	485	354	123
民族院校	Ethnic Minortities	2	3510	5940	14746	1485	970	415
#高等职业技术学院	Vocational and Technical Colleges	19	13630	28614	69855	7052	4961	1294

19–9 普通高等学校分科专任教师数和学生数(2009)

Number of Full-time Teachers and Students in Institutions of Higher Education by Field of Study

单位：人 (person)

类 别	Sort	专任教师数 Full-time Teachers	正高级 Senior	副高级 Subsenior	中级 Middle	初级 Junior	无职称 No Rank	毕业生人数 Graduates	招生数 Entrants	在校学生数 Enrollment
总 计	**Total**	**19634**	**1601**	**5593**	**7621**	**3271**	**1548**	**64116**	**99026**	**299003**
哲 学	Philosophy	828	76	289	302	104	57	42	48	154
经济学	Economics	1091	106	318	463	148	56	1788	2683	8802
法 学	Law	1186	105	367	459	194	61	5151	4294	16096
教育学	Education	1766	101	476	691	331	167	10483	11722	36732
文 学	Literature	3748	240	964	1624	611	309	7340	13867	40289
历史学	History	415	40	125	151	38	61	356	603	1608
理 学	Science	2730	232	887	999	349	263	3646	7749	22525
工 学	Engineering	3503	207	849	1387	765	295	12831	21778	64297
农 学	Agriculture	640	74	204	239	66	57	967	1723	4895
医 学	Medicine	2603	322	831	902	426	122	11187	16481	52265
管理学	Management	1124	98	283	404	239	100	10325	18078	51340

19–10 中等职业学校基本情况(2009)

Basic Statistics on Vocational Secondary Education

单位：人 (person)

类 别	Sort	学校数(所) Schools (unit)	毕业生数 Graduates	招生数 New Students Enrollment	在校学生数 Students Enrolment	教职员工 Teachers, Staff & Workers	#专任教师 Full-time Teachers
总计	**Totel**	**255**	**82599**	**162831**	**386865**	**15412**	**10889**
调整后中等职业学校	Adjusted Vocational Secondary Schools	36	3548	14556	29514	1279	1004
普通中等专业学校	Regular Specialized Secondary Schools	61	45361	65367	177178	5678	3708
成人中等专业学校	Adult Specialized Secondary Educaiton	22	3594	10394	20230	1805	1201
职业高中	Vocational Senior Secondary Schools	136	30096	72514	159943	6214	4698
其它机构(教学点)	Others Institutions	40				436	278

注：其它机构(教学点)不计入学校数。
Note:Number of schools excludes the number of others education Institutions.

19-11 各级各类学校学生入学率
Enrollment Rate by Level and Type of School

单位：%　　(%)

指　　标	Item	2006	2007	2008	2009
小学学龄儿童入学率	Enrollment Rate of Primary Schools	98.6	98.6	97.2	98.4
小学毕业生升学率	Percentage of Graduates of Primary Schools Entering into Junior Secondary Schools	97.8	95.6	98.7	97.7
初中阶段毛入学率	Rate of Primary School Graduates Entering into Junior Secondary Schools	100.5	97.5	95.9	98.2
高中阶段毛入学率	Rate of Junior Secondary School Graduates Entering into Senior Secondary Schools	37.7	42.2	47.9	53.4
高等教育毛入学率	Rate of Senior Secondary School Graduates Entering into Institution of Higher Learning	11.0	11.5	11.8	18.4

19-12 教师负担学生数
Student-Teacher Ratio

单位：学生/教师　　(Student/Teacher)

类　　别	Item	2006	2007	2008	2009
普通高等学校	Regular Institutions Of Higher Educations	14.39	14.25	14.83	15.23
普通高中	Regular Senior Secondary Schools	18.88	18.68	18.56	18.51
普通初中	Regular Junior Secondary Schools	20.29	19.77	19.56	19.58
职业初中	Vocational Junior Secondary Schools	18.37	18.02	16.20	16.05
小　学	Primary Schools	25.13	24.29	23.49	22.94

19–13 民族教育

Nationality Education

类　别	Item	2006	2007	2008	2009
学校数(所)	**Number of Schools(unit)**				
普通高校	Regular Institutions of Higher Education	1	1	1	2
普通中学	Regular Secondary Schools	97	98	117	119
职业初中	Vocational Junior Secondary Schools	4	4	3	3
小　学	Primary Schools	141	129	151	146
专任教师数(人)	**Full-time Teachers(person)**				
普通高校	Regular Institutions of Higher Education	3743	3756	3960	4293
成人高校	Adult Institutions of Higher Education	119	126	102	50
普通中学	Regular Secondary Schools	51222	52834	54958	57007
#高　中	Senior Secondary Schools	10551	11114	11655	12444
中等职业学校	Vocational Secondary Schools	2121	2282	2451	3723
职业初中	Vocational Junior Secondary Schools	667	500	209	187
小　学	Primary Schools	78178	79151	82614	83173
在校生数(人)	**Number of Students Enrollment(person)**				
普通高等教育	Regular Institutions of Higher Education	73807	71896	87733	105693
成人高等教育	Adult Institutions of Higher Education	24607	17251	16986	20108
普通中学	Regular Secondary Schools	1010026	1008786	1029863	1067179
#高　中	Senior Secondary Schools	212142	216937	220728	228599
中等职业学校	Vocational Secondary Schools	96613	99795	111662	115309
职业初中	Vocational Junior Secondary Schools	11691	8204	3522	2956
小　学	Primary Schools	1906413	1887449	1901478	1585233
毕业生数(人)	**Number of Graduates(person)**				
普通中学	Regular Secondary Schools	301826	315141	312418	306943
#高　中	Senior Secondary Schools	51763	59990	64322	65177
职业初中	Vocational Junior Secondary Schools	4110	3762	2825	1153
小　学	Primary Schools	281368	294004	299419	315294

19－14 民办教育

Private Education

类 别	Item	2006	2007	2008	2009
学校数(所)	**Number of Schools(unit)**				
普通高等学校	Regular Institutions of Higher Education	1	1	1	9
中等职业教育学校	Vocational Secondary Schools	36	56	70	66
普通中学	Regular Secondary Schools	331	376	320	310
#高 中	Senior Secondary Schools	127	123	99	88
职业初中	Vocational Junior Secondary Schools	2	1	1	
小 学	Primary Schools	393	384	305	297
在校学生数(人)	**Number of Students Enrollment(person)**				
普通高等学校	Regular Institutions of Higher Education	30695	37364	44758	50636
中等职业教育学校	Vocational Secondary Schools	14881	34625	50276	63404
普通中学	Regular Secondary Schools	115902	120631	124767	130776
#高 中	Senior Secondary Schools	39337	35890	36082	38134
职业初中	Vocational Junior Secondary Schools	243	57		
小 学	Primary Schools	162294	185477	164894	167078
教职员工数(人)	**Teachers, Staff and Workers(person)**				
普通高等学校	Regular Institutions of Higher Education	2053	2392	2674	3062
中等职业教育学校	Vocational Secondary Schools	862	1873	2259	2440
普通中学	Regular Secondary Schools	8932	8321	7978	8710
职业初中	Vocational Junior Secondary Schools	24	7		
小 学	Primary Schools	7095	7548	6817	7161
专任教师数(人)	**Full-time Teachers(person)**				
普通高等学校	Regular Institutions of Higher Education	1695	1977	2217	2528
中等职业教育学校	Vocational Secondary Schools	518	1096	1371	1447
普通中学	Regular Secondary Schools	5943	5594	5543	5999
职业初中	Vocational Junior Secondary Schools	15	5		
小 学	Primary Schools	5832	6300	5825	5922

19–15 成人教育
Adult Education

类　别	Item	2006	2007	2008	2009
学校数(所)	**Number of Schools(unit)**				
成人高等教育学校	Adult Institutions of Higher Education	6	5	5	4
成人中等专业教育学校	Adult Specialized Secondary Schools	21	19	21	22
成人中学	Adult Secondary Schools	4	5	45	22
成人技术培训学校	Adult Technical Training Schools	11850	11747	12999	11852
成人小学	Adult Primary Schools	10198	8972	9433	9377
在校生数(万人)	**Number of Students Enrollment(10000 person)**				
成人高等教育	Adult Institutions of Higher Education	11.04	8.96	8.80	8.62
成人中等专业教育	Adult Specialized Secondary Schools	1.49	1.33	1.69	2.02
成人中学	Adult Secondary Schools	0.12	0.21	0.48	0.56
成人技术培训学校	Adult Technical Training Schools	259.53	272.73	275.07	262.72
成人小学	Adult Primary Schools	30.91	32.31	30.34	30.23
毕业生数(万人)	**Number of Graduates(10000 person)**				
成人高等教育	Adult Institutions of Higher Education	3.28	4.78	2.89	2.81
成人中等专业教育	Adult Specialized Secondary Schools	0.27	0.35	0.27	0.36
成人中学	Adult Secondary Schools	0.06	0.15	0.35	0.45
成人技术培训学校	Adult Technical Training Schools	235.00	256.20	264.35	251.73
成人小学	Adult Primary Schools	26.84	27.23	23.64	24.30

19–16 教师职称
Technical Rank of Teachers

单位：人 (person)

类　别	Item	2006	2007	2008	2009
高等学校	**Regular Institutions of Higher Education**	**16510**	**18095**	**18592**	**19916**
正高级	Senior	1109	1285	1467	1615
副高级	Sub-senior	4324	4871	5410	5673
中　级	Middle	6238	6887	7226	7757
初　级	Junior	3609	3908	3326	3302
无职称	No Rank	1230	1144	1163	1569
中等职业学校	**Vocational Secondary Schools**	**8404**	**9954**	**10237**	**10889**
正高级	Senior	47	87	69	70
副高级	Sub-senior	1449	1731	1771	1954
中　级	Middle	3345	3960	4106	4375
初　级	Junior	2913	3347	3366	3547
无职称	No Rank	650	829	925	943
普通中学	**Regular Secondary Schools**	**128274**	**131087**	**135360**	**139302**
中学高级	Senior-rank of Secondary Teacher	10039	11460	12531	13568
中学一级	First-rank of Secondary Teacher	32214	35573	38573	40760
中学二级	Second-rank of Secondary Teacher	53868	56549	59778	62704
中学三级	Third-rank of Secondary Teacher	17653	16355	13837	10311
未评职称	No rank of Secondary Teacher	14500	11150	10641	11959
职业初中	**Vocational Junior Secondary Schools**	**1833**	**1572**	**911**	**739**
中学高级	Senior-rank of Secondary Teacher	30	30	19	15
中学一级	First-rank of Secondary Teacher	376	367	225	174
中学二级	Second-rank of Secondary Teacher	845	772	560	433
中学三级	Third-rank of Secondary Teacher	323	291	79	82
未评职称	No rank of Secondary Teacher	259	112	28	35
小　学	**Regular Primary Schools**	**188762**	**191991**	**200024**	**199189**
中学高级	Senior-rank of Secondary Teacher	108	177	120	173
小学高级	Senior-rank of Primary Teacher	49855	56460	66357	71854
小学一级	First-rank of Primary Teacher	91796	92422	89232	86256
小学二级	Second-rank of Primary Teacher	29158	26918	24348	22228
小学三级	Third-rank of Primary Teacher	3429	3005	2943	1996
未评职称	No rank of Primary Teacher	14416	13009	17024	16682

19-17 专利申请受理及授权

Patent Application Accepted and Granted

单位：件 (item)

指　标	Item	2006	2007	2008	2009	2009年比2008年增长(%) Increase Rate in 2009 over 2008(%)
受理专利总计	**Total Patent Applications Accepted**	**2674**	**2759**	**2943**	**3709**	**26.0**
按种类分	**Grouped by Sort**					
发　明	Inventions	923	874	873	1336	53.0
实用新型	Utility Models	1220	1287	1403	1659	18.2
外观设计	Designs	531	598	667	714	7.0
按对象分	**Grouped by Applicant**					
非职务发明创造	Non-service Creations and Inventions	1271	1223	1160	1124	-3.1
职务发明创造	Service Creations and Inventions	1403	1536	1783	2585	45.0
#大专院校	Universities and Colleges	72	70	133	139	4.5
科研单位	Research Institutions	438	437	446	388	-13.0
工矿企业	Industrial and Mineral Enterprises	878	992	1192	2039	71.1
机关团体	Government Agencies and Organizations	15	37	12	19	58.3
授权专利总计	**Total Patent Authorigations Granted**	**1337**	**1727**	**1728**	**2084**	**20.6**
按种类分	**Grouped by Sort**					
发　明	Inventions	188	233	270	322	19.3
实用新型	Utility Models	862	1120	1183	1234	4.3
外观设计	Designs	287	374	275	528	92.0
按对象分	**Grouped by Applicant**					
非职务发明创造	Non-service Creations and Inventions	640	834	705	717	1.7
职务发明创造	Service Creations and Inventions	697	893	1023	1367	33.6
#大专院校	Universities and Colleges	15	40	30	50	66.7
科研单位	Research Institutions	276	299	322	337	4.7
工矿企业	Industrial and Mineral Enterprises	400	539	660	970	47.0
机关团体	Government Agencies and Organizations	6	15	11	10	-9.1

注：资料来源于省知识产权局。

Note: Data in the table are obtained from the provinvial intellectual property office.

19-18 政府属独立研究与开发机构科技活动

Scientific and technological activities of Government-affiliated Independent research institutions

指标	Item	2006	2007	2008	2009	2009年比2008年增长(%) Increase Rate in 2009 over 2008(%)
科技机构数(个)	**Number of S&T Institutions(unit)**	**97**	**90**	**111**	**106**	**-4.5**
县级以上研究与开发机构	Scientific Research and Development Institution at County and Higher Levels	73	70	66	62	-6.1
社会、人文科学研究机构	Research Institutions of Social and Human Studies	3	3	3	3	持平
县级以上研究与开发转制机构	Conversed Scientific Research and Development Institution at County and Higher Levels			25	24	-4.0
县级以上部门属科技情报与文献机构	Department of S&T Informations and Literature Institutions at County and Higher Levels	6	6	6	6	持平
县级政府部门属研究与开发机构	Scientific Research and Development Institutions at County Level	15	11	11	11	持平
科技活动人员数(人)	**Personnel Engaged in S&T Activities(person)**	**4262**	**4267**	**5547**	**4336**	**-21.8**
县级以上研究与开发机构	Scientific Research and Development Institution at County and Higher Levels	3826	3879	3484	2656	-23.8
社会、人文科学研究机构	Research Institutions of Social and Human Studies	198	179	203	204	0.5
县级以上研究与开发转制机构	Conversed Scientific Research and Development Institution at County and Higher Levels			1675	1280	-23.6
县级以上部门属科技情报与文献机构	Department of S&T Informations and Literature Institutions at County and Higher Levels	107	109	92	100	8.7
县级政府部门属研究与开发机构	Scientific Research and Development Institutions at County Level	131	100	93	96	3.2
科学家、工程师(人)	**Scientists and Engineers(person)**	**2667**	**3029**	**4066**	**2873**	**-29.3**
县级以上研究与开发机构	Scientific Research and Development Institution at County and Higher Levels	2418	2785	2497	1660	-33.5
社会、人文科学研究机构	Research Institutions of Social and Human Studies	140	145	158	168	6.3
县级以上研究与开发转制机构	Conversed Scientific Research and Development Institution at County and Higher Levels			1324	913	-31.0
县级以上部门属科技情报与文献机构	Department of S&T Informations and Literature Institutions at County and Higher Levels	73	79	68	64	-5.9
县级政府部门属研究与开发机构	Scientific Research and Development Institutions at County Level	36	20	19	68	2.6倍

注：资料来源于省科技厅(以下相关表同)。
Note:Data in the table are obtained from Guizhou Provincial Science and Technology Department(the same applies to relative tables below)

19-18 续表 (continued)

指　　标	Item	2006	2007	2008	2009	2009年比2008年增长(%) Increase Rate in 2009 over 2008(%)
经费收入总额(万元)	**Funding for S&T Activities(10000 yuan)**	**57082**	**75643**	**123392**	**115296**	**-6.6**
县级以上研究与开发机构	Scientific Research and Development Institution at County and Higher Levels	52697	71422	73498	65448	-11.0
社会、人文科学研究机构	Research Institutions of Social and Human Studies	2706	2641	2962	3302	11.5
县级以上研究与开发转制机构	Conversed Scientific Research and Development Institution at County and Higher Levels			44407	43860	-1.2
县级以上部门属科技情报与文献机构	Department of S&T Informations and Literature Institutions at County and Higher Levels	1089	1068	2039	2033	-0.3
县级政府部门属研究与开发机构	Scientific Research and Development Institutions at County Level	590	513	487	653	34.2
经费支出总额(万元)	**Expenditures on S&T Activities(10000 yuan)**	**54061**	**71830**	**118029**	**125340**	**6.2**
县级以上研究与开发机构	Scientific Research and Development Institution at County and Higher Levels	50337	67612	64397	70890	10.1
社会、人文科学研究机构	Research Institutions of Social and Human Studies	2087	2549	2623	2869	9.4
县级以上研究与开发转制机构	Conversed Scientific Research and Development Institution at County and Higher Levels			48842	48828	0.0
县级以上部门属科技情报与文献机构	Department of S&T Informations and Literature Institutions at County and Higher Levels	1036	1062	1536	2021	31.5
县级政府部门属研究与开发机构	Scientific Research and Development Institutions at County Level	600	607	631	732	16.0
研究与试验发展经费支出(R&D经费支出)(万元)	**Expenditure on R&D(10000 yuan)**	**13801**	**19518**	**27013**	**30666**	**13.5**
县级以上研究与开发机构	Scientific Research and Development Institution at County and Higher Levels	12503	18380	20443	26448	29.4
社会、人文科学研究机构	Research Institutions of Social and Human Studies	1264	1103	431	584	35.4
县级以上研究与开发转制机构	Conversed Scientific Research and Development Institution at County and Higher Levels			5796	3464	-40.2
县级以上部门属科技情报与文献机构	Department of S&T Informations and Literature Institutions at County and Higher Levels	5		257	104	-59.5
县级政府部门属研究与开发机构	Scientific Research and Development Institutions at County Level	29	35	86	66	-23.3

19-19 事业、企业单位各类专业技术人员
Specialized Technical Personnel in Enterprises and institutions

单位：万人 (10000 person)

指 标	Item	2006	2007	2008	2009	2009年比2008年增长(%) Increase Rate in 2009 over 2008(%)
总 计	**Total**	**58.32**	**58.54**	**58.63**	**58.82**	**0.3**
#女 性	Female	23.00	23.30	23.48	23.85	1.6
按专业分	**By Specialized Subject**					
#工程技术人员	Engineering Technical Personnel	6.23	5.82	6.24	6.23	-0.2
农业技术人员	Agricultural Technical Personnel	2.69	2.67	2.60	2.60	持平
卫生技术人员	Medical Technical Persomnel	7.38	7.47	7.38	7.45	0.9
科学研究人员	Scientific Research Personnel	0.14	0.14	0.14	0.15	7.1
教学人员	Teaching Personnel	35.91	36.48	36.87	37.11	0.7
按专业技术职务分	**By Professional Titles**					
#高 级	Senior	2.64	2.98	3.12	3.37	8.0
中 级	Medium	14.56	15.83	16.53	17.29	4.6
初 级	Junior	36.72	35.82	34.81	34.00	-2.3
按学历分	**By Education Background**					
#大学本科以上	University,College and above	11.92	13.61	14.91	14.95	0.3
大学专科	Specialized Institutions of Higher Education	25.23	26.97	27.36	27.37	…
中专以下	Senior Middle School and the Level below	21.17	18.14	16.33	16.32	-0.1

注：1、资料来源于省人力资源社会保障厅。2、本表数据不含非公经济单位，且按岗位统计。

Note: 1.Data in the table are obtained from the provinvial department of human resources and social security. 2.Data in the table excluded non-public economy and they are counted on working post.

19–20 国家级科技计划项目人员

Personnel and Work Load of National S&T Program Projects

指标	Item	2005	2006	2007	2008	2009
项目参加人员(人)	**Personnel in Project (person)**	**2406**	**1256**	**1034**	**2948**	**3011**
按计划类别分	by Typt of Progarm					
973计划	973 Program	22		196	223	216
863计划	863 Program	366	95	60	171	190
支撑计划	Key Technologies R&D Program	626	433	171	1609	1759
火炬计划	Torch Program	372	414	275	408	354
星火计划	Spark Program	334	314	332	537	489
推广计划	S&T Popularization Progarm	686				
按职称类别分	by Typt of Professional Title					
#高级职称	Senior Title	737	220	452	984	1045
中级职称	Middle Title	899	173	382	1196	1160
初级职称	Primary Title	145	75	16	204	189
其他人员	Other	151	60	43	284	361
按学历分	by Education Background					
#博士	Docters	98	42	144	256	295
硕士	Maters	180	83	163	386	347
工作投入量(人月)	**Personnel Input (man-month)**	**4816**	**2207**	**2997**	**15665**	**14906**
973计划	973 Program	58		1618	2419	1475
863计划	863 Program	2141	356	342	1140	1617
支撑计划	Key Technologies R&D Program	2617	1851	1037	12106	11814

注：1、初级职称和其他人员在火炬计划及星火计划统计中无该两项指标。2、973计划为国家重点基础研究计划，863计划为国家高技术研究发展计划(以下相关表同)。

Note:1.The statistics of Torch Program and Spark Program exclude primary title and other title personel.

2.973 program is the national program on key basic research,863 program is the national high technology research and development program.

19–21 国家级科技计划项目培养和引进人才

Cultivated and Introduced Talents of National S&T Program

指标	Item	2005	2006	2007	2008	2009
培养博士和硕士（人）	**Cultivated of Master and Doctor (person)**	**98**	**48**	**48**	**191**	**299**
973计划	973 Program	4		31	82	45
863计划	863 Program	41	18	14	22	35
支撑计划	Key Technologies R&D Program	53	30	3	87	219
引进人才（人）	**Introduction of Talents (person)**	**25**	**2**	**3**	**24**	**23**
973计划	973 Program	5				6
863计划	863 Program	18			2	3
支撑计划	Key Technologies R&D Program	2	2	3	22	14

19–22 国家级科技计划项目资金及支出

Funds and Expenditure of National S&T Program

指标	Item	2005	2006	2007	2008	2009
按计划类别分(项)	**by Typt of Program (item)**	**123**	**89**	**61**	**120**	**124**
973计划	National Basic Research Program of China(973 Program)	2		2	2	10
863计划	High Technology Research and Development Program of China(863 Program)	22	5	4	8	10
支撑计划	Key Technologies R&D Program	21	16	6	29	34
火炬计划	Torch Program	30	40	20	37	34
星火计划	Spark Program	28	28	29	44	36
当年到位资金(万元)	**Funds Arranged (10000 yuan)**	**119625**	**25970**	**13477**	**119361**	**68180**
973计划	973 Program	30		2190	1383	701
863计划	863 Program	7716	582	221	3519	1757
支撑计划	Key Technologies R&D Program	62898	3321	2967	85685	37238
火炬计划	Torch Program	15743	18949	3070	20386	19298
星火计划	Spark Program	5152	3118	5029	8388	9186
项目支出(万元)	**Project Expenditure (10000 yuan)**	**106025**	**19513**	**8024**	**96684**	**59839**
973计划	973 Program	35		888	1814	625
863计划	863 Program	6352	1544	401	3511	7737
支撑计划	Key Technologies R&D Program	57746	3747	1842	72362	34052
火炬计划	Torch Program	10360	11596	3070	12132	9165
星火计划	Spark Program	3974	2626	1823	6865	8260

19–23 国家级科技计划实施项目效益

Benefit of National S&T Program

单位：万元 (10000 yuan)

指标	Item	2005	2006	2007	2008	2009
新增产值	**Added Value of Output**	**362427**	**112841**	**80929**	**207698**	**231835**
支撑计划	Key Technologies R&D Program	287276	25134	1856	57896	82840
火炬计划	Torch Program	42021	85912	74070	119762	122867
星火计划	Spark Program	10225	1795	5003	30040	24773
净利润	**After-Tax Profit**	**5987**	**16086**	**5976**	**14877**	**15629**
支撑计划	Key Technologies R&D Program	2331	9913		3196	3121
火炬计划	Torch Program	2228	5741	4693	8251	9032
星火计划	Spark Program	580	432	1283	3430	3476
实交税金	**Tax**	**7844**	**5617**	**3587**	**15392**	**8717**
支撑计划	Key Technologies R&D Program	4148	409	7	8190	1801
火炬计划	Torch Program	2528	5135	3354	6000	5744
星火计划	Spark Program	451	73	226	1202	968

19–24 获省部级以上成果人员

staffs Who Won the Award at Provincial or Ministerial Level and above

单位：人次 (person-time)

指标	Item	2005	2006	2007	2008	2009
合 计	**Total**	**1331**	**1244**	**1244**	**1279**	**1293**
按学历分	**by Type of Diploma**					
博士	Docters	93	106	147	143	134
硕士	Maters	237	193	253	288	269
大本	Undergraduate Students	786	752	700	699	717
大专	Junior College Students	134	147	96	111	135
中专	Senoir Middle School	71	33	38	31	37
其他	Below Senoir Middle School	10	13	10	7	1
按年龄结构分	**by Type of Age**					
35岁以下(含35岁)	thirty-five and below	215	233	284	366	379
36–45岁	thirty-six to forty-five	552	491	434	486	476
46–55岁	forty-six to fifty-five	370	367	384	321	338
56–65岁	fifty-six to sixty-five	104	96	100	78	69
65岁以上	above sixty-five	90	57	42	28	31
按技术职称分	**by Type of Tities**					
院士	Academicians	2		1		2
正高	Senior Title	234	228	281	266	272
副高	Sub-senior Title	400	423	406	378	377
中级	Middle Title	464	371	413	451	452
初级	Primary Title	193	141	98	133	142
其他	No Rank	38	81	45	51	48

19–25 省部级以上成果及投资额

Number of Achievements and Investment of Projects at Provincial or Ministerial Level and above

指 标	Item	2005	2006	2007	2008	2009
成果登记(项)	**Achievement Registration(item)**	**151**	**141**	**144**	**130**	**137**
发明专利授权数(件)	Invention of Patent Authorigations Granted (piece)	21	7	21	34	46
制订标准数(个)	Number of Standards for Formulation (unit)	5	6	19	19	27
按成果类别分(项)	by Typt of Achievement Sort (item)					
基础研究	Basic Research	25	27	30	23	14
应用研究	Applied Research	126	114	114	107	123
按成果应用属性分(项)	by Typt of Achievement Application Property (item)					
#原始性创新	Original Invention		26	63	65	68
国外引进消化 吸收创新	Absorb and Digest Invention of Foreign Indraught		17	21	20	22
国内技术二次开发	Twice Development of Inner Technology		71	30	22	33
项目投资额(万元)	**Project Investment (10000 yuan)**	**17579**	**29736**	**119313**	**104868**	**108623**
国家资金	Government Funds	1616	2982	3757	4418	2847
部门资金	Department Funds	1247	643	34253	4635	5396
地方资金	Local Funds	3461	4821	34538	21585	26710
基金投入	Fund Input	145	565	152	69	862
自有资金	Self-raised Funds	10112	15009	37418	16082	53927
银行贷款	Loans from Bank	25	320	720	1000	15646
国外资金	Foreign Funds.	22	12	117	3	
其他资金	Other Funds	951	5384	8358	57076	3235
净利润(万元)	**After-Tax Profit (10000 yuan)**	**15365**	**72427**	**29188**	**60115**	**201281**
实交税金(万元)	**Tax (10000 yuan)**	**3336**	**18655**	**21520**	**19269**	**17970**

19-26 民营科技
Scientific and Technological Research Activities of Non-state-owned Economy

指标	Item	2006	2007	2008	2009
机构数(个)	**Number of Enterprises(unit)**	**238**	**243**	**216**	**260**
#集体经济单位	Collective-owned Enterprises	11	8	8	9
从业人员(人)	**Number of Employed Persons(person)**	**23631**	**27278**	**23170**	**33927**
#高级职称	Senior Title	474	375	471	509
中级职称	Medium Title	1795	1744	1475	1725
资产总额(亿元)	Total Assets(100 million yuan)	807.72	945.35	871.19	1453.81
负债总额(亿元)	Total Liabilities(100 million yuan)	387.95	467.98	421.64	692.21
工业总产值(亿元)	Total Output Value of Industry(100 million yuan)	758.53	999.48	808.62	1545.41
总收入(亿元)	**Total Revenue(100 million yuan)**	**653.83**	**775.06**	**729.10**	**1325.69**
#技术性收入	Technical Revenue	2.50	1.33	7.25	24.37
产品销售收入	Product Sales Revenue	592.99	692.88	662.76	1184.28
商品销售收入	Merchandise Sales Revenue	53.36	70.64	38.65	97.68
利润总额(亿元)	Total Profits(100 million yuan)	51.54	69.76	51.50	155.68
创汇额(万美元)	Total Foreign Exchange(usd 10000)	3096.3	13718.6	741.7	3018.1
总支出(亿元)	**Total Expenditure(100 million yuan)**	**463.57**	**557.36**	**560.06**	**1031.37**
#研究与开发费用	Expenditure on R&D	8.06	20.34	10.99	13.89
上缴税金总额	Total Taxes	55.62	79.53	70.66	132.84
专利申请数(件)	Number of Patent Applications(unit)	186	163	207	387
专利授权数(件)	Number of Warrant Patents(unit)	107	81	161	244
拥有发明专利数(件)	Number of Patents(unit)	141	223	135	288

主要统计指标解释

普通高等学校　指按照国家规定的设置标准和审批程序批准举办，通过国家统一招生考试，招收高中毕业生为主要培养对象，实施高等教育的全日制大学、独立设置的学院和高等专科学校、短期职业大学。

成人高等学校　指按照国家有关规定审批，招收通过全国成人高教统一招生考试的具有高中毕业或同等学历的在职从业人员，利用脱产、半脱产、业余或函授等多种形式对其实施高等学历教育，培养高等教育专科或本科毕业水平的专门人才，修业年限、课程设置和总学时数均按高等学历教育要求付诸实施的学校。包括广播电视大学、职工高等学校、农民高等学校、管理干部学院、教育学院、独立设置的函授学院等。

小学学龄儿童入学率　指调查范围内已入小学学习的学龄儿童占校内外学龄儿童总数(包括弱智儿童，不包括盲聋哑儿童)的比重。计算公式为：

小学学龄儿童入学率=已入学的小学学龄儿童数/校内外小学学龄儿童总数×100%

科技活动　指在自然科学、农业科学、医药科学、工程与技术科学、人文与社会科学领域(简称科学技术领域)中，与科技知识的产生、发展、传播和应用密切相关的有组织的活动。可分为研究与试验发展(R&D)、研究与试验发展成果应用及相关的科技服务三类活动。该定义是联合国教科文组织考虑成员国特别是发展中国家开展科技统计工作的需要，而对科技活动所作的统计界定。

科技活动人员　指直接从事科技活动、以及专门从事科技活动管理和为科技活动提供直接服务，累计的实际工作时间占全年制度工作时间 10%及以上的人员。(1)直接从事科技活动的人员包括：在独立核算的科学研究与技术开发机构、高等学校、各类企业及其他事业单位内设的研究室、实验室、技术开发中心及中试车间(基地)等机构中从事科技活动的研究人员、工程技术人员、技术工人及其它人员；虽不在上述机构工作，但编入科技活动项目(课题)组的人员；科技信息与文献机构中的专业技术人员；从事论文设计的研究生等。(2)专门从事科技活动管理和为科技活动提供直接服务的人员，包括：独立核算的科学研究与技术开发机构、科技信息与文献机构、高等学校、各类企业及其他事业单位主管科技工作的负责人，专门从事科技活动的计划、行政、人事、财务、物资供应、设备维护、图书资料管理等工作的各类人员，但不包括保卫、医疗保健人员、司机、食堂人员、茶炉工、水暖工、清洁工等为科技活动提供间接服务的人员。该指标用来反映投入科技活动人力的规模。

科学家与工程师　指科技活动人员中具有高、中级技术职称(职务)的人员和不具有高、中级技术职称(职务)的大学本科及以上学历人员。该指标用来反映投入科技活动人力的素质。

研究与试验发展(R&D)　指在科学技术领域，为增加知识总量、以及运用这些知识去创造新的应用进行的系统的创造性的活动，包括基础研究、应用研究、试验发展三类活动。国际上通常采用 R&D 活动的规模和强度指标反映一国的科技实力和核心竞争力。

基础研究　指为了获得关于现象和可观察事实的基本原理的新知识(揭示客观事物的本质、运动规律，获得新发现、新学说)而进行的实验性或理论性研究，它不以任何专门或特定的应用或使用为目的。其成果以科学论文和科学著作为主要形式。用来反映知识的原始创新能力。

应用研究　指为获得新知识而进行的创造性研究，主要针对某一特定的目的或目标。应用研究是为了确定基础研究成果可能的用途，或是为达到预定的目标探索应采取的新方法(原理性)或新途径。其成果形式以科学论文、专著、原理性模型或发明专利为主。用来反映对基础研究成果应用途径的探索。

试验发展　指利用从基础研究、应用研究和实际经验所获得的现有知识，为产生新的产品、材料和装置，建立新的工艺、系统和服务，以及对已产生和建立的上述各项作实质性的改进而进行的系统性工作。其成果形式主要是专利、专有技术、具有新产品基本特征的产品原型或具有新装置基本特征的原始样机等。在社会科学领域，试验发展是指把通过基础研究、应用研究获得的知识转变成可以实施的计划(包括为进行检验和评估实施示范项目)的过程。人文科学领域没有对应的试验发展活动。主要反映将科研成果转化为技术和产品的能力，是科技推动经济社会发展的物化成果。

研究与试验发展人员　指参与研究与试验发展项目研究、管理和辅助工作的人员，包括项目(课题)组人员，企业科技行政管理人员和直接为项目(课题)活动提供服务的辅助人员。反映投入从事拥有自主知识产权的研究开发活动的人力规模。

研究与试验发展人员全时当量 指全时人员数加非全时人员按工作量折算为全时人员数的总和。例如:有两个全时人员和三个非全时人员(工作时间分别为20%、30%和70%),则全时当量为2+0.2+0.3+0.7=3.2人年。为国际上比较科技人力投入而制定的可比指标。

专业技术人员 指从事专业技术工作和专业技术管理工作的人员，即企事业单位中已经聘任专业技术职务从事专业技术工作和专业技术管理工作的人员,以及未聘任专业技术职务,现在专业技术岗位上工作的人员。包括工程技术人员,农业技术人员,科学研究人员,卫生技术人员,教学人员,经济人员,会计人员,统计人员,翻译人员,图书资料、档案、文博人员,新闻出版人员,律师、公证人员,广播电视播音人员,工艺美术人员,体育人员,艺术人员及企业政治思想工作人员,共十七个专业技术职务类别。用来反映科技人力资源情况。

科技活动经费内部支出 指报告年内用于科技活动的实际支出,包括劳务费、科研业务费、科研管理费,非基建投资购建的固定资产、科研基建支出以及其他用于科技活动的支出。不包括生产性活动支出、归还贷款支出及转拨外单位支出。反映科技投入实际完成情况。

劳务费 指以货币或实物形式直接或间接支付给从事科技活动人员的劳动报酬及各种费用。包括各种形式的工资、津贴、奖金、福利、离退休人员费用、人民助学金等。反映改善科技人员待遇情况。

固定资产购建费 指报告年内使用非基建投资购建的固定资产和用于科研基建投资的实际支出额，即固定资产实际支出和科研基建投资实际完成额之和。固定资产是指长期使用而不改变原有实物形态的主要物资设备、图书资料、实验材料和标本以及其他设备和家具、房屋、建筑物。反映用于改善科研条件和科研手段方面的投入情况。

新产品 指采用新技术原理、新设计构思研制、生产的全新产品,或在结构、材质、工艺等某一方面比原有产品有明显改进,从而显著提高了产品性能或扩大了使用功能的产品。既包括政府有关部门认定并在有效期内的新产品,也包括企业自行研制开发,未经政府有关部门认定,从投产之日起一年之内的新产品。用来反映科技产出及对经济增长的直接贡献。

专利 是专利权的简称,是对发明人的发明创造经审查合格后,由专利局依据专利法授予发明人和设计人对该项发明创造享有的专有权。包括发明、实用新型和外观设计。反映拥有自主知识产权的科技和设计成果情况。

发明 是专利法及其实施细则所称的发明,指对有关产品、方法或其改进所提出的新的技术方案。

实用新型 是专利法及其实施细则所称的实用新型，指对产品的形状、构造或者其结合所提出的适于实用的新的技术方案。

外观设计 专利法及其实施细则所称的外观设计,指对产品的形状、图案、色彩或者其结合所作出的富有美感并适于工业上应用的新设计。

Explanatory Notes on Main Statistical Indicators

Regular Institutions of Higher Education refer to educational establishments set up according to the government evaluation and approval procedures, enrolling graduates from senior secondary schools and providing higher education courses and training for senior professionals.They include full-time universities, colleges, high professional schools and short-term professional universities.

Institutions of Higher Education for Adults refer to educational establishments, set up in line with relevant rules approved by the government, enrolling staff and workers with senior secondary school or equivalent education ,and providing higher education courses in many forms of full time, part time, spare time, or correspondence for adults. Professionals thus trained receive a qualification equivalent to graduates studying regular courses at regular universities, colleges and professional colleges. Institutions of higher learning for adults include Radio and TV universities, schools of high education for staff and workers and peasants, colleges for management cadres, pedagogical colleges, independent correspondence colleges.

Enrollment Rate of Primary School refers to the proportion of schoolagechildren enrolled in primary schools to the total number of schoolagechildren both in and outside schools (including retarded children, but excluding blind, deaf and mute children). The formula is:

Enrollment Rate of Primary School age Children= (Total Primary School age Children at Schools)÷(Total Primary School age Children Both at and Outside Schools) ×100%

Scientific and Technological Activities (S&T Activities) refer to organized activities which are closely related with the creation, development, dissemination and application of the scientific and technical knowledge in the fields of natural sciences, agricultural science, medical science, engineering and technological science, humanities and social sciences (referred to as scientific and technological fields). S&T activities can be classified in to 3 categories: research and development (R&D) activities, application of R&D results, and related S&T services. This statistical definition is made by UNICHIEF for scientific and technological activities to meet the need of carrying out statistical work in this field for its member countries in particular those developing countries.

Personnel Engaged in S&T Activities refer to personnel directly engaged in S&T activities, in the management of S&T activities, and in providing direct service to S&T activities, who spend over 10% of the total working hours in a year in S&T activities. (1) Personnel directly engaged in S&T activities include researchers, engineers, technicians and other related personnel engaged in S&T activities in independent-accounting R&D institutions, institutions of higher learning, and in research institutes, laboratories, technology development centers and central experiment workshops under enterprises and institutions. Also included are people working in S&T research project teams, professional and technical personnel working in S&T information archiving institutes, and graduate students working on the design of their thesis. (2) Personnel engaged in the management of S&T activities and in providing direct service to S&T activities include senior management people responsible for S&T activities in independent-accounting R&D institutions, S&T information archiving institutes, institutions of higher learning, and in enterprises and institutions where S&T activities are undertaken. Also included are people responsible for the planning, administration, personnel management, financial management, logistics supply, equipment maintenance, information and library management that are related with S&T activities. People providing indirect services are excluded, such as security, medical service, drivers, plumbers, cleaners and those providing catering and related service. This indicator reflects the size of personnel engaged in S&T activities.

Scientists and Engineers refer to persons engaged in S&T activities who have obtained titles of senior and middle level professional positions, and those without such position but have completed university or higher education. This indicator reflects the quality of personnel engaged in S&T activities.

Research and Development(R&D) refers to systematic and creative activities in the field of science and technology aiming at increasing the knowledge and using the knowledge for new application. R&D includes 3 categories of activities: basic research, applied research and experiments and development. The scale and intensity of R&D are widely used internationally to reflect the strength of S&T and the core competitiveness of a country in the world.

Basic Research refers to empirical or theoretical research aiming at obtaining new knowledge on the fundamental principles of phenomena of observable facts to reveal the nature and law of movement of objects and to acquire new discoveries or new theories. Basic research takes no specific or designated application as the aim of the research. Results of basic research are mainly released or disseminated in the form of scientific papers or monographs. This indicator reflects the original innovation capacity of knowledge.

Applied Research refers to creative research aiming at obtaining new knowledge on a specific objective or target. Purpose of the applied research is to identify the possible use of results from basic research, or to explore new (fundamental) methods or new approaches. Results of applied research are expressed in the form of scientific papers, monographs, fundamental models or invention patents. This indicator reflects the exploration of ways to apply the results of basic research.

Experiments and Development refer to systematic activities aiming at using the knowledge from basic and applied researches or from practical experience to develop new products, materials and equipment, to establish new production process, systems and services, or to make substantial improvement on the existing products, process or services. Results of experiment and development activities are embodied in patents, exclusive technology, and monotype of new products or equipment. In social sciences, experiment and development activities refer to the process of converting the knowledge from basic or applied researches into feasible programmes (including conduct of demonstration projects for assessment and evaluation). There are no experiment and development activities in the science of humanities. This indicator reflects the capability of transferring the results of S&T into technique and products, which is the materialized measurement of S&T pushing forward the economic and social development.

R&D Personnel refer to persons engaged in research, management and supporting activities of R&D, including persons in the project teams, persons engaged in the management of S&T activities of enterprises and supporting staff providing direct service to the research projects. This indicator reflects the size of personnel engaged in R&D activities with independent intellectual property.

Full-time Equivalent of R&D Personnel refers to the sum of the full-time persons and the full-time equivalent of part-time persons converted by workload. For instance, if there are 2 full-time persons and 3 part-time workers (20% , 30% and 70% of working hours respectively on R&D activities), the full-time equivalent is 2+0.2+0.3+0.7=3.2 person-years. This is an internationally comparable indicator of input of personnel in S&T activities.

Professional and Technical Personnel refer to persons engaged in professional and technical work or in the management of professional and technical activities, i.e., people with professional or technical positions who are engaged in professional and technical work or in the management of professional and technical activities, and people without professional or technical positions but are working on professional or technical posts. They include professionals and technicians working in 17 categories of technical occupations including engineering, agriculture, scientific researches, medical service, teaching, economic research and application, accounting, statistics, translation, libraries, archives, cultural and museum service, journalism and publication, lawyers, notarization service, radio and television broadcasting, handicraft and fine arts, sports, performing art, and political workers in enterprises. This indicator reflects the condition of human resources in S&T.

Internal Expenditures on S&T activities refer to the actual expenditures on S&T activities during the reference year, including service fees, expenditure on research activities, expenditure on research management, purchase or construction of fixed assets not included in the investment for capital construction, expenditure on capital construction for scientific researches, and other expenditures on S&T activities. Not included are expenditure on production activities, repayment of loans and transfer expenditure. This indicator reflects the real accomplishment of input in S&T.

Service Fees refer to direct or indirect payment, in cash or in kind, made to personnel engaged in S&T activities as remuneration and other fees. They include, in various forms, salaries, subsidies, bonus, benefits, retirement pension, stipend, etc. This indicator reflects the improvement of treatment toward S&T personnel.

Purchase or Construction of Fixed Assets refers to the fixed assets purchased or constructed using funds other than the investment in capital construction, and the actual expenditure on capital construction for scientific researches. In other words, it is the sum of the actual expenditure on fixed assets and the accomplished investment in capital construction for scientific researches. Fixed assets refer to main materials and equipment, literatures and documents in libraries, materials for experiments, specimen, instruments, furniture, buildings and constructions that can be used for a long time without changing the form and shape of those articles or constructions. This indictor reflects the input in improving the condition of S&T and the means of scientific research.

New Products refer to new products produced with new technology and new design, or products that represent noticeable improvement in terms of structure, material, or production process so as to improve significantly the character or function of the older versions. They include new products certified by relevant government agencies within the period of certification, as well as new products designed and produced by enterprises within a year without certification by government agencies. This indictor reflects the direct contribution of S&T output to economic growth.

Patent is an abbreviation for the patent right and refers to the exclusive right of ownership by the inventors or designers for the creation or inventions, given from the patent offices after due process of assessment and approval in accordance with the Patent Law. Patents are granted for inventions, utility models and designs. This indicator reflects the achievements of S&T and design with independent intellectual property.

Inventions refer to the inventions as specified by the patent law and its detailed rules and regulations for implementation. They refer to the new technical proposals to the products or methods or their modifications.

Utility Models refer to the utility models as specified by the patent law and its detailed rules and regulations for implementation. They refer to the practical and new technical proposals on the shape and structure of the product or the combination of both.

Designs refer to the designs as specified by the patent law and its detailed rules and regulation for implementation. They refer to the aesthetics and industry applicable new designs for the shape, pattern and color of the product, or their combinations.

20

Twenty

文化、体育、卫生及其他

Culture,Sports,Public Health and Others

20−1 文化事业机构和人员

Number of Institutions and Personnel in Culture

指　标	Item	2006	2007	2008	2009	2009年比2008年增长(%) Increase Rate in 2009 over 2008(%)
机构总计(个)	**Total number of Institutions(unit)**	**1699**	**1838**	**1869**	**1966**	**5.2**
#艺术事业	Art Institutions	61	61	59	76	28.8
文物事业	Cultural Relics	108	111	113	153	35.4
图书馆事业	Libraries	91	92	92	93	1.1
群众文化事业	Mass Culture	1419	1443	1470	1514	3.0
文艺科研	Cultural and Art Research Institutions	4	4	4	5	25.0
其他文化事业	Other Culture Units	10	129	137	125	-8.8
人员总计(人)	**Total Number of Persons Engaged(person)**	**8431**	**10013**	**10714**	**12520**	**16.9**
#艺术事业	Art Institntions	2555	2147	2184	2965	35.8
文物事业	Cultural Relics	923	979	1133	1466	29.4
图书馆事业	Libraries	883	895	913	946	3.6
群众文化事业	Mass Culture	3732	4106	4400	4808	9.3
文艺科研	Cultural and Art Research Institutions	27	27	27	36	33.3
其他文化事业	Other Culture Units	281	1577	1955	2299	17.6

注：、1资料来源于省文化厅(以下相关表同)。2、表中2008年及以后数据含电影机构和人员。 3、表中2008年及以后其他文化事业数据含其他艺术和市场执法机构。4、本表机构和人员数不含文化市场新分的机构和人员数。

Note:1.The data in the table are provided from the provinvial Department of Culture(The relative tables in the chapter are the same).2.Data in the table include the cinema institution and staffer since 2008. 3.The data of Other Culture Units in the table include the Other Culture institution and market executing the law institution since 2008. 4.Number of Institutions and Personnel in the table excluded newly increased Institutions and Personnel.

20–2 文化事业单位数
Basic Statistics on Culture Establishment

单位：个 (unit)

类　别	Sort	2006	2007	2008	2009
艺术表演场所	Arts Centers	11	11	11	9
公共图书馆	Public Libraries	91	92	92	93
博物馆、纪念馆	Museums and Memorials	13	18	23	53
群众艺术馆、文化馆	Mass Art Centers and Cultural Centers	95	95	95	95
档案馆	Archives	98	98	107	107

20–3 文化娱乐业(2009)
Culture and Entertainment Industry

类　别	Sort	机构数(个) Institutions (unit)	从业人员(人) Number of Employed Persons (person)	营业收入(万元) Primary Business Income (10000 yuan)	主营业务利润(万元) Primary BusinessProfit (10000 yuan)
总　计	**Total**	**4574**	**23458**	**129291**	**45348**
歌舞娱乐场所	Song and Dance Centers	979	8539	47180	14704
游戏电子游艺经营场所	Computer Game Management Centers	1163	2923	9679	3829
其他娱乐场所	Other Entertainment Centers	18	66	301	179
网　吧	Internet Bar	2262	10429	63072	24268
综合娱乐场所	Comprehensive Entertainment Centers				
网络游戏经营单位	Online Games Operating Centers	1	619	4501	1515
音像制品批发、零售、出租机构	Wholesale, Retail and Rental Institution of Audio-video Products				
演出经纪机构	Performance Broker Institution	29	286	2842	96
其他经营机构	Others	122	596	1717	757

20–4 文化部门艺术剧团(2009)
Art Troupes of Culture Sector

指 标	Item	剧团数 (个) Number of Troupes (unit)	从业人员 (人) Number of Employed Persons (person)	国内演出 (场) Number of Domestic Performances (show)	#在农村演出 Shows in Rural Areas	国内观众人数(万人次) Number of Domestic Spectators (10000 person-times)
总　计	**Total**	**61**	**2718**	**6400**	**3290**	**543.8**
按隶属关系分	Grouped by Ownership					
#国有剧团	State-owned Troupes	48	2497	4300	1990	466.7
按剧种分	Grouped by Art Troupes					
话剧、儿童剧、滑稽剧团	Drama, Children's Plays and Comedy Troupes	1	79	120	30	11.8
歌剧、舞剧、歌舞剧团	Opera, pantomime,song and dance drama Troupes					
乐团、歌舞团、轻音乐团	Philharmonic, Song and Dance Troupe, Light Music Troupes	29	1119	3960	2060	327.3
戏曲剧团	Local Opera Troupes	7	594	840	440	56.4
曲艺、杂技、木偶、皮影团	Recitation and Ballad Troupes, Acrobatics and Circus Troupes, Puppet Show Troupes and Shadow Play Troupes	6	291	230	70	17.7
文工团	Cultural and Performance Troupes	15	366	1060	570	105.2
综合性艺术表演团体	General Art Performing Troupes	3	269	190	120	25.4

20–5 艺术表演场所(2009)
Art Preformances Places

类 别	Sort	机构数(个) Number of Instit-utions (unit)	从业人员(人) Number of Staff and Workers (person)	座席数(个) Seats (unit)	演(映)出场次(场) Number of Perfo-rmances (show)	#艺术演出场次 Art Perfo-rmance	观众人次(万人次) Number of Spectators (10000 person-times)	#艺术演出人次 Art Perfo-rmances
总 计	**Toatl**	**9**	**205**	**5070**	**763**	**443**	**34.6**	**13.3**
#省 级	Province Level	4	113	1465	259	259	8.5	8.5
地 级	Prefectural Level	2	29	1323	40	5	1	0.2
县 级	County Level	3	63	2282	464	179	25.1	4.6
#文化系统	Cultural Organizations and Institutions	9	205	5070	763	443	34.6	13.3

20–6 群众艺术馆和文化馆(站)(2009)
Mass Art Centers and Culture Centers(Stations)

指 标	Item	合计 Total	群众艺术馆 Mass Art Centers	文化馆 Culture Centers	文化站 Culture Stations
馆(站)个数(个)	**Number of Centers(unit)**	**1514**	**8**	**87**	**1419**
组织各类讲座次数(次)	Organizing Lectures(time)	547	357	190	
组织文艺活动次数(次)	Organizing Art Performances(time)	10473	284	2466	7723
举办业余文艺训练班(班次)	Conducting Amateur Art Training Courses(class)	3200	109	1036	2055
#结业人数(万人次)	Number of Persons Completed(10000 person-times)	14.13	1.30	4.01	8.82
举办展览次数(次)	Number of Exhibitions(unit)	1348	103	282	963

20–7 广播、电视

Radio and Television

指　标	Item	2006	2007	2008	2009
广播	**Broadcasting**				
广播电台(座)	Broadcasting Stations(unit)	4	4	4	4
自办节目(套)	Self-produced Programs(set)	23	23	23	24
全年节目播出时间(万小时)	Program Hours Per Year(10000 hour)	12.38	11.37	13.58	14.34
广播人口覆盖率(%)	Listener Rating(%)	83.7	84.1	86.1	86.6
电视	**Television**				
电视台(座)	Television Stations(unit)	5	5	5	5
广播电视台(座)	Broadcasting and Television Stations(unit)	77	77	77	78
自办节目(套)	Self-Produced Programs(set)	99	99	99	100
全年节目播出时间(万小时)	Program Hours Per Year(10000 hour)	28.92	29.94	24.78	23.49
有线电视用户(万户)	User of Community Antenna Television (10000 Household)	326.85	335.35	338.23	340.61
有线电视入户率(%)	Viewer Rating of Community Antenna Television(%)	28.6	29.3	31.1	31.4
电视人口覆盖率(%)	Viewer Rating(%)	90.7	91.1	91.3	91.3
农村电视、广播覆盖情况	**Television and Broadcasting in Rural Area**				
农村广播覆盖率(%)	Listener Rating in Rural Area(%)			84.2	84.4
农村电视覆盖率(%)	Viewer Rating in Rural Area(%)			90.0	90.0

注：1、资料来源于省广电局(下表同)。2、全省乡镇及行政村已全部通广播电视。

Note: 1.The data in the table are provided from the provinvial Radio and TV Administration(The relative tables in the chapter are the same).

2.All townships and Villages can receive the signal of Television and Broadcasting in Guizhou Province.

3.Self-produced Broadcasting Programs have 23 sets, Which only 20 sets have been approved in Guizhou Province(Traffic Broadcasting Program of Liupanshui Broadcasting Station,Music Broadcasting Program of Liupanshui Broadcasting Station,Broadcasting Program of Liuzhi Broadcasting and Television Station).

20–8 广播、电视节目播出时间(2009)
Broadcasting Hours of Radio and Television Programs(2009)

单位：小时 (hour)

指　标	Item	全　年 公共节目播出时间 Broadcasting Hours	#新闻咨询类节目 News	#专题服务类节目 Special Subject	#综合益智类节目 General Entertainment
广播电台	**All Radio Broadcasting Stations**	**143426**	**25959**	**34966**	**28111**
省　级	Province Level	32850	2375	8031	6205
地　级	Prefectural Level	90879	16909	24231	17768
县　级	Connty Level	19697	6675	2704	4138
电视台	**All Television Stations**	**234894**	**59578**	**20530**	**18206**
省　级	Province Level	47317	2573	8241	4689
地　级	Prefectural Level	123314	14324	7557	10641
县　级	Connty Level	64263	42681	4732	2876

20–9 图书出版
Number of Books Published

类　别	Sort	2005	2006	2007	2008	2009
出版图书(种)	**Number of Publications(kind)**	**1063**	**996**	**861**	**1549**	**943**
#新出版	New-Publications	530	584	502	602	500
总印数(万册)	Printed Copies(10000 copies)	9993	9402	8626	10457	9263
总印张数(万印张)	Printed Sheets(10000 sheets)	55368	57522	47107	39635	57032

注：资料来源于省新闻出版局(以下相关表同)。
Note: The data in the table are provided from the provinvial Press and Publication Administration(The relative tables in the chapter are the same).

20–10 杂志出版
Number of Magazines Published

类 别	Sort	2005	2006	2007	2008	2009
出版杂志(种)	**Number of Publications(kind)**	**87**	**87**	**87**	**88**	**89**
每期平均印数(万册)	Average Printed Copies Per Issue(10000 copies)	95.0	90.0	90.5	98.3	93
总印数(万册)	Printed Copies(10000 copies)	1349	1380	1376	1420	1358
总印张数(万印张)	Printed Sheets(10000 sheets)	7401	8379	7784	8145	9243

20–11 报纸出版
Number of Newspaper Published

类 别	Sort	2005	2006	2007	2008	2009
出版报纸(种)	**Number of Publications(kind)**	**45**	**44**	**45**	**44**	**44**
每期平均印数(万份)	Average Printed Copies Per Issue(10000 copies)	81	132	135	138	149
总印数(万份)	Printed Copies(10000 copies)	35172	32026	34676	35110	36286
总印张数(万印张)	Printed Sheets(10000 sheets)	198381	116421	129069	139002	142079

20–12 报纸分类出版数量(2009)
Number of Newspaper Published by Category

类 别	Sortr	出版报纸(种) Number of Public-ations (kind)	每期平均印数(万份) Average Publication Per Issue (10000 copies)	总印数(万份) Total Printed (10000 copies)	总印张数(万印张) Total Printed Sheets (10000 sheets)
总 计	**Total**	**44**	**149**	**36286**	**142079**
在总计中	**of the Total**				
#贵州日报	Guizhou Daily	1	14	5225	127406
贵州都市报	Guizhou Urban Newspaper	1	22	7863	423075
贵阳晚报	Guiyang Evening Newspaper	1	20	7152	386392
文摘	Tabloid	1	2	125	2490
每周广播电视报	Broadcasting and Television Newspaper Every Week	1	6	328	12142

20-13 体育运动员
Athletes

单位：人 (person)

指　标	Item	2006	2007	2008	2009
优秀运动员	**Excellent Athletes**	**264**	**244**	**136**	**145**
#女运动员	Female	85	66	49	50
专职教练员	**Full-time Coaches**	**224**	**200**	**207**	**215**
#女专职教练员	Female	58	52	52	56
等级运动员发展人数	**Number of Certified Athletes**	**314**	**213**	**256**	**332**
等级裁判员发展人数	**Number of Certified Referees**	**234**	**242**	**29**	**24**

注：1、资料来源于省体育局(以下相关表同)。
2、表中等级裁判员数据，2006和2007年为当年一级以上裁判员登记数，2008年后为当年发展数。
Note: 1.The data in the table are provided from the provinvial Sport Administration(The relative tables in the chapter are the same).
2.The data of Referee in the table refers to data of current newly increase referee in 2005 and 2008,it refers to data of current registrated National Grade Referees in 2006 and 2007.

20-14 体育运动获奖
Medals Won by Guizhou Athletes in Domestic and International Competitions

单位：项 (unit)

指　标	Item	2006	2007	2008	2009
国内外大赛第一名	Number of the First-Order	12	30	31	19
国内外大赛第二名	Number of the Second-Order	18	18	26	19
国内外大赛第三名	Number of the Third-Order	23	21	27	22

20−15 公共体育场地

Number of Public Stadiums and Gymnasiums

单位：个 (unit)

指 标	Item	2006	2007	2008	2009
总 计	**Total**	**21546**	**21547**	**21547**	**21550**
#体育场	Stadiums	49	49	49	52
体育馆	Gymnasiums	21	21	21	21
游泳池	Swimming Pools	89	89	89	89
有固定看台的灯光球场	Illuminated Fields with Fixed Seating	172	173	174	174

注：本表数据含农民全民健身场地数。
Note:The data in the table includes national fit-keeping fields in rural area.

20−16 群众体育活动

Activities of Mass Sports

指 标	Item	2006	2007	2008	2009
举办县级以上运动会(万次)	Number of Sports Meeting at and above County Level(10000 times)	0.08	0.14	0.19	0.21
参加运动会的运动员(万人次)	Number of Athletes Attending Sports Meets(10000 person-times)	166.84	203.12	283.14	210.86
青少年体育俱乐部(个)	Athletic Club for Youngsters(unit)	48	56	70	81
全民健身工程(条)	Body-building Activities of The Whole Nation(unit)	15	75	75	84

20–17 卫生事业 Health Care

指 标	Item	2006	2007	2008	2009	2009年比2008年增长(%) Increase Rate in 2009 over 2008(%)
卫生机构(个)	**Number of Health Institutions(unit)**	**6147**	**5907**	**5848**	**5736**	**-1.9**
#医院、卫生院	Hospitals and Township Hospitals	1855	1939	1934	1982	2.5
床位数(万张)	**Number of Beds(10000 beds)**	**6.64**	**7.58**	**8.31**	**9.75**	**17.3**
#医院、卫生院床位	Number of Hospital and Township Hospitals Beds	6.26	7.14	7.81	9.12	16.8
卫生人员合计(万人)	**Number of Medical Technical Personnel (10000 persons)**	**9.56**	**10.11**	**10.60**	**11.34**	**7.0**
#卫生技术人员	Medical Technical Personnels	8.23	8.53	8.93	9.53	6.7
#执业(助理)医师	Certified Doctors	4.11	4.21	3.88	4.02	3.6
医疗机构病床使用率(%)	**Utilization Rate in Medical Institutions(%)**	**71.9**	**75.9**	**79.3**	**79.8**	**0.5 (百分点)**
人均卫生费(元)	**Expenditure for Health of each Person(yuan)**	**43.05**	**62.57**	**77.45**	**113.79**	**46.9**
平均每千人拥有：	**Per 1000 Person：**					
床位数(张)	Beds(set)	1.77	2.01	2.19	2.57	17.4
#医院、卫生院床位	Number of Hospital Beds	1.58	1.79	2.06	2.40	16.5
卫生人员(人)	Number of Medical Technical Personnels(person)	2.42	2.54	2.80	2.99	6.8
#卫生技术人员	Medical Technical Personnels	2.08	2.14	2.35	2.51	6.8
#执业(助理)医师	Doctors	1.04	1.06	1.02	1.06	3.9

注：1、资料来源于省卫生厅(以下相关表同)。

2、2008年执业医师38830人，比2007年42088人减少3258人。其原因是由于2007年的执业医师人数(42088人)中包含药师(士)4215人。

Note: 1.The data in the table are provided from the provinvial Department of Health(The relative tables in the chapter are the same).

2.Guizhou provinve have 38830 Certified Doctors in 2008, number of Certified Doctors was reduced in 2007 compared with 3258 people. Because of 42088 Certified Doctors in 2007 included 4215 Pharmacists.

20–18 卫生防疫防治和妇幼卫生事业

Sanitation and Epidemic Prevention, Maternity and Child Care

类　　别	Sort	2006	2007	2008	2009
防治所、站机构数(个)	**Prevention and Treatment Centers or Stations(unit)**	**8**	**8**	**8**	**8**
人员总数(人)	Number of Personnels(person)	191	155	158	182
#卫生技术人员数	Medical Technical Personnels	157	125	126	140
床位数(张)	Hospital Beds(bed)	247	136	144	213
卫生防疫机构数(个)	**Institutions of Sanitation and Antiepidemic Agencies(unit)**	**105**	**105**	**105**	**103**
人员总数(人)	Number of Personnels(person)	4742	4674	4637	4643
#卫生技术人员数(人)	Medical Technical Personnels(person)	3925	3811	3787	3795
妇幼保健机构合计(个)	**Institutions of Maternity and Child Care(unit)**	**79**	**90**	**90**	**88**
人员总数(人)	Number of Personnels(person)	2774	3269	3322	3595
#卫生技术人员数(人)	Medical Technical Personnels(person)	2353	2742	2802	3060
床位数(张)	**Hospital Beds(bed)**	**1864**	**2176**	**2442**	**2928**

注：1、2009年卫生防疫机构比上年减少的原因是有两家防保站改为乡防保组,归入“其他卫生机构”类别。
2、2009年妇幼保健机构比上年减少的原因是部分妇幼保健站改为计划生育指导站(以下相关表同)。

Note:1.Because of two stations changed into points which were classified as the category named other institutions of sanitation,the institutions of sanitation and antiepidemic agencies had declined in 2009. 2.Because of some maternity and child care changed into family planning guidance stations,institutions of maternity and child had declined in 2009.

20–19 卫生机构、床位、人员数(2009)

Number of Health Institutions,Beds and Personnels

类　　别	Sort	总计 Total	卫生部门 Health Department	工业及其他部门 Industrial and Other Department	集体所有制 Collective-owned	私人办 Private Practice
机构数(个)	**Number of Institutions (unit)**	**5736**	**2112**	**327**	**148**	**3149**
构成(%)	Composition(%)	100.0	36.8	5.7	2.6	54.9
床位数(张)	**Number of Beds(bed)**	**97527**	**75059**	**12200**	**775**	**9493**
构成(%)	Composition(%)	100.0	77.0	12.5	0.8	9.7
人员数(人)	**Number of Personnels(person)**	**113392**	**79814**	**14114**	**1281**	**18183**
构成(%)	Composition(%)	100.0	70.4	12.4	1.1	16.0
#卫生技术人员数(人)	Medical Technical Personnels (person)	95270	67492	11059	1076	15643
构成(%)	Composition	100.0	70.8	11.6	1.1	16.4

20–20 卫生机构、床位、人员数(2009)

Number of Health Institutions,Beds and Personnels

类 别	Item	机构数(个) Institutions (unit)	床位数(张) Hospital Beds (Bed)	人员数(人) Number of Personels (person)	#卫生技术人员数 Medical Technical Personels
合 计	**Total Number of Institutions**	**5736**	**97527**	**113392**	**95270**
医 院	Hospitals	532	65314	67673	55445
市	City	306	39985	45502	36606
县	County	226	25329	22171	18839
综合医院	Genaral Hospital	168	20245	17602	14857
#县医院	Hospitals at County Level	70	14798	12608	10905
中医医院	Hospital Specialized in TCM	45	4043	3793	3336
中西医结合医院	Combine Hospitals of Chinese and Western Medicine	4	349	330	277
其他专科医院	Other Specialized Hospitals	6	437	257	203
民族医院	Nationality Medicine Hospital	3	255	189	166
疗养院(所)	Sanitariums	2	98	240	179
社区卫生服务中心(站)	Total Health Service Centers for Community	322	2920	4213	3494
#社区卫生服务中心	Health Service Centers for Community	88	1504	2152	1773
社区卫生服务站	Health Service stations for Community	234	1416	2061	1721
卫生院	Health Centers	1450	25850	20422	18103
#农村乡镇卫生院	Health Centers of Villages and Towns in Country	1439	25841	20317	18020
中心卫生院	Health Centers Focus Villages and Towns	500	13611	10217	9066
乡卫生院	Health Centers of Commonly Villages and Towns	939	12230	10100	8954
门诊部、所、医务室	Outpatient Department Clinic and Infirmary	3052	204	8910	8519
#私人办诊所	Personal Clinique	2707		7138	6937
专科防治所(站)	Specialized Prevention and Cure Centers	8	213	182	140
疾控中心(卫生防疫站)	CDC(Epidemic Prevention Station)	103		4643	3795
#县疾控中心	CDC at County Level	69		2419	2066
卫生监督所	Sanitation Supervise Centers	96		1685	1328
#县卫生监督所	Sanitation Supervise Centers of County Level	68		957	767
妇幼保健院(所、站)	MCH Center	88	2928	3595	3060
#县妇幼保健院(所、站)	MCH Centers at County level	61	1447	1671	1463
医学科学研究机构	Research Institution of Medicine Science	3		203	169
其他卫生事业机构	Other Health Project Institution	80		1626	1038

20-21 县及县以上医院、卫生院情况(2009)

Basic Statistics on Hospitals at and above County Level,Rural Township Hospitals

类别	Sort	机构合计(个) Insti-tutions (unit)	诊疗人次数(万人次) Number of Visits and Inpatients (10000 person-times)	#门诊(万人次) Number of Visits in Clinics (10000 person-times)	入院人数(万人次) Inpatients (10000 person -times)	出院人数(万人次) Outpatients (10000 person -times)	出院病人治愈率(%) Recovering Rate (%)
县及县以上医院合计	**Hospitals at and above County Level**	**532**	**2413.97**	**2095.36**	**194.43**	**193.14**	**66.1**
#综合医院	Comprehensive Hospitals	395	1944.57	1672.67	158.85	158.02	66.1
中医医院	Hospital of Chinese Medicine	63	342.21	305.98	25.06	24.83	64.7
妇幼保健院(所、站)	**Maternity and Child Care Hospital(Centers orstations)**	**88**	**217.84**	**181.03**	**12.80**	**12.30**	**90.4**
#妇幼保健院	Maternity and Child Care Hospital	28	144.66	125.71	9.55	9.06	87.2
卫生院合计	**Township Hospitals**	**1450**	**1889.22**	**1682.60**	**192.31**	**196.86**	**84.9**
#农村乡镇卫生院	Rural Township Hospitals	1439	1876.77	1680.75	192.26	196.81	84.9
中心卫生院	Central Township Hospitals	500	902.21	803.59	100.18	101.51	85.6
乡卫生院	Ecumenic Township Hospitals	939	974.56	877.16	92.08	95.30	84.2

20-21 续表 (continued)

类别	Sort	平均开放病床数(张) Average Sickbeds Setup (bed)	病床周转次数(次/年) Turnover of Beds (time/year)	病床工作日(日) Number of Days Per Bed in Use (day)	病床使用率(%) Utili-zation Rate of Beds(%)	出院者平均住院日(天) Average Stay Days in Hospital (day)	每100次门(急)诊入院人数(人) Hospital Admissions Per 100 Out-Patient Times and Emergency Patient-Times (person)
县及县以上医院合计	**Hospitals at and above County Level**	**63249**	**30.5**	**306.7**	**84.0**	**9.4**	**8.4**
#综合医院	Comprehensive Hospitals	51369	30.8	308.3	84.5	9.5	8.5
#中医医院	Hospital of Chinese Medicine	6969	35.5	308.8	84.6	7.8	7.7
妇幼保健院(所、站)	**Maternity and Child Care Hospital(Centers orstations)**	**2865**	**42.9**	**257.9**	**70.7**	**5.9**	**6.4**
#妇幼保健院	Maternity and Child Care Hospital	1827	49.6	305.7	83.8	6.1	6.6
卫生院合计	**Township Hospitals**	**25473**	**77.3**	**265.1**	**72.6**	**3.1**	**11.1**
#农村乡镇卫生院	Rural Township Hospitals	25464	77.3	265.2	72.7	3.1	11.1
中心卫生院	Central Township Hospitals	13092	77.5	272.4	74.6	3.2	12.1
乡卫生院	Ecumenic Township Hospitals	12372	77.0	257.5	70.6	3.1	10.3

20-22 农村三级医疗、预防、保健网
Health Organization at County,Town and Village Level

指　标	Item	2006	2007	2008	2009	2009年比2008年增长(%) Increase Rate in 2009 over 2008(%)
县医院个数(个)	**Number of Hospitals at County Level(unit)**	**71**	**69**	**72**	**70**	**-2.8**
平均每院病床数(张)	Average Number of Beds Per Hospital(bed)	142.79	159.32	173.69	211.40	21.7
平均每院人员数(人)	Average Personnels Per Hospital (person)	161.63	173.60	171.20	180.11	5.2
#平均每院卫生技术人员数	Average Medical Technical Personnels Per Hospital	138.73	146.49	146.17	155.79	6.6
县妇幼保健院(所、站)机构数(个)	**Maternity and Child Care Centers at County Level(unit)**	**62**	**67**	**62**	**61**	**-1.6**
平均每院(所、站)床位数(张)	Average Number of Beds Per Station (bed)	16.48	17.85	20.60	23.72	15.1
平均每院(所、站)人员数 (人)	Average Personnels Per Station (person)	25.00	26.95	26.40	27.39	3.8
#每院(所、站)卫生技术人员数	Medical Technical Personnels Per Stati on	21.66	23.32	22.73	23.98	5.5
县卫生防疫站机构数(个)	**Institutions of Epidemic Prevention Station at County Level(unit)**	**75**	**77**	**70**	**69**	**-1.4**
平均每所站人员数(人)	Personnels Per Station(person)	37.14	36.74	34.40	35.06	1.9
#平均每站卫生技术人员数	Average Medical Technical Personnels Per Station	31.91	31.26	29.20	29.94	2.5
农村乡镇卫生院机构数(个)	**Institutions of Rural Township Hospitals(unit)**	**1451**	**1451**	**1448**	**1439**	**-0.6**
农村乡镇卫生院床位数 (张)	Number of Beds of Rural Township Hospitals(bed)	15360	19136	21201	25841	21.9
平均每院床位数(张)	Average Number of Beds Per Hospital(bed)	10.58	13.19	14.64	17.96	22.7

20-22 续表 (continued)

指 标	Item	2006	2007	2008	2009	2009年比2008年增长(%) Increase Rate in 2009 over 2008(%)
平均每千农业人口乡镇卫生院床位数(张)	Average Number of Beds of Rural Township Hospitals Per 1000 Rural Personnels(bed)	0.54	0.57	0.65	0.75	15.9
农村乡镇卫生院人员数(人)	Personnels of Rural Township Hospitals (person)	18867	19257	19531	20317	4.0
平均每院人员数(人)	Average Personnels Per Hospital(person)	13.01	13.27	13.49	14.12	4.7
平均每千农业人口乡镇卫生院人员数(人)	Average Medical Technical Personnels of Rural Township Hospitals Per 1000 Rural Personnels(person)	0.66	0.58	0.60	0.59	-1.3
村卫生室个数(个)	**Number of Villages with Medical Treatment Sations(unit)**	**19660**	**19057**	**19031**	**18971**	**-0.3**
村卫生室覆盖率(%)	Coverage Rate of Township Hospitals(%)	98.2	96.9	96.1	88.3	-7.8(百分点)
开展合作医疗的村数(个)	Number of Villages of Carrying out Rural Cooperative Medical Treatment(unit)	7594	19669	19803	17568	-11.3
开展合作医疗的村覆盖率(%)	Coverage Rate of Villages of Carrying out Rural Cooperative Medical Treatment(%)	37.9	100.0	100.0	100.0	持平
平均每村设置医疗点数(个)	Average Number of Medical Treatment Stations Per Village(unit)	0.98	0.97	0.96	1.1	12.5
乡村医生和卫生员数(人)	Doctors and Health Workers(person)	26027	27073	25469	32450	27.4
#乡村医生所占比例(%)	Proportion of Rural Doctors(%)	82.5	82.1	83.0	71.6	11.4(百分点)
平均每村乡村医生和卫生员数(人)	Average Number of Doctors and Health Workers Per Village(person)	1.32	1.37	1.29	1.85	43.2
平均每千农业人口乡村医生和卫生员数(人)	Average Number of Doctors and Health Workers Per 1000 Rural Personnels (person)	0.91	0.81	0.78	0.95	21.3

注：1、由于统计口径发生变化，以前的村卫生室覆盖率=村卫生室个数/行政村数，2009年村卫生室覆盖率=设置村卫生室的村数/行政村总数。2、由于自然村合并，而村卫生室未合并，导致设置村卫生室的村数比村卫生室个数少，故村卫生室覆盖率比上年减少。

Note:1.Because the statistical coverage had been changed, before 2009, the coverage rate of township hospitals=number of village medical treatment sations/the number of administrative villages; in 2009,the coverage rate of township hospitals=number of villages with medical treatment sations/the number of administrative villages. 2.As some villages had consolidated,the treatment sations had not consolidated, so the umber of villages with medical treatment sations is less than the number of village medical treatment sations,therefore the coverage rate of township hospitals declined in 2009.

20–23 检察院主要业务

Cases of Procuratorate

年份 year	职务犯罪(件)			批捕、决定批捕 Total of Arrests		决定起诉 Total of Public Prosecutions	
	受案 Cases Accepted	立案 Cases Registered	结案 Cases Settled	(万件) (10000 case)	(万人) (10000 person)	(万件) (10000 case)	(万人) (10000 person)
2000	2365	1111	1064	1.60	2.54	1.49	2.22
2001	2284	1130	1089	1.98	3.09	1.94	2.88
2002	2288	1163	1106	1.85	2.79	1.98	2.85
2003	2110	1138	1073	1.72	2.63	1.71	2.51
2004	2356	1160	1133	1.69	2.60	1.79	2.64
2005	2155	1122	1118	1.67	2.58	1.83	2.71
2006	1920	1104	1068	1.63	2.54	1.79	2.67
2007	1709	1060	1071	1.67	2.71	1.80	2.78
2008	1457	981	1020	1.84	2.99	1.96	3.00
2009	1469	1002	967	2.06	3.30	2.18	3.45

注：资料来源于省人民检察院。
Note:.Data in the table are obtained from the provincial people's procuratorate.

20–24 人民法院刑事一审案件收案

First Trail Criminal Cases Accepted by Courts

单位：件 (case)

类别	Sort	2006	2007	2008	2009	2009年比2008年增长(%) Increase Rate in 2009 over 2008(%)
总计	**Total**	**19137**	**19098**	**20154**	**22480**	**11.5**
#危害国家安全罪	Offences Against State Security	3	1	1		
危害公共安全罪	Offences Against Public Security	1847	1969	2269	1974	-13.0
破坏社会主义市场经济秩序罪	Offences Against Socialist Economic Order	217	281	294	332	12.9
侵犯公民人身权利民主权利罪	Offences Against Citizens' Personal and Democratic Rights	4873	4469	4490	5338	18.9
侵犯财产罪	Offences Against Properties	8260	8401	8565	9819	14.6
妨害社会管理秩序罪	Offences Against Social Management of Order	2956	2958	3497	4121	17.8
危害国防利益罪	Offences Against National Defense		4		2	
贪污贿赂罪	Offences on Corruption and Bribery	856	853	877	769	-12.3
渎职罪	Offences on Abuse and Dereliction of Duty	114	148	153	119	-22.2

注：资料来源于省高级人民法院(以下相关表同)。
Note:Date in the table are obtained from Guizhou Provincial Higher People's Court (the same applies to relative tables below).

20–25 人民法院刑事一审案件结案

First Trail Criminal Cases Settled by Courts

单位：件 (case)

类别	Sort	2006	2007	2008	2009	2009年比2008年增长(%) Increase Rate in 2009 over 2008(%)
总计	**Total**	**18808**	**18803**	**19934**	**22201**	**11.4**
#危害国家安全罪	Offences Against State Security	3	1	1		
危害公共安全罪	Offences Against Public Security	1829	1955	2259	1964	-13.1
破坏社会主义市场经济秩序	Offences Against Socialist Economic Order	215	275	288	323	12.2
侵犯公民人身权利民主权利	Offences Against Citizens' Personal and Democratic Rights	4699	4310	4409	5200	17.9
侵犯财产罪	Offences Against Properties	8204	8362	8527	9781	14.7
妨害社会管理秩序罪	Offences Against Social Management of Order	2904	2929	3463	4084	17.9
危害国防利益罪	Offences Against National Defense		4		2	
贪污贿赂罪	Offences on Corruption and Bribery	832	815	829	727	-12.3
渎职罪	Offences on Abuse and Dereliction of Duty	111	139	150	114	-24.0

20–26 人民法院刑事案件中青少年犯罪

Juvenile Delinquency Among Criminal Cases

单位：人 (person)

指标	Item	2006	2007	2008	2009	2009年比2008年增长(%) Increase Rate in 2009 over 2008(%)
刑事罪犯总数	**Number of Criminals**	**22434**	**23987**	**24979**	**26834**	**7.4**
#青少年罪犯	Young Criminals	8144	9330	9207	9594	4.2
#不满18岁	Less Than 18	3028	3294	3492	3155	-9.7
18–25岁	Between 18 to 25	5116	6036	5715	6439	12.7
青少年罪犯占刑事罪犯(%)	Proportion of Young Criminals to Total Criminals(%)	36.3	38.9	36.9	35.8	-1.1(百分点)

20–27 律师、公证、调解工作

Basic Statistics on Lawyers ,Notarization and Mediation

指　　标	Item	2006	2007	2008	2009
律师工作	**Lawyers**				
法律律师事务所(个)	Number of Law Offices(unit)	195	196	206	222
专职律师(人)	Full-time Lawyers(person)	1211	1421	1371	1562
辅助工作人员(人)	Assistant(person)	443	386	693	829
聘请常年法律顾问(个)	Number of Permanent Legal Advisors(person)	1877	2052	2366	5726
全年办理(件)	Number of Cases in Whole Year(case)	64250	82019	59379	79533
刑事案件诉讼代理	Defender of Criminal Cases	4791	6271	6301	7011
民事诉讼代理	Agent of Civil Cases	9020	11672	12397	12966
行政诉讼代理	Agent of Administrative Action	519	588	438	429
经济案件诉讼代理	Agent of Economic Cases	1661			
非诉讼法律事务	Agent of Non-litigious Legal Affairs	1831	1484	1445	1062
解答法律询问	Agent of Legal Advisory Services	35990	52009	33637	52070
代写法律事务文书	Agent of Legal Document Written on Behalf of Clients	10438	9264	4632	5518
调解成功	Successful Mediation		731	529	477
公证工作	**Notarization**				
公证处(个)	Number of Notarial Offices(unit)	97	97	97	97
公证员(人)	Notaries(person)	178	173	164	189
公证辅助人员(人)	Notarial Assistant(person)	148	58	106	56
办理公证文书(件)	Number of Notarized Documents(case)	90787	79498	76217	156768
#经济合同公证	Notarized Documents on Economic Affairs	35485	27326	25431	22323

注：资料来源于省司法厅(下表同)。

Note:Data in the table areobtained from Guizhou Provinvial Department of Justice(the same applies to the next table).

20–27　续表　(continued)

指　标	Item	2006	2007	2008	2009
#涉外公证	Notarization of Foreignrelated	8884	10544	10237	35823
国内公证	Domestic Notarization	80396	67471	52988	93941
公证费收入(万元)	Income of Notarization(10000 yuan)	1239	2072	1027	1596
人民调解工作	**People's Mediation**				
人民调解委员会(个)	Number of People's Mediation Committees(unit)	25366	23762	23762	23762
人民调解人员(人)	Number of Mediators(person)	118097	111707	105060	111068
调解民间纠纷(件)	Number of Civil Disputes Mediated(case)	103284	113531	98515	113568
调解成功率(%)	The Rate of Success of Mediation(%)	97.7	96.0	95.9	95.2
基层法律服务工作	**Law Service at Basic Level**				
法律服务所(个)	Offices for Law Service(unit)	562	567	501	485
法律工作者(人)	Law Staffs(person)	2395	2372	2241	2103
代理案件(件)	Cases Deputed(case)	13353	11128	11699	13817
避免经济损失(万元)	Number of Avoided Economical Loss(10000 yuan)	4743	15931	15448	14010
刑释解教人员安置帮教工作	**Settling and Assisting and TeachingWork for People That BeenReleased After Serving a Sentence**				
设立工作机构(个)	Institutions Established(unit)	98	99	96	98
工作人员(人)	Staffs(person)	1534	1498	313	457
安置人数(人)	Number of Persons Been Helped Settle Down(person)	9158	15945	14701	15029
帮教人数(人)	Number of Persons Been Assisted and Teached(person)	11677	14547	15715	15150

20–28 国内公证文书分类

Domestic Notarial Documents by Type

单位：件 (piece)

指标	Item	2006	2007	2008	2009
总计	**Total**	**53787**	**67471**	**55728**	**91281**
经济合同公证合计	**Notarized Documents on Economic Affairs**	**28952**	**19857**	**25431**	**23450**
#购销	Purchases and Sales of Products	434	497	478	510
联营	Joint Business	54	68	94	145
贷款	Loans	27030	18246	22573	21194
招标、投标	Bidding and Invite Public Bidding	59	99	247	51
劳务合同	Labor Contracts	400	176	531	54
建筑工程承包	Construction Project Countracts	48	12	69	4
农、林、牧、副、渔 业承包	Farming,Forestry, Animal Husbandry,Sideline Production and Fishery Contracts	175	100	329	
财产租赁	Property Leases	15	14	12	17
法人(代表)资格	Legal Person(Agent)Identification	20		21	35
委托书	Legal Person Trust Deeds	717	645	1077	1440
民事法律关系公证合计	**Notarized Documents on Civil Legal Relations**	**24902**	**40145**	**30297**	**67831**
#收养	Child Adoption	150	133	52	80
解除收养	Adoption Renouncement	52	14	15	131
继承权	Right of Inheritance	2828	4460	5923	33818
遗嘱	Testaments	760	602	829	3213
产权	Property Right	423	119	297	1213
亲属关系	Kinship Confimation	947	1020	1421	2204
房屋买卖	Purchases and Sales of Houses	3001	2621	3124	1263
房屋租赁	House Leases	26	49	92	45
留学协议	Foreign Study Contracts	67	137	197	86
遗赠抚养协议	Donations and Family Fostering	546	61	74	28
其他民事协议	Other Civil Agreements	3752	2110	6715	3942
委托书	Trust Deeds	3819	5147	3930	8696
赠与书	Presentation Documents	4941	5602	3447	9031
声明书	Declarations	3436	4133	4035	3892
建房宅基使用协议	Right to Housing Site	154	146	164	189

20–29 消费者协会受理投诉

Cases Accepted and Heard by Consumer Association

单位：件 (piece)

指　标	Item	2006	2007	2008	2009
总　计	**Total**	**5606**	**9333**	**7900**	**8099**
家用电器类	Household Appliances	1865	2021	2192	1935
#电视机	Televison	256	373	375	303
电冰箱	Refrigerators	85	106	118	94
洗衣机	Washing Machines	83	152	21	95
空调器	Air-Conditioner	59	77	68	91
家用机械类	Household Machinery	219	352	319	435
#摩托车	Motorcycles	40	72	52	85
百货类	Daily Use Goods	1746	2923	2069	2136
#药品	Materia Medica	57	48	32	56
医疗辅助用品	Assistant Things of Medical Treatment	24	9	2	5
服装鞋帽	Dress Shoes and Caps	686	1254	674	799
家具	Furniture	82	126	66	83
食品	Foods	378	592	548	463
房屋及装修建材	Houses and Fitment Material	340	483	821	667
#房屋	Houses	181	204	530	283
装饰材料	Fitment Material	93	194	149	228
服务类	Services	921	2291	1651	2112
#电信	Telecome	138	972	629	663
邮政	Mail	13	10	316	230
农用生产资料类	Agricultural Production Materials	152	186	195	257
其他类	Others	363	1077	653	557

注：资料来源于省消费者协会。
Note: Data in the table are obtained from Guizhou Provinvial Consumers Association.

20–30 生产安全

Production Safety

项　　目	Item	2006	2007	2008	2009
各类事故死亡人数合计(人)	**Number of Deaths(person)**	**2764**	**2588**	**2427**	**2183**
工矿商贸企业	Production Security Accidents of Enterprises of Industry,Mining,Commerce and Trade	1023	985	863	776
煤矿	Coal Mine	698	554	453	434
金属与非金属矿	Metallic and Non-metallic Mine	104	147	136	84
建筑业	Construction	105	99	100	90
其他	Other	105	185	174	168
火灾	Fire Accidents	53	81	77	77
道路交通	Roadway Traffic Accidents	1422	1356	1348	1210
铁路交通	Railway Traffic Accidents	246	150	120	95
其他	Others	20	16	19	25
亿元生产总值生产安全事故死亡人数(人/亿元)	Number of Deaths of Production Security Accidents Per Unit of GDP (person/per 100 million yuan)	1.22	0.96	0.73	0.56
工矿商贸企业从业人员10万人死亡率(人/10 万人)	Number of Deaths Per Unit of Employed Personels of Enterprises of Industry,Mining,Commerce and Trade(person/per 100000 persons)	10.75	9.77	8.56	7.65
煤矿百万吨死亡人数(人/百万吨)	Number of Deaths Per Unit of Yields of Coal Mine (person/per million tons)	5.91	4.99	3.84	3.17
道路交通万车死亡人数(人/万车)	Number of Deaths of Roadway Traffic Accidents Per Unit of Vehicles(person/per 10000 sets)	11.26	9.33	7.3	5.36

注：资料来源于省安全生产监督管理局。

Note: Data in the table are obtained from Guizhou Provincial Production Safety Supervision Management Administration.

20–31 火灾(2009)
Fires

指 标	Item	合计 Total	较大	一般 Ordinary
实际发生数(起)	**Number of Fires(case)**	**869**	**4**	**865**
按火灾原因分	Grouped by Cause			
生产作业	Operation	65		65
电气	Electric	398	2	396
吸 烟	Smoking	24		24
生活用火不慎	Not Careful with Cooking Fire	177		177
玩 火	Playing with Fire	54	1	53
自 燃	Natural Fire	15		15
不 明	Uncertain	68	1	67
其 他	Others	68		68
死亡人数(人)	Number of Deaths(person)	73	13	60
受伤人数(人)	Number of Injuries(person)	28		28
直接财产损失(万元)	Losses Converted into Cash(10000 yuan)	3435.55	89.83	3345.72
平均每起事故损失(万元)	Average Loss Per Fire(10000 yuan)	3.95	22.46	3.87

注：资料来源于省公安厅(下表同)。
Note: Data in the table are obtained from Guizhou Provincial Department of Public Security(the same applies to the next table).

20–32 交通事故(2009)
Traffic Accidents

指 标	Item	发生数(起) Number of Traffic Accidents(case)	死亡人数(人) Number of Deaths (person)	受伤人数(人) Number of Injuries (person)	损失折款(万元) Losses Converted into Cash(10000 yuan)
总 计	**Total**	**1816**	**1210**	**2606**	**1214.50**
#重大事故	Extraordinarily Serious	802	899	765	547.30
特大事故	Serious	79	311	239	239.90
机动车	Motor Vehicles	1721	1158	2555	1201.40
#汽车	Automobiles	1079	768	1728	1076.20
摩托车	Motorcycles	545	324	693	93.90
拖拉机	Tractors	62	37	86	16.70
非机动车	Non-motor-driven Vehicles	5	4	5	0.15
#自行车	Bicycles	4	4	4	0.10
行人乘车人	Pedestrians and Passengers	62	33	30	8.90

主要统计指标解释

文化事业机构 指从事专业文化工作和为专业文化工作服务的独立建制的单位。不包括这些单位另外举办独立核算的其他机构和各部门的业余文化组织。

艺术表演团体 指从事戏曲、音乐、舞蹈、杂技等专业艺术表演,有独立帐户的单位,不包括半工半艺、半农半艺和民间职业剧团。

艺术表演观众人数(人次) 指售票、包场演出或民族地区免费演出的艺术表演观众人次数,不包括彩排审查和内部观摩演出的观看人次数。

等级运动员人数 指经考核正式批准授予等级运动员称号的人数。运动员等级分为国际级运动健将、运动健将、一级运动员、二级运动员、三级运动员、少年级运动员。

等级裁判员人数 指经考核正式批准授予等级裁判员称号的人数。裁判员等级分为国际裁判、国家级裁判、一级裁判、二级裁判、三级裁判。

体育场 指有400米跑道(中心含足球场),有固定道牙,跑道6条以上,并有固定看台的室外田径场地。体育场按看台容纳观众人数分为:甲级25000人以上,乙级15000–25000人,丙级5000–15000人,丁级5000人以下。

体育馆 指有固定看台,可供篮球、排球、羽毛球、乒乓球、体操等项目训练比赛活动用的室内运动场地。体育馆按看台容纳观众人数分为:甲级6000人以上,乙级4000–6000人,丙级2000–4000人,丁级2000人以下。

卫生机构 包括医疗机构、疾病预防控制中心(防疫站)、采供血机构、卫生监督及监测(检验)机构、医学科研和在职培训机构、健康教育所等。

医疗机构 包括医院、社区卫生服务中心(站)、疗养院、卫生院、门诊部、诊所(卫生所、医务室)、妇幼保健院(所、站)、专科疾病防治院(所、站)、急救中心(站)和临床检验中心。医疗机构分为非赢利性医疗机构和赢利性医疗机构。

医院 包括综合医院、中医医院、中西医结合医院、民族医院、各类专科医院和护理院。

卫生技术人员 指卫生机构中医生、护理人员、药剂人员、检验人员等卫生技术人员。

医生 指在医疗、预防保健机构工作且取得《执业医师证书》的执业医师和执业助理医师。

公证人员 指在国家公证机关依法办理公证事务的司法人员,包括公证员、助理公证员和在公证处工作的其他人员。

办理公证文书 指公证处在一定时期内办结的公证文书件数。公证文书按司法部规定或批准的格式制作,包括国内公证和涉外公证两部分。国内公证分为经济合同公证和民事法律关系公证两大类。

调解人员 指在人民调解委员会担负调解民间一般民事纠纷和轻微违法行为引起纠纷的工作人员,包括调解委员会的委员和调解小组的调解员。

调解民间纠纷 指调解委员会依照法律规定,根据自愿原则,用说服教育的方法调解民间发生的有关民事权利和义务的争执,促成当事双方达到协议和谅解,解决纠纷。包括婚姻家庭纠纷,财产权益纠纷等,不包括法院受理调解的民事案件数。

Explanatory Notes on Main Statistical Indicators

Cultural Institutions refer to units which have their own organizational system and independent accounting system and specialize in or serve cultural development. They exclude other establishments run by these cultural institutions and amateur cultural groups established by various departments.

Art Troupe refers to the troupe which is engaged in drama, opera, music, dance, acrobatics or other art performance, opens independent accounts with banks and has self-supporting accounting system; excluding the troupes which are engaged partly in industrial or agricultural activities, partly in art performance and the professional troupes organized by the people.

Number of Spectators at Art Performance refers to the number of attendants at commercial shows, completely booked shows or free shows given in minority national areas,and does not include the number of spectators at rehearsals for examination and internal shows for study.

Number of Athletes in Grades refers to the number of athletes who have been given titles through examination. The titles of athletes include international masters of sports, masters of sports, first-grade, second-grade and third-grade sportsmen and young athletes.

Number of Referees in Grades refers to the number of referees who have been given titles after examination. They are classified as international referees, national referees and referees of the first, second and third grades.

Stadiums refer to stadiums for track and field events with six lane 400-meter tracks around soccer fields, permanent track marks and permanent bleachers. Stadiums are classified according to seating capacity. They include: Class A stadiums seating 25000 people each. Class B stadiums seating 15000 to 25000 people each. Class C stadiums seating 5000 to 15000 people each, and Class D stadiums seating fewer than 5000 people.

Gymnasiums refer to indoor sports grounds with permanent seats in which basketball, volleyball. badminton, table tennis and gymnastics competitions can be held. Gymnasiums are classified according to seating capacity. They include Class A gymnasiums seating over 6000 people. Class B gymnasiums seating 4000 to 6000 people. Class C gymnasiums seating 2000 to 4000 people, and Class D gymnasiums seating fewer than 2000 people.

Health Care Institutions includes: medical institutions, disease prevention and control centers (epidemic prevention stations), blood gathering and supplying institutions, health supervision and inspection (check up) institutions, medicinal scientific research and on-job training institutions, health education and so on.

Medical Organizations includes: hospitals, health service centers (stations) of communities, nursing homes, health centers, clinics, clinics (health stations and infirmaries), maternity and child care agencies (centers and stations), special disease prevention and curing agencies (centers and stations), first aid centers (stations) and clinical inspection centers. Medical organizations are grouped by two types: profit-making and non-profit-making medical organizations.

Hospitals includes: polyclinics, traditional Chinese medical hospitals, hospitals integrated with traditional Chinese therapeutics and western therapeutics, ethical hospitals, various specialties hospitals and nursing hospitals.

Medical Technical Personnel refers to doctors, assistant nurses, pharmacists, and laboratory technicians working in medical institutions.

Doctors refer to certified physicians and certified assistant physicians with certifications working in medical and health care and prevention agencies.

Notary Personnel refers to judicial workers of the state notary offices handling notarization work according to law. They include notaries, assistant notaries, and other people working for notary offices.

Notarized Documents refer to the documents settled by notary offices in a year. The notary documents are drawn up in accordance with the regulations of the Ministry of Justice, including domestic documents and foreign-related documents. Domestic documents are divided into two major categories, documents on economic contracts and documents on civil legal relations.

Mediators refer to workers on peoples mediation committees responsible for mediating in civil disputes and cases of slight infraction of the law. They include members of the mediation committees and mediators of mediation groups.

Mediation of Civil Disputes refers to mediation committeeswork in mediating in civil disputes concerning civil rights and duties through persuasion and education in accordance with the provisions of law on a voluntary basis, so as to solve disputes by helping the parties involved come to an agreement and understanding. These disputes include divorce cases and disputes over property ownership, but exclude the civil cases to be handled by the court.

21

Twenty-one

民族自治地方

Minority Nationality Autonomous Areas

21-1 民族自治地方行政区划(2009)

Administrative Division of Minority Nationality Autonomous Areas

单位：个 (unit)

民族自治州(县)名称	Autonomous State(County)	地级 Prefectural Level	县级 County Level	#县级市 City at County Level
黔东南苗族侗族自治州	Qiandongnan(Miao & Dong)Autonomous State	1	16	1
黔南布依族苗族自治州	Qiannan(Bouyei & Miao)Autonomous State	1	12	2
黔西南布依族苗族自治州	Qianxinan(Bouyei & Miao)Autonomous State	1	8	1
道真仡佬族、苗族自治县	Daozhen(Gelao & Miao)Autonomous County		1	
务川仡佬族、苗族自治县	Wuchuan(Gelao & Miao)Autonomous County		1	
玉屏侗族自治县	Yuping(Dong)Autonomous County		1	
印江土家族、苗族自治县	Yinjiang(Tujia & Miao)Autonomous County		1	
沿河土家族自治县	Yanhe(Tujia)Autonomous County		1	
松桃苗族自治县	Songtao(Miao)Autonomous County		1	
关岭布依族苗族自治县	Guanling(Bouyei & Miao)Autonomous County		1	
镇宁布依族苗族自治县	Zhenning(Bouyei & Miao)Autonomous County		1	
紫云苗族布依族自治县	Ziyun(Miao & Bouyei)Autonomous County		1	
威宁彝族、回族、苗族自治县	Weining(Yi,Hui & Miao)Autonomous County		1	
三都水族自治县	Sandu(Shui)Autonomous County		1	

21-2 少数民族分布

Geographic Distribution of Minority Nationalities

民族	Nationality	分布的主要地区	Main Geographic Distribution
苗 族	Miao	黔东南州、黔南州、黔西南州、松桃县、印江县、威宁县	Qiandongnan,Songtao,Weining
布依族	Bouyei	黔南州、黔西南州	Qiannan,Qianxinan
侗 族	Dong	黔东南州、玉屏县	Qiandongnan,Yuping
土家族	Tujia	铜仁地区	Tongren
彝 族	Yi	毕节地区、六盘水市	Bijie,Liupanshui
仡佬族	Gelao	遵义市、安顺市	Zunyi,Anshun
水 族	Shui	三都县	Sandu
回 族	Hui	威宁县、兴仁县、平坝县	Weining,Xingren,Pingba
白 族	Bai	毕节地区	Bijie
瑶 族	Yao	黔东南州、三都县	Qiandongnan,Sandu
壮 族	Zhuang	从江县、黎平县、独山县、荔波县	Congjiang,Liping,Dushan,Libo
畲 族	She	凯里市、麻江县、都匀市、福泉市	Kaili,Majiang,Duyun,Fuquan
毛南族	Maonan	平塘县、独山县、惠水县	Pingtang,Dushan,Huishui
蒙古族	Mongolian	毕节地区、石阡县	Bijie,Shiqian
仫佬族	Mulam	凯里市、麻江县、黄平县	Kaili,Majiang,Huangping
满 族	Man	黔西县、大方县、金沙县	Qianxi,Dafang,Jinsha
羌 族	Qiang	石阡县、江口县	Shiqian,Jiangkou

21–3 民族自治地方基本情况(2009)

民族自治州(县)名称	Autonomous State(County)	成立时间 Time of Comeinto Existence	土地面积(平方公里) Total Land Area(sq.km)
黔东南苗族侗族自治州	Qiandongnan(Miao & Dong) Autonomous State	1956年7月23日	30337.1
黔南州布依族苗族自治州	Qiannan(Bouyei & Miao) Autonomous State	1956年8月8日	26197.0
黔西南布依族苗族自治州	Qianxinan(Bouyei & Miao) Autonomous State	1982年5月1日	16804.1
道真仡佬族、苗族自治县	Daozhen(Gelao & Miao) Autonomous County	1987年11月29日	2156.2
务川仡佬族、苗族自治县	Wuchuan(Gelao & Miao) Autonomous County	1987年11月26日	2772.8
玉屏侗族自治县	Yuping(Dong)Autonomous County	1984年11月7日	515.9
松桃苗族自治县	Songtao(Miao)Autonomous County	1956年12月31日	2861.2
印江土家族、苗族自治县	Yinjiang(Tujia & Miao) Autonomous County	1987年11月20日	1961.1
沿河土家族自治县	Yanhe(Tujia)Autonomous County	1987年11月23日	2468.8
威宁彝族、回族、苗族自治县	Weining(Yi,Hui & Miao) Autonomous County	1954年11月11日	6296.3
镇宁布依族苗族自治县	Zhenning(Bouyei & Miao) Autonomous County	1963年9月11日	1702.6
紫云苗族布依族自治县	Ziyun(Miao & Bouyei) Autonomous County	1966年2月11日	2283.7
关岭布依族苗族自治县	Guanling(Bouyei & Miao) Autonomous County	1981年12月31日	1468.0
三都水族自治县	Sandu(Shui)Autonomous County	1957年1月2日	2383.7

注：少数民族人口数为抽样推算数(以下相关表同)。

Basic Conditions of Minority Nationality Autonomous Areas

年末常住半年人口(万人) Total Resident Population Staying at home for 6 months and over at The Year-end (10000 persons)	#少数民族 Minority Nationalities	生产总值 (亿元) Gross Domestic Product (100 million yuan)	财政一般预算收入(亿元) Local Financial Revenue (100 million yuan)	财政一般预算支出(亿元) Expenditures of Governments (100 million yuan)
402.41	324.74	269.73	17.43	106.97
375.22	212.50	297.97	20.85	97.41
305.07	129.56	274.83	21.91	77.53
29.95	40.53	14.80	0.73	6.75
23.70	39.14	17.28	1.08	7.79
13.52	11.06	22.03	1.19	4.64
63.15	29.92	35.02	1.40	11.94
39.82	32.89	21.56	0.91	7.96
54.11	44.07	27.39	1.58	10.48
112.29	27.73	52.51	3.29	19.03
34.84	20.42	21.92	1.57	7.40
32.35	22.14	13.22	0.56	6.57
32.49	20.83	20.56	1.25	6.34
30.25	29.04	13.24	0.56	6.52

Note:The population of minority nationalities in the table have been estimated from the nanual national sample survey on population changes. (the same applies to relative tables below)

21-4 民族自治地方经济社会主要指标

指　标	Item	2002	2001
年末常住半年人口(万人)	Number of Resident Population at The Year-end(10000 persons)	1580.33	1565.13
#少数民族人口	Minority Population	901.53	869.08
生产总值(亿元)	Gross Domestic Product(100 million yuan)	365.62	333.83
第一产业	Primary Industry	136.77	135.04
第二产业	Secondary Industry	120.22	103.89
第三产业	Tertiary Industry	108.62	94.90
固定资产投资	Investment in Fixed Assets		
固定资产投资总额(亿元)	Total Investment in Fixed Assets(100 million yuan)	101.31	77.90
#基本建设	Capital Construction	58.01	38.70
更新改造	Innovation	25.40	24.81
房地产开发	Real Estate Development	10.26	7.07
财政、金融	Government Finance and Banking		
财政一般预算收入(亿元)	Local Financial Revenue(100 million yuan)	20.42	19.73
财政一般预算支出(亿元)	Financial Expenditure(100 million yuan)	76.14	63.11
金融机构年末存款余额(亿元)	Total Savins Deposit Balance at The Year-end(100 million yuan)	296.23	257.45
金融机构年末贷款余额(亿元)	Total Loan Balance at The Year-end(100 million yuan)	273.03	243.52
城乡居民储蓄余额(亿元)	Urban and Rural Resident Savings Deposit Balance(100 million yuan)	185.92	161.08
农　业	Agriculture		
耕地面积(千公顷)	Cultivated Area(1000 hectares)	769.58	794.97
农业总产值(亿元)	Gross Agricultural Output Value(100 million yuan)	218.33	212.33
粮食产量(万吨)	Output of Grain(10000 tons)	433.02	506.46
油料产量(万吨)	Output of Oil-bearing Crops(10000 tons)	25.62	25.29
大牲畜年底头数(万头)	Large Animals(year-end)(10000 heads)	477.31	469.73
猪年底头数(万头)	Hogs(year-end)(10000 heads)	878.32	851.34
羊年底头数(万只)	Sheep and Goats(year-end)(10000 heads)	206.26	206.30
工　业	Industry		
原煤产量(万吨)	Output of Coal(10000 tons)	1113.22	959.49
发电量(亿千瓦小时)	Output of Electricity(100 million kwh)	190.31	181.79
生铁产量(万吨)	Pig Iron(10000 tons)		
运输邮电	Transportation and Post		
公路里程(公里)	Length of Highways(km)	27651	26553
邮路总长度(公里)	Length of Postal Routes(km)	10427	10538
商　业	Trade		
社会消费品零售总额(亿元)	Total Retail Sales of Consumer Goods(100 million yuan)	96.47	87.13
教　育	Education		
在校学生数(万人)	Students Enrollment(10000 persons)		
高等学校	Institutions of Higher Education	1.82	1.05
中等学校	Secondary Schools	85.52	72.22
小学	Primary Schools	202.02	197.97
专任教师(万人)	Full-time Teachers(10000 persons)		
高等学校	Institutions of Higher Education	0.12	0.15
中等学校	Secondary Schools	3.83	3.39
小　学	Primary Schools	7.60	7.51
人均水平	Per Capita Standard of Living		
人均生产总值(元)	Per Capita Gross Domestic Product(yuan)	2325	2145
人均地方财政收入(元)	Per Capita Local Financial Revenue(yuan)	130	127
城乡居民人均储蓄(元)	Per Capita Urban and Rural Resident Savings(yuan)	1182	1035

注：2008—2009年人均水平数据按常住半年人口计算。

Major Social and Economic Indicators of Minority Nationality Autonomous Areas

2003	2004	2005	2006	2007	2008	2009	2009年比 2008年增长(%) Increase Rate in 2009 over 2008(%)
1593.86	1608.24	1621.10	1632.50	1641.18	1534.85	1535.75	0.1
915.87	934.01	945.79	963.30	972.14	938.14	938.69	0.1
407.97	470.28	561.89	642.83	767.43	907.62	1088.83	13.0
147.64	167.51	186.39	199.87	232.72	255.21	260.71	5.9
136.17	164.06	176.96	214.78	269.12	334.95	357.83	18.1
124.16	138.70	198.54	228.18	265.59	317.47	470.29	13.1
128.13	157.59	206.11	217.17	263.66	360.52	441.30	22.4
71.98	92.90	126.22	128.40	169.37	242.64	306.77	26.4
29.79	32.70	49.07	57.12	52.27	59.95	69.72	16.3
14.91	17.50	20.70	25.37	36.36	49.60	56.33	13.6
22.61	26.63	31.67	37.38	44.46	55.98	73.76	31.8
85.04	101.95	131.74	157.34	203.62	298.17	370.82	24.4
358.83	455.64	560.43	674.47	744.01	1042.27	1276.27	22.5
279.04	312.88	365.04	440.00	477.33	558.04	740.47	32.7
222.49	271.83	337.42	410.07	448.59	598.12	712.42	19.1
761.50	762.19	761.65	759.10	757.51	758.40	759.33	0.1
241.22	275.80	298.85	321.68	384.44	403.21	413.94	5.8
505.70	526.19	523.79	534.11	541.26	571.72	581.45	1.7
25.80	28.29	29.42	31.12	28.12	24.02	27.69	15.3
491.09	510.56	527.28	534.55	537.30	344.79	360.37	4.5
911.45	958.61	1010.65	1016.42	780.80	741.91	751.17	1.2
220.79	237.98	254.55	234.51	173.95	118.62	202.35	70.6
1624.19	1999.87	2039.02	2001.44	1677.92	1920.90	2205.53	14.8
178.28	172.64	167.55	194.33	277.86	286.27	262.18	-8.4
8.83	11.33	14.89	17.73	17.85	13.38	13.75	2.8
29278	35248	62021	43053	51318	50384	53375	5.9
14536	14706	14948	15550	16435	15557	17260	10.9
109.74	127.36	151.41	174.69	209.12	261.56	320.53	22.5
2.00	2.49	3.32	3.85	4.11	5.01	5.28	5.4
94.62	104.84	108.70	107.31	106.88	106.66	114.97	7.8
199.94	199.99	194.05	194.88	192.70	194.52	188.74	-3.0
0.17	0.19	0.20	0.23	0.26	0.28	0.30	7.9
4.27	4.78	5.10	5.18	5.33	5.47	5.83	6.7
7.55	7.57	7.84	8.06	8.09	8.51	8.47	-0.5
2571	2937	3480	3948	4688	5826	7092	16.9
142	166	196	230	272	359	480	33.7
1402	1698	2081	2521	2741	3839	4640	20.9

Note:Data of Per Capita Standard of Living are estimated according to Resident Population Staying at home for 6 months and over in 2009. so the data can not be comparable directly in 2008.

21-5 民族自治地方经济发展主要指标(2009)
Major Economic Indicators of Minority Nationality Autonomous Areas

指标	Item	民族自治地方 Minority Nationality Autonomous Areas	民族自治州 Minority Nationality Autonomous State	民族自治县 Minority Nationality Autonomous County
生产总值(亿元)	**Gross Domestic Product(100 million yuan)**	**1088.83**	**842.53**	**259.54**
第一产业	Primary Industry	260.71	175.97	89.28
第二产业	Secondary Industry	357.83	298.87	61.09
第三产业	Tertiary Industry	470.29	367.69	109.17
农　业	**Agriculture**			
乡村从业人口(万人)	Rural Employment(10000 persons)	894.49	622.74	290.54
年末实有耕地面积(千公顷)	Cultivated Areas(year-end)(1000 hectares)	759.33	513.79	259.08
农用机械总动力(万千瓦)	Total Agricultural Machinery Power(10000 kw)	747.45	568.04	191.08
化肥使用量(折纯量)(万吨)	Consumption of Chemical Fertilizers(10000 tons)	32.93	22.29	10.99
有效灌溉面积(千公顷)	Irrigated Areas(1000 hectares)	408.50	328.69	87.41
农作物播种面积(千公顷)	Total Sown Areas (1000 hectares)	1985.47	1360.90	663.81
#粮　食	Grain Crops	1216.81	824.74	416.18
油　料	Oil-bearing Crops	211.80	147.28	70.02
粮食总产量(万吨)	Total Grain Yield(10000 ton)	581.45	409.72	182.92
油料产量(万吨)	Oil-bearing Crops Yield(10000 ton)	27.69	19.18	9.36
烟叶产量(万吨)	Tobacco Yield(10000 ton)	15.82	9.14	6.67
茶叶产量(万吨)	Tea Yield(10000 ton)	1.54	1.11	0.48
当年造林面积(千公顷)	Afforested Areas in 2004(1000 hectares)	93.40	61.89	32.96
牲畜当年存栏数	Animals in Hand			
大牲畜(万头)	Large Animals(10000 heads)	360.37	259.67	110.80
猪(万头)	Hogs(10000 heads)	751.17	494.98	270.59
羊(万只)	Sheep and Goats(10000 heads)	202.35	110.27	92.38
牲畜当年出栏数	Number of Slaughtered Animals			
大牲畜(万头)	Large Animals(10000 heads)	57.82	39.01	20.24
猪(万头)	Hogs(10000 heads)	722.35	490.55	246.34
羊(万只)	Sheep and Goats(10000 heads)	119.87	56.33	64.01
肉类总产量(万吨)	Output of Meat(10000 tons)	74.02	48.25	27.07
水产品产量(万吨)	Total Aquatic Products(10000 tons)	5.01	3.82	1.35
农林牧渔业总产值(亿元)	Gross Output Value of Farming,Forestry,Animal Husbandry and Fishery(100 million yuan)	413.94	286.93	133.93
#农　业	Farming	230.79	159.89	74.91

21-5 续表 (continued)

指　　标	Item	民族自治地方 Minority Nationality Autonomous Areas	民族自治州 Minority Nationality Autonomous State	民族自治县 Minority Nationality Autonomous County
林　业	Forestry	23.30	20.36	3.45
牧　业	Animal Husbandry	142.90	94.18	50.72
渔　业	Fishery	8.26	6.91	1.56
工业(规模以上)	**Industry(above designated size)**			
企业单位数(个)	Number of Industrial Enterprises(unit)	1032	818	233
工业总产值(亿元)	Total Gross Industrial Output Value(100 million yuan)	719.47	616.35	106.37
工业销售产值(亿元)	Sales Output Value of Industry(100 million yuan)	659.00	559.22	102.36
工业增加值(亿元)	Value-added of Industry(100 million yuan)	250.86	219.19	32.77
利润总额(亿元)	Total Profits and Taxes(100 million yuan)	9.33	7.45	1.50
主要工业产品产量	Output of Major Industrial Products			
原　煤(万吨)	Coal(10000 tons)	2205.53	2023.65	182.24
生　铁(万吨)	Pig Iron(10000 tons)	13.75	4.22	9.53
卷　烟(亿支)	Cigarettes(100 million cases)	20.00	20.00	
水　泥(万吨)	Cement(10000 tons)	909.21	727.73	192.02
发电量(亿千瓦小时)	Electricity(100 million kwh)	262.18	205.52	56.66
固定资产投资	**Investment in Fixed Assets**			
全社会固定资产投资完成额(亿元)	All Investment in Fixed Assets in the Whole Province (100 million yuan)	613.32	487.50	130.04
国有经济	State-owned Units	268.08	199.08	70.34
集体经济	Collective-owened Units	2.52	2.31	0.26
外商港澳台经济	Units with Funds from Foreign, Hong Kong, Macao and Taiwan	8.17	8.12	0.05
其他投资	Others	334.56	277.99	59.39
商　业	**Trade**			
社会消费品零售总额(亿元)	Total Retail Sales of Consumer Goods(100 million yuan)	320.53	260.89	64.50
财政、金融	**Government Finance and Banking**			
财政一般预算收入(亿元)	Local Financial Revenue (100 million yuan)	73.76	60.20	14.12
财政一般预算支出(亿元)	Financial Expenditure(100 million yuan)	370.82	281.91	95.43
存款余额(亿元)	Deposits Balance(100 million yuan)	1276.27	1038.10	255.23
#城乡居民储蓄余额	Urban and Rural Resident Savings Deposit Balance	712.42	574.64	147.59
贷款余额(亿元)	Loans Balance(100 million yuan)	740.47	598.26	150.20

21–6 民族自治地方社会发展主要指标(2009)
Major Indicators on Social Development of Minority Nationality Autonomous Areas

指　标	Item	民族自治地方 Minority Nationality Autonomous Areas	民族自治州 Minority Nationality Autonomous State	民族自治县 Minority Nationality Autonomous County
人　口	**Population**			
年末常住半年人口(万人)	Number of Population at The Year-end (10000 persons)	1535.75	1082.70	483.30
#少数民族人口	Minority Population	938.69	666.80	300.94
人口密度(人/平方公里)	Population Density(person/sq.km)	156.99	147.63	179.86
交通运输	**Traffic**			
公路线路里程(公里)	Length of Highways(km)	53375	32114	22431
内河航道里程(公里)	Length of Navigable Inland Waterways(km)	1842	1651	191
邮电、通讯	**Post and Telecommunications**			
邮政所总数(处)	Number of Post Offices(unit)	628	506	137
邮路总长度(公里)	Length of Postal Routes(km)	17260	8478	8888
农村投递线路总长度(公里)	Length of Rural Delivery Routes(km)	27924	18372	10111
固定电话年末用户(万户)	Number of Telephone Sets at the Year-end (10000 unit)	137	106	33
教　育	**Education**			
普通高等学校	Regular Institutions of Higher Education			
学校数(所)	Number of Schools(unit)	8	8	
在校学生数(人)	Total Students Enrollment(person)	52819	52819	
招生数(人)	New Students Enrollment(person)	18826	18826	
毕业生数(人)	Graduates(person)	12620	12620	
专任教师数(人)	Full-time Teachers(person)	3006	3006	
中等专业学校	Specialized Secondary Schools			
学校数(所)	Number of Schools(unit)	80	80	
在校学生数(人)	Total Students Enrollment(person)	79951	79951	
招生数(人)	New Students Enrollment(person)	35015	35015	
毕业生数(人)	Graduates(person)	12456	12456	
专任教师数(人)	Full-time Teachers(person)	2433	2433	
普通中学	Regular Secondary Schools			
学校数(所)	Number of Schools(unit)	1013	742	292
在校学生数(万人)	Total Students Enrollment(10000 person)	106.97	75.20	33.78
招生数(万人)	New Students Enrollment(10000 person)	39.08	27.13	12.65
毕业生数(万人)	Graduates(10000 person)	31.32	22.52	9.37
专任教师数(万人)	Full-time Teachers(10000 person)	5.59	3.98	1.72
小　学	Primary Schools			
学校数(所)	Number of Schools(unit)	5743	3953	1920
在校学生数(万人)	Total Students Enrollment(10000 person)	188.74	119.69	73.25
招生数(万人)	New Students Enrollment(10000 person)	28.98	18.18	11.54
毕业生数(万人)	Graduates(10000 person)	32.57	21.74	11.52
专任教师数(万人)	Full-time Teachers(10000 person)	8.47	5.67	2.97

21—7 少数民族教育(2009)

Education of Minority Nationality

单位：人 (person)

类　别	Sort	毕业生 Graduates	招生 New Students Enrollment	在校生 Total Students Enrollment	专任教师 Full-time Teachers	独立设置的少数民族学校 Minority Nationality Schools	
						学校数 Number of Schools	在校学生 Students Enrollment
普通中学	Regular Secondary Schools	306943	392286	1067179	57007	119	152215
#高　中	Senior	65177	86087	228599	12444		60683
初　中	Junior	241766	306199	838580	44563		91532
职业初中	Vocational Junior Secondary Schools	1153	1014	2956	187	3	321
小　学	Primary Schools	315294	294227	1858233	83173	146	
特殊教育学校	Special Education Schools			5530	282		
幼儿园	Kindergartens	121459	231975	270375	4266	13	

21—8 民族自治地方财政一般预算收入(2009)

Total Financial Revenue of Minority Nationality Autonomous Areas

单位：万元 (10000 yuan)

指　标	Item	民族自治地方 Miniority Nationality Autonomous Area	民族自治州 Nationality Minority Autonomous State	民族自治县 Minority Nationality Autonomous County
总　计	**Total**	**737551**	**601966**	**141205**
税收收入	**Tax Income**	**548479**	**455201**	**97843**
#增值税	Value-added Tax	73217	62318	11201
营业税	Business Tax	184379	149551	37700
企业所得税	Enterprises' Income Tax	40371	36413	4120
个人所得税	Personal Income Tax	50127	44877	5765
资源税	Resource Tax	16130	14997	1198
城市维护建设税	Urban Maintenance and Development Tax	43774	38564	5391
烟叶税	Tobacco Tax	47398	31698	15700
非税收入	**Income from Non -tax**	**189072**	**146765**	**43362**
#国有资产经营收益	State-owned Assets Profit	7342	1097	6245
国有资源(资产)有偿使用收入	Planning Subsidies to Loss-suffering Stated-owned Enterprises Income from Administrative Fees	26931	23478	3481
行政事业性收费收入	Penalty and Confiscatory Income	47327	33546	14007
罚没收入	Expert Project Income	39964	34278	6241
专项收入	Expert Project Income	55965	44063	12148

注：资料来源于省财政厅(下表同)。
Note:Data in the table are obtained from Guizhou Provincial Finance Department(the same applies to the next table).

21–9 民族自治地方财政一般预算支出(2009)
Total Financial Expenditure of Minority Nationality Autonomous Areas

单位：万元 (10000 yuan)

指　　标	Item	民族自治地方 Miniority Nationality Autonomous Area	民族自治州 Minority Nationality Autonomous State	民族自治县 Minority Nationality Autonomous County
总　　计	**Total**	**3708183**	**2819117**	**954303**
一般公共服务	Common Public Service	634287	495315	150082
国　防	National Defense	5700	4243	1506
公共安全	Public Security	210730	165802	48593
教　育	Education	884921	644403	258800
科学技术	Science and Technology	19335	16875	2661
文化体育与传媒	Culture,Sports and Communication	47801	38577	10679
社会保障和就业	Social Security and Jobs	454779	337373	125747
医疗卫生	Health Care	322578	237001	90954
环境保护	Environmental Protection	122080	87661	36038
城乡社区事务	Urban and Country Community Affairs	134173	113904	22118
农林水事务	Affairs of Agriculture,Forest and Water	578872	429961	158039
交通运输	Transport	90903	82079	9798
其他支出	Other Expenditures	202024	165923	39288

21-10 民族自治州经济发展主要指标(2009)

Major Indicators on Economic Development of Minority Nationality Autonomous States

指标名称	Item	黔西南州 Qianxinan	黔东南州 Qiandongnan	黔南州 Qiannan
生产总值(亿元)	**Gross Domestic Product(100 million yuan)**	**274.83**	**269.73**	**297.97**
第一产业	Primary Industry	49.73	65.20	61.04
第二产业	Secondary Industry	101.75	81.69	115.43
第三产业	Tertiary Industry	123.35	122.84	121.50
农　业	**Agriculture**			
乡村从业人员(万人)	Rural Employment(10000 persons)	176.04	237.48	209.22
年末常用耕地面积(千公顷)	Cultivated Areas(year-end)(1000 hectares)	160.92	178.25	174.62
农用机械总动力(万千瓦)	Total Agricultural Machinery Power (10000 kw)	165.48	202.56	200.00
化肥使用量(折纯量)(万吨)	Consumption of Chemical Fertilizers(10000 tons)	6.92	6.67	8.71
有效灌溉面积(千公顷)	Effective Irrigated Areas(1000 hectares)	80.38	128.00	120.31
农作物播种面积(千公顷)	Sown Areas of Farm Crops(1000 hectares)	356.84	523.97	480.09
#粮　食	Grain Crops	225.88	297.30	301.55
油　料	Oil-bearing Crops	27.87	53.83	65.59
粮食总产量(万吨)	Total Grain Yield(10000 tons)	111.80	147.66	150.26
油料产量(万吨)	Oil-bearing Crops Yield(10000 tons)	3.53	7.18	8.46
烟叶产量(万吨)	Tobacco Yield(10000 tons)	4.16	1.99	2.99
茶叶产量(万吨)	Tea Yield(10000 tons)	0.25	0.43	0.43
当年造林面积(千公顷)	Afforested Areas in 2004(1000 hectares)	35.85	13.24	12.80
牲畜当年存栏数	Animals in Hand			
大牲畜(万头)	Large Animals(10000 heads)	82.77	80.06	96.84
猪(万头)	Hogs(10000 heads)	127.44	181.49	186.04
羊(万只)	Sheep and Goats(10000 heads)	51.15	29.74	29.39
牲畜当年出栏数	Number of Slaughtered Animals			
大牲畜(万头)	Large Animals(10000 heads)	12.61	12.05	14.35
猪(万头)	Hogs(10000 heads)	132.40	168.83	189.32
羊(万只)	Sheep and Goats(10000 heads)	23.31	15.20	17.82
肉类总产量(万吨)	Output of Meat(10000 tons)	14.26	16.18	17.80
水产品产量(万吨)	Aquatic Products(10000 tons)	1.93	1.29	0.61
农林牧渔业总产值(亿元)	Gross Output Value of Farming,Forestry,Animal Husb andry and Fishery(100 million yuan)	78.59	101.28	107.06
#农　业	Farming	41.20	57.69	61.00

21-10 续表 (continued)

指标名称	Item	黔西南州 Qianxinan	黔东南州 Qiandongnan	黔南州 Qiannan
林 业	Forestry	3.78	11.77	4.80
牧 业	Animal Husbandry	29.97	26.88	37.33
渔 业	Fishery	2.52	2.89	1.51
工业(规模以上)	**Industry(above designated size)**			
企业单位数(个)	Number of Industrial Enterprises(unit)	232	267	319
工业总产值(亿元)	Total Gross Industrial Output Value(100 million yuan)	207.11	155.64	253.60
工业销售产值(亿元)	Sales Output Value of Industry(100 million yuan)	200.88	125.03	233.30
工业增加值(亿元)	Value-added of Industry(100 million yuan)	80.07	44.16	94.96
利润总额(亿元)	Total Profits(100 million yuan)	11.39	-10.82	6.89
主要工业产品产量	Output of Major Industrial Products			
原煤(万吨)	Coal(10000 tons)	1367.36	166.05	490.24
生铁(万吨)	Pig Iron(10000 cu.m)	4.02		0.19
卷烟(亿支)	Cigarettes(100 million cases)	20.00		
水泥(万吨)	Cement(10000 tons)	289.92	155.24	282.57
发电量(亿千瓦小时)	Electricity(100 million kwh)	143.15	46.16	16.21
固定资产投资	**Investment in Fixed Assets**			
全社会固定资产投资完成额(亿元)	All Investment in Fixed Assets in the Whole Province (100 million yuan)	150.12	210.06	127.32
国有经济	State-owned Units	79.13	71.67	48.28
集体经济	Collective-owened Units	0.17	0.44	1.70
外商港澳台经济	Units with Funds from Foreign,Hong Kong,Macao and Taiwan	2.30	3.97	1.85
其他投资	Others	68.52	133.98	75.49
商 业	**Trade**			
社会消费品零售总额(亿元)	Total Retail Sales of Consumer Goods(100 million yuan)	74.79	103.22	82.87
财政、金融	**Treasury and Finance**			
财政一般预算收入(亿元)	Local Government Financial Revenue(100 million yuan)	21.91	17.43	20.85
财政一般预算支出(亿元)	Local Government Financial Expenditure(100 million yuan)	77.53	106.97	97.41
存款余额(亿元)	Deposits Balance(100 million yuan)	314.92	367.28	355.89
#城乡居民储蓄余额	Urban and Rural Resident Savings Deposit Balance	153.27	222.49	198.88
贷款余额(亿元)	Loans Balance(100 million yuan)	182.39	232.99	182.88

21-11 民族自治州社会发展主要指标(2009)
Major Indicators on Social Development of Minority Nationality Autonomous State

指标名称	Item	黔西南州 Qianxinan	黔东南州 Qiandongnan	黔南州 Qiannan
人　口	**Population**			
年末常住半年人口(万人)	Number of Population at The Year-end (10000 persons)	305.07	402.41	375.22
#少数民族人口	Minority Population	129.56	324.74	212.50
人口密度(人/平方公里)	Population Density(persons/sq.km)	181.54	132.65	143.23
交通运输	**Traffic**			
公路线路里程(公里)	Length of Highways(km)	12120	6938	13056
内河航道里程(公里)	Length of Navigable Inland Waterways(km)	446	1205	
邮电、通讯	**Post and Telecommunications**			
邮政所总数(处)	Number of Post Offices(unit)	204	154	148
邮路总长度(公里)	Length of Postal Routes(km)	2437	4192	1849
农村投递线路总长度(公里)	Length of Rural Delivery Routes(km)	4203	10614	3555
固定电话年末用户(万户)	Number of Telephone Sets at the Year-end(10000 units)	33.05	44.57	28.23
教　育	**Education**			
普通高等学校	Regular Institutions of Higher Education			
学校数(所)	Number of Schools(unit)	2	3	3
在校学生数(人)	Students Enrollment(person)	11169	21320	20330
招生数(人)	New Student Enrollment(person)	4290	7389	7147
毕业生数(人)	Graduates(person)	1892	5374	5354
专任教师数(人)	Full-time Teachers(person)	692	1238	1076
中等职业学校	Specialized Secondary Schools			
学校数(所)	Number of Schools(unit)	18	38	24
在校学生数(人)	Students Enrollment(person)	16326	36967	26658
招生数(人)	New Student Enrollment(person)	8520	17266	9229
毕业生数(人)	Graduates(person)	1838	6061	4557
专任教师数(人)	Full-time Teachers(person)	573	1006	854
普通中学	Regular Secondary Schools			
学校数(所)	Number of Schools(unit)	214	278	250
在校学生数(人)	Students Enrollment(person)	217432	274635	259895
招生数(人)	New Student Enrollment(person)	80091	99475	91707
毕业生数(人)	Graduates(person)	65667	84140	75385
专任教师数(人)	Full-time Teachers(person)	11232	15336	13222
小　学	Primary Schools			
学校数(所)	Number of Schools(unit)	1116	1476	1361
在校学生数(万人)	Students Enrollment(10000 persons)	39.56	42.74	37.38
招生数(万人)	New Student Enrollment(10000 persons)	6.23	6.42	5.53
毕业生数(万人)	Graduates(10000 persons)	6.63	7.65	7.47
专任教师数(万人)	Full-time Teachers(10000 persons)	1.70	2.07	1.90

21-12 民族自治县经济发展主要指标(2009)

指 标	Item	道真县 Daozhen	务川县 Wuchuan
生产总值(万元)	**Gross Domestic Product(10000 yuan)**	**148012**	**172789**
第一产业	Primary Industry	48971	63565
第二产业	Secondary Industry	21411	24887
第三产业	Tertiary Industry	77630	84337
农 业	**Agriculture**		
乡村从业人口(万人)	Rural Employment(10000 persons)	18.04	25.25
年末常用耕地面积(千公顷)	Cultivated Areas(year-end)(1000 hectares)	23.51	28.29
农用机械总动力(万千瓦)	Total Agricultural Machinery Power (10000 kw)	22.73	18.20
化肥使用量(折纯量)(万吨)	Consumption of Chemical Fertilizers(10000 tons)	1.06	0.41
有效灌溉面积(千公顷)	Effective Irrigated Areas(1000 hectares)	6.74	5.37
农作物播种面积(千公顷)	Sown Areas of Farm Crops(1000 hectares)	61.23	89.80
#粮食	Grain Crops	38.14	58.30
油料	Oil-bearing Crops	5.63	10.70
粮食总产量(吨)	Total Grain Yield(ton)	158861	183716
油料产量(吨)	Oil-bearing Crops Yield(ton)	7795	13094
烟叶产量(吨)	Tobacco Yield(ton)	10502	15479
茶叶产量(吨)	Tea Yield(ton)	985	126
当年造林面积(千公顷)	Afforested Areas in this Year(1000 hectares)	3.20	0.32
牲畜当年存栏数	Animals in Hand		
大牲畜(万头)	Large Animals(10000 heads)	4.04	10.84
猪(万头)	Hogs(10000 heads)	19.43	20.96
羊(万只)	Sheep and Goats(10000 heads)	4.46	9.21
牲畜当年出栏数	Number of Slaughtered Animals		
大牲畜(万头)	Large Animals(10000 heads)	0.62	2.05
猪(万头)	Hogs(10000 heads)	18.68	17.69
羊(万只)	Sheep and Goats(10000 heads)	1.48	6.60
肉类总产量(吨)	Output of Meat(10000 tons)	17245	19474
水产品产量(吨)	Aquatic Products(ton)	410	738
农林牧渔业总产值(万元)	Gross Output Value of Farming,Forestry,Animal Husb andry and Fishery(10000 yuan)	80620	104211
#农 业	Farming	51808	69612

Major Indicators on Economic Development of Minority Nationality Autonomous Countys

玉屏县 Yuping	松桃县 Songtao	印江县 Yinjiang	沿河县 Yanhe	威宁县 Weining	镇宁县 Zhenning	紫云县 Ziyun	关岭县 Guanling	三都县 Sandu
220324	**350237**	**215564**	**273924**	**525083**	**219191**	**132235**	**205624**	**132413**
33404	122664	101419	110141	203765	41981	62808	58717	45368
119672	98517	32437	45243	121241	57050	19541	49622	21266
67248	129056	81708	118540	200077	120160	49886	97285	65779
8.04	40.30	23.42	31.15	66.73	19.18	21.13	18.53	18.79
5.71	26.44	18.60	26.31	71.71	14.07	15.89	15.02	13.54
10.20	22.14	13.64	21.57	28.14	17.20	12.00	13.59	11.67
0.60	1.40	0.81	1.51	2.92	0.92	0.53	0.48	0.35
4.93	16.09	11.16	12.16	0.89	8.07	9.00	5.40	7.60
17.23	68.01	52.67	77.09	156.03	30.27	39.74	32.50	39.23
9.68	47.32	35.28	56.73	79.44	20.25	24.64	22.30	24.11
3.71	9.16	8.61	8.29	0.43	5.58	8.41	4.00	5.51
44791	260710	146200	201745	370893	117060	116757	116584	111865
4584	12745	14386	11394	468	8964	7229	4496	8480
4	2596	6686	7172	22005	49	2035	193	28
23	1286	1430	143	60.76	127	76	37	491
0.65	5.29	3.70	4.92	6.50	1.19	1.53	4.21	1.45
1.80	7.26	4.60	13.62	24.71	8.95	13.86	11.02	10.11
5.43	33.31	17.34	33.28	80.97	9.06	24.41	12.00	14.40
1.39	7.99	4.94	24.79	32.34	0.57	3.22	3.17	0.31
0.53	1.57	1.39	1.84	5.36	1.33	2.43	1.70	1.43
8.32	30.64	22.86	25.70	60.23	8.92	25.86	12.90	14.53
1.42	8.96	6.63	18.54	15.80	0.30	2.16	1.65	0.46
8682	32137	25382	28307	72060	10452	28732	15197	12993
1150	2582	2485	2532	198	760	575	420	1688
53031	192034	148484	176674	279915	60112	92830	82164	69223
28955	109162	79673	110262	140332	35736	34259	49232	40091

21–12 续表

指 标	Item	道真县 Daozhen	务川县 Wuchuan
林 业	Forestry	4385	3084
牧 业	Animal Husbandry	23467	28903
渔 业	Fishery	650	952
规模以上工业	**Industry above designated size**		
企业单位数(个)	Number of Industrial Enterprises(unit)	9	8
工业总产值(万元)	Total Gross Industrial Output Value(10000 yuan)	25175	32082
工业销售产值(万元)	Sales Output Value of Industry(10000 yuan)	22999	28447
工业增加值(万元)	Value-added of Industry(10000 yuan)	11004	10460
利润总额(万元)	Total Profits(10000 yuan)	2591	502
主要工业产品产量	Output of Major Industrial Products		
原煤(万吨)	Coal(10000 tons)	9.27	0.95
生铁(万吨)	Pig Iron(10000 cu.m)		
水泥(万吨)	Cement(10000 tons)	5.60	7.90
发电量(亿千瓦小时)	Electricity(100 million kwh)	5.31	1.06
固定资产投资	**Investment in Fixed Assets**		
全社会固定资产投资完成额(万元)	All Investment in Fixed Assets in the Whole Province(10000 yuan)	80089	116519
国有经济	State-owned Units	26037	75011
集体经济	Collective-owened Units		
外商港澳台经济	Units with Funds from Foreign,Hong Kong,Macao and Taiwan		
其他投资	Others	54052	41508
商 业	**Trade**		
社会消费品零售总额(万元)	Total Retail Sales of Consumer Goods(10000 yuan)	35212	52676
财政、金融	**Treasiury and Finance**		
财政一般预算收入(万元)	Local Government Financial Revenue(10000 yuan)	7340	10774
财政一般预算支出(万元)	Local Government Financial Expenditure(10000 yuan)	67527	77861
存款余额(万元)	Deposits Balance(10000 yuan)	251019	233452
#城乡居民储蓄余额	Urban and Rural Resident Savings Deposit Balance	176184	133279
贷款余额(万元)	Loans Balance(10000 yuan)	105194	91844

(continued)

玉屏县 Yuping	松桃县 Songtao	印江县 Yinjiang	沿河县 Yanhe	威宁县 Weining	镇宁县 Zhenning	紫云县 Ziyun	关岭县 Guanling	三都县 Sandu
356	3707	1871	1735	3314	2180	5377	3442	5032
19871	69369	59851	55284	129987	20881	50854	28753	20027
1194	2672	2614	2665	365	1026	760	580	2118
34	32	25	18	40	26	9	13	19
334956	215281	53140	33218	165255	69562	30834	71712	32459
313384	206477	50956	32278	162334	66702	29684	84627	25731
107263	64634	15348	9230	48228	24544	8603	17443	10978
-670	7303	733	2131	4768	3568	-19	-2149	-3752
		3.66	49.94	101.92	3.15		13.00	0.36
				9.53				
91.88	5.14	5.59	24.65	15.92	1.22	13.57	10.01	10.54
39.00	0.29	0.52	0.13	3.31	3.43	0.69	2.91	
101124	200756	130697	240806	197531	87098	51082	52574	42109
66384	122384	76441	185276	32409	56582	27668	21839	13332
	1218				297		602	511
	400						50	
34740	76754	54256	55530	165122	30219	23414	30083	28266
36214	84044	47231	66270	112422	55036	47805	59571	48557
11939	14002	9056	15765	32911	15693	5574	12531	5620
46397	119373	79580	104829	190349	74033	65743	63374	65237
140194	327990	242940	317414	338830	200686	134592	194565	170665
86456	196925	162539	181593	175003	89908	66030	109876	98090
246316	158775	108659	132330	117881	166490	77889	216765	79833

21−13 民族自治县社会发展主要指标(2009)

指 标	Item	道真县 Daozhen	务川县 Wuchuan
人 口	**Population**		
年末常住半年人口(万人)	Number of Populations at The Year-end(10000 persons)	29.95	40.53
#少数民族人口	Minority Populations	23.70	39.14
人口密度(人/平方公里)	Population Density(persons/sq.km)	138.90	146.17
交通运输	**Traffic**		
公路线路里程(公里)	Length of Highways(km)	1892	2111
内河航道里程(公里)	Length of Navigable Inland Waterways(km)		
邮电、通讯	**Post and Telecommunications**		
邮政所总数(处)	Number of Post Offices(unit)	10	14
邮路总长度(公里)	Length of Postal Routes(km)	347	1268
农村投递线路总长度(公里)	Length of Rural Delivery Routes(km)	882	962
固定电话年末用户(万户)	Number of Telephone Sets(10000 units)	3.33	2.72
教 育	**Education**		
普通中学	Regular Secondary Schools		
学校数(所)	Number of Schools(unit)	24	27
在校学生数(人)	Students Enrollment(person)	18473	29087
招生数(人)	New Student Enrollment(person)	6170	10487
毕业生数(人)	Graduates(person)	5684	8045
专任教师数(人)	Full-time Teachers(person)	1039	1672
小 学	Primary Schools		
学校数(所)	Number of Schools(unit)	101	150
在校学生数(人)	Students Enrollment(person)	30272	49929
招生数(人)	New Student Enrollment(person)	4234	6389
毕业生数(人)	Graduates(person)	4744	9288
专任教师数(人)	Full-time Teachers(person)	1475	2171

Major Indicators on Social Development of Minority Nationality Autonomous Countys

玉屏县 Yuping	松桃县 Songtao	印江县 Yinjiang	沿河县 Yanhe	威宁县 Weining	镇宁县 Zhenning	紫云县 Ziyun	关岭县 Guanling	三都县 Sandu
13.52	63.15	39.82	54.11	112.29	34.84	32.35	32.49	30.25
11.06	29.92	32.89	44.07	27.73	20.42	22.14	20.83	29.04
262.07	220.71	203.05	219.17	178.34	204.63	141.65	221.32	126.90
712	3230	2539	2699	3588	1361	1635	1492	1171
11	48		132					
3	23	12	20	14	7	11	8	15
295	1272	939	1076	3010	158	336	81	106
235	1254	848	1050	2443	336	532	1010	559
1.56	3.15	3.54	2.50	4.28	3.36	3.27	3.00	1.85
11	41	22	27	62	19	18	20	21
7642	47966	27284	40113	82379	19103	23851	21867	20079
2743	17612	9865	15630	33329	6678	9606	7405	6994
2371	13964	7360	12853	20007	5803	5387	6561	5701
539	2475	1574	1919	3825	1007	998	1027	1090
44	305	130	226	420	131	146	137	130
12102	81858	42959	87780	263958	41266	44514	35865	41947
1992	12976	7688	14662	41822	7410	5204	5626	7423
1872	15245	7007	15014	30861	7864	9775	6675	6837
631	3511	2287	3255	9124	1820	1997	1715	1754

22

Twenty-two

经济强县

Economically Strong Counties

22-1 经济强县主要指标(一)(2009)

Major Indicators of Economically Strong County (1)

单位：万元 (10000 yuan)

县(市、区)名称	County (City,Section)	生产总值 Gross Domestic Product	第一产业 Primary Industry	第二产业 Secondary Industry	第三产业 Tertiary Industry	2009年比2008年增长(%) Increase Rate in 2009 over 2008(%)
云岩区	Yunyan	2673112	1405	1093171	1578536	12.4
南明区	Nanming	1945239	15280	481884	1448075	13.0
花溪区	Huaxi	662418	68098	254087	340233	15.1
乌当区	Wudang	896850	69214	447169	380467	16.2
白云区	Baiyun	568128	21979	338173	207976	11.8
小河区	Xiaohe	513782	7445	313033	193304	17.8
清镇市	Qingzhen	811571	91562	428040	291969	14.6
修文县	Xiuwen	392647	70200	172567	149880	15.2
息烽县	Xifeng	488214	54621	320907	112686	19.6
开阳县	Kaiyang	557216	102765	309691	144760	12.3
红花岗区	Honghuagang	1440749	67104	473121	900524	13.7
汇川区	Huicuan	951540	40769	475452	435319	9.6
仁怀市	Renhuai	1596343	97282	965926	533135	13.6
赤水市	Chishui	286282	54606	123752	107924	14.0
遵义县	Zunyi	1155127	238441	487531	429155	14.2
桐梓县	Tongzi	387249	101621	127862	157766	14.0
钟山区	Zhongshan	1531394	15605	843957	671832	6.0
盘　县	Panxian	1756099	116068	1253086	386945	15.2
西秀区	Xixiu	753797	113549	232684	407564	13.3
平坝县	Pingba	361116	51378	205145	104593	12.1
都匀市	Duyun	632296	72369	224987	334940	14.3
福泉市	Fuquan	456414	69971	207039	179404	13.5
凯里市	Kaili	636445	57325	215590	363530	12.0
兴义市	Xingyi	1241919	150128	487284	604507	14.7
毕节市	Bijie	1026065	204682	366229	455154	16.8
金沙县	Jinsha	726055	109299	398974	217782	18.8
铜仁市	Tongren	482116	76488	164429	241199	13.7

注：1、除生产总值、人均生产总值、社会消费品零售总额、城镇居民人均可支配收入、农民人均纯收入外，其余指标数据均由省建设经济强县领导小组办公室提供(以下相关表同)。 2、生产总值、人均生产总值数据为初步核算数。

Notes:1. Data in this are provided by the Guizhou Provincial Leading Group of Constructing Economically Strong County,except GDP,per GDP,Total Retail Saleof Consumer Goods,Per Capita Annual Disposable Income of Urban Households, Per Capita Annusl Net Income of Rural Residents(the same applies to relative tables below).2.GDP and per GDP are preliminary estimation.

22–2 经济强县主要指标(二)(2009)
Major Indicators of Economically Strong County (2)

县(市、区)名称	County (City,Section)	人均生产总值(元) Per Capita Gross Domestic Product (yuan)	2009年比2008年增长(%) Increase Rate in 2009 over 2008(%)	城镇居民人均可支配收入(元) Per Capita Annual Disposable Income of Urban Households (yuan)	2009年比2008年增长(%) Increase Rate in 2009 over 2008(%)	农民人均纯收入(元) Per Capita Net Income of Rural Residents (yuan)	2009年比2008年增长(%) Increase Rate in 2009 over 2008(%)
云岩区	Yunyan	33692	11.9	15041	11.4		
南明区	Nanming	26801	11.2	15041	11.4		
花溪区	Huaxi	18910	17.1	14791	12.1		
乌当区	Wudang	29687	15.5	14913	12.3		
白云区	Baiyun	28421	11.2	14572	12.4		
小河区	Xiaohe	32704	13.5	15008	11.3		
清镇市	Qingzhen	16280	14.1			4828	10.2
修文县	Xiuwen	14099	14.6			4620	10.6
息烽县	Xifeng	20740	19.0			4342	14.2
开阳县	Kaiyang	13518	11.9			4808	10.5
红花岗区	Honghuagang	23734	13.4	13806	10.6		
汇川区	Huicuan	24986	9.3	13806	10.6		
仁怀市	Renhuai	29324	13.3			4103	10.8
赤水市	Chishui	10983	13.8			3997	10.6
遵义县	Zunyi	10778	13.9			4703	10.0
桐梓县	Tongzi	6458	13.7			3717	10.8
钟山区	Zhongshan	30655	5.2	13116	7.2		
盘　县	Panxian	15394	15.1			3038	8.3
西秀区	Xixiu	9009	12.8	13327	8.0		
平坝县	Pingba	9995	11.5			3245	10.0
都匀市	Duyun	13469	14.1			3924	7.9
福泉市	Fuquan	15188	12.8			3291	10.5
凯里市	Kaili	15128	11.5			3543	10.9
兴义市	Xingyi	16858	14.1			4059	10.5
毕节市	Bijie	8140	16.2			3168	8.3
金沙县	Jinsha	12467	18.1			3502	8.9
铜仁市	Tongren	14570	13.1			3750	10.2

22-3 经济强县主要指标(三)(2009)

Major Indicators of Economically Strong County (3)

县(市、区)名称	County (City,Section)	税收总收入(亿元) Total Taxes (100 million yuan)	2009年比2008年增长(%) Increase Rate in 2009 over 2008(%)	地方税收收入(亿元) Local Tax Revenue (100 million yuan)	2009年比2008年增长(%) Increase Rate in 2009 over 2008(%)	人均地方税收收入(元) Per Capital Local Financial Revenue (yuan)	2009年比2008年增长(%) Increase Rate in 2009 over 2008(%)
云岩区	Yunyan	22.78	14.1	11.47	16.1	1529	22.5
南明区	Nanming	17.96	18.4	10.01	15.4	1386	14.4
花溪区	Huaxi	5.87	21.9	3.04	18.2	885	22.9
乌当区	Wudang	9.90	18.7	5.05	17.0	1400	-2.4
白云区	Baiyun	6.82	7.9	3.34	8.4	1664	7.8
小河区	Xiaohe	8.12	17.4	4.17	22.0	2570	13.9
清镇市	Qingzhen	6.48	-10.9	3.36	11.0	672	10.4
修文县	Xiuwen	3.28	0.6	1.54	15.9	553	15.4
息烽县	Xifeng	3.13	-16.8	1.89	8.6	800	8.1
开阳县	Kaiyang	6.50	-8.2	3.02	8.0	733	8.0
红花岗区	Honghuagang	7.03	-7.2	4.22	8.3	695	8.3
汇川区	Huicuan	6.59	8.7	3.51	8.6	921	8.6
仁怀市	Renhuai	28.07	18.9	6.64	18.1	1219	18.0
赤水市	Chishui	1.91	16.2	1.20	15.3	459	15.3
遵义县	Zunyi	10.07	1.9	5.10	17.3	476	17.2
桐梓县	Tongzi	3.68	12.6	1.73	23.3	289	23.2
钟山区	Zhongshan	9.52	15.3	5.02	22.4	1005	22.3
盘　县	Panxian	35.72	26.3	11.96	29.6	1048	29.5
西秀区	Xixiu	8.92	16.7	4.55	7.6	552	7.6
平坝县	Pingba	3.57	9.1	1.80	11.7	520	11.6
都匀市	Duyun	5.87	23.7	3.42	26.3	727	26.2
福泉市	Fuquan	4.97	35.3	2.95	70.6	983	70.5
凯里市	Kaili	6.53	17.9	4.02	28.9	955	28.8
兴义市	Xingyi	13.55	14.5	6.53	26.8	886	26.8
毕节市	Bijie	4.13	35.8	2.87	41.5	227	41.4
金沙县	Jinsha	12.38	29.1	4.30	27.8	738	27.8
铜仁市	Tongren	2.51	14.3	1.63	17.0	491	16.9

22-4 经济强县主要指标(四)(2009)

Major Indicators of Economically Strong County(4)

县(市、区)名称	County (City,Section)	社会消费品零售总额(亿元) Total Retail Sale of Consumer Goods (100 million yuan)	2009年比2008年增长(%) Increase Rate in 2009 over 2008(%)	招商引资到位资金(亿元) Actually Utilized Outside Capital of Guizhou Province (100 million yuan)	2009年比2008年增长(%) Increase Rate in 2009 over 2008(%)	乡镇企业增加值(亿元) Value-Added of Township and Village Enterprises (100 million yuan)	2009年比2008年增长(%) Increase Rate in 2009 over 2008(%)
云岩区	Yunyan	158.40	15.8	50.05	21.78	31.84	18.8
南明区	Nanming	137.10	15.9	53	25	46.78	16.2
花溪区	Huaxi	16.05	17.4	10.13	18.4	14.48	15.6
乌当区	Wudang	9.00	21.1	31.29	30.93	23.56	16.1
白云区	Baiyun	16.12	25.0	51.7	25	33	20.0
小河区	Xiaohe	33.52	26.1	53.2	29.6	6.82	17.8
清镇市	Qingzhen	14.83	16.8	25.17	17.4	17.84	16.0
修文县	Xiuwen	8.66	15.8	10.18	27.1	13.76	20.1
息烽县	Xifeng	7.90	16.3	15.04	15.23	11.95	19.1
开阳县	Kaiyang	14.83	15.9	35.01	19.64	29.99	23.0
红花岗区	Honghuagang	78.15	20.5	34.8	25.8	19.9	21.3
汇川区	Huicuan	32.58	21.7	26.65	21	15.5	18.9
仁怀市	Renhuai	24.00	17.8	12.47	44.81	33	17.9
赤水市	Chishui	8.24	21.9	4.33	20.03	16.38	15.7
遵义县	Zunyi	29.25	20.6	23.37	25.7	39.1	15.2
桐梓县	Tongzi	9.93	20.8	24.94	66.27	19.09	14.2
钟山区	Zhongshan	61.05	14.1	14.21	39.45	51.15	16.5
盘　县	Panxian	29.27	13.9	20.3	33.9	67.98	13.1
西秀区	Xixiu	30.02	10.0	12.71	40.9	12.01	14.3
平坝县	Pingba	7.31	24.9	10.35	88.64	13.11	14.0
都匀市	Duyun	26.03	24.0	9.88	28.01	12.03	15.0
福泉市	Fuquan	9.28	18.7	16.54	20.9	13.57	14.0
凯里市	Kaili	40.09	15.4	7.22	19.93	7.2607	13.2
兴义市	Xingyi	50.20	15.4	24.6	25	21.16	14.4
毕节市	Bijie	21.32	38.9	20	48.6	16.62	13.0
金沙县	Jinsha	11.86	43.5	22.26	102.14	17.3	12.5
铜仁市	Tongren	18.17	16.0	12.03	20	3.78	12.7

22–5 经济强县主要指标(五)(2009)

Major Indicators of Strongly Economic County(5)

单位：% (%)

县(市、区)名称	County (City,Section)	高中阶段毛入学率 Enrollment Rate of Junior secondary School Graduates Entering into Senior secondary Schools	城镇化率 Proportion of Urban Populations to Total Populations	应用技术研究与开发资金占财政支出比重 Proportion of applied technology R & D funds to Financial Expenditure	亿元生产总值安全事故死亡率(人/亿元) Deaths of Accidents per 100- million- yuan GDP (person/100 million yuan)
云岩区	Yunyan	86.1	98.5	1.9	0.17
南明区	Nanming	85.6	98.6	1.2	0.24
花溪区	Huaxi	63.2	43.0	1.5	0.7
乌当区	Wudang	63.2	38.4	2.1	0.215
白云区	Baiyun	76.8	72.5	1.4	0.21
小河区	Xiaohe	71.2	91.0	4.0	0.22
清镇市	Qingzhen	38.7	34.3	2.0	0.33
修文县	Xiuwen	40.8	35.0	1.2	0.78
息烽县	Xifeng	36.5	38.4	1.1	0.32
开阳县	Kaiyang	67.7	42.6	1.5	0.4
红花岗区	Honghuagang	68.5	65.2	1.9	0.24
汇川区	Huicuan	68.4	53.4	1.7	0.39
仁怀市	Renhuai	55.0	38.3	1.4	0.21
赤水市	Chishui	47.1	44.2	1.5	0.135
遵义县	Zunyi	55.1	42.0	1.5	0.368
桐梓县	Tongzi	27.5	37.2	1.3	0.88
钟山区	Zhongshan	53.0	66.6	1.6	0.34
盘　县	Panxian	59.8	29.2	1.1	0.4
西秀区	Xixiu	49.8	47.8	1.4	0.43
平坝县	Pingba	46.9	33.7	1.4	0.41
都匀市	Duyun	67.7	50.4	1.2	0.39
福泉市	Fuquan	43.2	37.0	1.2	0.82
凯里市	Kaili	65.1	58.2	1.3	0.87
兴义市	Xingyi	54.8	41.0	1.3	0.43
毕节市	Bijie	41.8	28.0	0.8	0.39
金沙县	Jinsha	47.4	29.8	1.3	0.69
铜仁市	Tongren	44.7	52.0	0.8	0.32

22-6 经济强县主要指标(六)(2009)

Major Indicators of Strongly Economic County(6)

单位：%　　　　(%)

县(市、区)名　称	County (City,Section)	社会治安综合治理 Social Order Comprehensive Management	符合政策生育率 Family Planning Rate	城镇登记失业率 Registered Unemployment Rate in Urban Areas	森林覆盖率 Forest coverage Rate
云岩区	Yunyan	优	97.6	3.8	38.4
南明区	Nanming	合格	100.0	3.5	37.9
花溪区	Huaxi	合格	95.0	4.1	41.5
乌当区	Wudang	优	98.4	2.2	43.6
白云区	Baiyun	优	97.6	4.0	39.2
小河区	Xiaohe	合格	97.5	3.5	27.4
清镇市	Qingzhen	模范	93.0	4.0	38.6
修文县	Xiuwen	合格	92.0	2.7	39.4
息烽县	Xifeng	合格	93.2	3.5	45.3
开阳县	Kaiyang	模范	93.0	2.1	52.9
红花岗区	Honghuagang	模范	95.0	3.5	39.8
汇川区	Huicuan	合格	95.2	3.4	49.0
仁怀市	Renhuai	合格	94.0	2.9	42.0
赤水市	Chishui	合格	96.3	3.9	76.3
遵义县	Zunyi	合格	96.3	3.4	48.1
桐梓县	Tongzi	合格	94.3	3.8	45.5
钟山区	Zhongshan	不合格	93.9	4.1	30.4
盘　县	Panxian	不合格	99.2	4.2	38.0
西秀区	Xixiu	模范	94.0	3.7	28.5
平坝县	Pingba	合格	94.9	4.0	35.0
都匀市	Duyun	合格	95.0	4.0	54.5
福泉市	Fuquan	模范	94.6	3.8	42.6
凯里市	Kaili	合格	95.0	4.4	53.3
兴义市	Xingyi	合格	94.6	3.6	38.0
毕节市	Bijie	合格	91.5	4.5	34.2
金沙县	Jinsha	模范	95.4	3.8	41.8
铜仁市	Tongren	合格	97.4	4.4	49.4

经济强县

STRONG ECONOMIC COUNTY

初生太阳照耀的沃土——南明区

Fertile ground shined by new-born sun – Nanming District

2009中国·贵阳·南明“大山之风”美术书法作品展开展现场
2009 China · Guiyang · Nanming “mountain wind” Art Calligraphy Exhibition on-site

区委书记夏钢、区委副书记、区长张曦陪同辛维光副省长在“助力之桥”调研
Party Secretary Xia Gang, district deputy secretary, and Mayor Zhang Xi, accompanied vice Governor Xinwei Guang,having research of the “Power Bridge”

进城务工人员子女走进了“城市课堂”（图为二戈寨小学的同学们正在上民歌音乐课）
Children of migrant workers into the “urban class” (The picture shows Erge Village Primary School students are on the folk music class)

南明区，因贵阳市的母亲河南明河蜿蜒贯穿全区而得名。全区总面积209.34平方千米，辖4个乡和15个街道办事处。城区群山环抱，林木苍翠，森林覆盖率达38.75%。在风姿绰约的南明河两岸，点缀着甲秀楼、翠微园、黔明古寺、仙人洞、河滨公园等风景名胜，体现了南明良好的生态环境和丰厚的文化积淀。南明区交通便利，是全省客流、物流的集散中心，有年旅客吞吐量可达500万人次的4D级贵阳龙洞堡国际机场，川流不息的贵阳火车站、和西南地区最大的铁路货运编组站。南明区是全省重要的经济中心，有世界500强中的沃尔玛超市、贵航喜来登五星级酒店、浙江商城和全省最大的五里冲农副产品批发市场。

在推进区域经济社会发展过程中，按照市委、市政府建设生态文明城市的战略部署，南明区委、区政府提出“打造一个园区，构建四大体系”的思路，进一步转变经济发展方式，加快构建生态产业体系、生态环境体系、生态文化体系和民生保障体系，全面推进生态文明城区建设。在实施过程中，全力构建以新区开发为支撑的龙洞堡“东部新城”，以产业集聚为支撑的二戈寨物流新城，以都市工业为支撑的龙洞堡食品工业园区，全面拓展南明发展空间。同时，以打造茶文化品牌为载体，弘扬南明文化，提升城市品位，不断提升文化“软实力”，促进全区经济发展。

2009年中国·贵阳避暑季之南明"黔茶飘香 品茗健康"系列活动开幕式
2009 China · Guiyang Summer Season in the Nanming "Qian fragrant tea tea health" series activities opening ceremony

区委副书记、区长张曦视察南明区安置点建设
District deputy secretary, Mayor Zhang Xi visiting in the building of settlements in Nanming District

区委副书记、区长张曦调研农村公益事业"一事一议"建设项目
District deputy secretary, Mayor Zhang Xi having research of public good in rural areas "a thing a proposed" Project

世界500强家乐福签约入驻南明
Carrefour, the world's 500 had contract and settled in Nanming

Ming District is named for the mother river of Nanming winds throughout the region in Guiyang City. The total area of region is 209.34 sq km, have jurisdiction over four rural and 15 district offices. City district is surrounded by mountains, forest green, and forest coverage rate of 38.75%. Graceful in the Nanming sides, dotted with Jiaxiu Lou, Cuiwei Park, Qian Ming Temple, Fairy Cave, Riverside Park and other scenic areas, reflects the good ecological environment and rich cultural accumulation in Nanming. Nanming has convenient transportation, is passenger flow and logistics distribution center throughout the province, for years up to 5 million passenger throughput of the 4D level Guiyang Longdongbao International Airport, a steady stream of Guiyang Railway Station, and Southwest region' s largest rail freight marshalling yard. Nanming District is an important economic center of the province, there are 500 top in the Wal-Mart, Guihang five-star Sheraton Hotel, Zhejiang largest mall and the biggest agricultural products wholesale market Wulichong in the province.

In promoting regional economic and social development, in accordance with the municipal committee and government building ecological civilization and the city' s strategic plan, Nanming district committee and government put forward the "build a park, build Four Systems" the idea of further changes in the economic development and speed up construction eco-industrial system, the ecological environment system, ecological and cultural systems and livelihood security system, and comprehensively promote the construction of ecological civilization city. In the implementation process, make efforts to build support for Longdongbao New development as "East City" to industrial agglomeration as the support of Erge Walled Logistics Park to the city' s Longdongbao food industry to support industrial park to expand Nanming-round development. Meanwhile, to build the tea culture brand as a carrier, promote the Naming culture, improve urban quality, constantly improving cultural "soft power" to promote the region' s economic development.

贵阳市乌当区
Wudang District in Guiyang

工业园区夜景
Night scene of industrical park

董农油菜
Dongnong rape

来仙阁
Laixian Pavilion

2009年，乌当区按照“优化一产、提升二产、突破三产”的发展思路，坚定不移的实施高新技术、开放带动、投资拉动和城市化战略。积极拓展大空间、推进大项目、引进大企业，新天园区北区（洛湾片区）前期的规划和有关准备工作已经完成，新增规上企业8家。电子信息、先进制造、现代制药、新材料、绿色食品五大优势产业不断发展壮大。继续树立“大开放促大引进、大引进促大发展”的观念，采取扩大增量、增加容量、盘活存量等方式，不断培育和储备新项目，充实招商引资项目库，缓解招商制约瓶颈，招商引资工作稳步推进。强力推进社会主义新农村建设，基本建成了“十大特色蔬菜基地”、“四大特色水果基地”、“三线养殖小区”、“两大花卉基地”和“两大药材基地”。加快发展以温泉为龙头的旅游经济，坚持把温泉开发与生态经济发展相结合实施景泉共建的思路，不断完善旅游景区基础设施和服务设施，景区品位品质大大提高，全区旅游业呈现出持续快速发展的良好势头。加大城乡基础设施建设投入，拓宽城市发展空间，推进新添地区的城市化进程，重点项目稳步推进、顺利实施。贵阳绕城高速乌当段、水东路乌当段等重点建设项目顺利通车。小城镇建设力度不断加大，完成全区总体规划，为促进城乡统筹发展奠定了基础；城市开发改造步伐明显加快。以提高执政能力为重点，全面加强党的建设，促进经济社会又好又快发展，切实推进生态文明区进程。

丰收
Bumper

广场之夜
Night scene of square

大棚花卉
Greenhouse flowers

In 2009, Wudang District, in accordance with the "optimization of the first industry, enhance the secondary industry, tertiary industry breakthrough" development ideas, the firm implementation of high-tech, opening drive, investment pull and urbanization strategy. Actively expand the large space, promoting large projects, the introduction of large enterprises, the early planning and the preparation work of Xintian Park District north district (Luowan Area) has been completed, the new regulations on business 8 enterprises. Electronic information, advanced manufacturing, modern pharmaceuticals, new materials, and green food five dominant industries continue to grow and develop. To establish the "Being Open to introduce, promote the introduction of large scale development" concept, to expand the increment, increase capacity and revitalize the stock, etc., continue to cultivate and store the new project, substantial investment project library to ease the investment bottleneck, attracting investment and capital steadily. Powerful push of the socialist new countryside construction, basically built the "Ten Characteristics vegetable base", "four characteristics of fruit base," "three-breeding areas," "two flower bases" and "base of the two medicines." Accelerating the Development of Hot Springs as the leading tourist economy, insisted the integration of economic development of spa development and ecological economy to build scenic and spring together ideas, and constantly improving tourism infrastructure and service facilities in scenic areas, scenic quality and greatly improved quality, tourism shows the good momentum of sustained and rapid development in the region. Increased urban and rural infrastructure investment, expand urban development space, and promote the process of urbanization of the newly added regions, steady progress in key projects, successfully implemented. Wudang of Guiyang city loop high-speed section, the Shuidong section of EWudang smooth traffic and other key construction projects. Construction of small towns has intensified the overall plan to complete the whole region for the promotion of urban and rural development foundation; significantly accelerate the pace of urban redevelopment. To focus on the ability to comprehensively strengthen the Party' s construction, and promote sound and fast economic and social development, and earnestly promote the ecological civilization District process.

白云区
Baiyun District

大力推进铝精深加工产业，着力打造“西部铝谷”——白云区铝及铝加工基地开工奠基仪式
Vigorously promote deep processing of aluminum industry, making effort to create the “Western Aluminum Valley” – Baiyun District aluminum and aluminum base foundation-stone laying ceremony

白云区是贵阳市的城市中心区之一，是北通四川、南达广西、西往云南的重要通道，交通便捷，区位优势明显。白云区是省级经济技术开发区，全省首批“经济强县”之一，是全国重要的铝工业基地，素有“中国铝城”、“西部风筝放飞之乡”、“鲜花白云”等美誉。全区总面积272平方公里，下辖二乡三镇四个办事处，总人口19万人。

2009年，白云区在区委、区政府的坚强领导下，紧抓国家扩大内需和高新区入驻白云两个机遇，积极应对国际金融危机的严重冲击，实现了危机之年“速度不慢、增幅不低、排位不降”的目标。全区实现生产总值53亿元，同比增长10.2%。全区规模以上工业总产值完成108.4亿元，同比增长10%。全社会固定资产投资完成56亿元，同比增长29.24%。社会消费品零售总额完成15.5亿元，同比增长20%。招商引资到位资金49亿元，同比增长20%。

白云区将沿着建设现代化生态都市新城和现代化生态科技新城的主线，切实推动经济结构调整优化，全面加快城乡统筹发展和城市建设步伐，着力改善民生，促进社会事业全面进步。

发展新兴产业，打造休闲旅游新品牌——西南地区最大的动漫主题乐园即将开业
The development of new industries, creating new leisure tourism brand – Southwest region's largest animation theme park will open

大力推进工业强区，工业经济进入新一轮快速增长期——贵铝十万吨铝合金熔铸项目建成投产
Vigorously promote industrial strong areas, industrial economy entering a new round of rapid growth–Guizhou 100 thousand tons of aluminum alloy casting project completing and putting into operation

加快第三产业发展，推进产业结构升级——升级改造后的长安步行街逐队成群
Accelerating the development of tertiary industry, promoting industrial upgrading – after upgrading Chang'an Pedestrian Street full of people

加快推进城市建设，创建生态宜居城市——美丽的南湖新区
Speeding up urban construction, to create eco–livable city – the beautiful South Lake New Area

Baiyun District is one of the city center of Guiyang City, is an important channel to the North through Sichuan, south of Guangxi, west to Yunnan, traffic is convenient, and location advantages is obvious. Baiyun District is a provincial–level economic and technological development zone, the province first "economic county", is one of the country' s major aluminum industry base, known as "China Aluminum City", "western town of Kite Flying," "flowers, white clouds" such reputations. The total area of the region is 272 square km, under the jurisdiction of two rural villages, three towns and four offices, with a total population of 190,000 people.

In 2009, under the strong leadership of the district committee and government, Baiyun District seized two opportunities of the area by expanding domestic demand and high clouds settled in Baiyun, a positive response to the severe impact of the global financial crisis, a crisis year for achieving "speed is not slow growth is not low, ranking did not fall" the goal. GDP of the region was 5.3 billion, up 10.2%. Region scale industrial output value completed 10.84 billion yuan, an increase of 10%. Completed investment in fixed assets 5.6 billion, up 29.24%. Total retail sales of social consumer goods completed 1.55 billion yuan, up 20%. Investment capital in place was 4.9 billion, up 20%.

Baiyun District will follow the construction of modern eco–city Metro and the main line of modern ecological science and technology to effectively promote the economic structure adjustment and optimization, to promote development of urban and rural development and urban construction, efforts to improve people' s livelihood and promote all–round social progress.

贵阳经济技术开发区（小河区）

Guiyang Economic and Technological Development Zone (Xiaohe District)

海信贵阳公司平板电视机生产线
Hisense flat-panel television production company in Guiyang

红林公司先进的军品机加生产线
Honglin Company advanced military aircraft and production line

花溪大道汽车走廊汽车销售4S品牌专卖店
Huaxi Boulevard corridor car sales car 4S brand stores

贵阳经济技术开发区（简称开发区）位于贵阳市南部，始建于1993年4月。总面积63.13平方公里，常住人口22.5万。2009年，全区生产总值完成50亿元，增长17.8%。规模以上工业总产值突破100亿元，增长23.9%。财政总收入完成9.22亿元，增长22.5%。招商引资实际到位资金（市外）53.63亿元，增长29.6%。开发区实行行政区与开发区“两块牌子、一套班子”和“小机构、大服务”的管理体制和运行机制，是贵州省发展最快、最具活力的区域之一。

良好的区位优势。开发区处于贵阳市半小时核心圈内，距贵阳4D级国际机场8公里、西南最大的铁路货运编组站贵阳南站2公里，可通过绕城高速及贵黄、贵遵、贵新、贵毕等高速路连接周边省、市。

雄厚的工业优势。现有工业企业310余家，其中规模以上工业企业74家，外资企业15家，上市公司4家，是贵阳市乃至贵州省工业企业布局最集中的区域，也是贵州省重要的装备制造业基地。

丰富的人力科技资源优势。开发区拥有5万高素质产业工人，上万科技人员队伍，人力资源成本仅为发达地区的三分之二，辖区的贵航高级职业技师学院每年可为省内外培养各类技术人才2000余名。

较好的政策优势。开发区享有国家级经济技术开发区和西部大开发的优惠政策、零收费政策。拥有工业发展资金、应用技术研究与开发资金、服务业发展资金、中小企业融资担保四个扶持平台。

金山农业科技示范园
Jinshan Agricultural Science and Technology Demonstration Park

凯特杏
Kaite apricot

In 2009, under the correct leadership of party committees, governments and public security organs at all levels, in accordance with party committees' the "12345" basic ideas, the province's fire fighting forces conscientiously implement the new "Fire Act", strengthen the social aspect of fire prevention and control, push forward the "three-building", "Three Basics" project and create a work of public security fire Iron Army, raise the overall level of regularization forces, fire fighting and rescue capabilities, and public fire safety management standards, and achieve sustained stability and force of fire safety and stability target.

From January to December, 868 fires occurred in the province, the death of 76 people and injured 29 people, and direct property losses 34.5524 million yuan. Compared with the same period in 2008, the occurred cases number increased 14.5%, 1.3% decline in the number of deaths, injuries decline 9.4%, 4.9% increase in direct property loss, maintaining a steady fire situation.

Fire Alarm troops were deployed more than 3,900 times across the province, put vehicles 7,251 times, and sent more than 48,200 staff people, evacuation and rescue trapped 10,069 people, the protection of property value of 500 million yuan, successfully completed ire safety and security tasks of the 60th anniversary of "two festivals", "two sessions" and other major events and important festivals, which create a good fire safety environment for the security and services for the economic and social development and safeguard social harmony and stability. The department won the full reorganization by party committees, government, and public security organs at all levels and got high praise of masses. Corps was awarded the title of "National Model collective national unity and progress" by the State Council, granted "National Advanced Unit of spiritual civilization" title by the Central Office of Spiritual Civilization, won the "public security organs first prize for performance management objectives across the province" title by the Provincial Public Security Department.

兴隆珠江湾畔小区
Xinglong Pearl Bay District

优美的南明河
Beautiful Nanming River

詹阳新科动力公司生产的挖掘机
Zhan Yang Xinke power company produced new excavator

仁怀市
Renhuai City

省领导调研国酒新区路网建设
Provincial leaders having research in country liquor new zone road network construction

遵义市、仁怀市领导审阅仁怀市政建设规划
Zunyi City, Renhuai city leaders reviewing Renhuai municipal construction plan

2009年是仁怀市应对危机、砥砺奋进的一年。市委、市政府带领全市人民，以科学发展观为指导，全面贯彻落实中央应对国际金融危机的各项政策措施，以抓项目、促发展、求实效为主线，统筹抓好保增长、保民生、保稳定各项工作，抢抓机遇，迎接挑战，团结一致，共克时艰。全市经济社会继续保持又好又快发展的良好势头，经济建设、政治建设、文化建设、社会建设以及生态文明建设等取得重大进展。

综合势力进一步提升，地区生产总值达到132亿元，增长13.0%，主体指标提前完成“十一五”规划预期目标，保持了全省经济强县市第一位，西部百强列34位。

人民生活进一步改善，城镇居民人均可支配收入、农民人均纯收入保持10%以上增长。

生态效益进一步提高，城乡基础设施建设大力推进，城市功能日臻完善。

美酒河风光
Wine River scenery

中央电视台心连心慰问团来仁怀演出
CCTV Heart to Heart Mission condolences to Renhuai to have performance

农业科技硕果累累
Great achievements of agricultural science and technology

2009 is a year that Renhuai city faced the crisis in tempering the Endeavour year. Municipal committee and government lead the people, taking the scientific development concept as a guide, fully implement the central response to various policy measures to the international financial crisis, grasping the project, promoting development and seeking practical results as the main line, do a good job of overall economic growth, ensuring the people' s livelihood, maintaining stability of the work, seize opportunities, meet challenges, unite to overcome difficulties. The city' s economy and society continue to maintain the good momentum of fast development, economic construction, political construction, cultural construction, and social development and ecological civilization construction got significant progress.

Integrated forces to further enhance, the regional GDP reached 13.2 billion yuan, up 13.0%, the main target ahead of schedule of "Eleventh Five-Year Plan" targets, cities and counties to maintain a strong provincial economy first in 34 Western hundred columns.

Further improve people' s living, disposable income of urban residents, the per capita net income of farmer growth to keep more than 10%.

Further improve the ecological efficiency, vigorously promote urban and rural infrastructure construction, city function better.

丹青赤水 希望之城

Danqing Chishui City of Hope

雄伟壮观的十丈洞大瀑布
Majestic of Shizhang holes Falls

红石野谷——杨家岩
Redstone Wild Valley – Yang Yan

独竹漂
Only one in bamboo drift

新农村建设示范点——复兴镇长江新村
Construction of new rural demonstration sites
Fuxing Town Yangtze River Village

“黔北明珠”赤水全市面积1801平方公里，辖9镇5乡3个街道办事处，总人口30万，主要支柱产业为化工、竹产业和旅游业。2009年，全市地区生产总值完成296063万元、同比增长14.4%，财政总收入完成24000万元、增长14%，全社会固定资产投资完成223000万元。

交通建设取得突破。仁赤、泸赤高速公路正式开工，硬化乡镇主线公路5条，新建通村公路100公里，建成跨赤水河、习水河桥梁3座、乡镇客运站3座。交通建设投资完成18906万元，增长45.5%。

城市扩容全面展开。城市路网“四条大道”全线贯通，基本实现城区扩容一倍以上目标。“三心一馆一院”开工建设。完成污水主管网二期工程，启动城市供水二期工程建设。新建住宅20.2万平方米。

新型工业步伐加快。天竹纸业、赤河纸业、华龙纸业入驻竹业循环经济园区。赤水老窖产品上市。启动锦江醋业和之江晒醋技改扩产项目建设。“红赤水”生态食品公司完成扩产建设。黔兴煤业30万吨/年洗精煤项目正式投产。官9井开采出轻质石油。新建小水电站8座。

旅游产业态势良好。完成赤水丹霞“申遗”环境综合整治工作。完成丙安红一军团纪念馆建设。接待游客人次、旅游综合收入分别增长27%、23%。

农村经济稳步发展。集体林权制度主体改革基本完成。新造竹林33558亩、完成补植补造70834亩、丰产林培育示范9137亩。新发展石斛4292亩。生态养殖逐步壮大，生猪生产稳定，出栏以乌骨鸡为主的家禽403万羽。解决农村3.5万人饮水安全。新增以“黔北民居”改造为重点的“四在农家”创建户8300户。农业总产值实现89700万元、增长7.2%，农民人均纯收入达到4018元、增长11.6%。

中心市区远眺
Overlooking downtown

"The Pearl in northern Guizhou," , Chishui city has an area of 1801 square km, jurisdiction over 9 towns and 5 villages and 3 district offices, with a total population of 300,000, the main pillar industries as chemicals, bamboo industries and tourism. In 2009, the city's GDP completed 2,960,630,000 yuan, up 14.4%, and total revenue completed 240 million yuan, an increase of 14%, total fixed asset investment completed 2.23 billion yuan.

Traffic building got breakthrough. Ren Chi, Lu Chi highway started to build, the main line hardening of township roads 5, 100 km new village road, built 3 bridges across Chishui River, and Xishui River, 3 townships terminals. Investment in transportation construction was 189,060,000 yuan, up 45.5%.

Urban expansion fully started. Urban Road Network "4 Boulevard" got through, the basic goal of achieving more than doubles the urban expansion realized. "Three centers, one Hall, one yard," started construction. Complete the second phase of the sewage network, start the second phase of construction of urban water supply. New housing 202,000 square meters.

Accelerate the pace of new industries. Tianzhu Paper, Chihe Paper, Hualong Paper settled into the recycling economy Bamboo Park. Chishui Laojiao got into market. Start the Jinjiang vinegar industry and the Zhijiang drying vinegar technological transformation and expansion projects. "Red Chishui" eco-food Company completed expansion construction. Qian Xing coal industry of clean coal 300,000 tons per year project was formally put into production. Guanjiu wells have got light oil. 8 Small Hydropower Stations was newly built.

Tourism industry is in good shape. Complete Chishui Danxia "apply for the heritage" integrated environmental management work. Complete the Bingan Red one Corps Memorial Building. The tourist' s trips and tourism revenues rose by 27%, 23% separately.

Steady development of the rural economy. The main reform of collective forest right system basically completed. 33,558 acres of new bamboo forest, making up the completion of replanting 70,834 acres, yielding forest model 9,137 acres. New development of Shihu is 4,292 acres. Ecological farming gradually became big; pig production is stable, take Wugu chicken as the main, the poultry slaughter is 4.03 million. Solving 3.5 million people' s drinking water safety problem in rural. Newly add to "residential in northern Guizhou," focused on transforming the "four in the farm" houses account to 8,300. Agricultural output achieved 897 million yuan, an increase of 7.2%, per capita net income of farmers reached 4,018 yuan, an increase of 11.6%.

黔北20万吨年竹纸浆厂全景
Qianbei 200,000 tons of bamboo pulp mills in panoramic

世界自然保护联盟（简称IUCN）专家考察团抵达赤水（左一：市委书记穆嵘坤，右一：市委副书记、市长张集智）
International Union for Conservation of Nature and Natural Resources (IUCN) delegation of experts arriving in Chishui (left: Mu Rongkun, Party Secretary of the city, right: Municipal Committee, Mayor Zhang Jizhi)

遵义县
Zunyi County

2009年，在市委、市政府和县委的正确领导下，团结带领全县人民实现了“保增长、保民生、保稳定”的各项目标，经济社会呈现出“持续向好、后劲增强、民生改善、和谐稳定”的可喜局面。

致力加快发展，综合实力跃上新台阶。预计完成地区生产总值123.2亿元，增长16.9%。财政总收入12亿元，增长6.23%。工业总产值127.28亿元，增长13.3%。城镇居民人均可支配收入13750元，增长13.7%。农民人均纯收入4800元，增长12.7%。

致力项目建设，新型工业实现新突破。重点项目稳步推进，完成技改投资10.63亿元。20个重点在建项目取得新进展。园区建设有效突破。招商引资成效显著。

致力农民增收，三农工作得到新发展。预计完成农林牧渔业总产值39亿元，增长4.6%。现代农业向纵深推进，农业标准化生产得到加强，“老干妈”等6家农产品加工企业通过国际质量管理和食品安全控制双项体系认证。

致力投资拉动，城乡建设迈出新步伐。争取中央新增投资和中央、省预算内投资项目65个，总投资2.82亿元。完成城建总投资11亿元，城镇化率41.82%。

致力改革创新，第三产业增添新活力。龙坑城乡一体化试验试点进展顺利，集体林权制度主体改革基本完成。事业单位绩效工资改革有序开展，财政管理、投融资、公用事业等领域改革不断深化。非公经济持续发展。工商注册登记各类企业1164户，注册资金50.23亿元。

致力民生保障，社会事业取得新进步。新增城镇就业6398人。社会保障体系日臻完善。荣获“国家科技进步县”称号。“全国文化先进县”通过文化部复评验收。

致力环境改善，政府职能发生新转变。认真落实《进一步加强依法行政工作的决定》，政府决策的科学化、法制化、民主化水平不断提高。

遵义县鸭溪发电厂
Zunyi County Duck Creek Power Plant

青山绿野间，一栋栋新民居拔地而起
Castle Peak green, new houses the one after another

云门囤风景区
Yun Mentun Scenic Area

遵义县打造文化旅游品牌
Zunyi County to build the brand of cultural tourism

In 2009, under the correct leadership of the Municipal committee, Municipal People' s Government and the county committee, unite and lead the county people to achieve "ensuring economic growth, ensuring the people' s livelihood, maintaining stability" the objectives, economy and society shows the fortunate situation of "continues to improve, enhance stamina, improved living conditions, harmony and stability".

Efforts to accelerate the development, comprehensive strength to a new level. GDP is expected to be completed 12.32 billion yuan, an increase of 16.9%. Total financial income was 1.2 billion yuan, up 6.23%。12.728 billion yuan industrial output value, an increase of 13.3%. Disposable income of urban residents was 13,750 yuan, an increase of 13.7%. The per capita net income of farmer was 4,800 yuan, an increase of 12.7%.

Committed to the project construction, the new industry achieved new breakthroughs. Steady progress in key projects, technical transformation investment 1.063 billion yuan. 20 key projects under construction, which got new progress. Park Building got an effective break. Bringing in investment got remarkable results.

Committed to increasing peasant incomes and "three rural" work got new development. Animal husbandry and fisheries is expected to complete the total output value of 3.9 billion, an increase of 4.6%. Modern agriculture to push in depth, standardization of agricultural production has been strengthened, "Laogan Ma" and six agricultural products processing enterprises through international quality management and food safety control double-entry system certification.

Committed to investment-led, urban and rural construction took new steps. New investment for the central new projects and central, provincial budget for the 65 investment projects with total investment 282 million yuan. Completed a total investment of 1.1 billion of urban constructions, the urbanization rate was 41.82%.

Committed to reform and innovation, tertiary industry added a new vitality. Longkeng pilot study of urban and rural integration has proceeded smoothly, the main reform of collective forest right system basically completed. Institutional units ordered to carry out reform, financial management, investment and financing, and public utilities sector reform continued to deepen. Non-public economic had sustainable development. Business registration of all kinds of enterprises were 1,164, registered capital of 5.023 billion yuan.

Committed to people' s livelihood security, social undertakings made new progress. Urban jobs were 6,398 people. Social security system is improving. Won the "National Scientific and Technological Progress County" title. "National Culture Advanced County" was approved by the Ministry of Culture re-evaluation.

Committed to improving the environment, changes in government functions have the new place. Conscientiously implement the "further strengthen the administration in the decision", government decision-making in a scientific, legal and democratic level was rising.

金三角下的一颗明珠——盘县
A pearl of the Golden Triangle-Pan County

盘县人民政府县长王刚
Wang Gang, governor of Pan County government

中共盘县县委书记刘剑
Liu Jian, secretary of the CPC Pan County

盘县位于贵州西部，总面积4056平方公里，总人口114万，包括27个民族。盘县拥有丰富的煤炭资源、便捷的交通优势和得天独厚的区位优势。自然景观、人文景观遍布境内。2009年，盘县列中西部百强第22位，入围全国最具区域带动力和最具投资潜力中小城市百强，列贵州经济强县(市)第2位，被誉为“金三角下的一颗明珠”。

经济快速增长。2009全县实现地区生产总值175.6亿元，同比增长15.2%。财政总收入45.18亿元，同比增长24.27%，其中本级财政收入16.06亿元，同比增长27.61%。工业总产值301.9亿元，同比增长17.9%。固定资产投资81.24亿元，同比增长31.94%。社会消费品零售总额29.27亿元，同比增长18.02%。金融机构存款余额145.06亿元，同比增长15.85%。农民人均纯收入3038元，同比增长11.75%。招商引资到位资金20.3亿元，同比增长33.9%。

重大项目加快建设，工业化进程有序推进。黔桂公司总投资3.4亿元，年产120万吨粉煤灰脱硫石膏水泥循环经济项目建成投产。黔桂电厂总投资42亿元的盘县电厂“上大压小”项目，总投资542亿元的盘县煤-钢-电一体化项目、总投资35亿元的红果循环经济型煤焦化项目、总投资27.5亿元的盘北煤矸石发电、总投资12.8亿元的风力发电等一批循环经济型和节能减排型项目相继开工建设。关闭了19家环保设施不健全，不符合规划、工艺设施落后的地方选煤企业。

城市及基础设施建设不断完善。红果城市建设取得新的突破，全年投入建设资金1.7亿元，完成了《城市总体规划》和《近期建设规划》修编，红果建城区面积达9.6平方公里。城关古城改造稳步推进，小城镇建设步伐加快。全县城镇化率达29.5%，同比提高2个百分点。

农业农村工作稳步发展。全年共投入各项农业专项资金3.44亿元。兑现农资综合补贴、种粮直补等各种补贴5159.3万元。粮食总产量36.33万吨。全年减少农村贫困人口19820人。

社会事业扎实推进。“两基”工作通过国家验收，“普实”通过省政府验收。全年新增就业5100人。新型农村合作医疗参合率达98.44%。农村低保工作扎实推进。安全生产责任制全面落实。毒品重点整治工作取得阶段性成绩。

240万千瓦的盘南电厂
240 MW Pannan power plant

佛教名山"丹霞山"
The buddhist mountain "Danxia Mountain"

红果新城夜景
Night scene of Red fruits Metro

红果新城
Red fruits Metro

Pan County locates in the western part of Guizhou, with a total area of 4,056 square kilometers, with a total population of 1.14 million, including 27 ethnic groups. Pan County is rich in coal resources, convenient transportation advantages and the unique location advantage. There are natural landscapes, cultural landscape over the territory. In 2009, Pan County is ranked 22nd in the first hundred of the Midwest, the regional finalists of the most investment potential driving force and most small cities hundred, ranked No. 2 of Guizhou economic county (city), known as the "A pearl of the Golden Triangle".

Rapid economic growth. In 2009, GDP of the county achieved 17.56 billion yuan, up 15.2%. The total financial revenue was 4.518 billion yuan, up 24.27%, of which financial income of 1.606 billion yuan, up 27.61%. Industrial output value was 30.19 billion yuan, up 17.9%. Fixed assets investment was 8.124 billion yuan, up 31.94 percent. Total retail sales of social consumer goods were 2.927 billion yuan, an increase of 18.02%. The balance deposits in financial institutions was14.506 billion yuan, an increase of 15.85%.The per capita net income of farmer was 3,038 yuan, up by 11.75%. 2.03 billion yuan investment funds in place, an increase of 33.9%.

Accelerate the construction of major projects, industrial process orderly. Qian Gui Company totally invested 340 million yuan, annual output of 1.2 million tons of fly ash cement gypsum recycling economy project is completed. Qian Gui power plant totally have investment 4.2 billion yuan in the t Pan County power plants, "Shangda Yaxiao" project, total investment of 54.2 billion yuan of Pan County coal - steel - electric integration projects, total investment of 3.5 billion coal of red berries of circular economy coking project, total investment of 2.75 billion yuan to set Panbei gangue power generation, a total investment of 1.28 billion yuan in wind power and a number of circular economy and energy-saving emission reduction projects, which are all started construction successively. Closed 19 inadequate environmental protection facilities, do not meet the planning, process facilities in backward areas of coal preparation.

Cities and infrastructure construction improved gradually. Red berries to make new breakthroughs in urban construction, the annual construction funds invested 170 million yuan to complete the "overall urban planning" and "immediate plan" revision, hawthorn built urban area of 9.6 square kilometers. Chengguan ancient city steadily got transforming, the small town construction speed the pace. County' s urbanization rate reached 29.5%, up by 2 percentage points.

Steady development of agriculture and rural work. The year has invested 344 million yuan of agricultural special funds. Deliver comprehensive agricultural subsidies, direct subsidies and other subsidies for grain 51.593 million yuan. Total output of grain was 363,300 tons. Annual reduction of rural poor people was 19,820.

Solid progress in social undertakings. "Two basic" work has got through the national acceptance, "general fact" got acceptance by the provincial government. The whole year added 5,100 new jobs. New rural cooperative medical Senate combined rate of 98.44%. Push forward the work of rural subsistence allowances. Safe production responsibility system got the full implementation. Key stage drugs work to straighten results.

凯里市
Kaili City

城市一角
Glimpse of the City

民族体育场
Ethnic Stadium

2009年，凯里市委、市人民政府带领全市人民，积极应对复杂严峻的国内外经济形势，扎实推进各项工作，较好地完成了年初预定各项目标任务，全市经济呈现平稳、较快发展的良好势头。

全市实现生产总值（GDP）625945万元，比上年增长12%。第一、二产业比重有所调减，第三产业较快提高。全年居民消费价格总水平比上年下降4.5%。年末全市城镇单位从业人员51931人，增加2265人。

全年农林牧渔业总产值97072万元，比上年增长6.31%。全年共完成造林面积154公顷。农业生产条件和农村基础设施进一步改善。

旅游城市标志——马踏飞燕
Logo of the Tourist city -Galloping Horse Treading on a Flying Swallow

受持续蔓延的国际金融危机影响，部分工业企业恢复生产困难，在建工业企业建设速度缓慢，不能按时生产、达产，凯里电厂5月份政策性关闭，辖区内全部工业实现工业增加值175941万元，比上年增长0.5%。全年规模以上工业企业实现利润总额-18259万元，比上年减亏5299万元。建筑业增加值60147元，比上年增长37.6%。

全年交通运输、仓储和邮政业增加值45883万元，比上年增长7.4%。全市境内公路通车里程1385.889公里。全年邮电业务收入36888万元，比上年增长14.96%。全年共接待旅游人数共425.16万人次，比上年增长20.25%，旅游创汇1075.48万美元，增长9.31%。

全市共有各类学校246所，在校学生141705人。全市共获州级以上审批科技项目5个，资金75万元。投入科技“三项”费720万元，比上年增长30.91%。全市有卫生机构190个（含诊所），拥有病床2559张，卫生技术人员2853人。

城市建设方面。仰阿莎至三棵树城市主干道、二龙加油站至二龙殡仪馆岔路口道路维修整治工程、北京东路延伸段至二龙路口市政干道改造工程等完工并投入使用，为实现“东拓、西展”的城市扩容建设目标奠定了坚实基础，使“大凯里”建设迈出了可喜的一步。

凯里城在扩大
Kaili City Being Expanded

兰花苗寨
Nanhua Miao Village

In 2009, the Party Committee and the City Government of Kaili guide all the citizens to deal with the complicated and serious situations inner and outside actively, all the works are pushed forward steadily. All targets and missions that are scheduled early in the year are well finished. The economy of the city maintained a good momentum.

The Gross Domestic Product of the city (GDP) was 6,259,450,000 Yuan, up 12% over the previous year. Primary and secondary industries have reduced the proportion, the tertiary industry increased rapidly. The annual consumer price index was down 4.5% over the previous year. At the end of the year, the city's 51,931 employees in urban units, an increase of 2,265 people.

Annual fishery, forestry and animal husbandry output value of 970.72 million Yuan, an increase of 6.31%. Annual afforestation area of 154 hectares was completed.。 Agricultural production and rural infrastructure got further improvement.

By the continuing global financial crisis spread, part of the industrial business resumed production difficultly, construction of industrial enterprises got slow speed, Kaili Power Station was closed with policy in May, which can' t produce and reach production in time, in whole area of industrial added value realized 1,759,410,000 Yuan, an increase of 0.5%. Annual profits of industrial enterprises above designated size amounted -182,590,000 Yuan, which reduced losses 52.99 million Yuan over the previous year. Value added of construction industry was 60,147 Yuan, up 37.6%.

Annual transportation, storage and postal added value were 458,830,000 Yuan, up 7.4%. Within the city highway mileage 1,385.889 km. Annual revenue of Posts and Telecommunications were 368,880,000 Yuan, up 14.96% over the previous year. Number of tourists throughout the year received a total of 4,251,600 passengers, an increase of 20.25%, and tourism of foreign exchange earnings 10,754,800 U.S. dollars, an increase of 9.31%.

The city has a total of 246 different types of schools, 141,705 students were in school. The state-level approval of the city' s science and technology projects is 5, 750,000 Yuan of funds. Engage in technology "three programs" cost 7.2 million Yuan, up 30.91% over the previous year. The city has 190 health institutions (including clinics), with 2,559 beds, 2,853 health workers.

City building. Yang Asha to Sanke Shu the city main road, Erlong gas station to Erlong Funeral Home fork road maintenance training projects, Beijing East Road, extension of municipal roads to Erlong intersection reconstruction project etc, had completed and put into use, for the realization of the "East Extension West Show" urban expansion targets building a solid foundation so that the "big Kaili" construction has taken a satisfied step.

花溪区
Huaxi District

省委常委、市委书记李军在区委书记朱桂云陪同下视察仙人洞社区工作
Provincial Committee and Party Secretary of Municipal Party Committee Secretary Li Jun accompanied by Zhu Guiyun District Secretary inspecting the Fairy Cave community

区委书记朱桂云（右一）、区政府代理区长向虹翔（左一）陪同市委常委、市南环高速公路建设指挥部指挥长马长青（中）视察安居工程
District secretary Zhu Guiyun (first form right), Deputy Mayor Ward Xiang Hongxiang (first form left), accompanied Municipal Committee, City South Central Expressway Construction Command commander Ma Changqing (middle) visiting housing project

区委书记朱桂云（左二）等区领导陪同英国前首相托尼·布莱尔与影视明星李连杰到党武乡摆贡寨参观，并共同启动“太阳能LED照明千村计划”
District secretary Zhu Guiyun (second form left) and regional leaders, accompanied the former British Prime Minister Tony Blair and Television Star Li Lianjie visiting putting tribute in Dangwu village, and commonly starting "Solar LED lighting 1,000 Village Plan"

2009年，花溪区以“走科学发展路、建生态文明区”为载体，紧紧抓住“三大机遇”，充分发挥“三大优势”，全力破解“三大难题”，扩内需、调结构、保增长、保民生、保稳定。全区生产总值662418万元，比上年增长15.1%。财政总收入达68824.1万元，比上年增长17.45%。农民人均纯收入5318元，比上年增长10.3%。

今日花溪，乘生态之势，强产业之基，谋发展之变。按照“一环两翼三轴线”的战略构想，抓机遇、创品牌、促发展，大力弘扬“不为花溪发展捏把汗，要为花溪建设流身汗”的实干精神，争做负责的花溪人、大气的花溪人、开明的花溪人、诚信的花溪人，致力于打造阳光花溪，纵深推进生态文明示范区建设。2009年，在天河潭成功创建为国家4A级景区的基础上，开展了天河潭创5A级、青岩古镇创4A级景区的申报工作。花溪区顺利通过国家环境保护部的验收，成为贵阳市第一个国家级生态示范区。花溪国家城市湿地公园获得国家住房和城乡建设部批准。

In 2009, Huaxi District made "take the scientific development, ecological civilization construction zone" as the carrier, firmly grasp the "three opportunities", give full play to the "three advantages", full break "three major problems", expand domestic demand, adjust structure, ensure economic growth, ensure people's livelihood and maintain stability. The region's GDP was 6.62418 billion yuan, up 15.1%. Total fiscal revenue was 688.241 million yuan, up 17.45% over the previous year. The per capita net income of farmer was 5,318 yuan, an increase of 10.3%.

Today, Huaxi, by ecological potential, strong industry base, and has the development of the change. In accordance with "one circle, two wings, three axes" the strategic plan, by catching a brand, promoting development, vigorously promote "Not catch sweat for the development of Huaxi, to have sweat for the building of Huaxi" the enterprising spirit, striving to be responsible people of Huanxi, open-hearted people of Huaxi, the enlightened people of Huaxi, and the integrity people of Huaxi, who is committed to creating sunlight Huaxi, in-depth demonstration area to promote ecological civilization. 2 In 2009, on the base of Tianhe Tan successfully created in the state 4A level scenic spots, launched Tinahe Tan 5A level, create Qingyan Ancient Town 4A level scenic spots of the declarations. Huaxi District passed the state Department of Environmental Protection' s acceptance, and Guiyang became the first national ecological demonstration zone. Huaxi National Urban Wetland Park was approved by ministry of housing and urban-rural.

清镇市
Qingzhen City

2009清镇国际太极拳交流大会 2009
Qingzhen International Taijiquan Exchange Conference

清镇市2009年经济发展大会
2009 Qingzhen Economic Development Conference

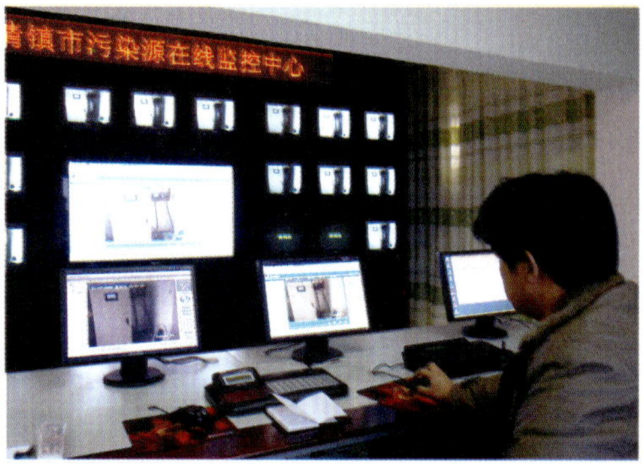

清镇市环境污染源在线监测监控系统
Qingzhen environmental pollution online monitoring system

2009年，在中共贵阳市委、贵阳市人民政府和中共清镇市委的正确领导下，抢机遇、上项目、保增长、推发展、重民生、强保护、抓改革、促稳定、善领导、迎挑战，基本完成了各项目标任务。

保增长，经济发展总体平稳。生产总值完成81.16亿元，增长14.6%；财政总收入完成8.22亿元，增长3.63%。保民生，人民生活不断改善。城镇居民人均可支配收入达14229.67元，增长10.53%；农民人均纯收入达4824.1元，增长10.19%。保稳定，发展环境健康有序。深入推进“书记大接访”工作常态化；全力整治软环境；荣获“全国平安先进市”称号。

调结构，产业结构不断优化。积极按照“城市东进、工业西进、物流南进”的总体布局推进结构调整；加快工业园区和物流园区建设。上项目，抢抓机遇成效显著。全市积极抢机遇、上项目、求发展，新（续）建项目233个。重投入，城乡统筹进程加快。增加了对城乡基础设施建设、社会事业等各方面的投入，城乡一体化建设步入新的起点。

护环境，生态文明扎实推进。以“五创一整治”为载体，扎实推进城乡建设；全力推进资源就地转化；生态文明城市建设纵深推进。

In 2009, under the correct leadership of the CPC Guiyang Municipal committee, Guiyang Municipal People’s Government and the Chinese Communist Party Qingzhen committee, Qingzhen city grabed the opportunity, increased the project, ensured capital growth, promoted development, paid attention to livelihood, strengthened protection, focused on reform, promoted stability, good leadership, welcomed challenges, completed the basic goals of the task.

Ensure economic growth, stable economic development in general. Completed 8.116 billion yuan of GDP, an increase of 14.6%; total financial revenue completed 822 million yuan, an increase of 3.63%. Ensuring livelihood, continue to improve people’s lives. Disposable income of urban residents reached 14,229.67 yuan, up 10.53%; the per capita net income of farmer reached 4,824.1 yuan, an increase of 10.19%. Maintaining stability, developing a healthy and orderly environment. Boost the work of normalization of “secretary got the receivers”; full remediation of soft environment; won the “National Advanced City Peace” title.

Adjust the structure to optimize the industrial structure. Actively in accordance with the overall layout of “city east, west industrial, logistics south” to promote of the restructuring; speed up industrial parks and logistics parks. Increase the project and seize the opportunity with remarkable results. The city actively seized opportunities, increased the project, and ask development, the new (continued) Projects 233. Heavy investment and urban and rural areas process accelerated. Increase inputs of urban and rural infrastructure construction and social undertakings, and so on, urban and rural integration into the new starting point.

Protect the environment, ecological civilization push forward. Take “create a five-regulation” as the carrier, push forward urban and rural construction; efforts to promote local resources and transformation; ecological city construction in depth.

遵义市红花岗区
Honghuagang District in Zunyi City

乡村葡萄节
Village Grape Festival

建设中的海龙温泉
Construction of the Dragon Spa

红花岗区是遵义市的中心城区之一，总面积624平方公里，建成区面积33.7平方公里，辖8个镇8个街道办事处，总人口50.2万，其中非农业人口29.2万。曾先后荣获“全国历史文化名城”、“全国双拥模范城”、“中国酒文化名城”、“全国十佳绿化城市”、“全国科技进步示范区”、“全国计划生育优质服务先进区”、“全国社区建设示范区”、“国家优秀旅游城市”、“国家园林城市”和“国家卫生城市”等殊誉。

2009年，全区地区生产总值完成144亿元，增长13.7%。全社会固定资产投资完成44亿元，增长21.6%。地方财政一般预算收入完成5.44亿元，增长13.3%。地方财政一般预算支出完成10.2亿元，增长20.5%。

三次产业协调发展。环境建设成效显著。发展活力得到提升，全年新签约招商引资项目54个，到位资金34.8亿元，增长25.8%。人民生活不断改善，城镇居民人均可支配收入达13805元、增长10.5%，农民人均纯收入达4962元、增长10.4%。社会事业全面进步。

Honghuagang District is one of the central city of Zunyi, with a total area of 624 square kilometers, built area of 33.7 square kilometers, administers 8 towns and eight district offices, with a total population of 502,000, of which non-agricultural population of 292,000. It has won the "historical and cultural city", "National Model City for double support", "Chinese wine culture city", "Top Ten Green City", "National science and technology demonstration are"", "National Advanced District of family planning services", "National Community Building Demonstration Area", "National Excellent Tourism City", "National Garden City" and "National Hygienic City" and other special reputation.

In 2009, the completion of regional GDP 14.4 billion, an increase of 13.7%.Completed investment in fixed assets 4.4 billion, an increase of 21.6%. Local general budget income 544 million yuan, an increase of 13.3%. Local Government Budgetary Expenditure completed 1.02 billion yuan, an increase of 20.5%.

Coordinated development of three industries. Environment with remarkable results. Development activity would be enhanced and newly signed 54 investment projects of the year, in place of funds 3.48 billion yuan, an increase of 25.8%. Continuous improvement of people' s lives, per capita disposable income of urban residents reached 13,805 yuan, an increase of 10.5%, per capita net income of farmers reached 4,962 yuan, an increase of 10.4%. Social undertakings got full progress.

六盘水市钟山区
Zhongshan District in Liupanshui City

钟山区人民广场
Zhongshan People's Square

钟山区人口计生信息系统培训班
Zhongshan population and family planning information system courses

钟山区万余彝族同胞身着盛装欢度“彝年”
Zhongshan thousand compatriots in costumes to celebrate the “Yi Spring Festival”

钟山区是六盘水市的中心城区，总面积478平方公里，总人口50万，区内有汉、彝、苗、白、布依、仡佬等31个民族。境内蕴藏着煤、铅、锌、铁、铜、重晶石、石灰石等多种矿产。

2009年，全区地区生产总值达153.14亿元，比上年（下同）增长6%。完成财政总收入9.73亿元，增长13.22%。农村居民人均纯收入为3874元，城镇居民人均可支配收入为13116元，分别增长16.2%和8.02%。继老鹰山镇之后，黄土坡街道也跨入亿元镇乡行列。提前一年完成“十一五”规划六项主要指标中的四项。

产业结构不断优化，加快28对煤矿企业整合、技改进度，在煤炭“量价双降”的情况下，征收煤焦税费3.85亿元。城市建设快速推进，凉都大道全线建成通车。发展基础不断夯实，六沾铁路复线征地拆迁加速推进，南线基本贯通。城乡建设稳步推进，城市支持农村力度进一步加大，76个企业与43个村结对帮扶。生态建设持续加强，强化重点企业节能降耗监控，推进公共机构节能。社会事业全面发展。

Zhongshan district is the center of Liupanshui, a total area of 478 square kilometers, with a total population of 500,000, the district of Han, Yi, Miao, Bai, Buyi, Gelao and other 31 nationalities. There contains within the coal, lead, zinc, iron, copper, barite, limestone and other minerals.

In 2009, regional GDP reached 15.314 billion yuan, over the previous year (the same below) growth of 6%. Total financial revenue was 973 million yuan, an increase of 13.22%. The per capita net income of farmers was 3,874 yuan, per capita disposable income of urban residents was 13,116 yuan, up by 16.2% and 8.02% respectively. Following the Hawks Town, the loess slope went into the ranks of million yuan towns and villages also. Completed four of six key indicators of schedule of “Eleventh Five-Year Plan” one year ahead.

To optimize the industrial structure, accelerate the integration of 28 to coal mining enterprises, technological transformation progress, in the coal “volume and Price double down” situation, the collection of coal tax 385 million yuan. Rapid progress of urban construction, cool line of all roads opened to traffic. Constantly reinforce the development basis; six double-track railway land acquisition and demolition accelerate the south line of the basic link. Steady progress in urban construction, the city supports efforts to further increase rural, and 76 enterprises and 43 village twinning. Continued to strengthen ecological construction, strengthen energy saving control of key enterprises, promote public institutions energy conservation. Social undertakings fully developed.

兴义市
Xingyi city

李克强副总理听取州委书记陈敏介绍兴义市万鲁现代农业示范基地建设情况
Vice Premier Li Keqiang listening to Chen Min describing Wanlu construction of modern agricultural demonstration base in Xingyi City

2009年5月7日，省委副书记、省长林树森（左三）到兴义调研城市建设工作
May 7, 2009, Provincial Committee, deputy secretary, Governor Lin Shusen (third from left) to the investigation of Xingyi city construction work

兴义市地处黔滇桂三省（区）结合部，是黔西南布依族苗族自治州州府所在地。全市总人口79.6万人，辖区国土面积2911平方公里。

2009年，全市生产总值完成120亿元，增长17.3%。财政总收入完成16.02亿元，增长22.4%。农民人均纯收入预计达到4114元，增长14.6%。城镇居民人均可支配收入达到14500元，增长7.4%。

狠抓“三化一业”，重点工作扎实推进。工业经济持续增长。全年工业总产值完成122亿元，增长9.4%。城市建设快速推进。农业农村经济繁荣，全市农业总产值完成24亿元，增长8.6%。旅游产业蓬勃发展，全年共接待游客260余万人（次），实现旅游综合收入11.8亿元。

强化项目推动，项目建设成效显著。全年共争取中央新增一、二、三、四批投资项目265个，总投资4.06亿元。

推进改革开放，发展活力明显增强。全年招商引资到位资金25.6亿元，增长30.3%。

高度重视民生，社会事业协调发展。发放城乡居民最低生活保障金3261.3万元，惠及城乡低保对象18373户35643人。被文化部授予“全国文化市场行政执法先进单位”，获“中国民间文化艺术之乡”、“贵州省科技进步先进县（市）”称号。

Xingyi city is located in junction of Guizhou and Yunnan and Guangxi three provinces (regions), is state capital of Qianxinan Buyi and Miao Autonomous Prefecture. The city’s total population is 796,000, area land area of 2,911 square km.

In 2009, the city's GDP was 12 billion yuan, up 17.3%. Total fiscal revenue completed 1.602 billion yuan, an increase of 22.4%. The per capita net income of farmer is expected to reach 4,114 yuan, an increase of 14.6%.。 Disposable income of urban residents reached 14,500 yuan, an increase of 7.4%.

Pay close attention to “Three businesses one industry”, solid progress of important work. Industrial economy keeps growing. Completion industrial output value was 12.2 billion, an increase of 9.4% in the year. Urban construction got rapid advancement. Agricultural and rural economic got prosperity, the city completed 2.4 billion agricultural outputs, an increase of 8.6%. Tourism industry is flourishing, the year a total of more than 2.6 million tourists (views), to achieve consolidated tourism revenues of 1.18 billion yuan.

Strengthening project-driven, project construction got remarkable results. Annual total for the Central New one, two, three, four approved 265 investment projects, total investment of 406 million yuan.

Promote the reform and opening up, development activity was significantly increased. Investment capital in place throughout the year was 2.56 billion yuan, an increase of 30.3%.

Attach great importance to people’s livelihood, the coordinated development of social undertakings. Urban and rural residents paid the minimum living allowance 32.613 million yuan, benefiting 18,373 houses 35,643 people of minimal assurance object in urban and rural areas. By the Ministry of Culture awarded the “National Cultural Market Administrative advanced unit”, of the “hometown of Chinese folk culture and art”, “advanced scientific and technological progress in Guizhou Province County (city)” title.

毕节市
Bijie City

市长王彬到林口镇查检防汛工作
Mayor Wang Bin to have research work in Linkou Town flood control

市长王彬到毕节一小检查工作
Mayor Wang Bin to have inspection in Bijie First Primary School

美丽的人民公园
Beautiful People's Park

毕节市总人口140余万，城镇化率达到30.18%，生产总值突破100亿元，同比增长19%，是全区第一个GDP突破百亿的县市。完成固定资产投资52亿元，同比增长43.66%。完成财政总收入6.558亿元，同比增长48.59%。招商引资签约资金54亿元，实际到位资金20亿元，同比增长48.6%。社会消费品零售总额20.5亿元，同比增长33.48%。农民人均纯收入3004元，同比增长10.28%。城镇居民人均可支配收入13054元，同比增长6.23%。

交通、水利等重点基础设施建设方面，建设通乡油路9条240公里，建成通村公路54条385公里。完成农村饮水安全工程项目73个。农业农村经济稳步发展，全年粮食总产44.82万吨，种植烤烟11.92万亩，肉类总产量5.35万吨。全市规模以上工业总产值59.64亿元，增长31.71%，其中市属规模工业完成总产值1.77亿元，增长22.0%。投资建设方面，2009年引进入驻项目21个，计划投资55.56亿元，累计完成投资29.34亿元，完成税收1.85亿元。各项民生社会事业方面，“两基”工作顺利通过“国检”，新型农村合作医疗参合农民95.4万人，城镇居民基本医疗保险参保人数5.5万人，人口计生工作扎实推进。

Bijie City has total population of more than 1.4 million, the urbanization rate has reached 30.18%, GDP exceeded 10 billion yuan, up 19%, billions GDP is the first breakthrough in the region of cities and counties. Investment in fixed assets completed 5.2 billion, up 43.66%. The total fiscal revenue completed 655.8 million yuan, up 48.59%. Signed 5.4 billion investment funds, the actual funds were two billion yuan, up 48.6%. Total retail sales of social consumer goods were 2.05 billion yuan, up 33.48%. The per capita net income of farmer was 3,004 yuan, up by 10.28%. Disposable income of urban residents was 13,054 yuan, up 6.23%.

Transportation, water conservancy and other key infrastructure construction, the construction of nine oil line through village 240 kilometers, built 54 village road 385 km. Completion of rural drinking water safety project 73. Steady development of agriculture and rural economy, the annual grain output 448,200 tons, 119,200 mu of cultivated tobacco, and total output of 53,500 tons of meat. There are over 5.964 billion yuan of industrial output value, an increase of 31.71%, of which municipal-scale industrial output value of 177 million yuan, an increase of 22.0%. Investment construction, in 2009, settled and introduced 21 projects, plans to invest 5.556 billion yuan, total investment 2.934 billion yuan, and completed the tax 185 million. Social cause of the people' s livelihood, "two bases" work pass "state inspection", the new rural cooperative medical Participating Farmers were 954,000, in basic medical insurance for urban residents number 55,000 people, solid progress of family planning work.

铜仁市
Tongren City

铜仁市行政中心
Tongren City Administrative Centre

中国传统龙舟之乡
Hometown of Chinese traditional Dragon Boat

铜仁市位于贵州省东北部，是镶嵌在武陵深处的一颗明珠。铜仁东接湖南，北邻重庆，素有“黔东重镇、黔东门户”之美称。近年来，随着机场、铁路、高等级公路的开通，已成为连接湘、黔、渝、鄂四省市的交通枢纽城市。

2009年全市地方生产总值完成48.2亿元，比上年增长13.7%，人均生产总值14570元，同比增长13.1%。全社会固定资产完成34.4亿元，比上年增长24.4%。城镇居民人均可支配收入为9647元，比上年增长11.8%。农民人均纯收入为3750元，比上年增长12%。

通过近几年文明卫生城市创建活动的开展，城市品位迅速提升，先后荣获“中国西部名城”、“中国天然钓都”、“全国绿化模范先进（县）市”、“全国计划生育优质服务县”、“中国传统龙舟之乡”、“2009中华十大生态亲水美景”等称号。2010年，铜仁市正在创建“优秀旅游城市目的地”。

Tongren City is located in the northeast in Guizhou Province, is a pearl embedded deep in the Wuling. Tongren east is Hunan, north of Chongqing, known as the “important town of East Guizhou, door of eastern Guizhou” reputation. In recent years, with the airport, railway, highway’s opening, which has become the connection hub cities of Hunan, Guizhou, Chongqing and Hubei four provinces and cities.

In 2009, local GDP of the city completed 4.82 billion yuan, up 13.7% over the previous year, per capita GDP was 14,570 yuan, up 13.1%. Total fixed assets investment completed 3.44 billion yuan, up 24.4% over the previous year. Disposable income of urban residents was 9,647 yuan, up 11.8%. The per capita net income of farmer was 3,750 yuan, an increase of 12%.

In recent years, through the city civilization and health city construction activities, have rapidly rising urban taste, has won the “ the well-known city of West China”, “Chinese natural fishing capital,” “National Model Green advanced (County) City,” “national family planning services county”, “hometown of Chinese traditional Dragon Boat”, “2009 China top ten eco-hydrophilic beauty” and so on. In 2010, Tongren City is to create “excellent tourist city destination.”

贞丰县
Zhenfeng County

2009年6月29日，"中国金县"贵州贞丰授名仪式暨黄金工业改革创新发展高层论坛在贵州省贞丰县举办，图为中国黄金协会副会长兼秘书长张炳南讲话
June 29, 2009, "China Golden County" Guizhou Zhenfeng award ceremony were the gold industry innovation Development Forum held in Zhenfeng county Guizhou, picture shows the China Gold Association Vice Chairman and General Zhang Bingnan having speech

县长余越前(前)送水到我县旱灾最严重的沙坪乡受灾村民家中。
Former county commissioner Yu Yueqian (front) sending water to the villager's home in the worst drought affected villagers in Sha Ping Township in the county.

2009年，贞丰坚决贯彻中央和省州"保增长、保民生、保稳定"的总体要求和各项决策部署，团结带领全县各级干部各族人民，坚定信心、排难而进、克难攻坚，全县经济社会各项事业取得了新进展。

经济持续快速增长，综合实力得到提升。2009年，全县生产总值完成28.5亿元，比上年增长26.9%，增幅位居全州第二。农民人均纯收入2919元，比上年增长15.92%。

全面贯彻落实中央应对金融危机的一系列政策，抢抓中央扩大内需的政策机遇，超前安排900万元用于项目前期工作，全年共争取到中央项目196个，总投资3.35亿元。

扎实做好"三农"工作，农村经济稳步推进。县财政预算安排800万元支农贷款贴息资金。粮食总产量达到12.35万吨，同比增长1.87%。

狠抓金煤电主导产业，工业经济整体实力提升。全年完成工业总产值28.51亿元，比上年增长17.23%，总量已上升至全州第二。完成电煤供应50.69万吨。完成黄金产量7867千克，被中国黄金协会授予"中国金县"称号。

以交通和水利为重点的基础设施建设取得重大突破，发展条件明显改善。城镇建设稳步推进，新区拓展不断加快。大力改善民生，群众基本社会保障水平有新的提高。统筹协调，社会各项事业取得新成效。

In 2009, Zhenfeng resolutely implemented the central government and provincial states the general requirements and all decisions and plans of "ensuring economic growth, ensuring the people' s livelihood, maintaining stability", to unite and lead cadres at various levels and people of all county, strengthen confidence, overcome difficulties and move forward, and tackle difficult problems, the county' s economic and social undertakings made new progress.

Sustained and rapid economic growth, its strength may be raised. In 2009, the county completed 2.85 billion yuan of GDP, up 26.9% over the previous year, an increase of the state ranked second. The per capita net income of farmer was 2,919 yuan, up 15.92% over the previous year.

Fully implement the central authorities a series of policies to address the financial crisis, seize the opportunity that the central policy of expanding domestic demand, advance arrangements for nine million yuan for the project preparatory work ,for the whole year for a total of 196 central projects, total investment of 335 million yuan.

Do a solid job, "three rural", rural economy promoted steadily. County Agriculture budget was 8 million yuan loan interest subsidy funds. Total grain output reached 123,500 tons, an increase of 1.87%.

Pay close attention to the leading gold coal industry, industrial economic power upgrade. Annual industrial output value 2.851 billion yuan, up 17.23% over the previous year, the total has risen to the state second. Completion of coal supply was 506,900 tons. Complete yield 7,867 kg of gold, which was awarded the title "China Golden County" by China Gold Association.

Taking transportation and water conservancy as the main infrastructure construction has made a major breakthrough in the development of improving conditions. Steady progress in urban construction, the new district to expand faster and faster. Greatly improve people' s livelihood, the people of basic social security level to a new height. Co-ordination, social undertakings made new achievements.

万山特区
Wan Shan Special Zone

特区委书记汤志平
Special Zone Committee Secretary Tang Zhiping

特区政府区长张吉刚
Government Mayor Zhang Jigang

鼟锣艺术
Teng Luo Drum Arts

万山特区位于贵州东部，是中国第一个县级行政特区，被誉为“中国汞都”。辖一个镇和四个侗族乡，面积338平方公里，总人口6.4万人，其中少数民族占总人口的70%以上，是一个以侗族为主的多民族聚居地区。新探明的钾、磷、锰、矾、重晶石等储量异常丰富。

2009年，全区实现地方生产总值的5.40亿元，同比增长25.9%；实现财政总收入0.78亿元，同比增长20.2%；实现工业增加值2.72亿元，同比增长34.3%；实现社会消费品零售总额1.12亿元，同比增长16.0%；农民人均纯收入2473元，同比增长15.5%。

总投资2500万元的万山国家矿山公园于2009年10月28日正式揭碑开园，这是万山文化旅游产业领域的一项重大突破。同时进一步完善夜郎谷等景区配套基础设施，积极组织参加省、地旅游商品“两赛一会”。2009年，共接待游客8.7万人次，同比增长14.2%，旅游收入1300万元，同比增长16.6%。

Wan Shan Special Zone is located at the eastern part of Guizhou, is China’s first county-level administrative region, which is known as “mercury Capital of China.” Jurisdiction over a town and four Dong Township, an area of 338 square kilometers, with a total population of 6.4 million, of which the total minority population of more than 70%, is a Dong-based multi-ethnic region. New proven potassium, phosphorus, manganese, bauxite, barite, are extremely rich reserves.

In 2009, the region where the GDP to achieve 540 million yuan, up 25.9%; achieve total financial revenue 78 million yuan, up 20.2%; to achieve added value of 272 million yuan, up 34.3%; the achievement of social consumer goods retail total 112 million, up 16.0%; the per capita net income of farmers is 2,473 yuan, up 15.5%.

With the total investment of 25 million yuan, Wan Shan National Mine Park opened, officially unveils a monument on October 28, 2009, which is a major breakthrough in the field of cultural tourism industry in Wan Shan. And further improve the Yelang Valley and other scenic spots supporting infrastructure construction, active organizations to participate in provincial, local travel goods “two-race, one meeting.” In 2009, 87,000 people were tourists, up 14.2%, tourism revenue 13 million yuan, up 16.6%.

中心广场
Central Square

万山国家矿山公园博物馆
Wan Shan National Mine Park Museum

仙人洞景区
Fairy Cave Scenic Spot

23

Twenty-three

扶贫与开发

Anti-poverty and Development

23-1 扶贫开发重点县主要经济指标占全省比重(2009)

Major Economic Indicators of Basilic County of Anti-poverty and Development and Its Percentage to Provincial Total

单位：亿元　(100 million yuan)

指　标	Item	全省合计 Provincial Total	贫困县合计 Poverty Counties Total	贫困县占全省的比重(%) As Percentage to Provincial Total(%)
国土面积(万平方公里)	Area of Territory(10000 sq.km)	17.61	11.63	66.0
常用耕地面积(千公顷)	Cultivated Area for Frequently Use (1000 hectares)	1757.82	1041.43	59.2
年末总人口(万人)	Total Population at the Year-end (10000 persons)	3798.00	1885.69	49.6
生产总值	Gross Domestic Product	3912.68	1324.92	33.9
财政一般预算收入	Local Financial Revenue	416.48	83.59	20.1
财政一般预算支出	Financial Expenditure	1372.27	434.23	31.6
农林牧渔业总产值	Gross Output Value of Farming,Forestry, Animal Husban dry and Fishery	875.20	512.37	58.5
粮食产量(万吨)	Output of Grain(10000 tons)	1168.27	791.42	67.7
规模以上工业增加值	Total Gross Industrial Value-added	1170.29	297.94	25.5
社会消费品零售总额	Total Retail Sales of Consumer Goods	1247.25	301.92	24.2
城乡居民储蓄余额	Urban and Rural Resident Savings Deposit Balance	2676.09	685.91	25.6

23–2 贫困人口及发生率(2009)

Number of Poverty Population and it's Arisen Rate

县(市、区)名称	County (City,Section)	农村贫困人口(万人) Poverty Population (10000 persons)	农村贫困发生率(%) Arisen Rate of Poverty (%)	县(市、区)名称	County (City,Section)	农村贫困人口(万人) Poverty Population (10000 persons)	农村贫困发生率(%) Arisen Rate of Poverty (%)
全省合计	**National Total**	**555.30**	**16.5**	△正安县	Zhengan	9.10	15.8
扶贫开发重点县小计	**Basilic Counties of Antipoverty and Development**	**419.68**	**20.4**	△道真县	Daozhen	6.07	20.0
				△务川县	Wuchuan	7.07	17.2
贵阳市	**Guiyang**	**16.12**	**8.4**	凤冈县	Fenggang	3.50	8.8
南明区	Nanming	0.03	0.5	湄潭县	Meitan	3.63	8.4
云岩区	Yunyan	0.02	0.3	余庆县	Yuqing	2.34	8.5
花溪区	Huaxi	2.33	10.5	△习水县	Xishui	10.80	17.2
乌当区	Wudang	0.97	4.2	赤水市	Chishui	2.13	9.5
白云区	Baiyun	0.27	3.9	仁怀市	Renhuai	4.51	8.6
小河区	Xiaohe	0.11	5.3	**安顺市**	**Anshun**	**38.11**	**16.3**
开阳县	Kaiyang	3.43	9.5	西秀区	Xixiu	4.59	7.3
息烽县	Xifeng	2.49	11.2	平坝县	Pingba	3.43	11.7
修文县	Xiuwen	2.86	10.8	△普定县	Puding	8.03	19.8
清镇市	Qingzhen	3.61	8.8	△镇宁县	Zhenning	6.94	20.3
六盘水市	**Liupanshui**	**46.03**	**18.7**	△关岭县	Guanling	7.18	22.0
钟山区	Zhongshan	2.25	14.6	△紫云县	Ziyun	7.94	23.0
△六枝特区	Liuzhi	8.89	16.4	**铜仁地区**	**Tongren**	**68.58**	**18.9**
△水城县	Shuicheng	16.50	22.3	铜仁市	Tongren	2.92	12.1
△盘　县	Panxian	18.39	17.9	△江口县	Jiangkou	4.33	21.1
遵义市	**Zunyi**	**69.78**	**10.9**	玉屏县	Yuping	1.80	14.5
红花岗区	Honghuagang	1.16	5.6	△石阡县	Shiqian	7.66	20.3
汇川区	huichuan	1.36	6.5	△思南县	Sinan	11.25	18.4
遵义县	Zunyi	9.66	8.7	△印江县	Yinjiang	7.61	19.2
桐梓县	Tongzi	4.95	8.0	△德江县	Dejiang	8.50	20.6
绥阳县	Suiyang	3.50	7.1	△沿河县	Yanhe	11.49	20.3

23-2 续表 (continued)

县(市、区)名称	County (City,Section)	农村贫困人口(万人) Poverty Population (10000 persons)	农村贫困发生率(%) Arisen Rate of Poverty (%)
△松桃县	Songtao	11.96	18.6
万山特区	Wanshan	1.06	21.8
黔西南州	**Qianxinan**	**49.22**	**16.9**
兴义市	Xingyi	5.10	7.8
△兴仁县	Xingren	7.01	17.2
△普安县	Puan	5.03	17.0
△晴隆县	Qinglong	7.03	25.4
△贞丰县	Zhenfeng	6.73	18.8
△望谟县	Wangmo	6.94	23.4
△册亨县	Ceheng	5.43	24.4
△安龙县	Anlong	5.95	14.7
毕节地区	**Bijie**	**125.28**	**18.9**
毕节市	Bijie	15.54	14.7
△大方县	Dafang	16.99	20.0
黔西县	Qianxi	10.40	14.5
金沙县	Jinsha	5.83	12.0
△织金县	Zhijin	21.12	22.1
△纳雍县	Nayong	17.01	22.6
△威宁县	Weining	24.37	21.5
△赫章县	Hezhang	14.02	21.1
黔东南州	**Qiandongnan**	**82.55**	**21.0**
凯里市	Kaili	3.73	12.4
△黄平县	Huangping	7.52	22.4
△施秉县	Shibing	3.17	21.7
△三穗县	Sansui	4.52	23.1
镇远县	Zhenyuan	3.52	19.3
△岑巩县	Cengong	4.51	20.7
△天柱县	Tianzhu	7.36	20.5
△锦屏县	Jinping	4.48	21.8
△剑河县	Jianhe	5.18	22.4
△台江县	Taijiang	3.33	23.1
△黎平县	Liping	9.13	18.9
△榕江县	Rongjiang	7.16	22.4
△从江县	Congjiang	7.18	22.8
△雷山县	Leishan	3.52	24.7
△麻江县	Majiang	4.68	23.6
△丹寨县	Danzhai	3.56	22.8
黔南州	**Qiannan**	**59.63**	**17.2**
都匀市	Duyun	3.59	11.5
福泉市	Fuquan	3.61	14.3
△荔波县	Libo	3.47	22.1
贵定县	Guiding	3.62	14.6
瓮安县	Wengan	4.22	9.9
△独山县	Dushan	6.11	19.4
△平塘县	Pingtang	7.24	24.0
△罗甸县	Luodian	7.00	23.0
△长顺县	Changshun	5.33	22.3
龙里县	Longli	2.38	12.8
惠水县	Huishui	5.17	12.8
△三都县	Sandu	7.89	24.0

注：△为新阶段扶贫开发工作重点县(以下相关表同)。

Note: These counties with '△' refer to basilic counties of antipoverty and development(the same applies to relative tables below).

23–3 扶贫开发重点县主要经济指标(2009)

单位：万元

扶贫开发重点县名称	County	常住人口(万人) Permanent Population (10000 persons)	生产总值 Gross Domestic Product	财政一般预算收入 Local Financial Revenue	财政一般预算支出 Financial Expenditure	常用耕地面积(公顷) Cultivated Area for Frequently Use (hectare)	农林牧渔业总产值 Gross Output Value of Farming, Forestry, Animal Husbandry and Fishery
扶贫开发重点县合计	**Total**	**1885.69**	**13249248**	**835885**	**4342262**	**1041428**	**5123713**
六盘水市	**Liupanshui**						
六枝特区	Liuzhi	61.13	462195	23270	119323	25630	83801
水城县	Shuicheng	73.13	575951	45094	142046	33097	139797
盘　县	Panxian	114.10	1756099	155448	272970	45683	181276
遵义市	**Zunyi**						
正安县	Zhengan	52.56	210456	10760	95075	31157	146447
※道真县	Daozhen	29.95	148012	7340	67527	23510	80620
※务川县	Wuchuan	40.53	172789	10774	77861	28293	104211
习水县	Xishui	61.82	452676	20994	122469	40598	150184
安顺市	**Anshun**						
普定县	Puding	39.91	263715	19269	76693	16544	82389
※镇宁县	Zhenning	34.84	219191	15693	74033	14069	60112
※关岭县	Guanling	32.49	205624	12531	63374	15022	82164
※紫云县	Ziyun	32.35	132235	5574	65743	15885	92830
铜仁地区	**Tongren**						
江口县	Jiangkou	21.46	123644	6532	53049	10974	73664
石阡县	Shiqian	35.17	176044	8118	90384	21643	129846
思南县	Sinan	63.13	336936	11516	114609	28816	203679
※印江县	Yinjiang	39.82	215564	9056	79580	18600	148484
德江县	Dejiang	44.42	273388	11216	91528	21605	176841
※沿河县	Yanhe	54.11	273924	15765	104829	26305	176674
※松桃县	Songtao	63.15	350237	14002	119373	26438	192034
黔西南州	**Qianxinan**						
兴仁县	Xingren	45.93	351500	29360	98312	21078	100647
普安县	Puan	28.49	211261	22448	69447	16359	63671
晴隆县	Qinglong	28.96	168954	13056	69932	14081	57234
贞丰县	Zhenfeng	34.86	285697	19454	75187	20384	88212
望谟县	Wangmo	28.29	107532	6337	72550	26384	62832

Major Economic Indicators on Basilic county of Anti-poverty and Development

(10000 yuan)

粮食产量 (万吨) Output of Grain (10000 tons)	规模以上工业增 加值 Total Gross Industrial Value-added	城乡居民储蓄余额 Urban and l Rura Resident Savings Deposit Balance	固定资产 投　资 Investment in Fixed Assets	社会消费品 零售总额 Total Retail Sales of Consumer Goods
791.42	**2979395**	**6859127**	**5742981**	**3019201**
20.01	98452	236573	124124	139118
27.08	226829		537398	66519
36.33	849661	640619	752845	292675
25.17	14796	209714	67290	53029
15.89	11004	176184	60060	35212
18.37	10460	133279	98946	52676
29.77	161877	247668	236319	154634
12.70	114295	97376	65095	55169
11.71	24544	89908	73549	55036
11.66	17443	109876	40254	59571
11.68	8603	66030	32465	47805
9.16	10406	97053	75524	31759.4
16.96	7031	114774	91061	37262.9
23.65	24280	221539	282100	86101.6
14.62	15348	162539	111410	47231
17.14	16607	111184	97460	63508.4
20.17	9230	181593	229545	66270
26.07	64634	196925	138163	84043.9
18.76	87338	136294	166759	73854
9.64	62737	102148	130063	31356.8
9.64	54607	86321	96889	26294.2
12.35	121896	129154	172628	36343.5
8.41	1250	57493	34938	18228.3

23-3 续表

单位：万元

扶贫开发重点县名称	County	常住人口（万人） Permanent Population (10000 persons)	生产总值 Gross Domestic Product	财政一般预算收入 Local Financial Revenue	财政一般预算支出 Financial Expenditure	常用耕地面积（公顷） Cultivated Area for Frequently Use (hectare)	农林牧渔业总产值 Gross Output Value of Farming, Forestry, Animal Husbandry and Fishery
册亨县	Ceheng	21.97	105480	5362	61693	13420	54428
安龙县	Anlong	42.89	313546	17206	75580	20648	116543
毕节地区	**Bijie**						
大方县	Dafang	95.58	612682	45796	167643	50033	209855
织金县	Zhijin	90.74	517209	52190	162099	40631	183826
纳雍县	Nayong	75.86	608130	35131	139825	30865	152976
※威宁县	Weining	112.29	525083	32911	190349	71713	279915
赫章县	Hezhang	62.85	310202	14153	130047	38344	162504
黔东南州	**Qiandongnan**						
黄平县	Huangping	32.37	140313	6952	67763	15238	78625
施秉县	Shibing	14.40	115029	10247	43226	8243	42720
三穗县	Sansui	19.20	110649	5091	48580	8014	46084
岑巩县	Cengong	20.47	123031	4524	48801	11708	48816
天柱县	Tianzhu	37.79	222302	10118	73681	15927	91708
锦屏县	Jinping	20.65	130255	5878	55329	8422	43188
剑河县	Jianhe	22.29	115865	5724	55800	9031	57772
台江县	Taijiang	13.42	81974	5140	44686	6263	33569
黎平县	Liping	46.56	219310	9021	92683	18587	101477
榕江县	Rongjiang	30.50	161228	6188	63210	13143	91009
从江县	Congjiang	29.56	156358	5997	67184	13352	83306
雷山县	Leishan	13.83	76278	4333	47940	6771	29082
麻江县	Majiang	20.35	116902	5312	48451	10897	53744
丹寨县	Danzhai	15.13	82068	3890	42205	7278	37506
黔南州	**Qiannan**						
荔波县	Libo	16.56	148429	10734	53357	8022	49388
独山县	Dushan	33.96	200683	10998	76209	15057	98194
平塘县	Pingtang	28.61	121365	7579	73619	14343	65199
罗甸县	Luodian	32.40	191850	9088	72436	16018	93742
长顺县	Changshun	22.81	136990	7095	58735	13767	71665
※三都县	Sandu	30.25	132413	5620	65237	13538	69223

(continued)

(10000 yuan)

粮食产量 (万吨) Output of Grain (10000 tons)	规模以上工业增 加值 Total Gross Industrial Value-added	城乡居民储蓄余额 Urban and l Rura Resident Savings Deposit Balance	固定资产 投　资 Investment in Fixed Assets	社会消费品 零 售 总 额 Total Retail Sales of Consumer Goods
6.75	4172	61083	41501	10674
19.04	68080	176285	98623	49137
35.65	115118	259693	195688	109527
38.27	42082	240891	232657	109518
29.88	203802	156362	214874	96279
37.09	48228	175003	85293	112422
23.86	17398	170240	90422	71923
11.80	6684	127867	42680	40905
6.93	28473	71619	25423	31496
6.56	16215	92807	42161	52709
7.66	30349	80392	27108	40982
14.40	27441	189000	95966	74640
6.98	41353	112985	30782	40969
7.59	4161	103933	60340	33314
5.22	10464	64388	38232	23415
16.81	23326	182157	84663	76517
10.22	11652	128831	61447	48492
12.73	11472	78509	55420	43875
5.55	8776	60919	23483	24528
8.04	30799	75030	40207	28047
5.49	8808	61319	33869	21704
6.20	40014	95705	78086	39811
13.52	65729	165119	58645	63021
12.88	8241	79932	82992	31430
12.62	51212	82534	91887	42417
11.56	31038	64190	59689	39195
11.19	10978	98090	35958	48557

23-4 扶贫开发重点县主要经济指标人均水平及位次(2009)

单位：元

扶贫开发重点县名称	County	人均生产总值 Per Capita Gross Domestic Product	位次 Order	人均粮食(公斤) Per Capita Output of Grain(kg)	位次 Order
六盘水市	**Liupanshui**				
六枝特区	Liuzhi	7563	8	370	25
水城县	Shuicheng	7878	6	365	27
盘　县	Panxian	15394	1	354	32
遵义市	**Zunyi**				
正安县	Zhengan	4005	49	438	10
※道真县	Daozhen	4944	39	525	1
※务川县	Wuchuan	4264	46	448	8
习水县	Xishui	7325	10	474	3
安顺市	**Anshun**				
普定县	Puding	6617	12	313	48
※镇宁县	Zhenning	6292	16	343	39
※关岭县	Guanling	6330	14	358	29
※紫云县	Ziyun	4088	48	339	42
铜仁地区	**Tongren**				
江口县	Jiangkou	5764	25	447	9
石阡县	Shiqian	5007	38	450	7
思南县	Sinan	5339	33	386	24
※印江县	Yinjiang	5415	32	369	26
德江县	Dejiang	6156	17	416	14
※沿河县	Yanhe	5063	37	356	31
※松桃县	Songtao	5547	29	405	16
黔西南州	**Qianxinan**				
兴仁县	Xingren	7655	7	460	6
普安县	Puan	7418	9	325	46
晴隆县	Qinglong	5836	24	348	36
贞丰县	Zhenfeng	8199	3	345	38
望谟县	Wangmo	3803	50	284	50

Major Per Capita Economic Indicators and Their Orders on Basilic County of Anti-poverty and Development

(yuan)

人均财政一般预算收入 Per Capita Local Financial Revenue	位次 Order	人均财政一般预算支出 Per Capita Financial Expenditure	位次 Order	农民人均纯收入 Per Capita Annual Net Income of Rural Households	位次 Order	城乡居民人均储蓄 Per Capita Urban and Rural Resident Savings Deposit	位次 Order
380.79	17	1952.59	36	2881	10	3871	22
616.80	6	1942.91	39	2820	16		50
1362.62	1	2392.79	17	3038	2	5616	3
204.74	44	1809.06	46	2660	29	3990	18
245.20	35	2255.79	21	2478	45	5886	1
265.93	28	1921.78	42	2475	46	3290	29
339.71	18	1981.70	35	2737	22	4008	17
483.48	9	1924.30	41	2745	21	2443	45
450.50	13	2125.25	27	2765	17	2581	42
385.75	15	1950.87	37	2689	27	3382	27
172.33	50	2032.56	32	2701	23	2041	47
304.52	22	2473.15	14	2649	31	4525	11
230.89	37	2570.65	10	2759	18	3264	30
182.48	49	1816.02	45	2539	41	3510	26
227.48	38	1999.00	33	2611	34	4083	15
252.56	34	2060.98	31	2425	47	2504	44
291.40	24	1937.69	40	2553	40	3357	28
221.76	41	1890.61	43	2505	42	3119	32
639.37	5	2140.94	26	3002	5	2968	34
788.20	2	2438.45	15	2619	33	3587	25
450.98	12	2415.61	16	2408	48	2982	33
558.30	8	2157.76	24	2868	11	3707	23
224.12	40	2565.87	11	2163	50	2033	48

23-4 续表

单位：元

扶贫开发重点县名称	County	人均生产总值 Per Capita Gross Domestic Product	位次 Order	人均粮食(公斤) Per Capita Output of Grain(kg)	位次 Order
册亨县	Ceheng	4803	40	303	49
安龙县	Anlong	7313	11	469	5
毕节地区	**Bijie**				
大方县	Dafang	6326	13	421	13
织金县	Zhijin	5701	28	401	19
纳雍县	Nayong	8019	5	397	21
※威宁县	Weining	4677	43	327	45
赫章县	Hezhang	4937	42	358	29
黔东南州	**Qiandongnan**				
黄平县	Huangping	4335	45	351	35
施秉县	Shibing	7988	4	474	3
三穗县	Sansui	5763	26	336	43
岑巩县	Cengong	6010	19	352	33
天柱县	Tianzhu	5883	22	401	19
锦屏县	Jinping	6308	15	340	40
剑河县	Jianhe	5198	36	328	44
台江县	Taijiang	6108	18	362	28
黎平县	Liping	4710	41	348	36
榕江县	Rongjiang	5286	35	320	47
从江县	Congjiang	5290	34	404	18
雷山县	Leishan	5515	30	389	23
麻江县	Majiang	5745	27	405	16
丹寨县	Danzhai	5424	31	352	33
黔南州	**Qiannan**				
荔波县	Libo	8969	2	395	22
独山县	Dushan	5911	21	430	11
平塘县	Pingtang	4242	47	426	12
罗甸县	Luodian	5865	23	415	15
长顺县	Changshun	6007	20	484	2
※三都县	Sandu	4379	44	340	40

(continued)

(yuan)

人均财政一般预算收入 Per Capita Local Financial Revenue	位次 Order	人均财政一般预算支出 Per Capita Financial Expenditure	位次 Order	农民人均纯收入 Per Capita Annual Net Income of Rural Households	位次 Order	城乡居民人均储蓄 Per Capita Urban and Rural Resident Savings Deposit	位次 Order
244.17	36	2809.34	5	2245	49	2782	37
401.31	14	1762.80	48	2840	13	4112	14
479.29	10	1754.51	49	2826	15	2718	38
575.32	7	1786.90	47	2757	19	2655	41
463.23	11	1843.68	44	2834	14	2062	46
293.18	23	1695.68	50	2573	39	1559	49
225.26	39	2069.82	30	2753	20	2710	39
214.83	43	2094.04	28	2598	35	3951	19
711.84	3	3002.85	4	2920	9	4975	6
265.23	29	2530.87	12	2696	25	4835	8
221.06	42	2384.61	18	2690	26	3928	20
267.81	27	1950.26	38	2844	12	5003	5
284.72	25	2680.02	7	2504	43	5473	4
256.85	33	2503.93	13	2625	32	4664	10
383.15	16	3331.05	2	2590	38	4800	9
193.81	47	1991.26	34	2598	35	3914	21
202.95	45	2073.14	29	2595	37	4225	13
202.94	46	2273.57	20	2680	28	2657	40
313.42	20	3467.63	1	2489	44	4406	12
261.10	31	2381.47	19	2659	30	3688	24
257.19	32	2790.41	6	2701	23	4054	16
648.38	4	3223.01	3	3009	3	5781	2
323.95	19	2244.74	22	3009	3	4864	7
265.00	30	2574.09	9	2924	8	2795	36
280.58	26	2236.37	23	3086	1	2548	43
311.12	21	2575.53	8	3002	5	2815	35
185.85	48	2157.31	25	2974	7	3244	31

23–5 扶贫开发效益及成果(2009)

Benefits and Achievements of Anti-poverty and Development

县(市、区)名称	County (City,Section)	当年新增基本农田(亩) Farmland Newly Increased in the Year(mu)	当年新增及改扩建公路里程(公里) Length of Highways Newly Increased in the Year(km)	当年新增经济林(亩) Area of Orchards Newly Increased in the Year(mu)	向其他地区输出劳动力(人) Output Labour to other area (person)	#向省外 to other Provinces (person)
全省合计	**Provincial Total**	**190335**	**11355**	**596775**	**156570**	**96284**
扶贫开发重点县小计	**Basilic Counties of Antipoverty and Development Total**	**161325**	**9410**	**498260**	**114618**	**77667**
贵阳市	**Guiyang**	**1965**	**419**	**810**	**9489**	**3332**
南明区	Nanming					
云岩区	Yunyan					
花溪区	Huaxi	225	20		1305	455
乌当区	Wudang					
白云区	Baiyun					
小河区	Xiaohe					
开阳县	Kaiyang	975	161	450	1146	120
息烽县	Xifeng	750	129	360	4210	850
修文县	Xiuwen		99		1060	475
清镇市	Qingzhen	15	10		1768	1432
六盘水市	**Liupanshui**	**16155**	**901**	**25050**	**20713**	**11704**
钟山区	Zhongshan	3315	32			
△六枝特区	Liuzhi	405	202	1200	19639	11390
△水城县	Shuicheng	4365	415	3150	326	314
△盘　县	Panxian	8070	252	20700	748	
遵义市	**Zunyi**	**7800**	**1761**	**66930**	**19790**	**9125**
红花岗区	Honghuagang		4		2000	1500
汇川区	Huichuan			2250	582	582
遵义县	Zunyi		63		1870	350
桐梓县	Tongzi		228		326	278
绥阳县	Suiyang		86		640	320
△正安县	Zhengan		193	45000	340	130
△道真县	Daozhen		25		880	475
△务川县	Wuchuan		184	6255	3380	2850
凤冈县	Fenggang		77		812	320
湄潭县	Meitan		36	3975	880	880
余庆县	Yuqing	7800	120	450	933	620
△习水县	Xishui		656		160	96
赤水市	Chishui		47		6230	681
仁怀市	Renhuai		42	9000	757	43
安顺市	**Anshun**	**25755**	**715**	**12270**	**12960**	**8874**
西秀区	Xixiu	165	50		800	350

23-5 续表1 (continued)

县(市、区)名 称	County (City,Section)	当年新增基本农田(亩) Farmland Newly Increased in the Year(mu)	当年新增及改扩建公路里程(公里) Length of Highways Newly Increased in the Year(km)	当年新增经济林(亩) Area of Orchards Newly Increased in the Year(mu)	向其他地区输出劳动力(人) Output Labour to other area (person)	#向省外 to other Provinces (person)
平坝县	Pingba		45	45	1180	200
△普定县	Puding		68	9855	1100	896
△镇宁县	Zhenning	4290	51	1200	7790	6699
△关岭县	Guanling	300	271	1095	970	600
△紫云县	Ziyun	21000	230	75	1120	129
铜仁地区	**Tongren**	**31755**	**1900**	**135860**	**11799**	**6904**
铜仁市	Tongren		42	22500	2800	2800
△江口县	Jiangkou	1215	342	870	937	937
玉屏县	Yuping		32		850	105
△石阡县	Shiqian	210	32	600	340	340
△思南县	Sinan		251		920	420
△印江县	Yinjiang	30000	739	52500	2043	1542
△德江县	Dejiang		246	38595	1020	
△沿河县	Yanhe		118		1160	580
△松桃县	Songtao		75	20000	1219	80
万山特区	Wanshan	330	23	795	510	100
黔西南州	**Qianxinan**	**52125**	**1167**	**17310**	**15948**	**11638**
兴义市	Xingyi		108	6225	1552	382
△兴仁县	Xingren	18495	158	1320	1453	1011
△普安县	Puan		92	930	1081	1081
△晴隆县	Qinglong	28380	95	1995	4013	2987
△贞丰县	Zhenfeng	4890	92	2490	5652	5262
△望谟县	Wangmo		160		500	155
△册亨县	Ceheng		333	3495	1400	500
△安龙县	Anlong	360	129	855	297	260
毕节地区	**Bijie**	**18360**	**372**	**47145**	**17702**	**15619**
毕节市	Bijie		6		800	800
△大方县	Dafang	1260	111	5025	150	150
黔西县	Qianxi	1200	10		1567	1564
金沙县	Jinsha	13995		19995	1480	260
△织金县	Zhijin		48	1440	1360	1360
△纳雍县	Nayong		17	1005	2017	1925
△威宁县	Weining	255	117	2250	9873	9105

23-5 续表2 (continued)

县(市、区)名 称	County (City,Section)	当年新增基本农田(亩) Farmland Newly Increased in the Year(mu)	当年新增及改扩建公路里程(公里) Length of Highways Newly Increased in the Year(km)	当年新增经济林(亩) Area of Orchards Newly Increased in the Year(mu)	向其他地区输出劳动力(人) Output Labour to other area (person)	#向省外 to other Provinces (person)
△赫章县	Hezhang	1650	63	17430	455	455
黔东南州	**Qiandongnan**	**20175**	**2715**	**59685**	**22633**	**12516**
凯里市	Kaili		80	375	800	320
△黄平县	Huangping	15	253		366	366
△施秉县	Shibing	10215	100	21000	1640	550
△三穗县	Sansui			1785	1392	631
镇远县	Zhenyuan		90		652	454
△岑巩县	Cengong		67		502	502
△天柱县	Tianzhu		618	18000	280	280
△锦屏县	Jinping		60	3480	572	491
△剑河县	Jianhe	210	38		5552	2227
△台江县	Taijiang		186	195	3420	2756
△黎平县	Liping	1125	437	1995	2014	635
△榕江县	Rongjiang	60	369		900	800
△从江县	Congjiang	750	200	4800	840	532
△雷山县	Leishan	4005	37	7950	2210	900
△麻江县	Majiang		49	105	960	550
△丹寨县	Danzhai	3795	131		533	522
黔南州	**Qiannan**	**16245**	**1405**	**231715**	**25536**	**16572**
都匀市	Duyun	240	9	435	261	261
福泉市	Fuquan				700	400
△荔波县	Libo	4500	75	46500	1150	830
贵定县	Guiding		21	24900	925	220
瓮安县	Wengan		24	1500	1236	1185
△独山县	Dushan	2790	128	375	4680	3890
△平塘县	Pingtang		16	45450	6752	4237
△罗甸县	Luodian	7500	323	10000	626	626
△长顺县	Changshun		292	18855	7058	4004
龙里县	Longli		10		320	56
惠水县	Huishui		241	5265	1000	254
△三都县	Sandu	1215	266	78435	828	609

地县概貌 PREFECTURE (COUNTY) OVERVIEW

“醉美”贵阳　宜居贵阳
“Drunken Beauty” Guiyang　Livable Guiyang

“醉美”贵阳
“Drunken Beauty” Guiyang

贵阳市土地总面积8034平方千米，占全省面积的4.56%。东南与黔南布依族苗族自治州的瓮安、龙里、惠水、长顺4县接壤，西靠安顺地区的平坝县和毕节地区的织金县，北邻毕节地区的黔西、金沙两县和遵义市的遵义县。贵阳市城区(云岩、南明、小河3个区)面积220.31平方千米，占全市面积的1.97%。

贵阳夏无酷暑，冬无严寒，雨水充沛。贵阳环城林带提供了富足的负氧离子，超过正常值的几倍，可谓“天然氧吧”。重工业基本远离市区，城市污染轻，空气质量良好。贵阳有“上有天堂，下有苏杭，气候宜人数贵阳”之美誉，2007年被中国气象学会授予了“中国避暑之都”荣誉称号。

2009年，贵阳市以加快生态文明城市建设为总抓手，按照“应挑战、保增长、重民生、推改革、促开放、善领导”的要求，全面完成了市十二届人民代表大会第四次会议确定的各项目标任务。

全力保增长，经济又好又快发展。全市生产总值902.61亿元，比上年增长13.3%，其中：一产增加值50.07亿元，增长8.1%；二产增加值402.24亿元，增长12.6%；三产增加值450.3亿元，增长14.5%。财政总收入252.05亿元，增长12.4%，剔除政策性减收和不可比因素后，增长19.1%。

倾力保民生，人民生活进一步改善。城市居民人均可支配收入15041元，增长8.9%；农民人均纯收入5316元，增长10.3%。新增就业岗位5.2万个，城乡统筹就业7.8万人，城镇登记失业率3.5%，96.6%的返乡农民工、5.9万名高校毕业生实现就业。

奋力保稳定，平安贵阳建设成效明显。信访维稳、安全生产和应急管理工作全面加强，连续4次、16年荣获全国社会治安综合治理优秀地市荣誉称号，市民

贵阳百花湖
Guiyang Baihua Lake

Total land area of Guiyang City is 8,034 square kilometers, accounting for 4.56% of the province area. It borders Weng' an, Longli, Huishui, and Changshun four counties in Qiannan Buyi and Miao Autonomous Prefecture in Southeast, west of Anshun area Pingba County and Bijie Zhijin County, north of Bijie Qianxi, Jinsha two counties and the Zunyi County of Zunyi city. Guiyang City (Yunyan, Nanming, Xiaohe 3 Zone) has an area of 220.31 square kilometers, accounting for 1.97% of the city area.

Guiyang is not hot in summer, not cold in winter, plenty of rain. Guiyang forest around the city provides a rich negative oxygen ions, several times more than normal is the "natural oxygen bar." Heavy industry basically stays away from urban, urban pollution is light, good air quality. Guiyang has "There is paradise in heaven, there are Suzhou and Hangzhou in land, the moderate climate in Guiyang" reputation, the Chinese Meteorological Society in 2007 awarded the "summer resort capital of China" the honorary title.

In 2009, Guiyang city speeded up the construction of ecological civilization total as handle, in accordance with the "facing the challenge, sustaining economic growth, focusing on people' s livelihood, promote reform, and promote openness, good leadership" requirement, is necessary to comprehensively complete the second session of the city People' s Congress the objectives set by the Fourth Session of the task.

Making efforts to maintain economic growth, fast and good economic growth. The GDP of 90.261 billion yuan, up 13.3% over the previous year, includes: first industry added value 5.007 billion yuan, an increase of 8.1%; second industry production added value of 40.224 billion yuan, up 12.6%; the

和谐的山水相容
Compatible and harmonious landscape

贵阳街景
Guiyang street

安全感比上年提高4个百分点以上,建国60周年等重大节庆活动中社会稳定。安全生产事故起数和死亡人数分别为784起、344人，分别下降10.4%、10.4%，实现“双下降”。

2009年，贵阳市政府始终以科学发展观为统领，重点抓了以下七个方面的工作：

投资带动保增长，重大项目建设有新突破。固定资产投资完成782.64亿元，增长30.1%，投资对经济增长的贡献率达52%以上。城市发展基础极大夯实。集中实施了一批龙头型、基地型产业项目。城市保障能力得到加强。

创新引领促转型，产业整体竞争力有新提升。加快发展服务业，旅游业持续高速增长，接待海内外游客3288.47万人次，旅游总收入294.85亿元，分别增长25.2%、57.4%。金融业发展实现重大突破。物流节点城市建设开局良好。城乡市场体系建设迈上新台阶。房地产业快速健康发展。打好工业提速增效攻坚战。认真落实振兴工业经济大会精神，强力推进工业强市战略。园区建设进展加快。培育大产业、大企业成效明显。突出抓好“四个”十大重点企业和重点工业项目。“小巨人企业成长计划”扎实推进，规模以上工业企业由520家增加到550家。抓好创新能力建设。实施科技创新行动计划。

规划引领强品质，城市美化绿化亮化净化有新进展。规划龙

贵阳行政中心
The administrative center of Guiyang

华灯初上时的贵阳
Light on Guiyang

贵阳市夜景一角
Night corner of the Guiyang City

tertiary industry added value of 45.03 billion yuan, an increase of 14.5%. The total fiscal revenue was 25.205 billion yuan, up 12.4%, excluding policy to reduce and not comparable factors, an increase of 19.1%.

Making efforts to protect people' s livelihood, people' s lives further improved. Disposable income of urban residents was 15,041 yuan, an increase of 8.9%; the per capita net income of farmer was 5,316 yuan, an increase of 10.3%. 52,000 new jobs, urban and rural employment of 78,000, registered urban unemployment rate of 3.5%, 96.6% of the return of migrant workers, 59,000 college graduates in employment.

Struggling to maintain stability, Guiyang marked progress in building peace. Letters stability maintenance, safety and emergency management strengthened, with total for 4 times, won the 16-year comprehensive national social security honor outstanding cities, the public sense of security than the 4 percent increase over the previous year, the 60th anniversary of the founding of major festivals such as of social stability. The number of production safety accidents and deaths were 784 cases and 344, respectively, the dropped 10.4%, 10.4% respectively, to achieve "double down."

In 2009, the Guiyang municipal government has the scientific development concept, focus attention on the following seven areas:

Investment-driven capital growth, there are new breakthroughs in major projects. Fixed assets investment completed 78.264 billion yuan, up 30.1%, the contribution of investment to economic growth rate reached 52%. Greatly reinforce the basis of urban development. Focus on the implementation of a number of leading types, base type industrial projects. Urban security strengthened.

Promote innovation and lead the transformation industry to newly enhance the overall competitiveness. Speed up the development of service industries, tourism continued to grow rapidly, receiving domestic and overseas tourists 32,884,700 passengers, total tourism income 29.485 billion yuan, increased 25.2%, 57.4% respectively. Financial sector development achieved a major breakthrough. Urban construction logistics node made a

天河潭
Tianhe Pool

生态造城构筑爽爽的贵阳
Ecological building bright and clear Guiyang

贵阳高坡挠绕村琵琶田
Guiyang high slope around the village of Pipa torsion field

花溪镇山村
Huaxi Village

头作用进一步增强。编制完成《贵阳市城市总体规划（2009—2020年）》、《贵阳市土地利用总体规划（2006—2020年）》，完成20余项控规及城市设计。严格规划执法检查，治理乱搭乱建和乱设户外广告初见成效，实现临时建筑“零审批”。新一轮城市建设全面展开。城市生态环境持续改善。成功举办2009生态文明贵阳会议。被列为全国生态文明建设试点城市。

统筹城乡重“三农”，一体化发展有新局面。大力实施强农惠农政策，财政用于“三农”支出达21亿元。加强基础设施建设。切实推进农业产业基地化、标准化、规模化。

改革开放增活力，城市可持续发展动力有新增强。更大力度推进改革。深化投融资体制改革。深化行政管理体制改革。深化国有企业改革改制。集体林权制度改革加快推进，91%的集体林地明确了产权。扎扎实实推进非公有制经济发展。努力扩大对内对外开放，引进投资3000万元以上项目135个，亿元以上项目42个，引进内资实际到位资金368.52亿元,增长21.6%；实际直接利用外资1.12亿美元，增长20%。

改善民生促和谐，各项社会事业有新进步。认真落实“六有”民生行动计划，十件实事全面完成。市本级统筹28.1亿元用于改善民生，增

贵阳森林公园
Guiyang Forest Park

银装盛衣
Silver Cloth

good start. Urban and rural market system went to a new level. Rapid and healthy development of real estate. Efficiency of industrial speed fights tough fight. Conscientiously implement the spirit of the General Assembly revitalization of industrial economy, a strong strategy to promote strong city. Accelerate progress in construction of the park. Cultivate large industry, large enterprises and marked achievements. Give prominence to the "four" Ten key enterprises and key industries projects. "Little Giant business growth plan," solid progress, industrial enterprises above designated size increased to 550 from the 520. Do a good job of Creative Ability. Implementation of technological innovation action plan.

Planning to lead strong quality, urban beautification clean green lighting has a new development. Plan to further strengthen the leading role. Preparation of completing "Guiyang Urban Master Plan (2009–2020)," and "land use planning in Guiyang City (2006–2020)", control of over 20 regulatory and urban designs. Strict enforcement inspection planning, governance mess building and arbitrary institution outdoor advertising working as temporary construction to achieve "zero approval." A new round of urban construction is in full swing. Continued to improve the urban ecological environment. Success of 2009 ecological civilization the meeting held in Guiyang. It is listed as the pilot cities of ecological civilization construction.

Make good connection between urban and rural, pay attention on "three rural", integration development has new situation. Vigorously implement the

蓝天碧水映出爽爽的贵阳
Clear water and blue sky reflecting on the bright and clear Guiyang

立交桥贯穿城市交通
Overpass through city traffic

红枫湖
Hongfeng Lake

甲秀楼
Jiaxiu Tower

鸟瞰贵阳
Bird's eye-view of Guiyang

长15.1%，占财政总支出的52%。努力稳定和扩大就业。大力实施均衡教育。积极构建安全、有效、便民、价廉的公共卫生服务体系。稳步提高社会保障水平。加强保障性住房建设。全力以赴保稳定。低生育水平保持稳定。文化、体育事业取得新成绩。

依法行政优服务，政府自身建设有新成效。加强依法行政，自觉接受人大法律监督、工作监督和政协民主监督。强化审计监督和行政监察。武警支队新营房投入使用，对国防后备力量建设支持力度进一步加大，国防动员能力不断提高，军政军民团结得到巩固。

贵州民族文化宫
Guizhou Cultural Palace of Nationalities

中国首家峡谷公园——开阳南江大峡谷
China' s first Canyon Park-Kaiyang Nanjing Grand Canyon

贵阳龙洞堡机场
Guiyang Longdongbao Airport

policy of benefiting the agriculture, finance for the "three rural" spending up to 2.1 billion. Strengthen the infrastructure. Effectively promote agricultural industrialization base, standardization and scale.

Reform and opening up additional energy, sustainable urban development with new enhanced power. Greater efforts to promote reform. Deepen the investment and financing system. Deepen administrative restructuring. Deepen the Reform of state-owned enterprise reform. Speed up Reform of collective forest right system, 91% of the collective has forest clear property rights. Push forward the non-public economic development. Efforts to expand the opening to the outside, more than 30 million yuan investment projects to 135 , the project over million were 42, prized the actual funds 36.852 billion yuan, up 21.6%; the actual direct foreign investment 112 million U.S. dollars, an increase of 20%.

Improve people' s livelihood and promote harmony, and new progress in all social undertakings. Conscientiously implement the "six have" the people' s livelihood action plan, 10 practical completed. City level to improve people' s livelihood was 2.81 billion yuan, up 15.1%, accounting for 52% of total expenditure. Efforts to stabilize and expand employment. Vigorously implement the balanced education. Actively build a safe, effective, convenient, inexpensive public health service system. Steadily increase level of social security. Strengthen the protection of housing construction. Go all out to ensure stability. Low birth rate remained stable. Culture, sports achieve new results.

Excellent service administration according to law, the Government' s own construction has new achievements. Enhance administration according to law, and consciously accept legal supervision of the NPC, the CPPCC work supervision and democratic supervision. Strengthen the audit supervision and administrative supervision. The new barracks armed police detachment in use, on the national defense reserve forces to support efforts to further strengthen, national defense mobilization capabilities continue to improve, consolidate their unity between the solider and people.

息烽集中营
Xifeng Concentration Camp

清澈的南明河
Clear Nanming River

森林之城贵阳
Forest City, Guiyang

贵阳野生动物园
Guiyang Wild Animal Zoo

花溪河畔的黄金大道
Huaxi River Golden Boulevard

市民在广场上游玩
People playing in the square

贵阳欢迎您
Welcome to Guiyang

中国避暑之都、森林之城贵阳
China's summer capital, Forest City, Guiyang

贵阳红枫湖景色
View of Hongfeng Lake in Guiyang

修文阳明祠
Xiuwen Yangming Temple

花溪公园
Huaxi Park

六盘水市
Liupanshui City

六盘水市位于贵州西部，地处川、滇、黔、桂四省结合部，是长江上游和珠江上游的分水岭。现辖六枝特区、盘县、水城县和钟山区四个县级行政区，有98个乡镇、办事处，1036个行政村，144个居委会，土地面积9965.37平方公里，人口298.34万，其中，彝族、苗族、布依族、回族等44个少数民族人口83.83万。市中心城区建成区面积50平方公里，市区人口45万。

六盘水市资源丰富，煤、铁、锰、锌等矿产资源达30余种，其中煤炭资源远景储量844亿吨，探明储量180亿吨，保有储量168.2亿吨。市辖四个县、特区、区均为国家重点产煤县，因而具有“江南煤都”之称；又因得天独厚的气候资源优势，被誉为“中国凉都”。六盘水市是国家确定的“攀西-六盘水资源综合开发区”，是贵州省委、省政府确定的“一圈二区一带”区域经济发展布局中“毕（节）水（城）兴（义）经济带”的重要组成部分。

Liupanshui city is located in western Guizhou, located in junction of Sichuan, Yunnan, Guizhou and Guangxi provinces, is the upstream watershed of the Yangtze River and Pearl River. It has jurisdiction over six special zones, Panxian, Shuicheng and Zhongshan four county-level administrative Topography, 98 townships, offices, 1,036 administrative villages, 144 neighborhood, an area of 9,965.37 square kilometers of land a population of 2,983,400, of which , Yi, Miao, Buyi, Hui and other 44 ethnic minority population of 838,300. Central City built area of 50 square kilometers, the urban population of 450,000.

Liupanshui city is rich in resources, coal, iron, manganese, zinc and other mineral resources, more than 30 species, of which 84.4 billion tons of coal resources and prospective reserves, proven reserves of 18 billion tons, to maintain reserves of 16.82 billion tons. Municipality has four counties, special zones, and zones are national key coal-producing County, which have a "Southern Coal Capital" name; because of the unique climate resources, known as "China cool capital" . Liupanshui City is the state for the "Panxi - Liupanshui Resources Comprehensive Development Zone" is an important part of the Guizhou provincial committee, and government established "a lap two areas a belt" regional economic development strategy of "Bi (Jie) Shui (Cheng) Xing (Yi) economic zone" .

六盘水市区位优势明显，与昆明、成都、重庆、贵阳、南宁五个省会城市的距离均在300-500公里。随着铁路“三线一站”投入营运，以株（州）六（盘水）复线铁路横贯东西(延伸段六盘水至沾益复线已开工建设)；内（江）昆（明）线、六（盘水）红（果）线、南（宁）昆（明）线铁路南北连接，并拥有西南地区较大的六盘水南编组站，基本形成了北上四川入江、南下广西入海、东出湖南到华东、西进云南入东南亚的铁路十字大通道，故有“四省立交”之称。

2009年，六盘水市实现生产总值完成430.16亿元，同比增长11.5%。全市财政总收入完成74.04亿元，同比增长20.6%。全社会固定资产投资完成244.78亿元，同比增长23.8%。城市居民人均可支配收入达13116.21元，比上年增长8.02%。农民人均纯收入达3083.41元，比上年增长12.7%。

Liupanshui has obvious location advantages, having the 300-500 km distance with capital city of Kunming, Chengdu, Chongqing, Guiyang, and Nanning. With the railway, "three-lane one-stop" put into operation, Zhu (Zhou) Liu (Panshui) double-track railway from east to west (extension of Liupanshui to Zhanyi double-track has been started); Nei (Jiang) Kun (Ming) line, Liu (Panshui) Hong (Guo) line, Nan (Ning) Kun (Ming) line north-south rail link, and have greater Liupanshui southwestern South station, basically formed into the river north of Sichuan, south Guangxi to the sea, east Hunan to the East China, west of Yunnan into Southeast Asia, a major thoroughfare of the railway cross, and therefore, is named "the four provinces Interchange".

In 2009, the GDP of Liupanshui completed 43.016 billion yuan, up 11.5%. The city completed total fiscal revenue 7.404 billion yuan, up 20.6%.Total fixed asset investment completed 24.478 billion yuan, up 23.8%. Disposable income of urban residents reached 13,116.21 yuan, an increase of 8.02%. The per capita net income of farmer is 3,083.41 yuan, up 12.7%.

转折之城　会议之都

The Turning-point City and Conference Capital

省委副书记、省长林树森在遵义主持召开第二十五次省长办公会
Provincial Committee, Governor Lin Shusen hosting in the twenty-fifth governor's office meeting

省委副书记、省长林树森一行在仁怀市参观考察茅台镇及茅台酒厂
Provincial Committee, Governor Lin Shusen visiting and inspecting in Maotai town and Maotai liquor in Renhuai City

省委副书记、省长林树森在遵义调研中心城区发展规划
Provincial Committee, Governor Lin Shusen has research of the Center City Development Plan in Zunyi

省委常委、常务副省长王晓东调研遵义抗旱救灾工作
Provincial Standing Committee, the Standing Committee of Vice-Governor Wang Xiaodong has research of the drought relief work in Zunyi

遵义地处川渝黔之要冲，是昆筑北上长江、川渝南下入海的咽喉，属国家长江中上游综合开发重点区域和黔中主要产业带，1997年经国务院批准撤地设市。国土面积30762平方公里，辖二区二市十县和新蒲新区，人口750.87万，城市化率37.9%。遵义属亚热带高原湿润季风气候，是避暑纳凉的绝佳之地。

遵义会议彪炳史册，国酒茅台誉满九洲。作为国务院首批公布的历史文化名城，承载着“中国革命转折之城”的盛誉，先后获得“中国历史文化名城”、“中国酒文化名城”、“全国双拥模范城市”、“全国无偿献血先进城市”、“中国人居环境范例城市”、“全国造林绿化十佳城市”、“全国绿化模范城市”、“国家园林城市”、“中国优秀旅游城市”、“国家卫生城市”、“国家森林城市”等荣誉称号。

昔日的转折之城，今日的会议之都。2008年，遵义市委、市政府提出了加快发展会展经济，着力提升“转折之城”、打造“会议之都”的城市定位。2009年，成功举办“金融风暴何处去，转折之城论转折”高端论坛、中国贵州国际绿茶博览会、全国农村精神文明建设工作经验交流会、第二届中国（遵义）酒类博览会、第四届贵州旅游产业发展大会等大型展会，提高了城市品位和知名度，会展经济加速发展。

着力增强城市实力，努力实现“三个发展”。2009年，全市按照省委、省政府关于遵义要“加快发展、科学发展、率先发展”的要求，千方百计应对国际金融危机冲击，千方百计保增长、保民生、保稳定，千方百计实施“三新一强”和“四大区域

2009中国贵州国际绿茶博览会
2009, China Guizhou International Tea Expo

2009中国（遵义）酒类博览会
2009 China (Zunyi) Liquor Fair

2009年4月8日遵义铁路联营公司遵义北集装箱货场开通营运
April 8, 2009, Zunyi Railway Lawrence Company Zunyi Bei container yard was opened and got operation

2009年12月8日杭州至瑞丽国家高速公路贵州境内思南至遵义段开工仪式
December 8, 2009, Hangzhou to Ruili, the National Highway in Guizhou, Sinan to Zunyi section groundbreaking ceremony

2009年12月21日仁怀—习水—赤水高速公路开工典礼
December 21, 2009, Renhuai - Xishui - Chishui Highway Opening Ceremony

Zunyi is located in the hub of Sichuan, Chongqing and Guizhou, is a throat of OKunzhu north to the Yangtze River, Sichuan and Chongqing south into the sea, and is a national comprehensive development of key areas and the main industrial belt of Guizhou Province of in the upper and middle reaches of Yangtze River, was approved by the state to be a city in Land area of 30,762 square kilometers, governing the two districts, two cities, 10 counties and Xinpu new Area, population 7,508,700, urbanization rate of 37.9%. Zunyi is belonged to humid subtropical plateau monsoon climate, is the perfect place to enjoy the cool summer.

Zunyi Conference is shining through history; the State Liquor Maotai is world-famous. As the State Council published the first historical and cultural city, carrying the reputation of "city of the turning of the Chinese revolution,", won "historical and cultural city in China", "Chinese wine culture city", "National support exemplary city", "National Blood Donation Advanced City", "China Human Settlement Environment City"," National Afforestation Top Ten City", "National Model Green City", "National Garden City", "China Excellent Tourism City", "National Sanitary City", "State Forest City" and so on.

第四届贵州旅游产业发展大会
The Fourth Conference on Tourism Development in Guizhou

市委书记慕德贵
Party secretary Mu Degui

市委副书记、市长王晓光
Municipal Committee, Mayor Wang Xiaoguang

全国农村精神文明建设经验交流会代表参观湄潭县新农村建设
County Council delegation of the Exchange of experiences of rural spiritual civilization visiting the new countryside construction in Meitan County

遵义县三渡云门囤
Zunyi County, Sandu Yunmen store

遵义会议会址
Site of Zunyi Meeting

发展”战略，强力推进“八大建设”。全市实现地区生产总值720亿元，比上年增长12.6%；三次产业结构占比为16.9：47.2：35.9。财政总收入和一般预算收入分别完成115.03亿元和46.28亿元，增长12%、18.2%。粮食总产量339.85万吨，为历史第二个高产年。实现规模以上工业增加值254.46亿万元，增长13.6%。完成全社会固定资产投资376.07亿元，增长19%；社会消费品零售总额244.24亿元，增长20%；全市银行业金融机构各项存款余额920.59亿元，增长23.9%；各项贷款余额485.61亿元，增长30.7%。全年共接待游客1373.8万人次，实现旅游综合收入110.17亿元，分别增长26.5%和35.2%。城镇居民人均可支配收入和农民人均纯收入分别达到13806元、3661元，分别增长10.5%和11.2%。

构皮滩电站五台机组全部发电
Five units got total electricity generation of Goupitan power station

《金融危机何处去 转折之城论转折》高峰论坛
"Where financial crisis will be, turning point of the city" high-end forum

2009年9月29日遵义市新火车站开工建设
September 29, 2009, the new railway station under construction in Zunyi City

The turning point of the city in the past, today's capital of meeting. In 2008, Zunyi municipal committee, government proposed to speed up the development of exhibition economy, efforts to enhance the "turning point of the city," create "capital of meeting" of the city location. In 2009, successfully held, "where financial crisis will be, turning point of the city" high-end forum, China Guizhou International Tea Expo, the National Rural spiritual civilization construction work exchange experiences meeting, the Second China (Zunyi) Alcohol Fair, fourth Conference on Tourism Development in Guizhou and other large events, which improve urban quality and visibility, accelerate the development of convention and exhibition.

Efforts to improve the city's strength, to achieve the "three developments." In 2009, in accordance with the provincial committee, government requirements on the Zunyi to "accelerate the development, scientific development, pioneered the development", the city did everything possible to cope with the international financial crisis, did everything possible to increase security to protect people' s livelihood, and maintain stability, did everything possible to implement the "three new one strong" and "four regional development" strategy, promoting "Eight-building." The city realized GDP of 72 billion yuan, up 12.6%; three industries accounted for the 16.9:47.2:35.9. Total fiscal revenue and general revenue budget were completed 11.503 billion yuan and 4.628 billion yuan, an increase of 12%, 18.2% separately. Total grain output of 3,398,500 tons, is the second high-yield years of history. Above-scale industrial added value achieved 25.446 billion yuan, an increase of 13.6%. Completed investment in fixed assets 37.607 billion yuan, up 19%; total retail sales of social consumer goods was 24.424 billion yuan, an increase of 20%; the city' s banking financial institutions deposits was 92.059 billion yuan, up 23.9%; the loan balance of 48.561 billion yuan, an increase of 30.7%. A total of 13,738,000 tourists' visits throughout the year, comprehensive income of 11.017 billion yuan of tourism, were up by 26.5% and 35.2% separately. Disposable income of urban residents and per capita net income of farmers reached 13,806 yuan and 3,661 yuan respectively, up by 10.5% and 11.2%.

铜仁
Tongren

梵天净土之蘑菇石
Brahma Pure Land of the mushroom Stone

梵天净土之鸽子花
Brahma the Pure Land of the pigeons flower

铜仁地区位于贵州省东北部，有“黔东门户”之称。全区国土总面积1.8万平方公里，辖10个县（市、特区），总人口415万。聚居着汉、苗、侗、土家、仡佬等29个民族，其中少数民族占总人口的68.4%。

铜仁历史文化悠久。远溯殷商，春秋战国属楚，秦属黔中，汉隶武陵，唐代设县，明初置府。1934年，建立了贵州高原上第一块红色革命根据地——黔东革命根据地。

铜仁旅游资源丰富。境内山青水秀，有2个国家级自然保护区，3个国家级风景名胜区，8个省级风景名胜区，21处文物古迹，69处红色旅游景点，尤其是武陵主峰——梵净山出海14亿年，为黄河以南最古老的台地，素有“梵天净土”“众明岳之宗”的美誉。

铜仁生态环境优良。四季分明，气候宜人。全区森林覆盖率48.8%，高于全国20.36个百分点，空气中负氧离子含量最高值达12万个/立方厘米。现有森林每年涵养水源达7.69亿立方米。良好的气候环境和丰富的土地、森林资源为发展特色生态产业提供了得天独厚的自然条件。

铜仁矿产资源富集。全区已探明500米以上远景锰矿储量1.2亿吨，工业储量6000万吨，占全国的10%、全省的53%，是全国三大锰矿富集区之一。钒矿资源储量100-120万吨，含钾岩矿储量35亿吨，世界独有的紫袍玉带石及板岩、大理石、国画石、重晶石等石材资源丰富，具有十分广阔的市场潜景。

铜仁民族风情园
Tongren National Customs Garden

桃源铜仁之九龙洞
The Jiulong Dong of Taoyuan Tongren

Tongren Prefecture is located in the northeast of Guizhou Province, with the name of "gateway to eastern Guizhou". Region has total land area of 18,000 square kilometers, under its jurisdiction 10 counties (cities, SAR), the total population of 4.15 million. Inhabited by the Han, Miao, Dong, Tujia, Gelao and other 29 nationalities, and minority people accounted for 68.4% of the total population.

Tongren has long history and culture. As far back as the Shang Dynasty, the Spring and Autumn are the Chu and Qin are Guizhou Province, Han Li Wuling, the Tang Dynasty set up county, set government at early Ming. In 1934, the first one red revolutionary base was established in Guizhou plateau – the revolutionary base of East Guizhou.

Tongren is rich in tourism resources. There are the picturesque scenery, there are two national nature reserves, three national scenic areas, eight provincial-level scenic spots, 21 cultural relics, 69 red tourism attractions, especially the main peak Wuling – Fanjingshan 14million years out of sea, as the oldest plateau south of the Yellow River, known as "Brahma" pure land "cases of all the famous mountains" in the world.

Tongren has good ecological environment. It has four distinct seasons and pleasant weather. Region 48.8% forest coverage, 20.36%points higher than the national, air of the highest value of negative oxygen ions 120,000 / cc. Existed forest is up to 769 million cubic meters of water conservation of each year. A good climate and rich land, forest resources provide unique natural conditions for the development of characteristics ecological industry.

Tongren is rich in mineral resources. The region has proven manganese far more than 120 million tons of reserves over 500 meters, industrial reserves of 60 million tons, accounting for 10% of the nation, 53% of the province, is one of the three largest manganese rich region. Vanadium ore reserves of 100-120 million tons of rock and mineral reserves of 3.5 billion tons potassium, the world's unique purple jade stone and slate, marble, stone painting, barite and other rich stone resources, with a very broad market potential.

梵净山金顶
Fanjingshan Golden To

贵州三宝之一的玉屏萧笛
Guizhou treasures of Yu-Ping Xiao Di

毕节“开发扶贫、生态建设”试验区

Bijie “development poverty alleviation, ecological Construction” Experimental Area

毕节市倒天河改造二期工程——碧阳湖
Bijie City, the second phase transformation of Daotian River- Biyang Lake

百里杜鹃国家森林公园
Barry Rhododendron National Forest Park

1988年1月，时任中共贵州省委书记的胡锦涛同志提出了在全省乃至整个岩溶山区最具有典型性的毕节地区建立开发扶贫、生态建设试验区的构想。1988年6月，经贵州省人民政府报国务院批准建立了“毕节开发扶贫、生态建设试验区”。

地理位置。毕节试验区位于贵州省西北部，扼川滇黔三省交通要塞，北接四川泸州市，西邻云南昭通市、曲靖市，东靠贵州贵阳市、遵义市和安顺市，南连贵州六盘水市，为乌江、赤水河、北盘江的发源地。

行政区划。毕节试验区现辖毕节、大方、黔西、金沙、织金、纳雍、威宁、赫章等8个县（市）和百里杜鹃管委会，共250个乡（镇、街道办事处），土地面积26853平方公里，2009年末常住人口703.41万人，有汉、彝、苗、回、布依等35个民族，其中少数民族人口占28%。

自然资源。毕节大部分地方属北亚热带温凉湿润季风气候，盛产茶叶、水果、药材、烤烟等经济作物。境内有丰富的矿藏资源，其中煤探明储量256.9亿吨，占贵州已探明储量的45%以上；铁矿探明储量2.27亿吨，占全省探明储量的51.7%；铅锌矿查明中型矿床3个、小型矿床13个；硫铁矿有大型矿床4个、中型矿床1个；磷块岩储量14.3亿吨，织金为省内四大磷矿基地之一。境内水能理论蕴藏量为221.9万千瓦，已开发156万千瓦，是西电东送的主战场之一。

改造后的毕节人民公园
Bijie People's Park after transformation

毕节力帆骏马车辆有限公司
Bijie Lifan Horse Vehicles Co., Ltd.

大方雨冲小城镇建设
Dafang Yuchong small towns construction

In January 1988, when he was secretary of the CPC Guizhou Provincial Committee, Comrade Hu Jintao put forward the concept of establishing the "development poverty alleviation, ecological Construction" Experimental Area in the whole province and the most typical karst mountain areas in Bijie area. In june 1988, the State Council of Guizhou Provincial People's Government approved the establishment of Bijie "development poverty alleviation, ecological Construction" Experimental Area.

Location. Bijie Prefecture is located in the northwest of Guizhou Province, is the traffic briefly fortress of Yunnan, Guizhou and Sichuan provinces, north Luzhou City of Sichuan Province, west Zhaotong, Qujing City of Yunnan Province, east of Guiyang City, Guizhou, Zunyi and Anshun city of Guizhou Province, south Liupanshui City of Guizhou, is the cradle of the Wujiang River, Chishui River, and Beipan River.

Administrative divisions. Bijie Prefecture has jurisdiction of Bijie. Dafang, Qianxi, Jinsha, Zhijin, Nayong, Weining, and Hezhang 8 counties (cities) and Barry azaleas CMC, a total of 250 townships (towns, street offices), land area of 26,853 square kilometers, by the end of 2009, the resident population of 703.41 million, with the Han, Yi, Miao, Hui, Buyi and other 35 ethnics, the minority population accounts for 28% .

Natural resources. The most places are cool and moist northern subtropical monsoon climate, rich in tea, fruits, herbs, tobacco and other cash crops. There are rich mineral resources, including proved reserves of 25.69 billion tons of coal, accounting for more than 45% of proved reserves in Guizhou; Proven iron ore reserves of 227 million tons, accounting for 51.7% of the province proved reserves; lead-zinc deposits in the identification of 3medium, 13 small deposits; pyrite deposits of 4 large and 1 medium-sized deposits; phosphate reserves of 1.43 billion tons of rock, Zhijin is one of the four phosphate base in the province. There are 2.219 million kilowatts of the water reserves, has developed 1.56 million kilowatts, is one of the main battlefield of the west electricity to east.

大方小阁丫黔西北民居
Dafang Xiaogeya Guizhou Northwestern residential House

桃林环抱的村庄
Peach forest surrounding the village

国家级风景名胜区九洞天
Jiudongtian Cave National scenic spots

旅游资源。国家级风景区织金洞，为目前世界上开发供游览的最大最美溶洞；国家级森林公园百里杜鹃，总面积130平方千米，杜鹃品种达23种；国家自然保护区草海，面积27.5平方千米，有鸟类155种，被誉为云贵高原的明珠、“鸟的乐园”；国家级风景区“九洞天”，7千米伏流连九洞，集古、奇、秀、险、幽于一体；支嘎阿鲁湖蓄水面积80多平方千米，成为一道亮丽的旅游风景线；贵州屋脊赫章韭菜坪风景名胜区，总面积26.5平方千米，为贵州第一峰，是第五批省级风景名胜区。

历史文化。1934年1月，贵州省第一个中共地下党支部在毕节建立；1935年2月，中央政治局在现毕节市林口镇的“鸡鸣三省村”召开了常委分工会议；1936年2月，中华苏维埃共和国川滇黔省革命委员会在毕节创建。奢香博物馆、可乐遗址、彝族大屯土司庄园、黔西观音洞遗址等国家重点文物保护单位，横贯六十万年，展示着古人类的遗踪、夜郎的神秘、水西的灿烂。勇开九驿的明初彝族女杰奢香、报国爱民的清代重臣丁宝桢、李世杰，功勋卓著、名震天下。

2009年主要成就。2009年全区生产总值突破500亿元，同比增长15.4%；人均GDP达到7111元；产业结构为“二三一”；财政总收入为91.3亿元；社会消费品零售总额94.9亿元；全社会固定资产投资完成额256.8亿元；农民人均纯收入3109元，毕节市城镇居民可支配收入13053元；城市居民人均住房面积30.39平方米，农村居民人均住房面积22.26平方米。

毕节顺泰烟叶复烤厂
Shun Tai tobacco redrying plant in Bijie

金沙蒋寨春早
The early spring of Jinshahao Village

纳雍火电厂
Nayong Thermal Power Plant

Tourism resources. National Scenic Area Zhijin Cave, is the biggest and most beautiful cave to be developed in the world for tours; National Forest Park in Barry cuckoo, with a total area of 130 square kilometers, over 23 species of rhododendrons; Caohai National Nature Reserve, an area of 27.5 square kilometers, there are 155 kinds of birds, known as the pearl of the Yunnan-Guizhou Plateau, "Birds of Paradise" ; National Scenic Area "Jiudongtian" , 7 km Fuliu connects nine holes, set of old, odd, show, insurance, secluded in one; branch worked to Aru Lake water area of 80 square kilometers, as a line of beautiful scenery; Guizhou roof Hezhang Jiucaiping scenic area, with a total area of 26.5 square kilometers, the first peak of Guizhou, was fifth at the provincial level scenic spots.

History and culture. In January 1934, the first Guizhou Province' s Chinese Communist underground party branch was built in Bijie; In february 1935, the Central Political Bureau held the Standing Committee meeting in Linkou Town in the current Bijie City' s "Jiming Sansheng Village" ; In february 1936, the Chinese Soviet Republic in the Sichuan-Yunnan-Guizhou Provincial Revolutionary Committee was established in Bijie. Shexiang Museum, Coke site, Yi Datun toast estate, Qianxi Cave National key cultural relic protection units and other sites, trans-60 years, showing a trace of ancient relics of human beings, the mysterious Yelang, water west of brilliant. Yi Heroine Shexiang bravely opened Jiuyi in the early Ming, sacrifice for the country and love the people official Ding Baozhen, Li Shijie were all virtuous, and reputed in the world in Qing Dynasty.

Major achievements in 2009. In 2009, GDP exceeded 50 billion yuan in the region, an increase of 15.4%; per capita GDP reached 7,111 yuan; structure for the "231" ; fiscal revenue of 91.3 billion yuan; total retail sales of 9.49 billion yuan; the whole society Investment in Fixed Assets 25.68 billion yuan; per capita net income of farmers was 3,109 yuan, the disposable income of urban residents of 13,053 yuan in Bijie City; urban per capita housing area of 30.39 square meters, the per capita rural housing area of 22.26 square meters.

黔东南苗族侗族自治州
Qiandongnan Miao and Dong Autonomous Prefecture

水鼓舞
Shuigu dance

盛装苗女（摄影：刘必强）
Costumes Miao girls
(Photo: Liu Biqiang)

黎平翘街（摄影：刘必强）
Liping Qiao Street (Photo: Liu Biqiang)

三宝侗寨（摄影：刘必强）
Sambao Dong village (Photo: Liu Biqiang)

黎平肇兴夜景（摄影：刘必强）
Liping Zhaoxing night (Photo: Liu Biqiang)

黔东南苗族侗族自治州地处贵州省东南部，成立于1956年7月23日，首府设在凯里市，全州面积3万多平方公里，辖1个市、15个县、1个省级经济开发区和一个循环经济开发区，总人口402万人，境内居住着苗、侗、布衣、水、瑶、壮、土家等33个民族，少数民族人口占总人口的81.6%。古朴的民族文化和传统习俗与雄浑秀美的青山绿水和谐相依，创造了“一山不同族，十里不同风”的民族文化奇观，成为世界上最大的原生态民族文化博物馆。

2009年全州生产总值250.79亿元，同比增长12.2%；规模工业增加值完成60.63亿元，增长9.9%；全社会固定资产投资完成210.06亿元，增长39.8%；社会消费品零售总额完成103.22亿元，增长18.5%；财政总收入完成28.82亿元，比上年增长21.5%。

Qiandongnan Miao and Dong Autonomous Prefecture is located in the southeast of Guizhou Province, was founded in July 23, 1956, the capital city located in Kaili City, the state's area of more than 30,000 square kilometers, under its jurisdiction a city, 15 counties, a provincial Economic Development Zone and a recycling economy development zone, with a total population of 4.02 million people, residing the Miao, Dong, Buyi, Shui, Yao, Zhuang, Tujia and other 33 ethnic minorities, the minority population account for 81.6% of the total population. Harmony dependency of the simplicity of the culture and traditions, beautiful mountains and water, which create “a mountain of different race, different customs in ten miles” cultural wonders, and became the world’s largest Original Ethnic Culture Museum.

In 2009, the state’s GDP was 25.079 billion yuan, up 12.2%; scale industrial added value completed 6.063 billion yuan, an increase of 9.9%; total fixed asset investment completed 21.006 billion yuan, up 39.8%; total retail sales of social consumer goods completed 10.322 billion yuan, up 18.5%; fiscal revenue completed 2.882 billion yuan, up 21.5% over the previous year.

镇远青龙洞古建筑群（摄影：刘必强）
Zhenyuan Qinglong ancient buildings (Photo: Liu Biqiang)

飞云崖月寺牌坊（摄影：刘必强）
Feiyun Ya Temple month arch (Photo: Liu Biqiang)

雷公山麓苗寨
Thunder Miao Village at the foothills of Leigong Mountain

掌坳铜鼓舞（摄影：刘必强）
Zhangao bronze drum dance (Photo: Liu Biqiang)

侗寨肇兴（摄影：刘必强）
Zhaoxing Dong villages (Photo: Liu Biqiang)

西江民居（摄影：刘必强）
West River Residence (Photo: Liu Biqiang)

实施“生态立州”战略 实现林业又快又好发展

Implementation of the “ecological legislation states” strategy Realize rapid and sound development of forestry

从江稻果飘香
Congjiang rice fruit fragrance

黎平退耕还林茶场
Liping return the grain plots to forestry tea plantation

榕江退耕脐橙基地
Rongjiang return the grain plots to orange base

黔东南是全国重点林区之一，通过实施天然林资源保护工程、退耕还林工程、野生动植物保护等林业重点工程，已实现了森林覆盖率、森林面积、活立木蓄积“三增长”。

作为全国现代林业示范区、贵州省生态文明试验区，黔东南提出了“生态立州”的战略决策，突出生态建设之本，保护好森林资源，成为促进社会效益、经济效益、生态效益协调发展的动力。同时带动畜牧业以及家禽养殖、中药材、茶叶、果品、花卉等为重点的生态农业，促进农产品加工、流通等产业的形成和发展，使绿色产业发展逐步成长为重要支柱产业，为实现林业跨越式发展奠定了坚实的基础。

Qiandongnan is one of China’s major forest areas, through the implementation of Natural Forest Protection, return the grain plots to forestry, wildlife protection, and other important forestry projects, forest cover, the forest area, live stumpage have achieved “Three growth.”

As a national demonstration zone of modern forestry, ecological civilization test area in Guizhou Province, Qiandongnan proposed “ecological legislation states” strategic decision, stand out ecological construction as the basement, protect forest resources, which became the main force to promote the social efficiency, economic efficiency, and eco-efficiency development. At the same time, focus on promoting animal husbandry and poultry farming, herbs, tea, fruits, flowers and other ecological agriculture, the promotion of agricultural product processing, distribution and other industries formation and development, make a green industrial development gradually grow into an important pillar industry, which laid a solid foundation for the realization of forestry in leap development.

雷公山国家级森林公园
Leishan National Forest Park

雷山乌东蔬菜生产基地一角
One corner of Leishan Wudong vegetable production base

台江金秋梨
Tai Jiang Jinqiu pear

思州文旦柚
Sizhou Wentan pomelo

不断发展的黔东南州农业产业
Growing agricultural industry in Qiandongnan

侗乡春牌雀舌茶荣获"中华杯"全国名优茶评比金奖
Tong village Chun brand Queshi tea won the "China Cup" National Famous Tea Gold rating

在州委、州政府的正确领导下，全州各级农业部门大力发展茶叶、中药材、特色农产品产业基地建设，努力实现由资源优势向经济优势转变，取得了明显成效。

特色农产品产业

优质稻。地方特色优质稻品种有凯香1号、锡利贡米、从江香禾等。州内有黔丹、盛泰等省、州级优质稻加工龙头企业10家，实行订单生产面积3.4万亩，年加工优质米2万吨，产值7500万元，年创利润270万元。

优质果品。全州果园面积达45.31万亩，果品总产量11.79万吨，共注册了"都柳江"牌、"苗疆"牌、"思州"牌等8个知名商标。

特色蔬菜。全州蔬菜种植面积达120万亩，蔬菜总产量达150万吨，其中上市交易的商品量达50万吨。

茶产业

全州茶园面积达19.23万亩，品种以福鼎大白茶、龙井43号为主，配合种植乌龙、白芽七兰以及龙井长叶等优良品种。成品茶总产量4361吨。全州有茶叶加工企业83家，已注册商标16个。产品以雷山银球、黎平雀舌、丹寨黔丹毛尖、黄平飞云毛尖、岑巩思州绿针、中华银梭与中华银螺、台江银角苦丁茶等较为有名，均先后获部、省优质产品称号及各类全国性茶展评比优质奖。

大水面健康网箱养殖
Large surface Health cage breeding

肉牛产业已逐渐走向基地化、产业化
Beef cattle industry has gradually become bases, and industrialization

Under the leadership of the state committee, government, the agricultural sector at all levels across the state to develop tea, herbs, and special agricultural products of industrial bases, made efforts to achieve changing resource advantages into economic advantages, and achieved remarkable results.

Featured agricultural industry

Quality rice. Local features high-quality rice varieties Kai Xiang 1, Xiligong Rice, Congjiang Xianghe and so on. 州The state owns Qian Dan, Shengtai provinces, state-level quality rice processing enterprises 10, to implement an area of 34,000 mu, 20,000 tons of processing high-quality rice yearly, production value 75 million yuan, annual profits of 2.7 million yuan.

Quality fruit. The state's Orchard area of 453,100 mu, total output of 117,900 tons of fruit, registered "the Duliujiang" brand, "Miaojiang" brand, "Sizhou" brand and other 8 well-known trademarks.

Featured vegetables. The state vegetable planting area of 1.2 million mu, total output reached 1.5 million tons of vegetables, which traded goods amounted to 500,000 tons.

Tea industry

Area of the state has 192,300 mu of tea, varieties to Fuding white tea, Longjing 43 mainly with the cultivation of Wulong, Baiya Qilan as well as Longjing tea leaves and other high quality varieties. Total output of tea product was 4,361 tons. The state has 83 tea processing enterprises, the registered trademark of 16. Products Mountain Silver Ball, Liping Queshi, Danzhai Qian Dan Maojian, Huangping Fei Yun Maojian, Cengong Sizhou green needle, Chinese Silver shuttle and Chinese Silver Luo, Taijiang Yinjiao Kudingcha are more famous, all has been won the Department the title of provincial quality products and various national quality awards tea development appraisal.

黔东南州烟叶产业

Qiandongnan Tobacco Industry

黔东南州属中亚热带季风湿润气候，年平均温度14.5-18.4℃；日照时数1058.9-1292小时，其中烤烟生产期日照时数为590-720小时。全州土壤以变质岩发育为主，富钾、缺磷、氮中等、有机质含量较高。气候条件和土壤条件均为全国区划烤烟种植最适宜的地区之一。

近年来，贵州省区划项目组对黔东南烟叶的外观质量进行了分析，结论是：叶片厚薄适中，结构疏松，油份较多，出丝率高，单叶重适中，含梗率较低，特色十分突出。化学成分也较协调，各项指标基本上均处于正常值范围内，多项指标处于最佳值含量水平。

1983年经中国烟草工业标准化质量检测中心站鉴定的全国18个省118个全国区划样品中，黔东南天柱样品是仅有的两个最好样品之一，以天柱为代表的黔东南烟叶质量优良，是贵州难得的一种清香型优质烟原料。

Qiandongnan has a subtropical humid monsoon climate, the annual average temperature of 14.5-18.4 ℃; The sunshine hours are 1058.9-1292 hours, flue-cured tobacco production to 590-720 hours of sunshine hours. The state' s soil is based on metamorphic development, rich in potassium, phosphorus deficiency, nitrogen medium etc. high content of organic matter. Climatic conditions and soil conditions are one of the most suitable regions for flue-cured tobacco growing in the National Division.

In recent years, the project team of the division of Guizhou Province analyzed the Qiandongnan outward tobacco leaf appearance quality, and concluded that: leaf thickness is moderate, loose structure, the oil were higher, the high wire, single leaf weight is moderate and stem ratio lower, the feature is very prominent. More coordination of chemistry, the various indicators are all in normal ranges, a number of indicators is in the best value concentration levels.

In 1983, by the Chinese tobacco industry quality control center station 1 identified 118 samples of national division in 8 provinces, Qiandongnan Tianzhu sample is one of only two best samples, Tianzhu Qiandongnan high tobacco quality, is a rare fragrant quality tobacco materials in Guizhou.

黔东南州畜牧业产业

Qiandongnan Livestock Industry

黔东南苗族侗族自治州下辖16个县市和1个开发区，全州总面积30337.1平方公里，宜牧草山草坡958.51万亩，各类农作物秸秆500余万吨，拥有畜牧业发展的良好资源优势，具有较高的开发价值和潜力。

全州畜牧业产值29.3亿元，占农业总产值的29.98%。黔东南州具有畜牧业发展得天独厚的条件，森林覆盖率62.78%，为全省之冠。境内空气清新，水质优良，无工业污染，长期以来形成了具有地方特色的下司犬（世界名犬之一）、香猪、黔东南小香鸡、香羊、骡鸭、三穗麻鸭等优质畜禽品种和国家优良品种——黎平黄牛，为发展绿色畜产品、增强产品市场竞争力奠定了坚实的基础。

（供稿：黔东南州畜牧兽医局）

Qiandongnan Miao and Dong Autonomous Prefecture has jurisdiction over 16 counties and cities and a development zone, the state's total area of 30,337.1 square kilometers, suitable herd grass grassland 9,585,100 mu, more than 5 million tons of various types of crop straw, with good resources for livestock development advantages, and own the development of high value and potential.

The state of animal husbandry output value of 2.93 billion yuan, accounting for 29.98% of agriculture output. Qiandongnan owns unique conditions for development of animal husbandry; forest cover rate is 62.78%, which is the highest in the province. The state gets the fresh air and good water quality, without industrial pollution, which form the long-standing local characteristics with Xiasi dogs (One of the world's dog-breeding), Xiang pig, Qiandongnan small Xiang Chicken, Xiang sheep and mule duck, Sansui Ma duck and other good quality livestock varieties and the state' s avian species - Liping cattle, which laid a solid foundation for the development of green animal products, and enhancing the markets competitiveness of product.

(Source: Bureau of Animal and Veterinary in Qiandongnan)

黔南布依族苗族自治州
Qiannan Buyi and Miao Autonomous Prefecture

荔波小七孔景区拉雅瀑布
Libo Xiaoqikong scenic Laya Falls

独山喀斯特峰丛
Dushan karst peaks

国家级水利风景名胜区——长顺杜鹃湖
National Water Scenic Area - Changshun Rhododendron Lake

黔南布依族苗族自治州辖9个县、2个县级市、1个水族自治县、1个经济技术开发区，面积2.62万平方公里，总人口409万，有布依、苗、水、壮、瑶、毛南等37个民族，少数民族占全州总人口的57.4%。州府所在地都匀市是全国优秀旅游城市，因有“一江六公园”和众多造型各异的桥梁，而被誉为“山水桥城”。

2009年，黔南州经济社会保持了平稳较快发展的良好势头。区域生产总值309.20亿元，增长14.6%。农业总产值107.06亿元，增长6.2%。招商引资新签约项目总投资173亿元，实际到位资金83.8亿元，进出口总额完成5259万美元。

黔南交通条件便利，是西南地区出海的主要通道。都匀至贵阳高速公路即将开通，行程将缩短在1小时内。

黔南气候温和，雨量充沛，四季常春，属典型的亚热带温暖湿润季风气候，是发展特色农业的天然基地，也是休闲避暑的理想去处。

黔南旅游资源比较富集，有世界自然遗产地——荔波，有荔波樟江、都匀斗篷山、平塘、瓮安江界河4处国家风景名胜区，有都匀青云湖、瓮安朱家山、独山紫林山、三都尧人山、龙里龙架山5处国家森林公园。

黔南是多民族聚居地方，不同民族在语言文字、服饰装扮、起居饮食、建筑风格、风俗习惯上千差万别，形成了一座座的文化孤岛，构成了黔南民族民俗文化的多样性。其中，三都“水书”是目前仍在使用的象形文字，是中国古代文字的活化石，已被国家正式推荐申报世界非物质文化遗产。

黔南物产丰富，除了丰富的煤磷等矿产资源外，还有惠水永红牛肉干、贵定云雾贡茶、独山盐酸菜、都匀匀酒、三都九阡酒、罗甸红水河奇石等众多的名优特产。都匀毛尖茶是全国十大名茶之一，在贵州有“北有茅台、南有毛尖”的美誉，在2010年上海世博会上被评为“世博十大名茶”。

世界自然遗产——荔波小七孔
World Natural Heritage – Libo Xiaoqikong

三都产蛋崖
Sandu egg Cliff

国家级风景名胜区——瓮安江界河
National Scenic Area – Weng'an Jiangjie River

Qiannan Buyi and Miao Autonomous Prefecture has jurisdiction over nine counties, two county-level cities, an Shui Autonomous County, an economic development zone, an area of 26,200 square kilometers, with a total population of 4.09 million, with Buyi, Miao, Shui, Zhuang, Yao, Maonan and other 37 ethnic groups, ethnic minorities accounted for 57.4% of the total population of the state. Duyun is the state capital where is the National Excellent Tourism City, the city, due to "a river 6 Parks" and many different shapes of the bridge, and is named as the "Landscape Bridge City."

In 2009, alternating the economic and social development has maintained steady and rapid good momentum. Regional GDP was 30.92 billion yuan, an increase of 14.6%. 10.706 billion yuan of agricultural output value, an increase of 6.2%. The total contracted investment of new investment was 17.3 billion yuan, the actual funds 8.38 billion yuan, the total value of import and export was 52.59 million U.S. dollars.

Qiannan transport condition is convenient, is the main channel of southwest area to the sea. Duyun to Guiyang Expressway is about to open, trips will be shortened in 1 hour.

Qiannan has mild climate, abundant rainfall, four seasons were all like spring, is a typical warm and humid subtropical monsoon climate, is a natural base for the development of characteristic agriculture, and is also an ideal place for summer recreation.

Qiannan is rich in tourism resources in comparison with the World Natural Heritage – Libo, a Libo Zhang Jiang, Duyun cloak Hill, Pingtang, Weng' an jiangjie River four national scenic areas, there are Duyun Qingyun Lake, Weng' an Zhujia Hill, Dushan Purple Forest Hill, Sandu Yaoren Hill, Longli Longujia Hill 5 National Forests.

Qiannan is multi-ethnic communities in the areas, different ethnic groups are varied in language, dressing up, living food, architecture, customs, which formed a culture of Block Island, constitute Qiannan folk cultural diversity. Among them, Sandu "water books" is still used hieroglyphs, and is a living fossil of ancient Chinese text, has been formally recommended by the State to declare the world' s intangible cultural heritage.

Qiannan is rich in resources of coal and phosphorus, in addition to the rich mineral resources, there are Huishui Yonghong beef jerky, Guiding cloud tribute tea, Dushan fermented vegetable, Duyun wine, Sandu jiuqian wine, Luodian red water River rocks and many of the famous specialty. Duyun Maojian tea is one of the top ten teas in China, there is the name "The North has Moutai south Maojian" in Guizhou, and was named "Top Ten Famous Tea Expo" at the 2010 Shanghai Expo.

安顺市
Anshun City

安顺市市委书记:陈坚
Anshun City Party Secretary
Chen Jian

安顺市人民政府市长:罗宁
Anshun City Government
Mayor Luoning

市委书记陈坚到平坝高新工业区企业视察
Party secretary Chen Jian to inspected at the high-tech industrial zone enterprises in Pingba

安顺位于贵州省中西部，素有“黔之腹、滇之喉、粤蜀之唇齿”之称。总面积9267平方公里，人口256.41万人，其中少数民族人口占全市总人口的39%。

安顺文化底蕴深厚，是贵州历史上开发最早的区域，是贵州省历史文化名城，具有穿洞文化、夜郎文化、牂牁文化、屯堡文化、三国文化、攀岩文化、三线文化等独特的文化优势。普定穿洞古人类文化遗址被誉为“亚洲文明之灯”。中国古代八大神秘文字之一的关岭“红崖天书”，世称千古之谜。明代军事遗存屯堡村落和关岭古生物化石群堪称世界唯一。安顺蜡染被誉为“东方第一染”。安顺地方戏被称为“中国戏剧活化石”。安顺是我党老一辈无产阶级革命家王若飞同志的故乡，也是中国国民党中常委“谷氏三兄弟”谷正伦、谷正刚、谷正鼎的故地。

安顺素有“中国瀑乡”、“屯堡文化之乡”、“蜡染之乡”、“西部之秀”的美誉。境内气候宜人，年平均气温为13.9℃，城市空气质量优良率达到100%，并保持稳定，是国家最早确定的甲类旅游开放城市之一，是中国优秀旅游城市和贵州省优先发展重点旅游区及西线旅游中心。全市风景区面积占幅员面积的12%以上，远高于全国1%和贵州省4.2%的比例。境内有三个国家级风景区，其中世界著名的黄果树大瀑布和龙宫风景区为国家5A级旅游景区，有格凸河国家级风景区、古生物化石群国家地质公园、九龙山国家森林公园，有花江大峡谷、夜郎湖、斯拉河等省级风景名胜区。

市长罗宁到平坝高新工业区企业视察
Mayor Luoning to inspecting at the high-tech industrial zone

贵州安酒厂生产的53度安酒15年
Guizhou An-Winery Olant produced 53 degree An-wine for 15 years

Anshun is located in the Midwest in Guizhou Province, known as the "belly of Guizhou, the throat of Yunnan, lips and teeth of Guangdong and Sichuan". The total area is 9,267 square km, population 2,564,100, of which the city's ethnic minority population accounts for 39% of the total population.

Anshun has rich cultural base, is the earliest development area in Guizhou history, is the historical and cultural city in Guizhou Province, with piercing culture, Yelang culture, Tribute culture, Tunpu culture, three countries cultures, rock climbing culture, three-lane culture and other unique cultural advantages. Puding piercing sites of ancient human culture is named as the "light of civilization in Asia." Ancient China, one of the eight mysterious characters Guanling "red cliff bibles", is said to be the Mystery in history. Ming Dynasty military remains the Tunpu Village and Guanling fossils is called the world's only group. Anshun batik is named the "Orient the first dye." Anshun local opera is called "living fossil of Chinese Drama." Anshun is the older generation of proletarian revolutionaries of the Party of Comrade Wang Ruofei home and also a KMT Central Standing Committee, "Gu three brothers," Gu Zheng-lun, Gu Zhenggang and Gu Zhengding's old haunt.

Anshun is known as "township of Chinese waterfall," "Tunpu cultural village", "batik village", "Western Show" in the world. The climate is moderate, the average temperature of 13.9 ℃, urban air quality and good rate of 100%, and maintain stability, is the first national tour opening up city, is one of China's Excellent Tourism City and Guizhou Province development priorities tourist area and western tourist center. Scenic area covers an area of the city accounted for more than 12%, far higher than the 1% and 4.2% of the proportion of the country and Guizhou Province. There are three national scenic areas, including the world-famous Huangguoshu scenic waterfalls and Longgong scenic spot for the state 5A grade, there are Getu River National Scenic Area, fossil group National Geological Park, Jiulong Mountain National Forest Park, and Huanjiang Grand Canyon, Yelang Lake, and Sila river, etc. provincial scenic spot.

滴水滩瀑布
Drip Beach Falls

落叶瀑布
Fallen Leaves Falls

黄果树陡坡塘瀑布
Huangguoshu steep waterfall pond

安顺历来得改革开放之先，是“定产到组”联产承包责任制“顶云经验”的发源地，素有“北凤阳，南顶云”之称。安顺是1988年时任贵州省委书记胡锦涛同志亲自指导创建的“深化改革，促进多种经济成分共生繁荣，加快发展”改革试验区，是“民用航空产业国家高技术产业基地”。是省委、省政府确定的“贵州加快发展的经济特区”。

在新的历史起点上，安顺市委、市人民政府将带领全市各族人民全力推进新型城镇化建设和产业发展升级，高起点打造百万人口生态旅游城市，努力实现安顺经济社会发展的历史性跨越。

坝凌河大桥（摄影：陶文宽）
BaLing River Bridge (Photo: Tao Wenkuan)

布依族少女在做蜡染
Buyi girl doing batik

安顺金星啤酒厂
Anshun Venus brewery

平坝县恐龙化石
Pingba County Dinosaur Fossils

Anshun always have the reform and opening up of the first, is the birthplace of the "Production Depends to the group" contract responsibility system "Dingyun experience", and is known as "North Fengyang, South Dingyun". Anshun is the creation of "deepening reform, promote prosperity and coexistence of multiple economic elements, accelerate the development" reform pilot area, is the "civil aviation industry, the national high-tech industrial base" guided by Hu Jintao personally when he was Party Secretary in Guizhou in 1988.It is the provincial government established the "Guizhou to speed up the development of special economic zones."

In the new historical starting point, Anshun City committee, the city' s municipal government will lead people of all to make efforts to promote construction of new urban and industrial development of upgrades, starting point of eco-tourism to create one million population cities, efforts to achieve Anshun economic and social development of historic leap.

龙宫虎穴断石
Dragon Palace ventured off stone

安顺电厂全景
Panorama of Anshun power plant

石头寨寨内一景
A sight of Shitouzhai

安顺电厂主机房
Host Housing of Anshun power plant

平坝宏大管道化溶出生产线
Pingba Hyper-ambitious tube digestion production line

贵州明达水泥厂立窑厂厂区
Guizhou Mingda cement plant area of Liyao region

贵航青年莲花汽车有限公司成品车间
（摄影：胡宇）
Guihang Youth Lotus Cars Ltd. Product workshop
(Photo: Hu Yu)

正安县
Zheng'an County

富民担保有限公司
Fumin Guarantee Co., Ltd

沙阡签字仪式
Shaqian signing ceremony

污水处理厂建成运行
Sewage treatment plant got into operation

冯计获全国道德模范提名奖
Fengji was nominated by the national ethics award exemplary

正安县辖11个镇8个乡，152个村（社区、居委会）。年末总人口62.38万人。2009年，全县完成地区生产总值21.67亿元，全社会固定资产投资11.09亿元。

工业经济稳步增长。规模以上工业增加值完成1.48亿元，同比增长18.5%。

城乡建设积极推进。完成城镇建设总投资3.8亿元，同比增加1.9亿元。城镇人口达21.57万人，城镇化率达34.8%，比上年增长1.6个百分点。

生态建设成效明显。新建户用沼气池10434口、80立方中型沼气池25口、500立方大型沼气池1口。城郊绿化成果进一步巩固。

农业基础不断夯实。全县农、林、牧、渔业总产值预计完成14.64亿元（现行价），同比增长3.99%。

社会事业长足发展。教育“两基”成果进一步巩固提高，兑现义务教育保障经费4080.4万元。人口与计划生育工作扎实推进，常住人口符合政策生育率95.9%。

行政能力不断提高。打造“六大环境”、建设“六个正安”创建活动全面启动，政府机构改革扎实有序推进。

Zheng' an County governs 11 rural towns, 8 countryside, and 152 villages (community, committee). At the end of the year, the total population was 62.38 million. In 2009, the county' s GDP completed 2.167 billion yuan, the total fixed asset investment 1.109 billion yuan.

Industrial economic got growth steadily. Above-scale industrial added value completed 148 million yuan, up 18.5% over the same period of the previous year.

Actively promote urban and rural construction.。 The total urban construction investment completed 380 million yuan, an increase of 190 million yuan. Urban population of 21.57 million, the urbanization rate reached 34.8%, 1.6 percentage points higher than last year.

Ecological construction got significant effect. New household biogas digesters are 10,434, 80 cubic medium-sized digesters are 25, 500 cubic large-scale digester of 1. Suburban green further consolidated.

Agricultural base gradually consolidated. County agriculture, forestry, animal husbandry, fishery output value is expected to be completed 1.464 billion yuan (current price), up 3.99%.

Rapid development of social undertakings. Education, “two basics” achievements got further consolidating, and enhancing funding for compulsory protection 40.804 million yuan. Solid progress of population and family planning, resident population consistent with the fertility rate was 95.9%.

Administrative capacity improved. Create “six environments” and building “six Zheng' an” activities start-up completely, the reform of government pushed solidly and orderly.

望谟县
Wangmo County

高科技进农家 High Technology got into farmers

板栗 Chestnut

望谟县位于贵州省南部，全县国土面积3005.5平方公里，辖17个乡镇161个行政村2个社区，居住着布依、苗、瑶、壮、汉等19个民族。2009年末，总人口30.63万人，其中少数民族占80.2%。近年来，望谟县紧紧围绕“编规划，强基础，兴产业，促发展，建绿色望谟”的工作思路，全县经济社会发展取得了显著的成就。

经济实力显著增强。2009年，全县生产总值预计完成8.34亿元，同比增长13%。其中：第一产业为3.61亿元，同比增长8.08%；第二产业为0.9亿元，同比增长7.14%；第三产业为3.83亿元，同比增长19.69%。

农村经济发展加快，农业产业化初见成效。望谟县按照“陡坡山顶封育绿色带，缓坡山腰草畜林果带，山脚平地经作钱粮带”的产业布局思路，加快农业产业化进程，加速传统农业向现代农业转变，逐步形成了早熟蔬菜、中药材、畜牧水产、蔗糖、林果等主导产业向优质化、规模化、多元化方向推进。2009年粮食产量达8.4027万吨。

望谟县始终坚持绿色、环保、可持续发展理念，大力发展绿色产业。近年来，共投入林业专项资金4000多万元，造林60余万亩，森林覆盖率达53.1%，成为黔西南州第一林业大县。其中油桐种植面积105万亩，为全国最大的油桐生产基地县，先后荣获国家林业局、全国绿化委员会授予的“经济林建设先进县”、“中国油桐之乡”、“全国造林绿化百佳县”等称号。

基础设施得到改善，城镇建设步伐加快。近年来，望谟县积极争取国家资金投入，对通县通村公路进行新建和改(扩)建。目前，全县有5个乡镇通油路，通公路里程达2033.3公里，其中省道162公里，县道197.5公里，乡道123.5公里，村道1550.3公里，村通公路率80%。全县“七线三环一精品三连接村村通”公路骨架基本成型，全县通乡油路全面启动。

望谟县城 Wangmo County

Wangmo County is located in the south of Guizhou Province, the county land area of 3,005.5 square kilometers, have jurisdiction over 17 towns and 161 administrative villages with two communities, living in the Buyi, Miao, Yao, Zhuang, Han and other 19 nationalities. By the end of 2009, the total population was 30.63 million, of which ethnic minorities account for 80.2%. In recent years, Wangmo County centers on the "Code planning, strong foundation, emerging industries, promote development, build green Wangmo," the work ideas, the county' s economic and social development has made remarkable achievements.

Economic strength has increased markedly. In 2009, the county' s GDP is expected to be completed 834 million yuan, an increase of 13%. Of which: primary industry was 361 million yuan, up by 8.08%; the secondary industry was 90 million yuan, up by 7.14%; the tertiary industry was 383 million yuan, up 19.69%.

Rural economic development accelerated, agricultural industrialization got initial success. In accordance with the "green zone steep hilltop enclosure, livestock hillside fruit with a gentle slope, the foot of the ground by making ecinimic grain belt" industrial layout ideas, Wangmo County accelerates the process of agricultural industrialization, speeds up the transformation from traditional agriculture to modern agriculture, and gradually formed a premature vegetables, herbs, livestock fisheries, sugar, fruit, and other leading industries to high quality, large-scale, diversified directions. In 2009, grain output reached 84,027 tons.

Wangmo County always insists on green, environmental protection, sustainable development, to develop green industry. In recent years, invested a total of more than 40 million yuan of special funds forestry, afforestation of more than 600,000 mu, the forest coverage rate reached 53.1%, becoming the first forestry county in Qianxinan state. Of which 1.05 million mu of cultivated area of oil tung, is the largest production base of oil tung in the country, has won the State Forestry Administration, the National Afforestation Committee awarded the "Forest building advanced county," "Hometown of Chinese oil tung", "National Afforestation 100 Excellence County" and so on.

Improved infrastructure construction, accelerated the pace of urban construction. In recent years, Wangmo County actively seeks the State capital investment on newly building and changing (Extension)the county and the village road. Currently, the county

林下种草养殖 Grass breeding under the forest

农田水窖 Farmland Cellar

社会事业全面协调发展。县委、县政府始终把教育事业放在突出位置来抓，切实贯彻“教育兴县、人才强县”战略，不断深化教育教学体制改革，“两基”工作顺利通过国家验收。积极推进新型农村合作医疗和启动实施城乡医疗救助工作，全县新农合参合率达90.33%。文化事业较快发展，黔桂边委旧址迁复工作进展顺利，积极申报非物质文化遗产，其中《麻山绝技》已被列为省级非物质文化遗产保护名录。

民生问题得到有效解决。坚持以人为本，狠抓各项惠民利民政策、社会保障制度和帮扶救助措施的落实，民生问题得到有效解决。2009年，全县纳入农村低保的人数为13364户、40300人，发放农村低保资金2337.4万元。农村危房改造工作进展顺利，整合资金4565万余元，实施农村危房改造6000户，已建成5080户。认真落实退耕还林粮款补助、少生快富奖励资金、库区移民后期扶持资金、粮食直补和农机购置补贴资金、“两免一补”资金，落实城乡低保、农村合作医疗、扶贫开发和产业开发补助等各项强农惠民政策，促进了农民增收。认真贯彻落实再就业扶持政策，就业和再就业工作扎实推进。

望谟新农村示范点——石头寨
New rural demonstration in Wangmo – Shitouzhai

has five towns asphalt highways, highways mileage up to 2,033.3 km, of which 162 km provincial roads and county roads 197.5 km, 123.5 km country road, village road 1,550.3 km, villages accessible road rate was 80%. County has built "Seven lines, three circles, and one fine connect all villages" basic shape road frame, the county Townships asphalt started completely.

Social undertakings got coordinated development. County committee, the county government has put education on a prominent position; the effective implementation of the strategy of "education prospers county, talent makes the county strong," gradually deepening teaching reform, the "two bases" work passed the state appraisal. Actively promote the new rural cooperative medical care and start the implementation of the urban and rural medical relief work, the county combined rate of new rural cooperative participation 90.33%. Culture progress got rapid development, site of the Guizhou-Guangxi border committee complex moved smoothly, actively apply for intangible cultural heritage, which "Ma Shan stunt" has been listed as provincial-level intangible cultural heritage protection list.

People's livelihood issues have been effectively resolved. Adhere to people-oriented, pay close attention to ride out the beneficial policies of the farmer, the social security system and assist the implementation of relief measures, livelihood issues are effectively resolved. In 2009, the number of the county into rural subsistence allowances for the 13,364 houses, 40,300 people, the rural subsistence allowances paid capital 23,374,000 yuan. Smoothly renovating dilapidated houses in rural areas, integrated 45.65 million yuan of funds, implementation of the dangerous transformation of 6,000, has been built 5,080. Conscientiously implement the return the grain plots to forestry subsidies, fewer babies reward money, Reservoir Resettlement funds, direct subsidies for grain and subsidy funds of purchasing farm machinery, "two exemptions and one subsidy" funds, the implementation of urban subsistence allowances, rural cooperative medical care, poverty alleviation development and industrial development of agricultural subsidies and other strong policy of benefiting, promoting the farmers income. Conscientiously implement the policy of re-employment support, employment and reemployment got solid progress.

布依织绣 Buyi embroidery

关岭县
Guanling County

花江大峡谷
Huajiang River Grand Canyon

坝陵河大桥 Baling River Bridge

灞陵河大峡谷 Baling River Grand Canyon

关岭布依族苗族自治县是少数民族自治县，也是典型的农业大县，位于贵州西南部，隶属于安顺市。全县总面积1468平方公里。居住有汉、布依、苗、仡佬、彝等22个民族。全县总人口324900人，其中少数民族人口199001人，占总人口的61.25%。农业人口290591人，占总人口的89.44%。县人民政府驻关索镇。

全县2009年生产总值180466万元，同比增长12.2%。财政总收入20140万元，同比增长31.02%，提前两年完成“十一五”目标任务。农民人均纯收入2688元，同比增长10.61%。

全县已形成以镇胜、水黄、关兴公路为主骨架，三、四级公路为支干，通村公路为网线的交通网络。特别是被誉为亚洲第一高桥的65#线坝陵河大桥建成通车及即将开工建设的顶云火车站，使关岭成为贵州西部覆盖广西、云南、兴义、六盘水、安顺的公路交通枢纽集散地。

关岭可供开发的非耕地95万余亩，发现各类中草药1600多种，煤炭蕴藏丰富，已探明近期储量7.2亿吨，水能资源理论蕴藏量250万千瓦（含北盘江），煤炭储量7.2亿吨，优质电级石灰石1355万吨。

关岭境内河流纵横，旅游资源丰富。一是贵州关岭化石群国家地质公园。关岭生物群化石距今2.2亿年，主要有鱼龙、湾龙，楯齿龙、百合和菊石、双壳、乐形石、鹦鹉螺等化石。二是瀑布成群。有闻名世界的黄果树瀑布群、滴水滩瀑布、塔山瀑布、马马岩瀑布、高滩瀑布。三是江河峡谷。有花江大峡谷（省级风景名胜区）、灞陵河峡谷和补母当河峡谷、打邦河峡谷。四是文物古迹。有神秘难解的“红岩天书”、“花江壁现群”、“花江铁索桥及石刻群”三处省级文物保护单位等。

镇胜高速公路关岭段（摄影：邱高顺）
Zhensheng Highway Guanling paragraph (Photo: Qiu Gaoshun)

Guanling Buyi and Miao Autonomous County is a minority autonomous county, is also a typical agricultural county, and is located in southwestern Guizhou Province, belonging to Anshun city. The total area of the county is 1,468 square kilometers. There are living with the Han, Buyi, Miao, Gelo, Yi and other 22 nationalities. County's total population is 324,900, including minority population 199,001, account for 61.25% of the total population. Agricultural population of 290,591, accounts for 89.44% of the total population. County People's Government is in the town of Guansuo.

In 2009, county GDP was 1.80466 billion yuan, up 12.2%. Total fiscal revenue was 201.4 million yuan, up 31.02%, two years ahead of the completion of the "Eleventh Five-Year" objectives and tasks. Per capita net income of farmer was 2,688 yuan, up 10.61%.

The county has been formed the network cable of Zhensheng, Shuihuang, and Guangxing road as the backbone, three, four level road as branches, and village road transport network. Particularly, 65 # line Baling River Bridge known as the highest bridge in Asia opened to traffic and will soon start the construction Dingyun station, which make Guanling as road traffic hub distribution center in western Guizhou covering Guangxi, Yunnan, Xingyi, Liupanshui, Anshun.

Guanling for the development of non-cultivated land 950,000 acres and found more than 1,600 kinds of various herbs, rich coal reserves, has proven reserves of 720 million tons recently, the theoretical reserves of hydropower resources 2.5 million kilowatts (including Beipanjiang) coal reserves of 720 million tons, 13.55 million tons of quality electrical grade limestone.

There are rivers and is rich in tourism resources within Guanling. The first is in Guizhou Guanling Fossil Group National Geopark. Guanling biota fossils is 220 million years ago, mainly fish dragon, Dragon Bay, Dun teeth Lung, Lily, and ammonites, bivalves, Lok-shaped stones, ammonites and other fossils. Second is waterfall in groups. There are world-famous Huangguoshu waterfalls, dripping Beach Falls, Tashan Falls, Mama Rock waterfall, and high beach waterfall. Third is the river valley. There are Flowering River Grand Canyon (at the provincial level scenic spots), Baling River Gorge and Bumu Danghe river valleys, and Dabang River Canyon. Fourth are cultural relics. There are mysterious intricate "red rock bible", "Huajiang wall group", "Huagjiang chain bridge and stone cluster" three provincial heritage conservation units.

民族风情
National Customs

江口县
Jiangkou County

江口县梵净山村麻栗湾乡村旅游新农村建设
Jiangkou County Fanjingshan Village Ma Li Wan Rural Tourism New Countryside Construction

江口市政工程
Jiangkou Municipal Engineering

闵孝镇鱼良溪蔬菜基地全景
Min Xiao-town Yuliangxi vegetable base panoramic

2009年，全县上下紧紧围绕“调结构、抓项目、保稳定、促发展、重民生”的工作主线，以旅游和城镇基础设施建设为突破口，大力实施“以文化旅游产业发展，带动农业产业化、工业新型化、城镇园林化”（一业带三化）发展战略，经济社会保持了平稳较快发展。全县生产总值实现125239万元，同比增长11.9%。财政总收入完成8797万元，增长22.9%。农民人均纯收入达到2646元，增长13.0%。

文化旅游产业实现大起步。围绕梵净山特有的佛教文化、生态文化和民俗文化，投入资金3亿余元，深入推进旅游基础设施建设。全年游客人数达80余万人次，旅游综合收入突破3亿元。

农业结构调整迈出新步伐。在稳定90000吨粮食总产量的基础上，围绕市场调结构，依托资源上项目，加快农业产业结构调整步伐，保持了良好的发展态势。

工业经济实现快增长。坚持工业集聚发展，充分利用桃映、凯德工业集聚区发展平台，积极引进工业企业。

城镇建设实现新突破。县城第三轮总体规划修编已通过省政府评审，县城详规覆盖率达到70%，比上年增长了4个百分点。

社会建设取得新进展。教育事业健康发展，“两基”顺利通过“国检”，义务教育基本实现均衡发展。人口和计划生育工作不断加强。

民生保障取得新成绩。以交通、水利等基础设施建设为重点，扎实推进社会主义新农村建设，全年投入资金4177万元。社会保障工作进一步加强。新型农村合作医疗工作深入推进，参合率达到94%。

闵孝镇鱼粮溪丰收在望的甘蔗林
Min Xiao-town Yuliangxi rich harvest of sugarcane forest

高淀粉红薯
High-starch potato

张家湾养牛基地
Zhangjiawan cattle base

江口县民和乡茶园基地
Jiangkou County people and rural tea base

县委书记麻绍敏在镇江蔬菜基地视察工作
Ma Shaomin county party secretary is having inspections in Zhenjiang Vegetable

In 2009, the county up and down closely around the "structural adjustment, focus on the project, maintaining stability and promoting development, focus on livelihood" the work of the main line, tourism and urban infrastructure as a breakthrough, the implementation of the "cultural tourism industry, promote agriculture industrialization, industrial new technology, urban garden" (one industry push the three changes) development strategy, maintained a steady and fast economic and social development.。 The county achieved 1.25239 billion yuan of GDP, an increase of 11.9%. Complete the 87.97 million yuan total fiscal revenue, an increase of 22.9%. The per capita net income of farmers reached 2,646 yuan, an increase of 13.0%.

Cultural tourism industry achieves great start. Around the Fanjingshan unique Buddhist culture, ecological culture and folk culture, invested 300 million yuan, in-depth infrastructure to promote tourism. Annual number of visitors reached more than 80 million comprehensive tourism incomes is above 300 million yuan.

New steps to adjust the agricultural structure. Based on 90,000 tons of food production in a stable, the around adjust the market structure, relying on resources projects, speed up the agricultural industry, maintained a good momentum of development.

Industry to achieve faster economic growth.。 Adhere to industry clustering, full use of Taoying, Kaide Industrial Cluster Development Platform, and actively introduce industrial enterprises.

Towns to achieve new breakthroughs. County Master Plan revision has been the third round of review by the provincial government, county rules detailed coverage of 70%, an increase of 4 percentage points.

Society has made new progress. Education and healthy development, "two basic" pass "state inspection", the basic realization of the balanced development of compulsory education. Population and family planning has been continuously strengthened.

Livelihood security and achieve new results. To transportation, water conservancy and other infrastructure development as the focus, push forward construction of socialist new countryside, the year invested 41.77 million yuan. Social Security was further strengthened. Depth advance of new rural cooperative medical, participation rate was 94%.

思南县
Sinan County

第十五届人民代表大会第五次会议开幕，县长胡洪成向大会作政府工作报告
15th Session of the Fifth People's Congress session, Mayor Hu Hongcheng mading Government work report to the General Assembly

县长胡洪成走进新华网天翼高端访谈
Mayor Hu Hongcheng getting into Xinhua net Tianyi high-end interview

2009年，面对金融危机以及持续干旱的严峻形势，思南县迎难而上，顽强拼搏，经济社会全面快速发展，综合实力跃上新台阶。全年实现生产总值33.9亿元，同比增长12.3%。财政总收入1.85亿元，同比增长22.5%。

全力以赴抓基础、添后劲，以交通、水利、电力为重点的基础设施建设取得新突破。全年共实施交通项目219个，总投资4.2亿元。全年累计完成水利建设国家投资8893.8万元，解决饮水安全8.39万人。全年投资1.18亿元实施电网建设。

全力以赴抓项目、保增长，实施项目拉动战略取得新成效。全年共争取到国家投资项目996个，比上年增加375个。项目总投资19.76亿元，比上年净增10.56亿元。

全力以赴抓产业、调结构，“三农”工作取得新进展。认真落实各项强农惠农政策。积极改善农业基础条件，实现粮食总产量23.65万吨。

全力以赴抓扩容、增魅力，城镇建设谱写新篇章。围绕“一江两岸三桥四道五片区”和“两高六出口”的城镇框架，加速推进县城北移、西进、东扩,进一步完善了城市规划，提高了城市控规的覆盖率。

全力以赴抓建设、强推介，文化旅游产业开创新局面。努力实施文化惠民工程。全年共接待中外游客58.2万人次，同比增长107.9%，实现旅游收入3.65亿元，同比增长110.5%。

全力以赴抓民生、惠民众，社会事业发展再上新台阶。充分利用中央和省加大公共财政投入的机遇，切实解决好群众“食有粮、住有居、学有教、老有养、病有医”等民生问题。

全力以赴抓改革、强机制，政府自身建设充满新活力。认真开展深入学习实践科学发展观活动，着力加强民主法制和精神文明建设，进一步转变政府职能、转变工作作风，提高行政效能、提高公务员素质，服务型政府建设迈出新的步伐。

县委书记王开禄深入基层
County party secretary Wang Kailu going to the grass-root

行署专员李再勇在思南调研
Administrative Office Commissioner Li Zaiyong has research in Sinan

In 2009, faced with financial crisis and the continuing severe drought situation, Sinan County faced the difficulties and strive for an overall rapid economic and social development, and overall strength to a new height. GDP of 3.39 billion yuan the year, up 12.3%. Total financial revenue 185 million yuan, an increase of 22.5%.

Go all out to grasp basic, add stamina, the key transportation, water, electricity infrastructure construction made new breakthroughs.Implementation of transportation projects throughout the year a total of 219, total investment of 420 million yuan. Yearly complete the total state investment water conservancy construction 88.938 million yuan, 839 million people of drinking water safety. 118 million annual investment in the implementation of grid construction.

Go all out to grasp the project, ensure the growth, fueled by the implementation of projects strategies achieved new results. For the year, got 996 state investment projects,, an increase of 375 over the previous year. The total investment 1.976 billion yuan, a net increase of 1.056 billion yuan over the previous year.

Go all out to grasp industry, adjust the structure, "three rural" has made new progress. Earnestly implement the policy of benefiting the agriculture. Actively improve the basic conditions for agriculture, to achieve output of 236,500 tons of grain.

Go all out to grasp expansion, by the charm of towns and write a new chapter. Around "a River Two Banks Three Bridges 4 Roads 5 Areas" and "two high-speed six-export" town framework to accelerate the county northward and westward, and eastward expansion, and further improve the city' s planning and control rules to improve coverage of city .

Go all out to grasp the building,strong promotion, cultural tourism industry to new horizons. Efforts to implement cultural projects for benefiting people. Yearly received a total of 582,000 passengers and foreign tourists, up 107.9%; 365 million yuan of tourism revenue, an increase of 110.5%.

Go all out to grasp the people' s livelihood, the public benefit, social development to a new level. Full use of the central and provincial financial investment opportunities to increase public and effectively solve the people "eat with food, shelter and a home, school and education, with a sense of support, and disease in Medicine" and other livelihood issues.

Go all out to focus on reform, strengthening mechanisms, the Government has its own building full of new vitality. Serious in-depth study and practice the scientific concept of development activities, focus on strengthening democracy and legal system and spiritual civilization, and further transform government functions, change the style of work, improve administrative efficiency, improve the quality of civil servants, service-oriented government building have a new step forward.

县长胡洪成、县委副书记刘云成等在塘头早熟蔬菜基地调研
Mayor Hu Hongcheng, the county deputy party secretary Liu Yuncheng etc, have research in Tangtou vegetable bases

县长胡洪成亲临瓮溪镇检查指导抗旱救灾工作
Town Mayor, Hu Hongcheng personally inspecting and guiding drought relief work in Wenxi

县委调研二组在久联集团思南分公司调研
County Research Group of the second groups have research in Jiulian Group Sinan Branch

南明之都　荷香之城
Capital of Nanming　City of Lotus

安龙县位于贵州西南部，县境内内居住着布依、苗、彝、回、汉等13个民族，总人口43.6万人，辖11镇5乡，国土总面积2237平方公里，终年温暖湿润，是理想的避暑佳地。

森林公园仙鹤坪
Crane Floor Forest Park

安龙历史悠久，文化底蕴深厚，是贵州著名的历史文化名城。安龙山川奇异，风景秀丽。招堤是贵州十大魅力旅游景区之一，龙头大山被专家称为“大自然的生物基因库”，仙鹤坪是国家级森林公园，笃山溶洞群是世界第二大溶洞群。万峰湖，峰峦万重，烟波浩淼。风雨中盛开了300多年的十里荷花，荷香不绝，美不胜收。

安龙资源丰富。县境内煤炭总储量约12.88亿吨，黄金储量22.4吨，铁矿储量500余万吨，并有十余种稀有金属矿藏。安龙是国家商品粮基地县、金银花主产区和黔西南草地畜牧业基地。水能资源丰富，河流年均径流量12.4亿立方米以上，县境内建有500kV金州变电站、220kV安龙荷城变电站、220千伏火蒙变电站等电网工程，是大西南的能源基地。

安龙区位优越，交通便捷。铁路、公路、水运构成了安龙纵横交错、水陆并举的交通网络，使安龙成为黔桂两省区结合部的交通枢纽和物资集散地，大西南腹地通江达海的便捷通道。

安龙人和业兴。县委县政府确立了“实施五轮（农业产业化、新型工业化、旅游市场化、物流现代化、城乡一体化）驱动，实现五县（农产稳县、工业强县、旅游活县、三产富县、科教兴县）目标”的战略决策，充分发挥本地资源、能源、交通运输、地理区位等比较优势。大力发展旅游业，荷都安龙荣膺“中国文化生态旅游示范地”称号和“中国最美的小城”50佳荣誉奖。

安龙是一块投资热土。近年来，安龙不断改善投资环境，对县内重点企业实行领导挂牌联系责任制，成立服务班子，在企业进入、项目建设和生产经营等各个阶段为企业提供亲情化、专业化、全程化的优质服务，确保投资企业“愿进来、留得住、能发展”。

西城区建设
Xicheng region construction

省长林树森到我县调研
Governor Lin Shusen having investigation in our county

招堤十里荷花
Zhaodi Ten Miles lotus

南明故宫
Nanming Palace

Anlong county is located in southwest of Guizhou Province, there live with Buyi, Miao, Yi, Hui and Han and other 13 nationalities, with a total population of 436,000 people, under its jurisdiction 11 towns and 5 townships, and total land area 2,237 square kilometers, warm and humid throughout the year, is an ideal summer resort places.

Anlong has a long history, deep culture, is a famous historical and cultural city in Guizhou. Anlong has different mountains and rivers, beautiful scenery. Zhaodi is the most charming tourist attractions in Guizhou, Longtou mountains is called "nature' s biological gene bank" by experts, Crane Ping is a national forest park, Benedict mountain cave is the second largest group of karst caves in the world. Wanfeng Lake has thousands of mountainous, vastness. Wind and rain in 300 years of miles in full bloom lotus, Lotus smells well, and very beautiful.

Anlong is rich in resources. There are total reserves of about 1.288 billion tons of coal, gold reserves of 22.4 tons, more than 5 million tons of iron ore reserves, and has more than ten kinds of rare metals mineral deposits. Anlong is a national commodity grain base county, the main producing areas of honeysuckle, and grassland animal husbandry in Qianxinan. Rich in water resources, river runoff of 1.24 billion cubic meters annually, there built a 500kV Jinzhou substation, 220kV Anlong Hecheng substation, 220 KV Huomeng substations and other power projects, is the energy base of the southwest.

Anlong owns superior location, convenient traffic. Railways, highways, waterways form the crisscross, water and land transportation network simultaneously in Anlong, so that Anlong became the hub area and material distribution center of the Guizhou-Guangxi provinces junction area, and is a convenient channel for the southwest hinterland to the outside world.

Anlong has harmonious people and prosperous industry.County Committee and Government established the "implementation of the five (the industrialization of agriculture, industrialization, tourism market, logistics modernization, urban and rural become the one) drive, to achieve the five counties (county agricultural stabilization, industrial strengthen county, tourism flourish the county, the three industries rich County, science and education propers the county) goals," the strategic decision to give full play to local resources, energy, transportation, geographic location and other comparative advantages. Vigorously develop tourism, City of Lotus Anlong won "Chinese cultural and ecological tourism demonstration base" title and "the most beautiful town in China" 50 Best Award.

Anlong is a fertile land for investment. In recent years, Anlong continued to improve the investment environment, focus on the county links listed on the leadership responsibility system for enterprises, set up service groups, enter into the enterprises, project construction and production in various stages supply family, professional, Full Process services for the enterprises, ensure that investment companies "would like to come, stay, can be developed."

黄平县
Huang Ping County

林树森省长考察黄平留影
Governor, Lin Shusen pictured when studied in Huang Ping

城区一角
One Corner of the City

金线（野洞河）（摄影：潘洪波）
Gold line (Yedong River) (Photo: Pan Hongbo)

黄平位于贵州省东南部，总面积1668平方公里，辖5个镇9个乡，243个行政村、3个居民委员会，4个社区居民委员会。总人口36.17万，其中少数民族人口占68.13%，是一个典型的文化名县、旅游大县、资源富县。

2009年全县生产总值125842万元，同比增长12 %。财政总收入10269万元，增长21.9 %。财政总支出67977万元，增长18.2%。节能减排任务全面完成，实现主要污染物排放总量与上年同比减少2%的目标。金融机构年末存、贷款余额分别为197376万元和84890万元，分别增长16.3%和43.8%。

资源丰富。黄平处于地质板块断裂地带，境内有汞、铁、煤、铅锌、锰等11种矿石。县境水能资源理论储量为7.76万千瓦，目前自发电量4840千瓦，全县覆盖率为35.42%。此外，黄平还是贵州省唯一发现有冬虫夏草的地方。

以交通、水利为重点的基础设施建设不断加强。2009年争取项目资金27395.66万元，其中新增中央投资项目77个13629.47万元。

与生态文明相一致的产业结构不断优化。一是在抓好粮食生产、确保粮食安全的前提下，大力调整优化农业产业结构。二是着力发展工业经济。三是继续做大文化旅游产业。

以民生为根本的各项社会事业协调发展不断加快。加强社会保障工作，继续抓好城镇职工基本养老、基本医疗、失业、工伤和生育保险工作。

以农村改革为龙头的经济社会可持续发展的条件不断改善。积极推进农村综合改革创新，集体林权制度改革稳步推进。

以维护稳定促进发展的社会和谐基础不断巩固。

县城文化广场 County Cultural Square

新农村建设 New Rural Construction

浪洞温泉 Langdong Spa

Huang Ping is located in southeastern Guizhou Province, with a total area of 1,668 square kilometers, jurisdiction over 5 towns 9 townships, 243 administrative villages and 3 residential committees, 4 community committees. The total population of 361,700, of which ethnic minorities account for 68.13%, is a typical cultural county, tourism county, and rich resources county.

In 2009, the county' s GDP was 1.25842 billion yuan, an increase of 12%. Total Financial income was 102.69 million yuan, an increase of 21.9%. The total expenditure was 679.77 million yuan, an increase of 18.2%. Energy saving tasks is fully completed, and the realization of major pollutants decreased by 2% that the same period of the last year target. Deposits of financial institutions, loan balances were 1.97376 billion yuan and 848,900,000 yuan, up by 16.3% and 43.8% separately.

Rich in resources. Huang Ping locates in the fault zone in the tectonic plates; there are mercury, iron, coal, lead, zinc, manganese and other 11 kinds of minerals in the county. County of central theoretical hydropower reserves of 7.76 million kilowatts, the current voluntary capacity 4,840 kilowatts, the coverage was 35.42% in the county. In addition, Huang Ping is the only place found of Cordyceps sinensis in Guizhou Province.

Taking traffic, water conservancy as the important infrastructure construction constantly strengthened.。 In 2009, got 273.9566 million yuan for project funding, including 77 new central government investment projects of 136.2947 million yuan.

Consistent with the ecological civilization, the industrial structure was constantly optimized. First, under the context of grain production and ensure food security, vigorously adjust and optimize the industrial structure of agriculture. Second, focus on developing industrial economy. Third, continue to do a bigger cultural tourism industry.

Taking the people' s livelihood as the fundamental business, various social undertakings got accelerating development. Strengthening social security work, continue to grasp of the basic pension, basic medical, unemployment, work injury and maternity insurance.

Rural reform as the leading of the sustainable development of economic and social conditions continues to improve. Actively promote comprehensive rural reform and innovation, the reform of collective forest right system improved steadily.

The base of maintaining stability and promoting development of social harmony continued the consolidation.

土肥 Fertility

甘蔗马铃薯套种验收现场会
Potato intercropping sugar cane on the spot of the inspection meeting

新兴发展起来的辣椒产业
Newly developed pepper industry

从江县
Congjiang County

从江县位于贵州省黔东南苗族侗族自治州东南部，总面积3244平方公里。县城驻地丙妹镇。全县辖14个乡7个镇（其中民族乡3个），294个行政村6个居委会3个社区，2253个村民小组。年末全县总户数78559户，总人口32.82万人，其中农业人口31.02万人。境内居民为苗、侗、汉、壮、瑶、水等十多个民族。

2009年是从江县经济社会继续保持发展较快的一年，主要经济指标增长速度均超过了省、州平均发展水平。一是全县经济在逆境中实现快速发展。全县生产总值完成14.6亿元，同比增长15.9%。全社会固定资产投资完成5.9亿元（不含“一高一快”建设投资），同比增长17.4%。全县工业增加值完成164 5 3万元，同比增长22.5%。二是财政总收入首次突破亿元大关。全县财政总收入完成1.064亿元，同比增长35.9%。三是规模以上工业企业效益显著提高。全县16家规模以上工业企业增加值首次超过亿元，完成1.15亿元，增长27.1%。四是解决民生问题力度明显加大。保障民生的制度逐步完善，社会保障逐步从服务城镇向统筹城乡转变。全县城镇居民人均可支配收入达9910元，农民人均纯收入达2680元，分别实际增长12%和10.5%。

县长：王之政
County mayor: Wang Zhizhong

从江县人大常委会主任邓仕雄（左）和县委常委、常务副县长龙安跃在人代会上讨论政府工作报告
Director Deng Shixiong Congjiang County Standing Committee (left) and County Party Standing Committee, the Deputy County Long An'yue at the NPC session on the Government Work Report

2009年6月，贵州省人民政府省长林树森（左三）在黔东南州委书记廖少华（左二）、从江县委书记杨俊（左四）、县长王之政（左一）的陪同下到厦蓉高速从江境段视察
June 2009, Governor of Guizhou Province Lin Shusen (third from left) was accompanied by the secretary of Qiandongnan Prefectural Liao Shaohua (second from left), Congjiang county party secretary Yang Jun (fourth from left), Mayor Wang Zhizheng (first from left) to have inspection in the building Chengdu High-speed Congjiang border section

大型民族舞蹈——踩耶
Large National Dance – Duo Ye

新农村建设成绩斐然
Impressive new rural construction

芭沙枪手鸣枪祭树（摄影：王顺红）
Basha Gunmen fired shots to sacrifice tree (Photo: Wang Shun-hong)

Congjiang County is located in the southeast of Miao and Dong Autonomous Prefecture in Guizhou Province, with a total area of 3,244 square km. County center is in Bingmei town. The county governs 14 countries, 7 towns (including ethnic townships 3), 294 administrative villages and six neighborhood three communities, 2,253 village groups. The total number of households was 78,559 at the end of the county, with a total population of 32.82 million, of which 31.02 million rural populations. Residents are the Miao, Dong, Han, Zhuang, Yao, Shui and more than 10 nationalities.

In 2009, the County continues to maintain a rapid economic and social development, all major economic indicators over the average level of development in the province and state. First, the county economy achieved rapid development in the face of adversity. County completed 1.46 billion yuan of GDP, an increase of 15.9%. Investment in fixed assets was 590 million yuan (not including the "one high and one fast," construction investment), an increase of 17.4%. Added value of the county completed 16,453 yuan, up 22.5%. Second, the total financial revenue broke the record of 100 million yuan mark for the first time. Completion of the county fiscal revenue was 106.4 million yuan, up 35.9%. Third, efficiency of industrial enterprises above designated size was improved. County added values of 16 industrial enterprises above designated size for the first time more than 100 million yuan, completed 115 million, an increase of 27.1%. Fourth, efforts to increase the livelihood issues improved significantly. Gradually improve the system to protect the people's livelihood and social security services gradually from urban to urban and rural transformation. County per capita disposable income of urban residents reached 9,910 yuan, rural per capita net income reached 2,680 yuan, the actual increase of 12% and 10.5% respectively.

2009年6月10日，王之政县长(右一)参加"第五届泛珠三角区域经贸合作洽谈会"，与投资方总裁签字达成投资协议
June 10, 2009, County mayor Wang Zhizhong (first from right) participated in "the fifth Pan-PRD Regional Cooperation and negotiation sessions" signed an investment agreement with investors President

小黄侗族大歌节（摄影：王顺红）
Xiao Huang Dongzutaige Festival (Photo: Wang Shun-hong)

抢抓机遇 乘势快进 推进长顺县经济社会历史性跨越

Seizing the opportunity to fast-forward Promoting economic and social historic leap of Changshun County

2009年，长顺县经济社会保持了良好发展态势，圆满地完成了各项目标任务。全年生产总值完成13.7亿元，同比增长15.2%。财政总收入突破亿元大关，完成1.17亿元，同比增长21%。招商引资到位资金5.38亿元，占州下达任务的199.26%，同比增长99.3%。农民人均纯收入3002元，净增350元，同比增长13.2%。

基础设施建设跨越式发展。全年共争取到中央扩大内需用于基础设施建设项目106个，总投资1.848亿元，全面完成惠水至马路、平王线长顺段油路改造。值得一提的是人民群众盼望已久的惠水经长顺至兴仁高速公路也在2009年底开工建设。全年共投入水利建设资金7518.62万元，国家重点工程——黔中水利枢纽工程开工建设。

农业经济持续稳定增长。在粮食总产量创11.56万吨历史最高记录的前提下，围绕精品果业、种草养畜、现代烟草、精品蔬菜打造的产业示范带和示范园区初具规模。2009年长顺县被国家农业部命名为“全国农产品加工创业基地县”。

工业发展后劲增强。以节能降耗和污染减排为重要抓手，促进工业经济结构调整和效益提高，通过“一厂一策”精细化服务，加快淘汰落后产能，电力、铁合金、铸造、建材等行业在金融危机中仍取得了难得的效益和速度。全年实现规模工业增加值3.10亿元，同比增长42.16%。

城镇化进程加快。完成了《长顺县城市总体规划》修编并顺利通过评审。城南新区建设取得实质性进展。城市垃圾填埋场建设项目完成环评评审。

民生工作有序推进。全县新增解决就业869人，共转移劳动力7285人。建设廉租房340套共1.7万平方米。全年发放低保资金3834.29万元。新型农村合作医疗参合人数达20.86万人，参合率达91.66%。解决了5206人的温饱问题。

社会各项事业取得丰硕成果。投资2369.4万元实施了30所薄弱学校改造工程。新建45个乡村卫生院。建国60周年大庆期间信访维稳工作实现“三零”目标，社会文明程度明显提高。

长顺县威远镇生姜高产种植示范区
Changshun County Weiyuan Town ginger high planting demonstration area

万亩烤烟盖膜后效果图
the effect map of million mu tobacco after tectorial membrane

长顺县石漠化综合治理种草养羊项目
Changshun County rocky desert grass and sheep projects

省委书记石宗源赴长顺县广顺镇小冷坝现代烟草基地调研
Party Secretary Shi Zongyuan clerk going to research in a small cold dam base of the modern tobacco in Guangshun town Changshun County

长顺县广顺镇万亩烤烟基地
Changshun County Guangshun town million mu tobacco base

贵州佛教发祥地、省级风景名胜区白云山
The birthplace of Buddhism in Guizhou, provincial Baiyun Mountain Scenic Spot

长顺县晨龙精密计时有限责任公司车间
Changshun County Chenlong precise timing morning workshop limited liability company

In 2009, the Economic and Social maintained a good momentum of development in Changshun County, successfully completed the objectives and tasks. The year completed GDP of 1.37 billion yuan, up 15.2%. Total fiscal revenue exceeded 100 million yuan mark, the completion of 117 million yuan, and an increase of 21%. Investment funds available 538 million yuan, accounting for 199.26% of the task given by the state, an increase of 99.3%. The per capita net income of farmer was 3,002 yuan, a net increase of 350 yuan, up 13.2%.

Infrastructure construction got leaps and bounds. Total for the year to expand domestic demand to the central infrastructure projects for the 106, a total investment of 184.8 million yuan, and complete Huishui to Malu, Pingwang Line Changshun section road transforming. It is worth mentioning that the masses long-awaited Huishui to Xingren highway through Changshun was also to start construction at the end of 2009. The year invested a total of 75.1862 million yuan of water construction funds, the state key project - Qianzhong Hydro Project is under construction.

Agriculture economy got sustained and stable growth. Under the premise of the record 115,600 tons of grain output in the historical record, around the boutique fruit industry, grass and livestock, the modern tobacco industry to create fine vegetables and model park model with beginning to take shape. In 2009, Changshun County was named the "National agricultural products processing base county" by the National Department of Agriculture.

Enhance industrial development potential. Took energy saving and pollution reduction as the key handle, the promotion of industrial economic restructuring and higher efficiency, through "A factory a policy" fine service, speed up the elimination of backward production capacity, electricity, iron alloy, casting, building materials industry still achieved a rare efficiency and speed in financial crisis. The scale industrial added value realized 310 million yuan of the whole year, up 42.16%.

Accelerated process of urbanization. Completed "Changshun County overall urban planning" and passed the revision of the assessment. South New construction has made substantial progress. Municipal solid waste landfill construction projects completed the EIA review.

Livelihood of the people pushed orderly. Added 869 new jobs to solve the county's working problem, a total transfer of labor force 7,285 persons. A total of 340 sets of low-cost housing construction 17,000 square meters. Annual payment of subsistence allowances capital 38,342,900 yuan. New rural cooperative medical combined reference number reached 208,600, senate combined rate of 91.66%. Solve the 5,206 persons' food and clothing problem.

Social undertakings achieved fruitful results. Invest 23,694,000 yuan to implement 30 weak school renovation projects. 45 new rural health centers were built. Letters of the Social Stabilization during the 60th anniversary realized the "three zero" goals, social civilization has markedly increased.

务川自治县
Wuchuan Autonomous County

中电投贵州务正道煤电铝一体化基地取水工程开工
China Power Investment Services Guizhou Wuzhengdao Coal and Aluminum Integrated base water works starting

中国·贵州（务川）仡佬文化旅游节
China · Guizhou (Wuchuan) Gelao Cultural Tourism Festival

务川仡佬族苗族自治县国土面积2777平方公里，辖10镇5乡、109个村民委员会、4个居委会。年末总人口43.56万人。县内有世界上群居量最大的黑叶猴栖居地麻阳河国家级自然保护区，有中国西南第一草场栗园草场。现已探明可供开采的矿产资源有20余种。境内河流属长江流域乌江水系，水能理论蕴藏量40万千瓦，可开发量36万千瓦。有以“高台舞狮”和“傩戏”为代表的仡佬族民族民间文化。

2009年全县完成国内生产总值16.84亿元，增长12%。完成财政总收入1.67亿元，县级财政收入首次突破亿元大关，达到1.07亿元。

投资拉动作用明显增强，全年组织实施重点项目86个，总投资10亿元。民生保障体系不断完善，新增城镇就业人员1389人、下岗失业再就业人员576人。农业农村经济稳步发展，完成农林牧渔业总产值10.88亿元，实现粮食总产量18.37万吨。完成规模工业总产值3.2亿元。文化旅游开发初显成效，全年接待游客6.4万人次，实现旅游总收入4000万元。城乡基础条件不断改善，实现城镇建设投资1.5亿元，城镇化率达29.1%。社会各项事业全面进步。

Wuchuan Gelao and Miao Autonomous County has land area of 2,777 square kilometers, governing 10 towns and 5 townships, 109 village committees, 4 communities. At the end of the year, the total population was 435,600. County has the world' s largest social Mayanghe langurs habitats Mayang River National Nature Reserve, and southwest of the first Chinese Chestnut pasture grass. It has been proven mineral resources available for mining more than 20 kinds. Yangtze River is the territory of the Wujiang River, the water reserves of 400 thousand kilowatts, to develop capacity 360,000 kilowatts. It has "high-lion" and "Nuo Opera" as the representative of the Gelao folk culture.

In 2009, the county completed 1.684 billion yuan of GDP, an increase of 12%. Total financial revenue 167 million to complete and county level financial revenue 100 million yuan mark for the first time, reaching 107 million yuan.

Markedly enhanced the role of investment-led, organized and implemented 86 key projects throughout the year, total investment was 10 million yuan. Constantly improve the livelihood security system, new urban employed 1,389 people, laid-off workers re-employed 576 people. Steady development of agriculture and rural economy, animal husbandry and fishery output value completed 1.088 billion yuan, total output of 183,700 tons in food. Completed industrial output value 320 million yuan. Cultural Tourism is paying off, the entire annual tourists 64,000 people, and 40 million yuan of tourism revenue. Improving the basic conditions of urban and rural, urban construction investment to achieve 150 million yuan, the urbanization rate reached 29.1%. Overall progress in social undertakings.

余庆县
Yuqing County

飞龙大湖
Feilong Lake

2009年，全县各族人民在县委、县政府的正确领导下，认真贯彻落实党中央、国务院保增长、保民生、保稳定的重大部署，坚定不移地抓产业、上项目、促招商，全县各项社会事业不断进步，国民经济继续保持平稳较快增长。

全县综合经济实力进一步增强。全年实现生产总值243695万元，按可比价格计算，比上年增长11.2%。全县人均生产总值9266元，增长10.9%。

产业结构不断优化，三次产业由上年的33.32：25.07：41.61调整为31.26：25.05：43.69。农业产业结构调整不断深化，建成黔中果蔬检测批发交易中心，以现代烟草农业工场建设大力推进烤烟专业化生产，畜禽规模养殖稳步发展。

全年实现农林牧渔业总产值125798万元，比上年增长5.42%。全年实现农业产值79505万元，比上年增长3.80%。全年完成工业总产值100731万元，比上年增长14.6%，完成工业增加值33016万元，增长40.0%。

In 2009, under the correct leadership of the county committee, and government, people of all nationalities in the county conscientiously implemented the Party Central Committee and State Council major deployment of ensuring economic growth, ensuring the people' s livelihood, maintaining stability, firm grip on industry, on projects and promoting investment, county' s social undertakings continued getting progress, the national economy maintained steady and rapid growth.

Further enhance the comprehensive economic strength of the county. The whole year GDP realized 2.43695 billion yuan, according to comparable prices, an increase of 11.2%. County's per capita GDP 9,266 yuan, an increase of 10.9%.

To optimize the industrial structure, three industries from the previous year adjusted from 33.32:25.07:41.61 to 31.26:25.05:43.69. Deepening industrial structure adjustment of agriculture, fruits and vegetables testing into wholesale trading center of Guizhou Province, building a modern tobacco agriculture farm and vigorously promote the tobacco factory specialized production, livestock breeding scale of steady development.

Animal husbandry and fisheries to achieve annual output value of 1.25798 billion yuan, an increase of 5.42%. Annual agricultural output value realized 795.05 million yuan, an increase of 3.80%. Annual industrial output value was 1,007,310,000 yuan, up 14.6%, the industrial added value of 330.16 million yuan, an increase of 40.0%.

玉屏侗族自治县
Yuping Dong Autonomous County

县长安孝荣在大龙北部工业园区开工典礼上讲话
An Xiaorong County Mayor having speech at the Dalong North industrial park starting ceremony

县委书记杨春光（右二）下乡调研新农村建设工作
County Clerk Yang Chunguang (second from right) having survey of construction of new countryside in the countryside

2009年，在县人大、县政协的监督、支持和帮助下，团结带领全县干部群众，按照“兴工、活商、强农”的发展思路，以“抓项目、保增长、调结构、重民生”为主线，排难而进，加快发展，经济社会保持了良好发展势头。

全县生产总值完成211601万元，比上年增长8.0%，其中一、二、三产业增加值分别为35434万元、110835万元、65332万元，分别比上年增长6.2%、2.1%、18.2%。财政预算一般总收入完成22511.8万元，占上年22440.2万元的100.32%，县级地方财政预算一般收入完成11938.1万元，比上年增长38.61%。金融机构年末存款余额140194万元，贷款余额246316万元，分别比上年增长25.43%、11.35%。

一年来，抓规划，谋划经济社会新一轮发展宏图。抓项目，夯实经济社会发展基础。抓产业，保持经济平稳较快增长。抓创建，城镇建设和管理取得新突破。抓改革，建立健全保障发展的体制机制。抓生态，加强节能减排和环境保护。抓民生，人民生活不断得到改善，抓稳定，“平安玉屏”建设取得较好成效。抓统筹，推进社会事业全面发展。抓作风，切实加强政府自身建设。

In 2009, under the supervision, support and help of the county People’s Congress, CPPCC county, cadres and the masses to unite and lead the county, in accordance with the “prospering industry, live business, strong agricultural” development ideas, in order to “grasp the project, ensure capital growth, structural adjustments and focus on people’s livelihood” the main line, overcome difficulties and speed up development, economic and social maintained a good momentum of development.

2.11601 billion yuan to complete the county’s GDP, up 8.0%,first, second and tertiary industries were 354.34 million yuan, 1.10835 billion yuan, 653.32 million yuan, respectively, up 6.2%, 2.1% , 18.2% over the previous year, respectively. Completion of the general budget revenues 225,118,000 yuan, accounting for 224.402 million yuan of 100.32% over the previous year, county general revenue of the local budgets for the completion of 119.381 million yuan, an increase of 38.61%. Deposits of financial institutions at the end of year were 1.40194 billion yuan, loans 2.46316 billion yuan, up 25.43%, 11.35% over the previous year, respectively.

Over the past year, focus on planning, planning economic and social development of a new round. Grasp the project, and solidify the foundation of economic and social development. Grasping industry and maintain stable and rapid economic growth. Grasp to create, urban construction and management to achieve new breakthroughs. Focus on reform and establish institutional mechanisms to protect the development. Grasp of ecological, strengthening energy saving and environmental protection. Grasp the people’s livelihood, living standards are continually improving, focus on stability, “Safe Yuping” has achieved good results. Grasping co-promote the comprehensive development of social undertakings. Style of work; strengthen the building of the government itself.

晴隆县
Qinglong County

雄伟壮观的北盘江大桥(摄影：陈亚林)
Majestic Beipanjiang Bridge(Photo:Chen Yalin)

光照电站大坝(摄影：陈亚林)
Light Power Dam(Photo:Chen Yalin)

坡改梯种植烤烟一角(摄影：陈亚林)
Terrace cultivation of tobacco corner(Photo:Chen Yalin)

晴隆县位于贵州省西南部，辖6个乡（其中1个民族乡），8个镇，5个社区，91个行政村，总人口315559人。县境内主要矿藏有煤炭、黄金、锑、铅、萤石、贵翠等，森林覆盖率34.6%。

2009年，全县生产总值完成154100万元，增长20.76%。财政收入完成24118万元，增长25.62%。城镇居民人均可支配收入11033.43元，增长14.78%。农民人均纯收入2603元，增长24.37%。

农业产业化扎实推进，加大科技兴农力度，稳定粮食生产，加快农业产业结构调整，积极培育现代农业，突出发展草地畜牧业和茶叶产业，特色产业较快发展。工业经济的运行质量和效益明显提高，预计完成规模以上工业增加值5.46亿元，增长109.16%。民生工作全面推进，“两基”迎“国检”顺利通过验收，晴隆民中申示工作有序推进，全面完成20户以上自然村广播电视“村村通”任务。生态文明县建设不断加强，《晴隆县生态文明建设十年规划》通过评审，“县城绿化行动”深入开展。投融资体制改革稳步推进。政府效能明显提高。

Qinglong County is located in southwestern of Guizhou Province, have jurisdiction over six townships (including an ethnic townships), 8 towns, five communities, 91 administrative villages, with a total population of 315,559 people. County main mineral deposits of coal, gold, antimony, lead, fluorite, and other expensive Tsui, forest coverage rate is 34.6%.

In 2009, the county completed 1.541 billion yuan of GDP, an increase of 20.76%. Fiscal revenue completed 241.18 million yuan, an increase of 25.62%. Disposable income of urban residents was 11,033.43 yuan, an increase of 14.78%. The per capita net income of farmer was 2,603 yuan, up 24.37%.

Push forward the industrialization of agriculture, increase the intensity of agriculture through science and technology, stability of food production, speed up the adjustment of agricultural structure, and actively cultivate modern agriculture, highlighting the development of grassland animal husbandry and the tea industry, rapid development of special industries. Quality and efficiency of industrial economy operation was improved, is expected to complete the scale of industrial added value above 546 million yuan, an increase of 109.16%. Comprehensively promote the livelihood of the people, the “two basics” welcome “CIQ” smooth acceptance, the work of the people got the application shown orderly in Qinglong, complete more than 20 villages of radio and television “all villages have” task. Ecological Civilization County are being enhanced, “Ecological Civilization Qinglong County Ten-Year Plan” accredited, “county green action” is in depth. Investment and financing restructuring progressed steadily. Government efficiency improved significantly.

贵定县
Guiding County

调研新农村建设
Researching construction of new rural

调研185工程
Researching 185 projects

在都六乡调研蔬菜育苗
Researching vegetable seedling in Duliu

工业访谈 Industry Interview

调研民生 Researching on people's livelihood

贵定县位于贵州省中部，行政区域面积1627.38平方公里。辖8镇12乡，总人口29.96万人。主要矿藏有高钙石灰石矿、煤矿、铁矿、粉石英矿、高岭土和重晶石等。森林覆盖率43.30%。

2009年，全县经济社会持续稳定发展，生产总值29.33亿元，同比增长13.00%；农民人均纯收入3201元，同比增长12.39%；财政收入完成2.79亿元，同比增长15.10%，招商引资到位资金9.30亿元，同比增长132.80%。

2009年突出抓好“金海雪山”核心景区建设，促进了以旅游为龙头的第三产业发展。全年接待游客175万人（次），旅游综合收入达11.5亿元，比上年增长25%。贵新高速公路，湘黔、黔桂铁路和正开工建设的贵广高速公路、厦蓉高速铁路贯穿全境，全县通车里程1120公里。成功引进安徽海螺-盘江煤电兴建年产400万吨水泥入驻城关北部工业聚集区。农业围绕“畜牧水产、茶叶、精品水果、商品蔬菜、烤烟、中药材种植”六大产业，扎实推进社会主义新农村建设。

Guiding County is located in central of Guizhou Province, administrative area of 1,627.38 square km. 8 of 12 rural towns are under its jurisdiction, with a total population of 299,600. Major mineral deposits are high calcium limestone, coal, iron ore, quartz ore, and kaolin and barite etc. Forest cover is 43.30%.

In 2009, the county got sustained and stable economic and social development; GDP was 2.933 billion yuan, up 13.00%; the per capita net income of farmer is 3,201 yuan, up 12.39%; financial revenue was 279 million yuan, up 15.10%, investment in place capital was 930 million yuan, up 132.80%.

In 2009, prominence in “Jinhai Xueshan” core scenic construction, promotion of the tourism industry as a leader of the tertiary. Annual tourists were 1,750,000 (times), revenues from tourism reached 1.15 billion yuan, an increase of 25%. Gui-Xin highways, Xiang-Qian, Qian- Gui railway and Gui-Guang highways which is getting started construction, Xia-Rong high-speed railway runs through the county, the whole mileage is 1,120 km. The successful introduction of Anhui Hailuo - Panjiang Coal Power which produces 4 million tons of cement annually to settled in the northern Chengguan industrial gathering area. Agriculture around the “aquatic animal husbandry, tea, fine fruit, vegetable products, tobacco, Chinese herbal medicine plant” six industry, push forward construction of socialist new countryside.

走进册亨 感受册亨

Getting into Ceheng Feeling Ceheng

行政中心 Administrative center

布依戏队 Buyi drama team

县城步行街 County Pedestrian Street

册亨是一个“山水册页、幸福亨通”的地方，位于贵州省西南部，地势起伏大，水系十分发达，国土面积2598平方公里，以布依族为主体的23万各族儿女在此繁衍生息。

册亨山水秀美如画，独特的地质特点和南亚热带季风湿润气候铸就了春干夏湿、雨热同季的立体气候和丰富多彩、形质各异的山水多维空间，这里五步一景，山水如画，册页纷呈，布依戏更是一枝独秀。

册亨是一个资源大县，森林覆盖率58%，天然草场面积137.37万亩，境内水系发达，年均径流量13.66亿立方米，水能蕴藏量9.39万千瓦，龙滩、平班水电站的建成，在境内形成了5.2万亩的天然库区湖面，矿产资源主要有金、锑、镁、大理石等，丰富的资源优势铸就了“林、畜、菜、水产”四大产业。

册亨是一个充满希望的地方。南昆铁路已经建成，汕昆高速、安册望高速即将建成，南北盘江中通道通航，汕昆高速公路在册亨的板坝匝道口实现南北江中通道航运与高速公路的连接，这促使册亨成为黔西南、贵州乃至中国西部地区南下的桥头堡和前沿阵地。册亨的“林、畜、菜、水产”四大产业已经形成，巧马工业园区正在规划建设中，发展空间大。

Ceheng is a “landscape album, Happiness prospers” place, located in southwestern Guizhou Province, elevations, water is developed, land area of 2,598 square kilometers, take Buyi ethnic groups as the main body of the 230,000 children living in harmony.

Ceheng has beautiful picturesque landscape and unique geological features and southern subtropical monsoon humid climate, which cast a wet spring and dry summer, rainy season with a three-dimensional hot climate and rich in different quality form and dimensional space landscapes, where five feet has one scenery, mountain and water like pictures, the album scene, Buyi Opera is especially thriving.

Ceheng is a resource county, forest cover rate is 58%, an area of 137.37 hectares of natural grassland, developed within the river system, the average annual runoff of 1.366 billion cubic meters, water reserves of 93,900 kilowatts, Longtan, Pingban hydropower station were built, which formed in the territory of 5.2 million mu of natural reservoir lake, mineral resources are mainly with gold, antimony, magnesium, marble and so on, rich resources cast a “forest, livestock, vegetables, aquatic products,” the four industries.

Ceheng is a place full of hope. Nanning-Kunming Railway has been completed, Shan Kun and Ance Wang high-speed will be completed immediately, North and South Pan River have navigation channel, Shantou Kunming highway realized the connection between the North and South navigation and highway in ceheng board dam exit, which prompt Ceheng to be the bridgehead and the forward position in southwest Guizhou, Guizhou, as well as China’ s western region to the south. The “forest, livestock, vegetables, aquatic products" has formed four major industries in Ceheng, Qiao Ma industrial parks construction is being planned, the development space is big.

镇宁县
Zhenning County

万人奔向黄果树
Million people going to the Huangguoshu Falls

比赛场景
Competition Scene

2009中国·贵州镇宁"银城杯"万人奔向黄果树半程马拉松赛
2009 China's Guizhou Zhenning "Silver City Cup" people went to Huangguoshu Falls Half Marathon

镇宁布依族苗族自治县位于贵州省西南部珠江水系与长江水系分水岭，隶属安顺市。面积1709.14平方公里，总人口34.84万人，其中少数民族人口20.45万人。辖4个镇12个乡，4个社区，2个居委会、365个行政村。居住着汉、布依、苗、仡佬等23个民族。

镇宁自治县山川秀美，历史悠久，旅游资源富集。境内的黄果树瀑布，是我国最大的瀑布，也是世界上著名的大瀑布之一。

2009年度，全县生产总值完成195113万元，比上年增长9.8%。全社会固定资产投资完成61125万元，比上年增长20.7%。农民人均纯收入2764.28元，比上年增长11.6%。

工业生产发展较快，工业化进程稳步推进，按照"走新型工业化道路"的战略和布局集中、用地集约、产业集聚的要求，启动工业园区建设规划编制工作。农业生产稳步发展，农业产业结构调整取得新进展，全县实现农林牧渔业总产值60108万元，比上年增长3.5%。

以旅游业为龙头的第三产业快速发展，继续完善夜郎洞景区附属设施，完成黄龙湖综合开发的编制工作，白马湖度假区开发建设相关工作正在推进。

Zhenning Buyi and Miao Autonomous County is located in the watershed of the Pearl River and Yangtze River in the southwest of Guizhou Province, under the Anshun city. The area is 1,709.14 square kilometers, with a total population of 348,400, of which 204,500 minority population. It governs 4 towns12 townships, four communities, two neighborhood committees, 365 administrative villages. There is inhabited by the Han, Buyi, Miao, Gelao and other 23 ethnic groups.

Zhenning County has beautiful scenery, long history and rich tourism resources. There are Huangguoshu Falls, is the largest waterfall, is the world' s one of the famous Falls.

In 2009, the county completed 1,951,130,000 yuan of GDP, up 9.8%. Fixed Assets Investment completed 611.25 million yuan, an increase of 20.7%. The per capita net income of farmer was 2,764.28 yuan, up 11.6% over the previous year.

Rapid development of industrial production, industrialization steadily, and in accordance with the "new path of industrialization" strategy and layout of the concentration of land-intensive, industrial clustering requirements, start making plans for industrial parks. Steady development of agricultural production, industrial restructuring made new progress in agriculture, animal husbandry and fishery output value of the county to achieve 601,080,000 yuan, up 3.5%. Tourism as a leader in the rapid development of tertiary industry, continue to improve the ancillary facilities in Yelang hole view area, completed the preparation of comprehensive development of Huanglong Lake, White Horse Lake resort development and construction and related work is advancing.

24

Twenty
-four

地县资料

Main Statistics of Prefectures and Counties

24-1 各市(州、地)生产总值及构成(2009)

Gross Domestic Product and Its Composition by Region

市(州、地)名称	City (State,Prefecture)	生产总值 Gross Domestic Product	第一产业 Primary Industry	第二产业 Secondary Industry	第三产业 Tertiary Industry	2009年比2008年增长(%) Increase Rate in 2009 ove 2008(%)	人均生产总值(元) Per Capita Gross Domestic Product (yuan)	按生产总值绝对量排位 Order by Gross Domestic Product
绝对数(亿元)	**Absolute Figure (100 million yuan)**							
贵阳市	Guiyang	971.94	50.08	395.11	526.76	13.3	24585	1
六盘水市	Liupanshui	431.03	26.50	261.31	143.22	11.5	14452	4
遵义市	Zunyi	777.64	122.97	311.26	343.41	12.7	11322	2
安顺市	Anshun	195.70	36.15	69.18	90.37	12.0	7630	9
铜仁地区	Tongren	251.74	82.57	65.43	103.74	12.1	6748	8
黔西南州	Qianxinan	274.83	49.73	101.75	123.35	13.1	9011	6
毕节地区	Bijie	500.01	110.17	206.74	183.10	15.4	7111	3
黔东南州	Qiandongnan	269.73	65.20	81.69	122.84	12.2	6705	7
黔南州	Qiannan	297.97	61.04	115.43	121.50	14.6	7944	5
构成(%)	**Composition(%)**							
贵阳市	Guiyang	100.0	5.2	40.7	54.1			
六盘水市	Liupanshui	100.0	6.1	60.6	33.3			
遵义市	Zunyi	100.0	15.8	40.0	44.2			
安顺市	Anshun	100.0	18.5	35.3	46.2			
铜仁地区	Tongren	100.0	32.8	26.0	41.2			
黔西南州	Qianxinan	100.0	18.1	37.0	44.9			
毕节地区	Bijie	100.0	22.0	41.3	36.7			
黔东南州	Qiandongnan	100.0	24.2	30.3	45.5			
黔南州	Qiannan	100.0	20.5	38.7	40.8			

注：表中数据为2009年最终核实数，绝对数按当年价格计算，增长速度按可比价格计算，人均生产总值按常住半年人口计算。

Note: Absolute Figure in the table are calculated at current prices,Increase Rate are calculated at comparable prices, Data in the table is preliminary statistics in 2008,Data of Per Capita Gross Domestic Product are calculated based on populations stay at home for over 6 Months.

24–2 各市(州、地)常住人口
Permanent Residents by Region

单位：万人 (10000 persons)

市(州、地)名称	City (State,Prefecture)	常住人口 Residents of Residing this Place Six Months and More 2008	2009
贵阳市	Guiyang	393.86	396.79
六盘水市	Liupanshui	298.17	298.34
遵义市	Zunyi	686.61	687.03
安顺市	Anshun	256.41	256.57
铜仁地区	Tongren	372.93	373.16
黔西南州	Qianxinan	304.88	305.07
毕节地区	Bijie	702.98	703.41
黔东南州	Qiandongnan	402.17	402.41
黔南州	Qiannan	374.99	375.22

24–3 各市(州、地)户籍人口(一)
Permanent Population by Region (1)

市(州、地)名称	City (State,Prefecture)	总户数(万户) Total Number of Household (10000 households)		平均每户人数(人) Population of Per Household(person)		年末人口数(万人) Total Population at The Year-end(10000 persons)	
		2008	2009	2008	2009	2008	2009
贵阳市	Guiyang	104.32	108.09	3.49	3.40	363.93	367.08
六盘水市	Liupanshui	85.89	89.68	3.57	3.46	306.22	310.20
遵义市	Zunyi	205.01	208.92	3.63	3.59	744.02	750.86
安顺市	Anshun	74.02	76.92	3.65	3.56	270.30	273.49
铜仁地区	Tongren	110.87	112.60	3.69	3.69	409.02	415.56
黔西南州	Qianxinan	84.35	87.65	3.87	3.79	326.14	332.09
毕节地区	Bijie	196.78	204.88	3.97	3.90	780.38	798.62
黔东南州	Qiandongnan	113.91	116.73	3.88	3.82	441.76	445.57
黔南州	Qiannan	109.63	112.97	3.60	3.52	395.00	397.31

注：资料来源于省公安厅(下表同)。
Note:Data in the table are obtained from Guizhou Provincial Department of Public Security.

24—3 各市(州、地)户籍人口(二)

Permanent Population by Region (2)

单位：万人 (10000 persons)

市(州、地)名称	City (state,Prefecture)	按农业与非农业分 By Agricultural and Non-Agricultural				按性别分 Grouped by sex			
		农业 Agricultural		非农业Non-Agricultural		男 Male		女 Female	
		2008	2009	2008	2009	2008	2009	2008	2009
贵阳市	Guiyang	182.51	184.33	181.42	182.74	186.18	187.87	177.75	179.20
六盘水市	Liupanshui	237.14	239.84	69.08	70.36	160.78	162.89	145.45	147.31
遵义市	Zunyi	628.57	632.74	115.45	118.13	385.92	389.38	358.10	361.49
安顺市	Anshun	228.96	232.11	41.34	41.38	139.52	141.29	130.78	132.20
铜仁地区	Tongren	362.03	367.46	46.99	48.09	214.47	217.78	194.54	197.77
黔西南州	Qianxinan	293.78	298.75	32.36	33.34	168.33	171.08	157.81	161.01
毕节地区	Bijie	723.33	739.63	57.05	58.99	408.06	418.02	372.31	380.60
黔东南州	Qiandongnan	389.09	392.28	52.67	53.29	233.66	235.77	208.10	209.80
黔南州	Qiannan	340.26	342.20	54.74	55.11	204.39	205.61	190.61	191.70

24—4 各市(州、地)金融机构存贷款余额(2009)

Urban and Rural Resident Savings Deposit Balance at The Year-end by Region

单位：亿元 (100 million yuan)

市(州、地)名称	City (State,Prefecture)	存款余额 Total Savings Deposit Balance	#城乡居民储蓄余额 Urban and Rural Resident Savings Deposit Balance	2009年比2008增长(%) Increase Rate in 2009 over 2008(%)	贷款余额 Total Loans Balance	2009年比2008增长(%) Increase Rate in 2009 over 2008 (%)
贵阳市	Guiyang	2454.43	921.94	23.0	2070.34	27.5
六盘水市	Liupanshui	423.90	186.72	24.0	308.25	37.9
遵义市	Zunyi	920.59	485.72	23.9	485.61	30.7
安顺市	Anshun	277.89	139.11	31.1	204.63	29.0
铜仁地区	Tongren	288.62	160.65	31.5	193.41	43.2
黔西南州	Qianxinan	314.92	153.27	26.3	182.39	37.2
毕节地区	Bijie	424.13	207.42	35.3	220.38	31.0
黔东南州	Qiandongnan	367.28	222.49	19.9	232.99	26.2
黔南州	Qiannan	355.89	198.88	20.4	182.88	38.6

注：资料来源于人行贵阳中心支行。
Note:Data in the table are obtained from Guiyang Central Branch of PBC

24–5 各市(州、地)在岗职工人数、年平均工资(2009)
Number of Staff and Workers and Their Annual Average Wages by Region

市(州、地)名称	City (State,Prefecture)	合计 Total	国有经济 State -owned units	城镇集体经济 Urban Collective-owned Units	其他经济类型 Units of Other Types of Ownership	2009年比2008年增长(%) Increase Rate in 2009 over 2008(%)
在岗职工人数(万人)	**Number of Staff and Workers(10000 persons)**	**206.44**	**141.79**	**6.69**	**57.96**	**3.3**
贵阳市	Guiyang	66.25	37.86	2.60	25.79	2.7
六盘水市	Liupanshui	17.51	7.37	0.14	10.00	4.9
遵义市	Zunyi	28.07	21.95	0.87	5.25	6.2
安顺市	Anshun	11.39	8.13	0.61	2.65	6.8
铜仁地区	Tongren	12.13	10.81	0.42	0.90	2.4
黔西南州	Qianxinan	11.51	8.57	0.33	2.61	-0.7
毕节地区	Bijie	20.87	16.55	0.71	3.61	12.4
黔东南州	Qiandongnan	15.57	13.05	0.54	1.98	4.1
黔南州	Qiannan	13.35	11.01	0.47	1.87	-2.8
平均工资(元)	**Annual Average Wages (yuan)**	**28245**	**29956**	**22167**	**24772**	**14.8**
贵阳市	Guiyang	28026	31116	19308	24464	6.2
六盘水市	Liupanshui	28424	29834	33706	27301	10.2
遵义市	Zunyi	29737	31053	23082	25275	14.7
安顺市	Anshun	26379	28280	23713	20954	13.7
铜仁地区	Tongren	27055	27539	19557	26532	18.8
黔西南州	Qianxinan	25240	26448	19197	21997	8.2
毕节地区	Bijie	27034	28419	22062	21734	13.4
黔东南州	Qiandongnan	27170	27789	30910	22043	7.7
黔南州	Qiannan	28618	30176	25383	20350	17.6

24–6 各市(州、地)城镇固定资产投资(2009)
Urban Investment in Fixed Assets by Region

市(州、地)名称	City (State,Prefecture)	合计 Total	基本建设 Capital Construction	更新改造 Investment in Innovation	其他投资 Other Investment	房地产开发 Real Estate Development	2009年比2008年增长(%) Increase Rate in 2009 over 2008(%)
一、绝对数(亿元)	**(100 million yuan)**						
贵阳市	Guiyang	676.02	264.62	154.06	47.00	210.32	30.8
六盘水市	Liupanshui	177.97	102.47	37.65	18.61	19.25	14.1
遵义市	Zunyi	320.13	204.75	70.39	4.06	40.92	19.8
安顺市	Anshun	53.66	28.10	10.34	0.65	14.57	42.2
铜仁地区	Tongren	115.52	78.94	7.56	5.60	23.43	18.8
黔西南州	Qianxinan	134.06	104.52	17.01	0.83	11.70	34.5
毕节地区	Bijie	128.92	98.94	12.07	0.62	17.30	38.4
黔东南州	Qiandongnan	106.35	75.38	9.08	3.05	18.84	8.1
黔南州	Qiannan	104.84	59.74	29.98	1.19	14.93	14.8
二、构成(%)	**Composition(%)**						
贵阳市	Guiyang	100.0	39.1	22.8	7.0	31.1	
六盘水市	Liupanshui	100.0	57.6	21.2	10.5	10.8	
遵义市	Zunyi	100.0	64.0	22.0	1.3	12.8	
安顺市	Anshun	100.0	52.4	19.3	1.2	27.2	
铜仁地区	Tongren	100.0	68.3	6.5	4.8	20.3	
黔西南州	Qianxinan	100.0	78.0	12.7	0.6	8.7	
毕节地区	Bijie	100.0	76.7	9.4	0.5	13.4	
黔东南州	Qiandongnan	100.0	70.9	8.5	2.9	17.7	
黔南州	Qiannan	100.0	57.0	28.6	1.1	14.2	

注：分地区数均不包括跨地区项目和220KV及以上的送变电完成投资。

Note:Data in the table do not include investment in cross-regional projects,nor investment in power transmission and distribution projects as the voltage reach 220KV and above.

24–7 各市(州、地)按构成和建设性质分城镇固定资产投资(2009)
Total Investment in Fixed Assets in each City(State,Prefecture) by Composition of Funds and Type of Construction

单位：亿元 (100 million yuan)

市(州、地)名称	City (State,Prefecture)	合计 Total	按建设性质分 By Type of Construction		
			#新建 #New Construction	#扩建 #Expansion	#改建和技术改造 #Reconstruction and Technical Rennovation
贵 阳 市	Guiyang	676.02	228.11	90.82	75.78
六盘水市	Liupanshui	177.97	80.71	24.65	49.18
遵 义 市	Zunyi	320.13	146.27	52.29	76.31
安 顺 市	Anshun	53.66	20.29	5.04	11.16
铜仁地区	Tongren	115.52	73.09	3.02	12.68
黔西南州	Qianxinan	134.06	91.07	9.70	20.01
毕节地区	Bijie	128.92	83.78	10.82	14.64
黔东南州	Qiandongnan	106.35	45.44	12.52	20.98
黔 南 州	Qiannan	104.84	44.76	22.44	19.89

24–7 续表 (continued)

单位：亿元 (100 million yuan)

市(州、地)名称	City (State,Prefecture)	按构成分 By Composition of Funds			
		建筑工程 Construction	安装工程 Installation	设备工器具购置 Purchase of Equipment and Instruments	其他费用 Others
贵 阳 市	Guiyang	345.09	46.39	127.98	156.56
六盘水市	Liupanshui	91.07	16.72	32.26	37.92
遵 义 市	Zunyi	198.71	22.59	49.78	49.04
安 顺 市	Anshun	31.92	7.13	7.54	7.07
铜仁地区	Tongren	74.24	5.73	13.90	21.65
黔西南州	Qianxinan	78.60	6.84	15.43	33.19
毕节地区	Bijie	76.01	9.79	30.41	12.72
黔东南州	Qiandongnan	74.61	10.92	10.91	9.91
黔 南 州	Qiannan	56.35	11.77	23.56	13.16

24-8 各市(州、地)能源消费(2009)

Basic Statistics on Energy Consumption by Region

市(州、地)名称	City (State,Prefecture)	单位生产总值能耗(吨标准煤/万元) Energy Consumption Per Unit of GDP (ton of SEC/10000 yuan)	单位生产总值能耗比上年增长(%) Growth Rate of Energy Consumption of GDP over Preceding Year(%)	单位工业增加值能耗(吨标准煤/万元) Energy Consumption Per Unit of Industrial Value-added (ton of SEC/10000 yuan)
贵阳市	Guiyang	1.66	-3.58	2.39
六盘水市	Liupanshui	3.59	-3.18	8.28
遵义市	Zunyi	1.83	-4.21	2.61
安顺市	Anshun	2.81	-4.16	2.96
铜仁地区	Tongren	2.22	-7.71	4.42
黔西南州	Qianxinan	2.59	-7.53	1.87
毕节地区	Bijie	2.72	-6.31	12.98
黔东南州	Qiandongnan	2.44	-3.82	3.26
黔南州	Qiannan	2.22	-4.58	2.66

24-8 续表 (continued)

市(州、地)名称	City (State,Prefecture)	单位工业增加值能耗比上年增长(%) Growth Rate of Energy Consumption of Industrial Value-added over Preceding Year(%)	单位生产总值电耗(千瓦小时/万元) Electricity Consumption Per Unit of GDP (ton of SEC/10000 yuan)	单位生产总值电耗比上年增长(%) Growth Rate of Electricity Consumption of GDP over Preceding Year(%)
贵阳市	Guiyang	-10.92	2309.28	-9.16
六盘水市	Liupanshui	16.61	2076.00	15.85
遵义市	Zunyi	-8.21	1664.88	-10.27
安顺市	Anshun	-3.81	2581.87	14.76
铜仁地区	Tongren	-10.30	2614.77	-13.06
黔西南州	Qianxinan	-15.77	2542.93	-20.12
毕节地区	Bijie	7.50	1921.87	22.33
黔东南州	Qiandongnan	-25.79	3057.74	-2.61
黔南州	Qiannan	-14.61	2742.22	13.04

注：单位生产总值能耗与单位工业增加值能耗均按2005年可比价计算。
Note:Per Unit of GDP and industrial value-added are at 2005 prices.

24–9 各市(州、地)乡村从业人员数(2009)

Rural Employment by Region

单位：万人 (10000 persons)

市(州、地)名称	City(State、Prefecture)	合计 Total	农业 Agric-ulture	工业 Indu-stry	建筑业 Constru-ction	交通运输仓储和邮政业 Trans-port, Storage and Post	信息传输、计算机服务和软件业 Information Transmission, Computer Services and Software	批发与零售业 Whole-sale and Retail Trade	住宿和餐饮业 Hotel and Resta-urants	其他行业 Others Sectors
贵阳市	Guiyang	116.66	68.34	8.81	5.69	3.00	0.31	3.96	3.14	23.40
六盘水市	Liupanshui	134.04	85.81	9.32	3.58	3.41	0.08	2.95	1.16	27.73
遵义市	Zunyi	387.86	209.78	17.74	13.63	5.64	0.57	10.19	3.65	126.66
安顺市	Anshun	138.58	88.72	6.35	6.22	2.53	0.19	3.05	1.66	29.85
铜仁地区	Tongren	219.17	126.08	7.82	8.29	3.03	0.30	5.25	1.69	66.70
黔西南州	Qianxinan	176.04	122.06	6.06	6.16	2.62	0.17	3.09	1.63	34.25
毕节地区	Bijie	412.11	235.60	28.14	12.67	6.32	0.97	10.78	4.49	113.14
黔东南州	Qiandongnan	237.48	141.70	9.14	7.55	2.97	0.25	5.06	2.95	67.85
黔南州	Qiannan	209.22	128.98	9.18	6.31	2.91	0.30	4.50	2.14	54.89

24–10 各市(州、地)农、林、牧、渔业总产值(2009)

Gross Output Value of Farming,Forestry, Animal Husbandary, Fishery and Their Services by Region

单位：亿元 (100 million yuan)

市(州、地)名称	City (State、Prefecture)	合计 Total	农业 Farming	林业 Forestry	牧业 Animal Husbandary	渔业 Fishery	农林牧渔服务业 Services	2009年比2008年增长(%) Increase Rate in 2009 over 2008 (%)
贵阳市	Guiyang	78.46	51.84	0.56	24.27	1.15	0.63	8.5
六盘水市	Liupanshui	44.13	24.95	1.14	16.81	0.10	1.13	9.9
遵义市	Zunyi	202.48	128.23	7.41	60.57	3.40	2.87	6.7
安顺市	Anshun	54.90	29.22	1.50	23.07	0.71	0.39	6.0
铜仁地区	Tongren	129.60	75.34	1.87	45.86	1.85	4.67	5.0
黔西南州	Qianxinan	78.59	41.20	3.78	29.97	2.52	1.12	5.8
毕节地区	Bijie	164.06	96.14	3.70	60.31	0.81	3.10	6.3
黔东南州	Qiandongnan	101.28	57.69	11.77	26.88	2.89	2.06	5.8
黔南州	Qiannan	107.06	61.00	4.80	37.33	1.51	2.42	6.2

24—11 各市(州、地)常用耕地面积(2009)

Cultivated Area for Frequently Use by Region

单位：千公顷 (1000 hectares)

市(州、地)名 称	City (State、Prefecture)	常用耕地面积 Cultivated Area	#水田 Paddy Fields
贵 阳 市	Guiyang	98.24	39.84
六盘水市	Liupanshui	107.83	20.47
遵 义 市	Zunyi	390.56	195.58
安 顺 市	Anshun	105.89	54.42
铜仁地区	Tongren	175.23	104.07
黔西南州	Qianxinan	160.92	54.14
毕节地区	Bijie	366.29	45.77
黔东南州	Qiandongnan	178.25	134.31
黔 南 州	Qiannan	174.62	104.88

24—12 各市(州、地)农业机械总动力及拥有量(2009)

Total Power and Possession of Agricultural Machinery by Region

市(州、地)名 称	City (State、Profecture)	农业机械总动力(万千瓦) Total Power of Agricultural Machinery (10000 kw)	大中型拖拉机(万台) Large and Medium Agricultural Tractors	小型拖拉机(万台) Mini Agricultural Tractors	农用水泵(万台) Agricultural Water Pump
贵 阳 市	Guiyang	19.50	0.11	0.38	1.21
六盘水市	Liupanshui	140.73	0.14	0.38	1.81
遵 义 市	Zunyi	369.22	0.64	0.64	7.77
安 顺 市	Anshun	126.17	0.19	0.36	2.17
铜仁地区	Tongren	161.16	0.23	0.33	3.33
黔西南州	Qianxinan	165.48	0.25	0.46	4.08
毕节地区	Bijie	221.61	0.20	1.77	2.36
黔东南州	Qiandongnan	202.56	0.35	0.31	1.40
黔 南 州	Qiannan	200.00	0.39	0.73	4.00

注：本表资料由省农委提供。
Note:Data in this table are obtained from the agricultural committee of Guizhou Province.

24–13 各市(州、地)农用化肥施用量(2009)

Consumption of Chemical Fertilizers for Agricultural Use by Region

单位：吨 (ton)

市(州、地) 名 称	City State、Prefectur	合计 Total	氮肥 Nitrogenous Fertilizer	磷肥 Phosphate Fertilizer	钾肥 Potash Fertilizer	复合肥 Compound Fertilizer	2009年比2008年增长(%) Increase Rate in 2009 over 2008(%)
贵阳市	Guiyang	66044	32109	6538	9438	17959	2.3
六盘水市	Liupanshui	65700	42784	6466	4505	11945	5.5
遵义市	Zunyi	165361	84426	22083	19264	39588	0.5
安顺市	Anshun	60456	28831	12953	3415	15257	1.2
铜仁地区	Tongren	83890	39578	10810	7826	25676	25.5
黔西南州	Qianxinan	69183	46897	9532	7170	5584	0.5
毕节地区	Bijie	201006	113738	20453	12677	54138	4.0
黔东南州	Qiandongnan	66678	27377	9557	4951	24793	2.2
黔南州	Qiannan	87070	54059	10267	5554	17190	1.7

注:本表按折纯法计算。
Note:Consumption of chemical fertilizers is required in calculation to convert the gross weight into weight containing 100% effective component.

24–14 各市(州、地)主要农作物播种面积(2009)

Sown Areas of Major Farm Crops by Region

单位：千公顷 (1000 hectares)

市(州、地) 名 称	City (State、Profecture)	总计 Total	粮食作物 Sown Areas of Grain Arops	#夏粮 Summer Grain Crops	按品种分 #稻谷 Rice	#小麦 Wheat	#玉米 Corn	#大豆 Soja	油菜籽 Rapeseeds	烤烟 Flue-cured Tobacco
贵阳市	Guiyang	255.68	117.96	32.12	36.51	8.70	37.93	6.69	32.24	11.01
六盘水市	Liupanshui	235.70	179.04	77.31	17.20	32.21	66.34	8.04	5.83	5.31
遵义市	Zunyi	1153.93	748.05	239.97	160.27	44.45	155.28	29.86	129.79	56.11
安顺市	Anshun	240.58	145.10	35.75	54.01	12.91	43.59	5.02	51.58	6.07
铜仁地区	Tongren	514.58	345.18	100.14	98.92	23.93	69.91	16.66	57.86	17.09
黔西南州	Qianxinan	356.84	225.88	59.32	52.62	43.12	88.28	4.20	23.76	17.83
毕节地区	Bijie	1019.33	624.66	262.10	45.26	57.68	167.89	34.90	55.37	46.99
黔东南州	Qiandongnan	523.97	297.30	78.34	127.38	6.22	40.42	10.73	48.30	9.49
黔南州	Qiannan	480.09	301.55	81.99	106.08	33.71	81.85	10.53	62.14	15.05

24–15 各市(州、地)主要农产品产量(2009)

Output of Major Farm Crops by Region

单位：万吨 (10000 tons)

市(州、地)名 称	City (State、Profecture)	粮食 Grain	#夏粮 Summer Grain Crops	2009年比2008年增长(%) Increase Rate in 2009 over 2008	油菜籽 Rapeseeds	烤烟 Fluecured Tobacco	茶叶 Tea	水果 Fruits
贵 阳 市	Guiyang	64.11	11.02	1.5	5.48	2.11	0.18	12.21
六盘水市	Liupanshui	86.02	18.61	2.2	0.61	1.20	0.06	2.74
遵 义 市	Zunyi	339.85	80.63	-0.6	23.88	10.09	2.11	22.54
安 顺 市	Anshun	81.11	8.79	0.8	6.15	1.10	0.13	10.01
铜仁地区	Tongren	148.50	27.55	-4.1	8.40	3.60	0.53	9.84
黔西南州	Qianxinan	111.80	15.36	1.3	2.71	4.14	0.25	9.00
毕节地区	Bijie	272.01	64.35	3.6	9.27	9.89	0.06	10.46
黔东南州	Qiandongnan	147.66	20.01	2.2	6.01	1.79	0.43	27.38
黔 南 州	Qiannan	150.26	20.39	3.8	7.88	2.99	0.43	15.55

24–16 各市(州、地)牲畜出存栏量(2009)

Amount of Livestocks in Hand and Slaughtered by Region

单位：万头、万只 (10000 heads)

市(州、地)名 称	City (State、Profecture)	出栏 Amount of Slaughtered Livestocks			存栏 Amount of Livestock in Hand		
		猪 Hogs	牛 Cattle and Buffalo	羊 Sheep and Goats	猪 Hogs	牛 Cattle and Buffalo	羊 Sheep and Goats
贵 阳 市	Guiyang	117.78	4.28	2.03	86.64	26.96	4.50
六盘水市	Liupanshui	98.47	6.34	11.83	108.91	36.21	23.40
遵 义 市	Zunyi	422.23	16.77	58.23	393.77	97.01	82.34
安 顺 市	Anshun	109.64	9.29	4.69	102.39	53.32	7.95
铜仁地区	Tongren	200.23	10.74	69.82	203.62	57.85	76.51
黔西南州	Qianxinan	132.40	11.02	23.31	127.44	61.62	51.15
毕节地区	Bijie	270.54	15.85	29.07	313.11	92.70	65.61
黔东南州	Qiandongnan	168.83	11.74	15.20	181.49	72.59	29.74
黔 南 州	Qiannan	189.32	12.27	17.82	186.04	69.88	29.39

24-17 各市(州、地)主要畜产品、水产品产量(2009)
Output of Major Livestock Products and Aquatic Products by Region

单位：万吨 (10000 tons)

市(州、地)名 称	City (State、Profecture)	肉类总产量 Total Output of Meat	2009年比2008年增长(%) Increase Rate in 2009 over 2008	禽蛋 Poulty and Eggs	水产品 Aquatic Products
贵阳市	Guiyang	13.34	9.3	2.09	0.77
六盘水市	Liupanshui	10.46	9.2	0.55	0.08
遵义市	Zunyi	41.95	9.0	3.60	1.35
安顺市	Anshun	12.50	8.6	1.23	0.47
铜仁地区	Tongren	21.26	8.9	1.94	1.00
黔西南州	Qianxinan	14.26	8.9	1.76	1.93
毕节地区	Bijie	30.68	8.0	2.52	0.54
黔东南州	Qiandongnan	16.18	8.5	0.98	1.29
黔南州	Qiannan	17.80	8.6	0.92	0.61

注：表中"水产品产量"数据由省农委提供。
Note:Output of aquatic products in this table are obtained from Guizhou Provincial Agricultural Commission.

24-18 各市(州、地)主要林产品产量(2009)
Output of Major Forestry Products by Region

单位：吨 (ton)

市(州、地)名 称	City (State、Profecture)	生漆 Lacquer	油桐籽 Tung-Oil Seed	油茶籽 Tea-Oil Seed	乌桕籽 Tallow-seeds	五倍籽 Nutgall	棕片 Palm-flake	核桃 Walnuts	板栗 Chestnut
贵阳市	Guiyang	17	46	146	5	16	37	150	273
六盘水市	Liupanshui	172	139	190			239	2460	606
遵义市	Zunyi	280	3368	7539	1121	606	939	643	1281
安顺市	Anshun	18	6689	265	107	10	112	188	337
铜仁地区	Tongren	83	6342	1232	791	322	523	328	913
黔西南州	Qianxinan	150	27929	3110	13	88	1736	1192	7265
毕节地区	Bijie	421	114	360	1	34	176	6505	1019
黔东南州	Qiandongnan	267	7999	5765	289	226	309	742	1517
黔南州	Qiannan	118	9170	450	69	279	325	917	4067

24-19 各市(州、地)规模以上轻重工业增加值(2009)

Total Gross Industrial Value-added of Light Industry and Heavy Industry above Designated Size by Region

单位：亿元 (100 million yuan)

市(州、地)名称	City (State、Profecture)	合计 Total	轻工业 Light Industry	重工业 Heavy Industry
贵阳市	Guiyang	292.31	143.13	149.18
六盘水市	Liupanshui	178.26	1.03	177.24
遵义市	Zunyi	271.43	164.02	107.42
安顺市	Anshun	53.25	5.31	47.93
铜仁地区	Tongren	41.10	7.25	33.85
黔西南州	Qianxinan	80.07	3.32	76.75
毕节地区	Bijie	114.42	15.08	99.33
黔东南州	Qiandongnan	44.16	2.64	41.52
黔南州	Qiannan	94.96	22.65	72.31

24-20 各市(州、地)规模以上工业企业主要工业产品产量(2009)

Ouput of Major Industrial Products above Designated Size by Region

市(州、地)名称	City (State、Profecture)	原煤(万吨) Coal (10000 tons)	发电量(万千瓦小时) Electricity (10000 kwh)	化肥(吨) Chemical Fertilizer (10000 tons)	水泥(万吨) Cement (10000 tons)
贵阳市	Guiyang	419	1146107	1652172	543
六盘水市	Liupanshui	5127	3196120	4125	282
遵义市	Zunyi	1149	1786289	291139	521
安顺市	Anshun	998	867122	148709	167
铜仁地区	Tongren	92	565125		277
黔西南州	Qianxinan	1367	1431525	359382	290
毕节地区	Bijie	3883	4186167	139642	147
黔东南州	Qiandongnan	166	461583		155
黔南州	Qiannan	490	162086	877643	283

注：原煤与发电量为全社会产量。
Note:Output of coal and electricity refer to the statistical coverage of whole society.

24-21 各市(州、地)社会消费品零售总额(2009)

Total Retail Sales of Consumer Goods by Region

单位：万元 (10000 yuan)

市(州、地)名 称	City (State、Profecture)	合 计 Total	按销售地区分 Grouped by Distribution Area 市 City	县 County	县以下 Below County Level
贵 阳 市	Guiyang	4127229	3780239	180822	166168
六盘水市	Liupanshui	1108774	607252	284907	216614
遵 义 市	Zunyi	2442438	1277273	502736	662429
安 顺 市	Anshun	590921	204268	150523	236130
铜仁地区	Tongren	645319	139031	254219	252068
黔西南州	Qianxinan	747904	344871	150851	252182
毕节地区	Bijie	948973	135683	400812	412478
黔东南州	Qiandongnan	1032229	319773	386965	325491
黔 南 州	Qiannan	828717	271265	280990	276463

24-22 各市(州、地)所在城市居民消费价格指数(上年=100)

Residents Consumer Price Indices of Major Cities by Region(preceding year=100)

城市名称	City	居民消费价格指数 Residents Consumer Price Index 2008	2009	商品零售价格指数 Retail Price Index of Commodities 2008	2009
贵 阳 市	Guiyang	107.0	97.7	105.4	98.2
六盘水市	Liupanshui	104.9	100.8	106.4	101.2
遵 义 市	Zunyi	106.1	99.7	107.5	98.7
安 顺 市	Anshun	106.3	100.7	107.0	100.3
铜 仁 市	Tongren	106.7	99.8	110.6	98.3
兴 义 市	Xingyi	107.7	98.4	111.1	97.9
毕 节 市	Bijie	107.6	99.7	109.2	99.0
凯 里 市	Kaili	106.3	95.5	107.1	94.7
都 匀 市	Duyun	108.0	98.4	108.1	95.5

24–23 各市(州、地)财政一般预算收入(2009)

Local Financial Revenue by Region

市(州、地)名称	City (State, Prefecture)	合计(万元) Total (10000 yuan)	#增值税 Value-added Tax	#营业税 Operation Tax	#企业所得税 Enterprises' Income Tax	#个人所得税 Personal Income Tax	#城市维护建设税 Urban Maintenance and Development Tax	2009年比2008年增长(%) Increase Rate in 2009 over 2008	人均财政一般预算收入(元) Per Capita Local Financial Revenue(yuan)
贵阳市	Guiyang	1053636	90318	347106	143502	64116	86749	18.3	2665
六盘水市	Liupanshui	371240	64102	63210	22423	31310	27725	24.9	1245
遵义市	Zunyi	462843	58275	116319	21578	27799	46317	18.0	674
安顺市	Anshun	161851	15365	51894	6915	6991	11364	16.8	631
铜仁地区	Tongren	137535	12995	42339	3902	4376	7249	25.2	369
黔西南州	Qianxinan	219116	25523	44293	19738	18873	14743	33.4	718
毕节地区	Bijie	435101	41472	72789	12291	28916	26425	36.8	619
黔东南州	Qiandongnan	174314	14112	53565	5857	11793	8561	26.9	433
黔南州	Qiannan	208536	22683	51693	10818	14211	15260	35.3	556

注：资料来源于省财政厅(下表同)。
Note;data in the table are obtained from Guizhou Provincial Financial Department(the same applies to the next table).

24–24 各市(州、地)财政一般预算支出(2009)

Financial Expenditure by Region

市(州、地)名称	City (State, Prefecture)	合计(万元) Total (10000 yuan)	#一般公共服务 Common Public Service	#教育 Education	#科学技术 Science and Technology	#文化体育与传媒 Culture, Sports and Communication	#社会保障和就业 Social Security and Jobs	#医疗卫生 Health Care	#环境保护 Environmental Protection	#农林水事务 Affairs of Agriculture, Forest and Water	2009年比2008年增长(%) Increase Rate in 2009 over 2008 (%)	人均财政支出(元) Per Capita Financial Expenditure (yuan)
贵阳市	Guiyang	1698423	272316	276730	28859	28030	160822	100100	26588	132279	19.4	4296
六盘水市	Liupanshui	821500	113230	173930	5309	6359	98070	71163	45306	74313	30.2	2754
遵义市	Zunyi	1541731	241750	369383	11873	24504	165792	142646	39486	221830	17.4	2245
安顺市	Anshun	593464	95557	125736	3955	8976	88222	54413	21312	70974	19.3	2314
铜仁地区	Tongren	927527	139528	205677	3639	9879	113255	89316	33895	171293	19.8	2486
黔西南州	Qianxinan	775286	123874	187301	3703	10044	90062	70186	23895	117626	30.5	2542
毕节地区	Bijie	1439076	226036	383136	5423	14562	191651	135086	43450	185556	35.6	2046
黔东南州	Qiandongnan	1069683	204170	240874	5670	16620	126472	87722	31095	167392	19.3	2659
黔南州	Qiannan	974148	167271	216228	7502	11913	120839	79093	32671	144943	25.8	2597

24–25 各市(州、地)税收收入(2009)

Taxation Revenue of the Local Government By District

单位：万元 (10000 yuan)

市(州、地)名称	City (State,Prefecture)	税收收入合计 Total Taxes	#国税收入 National Tax	#地税收入 Local Government Tax	#两税收入 Value-added and Consumption Taxes	增值税 Value-added Tax	消费税 Consumption Tax
合计	**Total**	**6601545**	**3853788**	**2747757**	**3148156**	**2318185**	**829971**
贵阳市	Guiyang	2311978	1397294	914684	978138	611923	366215
六盘水市	Liupanshui	969753	680977	288776	603550	391674	211876
遵义市	Zunyi	486689	135658	351031	114657	104159	10498
安顺市	Anshun	358572	247166	111406	219474	154196	65278
铜仁地区	Tongren	213115	124157	88958	101860	94409	7451
黔西南州	Qianxinan	297558	129114	168444	110182	86706	23476
毕节地区	Bijie	671209	417021	254188	388404	276547	111857
黔东南州	Qiandongnan	610611	478215	132396	433944	428053	5891
黔南州	Qiannan	416941	244186	172755	197947	170518	27429

24–25 续表

市(州、地)名称	City (State,Prefecture)	#营业税 Business Tax	#个人所得税 Personal Income Tax	国税 Personal Income Tax	地税 Personal Income Tax	#企业所得税 Enterprises Income Tax	#车辆购置税 Vehicle Purchase Tax
合计	**Total**	**1043124**	**533101**	**12146**	**520955**	**545185**	**148301**
贵阳市	Guiyang	428755	165289	5000	160289	356905	57251
六盘水市	Liupanshui	74400	80518	2244	78274	50669	24514
遵义市	Zunyi	135223	70192	696	69496	14072	6233
安顺市	Anshun	57873	18257	780	17477	16941	9971
铜仁地区	Tongren	48175	11814	874	10940	12135	9288
黔西南州	Qianxinan	50749	47803	623	47180	11059	7250
毕节地区	Bijie	80327	73042	751	72291	18291	9575
黔东南州	Qiandongnan	61946	30196	716	29480	29426	14129
黔南州	Qiannan	58537	35990	462	35528	35687	10090

注：1、资料来源于省地税局、省国税局。2、此表税收不含海关代征税收。 3、本表税收数据不含契税、耕地占用税。

Note:1.Data in the table are obtained from Guizhou Provincial Office SAT and Guizhou Provincial Local Taxation Bureau2.National tax in the table do not include the tax Levied by the customs .3.Local government tax in the table do not include contract tax and arable land occupation tax

24-26 各市(州、地)所在城市城镇居民家庭人均年收支(2009)

Per Capital Annual Disposable Income and Expenditure of Urban Household of Major Cities

单位：元 (yuan)

城市名称 City	城镇居民家庭人均可支配收入 Per Capita Annual Disposable Income of Urban Household	位次 Order	2009年比2008年增长(%) Increase Rate in 2009 over 2008(%)	城镇居民家庭人均消费性支出 Per Capita Annual Consumption Expenditnre of Urban Household	位次 Order	2009年比2008年增长(%) Increase Rate in 2009 over 2008(%)
贵 阳 市 Guiyang	15040.66	1	8.9	11518.81	1	9.6
六盘水市 Liupanshui	13116.21	6	8.0	7826.72	8	5.1
遵 义 市 Zunyi	13805.9	3	10.2	9363.44	6	11.4
安 顺 市 Anshun	13326.88	4	8.8	9429.49	3	7.0
铜 仁 市 Tongren	9647.03	9	11.9	6192.83	9	-4.6
兴 义 市 Xingyi	14118.13	2	4.6	9369.83	5	4.0
毕 节 市 Bijie	13053.47	7	6.2	9402.64	4	8.0
凯 里 市 Kaili	12464.65	8	7.3	9082.11	7	13.5
都 匀 市 Duyun	13219.17	5	10.4	10186.23	2	12.0

注：表中增长速度未扣除同期价格因素。
Note:the Increase Rate in the table are calculated at current price.

24-27 各市(州、地)农民人均年纯收入(2009)

Per Capita Net Income of Rural Households by Region

单位：元 (yuan)

市(州、地)名称	City (State、Prefecture)	农村居民人均纯收入 Per Capita Net Income of Rural Households	位次 Order	农村居民人均年现金收入 Annual Per Capita Cash Income of Rural Households	位次 Order	农村居民人均年消费性支出 Annual Per Capita Living Expenditures of Rural Households	位次 Order
贵 阳 市	Guiyang	5316	1	5857	1	3928	1
六盘水市	Liupanshui	3083	5	3291	4	2503	3
遵 义 市	Zunyi	3661	2	3735	2	2580	2
安 顺 市	Anshun	3110	4	3164	5	1867	9
铜仁地区	Tongren	2742	8	2556	9	2248	5
黔西南州	Qianxinan	2758	7	3001	6	2187	6
毕节地区	Bijie	2920	6	2978	7	2014	7
黔东南州	Qiandongnan	2716	9	2611	8	2104	8
黔 南 州	Qiannan	3190	3	3515	3	2438	4

24–28 各市(州、地)教育(2009)

Major Indicators of Education by Region

市(州、地)名称	City (State,Prefecture)	高等学校(所) Institutions of Higher Education (unit)	在校学生(人) Students Enrollment (person)	普通中学(所) Secondary Schools (unit)	在校学生(人) Students Enrollment (person)	小学(所) Primary Schools (unit)	在校学生(万人) Students Enrollment (10000 persons)
贵阳市	Guiyang	27	258622	290	244234	815	35.77
六盘水市	Liupanshui	2	6819	219	233033	920	38.24
遵义市	Zunyi	6	40834	513	502768	2126	72.01
安顺市	Anshun	4	12579	146	168331	999	29.78
铜仁地区	Tongren	2	11328	239	286941	1518	47.62
黔西南州	Qianxinan	2	11169	214	217432	1116	39.56
毕节地区	Bijie	2	12449	465	507252	2531	113.77
黔东南州	Qiandongnan	3	21320	278	274635	1476	42.74
黔南州	Qiannan	3	20330	250	259895	1361	37.38

注：1、资料来源于省教育厅。2、高等学校在校生包括研究生、普通高等教育在校生和成人高等教育在校生。

1.Data in the table are obtained from Guizhou Provincial Education Department.

2.students enrollment of higher education include postgraduates,studengts in colleges and universities and adult education institutions.

24–29 各市(州、地)火灾(2009年)

Fires by Region

州(市、地)名称	City (State, Prefecture)	火灾(起) Number (case)	死亡(人) Deaths (person)	受伤(人) Injuries (person)	直接财产损失(万元) Direct property losses (10000 yuan)
合计	Total	869	73	28	3435.55
贵阳市	Guiyang	223	6	5	316.93
六盘水市	Liupanshui	85		5	110.24
遵义市	Zunyi	86	18	2	337.56
安顺市	Qiandongnan	94	8	1	690.92
铜仁地区	Tongren	93	9	4	322.62
黔西南州	Qianxinan	60	7	3	174.29
毕节地区	Bijie	36	5	6	64.43
黔东南州	Qiannan	69	3		83.89
黔南州	Anshun	123	17	2	1334.69

注：资料来源于省公安厅。

Note:Data in the table are obtained from Guizhou Provincial Department of Public Security.

24-30 各县(市、区、特区)生产总值(2009)

Gross Domestic Product by County(City,District,Special region)

单位：万元 (10000 yuan)

县(市、区、特区)名称	County (City, District, Special region)	生产总值 Gross Domestic Product	第一产业 Primary Industry	第二产业 Secondary Industry	第三产业 Tertiary Industry	按生产总值排位 Order by Gross Domestic Product	2009年比2008年增长(%) Increase Rate in 2009 over 2008(%)
南明区	Nanming	1945239	15280	481884	1448075	2	13.0
云岩区	Yunyan	2673112	1405	1093171	1578536	1	12.4
花溪区	Huaxi	662418	68098	254087	340233	16	15.1
乌当区	Wudang	896850	69214	447169	380467	11	16.2
白云区	Baiyun	568128	21979	338173	207976	22	11.8
小河区	Xiaohe	513782	7445	313033	193304	26	17.8
开阳县	Kaiyang	557216	102765	309691	144760	23	12.3
息烽县	Xifeng	488214	54621	320907	112686	27	19.6
修文县	Xiuwen	392647	70200	172567	149880	32	15.2
清镇市	Qingzhen	811571	91562	428040	291969	12	14.6
钟山区	Zhongshan	1531394	15605	843957	671832	5	6.0
六枝特区	Liuzhi	462195	54490	204251	203454	29	14.1
水城县	Shuicheng	575951	77405	343232	155314	21	15.1
盘　县	Panxian	1756099	116068	1253086	386945	3	15.2
红花岗区	Honghuagang	1440749	67104	473121	900524	6	13.7
汇川区	Huicuan	951540	40769	475452	435319	10	9.6
遵义县	Zunyi	1155127	238441	487531	429155	8	14.2
桐梓县	Tongzi	387249	101621	127862	157766	33	14.0
绥阳县	Suiyang	288374	111725	56396	120253	41	12.4
正安县	Zhengan	210456	83607	31005	95844	58	11.4
※道真县	Daozhen	148012	48971	21411	77630	70	12.3
※务川县	Wuchuan	172789	63565	24887	84337	65	11.8
凤冈县	Fenggang	190218	71873	26422	91923	63	11.7
湄潭县	Meitan	254123	77470	55006	121647	47	12.6
余庆县	Yuqing	235922	76139	55797	103986	50	11.3
习水县	Xishui	452676	91056	184477	177143	31	11.3
赤水市	Chishui	286282	54606	123752	107924	42	14.0
仁怀市	Renhuai	1596343	97282	965926	533135	4	13.6
西秀区	Xixiu	753797	113549	232684	407564	13	13.3
平坝县	Pingba	361116	51378	205145	104593	34	12.1
普定县	Puding	263715	54057	136968	72690	46	13.5
※镇宁县	Zhenning	219191	41981	57050	120160	55	10.1
※关岭县	Guanling	205624	58717	49622	97285	59	12.3
※紫云县	Ziyun	132235	62808	19541	49886	74	10.7
铜仁市	Tongren	482116	76488	164429	241199	28	13.7
江口县	Jiangkou	123644	46334	27071	50239	76	11.9
※玉屏县	Yuping	220324	33404	119672	67248	53	9.0
石阡县	Shiqian	176044	79082	21439	75523	64	12.7
思南县	Sinan	336936	129373	63710	143853	38	12.3
※印江县	Yinjiang	215564	101419	32437	81708	56	12.8
德江县	Dejiang	273388	115649	43722	114017	45	12.6
※沿河县	Yanhe	273924	110141	45243	118540	44	13.0
※松桃县	Songtao	350237	122664	98517	129056	36	11.1
万山特区	Wanshan	64048	11116	31414	21518	88	24.6

24–30 续表 (continued)

单位：万元 (10000 yuan)

县(市、区、特区)名称	County (City, District, Special region)	生产总值 Gross Domestic Product	第一产业 Primary Industry	第二产业 Secondary Industry	第三产业 Tertiary Industry	按生产总值排位 Order by Gross Domestic Product	2009年比2008年增长(%) Increase Rate in 2009 over 2008(%)
兴义市	Xingyi	1241919	150128	487284	604507	7	14.7
兴仁县	Xingren	351500	65284	119093	167123	35	13.6
普安县	Puan	211261	41949	83976	85336	57	19.7
晴隆县	Qinglong	168954	34930	52063	81961	66	20.9
贞丰县	Zhenfeng	285697	60740	152973	71984	43	14.5
望谟县	Wangmo	107532	36903	9016	61613	83	12.5
册亨县	Ceheng	105480	36105	13481	55894	84	10.2
安龙县	Anlong	313546	71143	101120	141283	39	10.1
毕节市	Bijie	1026065	204682	366229	455154	9	16.8
大方县	Dafang	612682	144981	233440	234261	19	16.4
黔西县	Qianxi	666000	145324	266406	254270	15	13.8
金沙县	Jinsha	726055	109299	398974	217782	14	18.8
织金县	Zhijin	517209	125487	171387	220335	25	14.5
纳雍县	Nayong	608130	109604	301326	197200	20	19.7
※威宁县	Weining	525083	203765	121241	200077	24	14.2
赫章县	Hezhang	310202	109106	64236	136860	40	15.6
凯里市	Kaili	636445	57325	215590	363530	17	12.0
黄平县	Huangping	140313	52469	15036	72808	71	12.0
施秉县	Shibing	115029	27604	35277	52148	81	6.3
三穗县	Sansui	110649	26570	28538	55541	82	12.1
镇远县	Zhenyuan	194036	55235	69807	68994	61	11.4
岑巩县	Cengong	123031	32655	38960	51416	77	13.9
天柱县	Tianzhu	222302	58768	78191	85343	52	14.3
锦屏县	Jinping	130255	23258	50067	56930	75	12.0
剑河县	Jianhe	115865	36253	17165	62447	80	10.5
台江县	Taijiang	81974	23777	19535	38662	86	12.0
黎平县	Liping	219310	61507	59298	98505	54	15.6
榕江县	Rongjiang	161228	65521	36561	59146	67	15.8
从江县	Congjiang	156358	53300	44872	58186	68	15.9
雷山县	Leishan	76278	19363	17694	39221	87	11.5
麻江县	Majiang	116902	33785	37928	45189	79	14.9
丹寨县	Danzhai	82068	24627	22334	35107	85	12.2
都匀市	Duyun	632296	72369	224987	334940	18	14.3
福泉市	Fuquan	456414	69971	207039	179404	30	13.5
荔波县	Libo	148429	28899	56673	62857	69	16.4
贵定县	Guiding	238708	37000	106321	95387	49	13.0
瓮安县	Wengan	337938	73211	130870	133857	37	16.4
独山县	Dushan	200683	61000	68254	71429	60	16.2
平塘县	Pingtang	121365	44500	25598	51267	78	11.2
罗甸县	Luodian	191850	58020	65962	67868	62	14.1
长顺县	Changshun	136990	46107	34705	56178	72	15.2
龙里县	Longli	248142	26432	168154	53556	48	14.7
惠水县	Huishui	233580	75000	75421	83159	51	14.0
※三都县	Sandu	132413	45368	21266	65779	73	17.6

注：1、※为少数民族自治县(以下相关表同)。2、表中数据为2009年初步核算数，绝对数按当年价格计算， 增长速度按可比价格计算。
Notes:1.Counties with ※ are autonomous counties.2.Data in the table are preliminary statistics in 2008,absolute Figuresin the table are calculated at current prices,increase rates are calculated at comparable prices..

24-31 各县(市、区、特区)人均生产总值及位次(2009)

Per Capita Gross Domestic Product and Its Order by County (City，District，Special region)

单位：元 (yuan)

县(市、区、特区)名称	County (City，District，Special region)	人均生产总值 Per Capita Gross Domestic Product(yuan)	位次 Order
南明区	Nanming	26801	7
云岩区	Yunyan	33692	1
花溪区	Huaxi	18910	11
乌当区	Wudang	29687	4
白云区	Baiyun	28421	6
小河区	Xiaohe	32704	2
开阳县	Kaiyang	13518	20
息烽县	Xifeng	20740	10
修文县	Xiuwen	14099	19
清镇市	Qingzhen	16280	14
钟山区	Zhongshan	30655	3
六枝特区	Liuzhi	7563	40
水城县	Shuicheng	7878	38
盘　县	Panxian	15394	15
红花岗区	Honghuagang	23734	9
汇川区	Huichuan	24986	8
遵义县	Zunyi	10778	26
桐梓县	Tongzi	6458	46
绥阳县	Suiyang	6068	53
正安县	Zhengan	4005	87
※道真县	Daozhen	4944	76
※务川县	Wuchuan	4264	84
凤冈县	Fenggang	4905	78
湄潭县	Meitan	5911	57
余庆县	Yuqing	8970	29
习水县	Xishui	7325	43
赤水市	Chishui	10983	25
仁怀市	Renhuai	29324	5
西秀区	Xixiu	9009	28
平坝县	Pingba	9995	27
普定县	Puding	6617	45
※镇宁县	Zhenning	6292	50
※关岭县	Guanling	6330	47
※紫云县	Ziyun	4088	86
铜仁市	Tongren	14570	18
江口县	Jiangkou	5764	61
※玉屏县	Yuping	16308	13
石阡县	Shiqian	5007	75
思南县	Sinan	5339	70
※印江县	Yinjiang	5415	69
德江县	Dejiang	6156	51
※沿河县	Yanhe	5063	74
※松桃县	Songtao	5547	66
万山特区	Wanshan	12153	24
兴义市	Xingyi	16858	12
兴仁县	Xingren	7655	39
普安县	Puan	7418	42
晴隆县	Qinglong	5836	60
贞丰县	Zhenfeng	8199	32
望谟县	Wangmo	3803	88
册亨县	Ceheng	4803	79
安龙县	Anlong	7313	44
毕节市	Bijie	8140	34
大方县	Dafang	6326	48
黔西县	Qianxi	7916	37
金沙县	Jinsha	12467	23
织金县	Zhijin	5701	64
纳雍县	Nayong	8019	35
※威宁县	Weining	4677	81
赫章县	Hezhang	4937	77
凯里市	Kaili	15128	17
黄平县	Huangping	4335	83
施秉县	Shibing	7988	36
三穗县	Sansui	5763	62
镇远县	Zhenyuan	8149	33
岑巩县	Cengong	6010	54
天柱县	Tianzhu	5883	58
锦屏县	Jinping	6308	49
剑河县	Jianhe	5198	73
台江县	Taijiang	6108	52
黎平县	Liping	4710	80
榕江县	Rongjiang	5286	72
从江县	Congjiang	5290	71
雷山县	Leishan	5515	67
麻江县	Majiang	5745	63
丹寨县	Danzhai	5424	68
都匀市	Duyun	13469	21
福泉市	Fuquan	15188	16
荔波县	Libo	8969	30
贵定县	Guiding	8590	31
瓮安县	Wengan	7505	41
独山县	Dushan	5911	56
平塘县	Pingtang	4242	85
罗甸县	Luodian	5865	59
长顺县	Changshun	6007	55
龙里县	Longli	12719	22
惠水县	Huishui	5661	65
※三都县	Sandu	4379	82

24–32 各县(市、区、特区)年末常住人口(2009)

Major Indicators of Permanent Residents at The Year-end by County (City，District，Special region)

单位：万人 (10000 persons)

县(市、区、特区)名 称	County (City, District, Special region)	年末常住人口 Permanent Population at the year-end	位次 Order
南明区	Nanming	73.54	12
云岩区	Yunyan	79.52	9
花溪区	Huaxi	34.35	48
乌当区	Wudang	30.30	56
白云区	Baiyun	20.05	78
小河区	Xiaohe	16.24	82
开阳县	Kaiyang	41.31	36
息烽县	Xifeng	23.60	70
修文县	Xiuwen	27.91	65
清镇市	Qingzhen	49.97	26
钟山区	Zhongshan	49.98	25
六枝特区	Liuzhi	61.13	18
水城县	Shuicheng	73.13	13
盘　县	Panxian	114.10	2
红花岗区	Honghuagang	60.72	19
汇川区	Huichuan	38.09	42
遵义县	Zunyi	107.21	4
桐梓县	Tongzi	59.98	20
绥阳县	Suiyang	47.54	27
正安县	Zhengan	52.56	24
※道真县	Daozhen	29.95	59
※务川县	Wuchuan	40.53	38
凤冈县	Fenggang	38.79	41
湄潭县	Meitan	43.00	33
余庆县	Yuqing	26.31	67
习水县	Xishui	61.82	17
赤水市	Chishui	26.07	68
仁怀市	Renhuai	54.46	22
西秀区	Xixiu	82.43	7
平坝县	Pingba	34.55	47
普定县	Puding	39.91	39
※镇宁县	Zhenning	34.84	46
※关岭县	Guanling	32.49	51
※紫云县	Ziyun	32.35	54
铜仁市	Tongren	33.10	50
江口县	Jiangkou	21.46	74
※玉屏县	Yuping	13.52	86
石阡县	Shiqian	35.17	44
思南县	Sinan	63.13	15
※印江县	Yinjiang	39.82	40
德江县	Dejiang	44.42	32
※沿河县	Yanhe	54.11	23
※松桃县	Songtao	63.15	14
万山特区	Wanshan	5.28	88
兴义市	Xingyi	73.68	11
兴仁县	Xingren	45.93	30
普安县	Puan	28.49	63
晴隆县	Qinglong	28.96	61
贞丰县	Zhenfeng	34.86	45
望谟县	Wangmo	28.29	64
册亨县	Ceheng	21.97	73
安龙县	Anlong	42.89	34
毕节市	Bijie	126.09	1
大方县	Dafang	95.58	5
黔西县	Qianxi	81.74	8
金沙县	Jinsha	58.26	21
织金县	Zhijin	90.74	6
纳雍县	Nayong	75.86	10
※威宁县	Weining	112.29	3
赫章县	Hezhang	62.85	16
凯里市	Kaili	42.08	35
黄平县	Huangping	32.37	53
施秉县	Shibing	14.40	84
三穗县	Sansui	19.20	80
镇远县	Zhenyuan	23.81	69
岑巩县	Cengong	20.47	76
天柱县	Tianzhu	37.79	43
锦屏县	Jinping	20.65	75
剑河县	Jianhe	22.29	72
台江县	Taijiang	13.42	87
黎平县	Liping	46.56	29
榕江县	Rongjiang	30.50	55
从江县	Congjiang	29.56	60
雷山县	Leishan	13.83	85
麻江县	Majiang	20.35	77
丹寨县	Danzhai	15.13	83
都匀市	Duyun	46.96	28
福泉市	Fuquan	30.06	58
荔波县	Libo	16.56	81
贵定县	Guiding	27.80	66
瓮安县	Wengan	45.03	31
独山县	Dushan	33.96	49
平塘县	Pingtang	28.61	62
罗甸县	Luodian	32.40	52
长顺县	Changshun	22.81	71
龙里县	Longli	19.51	79
惠水县	Huishui	41.27	37
※三都县	Sandu	30.25	57

注：表中数据为常住半年及以上人口数。

Note:Poulations in the table refer to permanent population in the scope at least half a year

24—33 各县(市、区、特区)固定资产投资(2009)
Investment in Fixed Assets by County(City,District,Special region)

单位：万元 (10000 yuan)

县(市、区、特区)名称	County (City,District, Special region)	合计 Total	基本建设 Capital Construction	更新改造 Innovation	其他投资 Other Investment	房地产投资 Real Estate
南明区	Nanming	755561	153629	245885	81539	274508
云岩区	Yunyan	1105503	325947	233798	63658	482100
花溪区	Huaxi	346397	286192	23117	14335	22753
乌当区	Wudang	1773683	755012	86448	17273	914950
白云区	Baiyun	528659	209898	146803	95949	76009
小河区	Xiaohe	619767	112866	203289	118187	185425
开阳县	Kaiyang	407476	80608	298800	9183	18885
息烽县	Xifeng	209007	66707	104527	9064	28709
修文县	Xiuwen	223746	60977	79784	41498	41487
清镇市	Qingzhen	488904	298412	112732	19361	58399
钟山区	Zhongshan	672166	215172	309826	9623	137545
六枝特区	Liuzhi	124124	48549	55053	1765	18757
水城县	Shuicheng	537398	238286	115785	161252	22075
盘　县	Panxian	752845	446646	68620	223498	14081
红花岗区	Honghuagang	410818	148048	102030		160740
汇川区	Huicuan	336021	155558	82153		98310
遵义县	Zunyi	648177	458367	140037		49773
桐梓县	Tongzi	377442	259866	95376	4400	17800
绥阳县	Suiyang	115389	93110	19389		2890
正安县	Zhengan	67290	35889	29394		2007
※道真县	Daozhen	60060	41948	13187	135	4790
※务川县	Wuchuan	98946	56102	35149		7695
凤冈县	Fenggang	60759	49756	7203		3800
湄潭县	Meitan	94402	63742	18170		12490
余庆县	Yuqing	274834	269812	2145		2877
习水县	Xishui	236319	170769	35646	21039	8865
赤水市	Chishui	201126	149213	26110	993	24810
仁怀市	Renhuai	291252	166914	97953	14071	12314
西秀区	Xixiu	322105	124804	87171	3953	106177
平坝县	Pingba	75139	51092	11055		12992
普定县	Puding	65095	35683	23774	860	4778
※镇宁县	Zhenning	73549	55599	6006	1267	10677
※关岭县	Guanling	40254	21362	8130		10762
※紫云县	Ziyun	32465	26272	5467	416	310
铜仁市	Tongren	262561	115113	12833	8510	126105
江口县	Jiangkou	75524	71078	1410	539	2497
※玉屏县	Yuping	54869	20448	26686	5662	2073
石阡县	Shiqian	91061	76699	2348	5526	6488
思南县	Sinan	282100	252368	1684	70	27978
※印江县	Yinjiang	111410	86143	2759	9596	12912
德江县	Dejiang	97460	87179	2277	1521	6483
※沿河县	Yanhe	229545	186799	6291	23216	13239
※松桃县	Songtao	138163	81527	19290	1328	36018
万山特区	Wanshan	31049	30549			500

注：1、本表统计口径为50万元以上的城镇固定资产投资和农村非农户投资。2、本表不包括跨县(市、区)域项目，也不包括220KV及以上的电网投资。

Note:1.Data in the table refer to Data of 500,000 yuan and over Investment in Fixed Assets in Urban Area and Non-farm Households Investment in Fixed Assets in Rural Area. 2.Data of County(City,Section) in the table Excluded Data of Cross other Area Investment,and Excluded Data of 220KV and over Power Investment.

24–33 续表 (continued)

单位：万元 (10000 yuan)

县(市、区、特区)名称	County (City,District,Special region)	合计 Total	基本建设 Capital Construction	更新改造 Innovation	其他投资 Other Investment	房地产投资 Real Estate
兴义市	Xingyi	527570	357043	79985	1774	88768
兴仁县	Xingren	166759	121259	21060	6340	18100
普安县	Puan	130063	91284	35385	157	3237
晴隆县	Qinglong	96889	95219	1670		
贞丰县	Zhenfeng	172628	148366	17362		6900
望谟县	Wangmo	34938	34736	202		
册亨县	Ceheng	41501	37856	3645		
安龙县	Anlong	98623	87873	10750		
毕节市	Bijie	438023	301459	78261	2970	55333
大方县	Dafang	195688	129917	47081	1525	17165
黔西县	Qianxi	268134	210895	21182	318	35739
金沙县	Jinsha	283752	190294	81027	4245	8186
织金县	Zhijin	232657	140095	69628		22934
纳雍县	Nayong	214874	166406	26184		22284
※威宁县	Weining	85293	65603	10051		9639
赫章县	Hezhang	90422	81339	7340	60	1683
凯里市	Kaili	400663	190311	69816	31645	108891
黄平县	Huangping	42680	34226	1466	2440	4548
施秉县	Shibing	25423	18317	3635	126	3345
三穗县	Sansui	42161	34507	2897	103	4654
镇远县	Zhenyuan	65884	53208	2230	8072	2374
岑巩县	Cengong	27108	23473	1760	42	1833
天柱县	Tianzhu	95966	85190	4829		5947
锦屏县	Jinping	30782	17425	1582	436	11339
剑河县	Jianhe	60340	43294	5900	2546	8600
台江县	Taijiang	38232	31844	2319		4069
黎平县	Liping	84663	74535	778	76	9274
榕江县	Rongjiang	61447	38547	539	10016	12345
从江县	Congjiang	55420	45501	1573	5886	2460
雷山县	Leishan	23483	18937	1334	2732	480
麻江县	Majiang	40207	33610	620	837	5140
丹寨县	Danzhai	33869	26450	3620	710	3089
都匀市	Duyun	157344	31339	53350		72655
福泉市	Fuquan	228179	157258	58865	1800	10256
荔波县	Libo	78086	74644	190		3252
贵定县	Guiding	48998	37078	4656		7264
瓮安县	Wengan	103721	55553	36247		11921
独山县	Dushan	58645	39304	12436	335	6570
平塘县	Pingtang	82992	62279	16204		4509
罗甸县	Luodian	91887	55645	28490	3377	4375
长顺县	Changshun	59689	52210	1400	1874	4205
龙里县	Longli	70073	18026	38105		13942
惠水县	Huishui	103264	54952	36384	2012	9916
※三都县	Sandu	35958	29503	3507	2495	453

24–34 各县（市、区、特区）乡村从业人员(2009)

Number of Rural Employment by County (City,District,Special region)

单位：万人 (10000 persons)

县(市、区、特区)名称	County (City,District, Special region)	合计 Total	第一产业 Primary Industry	第二产业 Secondary Industry	第三产业 Tertiary Industry	2009年比2008年增长(%) Increase Rate in 2009 over 2008(%)
南明区	Nanming	3.68	2.04	0.61	1.02	110.1
云岩区	Yunyan	4.05	1.22	1.22	1.60	0.1
花溪区	Huaxi	13.39	7.59	2.05	3.75	-6.5
乌当区	Wudang	13.36	6.78	2.28	4.30	-17.6
白云区	Baiyun	4.67	2.61	0.89	1.17	4.3
小河区	Xiaohe	1.57	0.80	0.13	0.64	-0.4
开阳县	Kaiyang	20.58	11.29	1.91	7.38	-0.7
息烽县	Xifeng	12.77	7.62	1.46	3.69	3.0
修文县	Xiuwen	16.52	10.19	1.48	4.86	0.7
清镇市	Qingzhen	26.06	18.20	2.47	5.39	1.5
钟山区	Zhongshan	8.08	4.75	1.54	1.79	1.0
六枝特区	Liuzhi	31.09	16.33	3.43	11.32	2.7
水城县	Shuicheng	39.09	25.49	3.06	10.55	2.9
盘　县	Panxian	55.78	39.24	4.86	11.68	0.8
红花岗区	Honghuagang	12.63	6.01	1.87	4.76	2.7
汇川区	Huicuan	11.93	6.77	2.17	2.99	-1.6
遵义县	Zunyi	69.09	37.08	6.73	25.28	2.1
桐梓县	Tongzi	34.21	16.52	3.14	14.56	2.9
绥阳县	Suiyang	30.92	17.92	1.68	11.32	0.6
正安县	Zhengan	36.13	17.59	2.08	16.46	0.3
※道真县	Daozhen	18.04	8.49	1.16	8.39	1.3
※务川县	Wuchuan	25.25	15.40	0.64	9.21	1.9
凤冈县	Fenggang	25.13	14.46	1.31	9.37	2.8
湄潭县	Meitan	27.07	16.44	1.68	8.95	-1.0
余庆县	Yuqing	18.21	10.23	1.65	6.33	2.1
习水县	Xishui	34.33	17.71	3.03	13.59	2.5
赤水市	Chishui	13.30	7.41	1.17	4.71	-1.9
仁怀市	Renhuai	31.62	17.76	3.06	10.79	-5.0
西秀区	Xixiu	36.92	21.68	4.76	10.48	1.7
平坝县	Pingba	18.80	13.17	1.58	4.05	1.2
普定县	Puding	24.02	14.23	2.04	7.75	3.5
※镇宁县	Zhenning	19.18	12.86	1.39	4.93	-1.1
※关岭县	Guanling	18.53	12.60	1.08	4.85	0.5
※紫云县	Ziyun	21.13	14.18	1.72	5.22	0.4
铜仁市	Tongren	15.98	8.35	1.62	6.01	0.5
江口县	Jiangkou	11.87	7.28	0.71	3.88	持平
※玉屏县	Yuping	8.04	4.30	1.15	2.59	6.3
石阡县	Shiqian ,	23.36	13.47	1.28	8.61	-3.1
思南县	Sinan	36.31	21.40	2.55	12.36	2.2
※印江县	Yinjiang	23.42	11.18	2.76	9.48	0.8
德江县	Dejiang	25.78	16.30	1.45	8.04	-1.0
※沿河县	Yanhe	31.15	19.35	1.59	10.21	1.1
※松桃县	Songtao	40.30	23.11	2.60	14.60	1.4
万山特区	Wanshan	2.96	1.35	0.40	1.21	1.4

24—34 续表 (continued)

单位：万人 (10000 persons)

县(市、区、特区)名称	County (City,District,Special region)	合计 Total	第一产业 Primary Industry	第二产业 Secondary Industry	第三产业 Tertiary Industry	2009年比2008年增长(%) Increase Rate in 2009 over 2008(%)
兴义市	Xingyi	39.28	26.40	3.79	9.09	3.0
兴仁县	Xingren	24.71	17.69	1.29	5.73	-4.6
普安县	Puan	16.72	11.17	1.19	4.36	5.7
晴隆县	Qinglong	16.65	11.85	0.70	4.10	3.9
贞丰县	Zhenfeng	22.20	14.18	1.96	6.05	7.1
望谟县	Wangmo	16.11	11.56	0.89	3.66	-4.3
册亨县	Ceheng	13.19	9.72	0.51	2.97	-1.0
安龙县	Anlong	27.18	19.49	1.89	5.80	5.9
毕节市	Bijie	73.41	35.36	10.03	28.03	6.7
大方县	Dafang	60.53	36.88	4.68	18.97	0.7
黔西县	Qianxi	46.39	23.59	4.78	18.03	1.7
金沙县	Jinsha	32.57	17.44	3.62	11.52	1.9
织金县	Zhijin	51.78	29.19	6.15	16.44	0.7
纳雍县	Nayong	44.18	23.94	4.23	16.01	0.4
※威宁县	Weining	66.73	47.56	3.92	15.24	2.2
赫章县	Hezhang	36.51	21.63	3.41	11.47	3.4
凯里市	Kaili	17.19	9.10	2.39	5.71	0.3
黄平县	Huangping	20.79	12.52	1.97	6.29	0.1
施秉县	Shibing	8.64	6.37	0.51	1.77	0.9
三穗县	Sansui	11.94	5.55	1.00	5.39	4.5
镇远县	Zhenyuan	12.36	6.89	1.70	3.77	-6.6
岑巩县	Cengong	12.11	7.43	0.46	4.22	1.2
天柱县	Tianzhu	22.40	12.16	0.74	9.50	-0.4
锦屏县	Jinping	12.02	6.01	0.90	5.11	1.8
剑河县	Jianhe	13.94	8.78	0.83	4.33	1.0
台江县	Taijiang	8.63	4.58	0.74	3.32	1.1
黎平县	Liping	29.30	17.52	1.75	10.03	1.3
榕江县	Rongjiang	18.55	12.94	0.81	4.80	-2.1
从江县	Congjiang	19.11	13.93	0.72	4.46	0.3
雷山县	Leishan	9.45	5.47	0.62	3.36	1.7
麻江县	Majiang	11.91	7.66	0.80	3.44	-0.3
丹寨县	Danzhai	9.15	4.82	0.73	3.60	-0.8
都匀市	Duyun	19.38	10.86	1.54	6.98	1.8
福泉市	Fuquan	14.59	9.16	2.20	3.24	8.3
荔波县	Libo	9.87	6.41	0.75	2.72	5.4
贵定县	Guiding	14.49	9.30	0.69	4.49	1.4
瓮安县	Wengan	26.45	14.13	1.98	10.35	0.7
独山县	Dushan	19.10	11.54	1.68	5.89	0.7
平塘县	Pingtang	19.11	13.35	0.85	4.91	0.4
罗甸县	Luodian	17.13	10.34	1.26	5.54	2.0
长顺县	Changshun	13.27	8.61	0.62	4.05	-0.9
龙里县	Longli	11.12	8.39	0.61	2.13	0.1
惠水县	Huishui	25.91	15.23	2.36	8.32	1.2
※三都县	Sandu	18.79	11.69	0.97	6.13	1.7

24-35 各县(市、区、特区)常用耕地面积(2009)

Cultivated Areas for Frequently Use by County(City,District,Special region)

单位：公顷 (hectare)

县(市、区、特区)名称	County (City,District,Special region)	常用耕地面积 Cultivated Area for Frequently Use	#水田 Paddy Fields
南明区	Nanming	1741	561
云岩区	Yunyan	729	56
花溪区	Huaxi	11169	6111
乌当区	Wudang	8792	4939
白云区	Baiyun	2572	1457
小河区	Xiaohe	200	125
开阳县	Kaiyang	23191	9265
息烽县	Xifeng	15223	4830
修文县	Xiuwen	17467	6279
清镇市	Qingzhen	17151	6217
钟山区	Zhongshan	3415	89
六枝特区	Liuzhi	25630	9826
水城县	Shuicheng	33097	4080
盘　县	Panxian	45683	6477
红花岗区	Honghuagang	9207	5525
汇川区	Huicuan	10226	5827
遵义县	Zunyi	65722	35196
桐梓县	Tongzi	36423	12655
绥阳县	Suiyang	27387	14131
正安县	Zhengan	31157	15796
※道真县	Daozhen	23510	14830
※务川县	Wuchuan	28293	11058
凤冈县	Fenggang	26517	14525
湄潭县	Meitan	31026	19195
余庆县	Yuqing	19162	11425
习水县	Xishui	40598	14818
赤水市	Chishui	13566	10745
仁怀市	Renhuai	27768	9850
西秀区	Xixiu	27786	18589
平坝县	Pingba	16582	9115
普定县	Puding	16544	6727
※镇宁县	Zhenning	14069	7961
※关岭县	Guanling	15022	5401
※紫云县	Ziyun	15885	6628
铜仁市	Tongren	12437	7782
江口县	Jiangkou	10974	7134
※玉屏县	Yuping	5708	3920
石阡县	Shiqian	21643	12743
思南县	Sinan	28816	17706
※印江县	Yinjiang	18600	11867
德江县	Dejiang	21605	13411
※沿河县	Yanhe	26305	11074
※松桃县	Songtao	26438	16892
万山特区	Wanshan	2705	1539

24-35 续表 (continued)

单位：公顷 (hectare)

县(市、区、特区)名称	County (City,District,Special region)	常用耕地面积 Cultivated Area for Frequently Use	#水田 Paddy Fields
兴义市	Xingyi	28569	10528
兴仁县	Xingren	21078	8380
普安县	Puan	16359	4775
晴隆县	Qinglong	14081	4583
贞丰县	Zhenfeng	20384	6854
望谟县	Wangmo	26384	5082
册亨县	Ceheng	13420	4281
安龙县	Anlong	20648	9655
毕节市	Bijie	59206	6232
大方县	Dafang	50033	4679
黔西县	Qianxi	40762	8572
金沙县	Jinsha	34740	10823
织金县	Zhijin	40631	10066
纳雍县	Nayong	30865	3892
※威宁县	Weining	71713	373
赫章县	Hezhang	38344	1137
凯里市	Kaili	13123	9162
黄平县	Huangping	15238	11090
施秉县	Shibing	8243	4699
三穗县	Sansui	8014	5469
镇远县	Zhenyuan	12251	7375
岑巩县	Cengong	11708	7373
天柱县	Tianzhu	15927	11600
锦屏县	Jinping	8422	6617
剑河县	Jianhe	9031	7567
台江县	Taijiang	6263	4896
黎平县	Liping	18587	17644
榕江县	Rongjiang	13143	10813
从江县	Congjiang	13352	11711
雷山县	Leishan	6771	5521
麻江县	Majiang	10897	6967
丹寨县	Danzhai	7278	5806
都匀市	Duyun	13411	10456
福泉市	Fuquan	15467	7925
荔波县	Libo	8022	6342
贵定县	Guiding	11808	6716
瓮安县	Wengan	24502	11377
独山县	Dushan	15057	12518
平塘县	Pingtang	14343	8592
罗甸县	Luodian	16018	7099
长顺县	Changshun	13767	5946
龙里县	Longli	10860	6622
惠水县	Huishui	17822	11503
※三都县	Sandu	13538	9788

24-36 各县(市、区、特区)农林牧渔业总产值及位次(2009)

Gross Output Value of Farming,Forestry,Animal Husbandry and Fishery and Its Order by County(City,District,Special region)

单位：万元 (10000 yuan)

县(市、区、特区)名称	County (City,District,Special region)	合计 Total	农业 Farming	林业 Forestry	牧业 Animal Husbandry	渔业 Fishery	农林牧渔服务业 Services	位次 Order	2009年比2008年增长(%) Increase Rate in 2009 over 2008(%)
南明区	Nanming	21888	15896		5728	184	80	85	持平
云岩区	Yunyan	10212	6995	41	3164		12	88	-4.0
花溪区	Huaxi	104451	71499	594	30914	144	1300	38	8.4
乌当区	Wudang	107362	77937	1227	25224	1424	1550	36	8.7
白云区	Baiyun	36088	23525	253	11735	197	378	82	8.7
小河区	Xiaohe	11262	9082		1929	185	66	87	2.1
开阳县	Kaiyang	160664	93131	1494	63900	827	1312	17	10.0
息烽县	Xifeng	84321	54710	486	24329	4100	696	51	9.7
修文县	Xiuwen	111319	78845	678	30711	782	303	34	9.9
清镇市	Qingzhen	137025	86811	831	45068	3677	638	27	8.9
钟山区	Zhongshan	36467	16423	411	18946	37	650	81	5.5
六枝特区	Liuzhi	83801	55459	2019	20819	454	5050	52	9.7
水城县	Shuicheng	139797	82231	4024	51608	34	1900	26	8.2
盘　县	Panxian	181276	95379	4943	76772	453	3729	10	12.2
红花岗区	Honghuagang	105379	56941	679	44021	935	2803	37	8.0
汇川区	Huicuan	71387	39748	334	26200	460	4645	62	6.3
遵义县	Zunyi	392279	258319	4962	104938	18529	5531	1	6.3
桐梓县	Tongzi	165605	106858	8001	48374	1918	454	15	6.9
绥阳县	Suiyang	180297	138984	3002	34875	1556	1880	11	6.4
正安县	Zhengan	146447	94640	11328	38423	858	1198	24	5.4
※道真县	Daozhen	80620	51808	4385	23467	650	310	56	6.0
※务川县	Wuchuan	104211	69612	3084	28903	952	1660	39	6.7
凤冈县	Fenggang	120575	74372	10823	33805	633	942	32	5.8
湄潭县	Meitan	126167	90043	2754	28587	2071	2712	29	6.4
余庆县	Yuqing	125798	79505	1283	42551	1401	1058	30	5.4
习水县	Xishui	150184	74559	2073	71150	975	1427	22	5.9
赤水市	Chishui	89730	49884	16946	19639	1684	1577	49	7.2
仁怀市	Renhuai	166106	96987	4450	60750	1419	2500	14	11.3
西秀区	Xixiu	156878	87529	1459	65633	1541	716	19	5.1
平坝县	Pingba	74621	43910	1655	26920	1681	455	59	7.6
普定县	Puding	82389	41565	928	37658	1559	679	54	5.9
※镇宁县	Zhenning	60112	35736	2180	20881	1026	289	68	5.5
※关岭县	Guanling	82164	49232	3442	28753	580	157	55	6.2
※紫云县	Ziyun	92830	34259	5377	50854	760	1580	46	6.6
铜仁市	Tongren	124185	79189	1563	36610	2523	4300	31	4.6
江口县	Jiangkou	73664	42562	1206	25005	1691	3200	60	6.2
※玉屏县	Yuping	53031	28955	356	19871	1194	2655	74	4.9
石阡县	Shiqian	129846	70440	2686	52037	518	4165	28	5.0
思南县	Sinan	203679	118540	1663	73575	2719	7182	6	4.7
※印江县	Yinjiang	148484	79673	1871	59851	2614	4475	23	6.8
德江县	Dejiang	176841	105764	3213	60483	1522	5859	12	5.1
※沿河县	Yanhe	176674	110262	1735	55284	2665	6728	13	6.1
※松桃县	Songtao	192034	109162	3707	69369	2672	7124	8	2.7
万山特区	Wanshan	17537	8885	697	6561	389	1005	86	5.6

24-36 续表 (continued)

单位：万元 (10000 yuan)

县(市、区、特区)名称	County (City,District,Special region)	合计 Total	农业 Farming	林业 Forestry	牧业 Animal Husbandry	渔业 Fishery	农林牧渔服务业 Services	位次 Order	2009年比2008年增长(%) Increase Rate in 2009 over 2008(%)
兴义市	Xingyi	242355	134237	7494	83836	12188	4600	4	5.9
兴仁县	Xingren	100647	54768	3258	42059	72	490	42	5.5
普安县	Puan	63671	40358	2024	20379	90	820	65	5.2
晴隆县	Qinglong	57234	28213	2493	25653	67	808	71	5.9
贞丰县	Zhenfeng	88212	44366	4359	38667	175	645	50	5.3
望谟县	Wangmo	62832	27171	6329	25815	2631	886	66	7.4
册亨县	Ceheng	54428	23576	6746	20117	2708	1281	72	6.4
安龙县	Anlong	116543	59294	5136	43169	7227	1717	33	5.7
毕节市	Bijie	292231	170293	10299	103872	611	7156	2	7.9
大方县	Dafang	209855	131068	4876	69360	1130	3421	5	5.0
黔西县	Qianxi	201300	127534	2505	66422	1609	3230	7	4.8
金沙县	Jinsha	157993	95804	2968	52940	2667	3614	18	6.7
织金县	Zhijin	183826	111971	1661	65676	668	3850	9	8.4
纳雍县	Nayong	152976	91042	1706	57896	827	1505	20	2.7
※威宁县	Weining	279915	140332	3314	129987	365	5917	3	5.3
赫章县	Hezhang	162504	93375	9695	56899	261	2274	16	9.3
凯里市	Kaili	97072	56805	4396	32000	2727	1144	44	6.3
黄平县	Huangping	78625	50295	7438	17252	1164	2476	57	5.2
施秉县	Shibing	42720	29616	2241	9210	743	910	79	7.2
三穗县	Sansui	46084	24164	4413	15891	550	1066	77	6.3
镇远县	Zhenyuan	77142	49494	11452	14916	773	507	58	6.5
岑巩县	Cengong	48816	30065	2313	14036	302	2100	76	6.5
天柱县	Tianzhu	91708	54147	8515	27749	758	539	47	5.9
锦屏县	Jinping	43188	18966	8623	11509	2668	1422	78	6.9
剑河县	Jianhe	57772	26218	8469	20006	2409	670	70	5.3
台江县	Taijiang	33569	15854	7430	7683	1830	772	83	5.5
黎平县	Liping	101477	50209	18808	25488	5153	1819	41	5.5
榕江县	Rongjiang	91009	53788	16032	17051	3552	586	48	5.6
从江县	Congjiang	83306	49633	8714	19525	4084	1350	53	4.1
雷山县	Leishan	29082	16964	2000	7955	670	1493	84	5.5
麻江县	Majiang	53744	30192	3427	16972	582	2571	73	6.3
丹寨县	Danzhai	37506	20455	3464	11536	908	1143	80	4.0
都匀市	Duyun	108139	55943	5297	43818	1625	1456	35	8.0
福泉市	Fuquan	102206	62442	2600	36061	858	245	40	5.4
荔波县	Libo	49388	25678	6065	13156	1718	2771	75	6.5
贵定县	Guiding	59613	37796	2411	16867	217	2322	69	4.1
瓮安县	Wengan	140748	70206	1805	66033	877	1827	25	6.9
独山县	Dushan	98194	65886	3269	27211	1057	771	43	6.8
平塘县	Pingtang	65199	38313	3645	22007	281	953	64	6.0
罗甸县	Luodian	93742	59526	5580	22417	4730	1489	45	8.5
长顺县	Changshun	71665	40814	2130	25763	280	2678	61	6.5
龙里县	Longli	60486	34850	761	24126	339	410	67	6.7
惠水县	Huishui	152000	78467	9404	55849	960	7320	21	7.0
※三都县	Sandu	69223	40091	5032	20027	2118	1955	63	5.7

24-37 各县(市、区、特区)农民人均纯收入及位次(2009)

Per Capita Net Income of Rural Households and Its Order by County(City,District,Special region)

县(市、区、特区)名 称	County (City,District, Special region)	农民人均纯收入(元) Net Income(yuan)	位次 Order
南明区	Nanming	6713	2
云岩区	Yunyan	6734	1
花溪区	Huaxi	5318	6
乌当区	Wudang	6092	5
白云区	Baiyun	6558	4
小河区	Xiaohe	6667	3
开阳县	Kaiyang	4808	10
息烽县	Xifeng	4342	14
修文县	Xiuwen	4620	12
清镇市	Qingzhen	4828	9
钟山区	Zhongshan	3874	22
六枝特区	Liuzhi	2881	47
水城县	Shuicheng	2820	53
盘　县	Panxian	3038	37
红花岗区	Honghuagang	4962	8
汇川区	Huichuan	5134	7
遵义县	Zunyi	4703	11
桐梓县	Tongzi	3717	24
绥阳县	Suiyang	4121	15
正安县	Zhengan	2660	66
※道真县	※Daozhen	2478	82
※务川县	※Wuchuan	2475	83
凤冈县	Fenggang	3176	34
湄潭县	Meitan	4048	18
余庆县	Yuqing	4430	13
习水县	Xishui	2737	59
赤水市	Chishui	3997	19
仁怀市	Renhuai	4103	16
西秀区	Xixiu	3933	20
平坝县	Pingba	3245	31
普定县	Puding	2745	58
※镇宁县	※Zhenning	2765	54
※关岭县	※Guanling	2689	64
※紫云县	※Ziyun	2701	60
铜仁市	Tongren	3750	23
江口县	Jiangkou	2649	68
※玉屏县	※Yuping	3602	25
石阡县	Shiqian	2759	55
思南县	Sinan	2539	78
※印江县	※Yinjiang	2611	71
德江县	Dejiang	2425	85
※沿河县	※Yanhe	2553	77
※松桃县	※Songtao	2505	79
万山特区	Wanshan	2473	84
兴义市	Xingyi	4059	17
兴仁县	Xingren	3002	41
普安县	Puan	2619	70
晴隆县	Qinglong	2408	86
贞丰县	Zhenfeng	2868	48
望谟县	Wangmo	2163	88
册亨县	Ceheng	2245	87
安龙县	Anlong	2840	50
毕节市	Bijie	3168	35
大方县	Dafang	2826	52
黔西县	Qianxi	3031	38
金沙县	Jinsha	3502	27
织金县	Zhijin	2757	56
纳雍县	Nayong	2834	51
※威宁县	※Weining	2573	76
赫章县	Hezhang	2753	57
凯里市	Kaili	3543	26
黄平县	Huangping	2598	72
施秉县	Shibing	2920	45
三穗县	Sansui	2696	62
镇远县	Zhenyuan	2892	46
岑巩县	Cengong	2690	63
天柱县	Tianzhu	2844	49
锦屏县	Jinping	2504	80
剑河县	Jianhe	2625	69
台江县	Taijiang	2590	75
黎平县	Liping	2598	72
榕江县	Rongjiang	2595	74
从江县	Congjiang	2680	65
雷山县	Leishan	2489	81
麻江县	Majiang	2659	67
丹寨县	Danzhai	2701	60
都匀市	Duyun	3924	21
福泉市	Fuquan	3291	30
荔波县	Libo	3009	39
贵定县	Guiding	3201	33
瓮安县	Wengan	3425	28
独山县	Dushan	3009	39
平塘县	Pingtang	2924	44
罗甸县	Luodian	3086	36
长顺县	Changshun	3002	41
龙里县	Longli	3352	29
惠水县	Huishui	3240	32
※三都县	※Sandu	2974	43

24–38 各县(市、区、特区)粮食、肉类产量及位次(2009)

Output of Grain, Meat and Its Order by County(City,Section,Special region)

县(市、区、特区)名称	County (City,Section, Special region)	粮食产量(吨) Output of Grain (ton)	位次 Order	2009年比2008年增长(%) Increase Rate in 2009 over 2008(%)	人均粮食产量(公斤) Per Capita Output of Grain (kg)	位次 Order	肉类产量(吨) Output Meat (ton)	位次 Order	2009年比2008年增长(%) Increase Rate in 2009 over 2008(%)
南明区	Nanming	1752	86		31	86	3218	85	143.2
云岩区	Yunyan	496	87	-46.6	7	88	2028	87	-4.2
花溪区	Huaxi	80815	69	-3.8	363	56	15212	48	-12.7
乌当区	Wudang	57611	78	-0.1	249	84	11375	62	-12.8
白云区	Baiyun	18172	85	-0.2	259	83	4659	83	1.6
小河区	Xiaohe	410	88	-75.9	20	87	880	88	-13.8
开阳县	Kaiyang	142925	38	1.8	395	46	37559	9	12.5
息烽县	Xifeng	93329	64	5.0	420	30	13310	53	6.9
修文县	Xiuwen	106378	57	3.1	401	41	16445	45	3.7
清镇市	Qingzhen	139201	40	2.0	340	71	28726	20	37.8
钟山区	Zhongshan	26080	83	2.3	169	85	10780	64	9.0
六枝特区	Liuzhi	200051	24	2.1	370	53	19106	38	9.0
水城县	Shuicheng	270768	14	2.2	365	55	27878	23	9.0
盘　县	Panxian	363323	5	2.2	354	62	46802	5	9.0
红花岗区	Honghuagang	86313	66	…	417	31	15223	47	10.3
汇川区	Huicuan	85719	67	…	408	36	18381	40	7.0
遵义县	Zunyi	668771	1	-0.5	600	4	80862	1	11.3
桐梓县	Tongzi	304975	8	-0.3	492	14	34797	12	8.3
绥阳县	Suiyang	290612	11	-0.6	589	6	22526	31	9.5
正安县	Zhengan	251693	18	0.0	438	25	24057	28	6.3
※道真县	Daozhen	158861	34	-1.3	525	10	17245	43	6.4
※务川县	Wuchuan	183716	28	-0.2	448	23	19474	36	10.0
凤冈县	Fenggang	183186	29	-0.1	462	20	25318	26	5.7
湄潭县	Meitan	266652	15	0.1	617	3	23075	30	15.7
余庆县	Yuqing	199133	25	-1.2	726	1	30433	17	6.9
习水县	Xishui	297670	10	-0.3	474	17	55321	3	7.4
赤水市	Chishui	147301	35	-6.0	659	2	11708	58	13.7
仁怀市	Renhuai	273936	12	-0.1	522	11	41083	6	8.8
西秀区	Xixiu	217802	21	-0.6	348	66	36643	10	8.8
平坝县	Pingba	115845	54	1.8	396	45	14615	51	10.0
普定县	Puding	127025	45	2.6	313	80	19346	37	7.7
※镇宁县	Zhenning	117060	50	0.5	343	70	10452	67	8.5
※关岭县	Guanling	116584	53	1.1	358	59	15197	49	8.6
※紫云县	Ziyun	116757	52	0.7	339	74	28732	19	8.1
铜仁市	Tongren	142570	39	-0.6	590	5	18596	39	8.9
江口县	Jiangkou	91587	65	-2.2	447	24	13059	55	8.9
※玉屏县	Yuping	44791	82	-5.0	361	58	8682	74	5.4
石阡县	Shiqian	169647	31	-10.3	450	22	20692	32	8.9
思南县	Sinan	236522	20	-7.7	386	52	38454	8	8.9
※印江县	Yinjiang	146200	36	-5.6	369	54	25382	25	10.1
德江县	Dejiang	171405	30	-3.0	416	32	24250	27	8.9
※沿河县	Yanhe	201745	23	-1.6	356	61	28307	22	8.9
※松桃县	Songtao	260710	17	-0.5	405	38	32137	15	8.9
万山特区	Wanshan	19859	84	-0.1	408	37	3084	86	8.9

24—38 续表 (continued)

县(市、区、特区) 名称	County (City,District, Special region)	粮食产量(吨) Output of Grain (ton)	位次 Order	2009年比2008年增长(%) Increase Rate in 2009 over 2008(%)	人均粮食产量(公斤) Per Capita Output of Grain (kg)	位次 Order	肉类产量(吨) Output Meat (ton)	位次 Order	2009年比2008年增长(%) Increase Rate in 2009 over 2008(%)
兴义市	Xingyi	272113	13	1.3	416	33	40755	7	9.1
兴仁县	Xingren	187581	27	1.3	460	21	19636	35	11.2
普安县	Puan	96388	62	1.1	325	78	11235	63	7.0
晴隆县	Qinglong	96448	61	1.9	348	67	10545	66	5.7
贞丰县	Zhenfeng	123506	47	1.9	345	69	13227	54	9.5
望谟县	Wangmo	84075	68	0.3	284	82	14701	50	9.5
册亨县	Ceheng	67482	75	0.7	303	81	8929	72	5.3
安龙县	Anlong	190426	26	1.5	469	19	23620	29	9.9
毕节市	Bijie	448175	2	1.2	425	28	52881	4	8.6
大方县	Dafang	356544	7	3.4	421	29	33469	13	7.7
黔西县	Qianxi	357861	6	1.1	499	13	31352	16	9.9
金沙县	Jinsha	266584	16	1.6	548	7	26094	24	17.9
织金县	Zhijin	382661	3	6.7	401	42	32948	14	8.5
纳雍县	Nayong	298783	9	2.7	397	44	28687	21	5.9
※威宁县	Weining	370893	4	3.1	327	77	72060	2	4.6
赫章县	Hezhang	238634	19	12.1	358	60	29315	18	6.4
凯里市	Kaili	116987	51	4.5	389	50	20163	34	10.7
黄平县	Huangping	118026	49	3.3	351	65	10181	69	6.7
施秉县	Shibing	69288	74	8.6	474	18	5897	81	10.7
三穗县	Sansui	65597	76	1.6	336	75	10318	68	11.6
镇远县	Zhenyuan	99865	59	5.4	548	8	8822	73	10.0
岑巩县	Cengong	76598	71	3.6	352	63	8226	77	8.5
天柱县	Tianzhu	143967	37	1.2	401	43	18035	42	10.0
锦屏县	Jinping	69841	73	1.1	340	72	7492	79	8.9
剑河县	Jianhe	75859	72	1.1	328	76	11524	60	2.4
台江县	Taijiang	52217	81	3.6	362	57	4086	84	11.6
黎平县	Liping	168075	32	1.1	348	68	14145	52	9.3
榕江县	Rongjiang	102227	58	0.4	320	79	9828	70	7.8
从江县	Congjiang	127282	44	-0.9	404	40	11578	59	5.3
雷山县	Leishan	55509	79	3.9	389	51	5005	82	5.8
麻江县	Majiang	80410	70	2.3	405	39	9738	71	11.3
丹寨县	Danzhai	54850	80	-2.9	352	64	6773	80	3.3
都匀市	Duyun	122365	48	5.9	391	49	20433	33	8.5
福泉市	Fuquan	134088	42	3.1	530	9	12173	57	7.9
荔波县	Libo	62025	77	3.5	395	47	8426	75	8.6
贵定县	Guiding	97378	60	3.1	392	48	8410	76	6.9
瓮安县	Wengan	208181	22	3.7	486	15	35055	11	10.2
独山县	Dushan	135232	41	5.0	430	26	15469	46	9.5
平塘县	Pingtang	128759	43	5.9	426	27	11506	61	6.5
罗甸县	Luodian	126225	46	2.7	415	34	18057	41	6.1
长顺县	Changshun	115594	55	4.2	484	16	10771	65	9.7
龙里县	Longli	94214	63	2.9	508	12	7553	78	9.8
惠水县	Huishui	166662	33	1.3	412	35	17202	44	8.7
※三都县	Sandu	111865	56	5.0	340	73	12993	56	8.5

24–39 各县(市、区、特区)油菜籽、烤烟产量及位次(2009)

Output of Rapeseed and Flue-cured Tobacco and Its Order by County(City,District,Special region)

县(市、区、特区)名称	County (City,District, Special region)	油菜籽产量(吨) Output of Rapeseed (ton)	位次 Order	2009年比2008年增长(%) Increase Rate in 2009 over 2008(%)	烤烟产量(吨) Output of Fluecured Tobacco (ton)	位次 Order	2009年比2008年增长(%) Increase Rate in 2009 over 2008(%)
南明区	Nanming	341	80				
云岩区	Yunyan	76	86	52.0			
花溪区	Huaxi	3326	65	96.7	44	67	2.3
乌当区	Wudang	4056	56	26.2			
白云区	Baiyun	900	74	33.7			
小河区	Xiaohe						
开阳县	Kaiyang	20649	7	8.8	11989	7	-1.9
息烽县	Xifeng	8634	26	15.9	2300	42	-11.5
修文县	Xiuwen	7624	31	4.4	1418	54	-37.0
清镇市	Qingzhen	9221	23	13.3	5367	31	-1.2
钟山区	Zhongshan						
六枝特区	Liuzhi	5017	49	-3.2	248	62	-41.6
水城县	Shuicheng	178	82	191.8	5032	33	-4.1
盘　县	Panxian	940	73	37.2	6719	21	9.6
红花岗区	Honghuagang	7241	34	19.3	36	68	
汇川区	Huicuan	8489	27	23.5	2302	41	-1.8
遵义县	Zunyi	65266	1	17.2	20423	3	11.3
桐梓县	Tongzi	16484	11	19.5	7889	16	-12.0
绥阳县	Suiyang	28181	3	7.6	8986	11	-6.0
正安县	Zhengan	17929	9	16.9	7870	17	-23.9
※道真县	Daozhen	7423	32	39.2	10279	10	-6.7
※务川县	Wuchuan	9572	21	17.5	14716	4	-0.4
凤冈县	Fenggang	15977	13	11.2	7360	19	0.1
湄潭县	Meitan	23104	6	5.2	8925	12	-0.7
余庆县	Yuqing	19082	8	14.0	8572	13	-1.7
习水县	Xishui	7228	35	82.4	257	61	1123.8
赤水市	Chishui	93	85	-4.1			
仁怀市	Renhuai	12740	14	22.1	3315	38	6.8
西秀区	Xixiu	23394	5	1.6	6718	22	4.1
平坝县	Pingba	11043	17	30.7	1615	49	-10.3
普定县	Puding	8868	25	11.5	649	59	-3.3
※镇宁县	Zhenning	7744	30	8.2			
※关岭县	Guanling	3836	61	4.0			
※紫云县	Ziyun	6602	40	18.7	1998	45	-3.5
铜仁市	Tongren	6210	42	9.4	290	60	-5.8
江口县	Jiangkou	4198	53	20.3	1540	51	-1.9
※玉屏县	Yuping	3517	64	5.2			
石阡县	Shiqian	9802	20	8.9	5198	32	3.9
思南县	Sinan	16500	10	26.1	6281	26	-5.1
※印江县	Yinjiang	12100	15	32.5	6472	24	4.0
德江县	Dejiang	11843	16	38.6	7290	20	-4.0
※沿河县	Yanhe	8242	28	40.0	6600	23	2.3
※松桃县	Songtao	10845	18	9.3	2317	40	-6.2
万山特区	Wanshan	785	75	13.9			

24-39 续表 (continued)

县(市、区、特区) 名称	County (City,District, Special region)	油菜籽产量(吨) Output of Rapeseed (ton)	位次 Order	2009年比2008年增长(%) Increase Rate in 2009 over 2008 (%)	烤烟产量(吨) Output of Fluecured Tobacco (ton)	位次 Order	2009年比2008年增长(%) Increase Rate in 2009 over 2008 (%)
兴义市	Xingyi	9532	22	25.9	13355	6	…
兴仁县	Xingren	3980	58	14.0	7750	18	4.0
普安县	Puan	590	78	-16.8	11746	8	1.8
晴隆县	Qinglong	722	77	8.9	1641	47	-21.1
贞丰县	Zhenfeng	4122	55	19.0	2779	39	0.7
望谟县	Wangmo	2181	69	94.9			
册亨县	Ceheng	2115	70	-2.2			
安龙县	Anlong	3851	60	-3.0	4139	35	116.8
毕节市	Bijie	6111	43	109.9	11578	9	-8.7
大方县	Dafang	7257	33	24.7	25001	1	-9.0
黔西县	Qianxi	41188	2	2.9	13941	5	-8.5
金沙县	Jinsha	27718	4	2.3	8572	14	0.4
织金县	Zhijin	9976	19	17.6	5934	28	4.7
纳雍县	Nayong	131	84	95.5	6212	27	-4.3
※威宁县	Weining	135	83	0.7	21294	2	0.3
赫章县	Hezhang	202	81	54.2	6411	25	-22.1
凯里市	Kaili	2943	66	55.7	821	57	-39.5
黄平县	Huangping	5230	47	18.9	1650	46	-4.5
施秉县	Shibing	3861	59	52.7	5708	30	7.4
三穗县	Sansui	2246	68	17.9	682	58	41.5
镇远县	Zhenyuan	7097	37	39.9	4038	36	34.6
岑巩县	Cengong	4778	50	58.9	946	56	15.9
天柱县	Tianzhu	4448	51	7.3	2102	44	110.0
锦屏县	Jinping	3736	62	25.2	113	64	2160.0
剑河县	Jianhe	1711	71	8.9	67	66	-25.6
台江县	Taijiang	1632	72	14.6			
黎平县	Liping	6614	39	4.8	74	65	3600.0
榕江县	Rongjiang	5029	48	11.1			
从江县	Congjiang	5449	45	26.2			
雷山县	Leishan	352	79	44.3			
麻江县	Majiang	4160	54	23.3	1488	52	-3.4
丹寨县	Danzhai	765	76	17.9	214	63	-13.4
都匀市	Duyun	6777	38	11.7	1470	53	-11.5
福泉市	Fuquan	9182	24	43.5	4590	34	-6.0
荔波县	Libo	4206	52	13.9	31	69	24.0
贵定县	Guiding	5632	44	55.1	1372	55	-4.9
瓮安县	Wengan	16209	12	20.0	7925	15	-6.5
独山县	Dushan	6455	41	20.2	2141	43	-1.1
平塘县	Pingtang	7840	29	12.3	3349	37	4.7
罗甸县	Luodian	2314	67	8.3			
长顺县	Changshun	5326	46	3.2	5827	29	-11.8
龙里县	Longli	4015	57	38.6	1564	50	0.2
惠水县	Huishui	3725	63	1.0	1616	48	-8.6
※三都县	Sandu	7144	36	40.1			

24-40 各县(市、区、特区)乡镇企业主要指标(2009)

Major Indicators of Township and Village Enterprises by County (City,District,Special region)

县(市、区、特区)名 称	County (City,District,Special region)	企业单位数(个) Number of Enterprises (unit)	年末职工人数(人) Staff and Workers (year-end) (person)	营业收入(万元) Operating Revenue (10000 yuan)	实交国家税金(万元) Taxes Paid (10000 yuan)	利润总额(万元) Total Profits (10000 yuan)
南明区	Nanming	2506	37451	1777852	42298	84544
云岩区	Yunyan	215	30873	852959	12765	36298
花溪区	Huaxi	5869	55051	1034391	54047	66399
乌当区	Wudang	1695	32136	498746	11661	24305
白云区	Baiyun	5372	34117	670597	12083	59719
小河区	Xiaohe	2278	36886	1459340	18396	99857
开阳县	Kaiyang	10113	55600	1063794	35952	65963
息烽县	Xifeng	335	20985	556454	9351	73168
修文县	Xiuwen	6378	33353	517649	24695	45866
清镇市	Qingzhen	10327	52429	836633	11878	53643
钟山区	Zhongshan	2217	36034	770291	52472	89998
六枝特区	Liuzhi	254	12707	159599	7026	11802
水城县	Shuicheng	513	37224	617542	48417	64409
盘 县	Panxian	3898	87827	1691478	167029	239186
红花岗区	Honghuagang	9693	49253	1473630	33425	75281
汇川区	Huichuan	7317	47088	607767	21584	35095
遵义县	Zunyi	22486	116304	1775915	42487	164216
桐梓县	Tongzi	9745	68222	711767	20996	48653
绥阳县	Suiyang	7960	35419	323720	8487	44919
正安县	Zhengan	6217	45126	312226	6489	16103
※道真县	※Daozhen	6166	35100	163363	4808	17407
※务川县	※Wuchuan	5385	33742	171890	1470	19358
凤冈县	Fenggang	10316	37052	204731	3549	12964
湄潭县	Meitan	11679	49095	565706	6708	60718
余庆县	Yuqing	9550	32604	281069	6903	31022
习水县	Xishui	5843	30650	248400	7060	25790
赤水市	Chishui	9622	67425	806436	9668	25524
仁怀市	Renhuai	12207	80874	1213962	19641	85577
西秀区	Xixiu	10561	53026	434013	21440	38687
平坝县	Pingba	5258	47818	438382	23287	48032
普定县	Puding	5778	40057	392636	16921	56547
※镇宁县	Zhenning	3346	18731	107012	4038	7448
※关岭县	Guanling	5794	30067	136564	6077	3230
※紫云县	Ziyun	3483	17969	73649	2171	4644
铜仁市	Tongren	9901	29673	149172	3204	14870
江口县	Jiangkou	147	5374	15491	1793	2315
※玉屏县	Yuping	2578	12184	119547	6616	10053
石阡县	Shiqian	446	9400	40384	807	1212
思南县	Sinan	6323	27616	149215	2789	7139
※印江县	Yinjiang	1290	9960	34000	1037	3200
德江县	Dejiang	7179	29010	111060	4076	6823
※沿河县	Yanhe	6078	25228	91410	3060	5226
※松桃县	Songtao	2500	48000	158872	12772	917
万山特区	Wanshan	1250	7426	149079	5348	6457

24-40 续表 (continued)

县(市、区、特区)名 称	County (City,District,Special region)	企业单位数(个) Number of Enterprises (unit)	年末职工人数(人) Staff and Workers (year-end) (person)	营业收入(万 元) Operating Revenue (10000 yuan)	实交国家税 金(万元) Taxes Paid (10000 yuan)	利润总额(万元) Total Profits (10000 yuan)
兴义市	Xingyi	18199	115618	752186	33015	74712
兴仁县	Xingren	2146	26900	205028	28359	19077
普安县	Puan	172	29020	140811	22726	24098
晴隆县	Qinglong	4254	24732	77205	8607	8139
贞丰县	Zhenfeng	4090	26598	86392	12164	9803
望谟县	Wangmo	2489	18510	34830	1097	1378
册亨县	Ceheng	6060	18616	32107	1023	326
安龙县	Anlong	4442	30000	239517	19245	15581
毕节市	Bijie	19756	75304	679513	7724	67026
大方县	Dafang	11913	48832	279321	16868	37071
黔西县	Qianxi	10906	40567	255094	6618	25364
金沙县	Jinsha	8200	48954	868262	21418	123751
织金县	Zhijin	5695	51274	317919	11267	67184
纳雍县	Nayong	8171	74268	469664	14558	69186
※威宁县	※Weining	9654	43742	413629	14774	18282
赫章县	Hezhang	11963	54559	494636	21144	43544
凯里市	Kaili	458	20847	186450	12871	6135
黄平县	Huangping	83	2530	21698	1647	1304
施秉县	Shibing	223	7408	64373	4569	2177
三穗县	Sansui	97	2240	15703	517	971
镇远县	Zhenyuan	472	11297	95421	4945	7546
岑巩县	Cengong	141	3747	80080	4244	-278
天柱县	Tianzhu	189	5917	30964	865	1707
锦屏县	Jinping	379	10100	22128	789	2291
剑河县	Jianhe	267	6387	39329	1112	2065
台江县	Taijiang	22	2510	28561	981	3329
黎平县	Liping	301	5643	62407	2164	1800
榕江县	Rongjiang	4921	15238	87652	1526	1594
从江县	Congjiang	60	2621	24294	1923	2209
雷山县	Leishan	78	2882	40985	1645	3693
麻江县	Majiang	406	13263	75936	4724	3068
丹寨县	Danzhai	126	3830	36150	1824	2586
都匀市	Duyun	5485	39700	511748	7957	16309
福泉市	Fuquan	8422	36988	381178	11091	49728
荔波县	Libo	2392	12502	152856	7318	13095
贵定县	Guiding	3581	19064	123652	3512	11379
瓮安县	Wengan	4474	19904	266434	12359	25880
独山县	Dushan	7554	27163	298474	5633	33343
平塘县	Pingtang	1006	6903	36073	1462	3219
罗甸县	Luodian	2832	19500	120100	8026	9019
长顺县	Changshun	2870	17750	86500	3300	9323
龙里县	Longli	2860	19608	361155	25001	33821
惠水县	Huishui	4349	29823	162765	4599	10528
※三都县	※Sandu	3933	18615	67854	3297	7142

注：1、本表资料来源于省农委。2、部份县(市、区、特区)数据不包括个体工商户数。
Notes:1.Data in the table are obtained from Guizhou Provincial agricultural commission. 2.the data of some county(city,district,special region) exclude individual business.

24–41 各县(市、区、特区)规模以上工业增加值及位次(2009)
Value-Added of Industry above Designated Size and Its Order by County(City,District,Special region)

单位：万元 (10000 yuan)

县(市、区、特区)名称	County (City,District,Special region)	合计 Total	轻工业 Light Industry	重工业 Heavy Industry	位次 Order
南明区	Nanming	322119	78781	243338	9
云岩区	Yunyan	897891	761162	136729	2
花溪区	Huaxi	135381	46384	88997	24
乌当区	Wudang	270077	130168	139909	12
白云区	Baiyun	314790	41933	272857	10
小河区	Xiaohe	263369	110751	152619	13
开阳县	Kaiyang	220744	2018	218726	19
息烽县	Xifeng	298722	38541	260181	11
修文县	Xiuwen	129933	69198	60735	26
清镇市	Qingzhen	259565	36029	223536	14
钟山区	Zhongshan	577702	6851	570851	4
六枝特区	Liuzhi	98452	2545	95907	37
水城县	Shuicheng	226829		226829	18
盘　县	Panxian	849661	876	848785	3
红花岗区	Honghuagang	412665	94885	317780	6
汇川区	Huicuan	437758	371546	66212	5
遵义县	Zunyi	375966	66287	309679	8
桐梓县	Tongzi	73683	3254	70429	41
绥阳县	Suiyang	28276	16079	12197	59
正安县	Zhengan	14796	8447	6349	71
※道真县	Daozhen	11004	998	10006	74
※务川县	Wuchuan	10460	580	9880	77
凤冈县	Fenggang	15067	13280	1787	70
湄潭县	Meitan	42617	29287	13330	50
余庆县	Yuqing	30052	1704	28348	57
习水县	Xishui	161877	48776	113101	22
赤水市	Chishui	101442	35631	65811	36
仁怀市	Renhuai	959829	949425	10404	1
西秀区	Xixiu	233010	40845	192166	17
平坝县	Pingba	134559	5778	128780	25
普定县	Puding	114295	154	114141	31
※镇宁县	Zhenning	24544	6359	18185	62
※关岭县	Guanling	17443		17443	65
※紫云县	Ziyun	8603		8603	82
铜仁市	Tongren	114083	49927	64155	33
江口县	Jiangkou	10406	1091	9315	78
※玉屏县	Yuping	107263	1912	105352	35
石阡县	Shiqian	7031	3445	3587	84
思南县	Sinan	24280	3189	21091	63
※印江县	Yinjiang	15348	3985	11362	69
德江县	Dejiang	16607	4272	12335	67
※沿河县	Yanhe	9230	1534	7696	79
※松桃县	Songtao	64634	332	64302	44
万山特区	Wanshan	25941	3245	22697	61

24-41 续表 (continued)

单位：万元 (10000 yuan)

县(市、区、特区)名 称	County (City,Section,Special region)	合计 Total	轻工业 Light	重工业 Heavy	位次 Order
兴义市	Xingyi	380588	32482	348106	7
兴仁县	Xingren	87338	482	86856	38
普安县	Puan	62737		62737	45
晴隆县	Qinglong	54607		54607	46
贞丰县	Zhenfeng	121896	33	121863	29
望谟县	Wangmo	1250	145	1105	88
册亨县	Ceheng	4172	22	4149	86
安龙县	Anlong	68080		68080	42
毕节市	Bijie	233206	126635	106572	16
大方县	Dafang	115118	377	114741	30
黔西县	Qianxi	139474	1431	138043	23
金沙县	Jinsha	253588	11284	242304	15
织金县	Zhijin	42082		42082	51
纳雍县	Nayong	203802		203802	20
※威宁县	Weining	48228	1297	46932	49
赫章县	Hezhang	17398		17398	66
凯里市	Kaili	124656	6054	118602	28
黄平县	Huangping	6684	773	5911	85
施秉县	Shibing	28473		28473	58
三穗县	Sansui	16215	5916	10299	68
镇远县	Zhenyuan	51351	7199	44152	47
岑巩县	Cengong	30349	245	30104	56
天柱县	Tianzhu	27441	5995	21446	60
锦屏县	Jinping	41353	3075	38278	52
剑河县	Jianhe	4161	552	3609	87
台江县	Taijiang	10464		10464	76
黎平县	Liping	23326	1027	22299	64
榕江县	Rongjiang	11652	717	10935	72
从江县	Congjiang	11472	3822	7650	73
雷山县	Leishan	8776		8776	81
麻江县	Majiang	30799		30799	55
丹寨县	Danzhai	8808	996	7812	80
都匀市	Duyun	129882	12183	117699	27
福泉市	Fuquan	198065	951	197114	21
荔波县	Libo	40014	152	39862	53
贵定县	Guiding	110314	74352	35962	34
瓮安县	Wengan	75091	1066	74025	40
独山县	Dushan	65729	1775	63954	43
平塘县	Pingtang	8241	496	7745	83
罗甸县	Luodian	51212	30604	20608	48
长顺县	Changshun	31038	1844	29194	54
龙里县	Longli	114124	46369	67755	32
惠水县	Huishui	76765	13841	62924	39
※三都县	Sandu	10978	934	10044	75

24-42 各县(市、区、特区)社会消费品零售总额(2009)

Total Retail Sales of Consumer Goods by County (City,District,Special region)

单位：万元 (10000 yuan)

县(市、区、特区)名称	County (City,District,Special region)	合计 Total	市、县 City and County	县以下 Below County Level
南明区	Nanming	1371008	1371008	
云岩区	Yunyan	1584003	1584003	
花溪区	Huaxi	160524	160524	
乌当区	Wudang	90042	90042	
白云区	Baiyun	161200	161200	
小河区	Xiaohe	335212	335212	
开阳县	Kaiyang	148343	94091	54252
息烽县	Xifeng	79001	56199	22802
修文县	Xiuwen	86565	36905	49660
清镇市	Qingzhen	148324	108870	39454
钟山区	Zhongshan	610462	610462	
六枝特区	Liuzhi	139118	111990	27128
水城县	Shuicheng	66519	53548	12971
盘　县	Panxian	292675	235603	57072
红花岗区	Honghuagang	781477	781477	
汇川区	Huicuan	325825	325825	
遵义县	Zunyi	292455	98524	193931
桐梓县	Tongzi	99344	40881	58463
绥阳县	Suiyang	75237	43807	31430
正安县	Zhengan	53029	25217	27812
※道真县	Daozhen	35212	14237	20975
※务川县	Wuchuan	52676	27369	25307
凤冈县	Fenggang	62936	33381	29555
湄潭县	Meitan	87709	52554	35155
余庆县	Yuqing	99542	58385	41157
习水县	Xishui	154634	108381	46253
赤水市	Chishui	82361	52754	29607
仁怀市	Renhuai	240001	117217	122784
西秀区	Xixiu	300216	204268	95948
平坝县	Pingba	73124	44113	29011
普定县	Puding	55169	28081	27088
※镇宁县	Zhenning	55036	28959	26077
※关岭县	Guanling	59571	23890	35681
※紫云县	Ziyun	47805	25480	22325
铜仁市	Tongren	181735	139031	42703
江口县	Jiangkou	31759	20281	11479
※玉屏县	Yuping	36214	22756	13458
石阡县	Shiqian	37263	13636	23627
思南县	Sinan	86102	37741	48360
※印江县	Yinjiang	47231	31672	15559
德江县	Dejiang	63508	41283	22226
※沿河县	Yanhe	66270	31395	34875
※松桃县	Songtao	84044	48329	35715
万山特区	Wanshan	11193	7127	4066

24-42 续表 (continued)

单位：万元 (10000 yuan)

县(市、区、特区)名 称	County (City,District,Special region)	合 计 Total	市、县 City and County	县以下 Below County Level
兴义市	Xingyi	502016	344871	157145
兴仁县	Xingren	73854	44042	29812
普安县	Puan	31357	16086	15271
晴隆县	Qinglong	26294	19325	6970
贞丰县	Zhenfeng	36344	25300	11044
望谟县	Wangmo	18228	9212	9016
册亨县	Ceheng	10674	7128	3546
安龙县	Anlong	49137	29758	19379
毕节市	Bijie	213239	144564	68675
大方县	Dafang	109527	51758	57769
黔西县	Qianxi	117481	71360	46121
金沙县	Jinsha	118584	73165	45419
织金县	Zhijin	109518	64074	45444
纳雍县	Nayong	96279	51350	44929
※威宁县	Weining	112422	48812	63610
赫章县	Hezhang	71923	31412	40511
凯里市	Kaili	400902	312632	88270
黄平县	Huangping	40905	23437	17468
施秉县	Shibing	31496	26226	5270
三穗县	Sansui	52709	33499	19210
镇远县	Zhenyuan	49734	26923	22811
岑巩县	Cengong	40982	27307	13675
天柱县	Tianzhu	74640	38922	35718
锦屏县	Jinping	40969	24942	16027
剑河县	Jianhe	33314	22166	11148
台江县	Taijiang	23415	14264	9151
黎平县	Liping	76517	49439	27078
榕江县	Rongjiang	48492	34718	13774
从江县	Congjiang	43875	24015	19860
雷山县	Leishan	24528	15939	8589
麻江县	Majiang	28047	17189	10858
丹寨县	Danzhai	21704	15120	6584
都匀市	Duyun	260291	227662	32629
福泉市	Fuquan	92844	43603	49241
荔波县	Libo	39811	25295	14515
贵定县	Guiding	50900	31435	19465
瓮安县	Wengan	62898	40763	22135
独山县	Dushan	63021	32680	30341
平塘县	Pingtang	31430	19207	12223
罗甸县	Luodian	42417	26141	16276
长顺县	Changshun	39195	21588	17607
龙里县	Longli	38933	23332	15601
惠水县	Huishui	58421	38997	19424
※三都县	Sandu	48557	21551	27006

24-43　各县(市、区、特区)财政一般预算收入及位次(2009)

Local Government Financial Revenne and Its Order by County (City,District,Special region)

县(市、区、特区) 名　称	County (City,District,Special region)	财政一般预算收入(万元) Local Government Financial Revenue (10000 yuan)	#增值税 Value Added Tax	位次 Order	2009年比2008年增长(%) Increase Rate in 2009 over 2008(%)	人均财政一般预算收入(元) Per Capita Local Government Financial Revenue(yuan)	位次 Order
南明区	Nanming	107055	8051	3	13.7	1475	5
云岩区	Yunyan	125052	12618	2	18.3	1576	4
花溪区	Huaxi	36922	3497	23	10.8	1054	15
乌当区	Wudang	49895	3943	12	-8.3	1652	3
白云区	Baiyun	46419	6582	16	33.4	2322	2
小河区	Xiaohe	47310	4278	15	13.5	3012	1
开阳县	Kaiyang	43026	4259	20	17.8	1044	16
息烽县	Xifeng	25588	1438	29	15.2	1087	12
修文县	Xiuwen	23028	2030	33	20.6	827	21
清镇市	Qingzhen	44856	4422	19	15.8	900	17
钟山区	Zhongshan	62022	6212	8	22.3	1242	9
六枝特区	Liuzhi	23270	2611	32	43.3	381	48
水城县	Shuicheng	45094	7129	18	33.0	617	31
盘　县	Panxian	155448	33044	1	28.7	1363	8
红花岗区	Honghuagang	54396	3206	10	13.3	896	18
汇川区	Huicuan	41014	3248	21	14.2	1077	13
遵义县	Zunyi	62088	6567	7	23.2	579	33
桐梓县	Tongzi	21047	2622	36	19.4	351	50
绥阳县	Suiyang	13347	1119	49	25.0	281	61
正安县	Zhengan	10760	563	59	22.7	205	82
※道真县	Daozhen	7340	631	70	29.6	245	72
※务川县	Wuchuan	10774	585	57	41.2	266	64
凤冈县	Fenggang	8260	384	67	13.3	213	81
湄潭县	Meitan	14086	864	46	24.8	328	52
余庆县	Yuqing	14748	705	44	13.3	561	35
习水县	Xishui	20994	3956	37	24.2	340	51
赤水市	Chishui	13800	788	48	14.6	529	38
仁怀市	Renhuai	78563	21981	6	14.1	1443	6
西秀区	Xixiu	57247	5604	9	6.4	695	26
平坝县	Pingba	22185	2664	35	13.1	642	29
普定县	Puding	19269	2647	39	14.7	483	40
※镇宁县	Zhenning	15693	490	42	43.6	450	44
※关岭县	Guanling	12531	1005	52	32.5	386	46
※紫云县	Ziyun	5574	382	80	10.4	172	88
铜仁市	Tongren	25031	1043	30	16.9	757	24
江口县	Jiangkou	6532	304	73	19.8	305	56
※玉屏县	Yuping	11939	1438	53	38.6	884	19
石阡县	Shiqian	8118	286	68	20.1	231	74
思南县	Sinan	11516	598	54	17.5	182	87
※印江县	Yinjiang	9056	355	65	24.4	227	75
德江县	Dejiang	11216	691	55	18.2	253	71
※沿河县	Yanhe	15765	1559	41	24.9	291	58
※松桃县	Songtao	14002	2593	47	18.0	222	78
万山特区	Wanshan	3636	621	88	25.7	690	27

24-43 续表 (continued)

县(市、区、特区) 名 称	County (City,District,Special region)	财政一般预算收入(万元) Local Government Financial Revenue (10000 yuan)	#增值税 Value Added Tax	位次 Order	2009年比2008年增长(%) Increase Rate in 2009 over 2008(%)	人均财政一般预算收入(元) Per Capita Local Government Financial Revenue(yuan)	位次 Order
兴义市	Xingyi	89031	8040	4	41.5	1209	10
兴仁县	Xingren	29360	2973	28	27.2	639	30
普安县	Puan	22448	2606	34	25.0	788	22
晴隆县	Qinglong	13056	1308	50	46.8	451	43
贞丰县	Zhenfeng	19454	1962	38	20.6	558	36
望谟县	Wangmo	6337	1845	74	22.1	224	77
册亨县	Ceheng	5362	1184	81	24.6	244	73
安龙县	Anlong	17206	3240	40	21.8	401	45
毕节市	Bijie	36381	1262	24	34.4	289	59
大方县	Dafang	45796	5025	17	31.3	479	41
黔西县	Qianxi	48592	6441	14	23.7	595	32
金沙县	Jinsha	81308	9853	5	52.7	1396	7
织金县	Zhijin	52190	4234	11	27.4	575	34
纳雍县	Nayong	35131	5567	25	22.3	463	42
※威宁县	Weining	32911	1861	26	32.2	293	57
赫章县	Hezhang	14153	1512	45	9.6	225	76
凯里市	Kaili	48924	2798	13	31.7	1163	11
黄平县	Huangping	6952	409	72	26.2	215	80
施秉县	Shibing	10247	1020	62	31.6	712	25
三穗县	Sansui	5091	255	84	27.2	265	65
镇远县	Zhenyuan	12567	1561	51	10.1	528	39
岑巩县	Cengong	4524	942	85	28.4	221	79
天柱县	Tianzhu	10118	664	63	19.7	268	63
锦屏县	Jinping	5878	731	77	8.1	285	60
剑河县	Jianhe	5724	515	78	26.2	257	70
台江县	Taijiang	5140	252	83	56.0	383	47
黎平县	Liping	9021	814	66	31.9	194	85
榕江县	Rongjiang	6188	469	75	32.4	203	83
从江县	Congjiang	5997	591	76	27.2	203	84
雷山县	Leishan	4333	329	86	54.6	313	54
麻江县	Majiang	5312	815	82	18.0	261	67
丹寨县	Danzhai	3890	352	87	33.2	257	69
都匀市	Duyun	39375	2865	22	23.6	839	20
福泉市	Fuquan	31950	2491	27	61.6	1063	14
荔波县	Libo	10734	1428	60	29.5	648	28
贵定县	Guiding	10570	1060	61	12.7	380	49
瓮安县	Wengan	24301	2401	31	53.1	540	37
独山县	Dushan	10998	958	56	30.5	324	53
平塘县	Pingtang	7579	242	69	21.7	265	66
罗甸县	Luodian	9088	2730	64	30.3	281	62
长顺县	Changshun	7095	628	71	25.4	311	55
龙里县	Longli	15110	2132	43	47.7	775	23
惠水县	Huishui	10768	1487	58	30.1	261	68
※三都县	Sandu	5620	302	79	38.5	186	86

注：资料来源于省财政厅(下表同)。
Note:Data in the table are obtained from Guizhou Provincial Financial Department(the same applies to relative tables below)

24–44 各县(市、区、特区)财政一般预算支出及位次(2009)

Local Government Financial Expenditures and Its Order by County (City,District,Special region)

县(市、区、特区)名称	County (City,District,Special region)	财政支出(万元) Local Government Financial Expenditures (10000 yuan)	#教育支出 Operating Expenses for Education	位次 Order	2009年比2008年增长(%) Increase Rate in 2009 over 2008	人均财政支出(元) Per Capita Local Government Financial Expenditures (yuan)	位次 Order
南明区	Nanming	142670	32838	12	35.8	1966	63
云岩区	Yunyan	156616	42423	9	16.4	1974	62
花溪区	Huaxi	79625	19226	39	20.1	2273	41
乌当区	Wudang	81543	11827	38	-12.7	2699	14
白云区	Baiyun	64246	15567	68	27.7	3213	8
小河区	Xiaohe	62854	11950	71	19.9	4002	2
开阳县	Kaiyang	103138	23106	25	18.7	2502	25
息烽县	Xifeng	76155	15839	46	16.3	3235	6
修文县	Xiuwen	72619	15451	55	32.1	2608	17
清镇市	Qingzhen	105770	26244	23	27.5	2122	51
钟山区	Zhongshan	107215	24693	22	35.0	2146	48
六枝特区	Liuzhi	119323	27960	19	25.0	1953	64
水城县	Shuicheng	142046	34656	13	32.9	1943	67
盘　县	Panxian	272970	66635	1	29.4	2393	33
红花岗区	Honghuagang	101705	28570	27	20.5	1675	87
汇川区	Huicuan	73980	17576	51	20.7	1942	68
遵义县	Zunyi	199706	62910	2	22.7	1863	76
桐梓县	Tongzi	101450	23307	28	18.5	1692	86
绥阳县	Suiyang	86739	23244	36	15.3	1825	78
正安县	Zhengan	95075	24000	30	16.4	1809	80
※道真县	Daozhen	67527	16460	62	18.4	2256	42
※务川县	Wuchuan	77861	19871	43	16.2	1922	72
凤冈县	Fenggang	72752	18155	54	15.4	1876	75
湄潭县	Meitan	90283	24108	35	18.2	2100	52
余庆县	Yuqing	64633	14259	67	20.9	2457	28
习水县	Xishui	122469	31855	17	28.0	1982	61
赤水市	Chishui	70952	15453	58	20.4	2722	13
仁怀市	Renhuai	143741	33866	11	25.8	2640	16
西秀区	Xixiu	139716	36483	15	14.5	1695	85
平坝县	Pingba	82233	14140	37	12.7	2380	36
普定县	Puding	76693	15212	44	23.9	1924	71
※镇宁县	Zhenning	74033	15323	50	34.1	2125	50
※关岭县	Guanling	63374	15294	69	22.7	1951	65
※紫云县	Ziyun	65743	17702	65	27.9	2033	58
铜仁市	Tongren	78473	16079	42	19.5	2372	37
江口县	Jiangkou	53049	11114	79	11.7	2473	26
※玉屏县	Yuping	46397	8259	84	19.6	3434	4
石阡县	Shiqian	90384	18942	34	28.7	2571	20
思南县	Sinan	114609	30738	20	14.3	1816	79
※印江县	Yinjiang	79580	21895	40	14.6	1999	59
德江县	Dejiang	91528	20998	33	14.0	2061	56
※沿河县	Yanhe	104829	28435	24	13.2	1938	70
※松桃县	Songtao	119373	30556	18	21.6	1891	74
万山特区	Wanshan	41013	4556	88	40.5	7782	1

24–44 续表 (continued)

县(市、区、特区) 名 称	County (City,District,Special region)	财政支出(万元) Local Government Financial Expenditures (10000 yuan)	#教育支出 Operating Expenses for Education	位次 Order	2009年比2008年增长(%) Increase Rate in 2009 over 2008	人均财政支出(元) Per Capita Local Government Financial Expenditures (yuan)	位次 Order
兴义市	Xingyi	162020	39844	7	27.0	2199	45
兴仁县	Xingren	98312	26217	29	30.1	2141	49
普安县	Puan	69447	18246	60	30.1	2438	29
晴隆县	Qinglong	69932	15561	59	34.1	2416	31
贞丰县	Zhenfeng	75187	18473	48	35.5	2158	46
望谟县	Wangmo	72550	21767	56	39.8	2566	21
册亨县	Ceheng	61693	12427	72	34.9	2809	11
安龙县	Anlong	75580	22991	47	3.5	1763	82
毕节市	Bijie	188924	59617	4	32.6	1499	88
大方县	Dafang	167643	42974	5	36.0	1755	83
黔西县	Qianxi	158353	39439	8	24.6	1938	69
金沙县	Jinsha	148968	34846	10	39.1	2558	22
织金县	Zhijin	162099	42515	6	28.1	1787	81
纳雍县	Nayong	139825	38668	14	42.5	1844	77
※威宁县	Weining	190349	66723	3	40.9	1696	84
赫章县	Hezhang	130047	39537	16	39.9	2070	55
凯里市	Kaili	102233	28073	26	20.8	2430	30
黄平县	Huangping	67763	15826	61	18.3	2094	53
施秉县	Shibing	43226	7968	86	14.7	3003	9
三穗县	Sansui	48580	10444	81	25.9	2531	23
镇远县	Zhenyuan	55151	11585	76	14.0	2317	39
岑巩县	Cengong	48801	12206	80	7.0	2385	34
天柱县	Tianzhu	73681	18111	52	17.8	1950	66
锦屏县	Jinping	55329	13175	75	7.3	2680	15
剑河县	Jianhe	55800	15659	74	20.8	2504	24
台江县	Taijiang	44686	7265	85	28.8	3331	5
黎平县	Liping	92683	24400	31	14.6	1991	60
榕江县	Rongjiang	63210	17896	70	15.1	2073	54
从江县	Congjiang	67184	15365	63	18.8	2274	40
雷山县	Leishan	47940	10742	83	12.7	3468	3
麻江县	Majiang	48451	9604	82	22.9	2381	35
丹寨县	Danzhai	42205	10223	87	12.3	2790	12
都匀市	Duyun	108940	22836	21	16.2	2321	38
福泉市	Fuquan	74230	17394	49	29.4	2470	27
荔波县	Libo	53357	12922	78	32.2	3223	7
贵定县	Guiding	67087	13818	64	35.0	2414	32
瓮安县	Wengan	91952	19616	32	31.2	2043	57
独山县	Dushan	76209	16032	45	25.0	2245	43
平塘县	Pingtang	73619	14982	53	29.7	2574	19
罗甸县	Luodian	72436	18668	57	32.5	2236	44
长顺县	Changshun	58735	12331	73	32.8	2576	18
龙里县	Longli	54978	13821	77	40.3	2819	10
惠水县	Huishui	79241	21192	41	23.4	1921	73
※三都县	Sandu	65237	18282	66	14.9	2157	47

24—45 各县(市、区、特区)城乡居民储蓄存款余额及位次(2009)

Urban and Rural Resident Savings Deposit Balance and Its Order by County(City,District,Special region)

县(市、区、特区)名 称	County (City,District,Special region)	城乡居民储蓄存款(万元) Urban and Rural Resident Savings Deposit(10000 yuan)	人均储蓄(元) Per Capita Savings Deposit(yuan)
开阳县	Kaiyang	214795	5210
息烽县	Xifeng	136587	5802
修文县	Xiuwen	131112	4709
清镇市	Qingzhen	315036	6320
钟山区	Zhongshan	989979	19817
六枝特区	Liuzhi	236573	3871
盘　县	Panxian	640619	5616
红花岗区	Honghuagang	1613786	26584
遵义县	Zunyi	575629	5371
桐梓县	Tongzi	287207	4790
绥阳县	Suiyang	226906	4774
正安县	Zhengan	209714	3990
※道真县	Daozhen	176184	5886
※务川县	Wuchuan	133279	3290
凤冈县	Fenggang	140687	3628
湄潭县	Meitan	247781	5764
余庆县	Yuqing	179184	6812
习水县	Xishui	247668	4008
赤水市	Chishui	258732	9926
仁怀市	Renhuai	343242	6305
西秀区	Xixiu	775044	9403
平坝县	Pingba	252842	7319
普定县	Puding	97376	2443
※镇宁县	Zhenning	89908	2581
※关岭县	Guanling	109876	3382
※紫云县	Ziyun	66030	2041
铜仁市	Tongren	404357	12222
江口县	Jiangkou	97053	4525
※玉屏县	Yuping	86456	6399
石阡县	Shiqian	114774	3264
思南县	Sinan	221539	3510
※印江县	Yinjiang	162539	4083
德江县	Dejiang	111184	2504
※沿河县	Yanhe	181593	3357
※松桃县	Songtao	196925	3119
万山特区	Wanshan	30119	5715

24-45 续表 (continued)

县(市、区、特区)名称	County (City,District,Special region)	城乡居民储蓄存款(万元) Urban and Rural Resident Savings Deposit(10000 yuan)	人均储蓄(元) Per Capita Savings Deposit(yuan)
兴义市	Xingyi	787371	10688
兴仁县	Xingren	136294	2968
普安县	Puan	102148	3587
晴隆县	Qinglong	86321	2982
贞丰县	Zhenfeng	129154	3707
望谟县	Wangmo	57493	2033
册亨县	Ceheng	61083	2782
安龙县	Anlong	176285	4112
毕节市	Bijie	574177	4555
大方县	Dafang	259693	2718
黔西县	Qianxi	250567	3066
金沙县	Jinsha	247246	4245
织金县	Zhijin	240891	2655
纳雍县	Nayong	156362	2062
※威宁县	Weining	175003	1559
赫章县	Hezhang	170240	2710
凯里市	Kaili	678712	16135
黄平县	Huangping	127867	3951
施秉县	Shibing	71619	4975
三穗县	Sansui	92807	4835
镇远县	Zhenyuan	116452	4892
岑巩县	Cengong	80392	3928
天柱县	Tianzhu	189000	5003
锦屏县	Jinping	112985	5473
剑河县	Jianhe	103933	4664
台江县	Taijiang	64388	4800
黎平县	Liping	182157	3914
榕江县	Rongjiang	128831	4225
从江县	Congjiang	78509	2657
雷山县	Leishan	60919	4406
麻江县	Majiang	75030	3688
丹寨县	Danzhai	61319	4054
都匀市	Duyun	600535	12792
福泉市	Fuquan	203279	6765
荔波县	Libo	95705	5781
贵定县	Guiding	142509	5128
瓮安县	Wengan	244486	5431
独山县	Dushan	165119	4864
平塘县	Pingtang	79932	2795
罗甸县	Luodian	82534	2548
长顺县	Changshun	64190	2815
龙里县	Longli	97062	4976
惠水县	Huishui	115401	2797
※三都县	Sandu	98090	3244

注：表中资料来源于人行贵阳中心支行。
Notes:Data in the table are obtained from Guiyang Central Branch of PBC.

24—46 各县(市、区、特区)教育事业(2009)

Basic Conditions of Education by County(City,District,Special region)

县(市、区、特区)名 称	County (City,District, Special region)	普通中学 Regular Secondary Schools 学校数(所) Number of Schools (unit)	在校生数(人) Students Enrollment (person)	专任教师数(人) Full-time Teachers (person)	小学 Primary Schools 学校数(所) Number of Schools (unit)	在校生数(人) Students Enrollment (person)	专任教师数(人) Full-time Teachers (person)
南明区	Nanming	61	32599	1923	89	68035	2757
云岩区	Yunyan	53	46516	2879	85	69188	2867
花溪区	Huaxi	33	20028	1197	87	27752	1615
乌当区	Wudang	32	20728	1411	86	28751	1554
白云区	Baiyun	11	16033	990	52	24239	1150
小河区	Xiaohe	17	11375	689	29	20853	817
开阳县	Kaiyang	26	32440	1582	114	33950	1818
息烽县	Xifeng	14	15910	766	60	19218	1187
修文县	Xiuwen	18	16572	910	54	20048	1298
清镇市	Qingzhen	25	32033	1743	159	45699	2179
钟山区	Zhongshan	48	50962	2197	91	78281	2864
六枝特区	Liuzhi	45	37240	1768	175	74715	2961
水城县	Shuicheng	55	47723	1976	298	104204	3927
盘 县	Panxian	71	97108	4570	356	125204	5327
红花岗区	Honghuagang	44	43872	2282	86	57505	2235
汇川区	Huicuan	38	30040	1594	85	38196	1728
遵义县	Zunyi	93	86948	4597	358	103180	5911
桐梓县	Tongzi	48	41910	2132	194	62886	2617
绥阳县	Suiyang	31	30170	1846	176	50597	2283
正安县	Zhengan	41	35693	1958	148	54122	2435
※道真县	Daozhen	24	18473	1039	101	30272	1475
※务川县	Wuchuan	27	29087	1672	150	49929	2171
凤冈县	Fenggang	25	31602	1578	113	43250	1715
湄潭县	Meitan	23	30396	1637	110	47552	2056
余庆县	Yuqing	17	19955	1000	113	27306	1310
习水县	Xishui	47	44135	2584	228	58526	2496
赤水市	Chishui	18	14468	903	57	20583	1446
仁怀市	Renhuai	37	46019	2429	207	76168	3518
西秀区	Xixiu	50	59073	3077	255	86728	4066
平坝县	Pingba	24	20661	1225	150	37188	1702
普定县	Puding	15	23776	1269	180	52251	2227
※镇宁县	Zhenning	19	19103	1007	131	41266	1820
※关岭县	Guanling	20	21867	1027	137	35865	1715
※紫云县	Ziyun	18	23851	998	146	44514	1997
铜仁市	Tongren	25	31963	1649	132	37090	2027
江口县	Jiangkou	17	14542	753	102	21539	1015
※玉屏县	Yuping	11	7642	539	44	12102	631
石阡县	Shiqian	23	28102	1627	104	43713	2213
思南县	Sinan	39	51059	2448	239	79249	3026
※印江县	Yinjiang	22	27284	1574	130	42959	2287
德江县	Dejiang	29	35421	1948	211	64882	2778
※沿河县	Yanhe	27	40113	1919	226	87780	3255
※松桃县	Songtao	41	47966	2475	305	81858	3511
万山特区	Wanshan	5	2849	210	25	5008	307

24-46 续表 (continued)

县(市、区、特区)名 称	County (City,District, Special region)	普通中学 Regular Secondary Schools 学校数(所) Number of Schools (unit)	在校生数(人) Students Enrollment (person)	专任教师数(人) Full-time Teachers (person)	小学 Primary Schools 学校数(所) Number of Schools (unit)	在校生数(人) Students Enrollment (person)	专任教师数(人) Full-time Teachers (person)
兴义市	Xingyi	52	62281	3469	225	84981	4051
兴仁县	Xingren	29	30279	1522	176	57931	2453
普安县	Puan	24	21346	1088	105	41291	1661
晴隆县	Qinglong	22	20405	837	97	35978	1462
贞丰县	Zhenfeng	18	23276	1118	151	57001	2424
望谟县	Wangmo	22	17630	937	124	44727	1687
册亨县	Ceheng	18	14479	679	70	27245	1068
安龙县	Anlong	29	27736	1581	168	46476	2222
毕节市	Bijie	113	98632	4561	420	197595	6304
大方县	Dafang	53	63143	2865	347	126477	5043
黔西县	Qianxi	56	54433	2758	287	93584	3979
金沙县	Jinsha	41	34279	1945	194	66065	2849
织金县	Zhijin	50	61281	2788	328	133978	5176
纳雍县	Nayong	36	51686	2409	241	128572	4715
※威宁县	Weining	62	82379	3825	420	263958	9124
赫章县	Hezhang	54	61419	2815	294	127435	5017
凯里市	Kaili	40	35123	1997	129	51969	2221
黄平县	Huangping	15	19924	1042	97	37280	1542
施秉县	Shibing	11	9679	514	59	16900	866
三穗县	Sansui	12	10230	694	59	17556	924
镇远县	Zhenyuan	19	12833	844	60	24322	1140
岑巩县	Cengong	14	14257	739	85	23654	1065
天柱县	Tianzhu	26	24016	1459	73	27089	1708
锦屏县	Jinping	18	15653	887	129	18040	941
剑河县	Jianhe	14	13859	764	90	25594	1138
台江县	Taijiang	9	9183	492	49	16392	883
黎平县	Liping	26	34325	1666	224	47110	2266
榕江县	Rongjiang	24	22347	1248	120	36046	1690
从江县	Congjiang	22	21958	1040	120	36497	1599
雷山县	Leishan	8	9082	484	63	14426	807
麻江县	Majiang	11	13489	797	77	19346	1052
丹寨县	Danzhai	9	8677	619	42	15210	822
都匀市	Duyun	30	31287	1736	136	35898	2202
福泉市	Fuquan	19	21508	1207	116	25836	1595
荔波县	Libo	10	12136	607	77	16400	1010
贵定县	Guiding	18	16896	820	93	29208	1340
瓮安县	Wengan	28	31945	1459	129	37466	1876
独山县	Dushan	22	24743	1221	142	27719	1691
平塘县	Pingtang	18	21325	1073	120	29997	1455
罗甸县	Luodian	23	21081	1134	100	33703	1595
长顺县	Changshun	19	16554	775	95	25807	1168
龙里县	Longli	15	12206	693	88	20010	1176
惠水县	Huishui	27	30135	1407	135	49799	2134
※三都县	Sandu	21	20079	1090	130	41947	1754

注：资料来源于省教育厅。
Note:Data in the table are obtained from Guizhou Provincial Education Department.

25

Twenty-five

全国各省（区、市）资料

Main Statistics of Provinces(autonomous regions, municipalities)in the Whole Country

25-1 全国各省(区、市)主要经济指标排序(一)(2009)

The Orders of Major Economic Indicators by Province (City,Region)in China(1)

单位：‰ (‰)

地 区	Region	总人口(万人) Total Population (10000 persons)	位次 Order	出生率 Birth Rate	位次 Order	死亡率 Death Rate	位次 Order	自然增长率 Natural Growth Rate	位次 Order
全 国	**National Total**	**133474**		**12.13**		**7.08**		**5.05**	
北 京	Beijing	1755	26	8.06	28	4.56	30	3.50	23
天 津	Tianjin	1228	27	8.30	27	5.70	19	2.60	27
河 北	Hebei	7034	6	12.93	12	6.43	8	6.50	11
山 西	Shanxi	3427	19	10.87	18	5.98	16	4.89	18
内蒙古	Inner Mongolia	2422	23	9.57	22	5.61	22	3.96	21
辽 宁	Liaoning	4319	14	6.06	31	5.09	26	0.97	31
吉 林	Jilin	2740	21	6.69	30	4.74	28	1.95	30
黑龙江	Heilongjiang	3826	15	7.48	29	5.42	25	2.06	29
上 海	Shanghai	1921	25	8.64	26	5.94	18	2.70	26
江 苏	Jiangsu	7725	5	9.55	23	6.99	1	2.56	28
浙 江	Zhejiang	5180	10	10.22	20	5.59	23	4.63	19
安 徽	Anhui	6131	8	13.07	10	6.60	5	6.47	12
福 建	Fujian	3627	18	12.20	14	6.00	14	6.20	13
江 西	Jiangxi	4432	13	13.87	7	5.98	16	7.89	7
山 东	Shandong	9470	3	11.70	16	6.08	13	5.62	16
河 南	Henan	9487	2	11.45	17	6.46	6	4.99	17
湖 北	Hubei	5720	9	9.48	24	6.00	14	3.48	24
湖 南	Hunan	6406	7	13.05	11	6.94	2	6.11	14
广 东	Guangdong	9638	1	11.78	15	4.52	31	7.26	8
广 西	Guangxi	4856	11	14.17	6	5.64	21	8.53	5
海 南	Hainan	864	28	14.66	3	5.70	19	8.96	4
重 庆	Chongqing	2859	20	9.90	21	6.20	11	3.70	22
四 川	Sichuan	8185	4	9.15	25	6.43	8	2.72	25
贵 州	**Guizhou**	**3798**	**16**	**13.65**	**8**	**6.69**	**4**	**6.96**	**9**
云 南	Yunnan	4571	12	12.53	13	6.45	7	6.08	15
西 藏	Tibet	290	31	15.31	2	5.07	27	10.24	2
陕 西	Shanxi	3772	17	10.24	19	6.24	10	4.00	20
甘 肃	Gansu	2635	22	13.32	9	6.71	3	6.61	10
青 海	Qinghai	557	30	14.51	4	6.19	12	8.32	6
宁 夏	Ningxia	625	29	14.38	5	4.70	29	9.68	3
新 疆	Xinjiang	2159	24	15.99	1	5.43	24	10.56	1

注：1、除贵州外，全国和其余各省(区、市)资料均来源于《中国统计摘要—2010》(以下相关表同)。2、总人口为常住半年总人口，全国数据为31个省(区、市)和中国人民解放军现役军人数据，不包括香港、澳门特别 行政区和台湾省的数据。分省数据中未包括中国人民解放军现役军人数

Notes:1.Data in the table are obtained from China Statistical Digest 2010 except Guizhou province(the same applies to relative tables below). 2.Total population refer to permanent resident population(at least half a year). Data of national total Constitutes of 31 provinces (autonomous regions,or municipalities)and PLA personnel,excluding Hongkong SAR,Macau SAR and Taiwan Province..The provincial data do not include the active-duty military of PLA.

25-2 全国各省(区、市)主要经济指标排序(二)(2009)

单位：亿元

地 区	Region	地区生产总值 Gross Domestic Product	位次 Order	第一产业 Primary Industry	位次 Order
全国总计	**National Total**	**335353**		**35477**	
北 京	Beijing	11865.93	13	118.25	28
天 津	Tianjin	7500.80	20	131.01	26
河 北	Hebei	17026.60	6	2218.91	4
山 西	Shanxi	7365.74	21	477.60	24
内蒙古	Inner Mongolia	9725.78	15	929.02	18
辽 宁	Liaoning	15065.57	7	1414.90	11
吉 林	Jilin	7203.18	22	980.50	17
黑龙江	Heilongjiang	8288.00	16	1154.32	14
上 海	Shanghai	14900.93	8	113.82	29
江 苏	Jiangsu	34061.19	2	2201.64	5
浙 江	Zhejiang	22832.43	4	1161.65	13
安 徽	Anhui	10052.86	14	1495.57	9
福 建	Fujian	11949.53	12	1182.87	12
江 西	Jiangxi	7589.22	19	1098.31	15
山 东	Shandong	33805.30	3	3226.60	1
河 南	Henan	19367.28	5	2768.99	2
湖 北	Hubei	12831.52	11	1795.90	8
湖 南	Hunan	12930.69	10	1969.67	7
广 东	Guangdong	39081.59	1	2006.02	6
广 西	Guangxi	7700.36	18	1458.71	10
海 南	Hainan	1646.60	28	461.93	25
重 庆	Chongqing	6528.72	23	606.80	21
四 川	Sichuan	14151.28	9	2240.61	3
贵 州	**Guizhou**	**3912.68**	**26**	**550.27**	**22**
云 南	Yunnan	6168.23	24	1063.96	16
西 藏	Tibet	441.36	31	63.99	31
陕 西	Shanxi	8186.65	17	789.63	19
甘 肃	Gansu	3382.35	27	497.50	23
青 海	Qinghai	1081.27	30	107.40	30
宁 夏	Ningxia	1334.56	29	127.13	27
新 疆	Xinjiang	4273.58	25	759.73	20

The Orders of Major Economic Indicators by Province(Region,City)in China(2)

(100 million yuan)

第二产业 Secondary Industry	位次 Order	第三产业 Tertiary Industry	位次 Order	地区生产总值比上年增长(%) Increase Rate of GDP in 2009 over 2008(%)	位次 Order	人均生产总值(元/人) Per Capita GDP (yuan/person)	位次 Order
156958		**142918**		**8.7**		**25188**	
2743.16	23	9004.52	5	10.1	23	68788	2
4110.54	16	3259.25	16	16.5	2	62403	3
8874.89	6	5932.80	7	10.0	25	24284	12
4021.19	17	2866.95	19	5.5	31	21544	17
5101.39	13	3695.37	14	16.9	1	40225	7
7821.67	7	5829.00	8	13.1	10	34898	9
3491.96	20	2730.72	21	13.3	8	26319	11
3920.36	18	3213.32	17	11.1	21	21665	16
5939.96	9	8847.15	6	8.2	29	78225	1
18416.13	3	13443.42	2	12.4	13	44232	5
11843.30	4	9827.48	4	8.9	28	44335	4
4902.77	14	3654.52	15	12.9	12	16391	26
5812.42	11	4954.24	13	12.0	16	33051	10
3890.31	19	2600.60	22	13.1	10	17185	25
19035.03	2	11543.67	3	11.9	17	35796	8
10968.63	5	5629.66	9	10.7	22	20477	19
5909.42	10	5126.20	12	13.2	9	22450	14
5682.19	12	5278.83	10	13.6	6	20226	20
19270.48	1	17805.09	1	9.5	27	40748	6
3377.72	22	2863.93	20	13.9	5	15923	27
443.43	30	741.24	28	11.7	18	19166	23
3447.48	21	2474.44	24	14.9	3	22916	13
6711.87	8	5198.80	11	14.5	4	17339	24
1476.62	**27**	**1885.79**	**25**	**11.4**	**20**	**10309**	**31**
2580.34	24	2523.93	23	12.1	15	13536	29
136.19	31	241.18	31	12.4	13	15295	28
4312.11	15	3084.91	18	13.6	6	21732	15
1510.98	26	1373.87	27	10.0	25	12852	30
576.34	29	397.53	30	10.1	23	19454	22
680.20	28	527.23	29	11.6	19	21475	18
1951.87	25	1561.97	26	8.1	30	19926	21

25–3 全国各省(区、市)主要经济指标排序(三)(2009)

地 区	Region	城镇固定资产投资额(亿元) Investment in Fixed Assets(100 million yuan)	位次 Order	房地产投资(亿元) Real Eatate Development (100 million yuan)	位次 Order
全国总计	**National Total**	**194138.62**		**36231.71**	
北 京	Beijing	4149.63	23	2337.71	5
天 津	Tianjin	4446.83	22	735.18	21
河 北	Hebei	10472.25	5	1517.20	10
山 西	Shanxi	4509.56	21	477.27	24
内蒙古	Inner Mongolia	7144.35	11	815.46	17
辽 宁	Liaoning	11605.17	3	2640.56	3
吉 林	Jilin	5958.62	14	756.34	19
黑龙江	Heilongjiang	4696.08	19	563.92	23
上 海	Shanghai	4718.76	18	1464.18	11
江 苏	Jiangsu	14266.88	2	3338.58	1
浙 江	Zhejiang	7453.64	9	2253.57	6
安 徽	Anhui	7940.55	8	1667.54	7
福 建	Fujian	5548.61	16	1136.35	14
江 西	Jiangxi	6006.69	13	634.52	22
山 东	Shandong	15439.10	1	2428.73	4
河 南	Henan	11455.01	4	1553.76	9
湖 北	Hubei	7183.68	10	1200.44	13
湖 南	Hunan	6880.09	12	1084.66	15
广 东	Guangdong	10238.46	6	2961.32	2
广 西	Guangxi	4689.88	20	813.68	18
海 南	Hainan	942.57	29	287.90	26
重 庆	Chongqing	4855.11	17	1238.91	12
四 川	Sichuan	9061.43	7	1586.76	8
贵 州	**Guizhou**	**2093.70**	**26**	**371.25**	**25**
云 南	Yunnan	4117.53	24	737.46	20
西 藏	Tibet	328.66	31	15.72	31
陕 西	Shanxi	5890.47	15	943.73	16
甘 肃	Gansu	2076.38	27	204.14	28
青 海	Qinghai	689.12	30	72.85	30
宁 夏	Ningxia	964.16	28	162.74	29
新 疆	Xinjiang	2418.51	25	230.84	27

注：表中房地产投资、房屋施工面积、房屋竣工面积及商品房销售面积数据均为房地产开发企业(单位)口径。

The Orders of Major Economic Indicators by Province(Region,City)in China(3)

房屋施工面积（万平方米）Floor Space under Construction(10000 aq.m)	位次 Order	房屋竣工面积（万平方米）Floor Space Completed (10000 aq.m)	位次 Order	商品房销售面积（万平方米）Floor Space of Commercial Houses(10000 aq.m)	位次 Order
319649.54		**70218.76**		**93713.04**	
9719.08	14	2678.55	11	2362.25	17
6052.16	22	1902.06	16	1590.02	24
12739.30	11	1896.40	17	2849.14	12
5491.42	23	793.28	26	1014.39	26
8234.48	18	2237.32	14	2463.01	15
18575.55	5	4037.34	5	5375.07	6
5356.87	24	1240.28	22	1823.22	22
4520.30	25	1876.23	18	2015.53	21
9961.60	13	2104.98	15	3372.45	11
29802.55	1	7706.55	1	9922.73	1
19920.95	4	3673.13	6	5525.38	5
14142.13	8	2861.25	10	4053.92	8
11681.15	12	2240.26	13	2723.23	13
6755.60	20	1646.80	20	2280.91	18
21988.49	3	4950.46	2	6931.70	3
16075.85	7	3400.98	7	4338.60	7
9546.53	15	2312.11	12	2718.30	14
13726.69	9	2965.17	8	3513.72	10
24719.87	2	4695.13	3	7035.89	2
8346.07	16	1441.63	21	2383.76	16
1992.78	28	368.51	29	560.34	29
13052.60	10	2907.05	9	4002.89	9
17609.17	6	4086.93	4	5888.67	4
6101.05	**21**	**1223.52**	**23**	**1653.05**	**23**
6837.88	19	1680.56	19	2229.95	19
8.26	31			14.23	31
8260.87	17	916.97	25	2086.97	20
2543.10	27	545.16	28	696.26	28
900.39	30	178.07	30	218.32	30
1952.02	29	741.23	27	775.29	27
3073.56	26	923.50	24	1327.64	25

Note:Data of Investment of Real Eatate Development,Floor Space under Construction,Floor Space Completed,Floor Space of Commercial Houses refer to the statistics data of Enterprise of Real Eatate Development.

25-4 全国各省(区、市)主要经济指标排序(四)(2009)

The Orders of Major Economic Indicators by Province (Region,City)in China(4)

单位：万吨 (10000 tons)

地 区	Region	粮食产量 Output of Grain	位次 Order	油料产量 Oil-bearing Crops	位次 Order	肉类产量 Output of Pork, Beef and Mutton	位次 Order	蔬菜产量 Vegetables Products	位次 Order
全国总计	**National Total**	**53082.08**		**3154.29**		**7649.92**		**61823.81**	
北 京	Beijing	124.77	28	1.81	30	47.19	26	317.11	29
天 津	Tianjin	156.29	27	0.54	31	39.49	27	373.85	27
河 北	Hebei	2910.17	7	143.27	8	426.58	6	6742.10	2
山 西	Shanxi	942.00	21	17.02	25	69.78	24	893.14	23
内蒙古	Inner Mongolia	1981.70	12	119.62	9	233.99	14	1380.61	15
辽 宁	Liaoning	1591.00	13	55.35	15	389.23	7	2604.42	8
吉 林	Jilin	2460.00	9	50.40	17	226.23	15	968.42	22
黑龙江	Heilongjiang	4353.01	2	28.16	23	187.64	17	701.15	24
上 海	Shanghai	121.68	29	3.39	29	26.38	29	394.08	26
江 苏	Jiangsu	3230.10	4	162.23	7	344.40	11	3837.76	4
浙 江	Zhejiang	789.15	23	43.24	19	170.37	19	1764.76	12
安 徽	Anhui	3069.87	6	240.35	5	362.55	10	2028.05	11
福 建	Fujian	666.86	24	26.27	24	175.15	18	1521.54	13
江 西	Jiangxi	2002.56	11	102.02	10	276.02	13	1088.61	20
山 东	Shandong	4316.30	3	334.51	2	684.13	1	8937.20	1
河 南	Henan	5389.00	1	532.98	1	615.01	3	6370.38	3
湖 北	Hubei	2309.10	10	314.05	3	367.01	9	2979.57	6
湖 南	Hunan	2902.70	8	179.24	6	476.35	4	2844.20	7
广 东	Guangdong	1314.50	16	84.64	11	426.99	5	2567.17	9
广 西	Guangxi	1463.20	15	42.08	20	371.25	8	2063.07	10
海 南	Hainan	187.60	26	9.10	27	66.05	25	410.00	25
重 庆	Chongqing	1137.20	19	40.54	21	187.70	16	1177.45	18
四 川	Sichuan	3194.60	5	261.76	4	632.81	2	3227.35	5
贵 州	**Guizhou**	**1168.27**	**17**	**78.68**	**12**	**169.60**	**20**	**1077.81**	**21**
云 南	Yunnan	1576.92	14	50.16	18	304.59	12	1238.24	17
西 藏	Tibet	90.53	31	5.79	28	24.03	31	55.11	31
陕 西	Shanxi	1131.40	20	54.38	16	98.68	22	1257.59	16
甘 肃	Gansu	906.20	22	58.54	14	82.88	23	1145.35	19
青 海	Qinghai	102.69	30	36.60	22	26.91	28	118.86	30
宁 夏	Ningxia	340.70	25	13.65	26	25.55	30	353.98	28
新 疆	Xinjiang	1152.00	18	63.91	13	115.35	21	1383.21	14

25-5 全国各省(区、市)主要经济指标排序(五)(2009)

The Orders of Major Economic Indicators by Province (Region,City)in China(5)

单位：万吨 (10000 tons)

地 区	Region	发电量(亿千瓦时) Electricity (100 million kwh)	位次 Order	原煤 Coal	位次 Order	成品钢材 Products Steel	位次 Order	水泥 Cement	位次 Order
全国总计	**National Total**	**37146.51**		**297300**		**69626.32**		**165000**	
北 京	Beijing	242.65	29	641.25	24	769.60	22	1077.39	25
天 津	Tianjin	415.77	27		27	4079.52	5	690.22	29
河 北	Hebei	1742.46	9	8494.58	10	15134.47	1	10611.47	5
山 西	Shanxi	1873.80	7	59353.98	2	2288.40	8	2482.46	22
内蒙古	Inner Mongolia	2242.37	5	60058.45	1	1294.87	17	4275.52	17
辽 宁	Liaoning	1162.51	15	6624.17	12	4937.32	4	4693.38	15
吉 林	Jilin	541.83	23	4401.46	16	855.97	21	3673.12	18
黑龙江	Heilongjiang	722.95	20	8748.72	9	505.00	25	2598.04	21
上 海	Shanghai	778.20	19		27	2181.37	10	754.19	28
江 苏	Jiangsu	2928.41	1	2397.44	21	7859.69	2	14434.14	1
浙 江	Zhejiang	2246.28	4	13.20	26	2359.40	7	10796.49	4
安 徽	Anhui	1320.24	12	12848.55	7	2111.95	12	7056.12	9
福 建	Fujian	1170.71	14	2466.13	20	1341.89	16	5446.50	13
江 西	Jiangxi	532.91	24	2982.47	19	1647.40	14	6153.20	12
山 东	Shandong	2859.90	2	14377.72	5	5854.31	3	14036.65	2
河 南	Henan	2055.46	6	23018.12	4	2882.47	6	11710.67	3
湖 北	Hubei	1818.06	8	1058.45	23	2172.33	11	6983.77	10
湖 南	Hunan	1027.95	16	6572.85	13	1503.55	15	7539.00	8
广 东	Guangdong	2757.61	3		27	2285.51	9	10028.93	6
广 西	Guangxi	944.45	17	519.72	25	1174.86	18	6411.17	11
海 南	Hainan	127.56	30		27	10.68	30	925.69	27
重 庆	Chongqing	474.32	26	4290.79	17	477.44	26	3610.99	19
四 川	Sichuan	1578.78	10	8997.34	8	1830.62	13	8886.98	7
贵 州	**Guizhou**	**1380.02**	**11**	**13690.74**	**6**	**337.62**	**27**	**2664.78**	**20**
云 南	Yunnan	1170.86	13	5571.26	14	971.79	19	4868.37	14
西 藏	Tibet	18.00	31		27		31	187.65	31
陕 西	Shanxi	908.94	18	29611.13	3	887.34	20	4464.66	16
甘 肃	Gansu	696.65	21	3875.59	18	644.54	24	1816.11	24
青 海	Qinghai	377.94	28	1283.61	22	125.06	28	609.99	30
宁 夏	Ningxia	479.85	25	5509.53	15	38.01	29	1064.50	26
新 疆	Xinjiang	549.07	22	7646.00	11	687.34	23	2029.33	23

25-6 全国各省(区、市)主要经济指标排序(六)(2009)
The Orders of Major Economic Indicators by Province (Region,City)in China(6)

地 区	Region	农用化肥(万吨) Chemical Fertilizers (10000 tons)	位次 Order	家用电冰箱(万台) Refrigerator (10000 lines)	位次 Order	十种有色金属(万吨) Ten Kinds of Nonferrous Metals (10000 tons)	位次 Order	电解铝(吨) Electrolyzed Aluminum (tons)	位次 Order	铁合金(吨) Ferroalloy (tons)	位次 Order
全国总计	**National Total**	**6599.70**		**5930.47**		**2680.93**		**1296.48**		**2209.36**	
北 京	Beijing	0.22	30			0.23	29			1.11	25
天 津	Tianjin	14.67	28	53.87	11	3.21	26	0.06	22	0.81	26
河 北	Hebei	214.41	13			8.33	24			7.92	21
山 西	Shanxi	375.17	5			105.85	10	76.40	7	93.25	8
内蒙古	Inner Mongolia	261.53	12			181.23	5	128.09	3	332.44	1
辽 宁	Liaoning	82.14	19	96.15	9	59.01	17	7.64	18	77.03	11
吉 林	Jilin	20.34	27			0.32	28			53.10	15
黑龙江	Heilongjiang	59.57	24			0.60	27	0.50	21		
上 海	Shanghai	2.68	29	189.15	7	10.69	23				
江 苏	Jiangsu	317.20	9	667.06	5	55.56	18	10.70	16	73.99	12
浙 江	Zhejiang	46.16	26	761.81	4	41.75	20	10.05	17	34.86	17
安 徽	Anhui	284.88	10	1565.81	1	132.68	7			0.17	27
福 建	Fujian	59.67	23			11.13	22	7.48	19	18.54	20
江 西	Jiangxi	48.70	25	91.27	10	94.23	11			5.21	23
山 东	Shandong	864.93	1	825.09	3	203.64	4	149.52	2	60.63	14
河 南	Henan	531.20	3	319.24	6	481.62	1	317.74	1	136.79	6
湖 北	Hubei	798.48	2	39.51	13	66.77	16	28.18	13	21.70	19
湖 南	Hunan	365.84	6	15.64	15	224.25	2	18.83	14	228.61	3
广 东	Guangdong	61.72	21	1058.47	2	43.94	19			1.88	24
广 西	Guangxi	92.43	16			109.71	8	52.94	10	271.91	2
海 南	Hainan	60.63	22								
重 庆	Chongqing	150.36	15	0.23	16	28.96	21	18.17	15	38.86	16
四 川	Sichuan	463.01	4	51.90	12	70.66	15	44.82	11	177.36	5
贵 州	**Guizhou**	**347.28**	**8**	**168.16**	**8**	**85.38**	**13**	**80.27**	**6**	**220.87**	**4**
云 南	Yunnan	355.21	7			209.14	3	60.75	9	64.97	13
西 藏	Tibet					0.21	30				
陕 西	Shanxi	86.82	18	27.05	14	89.61	12	29.55	12	22.82	18
甘 肃	Gansu	81.00	20	0.06	17	172.64	6	94.79	4	93.66	7
青 海	Qinghai	277.92	11			106.80	9	91.03	5	79.62	10
宁 夏	Ningxia	91.77	17			76.20	14	65.55	8	83.59	9
新 疆	Xinjiang	183.76	14			6.58	25	5.44	20	7.66	22

25-7 全国各省(区、市)主要经济指标排序(七)(2009)

The Orders of Major Economic Indicators by Province (Region,City)in China(7)

地 区	Region	轮胎外胎（万条）Tires (10000 tires)	位次 Order	磷肥（万吨）Phosphate Fertilizers (10000 tons)	位次 Order	磷矿石（万吨）Phosphorite Mineral (10000 tons)	位次 Order
全 国	**National Total**	**65464.11**		**1479.71**		**6020.89**	
北 京	Beijing	392.36	17				
天 津	Tianjin	1794.47	6	1.70	23		
河 北	Hebei	21.36	24	7.16	19	33.65	5
山 西	Shanxi	137.38	20	9.56	18		
内蒙古	Inner Mongolia			18.26	15		
辽 宁	Liaoning	1281.20	10	4.60	20		
吉 林	Jilin	6.75	25	1.27	24		
黑龙江	Heilongjiang	345.13	18				
上 海	Shanghai	849.07	12	0.78	25		
江 苏	Jiangsu	10381.29	2	21.72	13	9.72	8
浙 江	Zhejiang	6505.25	3	2.71	21	0.08	11
安 徽	Anhui	1466.09	8	60.80	5		
福 建	Fujian	2189.71	5	2.42	22		
江 西	Jiangxi	417.86	16	14.14	16	0.93	10
山 东	Shandong	29205.33	1	177.27	3		
河 南	Henan	1576.55	7	39.55	10		
湖 北	Hubei	639.65	13	439.40	1	2118.20	1
湖 南	Hunan	37.71	22	49.20	9	11.52	7
广 东	Guangdong	4553.81	4	49.26	8		
广 西	Guangxi	26.08	23	28.70	11		
海 南	Hainan						
重 庆	Chongqing	980.74	11	57.68	6	27.41	6
四 川	Sichuan	1367.29	9	55.23	7	483.31	4
贵 州	**Guizhou**	**517.21**	**14**	**173.86**	**4**	**1360.66**	**3**
云 南	Yunnan	447.00	15	207.66	2	1973.66	2
西 藏	Tibet						
陕 西	Shanxi			20.06	14	1.75	9
甘 肃	Gansu			25.12	12		
青 海	Qinghai			0.53	27		
宁 夏	Ningxia	225.62	19	10.50	17		
新 疆	Xinjiang	99.20	21	0.57	26		

25-8 全国各省(区、市)主要经济指标排序(八)(2009)

The Orders of Major Economic Indicators by Province (Region,City)in China(8)

地 区	Region	卷 烟(亿支) Cigarettes (100 million pieces)	位次 Order	白 酒(万千升) Liquor (10000 tons)	位次 Order	中成药(万吨) Traditional Chinese Medicine (10000 tons)	位次 Order
全 国	**National Total**	**22901.50**		**706.94**		**180.38**	
北 京	Beijing	193.22	25	18.03	11	3.10	15
天 津	Tianjin	207.00	24	4.11	22	0.47	26
河 北	Hebei	742.50	15	23.45	10	4.08	14
山 西	Shanxi	145.00	26	9.91	17	0.88	21
内蒙古	Inner Mongolia	245.00	23	34.36	7	0.80	23
辽 宁	Liaoning	260.28	22	47.32	4	0.90	20
吉 林	Jilin	359.00	21	34.48	6	10.31	7
黑龙江	Heilongjiang	426.00	19	10.32	16	17.91	4
上 海	Shanghai	865.65	11	0.77	30	1.19	19
江 苏	Jiangsu	924.57	9	34.14	8	0.84	22
浙 江	Zhejiang	804.20	13	2.40	26	1.91	16
安 徽	Anhui	1189.97	7	29.71	9	1.35	18
福 建	Fujian	798.17	14	3.09	25	0.61	24
江 西	Jiangxi	529.00	17	15.36	13	6.24	10
山 东	Shandong	1300.16	4	86.87	2	8.36	9
河 南	Henan	1613.50	3	71.96	3	22.37	2
湖 北	Hubei	1278.58	5	43.54	5	17.94	3
湖 南	Hunan	1692.80	2	12.45	15	8.73	8
广 东	Guangdong	1264.20	6	9.39	18	16.15	5
广 西	Guangxi	686.25	16	3.70	24	10.41	6
海 南	Hainan	82.50	28	0.99	29	0.04	31
重 庆	Chongqing	476.00	18	17.01	12	4.28	13
四 川	Sichuan	873.95	10	155.96	1	28.26	1
贵 州	**Guizhou**	**1161.22**	**8**	**13.79**	**14**	**4.58**	**12**
云 南	Yunnan	3457.90	1	4.75	21	1.71	17
西 藏	Tibet					0.13	28
陕 西	Shanxi	805.00	12	7.04	19	5.73	11
甘 肃	Gansu	392.00	20	3.78	23	0.59	25
青 海	Qinghai			1.06	28	0.09	29
宁 夏	Ningxia			2.29	27	0.05	30
新 疆	Xinjiang	135.00	27	4.91	20	0.37	27

25-9 全国各省(区、市)主要经济指标排序(九)(2009)

The Orders of Major Economic Indicators by Province (Region,City)in China(9)

地 区	Region	社会消费品零售总额(亿元) Total Retail Sales of Consumer Goods (100 million yuan)	位次 Order	国际旅游外汇收入(亿美元) Foreign Exchange Earnings (USD 10000)	位次 Order	国际旅游接待人数(万人次) Number of International Tourists Received (10000 person-times)	位次 Order	#接待外国人 Foreigners	位次 Order
全国总计	**National Total**	**132678**		**396.75**		**12647.59**		**2193.75**	
北 京	Beijing	5310	10	43.57	3	412.51	5	342.92	5
天 津	Tianjin	2431	23	11.83	9	141.02	14	130.58	10
河 北	Hebei	5765	8	3.08	21	84.22	23	74.69	19
山 西	Shanxi	2809	18	3.78	20	106.78	19	66.63	20
内蒙古	Inner Mongolia	2855	17	5.58	16	128.96	17	126.61	11
辽 宁	Liaoning	5813	7	18.56	7	293.20	8	250.74	6
吉 林	Jilin	2957	16	2.43	25	68.05	24	58.29	23
黑龙江	Heilongjiang	3402	15	6.39	14	142.51	13	135.03	9
上 海	Shanghai	5173	11	47.44	2	533.39	4	439.05	2
江 苏	Jiangsu	11484	3	40.16	4	556.83	3	396.07	3
浙 江	Zhejiang	8622	4	32.24	5	570.64	2	377.60	4
安 徽	Anhui	3528	14	5.66	15	156.16	11	97.75	16
福 建	Fujian	4481	13	25.99	6	312.03	6	97.84	15
江 西	Jiangxi	2484	21	2.90	22	96.43	21	38.76	24
山 东	Shandong	12363	2	17.65	8	310.04	7	241.19	7
河 南	Henan	6746	5	4.33	19	125.85	18	82.76	18
湖 北	Hubei	5928	6	5.10	18	133.46	15	101.76	14
湖 南	Hunan	4914	12	6.73	12	130.87	16	64.08	21
广 东	Guangdong	14892	1	100.28	1	2747.80	1	617.94	1
广 西	Guangxi	2791	19	6.43	13	209.85	10	117.38	12
海 南	Hainan	538	28	2.77	24	55.15	25	37.21	25
重 庆	Chongqing	2479	22	5.37	17	104.81	20	84.80	17
四 川	Sichuan	5759	9	2.89	23	84.99	22	61.49	22
贵 州	**Guizhou**	**1247**	**25**	**1.10**	**27**	**39.95**	**26**	**16.28**	**27**
云 南	Yunnan	2051	24	11.72	10	284.49	9	191.79	8
西 藏	Tibet	157	31	0.79	28	17.49	28	16.25	28
陕 西	Shanxi	2700	20	7.71	11	145.08	12	114.42	13
甘 肃	Gansu	1183	26	0.13	30	6.07	29	4.51	29
青 海	Qinghai	301	30	0.15	29	3.61	30	2.47	30
宁 夏	Ningxia	339	29	0.04	31	1.45	31	1.16	31
新 疆	Xinjiang	1178	27	1.37	26	35.49	27	31.84	26

25–10 全国各省(区、市)主要经济指标排序(十)(2009)

The Orders of Major Economic Indicators by Province (Region,City)in China(10)

单位：亿美元 (USD 100 million)

地 区	Region	海关进出口额 Total Exports and Imports	位次 Order	#出口额 Exports	位次 Order	#进口额 Imports	位次 Order
全国总计	**National Total**	**22072.18**		**12016.63**		**10055.55**	
北 京	Beijing	2148.65	4	483.84	7	1664.81	2
天 津	Tianjin	638.37	8	298.93	9	339.44	7
河 北	Hebei	296.12	10	156.92	10	139.20	10
山 西	Shanxi	85.54	21	28.38	24	57.16	18
内蒙古	Inner Mongolia	67.72	25	23.16	25	44.56	21
辽 宁	Liaoning	629.25	9	334.41	8	294.84	8
吉 林	Jilin	117.48	19	31.32	23	86.16	12
黑龙江	Heilongjiang	162.21	13	100.76	13	61.45	15
上 海	Shanghai	2777.51	3	1418.78	3	1358.74	4
江 苏	Jiangsu	3388.33	2	1992.43	2	1395.90	3
浙 江	Zhejiang	1877.27	5	1330.15	4	547.12	6
安 徽	Anhui	156.35	14	88.87	15	67.48	14
福 建	Fujian	796.62	7	533.29	6	263.33	9
江 西	Jiangxi	126.65	18	73.64	17	53.01	19
山 东	Shandong	1389.69	6	795.02	5	594.66	5
河 南	Henan	134.38	17	73.46	18	60.92	16
湖 北	Hubei	172.29	12	99.78	14	72.50	13
湖 南	Hunan	101.51	20	54.92	19	46.59	20
广 东	Guangdong	6110.73	1	3589.56	1	2521.17	1
广 西	Guangxi	142.34	15	83.76	16	58.58	17
海 南	Hainan	48.15	26	13.09	27	35.06	23
重 庆	Chongqing	77.09	24	42.80	21	34.29	25
四 川	Sichuan	242.27	11	141.52	11	100.76	11
贵 州	**Guizhou**	**23.07**	**28**	**13.59**	**26**	**9.48**	**28**
云 南	Yunnan	80.19	23	45.14	20	35.05	24
西 藏	Tibet	4.02	31	3.75	30	0.27	31
陕 西	Shanxi	84.01	22	39.85	22	44.16	22
甘 肃	Gansu	38.25	27	7.35	29	30.89	26
青 海	Qinghai	5.86	30	2.51	31	3.35	30
宁 夏	Ningxia	12.02	29	7.43	28	4.60	29
新 疆	Xinjiang	138.28	16	108.23	12	30.04	27

注：表中数据按经营单位所在地分。

Note:Data in the table are estimated according to the enterprise's location of business activitity.

25–11 全国各省(区、市)主要经济指标排序(十一)(2009)

The Orders of Major Economic Indicators by Province (Region,City)in China(11)

单位：元 (yuan)

地 区	Region	职工平均工资 Average Wage of Staff and Workers	位次 Order	城镇居民人均可支配收入 Per Capita Annual Disposable Income of Urban Households	位次 Order	农民人均纯收入 Per Capita Annual Net Income of Rural Residents	位次 Order
全 国	**National Total**	**32736**		**17174.65**		**5153.17**	
北 京	Beijing	58140	2	26738.48	2	11668.59	2
天 津	Tianjin	44992	4	21402.01	5	8687.56	4
河 北	Hebei	28383	19	14718.25	14	5149.67	12
山 西	Shanxi	28469	18	13996.55	23	4244.10	22
内蒙古	Inner Mongolia	30699	12	15849.19	9	4937.80	15
辽 宁	Liaoning	31104	10	15761.38	10	5958.00	9
吉 林	Jilin	26230	29	14006.27	22	5265.91	10
黑龙江	Heilongjiang	26535	28	12565.98	29	5206.76	11
上 海	Shanghai	63549	1	28837.78	1	12482.94	1
江 苏	Jiangsu	35890	7	20551.72	6	8003.54	5
浙 江	Zhejiang	37395	5	24610.81	3	10007.31	3
安 徽	Anhui	29658	15	14085.74	19	4504.32	19
福 建	Fujian	28666	16	19576.83	7	6680.18	7
江 西	Jiangxi	24696	31	14021.54	21	5075.01	13
山 东	Shandong	29688	14	17811.04	8	6118.77	8
河 南	Henan	27357	23	14371.56	16	4806.95	17
湖 北	Hubei	27127	26	14367.48	17	5035.26	14
湖 南	Hunan	27284	24	15084.31	13	4909.04	16
广 东	Guangdong	36355	6	21574.72	4	6906.93	6
广 西	Guangxi	28302	20	15451.48	12	3980.44	24
海 南	Hainan	24934	30	13750.85	25	4744.36	18
重 庆	Chongqing	30965	11	15748.67	11	4478.35	20
四 川	Sichuan	28563	17	13839.40	24	4462.05	21
贵 州	**Guizhou**	**28245**	**21**	**12862.53**	**27**	**3005.41**	**30**
云 南	Yunnan	26992	27	14423.93	15	3369.34	28
西 藏	Tibet	48750	3	13544.41	26	3531.72	26
陕 西	Shanxi	30185	13	14128.76	18	3437.55	27
甘 肃	Gansu	27177	25	11929.78	31	2980.10	31
青 海	Qinghai	33561	9	12691.85	28	3346.15	29
宁 夏	Ningxia	34082	8	14024.70	20	4048.33	23
新 疆	Xinjiang	27753	22	12257.52	30	3883.10	25

26

Twenty-six

历年资料
Historical Statistics

26-1 常住人口

Permanent Population

单位：万人 (10000 persons)

年份 Year	合计 Total	按城镇、乡村分 Grouped by Urban and Rural		按性别分 Grouped by Sex		性别比 Sex Ratio (女=100) (female=100)	年平均人口 Annual Average Population
		城镇 Urban	乡村 Rural	男 Male	女 Female		
1978	2686.40	323.97	2362.43	1364.82	1321.58	103.27	2663.27
1979	2730.99	520.82	2210.17	1386.93	1344.06	103.19	2708.70
1980	2776.67	543.18	2233.49	1409.61	1367.06	103.11	2753.83
1981	2826.78	528.41	2298.37	1439.89	1386.89	103.82	2801.73
1982	2875.21	542.13	2333.08	1470.43	1404.78	104.67	2851.00
1983	2901.46	550.96	2350.50	1484.73	1416.73	104.80	2888.33
1984	2931.85	854.14	2077.71	1501.55	1430.30	104.98	2916.65
1985	2972.18	883.18	2089.00	1522.93	1449.25	105.08	2952.02
1986	3025.86	909.55	2116.31	1550.90	1474.96	105.15	2999.02
1987	3072.58	1002.93	2069.65	1576.23	1496.35	105.34	3049.22
1988	3127.27	951.23	2176.04	1599.01	1528.26	104.63	3099.93
1989	3171.00	1000.26	2170.74	1628.85	1542.15	105.62	3149.14
1990	3267.53	1083.67	2183.86	1684.53	1583.00	106.41	3219.27
1991	3314.63	1238.48	2076.15	1709.31	1605.32	106.48	3291.08
1992	3360.96	2256.05	1104.91	1735.46	1625.50	106.76	3337.8
1993	3408.69	2324.92	1083.77	1761.65	1647.04	106.96	3384.83
1994	3458.41	2371.06	1087.35	1789.32	1669.09	107.20	3433.55
1995	3508.08	2408.78	1099.30	1815.63	1692.45	107.28	3483.25
1996	3555.41	2457.33	1098.08	1840.38	1715.03	107.31	3531.75
1997	3605.81	2503.75	1102.06	1866.48	1739.33	107.31	3580.61
1998	3657.60	2539.76	1117.84	1893.29	1764.31	107.31	3631.70
1999	3710.06	2539.80	1170.26	1920.40	1789.66	107.30	3683.83
2000	3755.72	896.49	2859.23	1968.00	1787.72	110.10	3732.89
2001	3798.51	910.12	2888.39	1973.41	1825.10	108.13	3777.12
2002	3837.28	932.11	2905.17	1993.15	1844.13	108.08	3817.90
2003	3869.66	958.52	2911.14	2010.22	1859.44	108.11	3853.47
2004	3903.70	1025.89	2877.81	2022.22	1881.48	107.48	3886.68
2005	3730.00	1002.25	2727.75	1920.55	1809.45	106.14	3717.61
2006	3757.18	1031.72	2725.46	1943.87	1813.31	107.17	3743.59
2007	3762.36	1062.49	2699.87	1947.43	1814.93	107.27	3759.77
2008	3793.00	1104.14	2688.86	1971.11	1821.89	108.19	3777.68
2009	3798.00	1135.22	2662.78	1962.42	1835.58	106.91	3795.50

注：1、2000年以后的城镇、乡村人口的划分标准按国家统计局1999年发布的《关于统计上划分城乡的规定》计算，以前年份数据不可比。
2、2005年及以后为常住半年口径人口(下表同)。

Note1.:Data on grouped by residence from 2000 was calculated on the basis of Statistical Partition Ordain about Urban or Rural that had been issued by National Bureau of Statistial of China, So the date are not Comparable With the Preceding Years. 2.Populations since 2005 refer to permanent population in half a year scope(the same applies to the next table).

26–2 人口自然变动
Natural Change of Population

单位：万人 (10000 persons)

年份 Year	出生 Birth 人数 person	出生 Birth 率(‰) Rate	死亡 Death 人数 person	死亡 Death 率(‰) Rate	自然增长 Natural Increase 人数 person	自然增长 Natural Increase 率(‰) Rate
1978	76.22	28.62	19.65	7.38	56.57	21.24
1979	72.84	26.89	19.23	7.10	53.61	19.79
1980	68.02	24.70	19.39	7.04	48.63	17.66
1981	66.46	23.72	21.07	7.52	45.39	16.20
1982	70.73	24.81	21.67	7.60	49.06	17.21
1983	60.11	20.81	26.46	9.16	33.65	11.65
1984	54.98	18.85	21.29	7.30	33.69	11.55
1985	59.97	20.33	17.43	5.91	42.54	14.42
1986	72.04	24.11	18.08	6.05	53.96	18.06
1987	71.77	23.69	25.87	8.54	45.90	15.15
1988	73.76	23.81	18.62	6.01	55.14	17.80
1989	67.08	21.23	21.58	6.83	45.50	14.40
1990	74.13	23.09	25.36	7.90	48.77	15.19
1991	72.96	22.42	26.39	8.11	46.57	14.31
1992	73.61	22.40	28.00	8.52	45.61	13.88
1993	74.96	22.60	28.19	8.50	46.77	14.10
1994	76.93	22.92	27.32	8.14	49.61	14.78
1995	76.14	21.86	26.47	7.60	49.67	14.26
1996	77.88	22.05	27.16	7.69	50.72	14.36
1997	79.31	22.15	27.46	7.67	51.85	14.48
1998	79.97	22.02	28.18	7.76	51.79	14.26
1999	80.75	21.92	28.29	7.68	52.46	14.24
2000	76.86	20.59	28.11	7.53	48.75	13.06
2001	70.10	18.56	27.31	7.23	42.79	11.33
2002	68.57	17.96	27.53	7.21	41.04	10.75
2003	61.31	15.91	26.47	6.87	34.84	9.04
2004	58.61	15.08	24.68	6.35	33.93	8.73
2005	54.00	14.59	25.00	7.21	29.00	7.38
2006	52.30	13.97	25.12	6.71	27.18	7.26
2007	49.93	13.28	24.81	6.60	25.12	6.68
2008	50.93	13.49	25.56	6.77	25.37	6.72
2009	51.81	13.65	25.39	6.69	26.42	6.96

26–3 从业人员数
Number of Employed Persons

单位：万人 (10000 persons)

年份 Year	合计 Total	第一产业 Primary Industry	第二产业 Secondary Industry	第三产业 Tertiary Industry
1978	1053.67	872.89	108.26	72.52
1979	1060.62	873.88	105.63	81.11
1980	1109.63	919.69	102.01	87.93
1981	1152.95	954.55	102.64	95.76
1982	1207.06	989.78	109.53	107.75
1983	1234.18	1014.15	109.99	110.04
1984	1285.32	1037.71	122.12	125.49
1985	1335.17	1018.38	185.98	130.81
1986	1383.17	1053.26	197.09	132.82
1987	1435.85	1115.35	180.53	139.97
1988	1501.32	1172.51	185.80	143.01
1989	1570.84	1228.64	163.19	179.01
1990	1651.75	1292.30	169.10	190.35
1991	1701.47	1329.56	177.72	194.19
1992	1739.03	1359.00	173.35	206.68
1993	1779.01	1374.00	171.00	234.01
1994	1828.30	1365.00	181.90	281.40
1995	1812.20	1312.80	268.80	230.60
1996	1783.20	1235.60	278.50	269.10
1997	1796.70	1251.10	256.60	289.00
1998	1844.43	1284.72	251.57	308.14
1999	1832.50	1299.90	201.40	331.20
2000	1866.28	1305.28	221.80	339.20
2001	2068.01	1692.33	133.88	241.80
2002	2106.14	1698.39	108.89	298.86
2003	2145.00	1671.20	120.49	353.31
2004	2186.00	1672.29	124.60	389.11
2005	2220.00	1670.00	144.58	405.42
2006	2235.00	1633.00	188.00	414.00
2007	2280.00	1634.70	214.90	430.40
2008	2292.12	1630.00	217.10	445.02
2009	2322.46	1626.40	228.70	467.36

26-4 职工人数

Number of Staff and Workers

单位：万人 (10000 persons)

年份 Year	合计 Total	国有单位 State-owned Unit	集体单位 Collective-owned Unit	其他单位 Other Ownership Unit
1978	171.19	137.66	33.53	
1979	175.56	142.32	33.24	
1980	178.18	146.14	32.04	
1981	185.73	153.50	32.23	
1982	191.03	158.08	32.95	
1983	193.33	160.54	32.79	
1984	197.13	159.53	37.60	
1985	202.33	162.11	40.03	0.19
1986	206.69	167.81	38.78	0.10
1987	211.92	172.58	38.88	0.46
1988	214.43	176.32	37.56	0.55
1989	216.70	180.10	35.90	0.70
1990	225.48	185.35	39.19	0.94
1991	231.88	190.45	40.49	0.94
1992	235.80	193.61	40.94	1.25
1993	233.11	192.83	38.35	1.93
1994	230.88	194.47	34.87	1.54
1995	226.55	193.36	29.63	3.56
1996	231.64	196.60	30.45	4.59
1997	232.80	196.08	31.33	5.39
1998	207.01	167.14	23.98	15.89
1999	197.80	156.86	21.03	19.91
2000	193.96	153.55	19.00	21.41
2001	189.18	148.87	15.73	24.58
2002	188.47	146.96	14.39	27.12
2003	188.70	141.75	13.71	33.24
2004	192.67	139.57	12.77	40.33
2005	202.02	140.50	9.81	51.71
2006	201.87	137.86	8.86	55.15
2007	207.53	141.48	8.10	57.95
2008	199.76	140.97	7.42	51.37
2009	206.44	141.79	6.69	57.96

26–5 职工平均工资

Average Wage of Staff and Workers

单位：元 (yuan)

年份 Year	职工平均工资 Average Wage of Staff and Workers	国有单位 State-owned Unit	集体单位 Collective-owned Unit	其他单位 Other Ownership Unit
1978	616	642	450	
1979	654	692	448	
1980	755	797	502	
1981	774	804	535	
1982	783	815	562	
1983	801	830	608	
1984	913	949	708	
1985	1066	1132	787	
1986	1216	1297	859	1236
1987	1319	1395	961	1204
1988	1531	1627	1072	1389
1989	1676	1777	1158	1647
1990	1947	2070	1347	2281
1991	2090	2214	1489	2527
1992	2406	2543	1717	3286
1993	2823	2958	2104	3375
1994	3870	4085	2618	4475
1995	4475	4672	3061	5369
1996	4917	5125	3456	5613
1997	5206	5434	3556	6461
1998	5775	5819	4426	7289
1999	6595	6695	5008	7456
2000	7453	7594	5444	8325
2001	8991	9308	6218	8831
2002	9810	10150	6566	9680
2003	11037	11390	7504	10975
2004	12431	12870	8630	12103
2005	14344	14681	10506	14161
2006	16815	17638	12873	15365
2007	20668	22106	16893	17668
2008	24602	25874	20914	21659
2009	28245	29956	22167	24772

26-6 全省生产总值

Gross Domestic Product

单位：亿元 (100 million yuan)

年份 Year	地 区 生产总值 Gross Domestic Product	第一产业 Primary Industry	第二产业 Secondary Industry	工业 Industry	建筑业 Construction	第三产业 Tertiary Industry	#交通运输、仓储、邮电通信业 Transportation, Storage,Post and Telecommunications	人 均 生产总值 (元) Per Capita Gross Domestic Product(yuan)
1978	46.62	19.42	18.73	15.24	3.49		1.68	175
1979	55.28	23.29	22.41	18.33	4.08	9.58	1.86	204
1980	60.26	24.86	24.00	19.37	4.63	11.40	2.01	219
1981	67.89	29.90	24.95	20.36	4.59	13.04	2.56	242
1982	79.39	37.37	27.44	22.58	4.86	14.58	2.74	278
1983	87.38	37.76	33.14	28.16	4.98	16.48	3.76	302
1984	108.27	45.73	43.51	36.85	6.66	19.03	4.66	371
1985	123.92	50.45	49.88	41.96	7.92	23.59	5.86	420
1986	139.57	56.46	50.96	43.57	7.39	32.15	7.34	467
1987	165.50	66.46	60.11	49.93	10.18	38.93	7.74	546
1988	211.79	85.20	78.63	68.32	10.31	47.96	9.78	683
1989	235.84	92.88	86.74	77.26	9.48	56.22	12.36	750
1990	260.14	100.10	92.83	82.15	10.68	67.21	11.69	810
1991	295.90	115.71	101.54	88.96	12.58	78.65	13.98	896
1992	339.91	121.18	122.08	106.41	15.67	96.65	19.00	1034
1993	417.69	133.41	155.03	135.40	19.63	129.25	25.45	1234
1994	524.46	183.56	194.80	173.03	21.77	146.10	18.02	1527
1995	636.21	227.13	232.52	208.75	23.77	176.56	22.77	1826
1996	723.18	254.43	255.09	225.36	29.73	213.56	26.79	2048
1997	805.79	271.96	288.99	251.10	37.89	244.84	23.51	2250
1998	858.39	265.04	319.40	273.82	45.58	273.95	29.14	2364
1999	937.50	267.75	350.41	294.42	55.99	319.34	59.17	2545
2000	1029.92	271.20	391.20	328.73	62.47	367.52	75.86	2759
2001	1133.27	274.41	433.52	360.73	72.79	425.34	88.47	3000
2002	1243.43	281.10	481.96	395.45	86.51	480.37	102.48	3257
2003	1426.34	298.69	569.37	473.38	95.99	558.28	119.26	3701
2004	1677.80	334.50	681.50	577.40	104.10	661.80	134.90	4317
2005	2005.42	368.94	821.16	707.35	113.81	815.32	138.65	5119
2006	2338.98	382.06	967.54	839.13	128.41	989.38	192.95	5932
2007	2884.11	446.38	1124.79	978.86	145.93	1312.94	282.04	7273
2008	3561.56	539.19	1370.03	1195.30	174.73	1652.34	370.65	9428
2009	3912.68	550.27	1476.62	1252.67	223.95	1885.79	399.77	10309

注：1、1978–2004年按老行业分类标准计算，2005–2009年按新行业分类标准计算，第三产业中“交通运输、仓储、邮电通信业”从2005年起按新标准分类为“交通运输、仓储和邮政业”。2、2005–2008年数据已按第二次经济普查资料修订，2009年生产总值为最终核实数。3、2008–2009年人均生产总值按常住半年人口计算，以往年份按常住一年人口计算(以下相关表同)。

Note:1.From 1978 to 2004,data in the table are calculated based on the Old Industry Classification Standard;from 2005 to 2009, data in the table are calculated based on the New Industry Classification Standard;acording to the New the Industry Classification Standard，the data of Transportation,Storage,Post and Telecommunications refers to data of Transportation，Storage and Post since 2005.2.data from 2005 to 2008 had been amendmented on the basis of the Second Economic Census，data of 2009 had been finally verified. 3.from the year 2008 to 2009, Per Capital GDP are caculated based on permanent population in one year scope,the other years are based on permanent population in half a year scope(the same applies to relative tables below).

26–7 全省生产总值指数(上年=100)

Indices of Gross Domestic Product(Preceding year=100)

年份 Year	地区生产总值 Gross Domestic Product	第一产业 Primary Industry	第二产业 Secondary Industry	工业 Industry	建筑业 Construction	第三产业 Tertiary Industry	#交通运输、仓储、邮电通信业 Transportation, Storage,Post and Telecommunications	人均生产总值 Per Capita Gross Domestic Product
1978	123.7	106.6	137.3	139.7	123.7	132.7	133.6	121.4
1979	111.0	102.8	117.3	119.1	105.2	111.4	107.2	109.1
1980	104.4	100.4	104.3	106.9	85.6	111.7	106.5	102.7
1981	106.5	109.9	101.7	99.1	112.7	109.5	109.8	104.7
1982	115.8	123.0	109.3	111.4	101.3	112.6	103.6	113.8
1983	112.6	104.6	122.9	126.4	108.8	112.3	134.6	111.2
1984	119.8	118.2	123.8	123.8	123.5	114.9	137.6	118.6
1985	107.9	98.8	112.8	112.0	116.6	117.8	124.3	106.7
1986	105.6	106.1	98.0	99.7	90.5	120.9	108.7	104.3
1987	110.8	102.9	116.2	113.8	128.6	114.8	113.9	109.3
1988	108.6	99.0	113.2	115.5	103.1	115.0	108.3	106.2
1989	104.5	106.3	103.9	106.8	89.4	103.3	113.0	103.1
1990	104.3	101.7	106.1	105.6	108.8	104.6	84.9	102.1
1991	109.2	113.2	103.5	103.5	103.8	111.2	106.8	106.2
1992	108.1	99.3	115.0	116.0	108.0	112.6	121.2	108.6
1993	110.4	103.9	113.5	115.8	95.2	114.8	115.1	108.8
1994	108.4	103.7	111.8	112.4	105.8	109.8	111.9	106.9
1995	107.5	102.4	110.5	111.1	104.0	109.3	107.8	105.9
1996	108.9	103.8	112.6	112.1	117.8	109.2	111.1	107.4
1997	109.0	104.2	112.3	111.8	118.0	109.3	112.5	107.5
1998	108.5	101.5	111.8	110.4	126.4	110.5	117.5	106.9
1999	108.8	103.4	113.2	111.8	125.1	107.3	114.5	107.3
2000	108.4	103.6	107.6	107.5	108.3	113.7	117.5	107.0
2001	108.8	101.1	109.4	109.2	110.7	113.6	112.0	107.5
2002	109.1	102.2	113.2	111.0	124.5	109.4	105.4	107.9
2003	110.1	104.6	113.3	113.3	113.5	110.1	110.9	109.1
2004	111.4	105.3	114.2	115.9	106.5	112.0	116.0	110.4
2005	112.7	105.2	112.0	113.0	107.4	117.6	126.5	111.8
2006	112.8	104.6	113.4	113.8	111.2	116.0	129.6	112.1
2007	114.8	103.3	113.2	114.0	107.8	121.1	129.4	114.2
2008	111.3	106.8	108.1	108.6	104.7	115.8	119.4	110.8
2009	111.4	104.3	112.1	110.2	125.6	113.1	105.3	110.9

26–8 全省生产总值指数(1978=100)

Indices of Gross Domestic Product(year of 1978=100)

年份 Year	地区生产总值 Gross Domestic Product	第一产业 Primary Industry	第二产业 Secondary Industry			第三产业 Tertiary Industry	人均生产总值 Per Capita Gross Domestic Product
				工业 Industry	建筑业 Construction		
1978	100.0	100.0	100.0	100.0	100.0	100.0	100.0
1979	111.0	102.8	117.3	119.1	105.2	111.4	109.1
1980	115.9	103.2	122.3	127.3	90.1	124.4	112.0
1981	123.4	113.4	124.4	126.2	101.5	136.3	117.3
1982	142.9	139.5	135.9	140.5	102.9	153.4	133.5
1983	160.9	145.9	167.1	177.6	111.9	172.3	148.4
1984	192.8	172.5	206.8	219.9	138.2	198.0	176.0
1985	208.0	170.4	233.4	246.3	161.1	233.2	187.9
1986	219.6	180.8	228.7	245.6	145.8	281.9	195.9
1987	243.4	186.0	265.8	279.4	187.5	323.7	214.1
1988	264.3	184.2	300.9	322.8	193.3	372.2	227.5
1989	276.2	195.8	312.6	344.7	172.8	384.5	234.4
1990	288.1	199.1	331.7	364.1	188.0	402.2	239.4
1991	314.6	225.4	343.3	376.8	195.1	447.2	254.2
1992	340.1	223.8	394.8	437.1	210.8	503.6	276.1
1993	375.3	232.5	448.3	506.1	200.6	578.3	300.5
1994	407.0	241.2	501.1	568.7	212.2	635.2	321.2
1995	437.4	246.8	553.7	632.0	220.6	693.9	340.3
1996	476.1	256.3	623.4	708.7	259.8	757.9	365.3
1997	519.0	267.1	700.3	792.3	306.6	828.6	392.8
1998	562.9	271.0	783.1	874.8	387.6	915.3	420.0
1999	612.4	280.0	886.4	978.4	485.0	982.5	450.5
2000	663.7	290.2	953.4	1051.5	525.1	1117.4	481.8
2001	721.8	293.4	1043.5	1148.3	581.5	1269.5	517.9
2002	787.2	300.0	1181.3	1274.5	724.2	1388.3	558.7
2003	866.6	313.8	1338.4	1443.5	821.8	1528.6	609.4
2004	965.4	330.4	1528.4	1673.0	874.9	1711.4	673.1
2005	1088.0	347.6	1711.8	1890.5	939.6	2012.6	752.5
2006	1227.3	363.6	1941.2	2151.4	1044.8	2334.6	843.6
2007	1408.9	375.6	2197.4	2452.6	1126.3	2827.2	963.4
2008	1568.1	401.1	2375.4	2663.5	1179.2	3273.9	1067.4
2009	1746.9	418.3	2662.8	2935.2	1481.1	3702.8	1183.7

26–9 全社会固定资产投资

Total Investment in Fixed Assets in the Whole Province

单位：亿元 (100 million yuan)

年份 Year	合计 Total	按经济类型分 (Grouped by Ownership)			按管理渠道分 (Grouped by Channel of Management)	
		国有经济 State-owned Units	集体经济 Collective-Owned Units	其他 Others	#基本建设投资 Investment in Capital Construction	#更新改造 Investment in Innovation
1978	10.93	9.73	0.56	0.64	8.81	0.86
1979	11.94	10.20	0.61	1.13	8.98	1.07
1980	13.97	11.59	0.83	1.55	9.31	2.03
1981	15.16	12.06	0.99	2.11	8.85	2.76
1982	15.52	11.56	1.08	2.88	7.24	3.63
1983	17.07	11.88	1.23	3.96	7.05	4.08
1984	23.02	15.02	0.98	7.02	8.55	5.31
1985	33.14	21.24	1.76	10.14	12.37	7.63
1986	35.99	24.09	1.71	10.19	13.25	9.07
1987	42.97	27.10	3.61	12.26	15.11	9.97
1988	45.42	33.05	2.74	9.63	16.88	13.57
1989	44.08	32.29	2.73	9.06	17.77	11.59
1990	51.51	36.95	2.14	12.42	20.58	12.19
1991	58.44	42.97	3.67	11.80	25.23	13.68
1992	78.82	58.82	3.59	16.41	34.36	19.99
1993	106.30	77.84	6.81	21.65	44.02	25.65
1994	140.95	93.74	9.77	37.44	57.84	30.93
1995	173.66	108.85	12.94	51.87	65.73	39.49
1996	207.10	133.19	14.75	59.16	85.69	43.55
1997	247.23	149.75	15.09	82.39	99.53	55.92
1998	304.91	188.93	19.34	96.64	130.67	63.98
1999	333.90	210.80	22.19	100.91	134.90	65.93
2000	402.50	259.95	28.45	114.10	151.89	93.57
2001	533.74	357.69	22.45	153.60	238.81	118.55
2002	632.44	423.88	18.86	189.70	312.62	120.79
2003	754.13	457.10	39.26	257.77	384.81	140.54
2004	869.25	507.74	38.41	323.10	477.83	152.33
2005	1018.25	545.37	12.61	460.27	528.85	180.57
2006	1197.68	602.50	12.93	582.25	621.00	216.34
2007	1488.80	697.68	17.27	773.85	744.61	252.75
2008	1864.45	910.69	25.23	928.53	937.80	311.35
2009	2450.99	1250.42	29.70	1170.87	1264.89	375.85

26-10 财政收支

Financial Revenue and Expenditure

单位：亿元 (100 million yuan)

年份 Year	财政总收入 Total Government Financial Revenue	财政一般预算收入 Local Government Financial Revenue	财政一般预算支出 Local Government Financial Expenditure	#基本建设拨款 Capital Construction	#企业挖潜改造 Innovation Funds	#文教科学卫生事业 Culture, Education, Science & Technology and Health Care	#行政管理 Government Adminstration
1978	14.20	6.26	12.30	3.41	0.91	2.29	1.20
1979	14.26	6.54	13.30	3.40	0.62	2.68	1.33
1980	13.23	6.69	12.66	2.44	0.90	3.06	1.48
1981	13.74	6.32	13.28	1.63	0.97	3.44	1.59
1982	16.00	7.70	15.11	2.05	1.07	3.91	2.02
1983	18.26	9.56	16.38	2.37	1.36	4.49	2.30
1984	21.81	11.81	22.28	3.50	1.98	5.62	3.35
1985	26.71	15.17	24.55	3.97	1.78	6.52	3.44
1986	31.38	17.01	30.43	5.06	2.23	7.65	4.01
1987	36.80	21.37	31.43	3.50	1.58	8.17	4.36
1988	39.55	25.96	36.14	3.70	1.52	9.47	5.43
1989	45.37	32.14	45.89	3.54	1.81	10.53	6.22
1990	49.36	35.37	47.87	4.54	1.99	11.72	7.29
1991	55.71	42.80	53.42	4.71	2.08	12.52	8.22
1992	60.98	47.28	60.63	5.53	2.66	15.02	10.32
1993	68.43	56.50	67.39	5.68	4.59	16.74	11.84
1994	77.30	31.24	74.23	5.61	2.54	21.79	15.05
1995	87.40	38.80	85.33	5.78	2.66	24.46	17.64
1996	103.92	49.46	99.58	6.29	3.50	27.30	20.96
1997	116.19	57.90	113.79	5.71	3.80	30.35	24.28
1998	136.31	65.34	133.09	9.35	4.25	36.85	28.56
1999	133.75	74.26	170.72	17.62	3.81	43.42	21.33
2000	153.04	85.23	201.57	24.82	6.41	50.16	24.31
2001	177.04	99.75	275.20	43.13	4.45	67.52	32.19
2002	203.03	108.28	316.67	36.40	7.14	82.05	38.69
2003	236.64	124.56	332.35	31.64	5.49	90.98	43.33
2004	296.48	149.29	418.42	38.28	4.38	107.99	51.10
2005	366.16	182.50	520.73	41.23	5.02	137.28	65.15
2006	448.88	226.82	610.64	41.93	5.74	162.29	74.59
2007	556.98	285.14	795.40				
2008	674.58	349.55	1055.39				
2009	779.59	416.48	1372.27				

注：资料来源于省财政厅。
Note:Data in the table are obtained from Guizhou Provincial Financial Department.

26-11 金融机构存贷款余额

Saving Deposits and Loans Balance of Financial Institutions

单位：亿元 (100 million yuan)

年 份 Year	各项存款 合 计 Total Deposits	#企业存款 Enterprise	各项贷款 合 计 Total Loans	#工业企业 Industrial Enterprise	商业企业 Commercial Enterprise	农业贷款 Agricultural	城乡储蓄存款余额 Savings Deposit in Urban and Rural Areas(year-end)	人均储蓄余额(元) Per Captia Savings Deposit (yuan)
1978	18.05	8.92	21.62	6.00	13.59	2.04	1.84	7
1979	19.82	9.47	23.31	6.74	13.99	2.58	2.42	9
1980	24.43	12.92	24.94	6.87	14.68	2.88	3.73	13
1981	25.75	12.46	30.10	7.81	18.37	3.02	5.28	19
1982	30.75	13.84	33.99	7.71	21.45	3.23	7.26	25
1983	35.25	15.43	36.07	8.94	20.73	3.80	8.86	31
1984	45.33	22.24	46.22	12.97	22.27	5.76	12.33	42
1985	52.27	25.17	63.41	15.91	28.45	6.49	16.61	56
1986	69.76	35.17	89.67	26.73	34.57	8.56	22.21	73
1987	83.79	38.28	107.76	33.40	37.91	11.14	30.37	99
1988	91.92	39.59	125.17	38.39	43.41	13.29	34.99	112
1989	107.35	41.85	142.73	45.89	48.89	10.80	44.54	140
1990	144.39	53.53	183.91	61.17	55.40	17.23	61.27	188
1991	187.06	70.86	234.56	75.11	69.09	20.60	80.30	242
1992	232.80	84.31	290.01	87.97	78.01	26.50	102.07	304
1993	291.22	93.70	357.00	104.54	96.43	30.43	141.88	416
1994	364.84	126.65	421.07	122.43	106.82	17.02	181.05	524
1995	478.21	169.18	513.41	139.23	142.48	23.20	247.62	706
1996	586.26	211.57	610.51	163.90	185.47	27.65	311.19	875
1997	712.80	256.95	761.88	190.24	231.23	29.97	362.87	1006
1998	815.43	301.03	840.63	193.96	244.32	40.61	423.08	1157
1999	945.80	358.35	899.83	188.45	253.34	46.09	484.51	1306
2000	1106.64	429.58	1064.82	179.62	226.17	52.29	539.49	1445
2001	1341.11	509.67	1212.23	186.54	211.06	65.32	641.67	1699
2002	1553.00	547.33	1403.92	195.51	204.23	90.44	759.05	2082
2003	1898.62	655.52	1714.04	185.82	186.36	105.28	912.84	2359
2004	2322.27	840.75	2020.04	223.73	161.97	140.94	1094.55	2816
2005	2777.54	895.82	2303.93	200.34	154.01	179.05	1350.90	3636
2006	3300.08	954.42	2696.11	241.00	112.17	183.31	1596.86	4266
2007	3826.37	1100.67	3128.63	226.91	104.55	202.36	1790.14	4761
2008	4736.93	1259.15	3569.27	263.36	106.53	236.67	2237.05	5922
2009	5898.26	1599.61	4656.50	243.92	108.78	334.12	2676.09	7051

注：1、资料来源于人行贵阳中心支行。2、2005年及以后各年人均储蓄余额采用常住半年的年平均人口计算，以前年份按常住一年口径计算。

Note:1.Data in the table are obtained from Guiyang Central Branch of PBC. 2.per captia savings deposit are calculated based on permanent population in half a year scope since 2005,and based on permanent population in one year scope before 2005.

26-12 农林牧渔业总产值

Gross Output Value of Farming, Forestry, Animal Husbandry and fishery

单位：亿元 (100 million yuan)

年份 Year	合 计 Total	农业 Farming	林业 Forestry	畜牧业 Animal Husbandry	渔业 Fishery	农林牧渔服务业 Services of Farming, Forestry,Animal Husbandry and fishery
1978	27.46	21.72	1.07	4.64	0.03	
1979	31.74	24.54	1.27	5.90	0.03	
1980	36.44	28.05	1.46	6.89	0.04	
1981	41.93	32.07	2.08	7.69	0.09	
1982	51.49	38.93	2.49	9.95	0.12	
1983	52.66	38.17	3.48	10.84	0.17	
1984	63.09	45.43	4.44	12.94	0.28	
1985	70.24	47.42	5.37	17.05	0.40	
1986	79.34	53.54	5.27	20.05	0.48	
1987	92.25	61.95	5.50	24.23	0.57	
1988	123.39	78.90	6.13	37.55	0.81	
1989	133.69	85.64	5.90	41.30	0.85	
1990	145.53	95.23	7.95	41.38	0.97	
1991	165.34	112.08	9.44	42.68	1.14	
1992	176.73	116.03	12.22	47.18	1.30	
1993	201.40	126.20	11.85	62.33	1.02	
1994	277.13	180.26	13.61	81.18	2.08	
1995	344.85	224.16	15.29	102.54	2.86	
1996	388.29	265.57	14.99	104.57	3.16	
1997	417.54	289.20	15.39	109.37	3.58	
1998	402.32	274.55	15.48	108.12	4.17	
1999	407.12	278.67	16.02	108.07	4.36	
2000	412.97	279.61	18.04	110.67	4.65	
2001	418.61	279.95	15.08	118.46	5.13	
2002	431.39	278.88	18.17	128.80	5.54	
2003	466.72	275.46	25.87	139.48	6.08	19.83
2004	524.64	317.69	23.25	168.79	7.02	7.89
2005	571.84	335.53	23.91	194.20	9.41	8.79
2006	610.54	347.97	25.85	189.79	7..44	30.49
2007	697.01	392.20	27.77	231.60	9.04	36.40
2008	843.80	464.80	35.63	291.65	10.49	41.23
2009	875.20	501.52	36.92	281.53	11.06	44.17

注：2006年数据根据全国第二次农业普查结果的修订(以下相关表同)。
Note;Data of 2006 had been adjusted according to the results of the Second Agricultural Census(the same applies to relative tables below).

26–13 农林牧渔业总产值指数(上年=100)

Indices of Gross Output Value of Farming, Forestry, Animal Husbandry and fishery (preceding year=100)

年份 Year	合 计 Total	农业 Farming	林业 Forestry	畜牧业 Animal Husbandry	渔业 Fishery	农林牧渔服务业 Services of Farming, Forestry,Animal Husbandry and fishery
1978	102.9	100.7	107.7	113.2	99.5	
1979	101.0	98.9	102.4	111.0	101.4	
1980	104.3	103.7	106.2	106.1	159.3	
1981	106.9	107.3	86.6	109.9	96.3	
1982	119.8	120.9	113.8	116.9	104.4	
1983	102.6	98.6	139.8	108.2	136.9	
1984	111.4	109.0	123.1	115.6	148.9	
1985	100.4	96.9	100.9	112.6	112.5	
1986	108.4	109.4	88.4	112.3	102.6	
1987	104.0	103.3	101.1	107.0	102.6	
1988	102.3	101.2	94.4	107.4	105.2	
1989	104.8	105.9	97.6	103.5	97.1	
1990	102.4	102.9	106.4	100.2	106.6	
1991	113.1	116.5	109.2	106.3	109.9	
1992	100.8	98.4	114.0	103.6	102.4	
1993	104.2	105.9	90.1	103.9	120.2	
1994	103.7	104.0	100.7	103.6	109.7	
1995	103.0	100.8	100.3	108.9	116.6	
1996	104.5	105.6	94.5	103.9	107.2	
1997	104.9	105.0	101.4	104.8	120.2	
1998	100.3	97.3	102.2	107.1	119.2	
1999	103.6	103.6	99.5	104.0	109.6	
2000	103.8	103.1	111.0	103.7	113.4	
2001	101.2	99.9	84.1	106.9	110.2	
2002	102.5	98.6	116.7	108.5	108.1	
2003	105.4	104.9	101.0	108.8	106.4	
2004	105.5	105.4	85.6	109.2	108.7	105.2
2005	105.9	104.3	99.9	109.8	106.7	107.3
2006	104.8	102.4	104.4	108.2	119.8	109.2
2007	103.3	103.4	102.3	102.1	106.5	106.4
2008	106.8	106.1	115.5	107.1	101.5	106.9
2009	104.6	102.8	100.7	108.5	102.6	104.7

26-14 农林牧渔业总产值指数(1978=100)

Indices of Gross Output Value of Farming, Forestry, Animal Husbandry and fishery (year of 1978=100)

年份 Year	合 计 Total	农业 Farming	林业 Forestry	畜牧业 Animal Husbandry	渔业 Fishery	农林牧渔服务业 Services of Farming, Forestry,Animal Husbandry and fishery
1978	100.0	100.0	100.0	100.0	100.0	
1979	101.0	98.9	102.4	111.0	101.4	
1980	105.3	102.6	108.7	117.8	161.5	
1981	112.6	110.0	94.2	129.4	155.6	
1982	134.9	133.0	107.2	151.3	162.4	
1983	138.4	131.2	149.8	163.7	222.3	
1984	154.2	143.0	184.4	189.2	331.0	
1985	154.8	138.6	186.1	213.1	372.4	
1986	167.8	151.6	164.5	239.3	382.1	
1987	174.5	156.6	166.3	256.1	392.0	
1988	178.5	158.5	157.0	275.0	412.4	
1989	187.1	167.8	153.2	284.6	400.5	
1990	191.6	172.7	163.0	285.2	426.9	
1991	216.7	201.2	178.0	303.2	469.2	
1992	218.4	198.0	203.0	314.1	480.4	
1993	227.6	209.6	182.9	326.3	577.5	
1994	236.0	218.0	184.2	338.1	633.5	
1995	243.1	219.8	184.7	368.2	738.6	
1996	254.1	232.1	174.6	382.5	791.8	
1997	266.5	243.7	177.0	400.9	951.8	
1998	267.3	237.1	180.9	429.4	1134.5	
1999	276.9	245.6	180.0	446.5	1243.4	
2000	287.5	253.2	199.8	463.0	1410.0	
2001	290.9	253.0	168.0	495.0	1553.8	
2002	298.2	249.4	196.1	537.1	1679.7	
2003	314.3	261.6	198.1	584.4	1787.2	100.0
2004	331.6	275.7	169.5	638.1	1942.7	105.2
2005	351.1	287.6	169.4	700.7	2072.8	112.9
2006	368.0	294.5	176.8	758.1	2483.3	123.3
2007	380.1	305.1	180.9	774.8	2647.2	131.2
2008	406.0	323.7	207.0	829.8	2686.9	140.3
2009	424.6	332.8	208.4	900.3	2756.8	146.9

26–15 主要农产品产量

Output of Major Farm Crops

单位：万吨 (10000 tons)

年份 Year	粮食 Grain	油料 Oil-Bearing Crops	烤烟 Flue-cured Tobacco	水果 Fruits	肉类总产量 Total Yield of Meat	水产品 Aquatic Products
1978	643.36	9.89	8.11	4.82	12.80	0.37
1979	623.05	10.90	9.54	4.68	22.84	0.38
1980	648.35	15.59	5.56	4.97	26.67	0.55
1981	567.36	34.04	11.93	6.23	31.61	0.58
1982	654.00	48.10	16.41	6.58	35.26	0.60
1983	703.00	28.50	13.62	7.19	38.58	0.81
1984	757.80	30.59	21.48	9.23	44.76	1.22
1985	594.96	31.97	26.55	10.14	50.46	1.35
1986	672.34	41.90	19.24	13.88	57.09	1.40
1987	673.17	46.34	21.19	15.19	62.26	1.80
1988	635.68	39.87	29.15	15.63	68.73	1.86
1989	708.25	32.93	31.58	16.80	71.82	2.01
1990	721.00	43.87	28.66	16.68	74.47	2.24
1991	885.50	61.79	38.53	17.17	81.65	2.29
1992	788.90	53.38	44.90	14.18	85.59	2.36
1993	869.50	43.28	49.66	16.53	88.91	2.55
1994	938.70	47.32	33.04	16.47	95.02	2.80
1995	948.85	58.83	33.53	20.97	105.69	3.27
1996	1002.60	55.62	52.27	19.46	103.65	3.50
1997	1025.90	58.97	68.66	25.14	106.77	4.21
1998	1100.00	62.24	29.19	27.50	113.33	5.02
1999	1125.21	67.31	32.32	32.57	117.09	5.50
2000	1161.30	74.34	31.09	58.33	124.06	6.24
2001	1100.30	71.32	26.38	62.93	131.70	6.89
2002	1034.20	72.48	30.65	71.57	145.02	7.46
2003	1104.30	72.31	28.72	78.75	156.99	7.96
2004	1149.58	82.71	29.98	87.17	171.06	8.85
2005	1152.06	84.89	34.45	95.96	187.01	9.46
2006	1038.00	68.24	30.71	109.19	163.70	6.71
2007	1100.86	69.66	31.22	112.86	150.60	7.68
2008	1158.00	68.39	37.71	114.28	161.46	7.80
2009	1168.27	78.68	36.92	119.74	169.60	8.03

注：1、肉类总产量1978–1984年为猪牛羊肉产量,1985–1988年为猪牛羊禽肉产量,1989年以后为猪牛羊禽肉产量和其它肉(如：马肉、狗肉、兔肉等)产量。2、2000年以后的水果包含果用瓜。

Note:1.The Data of Total Yield of Meat included Output of Pock,Beef and Mutton from 1978 to 1984;it included Output of Pock,Beef,Mutton and Meat of Poultry from 1985 to 1988;since 1989,it included Output of Pock,Beef,Mutton,Meat of Poultry and other Meat(e.g.Horse, Dog,Rabbit Meat,and so on). 2.Since 2000,the data of Yield of Fruits included Output of Melon using Fruits.

26-16 工业总产值

Gross Output Value of Industry

单位：亿元　　(100 million yuan)

年份 Year	规模以上工业总产值 Gross Output Value of Industry above Designated Size	轻工业 Light Industry	重工业 Heavy Industry	规模以下工业总产值 Gross Output Value of Industry under Designated Size
1996	514.10	191.40	322.70	115.07
1997	575.49	211.58	363.91	139.62
1998	507.91	185.66	322.25	159.94
1999	551.93	187.05	364.88	189.96
2000	631.60	206.30	425.30	223.91
2001	696.63	220.10	476.50	255.84
2002	797.90	253.00	544.90	292.53
2003	977.64	279.50	698.10	334.79
2004	1394.91	307.80	1087.10	248.62
2005	1690.40	380.85	1309.55	413.97
2006	2066.77	449.67	1617.10	224.08
2007	2520.36	527.16	1993.20	266.46
2008	3111.13	641.79	2469.34	325.14
2009	3426.69	758.14	2668.56	

注：1、1998年以前为乡及乡以上数据，1998年及以后为规模以上数据(以下各表同)。2、规模以下工业因1998年、2005年、2006年样本变化等原因，数据有调整(以下各表同)。3、2004年数据为经济普查数据(以下各表同)。

Notes:1.Before 1998,Industrial Statistics were Based on type of Industrial Enterprises above County Level.Since 1998,Industrial Statistics were Based on type of Industrial Enterprises above Designated Size(The relative tables in the chapter are the same).

2.Data of Industrial Enterprises below Designated Size have been Injusted in 1998,2005 and 2006(The relative tables in the chapter are the same

3.Data in the table refers to the data of the First Economic Census in 2004(The relative tables in the chapter are the same).

26-17 工业增加值

Value Added of Industry

单位：亿元 (100 million yuan)

年份 Year	全部工业增加值 Value Added of Industry	规模以上工业增加值 Value Added of Industry above Designated Size	轻工业 Light Industry	重工业 Heavy Industry
1996	225.36	188.43	74.71	113.72
1997	251.10	204.72	75.27	129.45
1998	273.82	181.80	76.48	105.32
1999	294.42	196.04	77.46	118.58
2000	328.73	216.99	82.16	134.83
2001	360.73	236.57	87.66	148.91
2002	395.45	271.09	88.20	182.89
2003	473.38	346.49	116.72	229.77
2004	577.40	476.75	147.79	328.96
2005	707.35	585.85	177.19	408.66
2006	839.13	747.38	218.52	528.86
2007	978.86	890.48	267.87	622.61
2008	1195.30	1051.26	302.25	749.01
2009	1252.67	1170.29	352.38	817.90

26-18 工业增加值指数

Indices of Value Added of Industry

(上年=100) (preceding year=100)

年份 Year	全部工业增加值 Value Added of Industry	规模以上工业增加值 Value Added of Industry above Designated Size	轻工业 Light Industry	重工业 Heavy Industry
1996	112.1	110.3	111.0	109.8
1997	111.8	109.0	106.0	111.1
1998	110.4	110.2	108.1	111.5
1999	111.8	106.2	100.8	109.3
2000	107.5	113.8	112.2	114.7
2001	109.2	112.6	106.4	113.6
2002	111.0	116.2	113.4	117.6
2003	113.3	116.9	109.8	120.3
2004	115.9	120.1	122.1	119.2
2005	113.0	117.0	125.3	113.3
2006	113.8	117.5	113.1	119.7
2007	114.0	116.8	113.9	118.1
2008	108.6	110.1	114.0	108.4
2009	110.2	110.6	111.6	110.2

26–19 规模以上工业主要经济指标

Major Economic Indicators of Industrial Enterprises above Designated Size

单位：亿元 (100 million yuan)

年份 Year	主营业务收入 Revenue from Principal Business	轻工业 Light Industry	重工业 Heavy Industry	利税总额 Total Profits and Taxes	轻工业 Light Industry	重工业 Heavy Industry
1996	434.00	129.12	304.88	50.61	29.73	20.88
1997	419.82	128.07	291.75	57.61	37.91	19.70
1998	463.24	149.81	313.43	62.25	37.38	24.87
1999	507.55	162.34	345.21	65.81	40.47	25.34
2000	593.80	178.54	415.26	87.44	45.66	41.78
2001	646.01	193.35	452.66	94.30	51.27	43.03
2002	752.97	213.50	539.47	104.43	57.76	46.67
2003	974.30	248.48	725.82	135.87	72.15	63.72
2004	1325.95	274.04	1051.91	201.21	85.43	115.78
2005	1577.16	338.02	1239.14	232.49	113.50	118.99
2006	1948.57	389.38	1559.19	299.09	137.05	162.04
2007	2430.62	486.28	1944.34	403.49	187.27	216.22
2008	2922.35	567.80	2354.55	453.53	233.66	219.87
2009	3234.59	674.36	2560.23	470.60	252.25	218.35

26–19 续表 (continued)

年份 Year	利润总额 Total Profits	轻工业 Light Industry	重工业 Heavy Industry	资产合计 Total Assets	轻工业 Light Industry	重工业 Heavy Industry
1996	-3.57	-2.47	-1.10	960.79	257.78	703.01
1997	0.69	1.01	-0.32	1016.00	270.52	745.48
1998	1.64	-0.65	2.29	1166.76	312.79	853.97
1999	0.65	1.14	-0.49	1328.55	357.11	971.43
2000	12.56	4.48	8.08	1517.13	371.83	1145.30
2001	18.59	6.98	11.61	1698.58	412.57	1286.01
2002	21.41	10.82	10.59	1797.46	404.54	1392.92
2003	37.52	19.00	18.52	1958.57	409.35	1549.22
2004	61.99	18.03	43.96	2441.52	430.64	2010.88
2005	70.79	34.31	36.48	2734.05	458.41	2275.64
2006	110.91	48.52	62.39	3214.39	514.26	2700.13
2007	174.41	81.29	93.12	3521.19	541.49	2979.70
2008	181.83	108.56	73.27	4566.10	700.92	3865.18
2009	191.73	109.42	82.31	5066.17	819.69	4246.48

26–20 主要工业产品产量

Output of Major Industrial Products

年份 Year	卷烟 (万箱) Cigarettes (10000 cases)	饮料酒 (万吨) Alcohol Beverages (10000 tons)	茅台酒 (吨) Mao-Tai Chiew (tons)	原煤 (万吨) Coal (10000 tons)	发电量 (亿千瓦小时) Electricity (100 million kwh)	粗钢 (万吨) Steel (10000 tons)	成品钢材 (万吨) Steel Products (10000 tons)	水泥 (万吨) Cement (10000 tons)	农用化肥 (万吨) Chemical Fertilizer (10000 tons)	磷矿石 (万吨) Phosphorite Material (10000 tons)
1978	31.6	3.23	1067	1669	41.43	8.73	4.95	130.93	11.57	169.02
1979	34.3	3.83	1143	1636	44.90	9.11	6.48	148.38	21.8	124.61
1980	44.0	4.5	1200	1398	45.17	8.66	7.75	144.47	30.34	188.02
1981	48.7	5.72	1055	1416	43.55	8.60	5.17	145.82	30.22	170.03
1982	56.1	6	1181	1695	57.86	10.62	9.43	161.07	30.98	207.98
1983	64.4	7.16	1189	1847	69.51	11.63	13.73	182.26	32.37	216.72
1984	85.7	7.96	1320	2027	76.46	13.87	18.93	206.94	36.85	214.34
1985	106.1	11.1	1266	2344	78.07	19.28	20.47	231.26	30.31	92.77
1986	102.1	16	1267	2554	82.52	26.34	21.45	247.31	34.99	162.58
1987	146.4	19.45	1331	3170	84.90	32.67	25.30	258.10	39.32	248.39
1988	188.4	21.46	1300	3210	90.12	33.17	23.13	293.38	39.23	281.82
1989	205.1	17.55	1727	3496	96.53	37.78	22.96	295.51	43.49	285.46
1990	208.0	20.8	1879	3695	103.87	47.11	25.36	278.29	46.73	323.86
1991	194.0	26.4	1959	3723	116.03	52.71	31.87	308.13	51.65	342.96
1992	202.9	29.28	2089	4162	129.35	64.19	48.83	370.44	51.54	348.42
1993	193.6	27.86	2281	4529	146.56	70.67	53.03	406.68	60.06	307.00
1994	204.9	30.16	3390	5128	197.21	69.89	56.14	463.10	53.60	341.43
1995	202.9	33.64	3978	5472	231.55	65.94	51.69	468.34	61.02	390.81
1996	197.7	42.3	4365	6143	248.80	59.47	51.60	522.00	57.50	446.40
1997	205.3	47.3	4468	6597	255.75	78.77	57.65	632.00	69.17	509.91
1998	195.8	15.53	5072	6561	291.77	100.28	77.28	559.42	72.82	436.51
1999	187.6	16.85	5074	4025	334.46	140.09	118.77	710.29	73.12	493.92
2000	187.4	20.34	5397	3677	404.70	166.90	150.93	783.88	84.05	588.70
2001	180.8	24.76	7317	3731	480.25	146.99	138.61	920.01	86.75	669.91
2002	177.8	194276	9625	5001	547.12	194.65	177.79	1121.11	158.49	729.20
2003	183.19	219921	10869	7816	636.60	206.10	192.97	1324.66	186.89	783.68
2004	194.74	231400	12836	9757	713.04	208.07	203.22	1428.80	213.78	801.98
2005	208.21	283038	13870	10615	786.78	237.83	214.85	1557.97	268.28	878.79
2006	211.73	344914	15417	11817	974.66	332.51	256.57	1799.40	338.76	1034.60
2007	220.71	358700	18943	10864	1166.32	349.36	328.14	1943.10	321.84	1198.83
2008	226.74	416465	22956	11798	1192.08	345.64	337.52	2048.94	262.21	1317.18
2009	232.24	413533	37772	13691	1380.02	343.10	337.62	2664.78	347.28	1360.66

注：1、1998年后产品产量除原煤和发电量外均为规模以上工业企业数据。2、饮料酒和茅台酒产量从2002年后计量单位为千升。

Note:1.Date of output of each year in this table from 1998 refered to the output of industrial enterprises above designated size except coal and electricity.2.Measurement units of alcohol beveragesr and Mao-Tai chiew since 2002 has been changed into kiloliter.

26–21 建筑企业总产值和房屋建筑面积
Gross Output Value of Construction and Floor Space of Building

年份 Year	建筑企业总产值(亿元) Gross Output Value of Construction Enterprises (100 million yuan)	#国有及国有控股 State-owned and State-controlled	施工面积(万平方米) Floor Space of Building Under Construction (10000 sq.m)	竣工面积(万平方米) Floor Space of Building Completed (10000 sq.m)
1978	4	4	313	164
1979	4	3	371	185
1980	5	3	380	198
1981	5	3	392	213
1982	5	3	450	236
1983	6	4	501	258
1984	8	5	551	293
1985	10	6	662	342
1986	11	7	720	368
1987	13	9	725	378
1988	15	10	823	326
1989	16	11	765	305
1990	17	12	699	328
1991	20	14	739	335
1992	26	18	906	393
1993	38	27	1250	597
1994	49	37	1119	467
1995	55	45	1191	477
1996	66	52	1216	510
1997	77	60	1278	585
1998	83	62	1457	592
1999	97	71	1671	694
2000	109	77	1792	824
2001	150	110	1946	892
2002	181	134	2309	1054
2003	212	164	2520	980
2004	255	192	2820	1251
2005	271	208	3153	1150
2006	312	248	3369	1108
2007	349	272	3813	1204
2008	394	303	4230	1216
2009	524	408	4953	1244

26–22 交通运输

Transportation

年份 Year	铁路里程 (公里) Length of Railways(km)	公路里程 (公里) Length of Highways(km)	客运量 (万人) Passenger Traffic (10000 p ersons)	铁路 Railway	公路 Highway	水运 Waterway	货运量 (万吨) Freight Traffic (10000 tons)	铁路 Railway	公路 Highway	水运 Waterway
1978	1366	25954	3257	940	2260	57	3565	1418	2083	64
1979	1408	26166	4571	1046	3462	63	3688	1403	2209	76
1980	1363	27367	5912	1126	4700	86	3492	1463	1953	76
1981	1363	27422	7145	1194	5873	78	3600	1540	1991	69
1982	1387	27499	7992	1254	6648	90	3916	1672	2164	80
1983	1387	27675	8220	1417	6707	96	4348	1780	2488	80
1984	1402	27872	9868	1573	8184	111	4649	1826	2735	88
1985	1410	27999	10827	1591	9102	134	5698	1855	3758	85
1986	1410	28383	11030	1455	9387	188	6551	1949	4510	92
1987	1408	29823	13509	1458	11854	197	7613	2043	5479	91
1988	1408	30445	14367	1639	12564	164	8582	2086	6413	83
1989	1408	30716	14918	1525	13125	268	9459	2178	7170	111
1990	1408	31157	17013	1221	15682	110	9454	1929	7414	111
1991	1408	31588	19044	1218	17718	108	9607	1964	7551	92
1992	1412	31889	22580	2190	20262	128	10932	2081	8752	99
1993	1412	32092	24631	2503	22010	118	11118	2160	8851	107
1994	1412	32398	28319	2758	25313	248	11821	2231	9453	137
1995	1412	32487	37416	2837	34304	275	15434	5505	9806	123
1996	1412	32700	43400	2814	40245	341	15219	5807	9192	220
1997	1412	33211	47753	3066	44416	271	16401	6063	10117	221
1998	1412	33604	49290	2870	45987	433	16260	5727	10219	314
1999	1412	33973	50364	3101	46807	456	17135	6342	10449	344
2000	1641	34643	53894	3113	50313	468	18891	6853	11684	354
2001	1644	34618	54665	2017	52154	494	16344	3875	12114	355
2002	1893	44220	55980	1947	53478	555	17399	4356	12685	358
2003	1900	45304	55074	1796	52695	583	18224	4971	12886	367
2004	1891	46128	58707	1855	56077	775	19439	5504	13541	394
2005	1986	46893	64450	2191	61414	845	21771	6169	15082	520
2006	2014	113278	69269	2535	65786	948	24709	6826	17284	599
2007	2012	123247	74440	2979	70377	1084	26788	7289	18834	665
2008	1962	125365	80056	3199	75350	1507	33576	6683	26156	737
2009	1983	142561	84981	3204	80044	1733	34803	6956	27031	816

注：1、资料来源于省交通厅，成都铁路分局等(下表同)。2、2006年起，公路线路里程包括村道里程；2008年公路水路运输量采用全国公路水路运输量专项调查数据(下表同)。

Notes:1.Data in the table are obtained from Guizhou Provincial Transports Department. 2.Since 2006,the data of total length of highways have been included the length of village road;the data of highways and waterways freight traffic refers to data of highways and waterways freight traffic special investigation in 2008 (the same applies to the next table)

26–23 旅客周转量和货物周转量

Passenger-kilometers and Freight Ton-kilometers

年份 Year	旅客周转量 (亿人公里) Passenger-kilometers (100 million passenger-km)	铁路 Railway	公路 Highway	水运 Waterway	货物周转量 (亿吨公里) Freight Ton-kilometers (100 million ton.km)	铁路 Railway	公路 Highway	水运 Waterway
1978	25.36	15.90	9.26	0.20	78.84	71.54	6.57	0.73
1979	31.40	19.52	11.68	0.20	93.37	85.87	6.59	0.91
1980	38.59	23.67	14.67	0.25	99.63	92.59	5.91	1.13
1981	44.37	26.41	17.73	0.23	103.92	96.68	6.23	1.01
1982	48.01	27.78	19.99	0.24	113.08	102.38	9.50	1.20
1983	53.59	31.93	21.40	0.26	119.84	107.48	10.97	1.39
1984	62.21	37.38	24.55	0.28	136.65	123.12	11.61	1.92
1985	75.62	46.66	28.64	0.32	155.65	137.45	16.32	1.88
1986	78.09	49.03	28.70	0.36	174.96	152.06	20.44	2.46
1987	95.04	55.07	39.60	0.37	190.30	160.54	26.87	2.89
1988	107.76	63.29	44.14	0.33	200.24	163.95	33.50	2.79
1989	105.73	58.08	47.16	0.49	216.45	174.59	38.96	2.90
1990	104.60	50.90	53.34	0.36	229.49	184.90	41.84	2.75
1991	119.40	56.63	62.52	0.25	238.68	192.73	42.51	3.44
1992	138.83	68.68	69.84	0.31	276.01	222.09	49.84	4.08
1993	158.35	82.95	75.12	0.28	301.74	248.18	49.12	4.44
1994	175.90	90.91	84.53	0.46	307.88	253.31	50.06	4.51
1995	182.30	93.44	88.32	0.54	310.38	254.86	51.34	4.18
1996	183.92	86.30	96.84	0.78	327.45	271.74	51.07	4.64
1997	188.72	95.67	92.52	0.53	345.73	287.60	54.06	4.07
1998	199.24	98.60	99.97	0.67	320.50	260.60	54.84	5.06
1999	224.20	113.37	109.95	0.88	358.31	293.96	60.28	4.07
2000	231.28	113.71	116.54	1.03	385.28	315.32	65.86	4.10
2001	251.06	124.22	125.76	1.08	439.30	364.71	70.36	4.23
2002	250.79	116.10	133.60	1.09	486.03	407.26	74.25	4.52
2003	248.55	112.08	135.31	1.16	547.01	465.92	76.63	4.46
2004	278.21	125.87	150.79	1.55	610.28	520.10	84.27	5.91
2005	312.40	145.71	164.91	1.78	646.55	544.31	94.15	8.09
2006	349.82	160.98	186.91	1.93	680.96	557.70	114.48	8.78
2007	369.20	160.51	206.40	2.29	721.26	583.85	127.99	9.42
2008	407.60	163.01	241.15	3.44	809.93	564.31	234.96	10.66
2009	430.56	162.41	264.06	4.09	926.04	673.07	241.60	11.37

26–24 社会消费品零售额、进出口总额

Total Retail Sales of Consumer Goods, Imports and Exports

年份 Year	社会消费品零售额(亿元) Total Retail Sales of Consumer Goods(100 million yuan)	市 Urban Areas	县及县以下 Rural Areas	进出口总额(万美元) Total Imports and Exports (USD 10000)	#出口额 Export
1978	21.23			1645	285
1979	23.57			2111	703
1980	26.73			2797	1641
1981	30.48			4782	3617
1982	34.55			5455	4522
1983	38.43			5238	4186
1984	43.64			6997	4548
1985	52.25			8720	4010
1986	57.25			8605	6361
1987	66.39			12488	9296
1988	83.40			15527	11586
1989	83.84			18681	13322
1990	85.90			21802	15358
1991	92.92			24614	18958
1992	106.75			33907	22424
1993	143.09	70.81	72.28	36470	24491
1994	165.01	80.24	84.77	53595	37346
1995	204.45	102.69	101.76	68144	43023
1996	241.57	122.34	119.23	64240	43554
1997	274.68	143.66	131.02	67660	48239
1998	299.97	167.26	132.71	62243	38794
1999	324.67	183.37	141.30	54763	35780
2000	355.58	204.71	150.87	66002	42060
2001	391.14	228.25	162.89	64978	42170
2002	430.64	253.36	177.28	69141	44181
2003	474.57	281.23	193.34	98477	58834
2004	535.31	318.63	216.68	151442	86709
2005	615.75	368.01	247.74	140425	85925
2006	710.00	423.59	286.41	161745	103874
2007	858.15	496.62	361.53	227285	146513
2008	1075.24	620.33	454.91	337037	190084
2009	1247.25	715.53	531.72	230732	135856

注：进出口总额1997年及以前数据来源于原省商业厅。1998年后数据来源于贵阳海关。

Note:Total imports and exports were obtained from the former Guizhou Provincial Bussiness Department at the year 1997 and ago，while obtained from Guiyang Customs from the year 1998 and after.

26-25 实际利用外资、旅游外汇收入

Foreign Capital Actually Utiilized and Foreign Exchange Income From Tourism

单位：万美元 (USD 10000)

年 份 Year	实际吸收外资额 Foreign Capital Actually Utilized	#国外贷款 Foreign Loans	#外商直接投资 Direct Foreign Investments	旅游外汇收入总额 Foreign Exchange Income from Tourism	入境旅游人数（万人次） Total Number of International Tourists Inbound (10000 person-times)	#外国人 Foreigners	国内旅游人数（万人次） Total Number of Domestic Tourists (10000 person-times)	国内旅游收入（亿元） Earnings from Domestic Tourism (100 million yuan)
1980				0.70	0.17	0.07		
1981				2.49	0.23	0.06		
1982				5.73	0.51	0.18		
1983				8.03	0.71	0.19		
1984	61	61		15.86	1.02	0.27	204	0.07
1985	286	12	148	61.95	1.13	0.29	244	0.07
1986	1276	38	74	100.19	1.40	0.46	248	0.05
1987	376	127	101	137.22	1.88	0.77	261	0.07
1988	1408	425	440	162.54	2.36	0.75	296	0.18
1989	2102	826	747	136.75	1.37	0.47	397	0.18
1990	2983	1925	468	180.90	2.41	0.74	399	0.19
1991	2845	1436	734	307.35	3.75	1.04	630	0.66
1992	3574	1595	1979	686.13	7.63	1.87	1426	2.21
1993	4922	628	4294	1049.45	10.25	4.26	1647	4.29
1994	8363	2000	6363	2109.63	12.08	7.61	1700	4.28
1995	9637	3934	5703	2897.73	13.65	7.78	1750	7.18
1996	10628	7490	3138	3811.95	12.53	6.67	1800	8.53
1997	13834	8857	4977	4429.10	15.02	7.81	1850	30.81
1998	18100	13565	4535	4831.18	15.13	6.77	1880	35.14
1999	19532	15442	4090	5501.54	16.70	6.57	1910	43.75
2000	19545	17044	2501	6092.23	18.39	7.12	1980	57.95
2001	14010	11181	2829	6873.23	20.55	7.85	2100	75.81
2002	9383	5683	3700	7950.63	22.81	8.45	2200	99.86
2003	13191	7565	5626	2893.91	7.70	2.40	1835	114.36
2004	13932	7399	6533	8020.27	23.10	7.63	2480	161.02
2005	19568	8800	10768	10141.36	27.62	9.26	3099	242.83
2006	18413	9029	9384	11515.66	32.14	10.70	4716	377.79
2007	15333	2682	12651	12917.55	43.00	15.48	6220	504.04
2008	17379	2475	14904	11697.37	39.54	18.22	8151	643.82
2009	18027	4663	13364	11044.40	39.95	16.28	10400	797.69

注：资料来源于省发改委、省旅游局。

Note:data in the table are obtained from Guizhou Provincial Development and Reform Commission，Guizhou Provincial Tourism bureau.

26–26 人民生活

单位：元

年份 Year	城镇居民人均可支配收入 Urban Households Per Capita Disposable Income	指 数 (上年=100) Index (preceding year=100)	指 数 (1978=100) Index year of (1978=100)	城镇居民人均消费性支出 Urban Households Per Capital Living Expenditures	#食品 #Food
1978	261.26	101.2	100.0	246.53	150.15
1979	279.66	105.2	105.2	273.60	176.64
1980	343.83	111.9	117.7	334.32	202.32
1981	434.10	122.5	144.1	393.24	237.60
1982	459.73	103.8	149.6	403.92	243.96
1983	483.33	103.5	154.8	426.36	258.72
1984	558.00	112.3	173.8	480.36	279.48
1985	682.27	110.9	192.7	617.52	324.24
1986	824.40	113.6	218.8	722.28	381.84
1987	912.26	100.9	220.7	788.76	431.40
1988	1101.84	99.4	219.4	1050.24	554.52
1989	1275.45	98.2	215.4	1102.56	640.20
1990	1399.36	108.5	233.8	1163.25	658.19
1991	1593.54	109.6	256.2	1338.86	750.79
1992	1887.51	109.7	281.0	1564.34	886.89
1993	2300.38	105.1	295.4	1876.24	1021.42
1994	3196.06	114.1	337.2	2531.78	1353.13
1995	3916.25	102.2	344.5	3250.55	1752.41
1996	4210.74	97.1	334.4	3572.78	1923.49
1997	4438..05	101.8	340.4	3555.69	1819.90
1998	4566.17	102.3	348.3	3799.38	1839.64
1999	4935.47	109.0	379.6	3964.35	1683.38
2000	5122.21	105.1	399.0	4278.28	1847.63
2001	5451.91	103.9	414.5	4492.25	1832.26
2002	5944.02	109.8	455.1	4598.30	1788.61
2003	6568.91	109.5	498.4	4947.62	1967.67
2004	7322.04	107.7	536.8	5494.43	2260.46
2005	8147.13	110.6	593.7	6156.27	2457.09
2006	9116.61	110.1	653.7	6848.39	2649.02
2007	10678.40	110.6	723.0	7758.69	3122.46
2008	11758.76	102.9	744.0	8349.21	3597.94
2009	12862.53	110.9	825.1	9048.29	3755.61

注:表中指数已扣除价格因素。

Peoples's Livelihood

(yuan)

农 民 人均纯收入 Rural Households Per Capital Net Income	指 数 (上年=100) Index (preceding year=100)	指 数 (1978=100) Index year of (1978=100)	农村居民人均 生活消费支出 Rural Households Per Capital Living Expenditures	#食品 Food	职工平均工资 Average Wage of Staff and Workers
109.30	103.5	100.0	104.25	72.20	616
131.09	115.4	115.4	116.23	82.44	654
161.50	116.6	134.5	139.24	96.45	755
208.87	127.3	171.2	162.51	105.16	774
223.13	105.3	180.3	187.02	121.67	783
224.87	100.5	181.1	185.20	126.01	801
262.81	115.5	209.1	208.87	144.00	913
302.14	108.8	227.5	254.58	177.83	1066
303.57	96.1	218.6	271.60	190.60	1216
341.84	106.4	232.5	304.22	212.90	1319
397.74	99.2	230.7	359.73	254.32	1531
430.34	92.7	213.9	407.28	282.92	1676
435.14	98.7	211.0	403.28	281.92	1947
465.53	103.5	218.4	420.44	286.60	2090
506.13	102.0	222.9	454.47	309.77	2406
579.67	98.6	219.8	550.11	390.45	2823
786.84	106.6	234.2	684.27	484.41	3870
1086.62	106.6	249.6	930.59	661.85	4475
1276.67	105.5	263.3	1068.09	774.62	4917
1298.54	104.2	274.4	1065.70	742.16	5206
1334.46	104.4	286.5	1094.39	757.55	5775
1363.07	104.7	299.9	1069.81	722.16	6595
1374.16	103.6	310.7	1096.59	687.32	7453
1411.73	103.7	322.2	1098.39	659.37	8991
1489.91	104.3	336.1	1137.56	661.35	9810
1564.66	104.7	353.2	1185.17	674.71	11037
1721.55	105.6	373.0	1296.34	754.39	12431
1876.96	105.2	392.4	1552.39	819.87	14344
1984.62	104.7	410.8	1627.07	838.42	16815
2373.99	111.6	458.5	1913.71	998.39	20668
2796.93	108.9	499.3	2165.70	1119.64	24602
3005.41	109.2	545.2	2421.95	1093.94	28245

Note:The Indices in the table are calculated at constant prices.

26–27 教育

年份 Year	在校学生数(万人) Students Enrollment(1 0000 persons)			小学毕业生升学率(%) Percentage of Graduates of Primary Schools Entering into Junior Secondary Schools
	普通高等学校 Regular Institutions of Higher Education	普通中学 Regular Secondary Schools	小学 Primary Schools	
1978	1.33	137.17	423.60	76.1
1979	1.78	126.07	413.71	70.0
1980	1.71	110.24	404.22	62.6
1981	1.81	96.58	403.49	56.7
1982	1.67	89.53	412.30	53.8
1983	1.68	82.39	415.79	51.5
1984	2.03	85.13	436.56	53.1
1985	2.30	91.59	447.68	54.2
1986	2.52	99.00	461.99	53.8
1987	2.60	102.35	458.27	47.7
1988	2.73	98.63	449.70	56.6
1989	2.76	93.31	440.36	67.1
1990	2.70	96.54	435.05	60.8
1991	2.57	100.23	433.85	59.6
1992	2.67	103.99	435.94	59.9
1993	2.93	100.55	439.81	63.9
1994	3.23	103.08	455.30	70.5
1995	3.47	108.43	475.34	72.7
1996	3.57	113.47	489.32	71.5
1997	3.85	121.54	503.82	75.8
1998	4.26	127.10	505.36	75.1
1999	5.65	138.63	500.96	77.8
2000	7.55	157.20	500.21	78.7
2001	10.82	184.60	490.17	84.4
2002	12.27	212.81	484.28	88.2
2003	14.94	235.30	476.87	92.4
2004	17.99	249.34	479.41	96.0
2005	20.68	254.96	473.76	97.4
2006	22.15	256.31	474.38	97.8
2007	24.17	256.00	466.31	95.6
2008	26.75	261.78	469.79	98.7
2009	29.91	269.45	456.87	97.7

注：资料来源于省教育厅。

Education

学龄儿童入学率(%) Percentage of School-Aged Children Enrolled	专任教师数(人) Number of Full-time Teachers(person)		
	普通高等学校 Regular Institutions of Higher Education	普通中学 Regular Secondary Schools	小学 Primary Schools
89.5	2753	54227	155930
86.1	3357	55532	151860
80.8	3638	51950	155708
78.5	3606	46892	159494
78.3	3986	44646	152176
81.2	4183	43821	152338
83.6	4555	41879	155715
84.9	4830	45159	157622
86.9	5177	47119	162105
89.2	5559	50216	161689
89.9	5588	51618	163514
88.8	5530	53279	164298
91.3	5469	55528	166662
90.3	5371	57074	168364
92.4	5542	59006	166769
93.8	5550	60453	165276
95.1	5540	63059	168842
96.0	5599	64292	168358
96.7	5600	66842	166526
97.4	5699	69355	168493
97.7	5929	72865	167823
98.2	6050	76654	170680
98.5	7240	81156	174822
98.2	9007	88079	173238
98.2	11079	97641	177920
98.2	11775	107312	179367
97.8	13792	115616	180793
98.3	14353	122721	183679
98.6	15398	128274	188762
98.6	16964	131087	191991
97.2	18037	135360	200024
98.4	19634	139302	199189

Note:Data in the table are obtained from Guizhou Provincial Education Department.

26−28 卫生
Health Care

年份 Year	卫生机构数(个) Number of Health Institutions (unit)	#医院、卫生院 Hospitals	卫生机构床位数(张) Number of Beds in Health Institution (bed)	#医院、卫生院 Hospitals	卫生技术人员数(人) Medical Technical Personnels (person)	#执业(助理)医师 Doctors	每万人口拥有 Per 10000 persor 床位数(张) Number of Beds(bed)	执业(助理)医师数(人) Number of Doctors (person)
1978	6274	4510	40274	37533	58190	21228	14.0	7.9
1979	6267	4516	42812	40001	60635	21868	14.6	8.0
1980	6246	4529	43627	40835	63766	26491	14.7	9.5
1981	6634	4588	44752	41314	68918	26798	14.6	9.5
1982	6595	4605	46226	42301	70671	27097	14.7	9.4
1983	6605	4602	47555	43292	72988	28433	14.9	9.8
1984	6673	4643	49271	44123	75808	29309	15.0	10.0
1985	6480	3295	49805	45226	76722	29153	15.2	9.8
1986	6760	3358	50893	46259	79776	30475	15.3	10.1
1987	6716	3349	52595	48059	81599	31305	15.6	10.2
1988	7021	3896	54193	49543	84904	35249	15.8	11.3
1989	6926	3620	57428	52063	84891	35646	16.4	11.2
1990	6949	3721	59013	53074	86120	37185	16.2	11.4
1991	6908	3630	59168	53978	87774	37978	16.3	11.5
1992	4734	1624	57767	52405	87927	38537	15.6	11.5
1993	3908	1623	57720	51888	84409	38060	15.2	11.2
1994	3930	1660	59648	53766	88053	40358	15.5	11.7
1995	3934	1692	60295	54475	87005	40260	15.5	11.5
1996	10932	1870	58205	54051	84273	43548	15.2	12.2
1997	8955	1870	57560	53627	84348	43236	14.9	12.0
1998	9113	1877	57844	54492	84400	44138	14.9	12.1
1999	9703	1874	58624	55138	85613	45473	14.9	12.3
2000	8992	1878	58380	55148	85397	45673	14.8	12.2
2001	8791	1872	59120	55876	86103	46412	14.8	12.3
2002	7027	1857	59850	57742	79727	36964	15.1	11.3
2003	6499	1866	59281	56273	77557	36911	14.9	11.2
2004	6664	1850	61313	58113	76699	36911	14.9	12.2
2005	6571	1843	61784	58398	77805	35521	15.0	9.1
2006	6147	1855	66452	62586	82324	41147	17.7	10.4
2007	5907	1939	75806	71400	85298	42100	20.1	10.6
2008	5848	1934	83132	78129	89313	38830	21.9	10.2
2009	5736	1982	97527	91164	95270	40171	25.7	10.6

注：1、资料来源于省卫生厅。2、表中卫生机构数不含村卫生室。

Note:1.Data in the table are obtained from Guizhou Provincial Health Department.2.the number of health institutions do not include the village health room.

ELEAGANT DEMEANOR OF GUIZHOU 贵州风采

贵州省民族事务委员会
Ethnic Affairs Commission of Guizhou Province

2009年9月22日，省领导为贵州民族文化宫“三馆”开馆剪彩
September 22, 2009, leaders having cut the ribbon to the Cultural Palace of Nationalities in Guizhou province "three Hall" opening

省委宣传部、省民委2009年组织的民族团结模范事迹报告团在省直机关举行报告会
In 2009, Provincial Party Committee Propaganda Department, the Provincial Ethnic Affairs Commission having organized group of national unity exemplary deeds to hold report in the provincial authorities

2009年9月22日，省长林树森为贵州民族文化宫“三馆”开馆揭牌
September 22, 2009, Governor Lin Shusen having unveiled for Guizhou Cultural Palace of the "three Museum" opening

国家民委副主任杨健强在省民委主任郝桂华的陪同下深入雷山县考察特色民族村寨建设情况
Yang Jianqiang, vice director of the State Ethnic Affairs Commission, having accompaning by Director Hao Guihua in the Minority Affairs Committee, had in-depth study in Leishan characteristics ethnic villages construction

2009年，贵州省民委在省委、省政府的领导下，不断创新民族工作机制和强化民族工作手段，积极推进党和国家各项民族政策的贯彻落实，深入开展民族团结进步宣传教育活动，较好地完成了民族工作各项任务，有力地推动了全省民族团结进步事业的新发展。

一是在督查协调上下功夫，不断推动党和国家各项民族政策的贯彻落实。二是在典型示范上下功夫，切实推动民族地区经济发展。将民族团结进步事业与经济社会发展有机结合起来，在全省民委系统组织开展了以民族团结进步示范村建设为主的示范工程。三是在推进民族地区社会发展事业上下功夫，不断弘扬少数民族优秀传统文化。全力以赴积极做好全国第九届民族运动会的筹备工作，并成功举办了全省第四届少数民族文艺汇演。四是在推进民族团结进步教育活动上下功夫，不断巩固和发展平等团结互助和谐的社会主义民族关系。认真组织开展国务院第五次民族团结进步表彰大会先进集体、先进个人的推选、评比和上报工作。在庆祝新中国成立60周年之际，召开了少数民族人士座谈会，在贵州日报、当代贵州等媒体组织专版、特刊进行了系列宣传，深入宣传了党的民族理论和政策。进一步加强少数民族干部队伍和民族地区人才培养。

2009年11月，第四届全省少数民族文艺汇演在凯里举行
Fourth province Ethnic Arts Festival was held in Kaili in November 2009

刘晓凯副省长在省民委常务副主任姚朝雄的陪同下深入毛南族聚居村调研
Deputy Governor Liu Xiaokai was accompanied by the Deputy Director of Affairs Commission Yao Zhaoxiong, having in depth research in Maonan inhabited village

In 2009, under the leadership of the provincial committee, and government, the Provincial Ethnic Affairs Commission of Guizhou Province constantly took the national work of innovative mechanisms and strengthening national work means, and actively promoted the implementation of national policy that issued by the party and the state, got depth development of the national unity progress publicity and education activities, better accomplished the tasks of national work, which formed a strong impetus to the new development of the province' s national unity and progress.

First, supervisory coordination efforts, and constantly promote the implementation of policies that issued by the national party and state. Second, work hard in the typical model; effectively promote economic development in minority areas. Put organic combination of their national unity and progress with economic and social development, organized national unity and progress model village construction as the main demonstration project by the Ethnic Affairs Commission system organizations in the province. Third, in promoting the cause of national social development efforts, continue to carry forward the fine traditional culture of ethnic minorities. Go all out to do a good job of the country the Ninth National Games preparatory work, and successfully held the province's fourth Ethnic Arts Festival. Fourth, to promote national unity and progress education work, continuously consolidate and develop socialist equality and solidarity and harmonious ethnic relations. Carefully organize the fifth national unity and progress of the State Council commend the selection, assessment and reporting work of the General Assembly advanced collectives and advanced individuals. During the Celebration of the founding of New China in the 60th anniversary, convening of a forum for people of ethnic minorities, made organizations of contemporary feature page special for a series of publication in Guizhou Daily, Guizhou etc, in-depth information of the party' s national theory and policy. Further strengthening of ethnic minority cadres and national personnel training.

农村危房改造中实施的麻江县少数民族移民搬迁点
Implementation of renovating dilapidated houses in rural area, relocation point in Majiang minority area

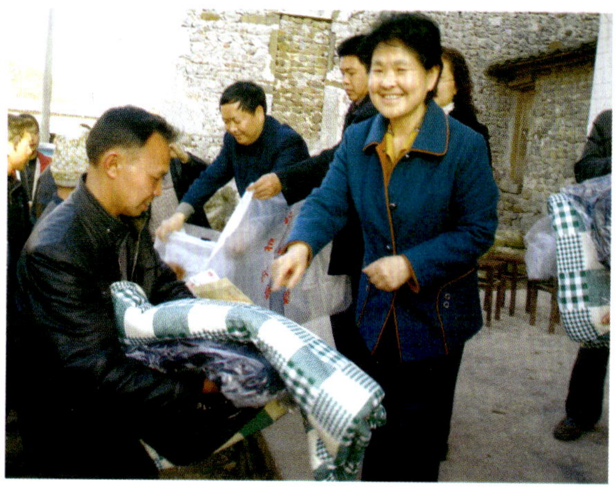

省民委主任郝桂华到安龙县党建扶贫联系点慰问贫困户
Provincial Ethnic Affairs Commission Director Hao Guihua going to condole to poor households in Anlong county that the party building assistance to poor

第九届全国少数民族传统体育运动会筹委会

Ninth National Ethnic Traditional Sports Meeting Preparatory Committee

国家民委副主任丹珠昂奔、国家体育总局副局长冯建忠、副省长刘晓凯观看会徽、吉祥物、宣传画、场馆建设等的展板
Dan Chu Ang Ben, vice director of the State Ethnic Affairs Commission, Feng Jianzhong, deputy director of the State Sports General Administration, Vice-Governor Liu Xiaokai seeing the emblem, mascot, posters, stadium construction, the panels and so on

林树森省长主持九届全国民族运动会筹备工作第二次全体会议
Lin Shusen governor taking charge of the second national plenary meeting of the Ninth National Ethnic Traditional Sports Meeting Preparatory work

2009年，在省委、省政府的领导下，在国家民委、国家体育总局的指导下，第九届全国少数民族传统体育运动会筹备工作全面启动。

切实加强组织领导。贵州省委、省政府高度重视九届全国民族运动会筹备工作，按照“部门牵头、明确职责、就近办公、落实人员”的原则，筹委会建立了办公室、竞赛表演部、大型活动部、新闻宣传部、接待部、规划建设部、财务集资部，明确了各部的组成人员和工作职责。林树森省长及时听取筹备工作情况汇报，先后两次主持召开筹委会全体成员会议，研究部署筹备工作。

认真制定工作方案。筹委会拟定了《第九届全国少数民族传统体育运动会筹备工作方案》，分别拟定出九届全国民族运动会大型活动方案、宣传工作方案、竞赛表演工作方案、接待工作方案，并提交全国第一次筹备工作会议讨论。

加大宣传动员力度。2009年11月3日，贵州省委、省政府召开了九届全国民族运动会筹备工作动员大会。筹委会面向全国开展九届全国民族运动会会歌、会徽、吉祥物、宣传画的征集，共收到作品1020件，并组织专家进行评选。召开了宣传工作会议，利用媒体和新闻发布会进行广泛深入宣传，开办了九届全国民族运动会专栏，建立了九届全国民族运动会网站，设置了九届全国民族运动会公益广告，举办了九届全国民族运动会系列活动。

着力抓好场馆和基础设施建设。作为九届全国民族运动会开幕式、闭幕式场地的贵阳奥林匹克中心体育场已于2008年5月开工建设。中心体育场占地465亩，建筑面积7.8万平方米，投资8.82亿元，可容纳观众6万人，停放车辆4000辆，目前工程进展顺利，计划2010年全部建成，2011年上半年进行调试并交付使用。同时，投资1.8亿多元对比赛场馆进行维修、改造和设施配套。加大“畅通工程”力度，实施城区“三条环路十六条射线”骨干路网建设工程，进一步完善城市交通内外循环系统。

不断积累办赛经验。组织有关人员到宁夏回族自治区、广州市、山东省进行考察。举办陀螺、高脚竞速、板鞋竞速、龙舟全国邀请赛和裁判员培训班，为承办九届全国民族运动会锻炼队伍。完成“独竹漂”列入竞赛项目的申报，举办“独竹漂”项目教练员培训班和邀请赛，完成“独竹漂”器材标准化生产的研制工作。

王富玉等省领导现场查看九届全国民族运动会主场馆建设情况
Wang Fuyu and other provincial leaders having live view of the main stadium building of the Ninth National Ethnic Traditional Sports Meeting

In 2009, under the leadership of the provincial government under the guidance of the State Ethnic Affairs Commission, the State Sports General Administration, the Ninth National Ethnic Traditional Sports Meeting Preparatory work started.

Strengthen the organization and leadership ability. Guizhou provincial party committee and government attach great importance to the Ninth National Games preparations, in accordance with the "sector-led, clear responsibilities, the nearest office to implement the staff" principle, the Preparatory Committee set up the office, competitive performance department, large-scale activities department, public information department, reception, and Planning Ministry of Construction, Finance fund raising department, specifically the departments of the composition and work responsibilities. Lin Shusen governor listened to preparations report in time, had twice hosted the PC all members of the meeting, studied and planned the preparation work.

Conscientiously rule the work program. Preparatory Committee drew up "Ninth National Ethnic Traditional Sports Meeting Preparatory work program", drawn out of the Ninth National Ethnic Traditional Sports Meeting events programs, advocacy programs, competitive performance work program, reception work program, and submit the First National preparatory meeting.

Intensify publicity mobilization efforts. On November 3, 2009, the Guizhou Provincial Party Committee and government held Ninth National Ethnic Traditional Sports Meeting Preparatory work for mobilization. Preparatory Committee has the collection of Ninth National Ethnic Traditional Sports Meeting anthem, emblem, mascots, and posters in the whole nation, received works 1,020, and organized experts to have judges. Held advocacy meetings, used media and press conferences conducted extensive publicity, opened the Ninth National Ethnic Traditional Sports Meeting column, the establishment of the Ninth National Ethnic Traditional Sports Meeting Web site, set up the Ninth National Ethnic Traditional Sports Meeting public service, and held the Ninth National Ethnic Traditional Sports Meeting series activities.

Focus on grasping venues and infrastructure construction. As Ninth National Ethnic Traditional Sports Meeting opening, closing venues Guiyang Olympic Center Stadium was started to build on May 2008. Center Stadium occupies 465 mu, building area 78,000 square meters, investment 882,000,000 yuan, can accommodate spectators 6 million, parking 4,000, currently engineering smoothly, plan to have full completion in 2010, debugging and deliver to use in the first half of 2011. Meanwhile, more than 180 million yuan investment on the stadium's maintenance, upgrading and supporting facilities. Intensify "unimpeded projects", implemented urban "three Circle 16 ray" backbone Road Network Construction works, and further promoted urban traffic external circulatory.

Gradually accumulate experience in running game. Organize relevant personnel to Ningxia Hui Autonomous Region, Guangzhou, Shandong Province to inspect. Hold Tuoluo, high foot races, Board Shoes racing, dragon boat national tournament and referee training, which is for training team of the Ninth National Ethnic Traditional Sports Meeting. Complete the "independence of bamboo float" into the declaration of the project competition, organized the "independence of bamboo float" Coaches training and competition, and complete the development of standard production equipment of the "independence of bamboo float".

九届全国民族运动会会徽
Emblem of the Ninth National Ethnic Traditional Sports Meeting

九届全国民族运动会吉祥物
Mascot of the Ninth National Ethnic Traditional Sports Meeting

G 贵州省公安厅
Guizhou Province Public Security Department

省委领导接见第三届全国“我最喜爱的十大人民警察”先进事迹报告团
Provincial leaders meeting with the report group of the third national “Top Ten of my favorite people's police” advanced deeds

全省公安局长座谈会
Provincial Public Security Bureau forum

2009年，贵州省公安机关在省委、省政府和公安部的正确领导下，以科学发展观统领公安工作全局，以维护社会和谐稳定、增强人民群众安全感为目标，以“三项建设”为重要工作抓手，全面推进“三基”工程建设，基层基础实力不断增强，公安工作和队伍建设取得了可喜的进步，为促进“和谐贵州”建设，实现全省经济社会又好又快发展做出了突出贡献。

2009年，全省共破刑事案件49812起（总数68235起）、查获团伙1541个；同比分别上升5.0%、4.1%；共查处治安案件159662起，同比上升84.9%；破获各类毒品案件4816起，同比上升4.7%；共侦办涉嫌黑社会性质组织案16起，查获恶势力团伙89个；共破获命案1175起，同比上升23.42%，其中破获现行命案1016起，同比上升20.24%；道路交通事故四项指数全面下降，火灾次数稳中有降。

2009年全省人民群众安全感为84.37%，比2008年上升了4.23个百分点，群众对公安工作的满意率较上年上升了1.65个百分点。全省公安机关紧紧围绕新中国成立60周年大庆安保工作，开展了以打黑除恶为龙头的各种专项斗争，“三项建设”稳步推进，公安基层基础不断夯实，“队伍建设年”活动成效显著，队伍纪律作风、精神面貌明显转变，执法能力、执法水平明显提高，警民关系更加和谐。

同时，队伍中涌现出以张秀昊、饶毅、王建强、马晓晔为代表的一大批先进模范人物，333个集体立功受奖，张秀昊同志被被评为全国第三届“我最喜爱的十大人民警察”，马晓晔同志荣获全国“巾帼建功标兵”称号，树立了我省公安队伍的良好形象，彰显了新时期我省公安民警优良的素质和扎实的工作作风。

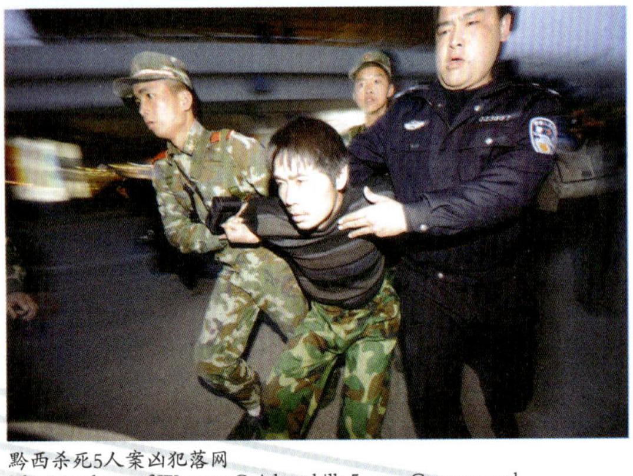

黔西杀死5人案凶犯落网
The Murderer of Western Guizhou kills 5 men Case arrested

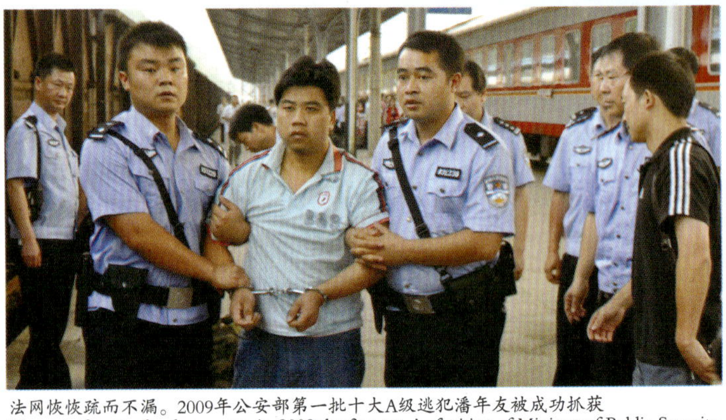

法网恢恢疏而不漏。2009年公安部第一批十大A级逃犯潘年友被成功抓获
The net of justice has long arms, in 2009,the first ten A-fugitive of Ministry of Public Security Pan Younian was successfully captured

省委常委、常务副省长王晓东视察慰问省公安厅指挥中心
Provincial Standing Committee, Vice Governor Wang Xiaodong having inspection and condolences to the provincial command center of the public security

省委常委、副省长黄康生出席全省公安局长会议并向先进集体办法奖牌
Provincial Standing Committee, Vice Governor Huang Kangsheng attending the provincial public security bureau meeting and approached Medals to the advanced group

受省委书记、省人大常委会主任石宗源，省委副书记、省长林树森的委托，省人大常委会副主任傅传耀带队赴疆，亲切看望、慰问在援疆维稳反恐一线连续奋战的贵州特警队员
By the Party Secretary Shi Zhongyuan, director Provincial People's Congress, Provincial Committee, Governor Lin Shusen the commission, deputy director of the Provincial People's Congress led Fu Jiang Fu Chuanyao, having cordial visited and comforting the special Guizhou police team to work hard for maintenance of stability in supporting Xinjiang and anti-terrorism on the first-line

崔亚东同志指导基层公安派出所民警网上办案
Comrade Cui Yadong guiding the grassroots public security police station to handle the case online

In 2009, under the correct leadership of the provincial government and the Ministry of Public Security, the provincial public security organs took the scientific development concept to guide the overall situation of public security work, to maintain social harmony and stability and enhance people's sense of security as the goal, to take "three-building" as important work for the handle, comprehensively promote the "Three Basics" Project, the grassroots base increased their strength, public security work and team-building has made encouraging progress in promoting a "harmonious Guizhou" building, have made outstanding contributions to achieve sound and fast economic and social development of the province.

In 2009, the province made a total of 49,812 criminal cases from the break (a total of 68,235 cases), seized gang 1,541; rosed 5.0%, 4.1% separately over the same period of the last year; a total of 159,662 cases from the investigation of law and order, up 84.9% over the same period of the last year; uncovered cases of various drugs 4,816 cases , up 4.7%; were diligent in the case of 16 alleged Mafia, the criminal gang that seized 89; cracked murder 1,175, rising 23.42% over the same period of the last year, of which the current murder case uncovered 1,016, up 20.24%; road traffic accident 4 Item index of overall declined, the number of fire flat to down.

In 2009, the province people's sense of security was 84.37%, increased by 4.23% points compared with the year of 2008, the mass of the public security work satisfaction over the increase of 1.65% points. Province's public security organs closely carried out security work around the 60th anniversary of the founding of New China, in order to uproot the evil forces led by special struggles, "the three-building" had steady progress, Basic Police continued to consolidate, "team-building year" got remarkable results, team discipline, and mental outlook changed significantly, the law enforcement capacity, enforcement levels were significantly increased, community and policemen relations became more harmonious.

Meanwhile, the team emerged with Zhang Xiuhao, Rao Yi, Wang Jianqiang, Ma Xiaoye represented by a large number of advanced models, 333 meritorious service reward for the collective, Zhang Xiuhao comrades was awarded the third national conference "Ten of my favorite Police", Comrade Ma Ye won the "Meritorious Heroine" title, set a good image of our province police force, highlight the policemen's good quality and solid style of work in our province in the new era.

贵州省交警总队
Guizhou Province Traffic Police Team

2009年春运第一天，常务副厅长王泽洪与贵阳市副市长帅文一起为春运首发车揭幕
The first day of 2009 spring festival transportation, the Deputy Director Wang Zehong and Vice Mayor of Guiyang Shuai Wen starting the opening with first train for the spring festival transportation

交警总队荣获省公安厅庆祝建国60周年爱国歌曲演唱比赛一等奖
the Provincial Public Security Bureau Traffic Police Corps won first prize in celebrating the 60th anniversary of the founding of the country concert of patriotic songs competition

2009年，全省各级公安交警部门在省委、省政府和公安部、省公安厅党委的领导下，始终抓住预防和减少道路交通事故工作主线，进一步加强和改进道路交通管理工作，较好地完成了各项工作任务。

一、扎实推进“三项任务”建设

大力开展执法规范化建设：一是抓教育培训，全年共计组织开展车管、事故、秩序等类业务培训班312期，共计培训民警29325人次，协勤人员15123人次。二是抓规章制度建设，总队组织清理了1980-2008年我省涉及交通管理工作的文件，建议废止38件、修改2件，并为正在执行的行政许可文件配套了业务办理流程及说明。三是抓长效机制的建立，以执法服务队、基层联系点等形式深入基层，加大对基层单位规范执法、执法质量、法制培训等方面的指导。

加快信息化建设和注重应用。2009年，总队组织开发了配套28个子系统的智能化警务信息研判和决策指挥平台系统，在现有信息系统的基础上对各业务系统进行整合，实现了跨地区、跨警种、跨部门的信息数据交换查询功能。

积极构建和谐警民关系。一是转变工作理念，创新工作思路，开辟服务群众的新领域。二是针对群众反映强烈的问题，组织对全省范围内的447个固定及流动式交通技术监控设备及限速标志进行了排查清理。三是出台了《贵州省城市道路机动车交通事故快速处理办法（试行）》，提高了道路通行效率。

认真开展队伍建设年活动。在全省交警系统开展了抓典型、树形象、队伍教育整顿等活动，全年总队直接办理信访案件78起。

二、大力开展交通安全专项整治行动

我省交警部门以“迎国庆、保安全、促和谐”活动为抓手，持续开展了打击涉牌涉证违法行为，高速公路交通秩序整治统一行动，集中整治酒后驾驶违法行为行动等各类交通安全专项整治行动。

三、事故预防工作取得显著成效

政府主导、部门联动的社会化管理机制有效推进。特大交通事故高发势头取得好转。对重点路段和重点时段的管控能力有所提高。农村交通安全得到夯实。

2009年1月11日，整装待发迎接春运的公安交警
January 11, 2009, gearing up to greet Spring Festival travel season on Public Security

2009年8月15日，全省整治酒后驾车启动
August 15, 2009, the province started drinking and driving regulation

2009年7月21日，全省交通管理工作会议在贵阳召开
July 21, 2009, the province's traffic management work conference held in Guiyang

2009年6月20日，全省交警开展涉牌涉证集中整治行动
June 20, 2009, the province's traffic police involved in a license to carry out actions related to permit concentration and control

In 2009, under the leadership of the provincial government and the Ministry of Public Security, Provincial Public Security Bureau party committees, the province public security traffic police departments always grasp the prevention and reduction of road traffic accidents as the main line of work, further strengthen and improve the road traffic management, well done various tasks.

First, push forward the "three tasks" building

Standardization of vigorous law enforcement: First, grasp the education and training, throughout the year a total of organizations Vehicle Administration, accident, order and other class of business training courses 312, a total of 29,325 people training for police, assistant personnel 15,123 people. Second, grasping rules and regulations, the Corps organizations cleans up the 1980–2008 paper involved in traffic management in our province, the proposed repeal 38, modifies the two, and is supporting the implementation of the administrative permit process and explain the business process. Third, we must establish long-term mechanism to law enforcement teams, primary point of contacting in the form grass-roots level, increasing grass-roots law enforcement duties, quality of law enforcement, legal training, and other guidance.

Accelerate the application of information technology and focus on application. In 2009, the Corps developed a supporting organization of 28 police sub-system, and Judgment and decision-making intelligent command platform system, based on existing information systems to integrate the various business systems to achieve a regional, inter-force cross-sectoral information data exchange query.

Actively build a harmonious community relation between the police and people. First, changes in work ethic, innovation thinking and open up new areas of services to the masses. Second, as to the issues that the masses ask, organize the province within the 447 fixed and mobile traffic technical monitoring equipments and the speed limit landmarks to have investigation and clean up. Third, the introduction of the "Guizhou Province city rapid approach of the road motor vehicle accidents (Trial)", which improve the efficiency of way.

Conscientiously carry out activities for team building. Traffic police system in the province launched grasping representative, image building, team education and rectification etc activities, the annual Corps directly handled 78 cases of letters.

Second, vigorously carry out safety special rectification action

Traffic police departments in our province, "welcome the National Day, ensure safety, and promote harmony" activities as the starting point, sustain the fight card involving permit violations related to highway traffic regulation order and unity of action, concentration and control of drink driving and other kinds of illegal actions safety special rectification action.

Third, accident prevention achieved remarkable results

Government-led sector of social interaction management mechanism for the advance. Large high traffic accident achieved better momentum. The major road and time management and control have improved. Rural road safety is compacted.

贵州省公安消防总队
Guizhou province Public Security Fire Department

2009年，全省消防部队在各级党委、政府和公安机关的正确领导下，按照总队党委“一二三四五”的基本思路，认真贯彻落实新《消防法》，强化社会面火灾防控，扎实推进“三项建设”、“三基”工程建设和打造公安消防铁军工作，全面提升部队正规化建设水平、灭火救援能力和公共消防安全管理水平，实现了火灾持续稳定和部队安全稳定的目标。

1至12月份，全省共发生火灾868起，死亡76人，伤29人，直接财产损失3455.24万元。与08年同期相比，起数增加14.5%，死亡人数下降1.3%，受伤人数下降9.4%，直接财产损失增加4.9%，保持了火灾形势的平稳态势。

全省消防部队共接警出动3900余次，出动车辆7251台次，出动人员48200余人次，疏散和营救被困人员10069人，保护财产价值5亿元，圆满完成了建国60周年和“两节”、“两会”等重大活动、重要节日的消防安全保卫任务，为保障和服务经济社会发展，维护社会和谐稳定，创造了良好的消防安全环境，得到了各级党委、政府、公安机关的充分肯定和人民群众的高度赞誉。总队被国务院授予“全国民族团结进步模范集体”称号，被中央精神文明办授予“全国精神文明建设工作先进单位”称号，被省公安厅评为“全省公安机关目标绩效管理一等奖”。

省委常委、副省长黄康生查看消防特勤器材
Provincial Standing Committee, Vice Governor Huang Kangsheng viewing the Secret Fire Equipment

省委常委、省政法委书记、省公安厅长崔亚东出席全省消防部队2010年工作会议
Provincial Standing Committee, the provincial secretary of Politics and Law Committee, the Provincial Public Security Department fire chief Cui Yadong attending the 2010 fire work conference across the province

程洪林副厅长为消防知识邮政明信片揭牌
Cheng Honglin, deputy director, unveiling the postcard of the fire knowledge

吴玉根总队长检阅部队
Wu Yugen, the chief reviewing of unit root

吴晏平政委视察深入基层部队检查指导工作
Wu Yanping, political commissar, inspecting and guiding the work of grassroots units

总队举办《消防法》宣传月活动启动仪式
Corps holding "Fire Act" publicity month has started

In 2009, under the correct leadership of party committees, governments and public security organs at all levels, in accordance with party committees' the "12345" basic ideas, the province's fire fighting forces conscientiously implement the new "Fire Act", strengthen the social aspect of fire prevention and control, push forward the "three-building", "Three Basics" project and create a work of public security fire Iron Army, raise the overall level of regularization forces, fire fighting and rescue capabilities, and public fire safety management standards, and achieve sustained stability and force of fire safety and stability target.

From January to December, 868 fires occurred in the province, the death of 76 people and injured 29 people, and direct property losses 34.5524 million yuan. Compared with the same period in 2008, the occurred cases number increased 14.5%, 1.3% decline in the number of deaths, injuries decline 9.4%, 4.9% increase in direct property loss, maintaining a steady fire situation.

Fire Alarm troops were deployed more than 3,900 times across the province, put vehicles 7,251 times, and sent more than 48,200 staff people, evacuation and rescue trapped 10,069 people, the protection of property value of 500 million yuan, successfully completed ire safety and security tasks of the 60th anniversary of "two festivals", "two sessions" and other major events and important festivals, which create a good fire safety environment for the security and services for the economic and social development and safeguard social harmony and stability. The department won the full reorganization by party committees, government, and public security organs at all levels and got high praise of masses. Corps was awarded the title of "National Model collective national unity and progress" by the State Council, granted "National Advanced Unit of spiritual civilization" title by the Central Office of Spiritual Civilization, won the "public security organs first prize for performance management objectives across the province" title by the Provincial Public Security Department.

消防青年志愿者在行动
Fire Youth Volunteers in Action

火场一线
First line of fire

贵州省农业委员会
Council of Agriculture of Guizhou Province

2009年7月6日，贵州省农委挂牌成立
July 6, 2009, Guizhou Provincial Agricultural Committee formally established in

贵州省农业委员会是根据《中共贵州省委、贵州省人民政府关于省人民政府机构改革的实施意见》（黔党发〔2009〕7号）设立的省人民政府组成部门，将原省农业办公室、省农业厅、省畜牧兽医局、省农业机械事业局和省乡镇企业局(农产品加工)行政管理职责整合划入。同时，设立中共贵州省委农村工作委员会，为中共贵州省委派出机构，与省农业委员会合署办公。

根据《贵州省农业委员会（中共贵州省委农村工作委员会）主要职责内设机构和人员编制规定》，贵州省农委（省委农工委）的主要职责是：（一）负责全省农业和农村工作的组织领导及综合协调；（二）承担完善农村经营管理体制的责任；（三）指导全省农业生产；（四）促进农业产前、产中、产后一体化发展；（五）承担提升农产品质量安全水平的责任；（六）依法开展有关农业生产资料行政许可及监督管理；（七）负责动物重大疫病及农作物重大病虫害防控；（八）承担农业防灾减灾工作；（九）管理农业和农村经济信息；（十）指导农业科技创新和技术推广；（十一）负责农业农村人才队伍建设；（十二）负责农业资源区划和资源保护工作；（十三）负责农业生态和农村能源有关工作；（十四）协调农业各产业和农村经济发展；（十五）组织和指导全省社会主义新农村建设；（十六）承办农业涉外事务；（十七）承办省委、省政府和农业部、中央农办交办的其他事项。同时，管理省扶贫开发办公室。

省农业委员会（省委农工委）内设办公室、宣传处、政策调研处、法规处、发展计划处、财务处、审计处、农经处、新农村处、科教处、市场信息处、农产品质安处、生态能源处、外经处、种植业综合处、粮油处、经作处、畜牧兽医管理办公室、乡镇企业管理办公室、农机化管理办公室、渔业处、农垦处、人事处、机关党委、离退休干部办公室、驻委纪检组监察室、农业执法总队等机构。下属单位有委机关服务中心和省农经站、农广校、农宣中心、信息宣传中心、区划中心、农产品质检中心、绿色食品中心、信息中心、能源站、资环站、农推站、种子站、果蔬站、植保站、土

省农委刘福成主任在田间向科技人员了解生产情况
Provincial Agricultural Committee, Liu Fucheng Director understands the production for scientists in the field

清镇容东蔬菜基地
Rongdong Vegetable Base in Qingzhen

Council of Agriculture of Guizhou Province is based on "the CPC Guizhou Provincial Party Committee and Provincial People' s Government of Guizhou Province, People's Government on the implementation of the views of institutional reform" (Qian party made 〔2009〕 NO.7) to establish the composition of the provincial government departments, the original Provincial Agriculture Office, Provincial Agriculture Department, the Provincial Animal Husbandry and Veterinary Bureau, the Provincial Agricultural Machinery Business Bureau and the Provincial Bureau of Township Enterprises (agricultural products) integrate assigned to administrative duties. Meanwhile, the establishment of the CPC Guizhou Provincial Rural Affairs Committee is the agency of CPC Guizhou Provincial Committee, and co-located with the Agriculture Committee.

According to the "Guizhou Province Agriculture Committee (CPC Guizhou Provincial Rural Affairs Committee) the main duties of internal structure and staffing requirements," Guizhou Agriculture Committee (Provincial Agricultural Work Committee) of the main responsibilities are: (a) is responsible for agriculture and rural areas across the province organizational leadership and overall coordination; (b) bear the complete responsibility of the management system in rural areas; (c) to guide the agricultural production in the province; (d) the promotion of before, during, and post agriculture production integration; (e) undertake to enhance the level of responsibility for quality and safety of agricultural products; (f) the launching of the administrative licensing and supervision of agricultural means of production management; (g) is responsible for major diseases and animal pests and major crops diseases prevention and control; (h) to take agricultural disaster prevention and reduction; (i) Management of agricultural and rural economic information; (j) to guide agricultural technology innovation and technology promotion; (k) is responsible for agricultural and rural development of qualified personnel; (l) is responsible for zoning of agricultural resources and resource protection; (m) for agriculture and rural eco- energy-related work; (n) to coordinate the various industries of agriculture and rural economic development; (o) organize and guide the province' s new socialist countryside construction; (p) foreign affairs agricultural contractors; (q) host tasks given by provincial committee, provincial Government and the Ministry of Agriculture, Central Agricultural Office. Meanwhile, to manage the Provincial Poverty Alleviation and Development Office.

Agriculture Committee (Provincial Agricultural Work Committee) sets the office, publicity, the Policy Research Office, regulations Department, development plans office, the Treasury, Audit Office, Agricultural Economics Department, New Rural Department, Science Education Office, the Market Information Office, the quality of agricultural products, Ecological Energy Department, the Foreign

平坝奶牛养殖小区
Pingba Cows Breeding Area

贵州省晴隆县生态草场上的羊群
Qinglong County's sheep pasture ecosystem in Guizhou

肥站、畜牧站、草地站、动物卫生监督所、兽药饲料监察所、动物疫病防控中心、渔业局（渔政港监局、渔船检验局）、水产站、农机推广站、农机监理站、农机发展中心、山地农机研究所、农机化杂志社、乡企环保卫生站、乡企担保中心、畜牧兽医学校、机电学校、农机学校、高原试验站、畜禽良种场、草种场及直属农场等。

2009年，全省上下认真贯彻落实中央和省委、省政府加强"三农"工作的一系列重大部署，农业农村经济稳定发展，农民收入持续提高，全省农民人均纯收入为3005元，实际增长9.2%，连续三年增幅保持在8%以上。

粮食生产再获丰收。全年粮食种植面积4477万亩，比上年增长2.2%；粮食总产量1168.27万吨，比上年增长0.9%，创历史新高。

种植业结构进一步优化。油料种植面积769.65万亩，增长12.7%，油料产量达到78.68万吨，增长15%。蔬菜种植面积899.4万亩，增长7.4%，蔬菜产量1077.81万吨，增长8.7%。果园面积211.25万亩，增长5.7%，水果产量达到119.74万吨，增长4.8%。茶园面积198.29万亩，增长25.7%，茶叶产量4.19万吨，同比增长20%。

畜牧养殖业快速发展。全年肉类总产量169.6万吨，禽蛋产量12.2万吨，牛奶产量4.5万吨，同比分别增长5%、13%和4.7%。猪、牛、羊存栏分别为1618万头、539.1万头和253万只，分别比上年增长1.9%、3%和9.4%。畜牧业实现增加值169亿元，同比增长8.9%，畜牧业增加值占农业增加值的比重比上年提高1个百分点。水产品产量8.5万吨，同比增长8%。

乡镇企业运行企稳回升。乡镇企业完成增加值、工业增加值、利润总额分别为898.4亿元、512.8亿元、282.5亿元，同比分别增长12.7%、13.6%和6.3%。全省乡镇企业实现营业收入、上交税金、支付劳动者报酬分别为3515.8亿元、120.3亿元、269.3亿元。

产业化经营稳步推进。产业化经营组织快速发展，产业衔接和利益联结更加紧密，辐射带动能力进一步增强。99家省级以上重点龙头企业年末资产总额135亿元，全年实现销售收入121亿元、上缴税金3.7亿元、利润6.52亿元，共辐射带动种植原料基地410万亩、畜禽养殖基地农户286万户。全省农民专业合作社达到1684个。

农业基础建设步伐加快。全年完成中央和省级购机补贴资金2.154亿元，补贴购置各类农业机械9.86万台套，受益农户9.56万户。

扶贫开发和新农村建设稳步推进。全省共投入财政扶贫（发展）资金14.45亿元，安排到村到户项目7898个。新农村建设"百村试点"稳步推进，社会事业持续发展。

修文马铃薯种植
Xiuwen potato planting

贵州永红食品厂牛肉干加车间
Guizhou Yonghong Beef jerky food factory workshop

Economic Department, Comprehensive farming Department, grain and oil office, processing office, animal husbandry and veterinary management office, the office of township enterprise management, Agricultural Mechanization Management Office, Fisheries Department, the Land Reclamation Department, Personnel Department, Party Committee, Retired Office of Discipline, Inspection Group stationed in committee to monitor the room, agriculture, law enforcement and other agencies Corps. Subordinate units have appointed service center and the provincial agricultural authorities by the station, agricultural school, agricultural promotion centers, information dissemination center, division center, quality inspection centers, green center, information center, the energy station, owned Central Station, pushing farmers station, seed stations, fruit and vegetable stand, plant protection station, soil and fertilizer Station, Animal Husbandry Station, grass station, monitoring the animal health, veterinary medicine and feed, monitor the animal disease prevention and control centers, the Bureau of Fisheries (fisheries port inspector Bureau, fishing and Inspection Service) , Fisheries Station, Agricultural Extension Station, Agricultural Machinery Supervision Station, Agricultural Machinery Development Centre, Mountain Agricultural Machinery Research Institute, Agricultural Mechanization magazine, cadres in dealing with environmental health stations, cadres in dealing with security center, animal husbandry and veterinary schools, electrical and mechanical schools, agricultural machinery schools, Plateau Experiment Station, livestock and poultry breeding field, grass field and directly under the farm etc.

In 2009, the whole province conscientiously implement the central and provincial party committee and provincial government to strengthen "three rural (farmer, country and agriculture)" a series of plans, agriculture and rural economy got steady development, agriculture revenue constantly increased, the per capita net income of farmer was 3,005 yuan in the province, an increase of 9.2% for three consecutive years to maintain growth above 8%.

Grain production got another bumper harvest. Total grain planted area 44,770,000 mu, an increase of 2.2%; grain output 11.6827 million tons, up 0.9%, which got a record high in history.

Planting structure was further optimized. 76, 96,500 mu of cultivated area of oil, up 12.7%, oil production reached 786,800 tons, an increase of 15% 8,994,000 mu of vegetable cultivation, an increase of 7.4%, vegetable production was 10,778,100 tons, an increase of 8.7%. Orchard area of 2,112,500 mu, an increase of 5.7% and fruit production reached 1.1974 million tons, an increase of 4.8%. Tea garden area of 1,982,900 mu, an increase of 25.7%,

production of 41,900 tons of tea, an increase of 20%.

The rapid development of livestock breeding industry. Annual output of 1,696,000 tons of meat, egg production 122 thousand tons, milk production 45,000 tons, respectively, an increase of 5%, 13% and 4.7%. Pigs, cattle, sheep herds were 16,180,000, 5,391,000 and 2,530,000, respectively, 1.9% 3% and 9.4% higher than last year. The added value of animal husbandry was 16.9 billion, up 8.9%, livestock industry accounts for the proportion of agricultural added value increased by 1% point over the previous year. Aquatic products were 85,000 tons, an increase of 8%.

Steady rise of township enterprises run. The added value of township enterprises, the industrial added value, total profits respectively were 89.84 billion yuan, 51.28 billion yuan, 28.25 billion yuan, up 12.7% 13.6% and 6.3% respectively. Province' s township enterprises operating income, and paid taxes, workers compensation payments were 351.58 billion yuan, 12.03 billion yuan, and 26.93 billion yuan respectively.

Industrialization got development steadily. The rapid development of industrial management organizations, industry convergence and interests linked more closely, and further enhanced the driving ability of radiation. More than 99 provincial leading enterprise total assets were 13.5 billion yuan in the end of the year, annual sales income of 12.1 billion yuan, taxes of 370 million yuan, profit of 652 million yuan, total radiation and leading raw material base 410 mu of planting, livestock and poultry farmers base 2.86 million. Farmer co-operatives across the province reached to 1,684.

Agricultural infrastructure construction accelerated. Year to complete the central and provincial subsidies to purchase 215.4 million yuan of funds, to subsidize the purchase of various types of agricultural machinery 98,600 sets of 95,600 households benefited.

Poverty alleviation and development and new rural construction pushed steadily. The province invested into financial poverty alleviation (development) funds 1.445 billion yuan, arranged to project 7,898 village households. Construction of new countryside "100 Village pilot" got steady progress, sustainable development of social undertakings.

惠水工厂化育秧
Huishui seedling factory

花溪陇头村实施乡村清洁工程后新面貌
Longtou village of Huaxi Village a new look after Clean works

贵州省农业广播电视学校
Agricultural Broadcasting and Television School in Guizhou Province

陪同中央农广校领导深入基层调研
Accompanying the central agricultural school leaders to have studies of grass-roots

陪同教育厅领导赴基层检查助学金工作
Accompanying the Department of Education Leadership to inspect the grants work of grass-roots

校领导与深圳成校签署联合办学协议
School leadership and Shenzhen school signing a joint educational agreement

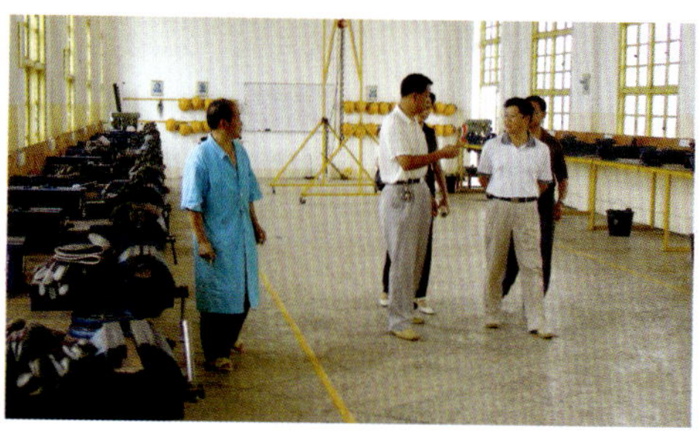
校领导赴黔西南州检查教学实训基地
Leaders of the school going to Qiznxinan State to check the teaching training base

贵州省农业广播电视学校成立于1981年，是由贵州省委组织部、省农委、教育厅等部门联办，省农委主管的一所面向农业、农村、农民的远程科技教育培训学校，和集教育培训、技术推广、科学普及和信息传播等多功能于一体的综合性农民教育培训机构。学校实行分级管理，共辖9所地级校、86所县级校。2004年经省编委批准，加挂贵州省农民科技教育培训中心牌子，形成了完善的省、地、县三级办学和培训网络。

近年来，围绕省委、省政府提出的加快五大产业（茶叶、果树、蔬菜、马铃薯、中药材）发展的意见，充分发挥全省86个县、市农广校的培训作用，扎实推进农广校工作。争取政策扶持，取得国家中等职业教育助学金资助。开设茶叶中专专业，编写茶叶中专《茶树栽培学》等九本系列教材，填补了我省茶叶中专教材的空白，并在湄潭县举办大规模茶叶师资培训班。省农广校计划利用5年时间，每年招收茶叶中专生3000人，为我省茶叶快速发展培养1.5万名生产第一线急需的初、中级茶叶科技人才。

Agricultural Broadcasting and Television School in Guizhou Province was established in 1981, was built by the Guizhou Provincial Party Committee Organization Department, Provincial Agriculture Committee, Liaison Office of Education and other departments, is charged by Provincial Agriculture Committee, is a distance technology education raining school for agriculture, rural areas and farmers, and is an integrated multi-functional farmers' education training organ by setting education and training, technology promotion, science popularization and dissemination of information etc. The school takes different levels of management, comprises the nine local level schools, 86 county schools. In 2004, approved by Province Editorial Committee, added Guizhou province farmer's science and technology education and training center brand, forming a complete provincial, prefectural, and county schools and training network.

In recent years, around the views of speeding up the development of the five major industries (tea, fruit trees, vegetables, potatoes, Chinese herbal medicine) that is proposed by provincial committee and government, give full play the role of agricultural school training in 86 counties and cities across the province, promote Agricultural Broadcasting school work steadily. Strive for policy support to obtain state grant funding of secondary vocational education. Set up tea secondary profession, tea preparation of secondary school, "Cultivation of tea" and other 9 series of teaching materials, fill gaps to tea secondary materials in our province and hold large-scale teacher tea training in Meitan County. Agricultural Broadcasting and Television School in Guizhou Province plans to use five years, annual enrollment of 3,000 secondary school tea students, in order to produce 15, 000 the first line of much-needed, mid-level tea talents for the rapid development of tea culture in our province.

贵州省工商行政管理局
Industry and Commerce Administration of Guizhou

全省打击传销工作会议在都匀召开
The province combat pyramid schemes work conference was holding in Duyun

省工商局与省科学院联合建立流通环节食品安全检验体系签字仪式
Signing ceremony of Provincial Industrial and Commercial Bureau and the Provincial Academy of Sciences jointly set up circulation of food safety inspection system

2009年，在省委、省政府和国家工商总局的正确领导下，全省各级工商机关按照全国工商行政管理工作会议、省委十届四次全会、全省经济工作会议精神，紧紧围绕“保增长、保民生、保稳定”的首要任务，认真贯彻落实“12345”总体工作思路和要求，为推动贵州经济社会又好又快发展做出了新的贡献。

一、以科学发展观为指导，不断创新工作思路和服务监管方式

结合服务贵州发展的工作要求，创造性地提出了落实科学发展观的“12345”工作思路。一是坚持“一条工作主线”：“发展、服务、和谐”。二是确保“两个不出问题”：确保队伍不出问题、确保市场不出问题。三是坚持“三个不变”：“坚持在各级党委政府的领导下开展工商行政管理工作不变；坚持服从于、服务于经济发展中心不变；坚持与各部门协调配合，共同促进发展不变”。四是牢记“四个珍惜”：“珍惜现有岗位、珍惜手中权力、珍惜美好前途、珍惜幸福家庭”。五是落实“五个摒弃和树立”：“摒弃管字当头的强势执法思想，树立人性化执法观念；摒弃执法就是执罚的思想，树立先教后处的执法观念；摒弃限制为主的把关思想，树立非禁即允的准入观念；摒弃监管就是查案的思想，树立科学监管不扰民的观念；摒弃随意执法的倾向，树立全面履行法定职责、规范执法行为的观念”。

二、认真履行职能，深入整顿规范市场秩序，在监管执法水平上有新提高

加大流通环节食品安全监管，规范食品市场秩序。

大力推进商标战略实施，构建商标发展长效机制。加快实施贵州省商标发展战略的步伐，商标工作取得了显著成效。

积极稳步推进“三个全面开展”工作。全面开展创建“人民满意工商所”活动、全面开展创建“无传销社区（村）”活动、全面开展“一会两站”建设工作。

提高认识，积极参与净化社会文化环境工作。

立足本职，进一步提高市场监管执法水平。

谢庆生副省长视查贵阳市大昌隆超市
Xie Qingsheng, deputy governor having inspection of the Dachanglong supermarket in Guiyang City

谢庆生副省长看望贵阳市工商局大南工商所工作人员
Xie Qingsheng, deputy governor, calling on the staff of the Southern Business of the Trade and Industry Bureau of Guiyang City

维护国酒茅台知识产权新闻发布会
Maintenance of intellectual property rights of Maotai national wine news conference

工商干部乘坐马车深入农村检查市场
Commercial and Industrial Management leaders riding on the carriage to have in-depth examination of rural markets

In 2009, under the correct leadership of the provincial committee, according to the spirits of the National Business Conference, the Fourth Plenary Session of the Tenth Provincial Party Committee, provincial economic work conference government and SAIC, the province's industry and commerce authorities at all levels of administration closely took the "ensure economic growth, ensure the people's livelihood, maintain the stability" as the primary task, conscientiously implement the "12345" overall work of the ideas and requirements, made a new contribution to promote sound and fast economic and social development in Guizhou.

First, take the scientific development concept as guidance, gradually have innovative thinking and service monitoring methods

Combined with service requirements of Guizhou development work, and creatively put forward the scientific concept development "12345" work idea. First, insist on "a main line of work": "development, service and harmony." The second is to ensure that the "two have no problem": to ensure that the team has no problem, ensure that the market has no problem. Third, the "three no change": "uphold of carrying out the industry and commerce administration work under the leadership of party committees and governments at all levels; insist on obedience to, serve to the center of economic development unchanged; insist on coordination with various departments to jointly promote the development unchanged." Fourth, keep in mind the "four treasures": "cherish the existing positions, cherish the rights, cherish the happy future, cherish the happy family." The fifth is to implement the "five abandoned, and establish": "Lured away the strong law enforcement of the govern as head, and establish the concept of humane law enforcement; abandon thoughts of law enforcement is punishment, set punishment after Education enforcement ideas; abandoned the checks based thinking, and establish non-prohibited or allowed access to ideas; abandon regulation is thinking of investigation, establishing the scientific concept of supervision not disturbing; abandon arbitrary enforcement of the tendency to establish a comprehensive statutory duty to regulate the concept of law enforcement."

Second, conscientiously performing its functions, in-depth rectifying and standardizing the market order, increased a new level of law enforcement in the supervision

Increase the circulation of food safety supervision, regulate food market order.

Implementations of the trademark strategy vigorously, build long-term mechanism of trademark development. Accelerate the pace of the implementation of trademarks strategies development in Guizhou Province, trademarks achieved remarkable results.

Actively and steadily push forward the "three fully operational" work. Fully carry out "People satisfied Industry and Business Department" activity, and fully carry out "no MLM Community (Village)" activity, fully operational of the "one

全省商标宣农与推进新农村建设工作会议现场
Trade marks throughout the province to have publicity of agricultural and promote new rural construction site meetings

全省工商系统工商所长培训
Training of director of provincial industrial and commercial system

省领导为全省流通环节食品安全检验中心揭牌
Provincial leadership inaugurating for the Food Circulation Safety and Inspection Center

省工商局党组书记、局长杨正国在全省深入学习实践科学发展观高端论坛作主旨演讲
Provincial party secretary of Commerce and Industry Bureau, the Secretary Yang Zhengguo having speech in the province in-depth study of scientific concept of development high-end forum

积极抓好消费教育引导，切实维护消费者合法权益。筹资300万元建立了全省12315信息网络系统、成立了贵州省12315申诉举报指挥中心，进一步加大了12315申诉举报中心和“一会两站”建设力度。

三、自觉服务大局，保持高昂的精神状态，在积极促进经济社会又好又快发展上有新举措

积极应对国际金融危机，切实做好返乡农民工创业工作。出台了《关于充分发挥工商行政管理职能作用积极扶持返乡农民工就业创业的实施意见》，切实解决当前农民工问题、保障农民工合法权益、改善农民工就业环境。

积极鼓励企业做大做强，引导各类人员从事个体私营企业经营。

切实履行职责，做好服务社会主义新农村建设各项工作。

四、积极探索实践，提高干部整体素质，在加强队伍建设上有新办法

努力建设团结坚强的领导班子，全面提高队伍整体素质。

法制建设加快步伐。加强地方立法工作，进一步健全市场规则，《贵州省合同监督条例》列入2009年省人大常委会审议项目，于9月25日通过，并于2010年1月1日起实施。

财务管理规范有力。进一步加强了财务预算和经费使用管理，全年安排经费6.48亿元；严格落实“收支两条线”和“罚没款罚缴分离”制度，“两费”停收后完成了票据的缴交、清查、销毁任务，按规定对市场债务、工程债务、基建维修改造等专项补助9600万元。

切实加强反腐倡廉制度建设，反腐倡廉长效机制进一步得到巩固和完善。

全省一会两站工作会议在贵定召开
"One session two-station" work meeting holding in Guiding across the province

省工商局党组书记、局长杨正国深入西洋肥业公司调研
Provincial party secretary of Commerce and Industry Bureau, the Secretary Yang Zhengguo having in-depth survey of Western Fertilizer Industry Company

session two-station" building work.

Raise awareness and actively participate in social cultural environment clean.

Based on their own, further improve market supervision and law enforcement.

Actively grasp consumer education guide, and earnestly safeguard the legitimate rights and interests of consumers. Financing of 3 million yuan to establish a provincial information network system 12315, set up 12315 complaints and reports command center in Guizhou, and further increased 12315 complaints and reports center "one session two-station" building efforts.

Third, consciously serving the overall situation, maintain high spirits, have new initiatives in actively promoting sound and rapid economic and social development

Actively respond to international financial crisis, do a really good job of return of migrant workers. Released "the views of full play the role of industrial and commercial administration functions to actively support the return of migrant workers employment and entrepreneurship", effectively solved the problem of migrant workers, protected the legitimate rights and interests of migrant workers, and improved the employment environment of migrant workers.

Actively encourage businesses to become bigger and stronger, and guide all personnel engaged in individual and private business.

Effectively perform their functions, do well the new socialist rural construction work.

Fourth, actively have the exploration and practice, to improve the overall quality of cadres, have new approach in strengthening the construction of team

Make efforts to build unity and strong leadership, and comprehensively improve the overall quality.

Speed up the pace of the legal system construction. Strengthening of local legislation, to further improve market rules, "Guizhou Province Supervision contract" was included in the consideration of item of 2009 Provincial People's Congress, adopted on September 25 and got into effect on Jan. 1, 2010.

Strong financial management practices. Further strengthen the financial budget and management of expenditure, the funding of 648 million yuan of the whole year; strictly implement the "collection and expenditure are two lines" and "penalty fines were levied to pay separate" system, "after suspend of the two charges" to complete the payment of bills, inventory, destruction tasks, according to the requirement, have special grants 96 million yuan to market debt, project debt, maintenance and reconstruction of infrastructure and so on.

Strengthen anti-corruption institution building; anti-corruption long-term mechanism got further consolidation and improvement.

服务大局抓创新　面对机遇抓改革
贵州体育事业呈现全面发展局面

Service overall to concentrate on innovation, face of opportunities and focus on reform
Guizhou sports process getting comprehensive situation of development

2009年2月24日，全省体育发展大会在贵阳召开
February 24, 2009, the General Assembly of provincial sports development held in Guiyang

2009年，贵州体育工作在"围绕目标抓体系、立足省情抓特色、服务大局抓创新、面对机遇抓改革、保障发展抓党建"的工作思路指导下，群众体育出现了十分繁荣的局面，竞技体育运动成绩稳定上升，体育产业又有新突破，体育保障工作不断创新。

年初，省人民政府召开了全省体育发展大会。省长林树森和国家体育总局副局长崔大林出席会议并作重要讲话。会议全面总结了贵州体育事业发展取得的成绩和经验，分析了今后一个时期体育工作面临的新形势、新任务，并对贵州体育发展做了全面部署。

10月在山东省举行的第十一届全国运动会上，我省体育健儿夺得4枚金牌(邹市明北京奥运会带入1块)、7枚银牌、4枚铜牌和15个4至8名的优异成绩，综合金牌榜排46个参赛代表团的第23位，取得了我省参加全运会以来的历史最好成绩。

群众体育工作方面，完成了全省800个"农体工程"暨"路径工程"建设。体育产业方面，第二届全国山地运动会在遵义市成功举办，继续打造精品赛事，促进地方经济社会发展。体育彩票销售再上新台阶，截至12月31日，体彩总销量达9.19亿元，较2008年同期增长32.58%。体育立法和行政执法工作不断加强，研究制定了《贵州省体育局关于施行贵州省体育竞赛管理办法（试行）的通知》，会同省人事厅、省财政厅解决了退役运动员的安置工作，启动了在役运动员职业技能培训工作。体育信息化建设全面推进，完成了省体育局门户网站的建设工作。进一步推动局系统的党风、政风、行风和效能建设。第九届全国少数民族传统体育运动会的备战工作也全面展开。

邹市明获第十一届全国运动会男子拳击48公斤级冠军
Zou Shiming won the Eleventh National Games men' s 48kg boxing champion

在参加第十一届全国运动会贵州体育代表团成立大会上，林树森省长（左二）向代表团团长、副省长谢庆生（右一）授代表团团旗
Lin Shusen (the second from left) governor attend at the Guizhou Province sports delegation inaugural meeting of the Eleventh National Games granted the delegation CYL to the delegation, the Deputy Governor of Xie Qing sheng(the first from right)

农民体育健身工程
Fitness Project of farmers

丁富学获第十一届全国运动会男子单人皮艇激流回旋冠军
Ding Fuxue won the Eleventh National Games men' s single kayak slalom champion

In 2009, Guizhou sports work "around the goal of grasping system based on grasping characteristics, situation in the province, service overall to concentrate on innovation and grasp the opportunities facing the reform, to protect the development of the party building" under the guidance of the work of thought, mass sports is prosperity, Competitive sports scores steadily rising, there are new breakthroughs in the sports industry, sports work protection constantly got innovation.

At the beginning of the year, the provincial people' s government held a provincial Sports Development Conference. Governor Lin Shusen and Cui Dalin, deputy director of the State Sports General Administration attended the meeting and made important speeches. The meeting had a comprehensive summary of the development of sport achievements and experience in Guizhou, analysis of the sports work for a time facing the new situation, new tasks, and did a comprehensive plan for sports development in Guizhou.

In October, held in the Shandong Province of the Eleventh National Games, the province athletes won four gold medals (Zou Shiming into Beijing Olympics one), seven silver and four bronze medals and 15 of 4-8 excellent results, medals table ranked 23rd in row 46 comprehensive delegation entries, made the best results history since our province to participate in the Games.

Mass sports work, completed 800 of the province, "Agriculture Body Project" and the "Path Project". Sports industry, the second session of the National Mountain Games successfully held in Zunyi City, and continued to build quality events, promoted local economic and social development. Sports Lottery sales to a new level, by 31 December, total sales reached 919 million yuan sports lottery, compared with growth of 32.58 percent over the same period in 2008. Sports legislative and administrative law enforcement continue to strengthen the study and formulate the "Guizhou Province Sports Council implementation of management practices (Trial) notice of Guizhou Province sports competition", and the Provincial Personnel Department, the provincial financial department to resolve the placement of retired athletes, initiated in-service vocational and technical training athletes. Comprehensively promote the construction of sports information, to complete a Provincial Sports Bureau building portals. Further promote the building of Bureau party style, political style, action style and ventilation. Ninth National Games will be preparing for work in full swing.

贵州省水利厅
Department of Water Resources of Guizhou Province

省委书记石宗源到省水利厅检查指导工作时同老干部亲切握手
Secretary of the provincial committee Shi Zongyuan going to the Water Resources to inspect and guide the work and shake hands with the veteran

2009年，在省委、省政府的正确领导下，各级水利部门坚决贯彻落实省委、省政府“抓机遇、打基础、扩内需、保增长”的各项决策部署，水利保持了又好又快发展的强劲势头。

以黔中水利枢纽工程为代表的一批重点骨干水源工程顺利实现开工建设。总投资近80亿元的黔中水利枢纽工程于2009年11月正式开工建设。

事关民生的水利问题加快解决。全年共解决了310万人农村人口的饮水安全问题。实施病险水库除险加固180座，纳入国家规划范围内的病险水库已经全部得到治理。

防汛抗旱减灾工作取得全面胜利。全年累计投入抗旱资金5770万元，解决80万人临时饮水困难，确保粮食总产量仍创历史新高。

水资源保护力度不断加大。坚持开展县级以上城市90个集中式供水水源地水质的监测工作。稳步推进清镇市节水型社会建设。水利法制建设取得新突破。进一步规范水利行政审批制度，稳步推进水利政务公开。加强水事矛盾纠纷预防和调解。水利规费征收步入法制轨道。

水利部部长陈雷、省长林树森等参加黔中水利枢纽工程开工典礼
Water Resources Minister Chen Lei, governor of Guizhou Lin Shusen etc, attending the opening ceremony of Qianzhong Water Control Project

水利部副部长周英（前排右二）在兴义市鲁屯镇考察油菜受旱情况
Zhou Ying, vice minister of Ministry of Water Resources (front row, second from right) had investigation of rape drought situation in Xingyi City Lu Tun Town

In 2009, under the correct leadership of the provincial committee and government, and the water sector at all levels resolutely implement the provincial government' s decisions and plans, "Seizing an opportunity, lay a foundation, expanding domestic demand, ensure growth," which maintained a good and fast development momentum.

Represented by Qianzhong Water Control Project, a group of key water projects have successfully implementation under construction. Total investment of nearly 80 billion yuan, the Qianzhong water control project formally started construction in November 2009.

Speed up settlement of water issues concerning people's livelihood. Solve 310 million rural people' s drinking water safety throughout the year totally. Implementations of 180 dams' reinforcement, which dangerous reservoirs within the scope of national planning have been governed.

Flood control and efforts achieve total victory. Invested a total 57.7 million yuan of drought mitigation of the whole year, solved 80 million people' s drinking water problems, and ensured food production to still have a record high.

Protection of water resources has intensified. Sticking to monitoring of 90 centralized water supply source in the cities above the county level. Steady promote water-saving society construction in Qingzhen city. Water Resources legal system achieved new breakthroughs. Further standardize the system of administrative examination and approval of Water Resources; steadily promote the Water Resources and administrative affairs. Strengthen the prevention of water conflicts and disputes and mediation. Water fee collections get into the legal system.

贵州省文化厅
Guizhou Provincial Department of Culture

贵州彩车接受党和国家领导人检阅
Guizhou floats to accept the party and state leaders review

省杂技团有限公司和省演出有限责任公司揭牌仪式
Provincial Acrobatic Co., Ltd and Provincial Performance Co., Ltd opening ceremony

晚会《桂花开放幸福来》现场
The scene of "Osmanthus open, happiness comes" show

2009年，贵州省文化厅通过大力改善民族地区的文化基础设施建设，加强少数民族文艺精品打造，提升各少数民族乃至贵州的对外形象，有力地促进了各民族共同发展，荣获"全国民族团结进步模范集体"称号，受到国务院表彰。

省文化厅倾力打造的大型民族舞剧《天蝉地傩》被誉为是继《蔓萝花》之后，贵州舞剧艺术的又一精品，是贵州舞蹈艺术的新标杆。

由省文化厅牵头组织设计制作的"多彩贵州"国庆彩车参加首都国庆群众游行活动，得到首都国庆彩车指挥部的好评，被称为"精美的民族艺术品"。

庆祝建国60周年文艺晚会《桂花开放幸福来》，分为《苗岭连北京》、《好花红》、《桂花开放幸福来》三个篇章，集中表现了贵州自建国60年来所取得的巨大成就。

"贵州数字图书馆"正式开通，标志着为全省公众提供公共文化服务的能力进一步增强。

贵州侗族大歌于2009年9月30日被联合国教科文组织批准列入《人类非物质文化遗产代表作名录》，成为全世界人民共同享有的非物质文化遗产。

由贵州省杂技团转企改制组建的贵州省杂技团有限公司和由贵州省文化演出中心转企改制组建的贵州省演出有限责任公司，于2009年12月18日挂牌成立，标志着省直文化系统的改革取得突破性进展。

In 2009, the Guizhou Provincial Department of Culture won the "national unity and progress collective model" title, and commended by the State Council, through the substantial improvements of cultural infrastructure construction in minority areas, strengthening the creation of the minorities literary and artistic works, improving the ethnic minorities and even the external image of Guizhou, which effectively promoted the common development of all ethnic groups.

Provincial Department of Culture made effort to build large-scale ethnic dance drama "Tianchan Ditan" which was described as another fine art of ballet of Guizhou dance drama after the "Manluo flowers", is the new benchmark in Guizhou.

Provincial Department of Culture led the organization to design "Colorful Guizhou" National Day parade floats to participate in the capital of the National Day public activities, be praised by the capital National floats headquarters, known as "fine nation art."

Variety show "Osmanthus open, happiness comes" celebrating the 60th anniversary of the founding of the nation is divided into "Miaoling connects with Beijing", "good bonus", "Osmanthus open, happiness comes" three chapters, focus on the performance of the great achievements that Guizhou made in the 60 years since the founding of the nation.

"Guizhou Digital Library" officially opened, which marked the provision of public cultural services throughout the province has further improved.

Guizhou Dong Minority Dage was included in UNESCO's "Representative List of Intangible Heritage of Humanity" on September 30, 2009, became the non-material cultural heritage as enjoyed by people around the world.

Guizhou Province Acrobatic Troupe Co., Ltd. transformed by the Guizhou Province Acrobatic Troupe and Guizhou Province Performance Co., Ltd transformed by Guizhou Province cultural performances center, were formally established on December 18, 2009, which marked the reform of the provincial cultural system got a breakthrough.

抢抓发展机遇　拓宽发展局面 推进我省公路交通基础设施跨越式发展

Seizing the opportunity to expand the development situation Push our Province road transport infrastructure construction by leaps and bounds

省公路局60周年国庆文艺调演（摄影：王远峰）
Provincial highway bureau 60 Years National Day Celebration performance (Photo: Wang Yuanfeng)

全省公路工作会议（摄影：王远峰）
Provincial highway work conference (Photo: Wang Yuanfeng)

2009年，贵州省公路局积极应对挑战，抢抓发展机遇，努力推进高速公路、农村公路建设，加快国省干线公路网改造，加强公路的养护管理，推进各项改革，不断提高做好“三个服务”的能力和水平。

全年完成固定资产投资98.3亿元。开工建设3个高速公路建设项目，建成二级公路429公里，建成通乡油路2200公里、通村公路19000公里，新增90个乡镇通油路（水泥路）、2277个建制村通公路，完成国省干线公路改造486公里，工程管理严格，工程质量良好，全省公路路况稳步提高，国省干线优良率达到58.5%，县公路好路率达到81.2%，乡村公路好路率达到58.3%，超限运输率控制在3.7%以内，征收通行费2.27亿元，安全生产态势稳定，局属企业改革改制任务基本完成，圆满完成了省交通运输厅下达和我局制定的各项目标任务，公路的建设、管理、养护等各方面取得了长足的进步。

In 2009, the Highway Bureau in Guizhou Province actively responded to challenges, seized development opportunities, promoted the highway, rural road construction, speeded up the transformation of national and provincial trunk highway network, strengthened road maintenance and management, promoted the reform, and constantly improved the success of the “Three services” ability and level.

Fixed assets investment completed 9.83 billion yuan throughout the year. Start the construction of three highway construction projects, completed secondary road 429 km, 2,200 km oil line built through rural, village road 19,000 km, 90 new towns has highways (Cement Road), 2,277 formed the village highways, completion of national and provincial trunk highway 486 km, strict project management, good quality projects, steady increase in the province highway traffic, national and provincial fine lines rate of 58.5%, county roads 81.2% rate of good road, good road rate of rural roads 58.3% and overloaded transport rate control wihtin 3.7%, the collection of tolls 227 million yuan, safety production situation is stable, affiliated enterprises restructuring basically completed, various goals and tasks were successfully completed which were issued and planned by the Provincial Communications Department and our bureau, road construction, management, conservation and other areas have made considerable progress.

大旱有大爱 钻井取水保民生

Great love in drought drilling for water to protect livelihood

王晓东副省长辛维光省长吴耀副秘书长视察瓮安县马场坪村水井抽水情况
Wang Xiaodong, Vice Governor of Guizhou Province, Xin Weiguang, the deputy governor, and Wu Yao, the Secretary-General, visiting the drilling water situation in Machangping village of Weng' an County

贵阳市白云区石岩村村民为钻工送茶
The villagers of the Shiyan village of Baiyun district in Guiyang city sending tea to the workers of drilling.

乌当区谷宁村举行通水仪式
Ning Gu village of Wudang District holding the ceremony of having water

乌当区谷宁村刘主任向113队赠送锦旗
Director Liu of the Guning Village of Wudang Distric presenting a banner to the 113 team

高弟局长、周传芳副局长、易同生总工程师在抗旱找水现场指导工作
Gaodi, Secretary, Zhouzhuan Fang, deputy director, and Yitongsheng, chief engineer, having guidance of finding water in fighting against drough.t

贵州省煤田地质局在全省抗旱救灾保民生工作中，积极响应省委、省政府的号召，组织全局干部职工向灾区人民伸出援助之手，奉献一份爱心，募捐人民币32.63万元。

此外，先后组织10台钻机、90名人员进行抗水找水，共完成水源井14口，水量5178吨，解决了贵阳市乌当区百宜乡、下坝乡、水田乡和白云区石岩乡等6个村，毕节市层台镇，瓮安县雍阳镇、猴场镇5个乡，施秉县双井乡干田坝村，六枝特区郎岱镇以及镇宁县大山镇大山村等4万多人的生活用水问题。旱区村民激动地说："感谢煤田地质队，从来没有见到这么多、这么好的水，这是老百姓的救命水。"

毕节电视台、瓮安电视台、瓮安县广播电台、黔南州电视台、贵州电视台、贵州人民广播电台先后进行了新闻报道，贵州省政府王晓东常务副省长、辛维光副省长、吴耀秘书长等领导先后到现场视察。

Coal Geology Bureau of Guizhou province in the disaster-relief work ensure the people's livelihood, positive response to the provincial government's call to organize the cadres and workers to give a helping hand to people of the disaster area, and donate their love, fund-raising 326,300 yuan.

In addition, the organization has 10 sets of drilling rigs, 90 personnel to water resistant and find water, has completed 14 water wells, 5,178 tons of water to solve more than 40,000 people' s water problem of the Baiyi village, Xiaba village, Shuitian village, Baiyun district and Shiyan village and other 6 villages in Wudang district in Guiyang city, Cengtai town in Bijie City, Yongyang town in Weng'an county, 5 villages in Houchang Town, Gantianba village in Shuangjing country of Shibing county, Langdai town in Liuzhi special district and Dashan village in Dashan town of Zhenning county and so on. The villagers said excitedly: "Thank the Coal Geology Team, we have never seen so many, so well water, which is the people' s life-saving water."

Bijie TV, Weng'an television stations, radio stations of Weng'an County, Qiannan television stations, Guizhou TV, and Guizhou People's Radio Station have conducted news reports, Wang Xiaodong, Vice Governor of Guizhou Province, Xin Weiguang, the deputy governor, and Wu Yao, the Secretary-General and other leading billionaires have visited the site.

贵州省气象局
Meteorological Bureau of Guizhou Province

《贵州省气象条例》颁布实施新闻发布会
Press conference of the promulgation of "Guizhou Province Meteorological regulations"

全省气象工作会议，省委副书记王富玉、省政府副省长禄智明、中国气象局副局长宇如聪参加了会议
The provincial meteorological conference, the provincial deputy secretary Wang Fuyu, provincial deputy governor Lu Zhiming, and the deputy director of China Meteorological Administration Yu Rucong attending the meeting

2009年贵州省气象局紧紧围绕气象防灾减灾和应对气候变化两个主题，按照"融入共兴、提升能力、强化服务、科学发展"工作思路，为地方经济社会又好又快发展做出了积极贡献。

制作《重大天气预报》等各种专题服务材料113期和并进行春、夏、秋三季决策气象服务通报。启动气象灾害应急响应7次，发布预警信息1493次、地质灾害气象预警38次。

开展飞机人工增雨作业19架次、飞行时间55小时，地面火箭、高炮配合，增加降水量17.6亿吨，同时有效减轻雹灾损失。完成10个大中型建设项目雷电风险评估。

发布各种重大灾害性天气预测、预警信息35次，服务用户1410万人次。建立2.3万余人的气象信息员队伍，覆盖全省99.42%的乡镇和74%的村寨。

为旅发大会等重大活动提供优质服务。为"6.17"晴隆新桥煤矿透水事故抢险救援提供保障服务。

牵头建成200个"农家综合服务站"、3个村级"农民多功能信息服务站"。开办"农村气象"频道，覆盖100%乡镇和部分行政村。

省人大副主任许正维到省气象局调研
Xu Zhengwei, Deputy Director of Provincial People's Congress, has Research to the provincial Bureau of Meteorology

省气象局党组书记、局长向红琼为首期农村妇女气象信息员授牌
Provincial Meteorological Bureau, party general secretary Xiang Hongqiong, awarding for the first rural women member of meteorological information

In 2009, Meteorological Bureau of Guizhou Province closely around two themes of the Meteorological Disaster Preventing and responding to climate change, in accordance with the work idea of "integration work together, improve new skills, enhance service, scientific development", which made a positive contribution for the good and fast development of the local economy and society.

Make "significant weather report" on various topics services materials 113 and carried out in spring, summer and autumn weather service informed decision-making. Start meteorological emergency response 7 times, release warning information 1,493 times, geological disaster weather warning 38 times.

Launch artificial precipitation 19 aircraft sorties, 55 hours flying time, cooperated with the ground rockets, and artillery, the increase of precipitation 1.76 billion tons, while effectively reducing hail damage. Complete 10 large and medium projects' assessment of lightning risk.

Release a variety of major severe weather forecasting, early warning information 35 times, serve users amount to 14.1 million people. Set up 2.3 thousand members of weather information team, covering 99.42% of the rural province and 74% of the village.

Provide high quality services for the Tourism Conference other major events. Provide protection and rescue services for "6.17" incident of Qinglong Xinqiao coal mine flooded.

Lead to build 200 "multi-service farm stand", three village-level "farmers' multi-information service station." Start-up "rural weather" channel, covering 100% of towns and some administrative villages.

贵阳市民族宗教事务局
Guiyang City Bureau of Ethnic and Religious Affairs

全市第四次民族团结先进团体
The city's fourth national unity advanced groups

看望宗教界人士
To see religious figures

2009年，贵阳市民族宗教事务局在科学发展观指导下，结合民族宗教实际，扎实推进各项工作。

深入贯彻落实科学发展观，扎实开展深入学习实践科学发展观活动，积极开展调查研究工作，切实加强干部队伍建设，坚持推进机关作风建设。

认真贯彻党的民族政策，推进社会主义民族关系的巩固和发展。召开了贵阳市民族工作领导小组第一会全体会议，继续抓好国发办〔2008〕33号文件的贯彻落实，积极开展民族团结进步示范工作，及时处理和办理好维护民族团结、保障少数民族权益方面的具体事情。

围绕民族地区民生问题，推进民族地区的经济和社会事业发展。加快民族地区新农村建设，抓好民族地区扶贫开发，积极发展民族教育和卫生事业，大力繁荣民族文化艺术。

深入贯彻执行《宗教事务条例》，依法加强对宗教事务的管理，加强宗教执法主体建设和宗教工作机制建设。

进一步做好信教群众的工作，努力发挥宗教界在经济社会发展中的积极作用，努力协调宗教界关心关注问题的解决；努力为宗教界办好事实事。

In 2009, Guiyang City Bureau of Ethnic and Religious Affairs under the guidance of scientific concept of development, combined with ethnic and religious practice, push forward the work.

Thoroughly implement the scientific concept of development and carry out in-depth study and practice the scientific concept of development activities, actively carry out research work, strengthen the building of the contingent of cadres, adhere to promote the body style.

Conscientiously implement the Party' s ethnic policies, and promoting the consolidation and development of socialist ethnic relations. Held in Guiyang National Leading Group 1st plenary meeting, continue to focus on the National Development Office 〔2008〕 33 implementation document, active demonstration of national unity and progress, good handling and timely processing and maintenance of national unity, protection of minorities rights of specific things.

Around the minority areas livelihood issues, promote the economic and social undertakings in ethnic areas. Speed up the construction of new rural minority areas, do a good job of national poverty, actively develop the national education and health, vigorously prosper the ethnic culture and arts.

In-depth implementations of the "Regulations on Religious Affairs", according to the law to manage religious affairs, strengthen enforcement of the main building of religion and religious work of institution-building.

Further improve the work of religious people, and strive to play an active role of the religious in the economic and social development, in coordinating efforts to address the concerns of religious interest; to do good things that for the religious.

西南煤海 溶洞王国——织金县
Southwest China Coal Sea Kingdom of Caves - Zhijin County

全国政协副主席、全国工商联主席黄孟复在张吉勇专员陪同下考察织金竹荪产业发展情况
CPPCC Vice Chairman, China Federation of Industry President Huang Mengfu having investigation of Zhijin Zhusun industry development, accompanied by Zhang Jiyong Commissioner

织金全景
Panoramic view of Zhijin

织金县地处黔中腹地、乌江上游支流六冲河与三岔河交汇处的三角地带，是即将建成的厦蓉高速公路和黄织铁路的重要节点。全县总面积2868平方公里，人口104.95万。

县内矿产资源丰富，储量大、品位高的矿产有煤、磷、重晶石、铁矿、铝钒土等26种。其中：低硫、低灰、高发热量、热稳定性较好的优质无烟煤储量129亿吨，占贵州省总储量的20%以上，可开采量104.5亿吨，属“织纳煤田”的主体部分，有“西南煤海”之称。磷矿储量13.48亿吨，占贵州总储量的54.4%。大理石储量191亿立方米。重晶石储量2000多万吨。铝钒土储量967万吨。境内旅游资源独具魅力，以织金洞景区为龙头，辅之以秀丽的乌江源百里画廊、洪家渡库区自然风光，构成贵州西部旅游黄金线的重要组成部分。

近年来，织金县委、县政府依托丰富的资源优势和区位优势，积极争取和实施了以大新桥水库、黄织铁路、污水处理厂、垃圾填埋场等为代表的基础设施建设项目，强力扶持以文家坝一矿、二矿、织金电厂、黔贵水泥厂等项目为主体的新型工业项目，有效推动了经济社会又好又快发展。

Zhijin County is located in the triangle area between the hinterland of Guizhou, upstream of Wujiang River Liuchong River tributaries and Sancha River, which is an important node of the Xia Rong Expressway and Huang Zhi Railway. The total area of the county is 2,868 square kilometers, population of 1,049,500.

The County is rich in mineral resources, large reserves, high grade of mineral coal, phosphate, barite, iron ore, bauxite, etc. 26. Of which: low sulfur, low ash, high heat, good thermal stability of high-quality anthracite reserves of 12.9 billion tons, accounting for the total reserves in Guizhou Province for more than 20%, the exploitable volume of 10.45 billion tons, is the main part of the “Zhina Coal”, known as “Southwest China Coal Sea”. Phosphate reserves of 1.348 billion tons, accounting for 54.4% of total reserves in Guizhou. Marble reserves of 19.1 billion cubic meters. A reserve of barite is more than 2000 tons. Bauxite reserves of 9.67 million tons. Tourism resources have unique charm, take Zhijin Cave scenic as the lead, complemented by the beautiful Wujiang source Barry Gallery, Hongjiadu reservoir of natural scenery, which form an important part of the western Guizhou tourism constitute gold line.

In recent years, Zhijin County, government relies on a wealth of resources and location advantages, and actively strived and implemented Daxin Bridge Reservoir, Huang Zhi Railway, sewage treatment plants, landfills and other infrastructure construction projects, strongly support the Wenjia dam of first mine, second mine, Zhijin power plants, Qiangui cement plants as the main body and other new industrial projects Guizhou, which effectively promote sound and fast economic and social development.

织金洞景观——银雨宫
Zhi Jindong Landscape - Silver Rain Palace

织金生产的优质无烟煤
Production of high-quality anthracite in Zhijin

三穗县
Sansui County

县委书记杨秀锡（右三），县人大常委会主任龙义立（左一）深入滚马乡塘冲村调研塘冲水库项目建设工作
County party secretary Yang Xiuxi (third from right), the director of the County People's Congress Long Yili (first form left) to have in-depth research of Tangchong Reservoir in Gunma Village Tangchong

三穗县行政中心
Sansui County Administration Center

三穗寨头二月二民族文化活动
Sansui Walled cultural activities first on February 2

县委副书记、县长付乐欣（右三），县委常委、常务副县长刘隆俊（右一）到县污水处理厂调研
County deputy secretary of the county Fu Lexin (third from right), County Party Standing Committee, Deputy County Magistrate Liu Longjun (first from right) to the county sewage treatment plant to have research

三穗县位于贵州省东部，是贵州省“东联”经济发展的前沿阵地，素有“黔东要塞”和“千里苗疆门户”之称，是共和国开国上将杨至成将军的故乡。全县辖5镇4乡，159个村，5个居民社区，总面积1035.8平方公里。县人民政府驻八弓镇，距州府凯里87公里，距省城贵阳247公里。三穗县自然资源丰富，竹编颇具特色，被国家文化部授予“中国竹编民间艺术之乡”的美誉。

2009年，全县经济社会在逆境中沿着正确的方向奋力前行。全县生产总值（GDP）首次突破10亿元，完成110649万元。农业经济稳步发展，全县农业总产值46284万元。工业生产持续较快增长，全县工业总产值完成70150万元。消费市场繁荣活跃，全县社会消费品零售总额52709万元。财政收支持续增长，全县财政总收入7189万元。卫生事业不断发展。城乡居民收入稳步增加。

Sansui County is located in eastern Guizhou Province, is the forefront of Guizhou Province "East Union" economic development, known as the "eastern Guizhou fortress" and "Border gateway to thousands of miles Miaojiang," is the home of the founding of the Republic General Yang Zhicheng. The county town of 4, 5 townships, 159 villages, five residents of the community, with a total area of 1035.8 square km. County People' s Government in Bagong town, 87 km from state capital Kaili, 247 km from the provincial capital of Guiyang. Sansui County is rich in natural resources; bamboo knot is full of characteristics, and is awarded the "hometown of Chinese bamboo folk art" by the National Ministry of Culture in the world.

In 2009, the county' s economic and social was in the right direction furiously in adversity. County GDP is for the first time over 1 billion yuan, completed 1.10649 billion yuan. Steady development of agricultural economy, the county agricultural output 462.84 million yuan. Industrial production kept sustained and rapid growth, the completion of 701.5 million yuan of industrial output value of the county. The consumer market is active and boom, the county total retail sales of 527.09 million yuan of social consumer goods. Revenue and expenditure kept growing; the county fiscal revenue was 71.89 million yuan. Health process continued to develop. Income of urban and rural residents has increased steadily.